跨世紀的糾葛

（我在綠島 3212 天）

胡 子 丹 著

人不可能一輩子都順順利利

尤其是一名「莫須有」的政治犯

是如何在囚居勞役的陰影下

勇敢地走出他自己的人生

請看此書！

謹以這本小書，

懷念 1951 年至 1960 年

生活在綠島的朋友們，

不論是囚犯、獄卒或居民，

以及我生命中的貴人們 (P737, 738)

祝福他們：

愉快、健康

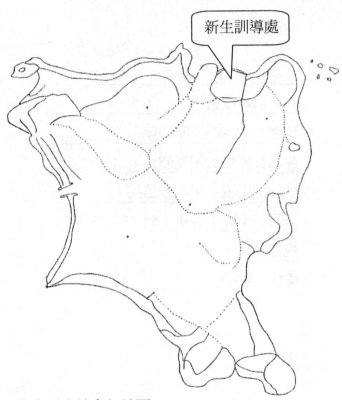

新生訓導處

綠島（火燒島）地圖

目 次

跨世紀的糾葛

2001 年版增加

2009 年版增加

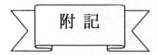

附　記

2009 年版的說明

　　《跨世紀的糾葛》的 2009 年版，等於是《我（胡子丹）的自傳》。

　　「跨」書的舊版（1989 年在《新聞天地》連載 36 期，1990 年初版單行本、1992 年再版、2001 年三版）都已售罄。2009 年二月十八日即農曆元月二十四日，是我滿 80 歲的生日，決定出版 2009 年新版《跨世紀的糾葛》，以為紀念。

　　2009 年版部分是非賣品，贈送至親好友，內容不僅僅寫「我在綠島 3212 天」的《跨世紀的糾葛》，也輯入了：

一、　好幾篇有關我個人自 31 歲（1960）開始至今（2009）在工作方面的文章。例如「我在國際翻譯社 40 年」、「中國書城 15 年」等；

二、　對我頗有影響的人和事：「悼念卜少夫」、「悼念劉紹唐」、「悼念歐陽醇」和哀悼我妻的「癌症病房」等；

三、　我喜歡到處跑跑，在幾篇遊記中也可以檢驗了我的人生；

四、　人在一生中，往往要作些重大的決定，我把這些決定告訴了我的兒子：「我拒絕了美國移民簽證」、「我生前最後一次搬家」等；

五、　媽媽和我在分別了約 40 年後，「從北京來到了台北」；

六、　回憶中我的童年是空白，但是不等於真的沒有童年，我請住在蘇州的家兄為我寫了篇「我的童年」，文中的童年，當然是他自己的，但是，文中的「弟弟」，卻是百分百的是我；「媽媽的眼淚」和「弟弟」等幾篇短文，也是追述了我的童年；

七、　20 世紀的五十年代開始，在台灣發生了一件人世間最最殘酷的事，那就是兩岸的黃帝子孫嚴禁往來，通信也不行；歷時長達 38 年（1949-1987）後，才准許探親：《我去大陸探親》

　　成了我 80 歲人生中的大事之一，在台灣，這是民間最早出版
有關大陸探親的書，先在《新聞天地》連載，繼出單行本。

　「跨」書 2001 年版出版後，因參加中國時報主辦「第一屆劉紹唐
傳記文學」徵文，特將其濃縮成 6000 字短文，倖得首獎，有多位文友
給我電話道賀或來信打氣，尤其是翻譯界前輩黃文範兄、名作家林柏燕
兄寫來的，最具代表性，感謝之餘，徵得同意，邀入 2009 年版中，倍
增光采；最特別的，是來自警總政治部副主任朱介凡的來信，昔日以「匪
諜」待我，今日親我為「賢弟」，驚魂之餘，特予輯入；世事無常，人
間事真的變幻萬千！

　　在 21 世紀的開始幾年的好幾次被訪問、餐敘或是聚會裡，我很幸
運，認識了多位學界菁英，和敬愛的青年學生們。有次談起了這本「跨」
書即將售罄，以及再版的可能性。他們鼓勵我，要我把可能性改變為決
定。任何一件事，想法和決定間常有相當大的距離，而決定與完成更有
若干的不確定。為了讓距離的起點和終點緊緊契合，若干的不確定解碼
為唯一的確定，我決定了出版該書的 2009 年版，並彼此約定：請他們
在 2009 版裡寫篇序。真的君子一言：精彩的序，都篇篇出現在這本書
裡。我依來稿時間順序，介紹這幾位寫序的朋友：

　　曹欽榮先生　他我之間相識已八年，第一次的唔談是在我的辦公
室，再一次是在台北去台東的火車上。印象最深的一次，夜半餐敘中，
他一手酒杯一手執筆，嘴唇張張合合，講話又喝酒，微醺中一心三用：
思考、造句，和發問。在他辦公室，更能看到他敬業專注，是位滿懷理
想而能劍及履及的工作狂。

　　蔣友柏先生　2008 年的秋冬季，電視廣告裡常見到一則父女在桌
上玩一種推來推去的遊戲廣告，主題是全民長跑快樂又健康。扮父親的

友柏好帥好可愛；他本人就是那個樣，很真很純。「人的出生是無法選擇的，誠心面對歷史的糾纏，和認清無法改變過去的事實，讓我更了解我自己。」他是我的好朋友，他的曾祖父蔣介石和祖父蔣經國卻是冤我、毀我一輩子的人。

林世煜先生 大家都衝著這位名作家喊 Michael，背地裡喊他小鬍子，是年輕學生們的大哥哥，也是年長受難者的貼心知己；很多有關人權活動都是在他策劃下進行。他以時間和空間的座標建構起這篇序，空間可再現，時間卻不回頭。他認為政治犯有別：「堅信解放革命者，和陷入進退失據者」；鞭辟精準，智者斯言！

吳叡人先生 在一次聚會中，台大社研所博士生林傳凱指向舞台上發言人為我介紹：「那是我的指導老師吳叡人教授。」我和吳教授就此成了好友。2008 年五月間在綠島人權體驗營又相聚，體驗到「觀看自己的痛苦，彷彿在觀看他人的生命。」
所以「幸福是一種意志，快樂也是一種意志。」

林傳凱先生 我肯定，若干年後，只要有人提起二十世紀五十年代的台灣白色恐怖的受難人等，就以林傳凱相識的最多。最近幾年，他一方面在寫博士論文，一方面便是訪談白色恐怖的受難人。我是受難人之一，我所認識的受難人他都認識，而我不認識的受難人他也認識；他全省跑透透，離島和中國不例外。真的是親履斯地、親訪其人，周遊列國了。有些人跑透透是為了選票，傳凱跑透透是為了存真歷史。

楊 翠女士 楊女士和我面對面相認相識，是在互聞其名的若干年以後；她知道我的筆名「秦漢光」早於知道我的本名；而我卻是在她祖父的《綠島家書》中得知她的名字。這位嬉戲在我腦中多年的小女孩，

豁然間，在「藝術與救贖」會場，站在我眼前的（聽到了主持人介紹）居然是位大學教授了。她我之間的「形影疊合，從歷史文本的字裡行間走出來」重現，「彼此的獨特親近感，感知到我們都是相同的生命孤島，我們都在奮力尋求那一林微光。」在綠島，我 3212 天，她祖父楊逵，十二年。

　　劉玥杉小姐　2008 年五月間，我應邀去綠島參加「體驗營」，在眾多青年學員中，引起我特別關注的人便是玥杉了。她是為了尋根挖根來的，而且是隔代；原來她的祖父在上世紀 50 年代中，也是我的「同學」之一。不過，他從容就義了。玥杉最初以為她祖父是「二二八」被害者，到了綠島，找到了一位和她祖父曾經同囚一室的難友，後來在出土的若干資料中，又挖出了多頁的具體真相。她晶瑩的眼珠潤濕了，她清亮的嗓音喑啞了。但是，她畢竟堅強，「白色恐怖是一段我來不及，也不願參與的歷史，在那段不堪回首的歷史中，我失去了我的爺爺，可是藉由您的身形，得以託付我對爺爺的孺慕之情。您成了我心中未曾謀面的爺爺的真實典範。」

　　本書封面設計人是台北科技大學設計研究所博士生江佳娟小姐，她在台灣大學碩士班畢業後，開始研究及從事人權工作。2007 年我和她結識，常在各種有關會議及活動中見面晤談。和她、和她男友等人，曾同去綠島、鳳山、左營，重溫我曾被囚、被羈押和「談話」（即審訊）的現場。本書封面設計是她的處女作，這是本書的榮幸，也是我的極大榮幸。

　　最後要感謝的，是負責主編這本書 2009 年新版的蔡淑玲小姐，製作和拼版、文圖配搭，還有校對等工作，她都以義工精神一手包辦了。她我同事近二十年之久，讓我最最感動的，是 2006 年的二月二十六日，

我在病房陪我內人，醫師叫我至病房外欲告知病情，淑玲在側，醫師以台語問她是否是我女兒時，她即以台語應是，她和我都預知醫生要宣佈的可能是晴天霹靂。待我清醒後，以迄至今兩年多，回憶和思考分析，淑玲的明智、愛心、勇敢，和通達人情、現場反應，確非常人所能及。此一片斷，本書第 062 章「癌症病房」之所以沒有記載，因為顧慮到該時段對淑玲有所不便。

　　本書即將付梓，除了謝謝諸位，還是謝謝諸位；我很高興、快樂，我祝福諸位：**高興、快樂**。

2008 年十二月十日於台北國際翻譯社

台灣的《古拉格群島》
（黃文範來信 2001/02/23）

　　子丹兄：台北賓舘拜託，即日收到賜寄拙譯《納爾遜》二冊，譯書始得成全集，兄誠信人也，萬分謝謝。

　　弟蒙兄賜大著《跨世紀的糾葛》一冊，捧讀之餘，大感震撼，文字流暢，記憶真切，至爲感人，是文學亦爲史學，可謂台灣的《古拉格群島》。由於弟譯過《古》書三集，書中自逮捕、訊問、判刑、入獄等記載甚詳，但索忍尼辛係結集 227 人的報導與經驗，固然成三巨冊，但亦極龐雜，遠不及兄此書娓娓敘述引人，索氏因通信賈禍，判刑八年，流放三年，兄災則爲十年，境遇相似，自由後均以經歷成書，撼動世人，何其相似相近。兄在綠島閱《史記》三遍，證之現代史學家亦罕有，故能本太史公之文筆，撰寫名人列傳逾二、三十種，史家更何能望其項背。

　　柏楊綠島讀史，遠流爲出《資治通鑑》，以白話譯古文，羼以己意，未若兄之「名人傳記」，自春秋以迄現代，偉人名士，將相帝王，才子佳人悉來筆下，痛快淋漓，何其壯也！至以爲佩！弟意此集出全集，應悉改兄之真名，何必化名。與兄合影之唐德剛，號稱史學家，實則治史流暢有餘，而謹嚴不足。弟曾詢問抗戰時代之「蘆溝橋」，彼何以改名「盧溝橋」，彼見證據而不低頭，反強作解人，甚至硬掰「原罪說」、「原住民說」，經弟一一截破，譽之爲「當代柳敬亭」。此等「史」家，誤史誤人誤己，蓋因心中無「誠」可言，面對兄之大作之真實無訛，應有愧色。

　　蒙兄寄書，至以爲謝。今後仍請賜教爲感。即祝文吉。

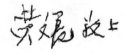

　　　　　　　　　　　2001 年二月二十三日

世紀的糾葛、綠島的歲月
（林柏燕來信 2001/05/01）

胡子丹的《跨世紀的糾葛》一文，榮獲「劉紹唐傳紀文學獎」首獎，可謂實至名歸。

該文係從同名原著摘要而成。原著 415 頁，生動感人，有情有淚。胡子丹現身說法，以超強的記憶力，從被捕至送往綠島，在綠島 3212 天的悲苦歲月，鉅細靡遺，猶如再現人間。

以胡子丹長期從事文化工作而言，這本著作，應是他用血淚生死換來的重要之作，也代表所有在綠島受難者的心聲與共同的回憶。同時，也給二十世紀留下最珍貴的，有關白色恐怖，綠島歲月的真實史料，也是最完整的活見證。

在〈焚鼠〉一詩裡，胡子丹這樣寫：

捎負著死亡旅程的火和消失在水裡的光，被焚後的創痛在水底求救釋放，臨刑不亂竟如此的有方向感，劊子手的冤恨在焚鼠景觀中宣洩舒暢。

胡子丹借鼠憐己，同時也是對更大的「劊子手」的反諷。胡子丹有「冤恨」嗎？當然有，但也可以沒有。以年過七十的高齡，對人間的一切早看穿，不過如綠島驚濤掠岸的水珠，胡子丹應可釋然淡然。十年生死兩茫茫，千里孤魂，無處話淒涼，這是多數受難者的悲慘。今天胡子丹，算是有處話淒涼，而曾經有多少孤魂沉入大海，埋於荒煙！

胡子丹一向溫文儒雅，1974 年就認識他。直到 1997 年，才知道他曾經在綠島近十年，非常震驚。1974，我的第一本小說集，由他所經營的天人出版社（即「國際翻譯社」）出版，害他血本無歸，他二話不說。

那一年，我們第一次見面，他帶我們到圓山飯店，請我、內人及一對小兒女喝豪華的咖啡。小孩不懂事，還要求吃冰淇淋。此後，二十多

年來，我們見面不會超過三次，偶爾打個電話，通通信，但我對這位老朋友的關切，並不因少見面而疏淡。因此，他得獎，第二天我就寫信恭喜他。

胡子丹是性情中人，當余阿勳在東京英年去世，他立刻趕到東京。他跟繆天華、卜少夫都很要好。到美國，他特地到繆教授墓前憑弔，卜少夫最近才去世，他非常難過。本書的前身《我在綠島3212天》（筆名秦光漢），就是在卜少夫的《新聞天地》連載。當年，卜少夫看到我一篇文章，透過胡子丹，要我為「新聞天地」寫稿，可惜我一直沒有時間。

說是「糾葛」，那是胡子丹的厚道。在「糾葛」一書裡，我們看到胡子丹最珍惜的就是「人與人之間」，即便在綠島當年「管訓」過他的官長，今天他都以最蒼涼無奈的苦笑，以及最真摯寬容的心情相待。此所以特別提出他的為人，旁涉並無必須寫的「他與我」之間。這樣的人，居然曾在綠島，我之震驚在此。

胡子丹15歲就投筆從戎，滿腔熱血，報效海軍。上海撤退，20歲在台被捕，罪名是「叛亂」。只因一個在香港的海軍同僚，來信給他的戰友，假雞婆，信中附筆向胡子丹問好，這一「問好」，害胡子丹在綠島近十年。在中國，一向是愛國會愛出問題，有國會被愛到亡國。有朋友會被害死。

胡子丹在綠島近十年，等於上了十年的英文系。離開綠島，他的英文程度，已足夠讓他獨力創辦「國際翻譯社」；這要得力於一位官長太太文少校夫人的一句話：

「你空想未來，你拒絕未來，都不切實際。你要想到，未來你一旦重返社會，你將以什麼態度迎接未來。未來總要來到，現在不自由，總有一天有自由。……」真一語驚醒受難人。

他本來學日文（「犯人」當中日文高手很多），後來上級禁止，改學英文，碰到良師（也是「犯人」），而且當上助教。他盡量使自己忙碌，避免獨處。他養豬、種菜、挑石頭、蒸饅頭，還會打針、剃頭；他一直

以堅強無比的求生意志，渡過這段悲慘的歲月，他是精神上的強者。到現在，我才了解，當年他爲什麼要出版「活得好，就是最好的報復」(Living well is the best revenge. CALVIN TOMKINS)。

他跟文夫人，一起演過話劇。文先生還告訴他：「不必客氣，該抱就抱，該摟就摟！」可見綠島也有輕鬆的春天。能夠跟長官太太演話劇，而且當男主角，可見這個青年很帥。他還奉命演莫札特的爸爸，演「浪淘沙」裡的「秦光漢」（話劇）。那是盛行話劇的年代，舞蹈家蔡瑞月、文學家楊逵都在隊上，還有許多教授、軍人，還包括一個不識字，卻能「爲匪宣傳」的木匠。他只會遙望大海罵「幹伊娘」，雖是粗話，卻也概括了所有的綠島。

從史料的角度，「糾葛」一書，記載了相當多的人物點滴，包括善良的、醜惡的、荒謬的，以及不可思議的 incredible。

一位不受人間污染的修女，曾經問我：「什麼叫白色恐怖？」

雖然白色恐怖，天天見報，人人掛在嘴上，卻未必真正了解。而今，軍人監獄，改爲來來飯店，槍決人的馬場町，也改爲青年公園；綠島也豎起美侖美奐的人權紀念碑，但年輕人仍活在空白的歷史斷層，由此併發了歷史無知症，與漂浮無根症，也在所必然。

一言以蔽之，國民黨抓共產黨的所謂「匪諜」，叫「白色恐怖」。反之，共產黨抓國民黨的所謂「國特」，就把它貼上「紅色恐怖」或「赤色恐怖」的標籤。其實，學術上，並沒有所謂「紅色恐怖」或「赤色恐怖」，更無「綠色恐怖」，那等於「強胃壯陽散」，不倫不類。

1870 年，巴黎公社成立（社會主義組織），德奧聯軍進攻法國，瓦解公社。公社成員群起抗爭，一時找不到代表公社的旗幟，一位女工適時撕下一片紅裙作爲標幟。從此，紅色被引用爲代表熱情、進步、反抗一切壓迫階級的符號。與此相對，代表保守、反動的勢力，便是「白色」，由此發動的一切恐怖鎮壓，就是「白色恐怖」(white terror)。如此，如六四天安門事件，仍應稱「白色恐怖」。

　　大陸的勞改營、西伯利亞的「古拉格群島」，台灣的綠島（包括小琉球），曾經都是惡名昭彰白色恐怖的大本營。

　　1947 年，發生的二二八，應是族群衝突，演變爲屠殺，無涉政治思想（非政治犯），不能稱爲「白色恐怖」。1949 年，中央政府遷台，翌年開始白色恐怖，關鍵在 1950 年的韓戰。胡子丹在書中澄清：白色恐怖發生於五〇年代，而非六〇年代，這點「澄清」，似無必要。

　　二二八的受難者，多爲本省籍。白色恐怖，則爲國共鬥爭，禍延台灣的延長戰，受難者本省外省都有，相對數外省較多。

　　我們可以列出一長串名單，包括大陸籍、閩南人、客家人、原住民：鍾浩東、楊逵、葉石濤、柯旗化、李政道（母）、童軒蓀、許強、郭琇琮、梅真、錢靜芝、王宇光、謝瑞仁、林書揚、蔡瑞欽、汪泰勇、林秋祥、于長城、董啓明、陳映真、吳建興、陳明忠、黃妮娜、柏楊、高一生、湯守仁、汪清山、林瑞昌、高義申等，以上還不包括大型的台大、成大、鐵路局、水泥廠、農會（麻豆案），牽連數百人之大案。

　　當然，1955 年的「孫立人案」，算是發揮了鞏固政權，剷除異己的鬥爭極峰；而 1956 年的「雷震案」，則是明目張膽，壓制自由思想的典型；而「鹿窟案」，則是濫殺無辜最多，國民黨在驚惶失措，寧可錯殺，不可漏一的心態下，所鑄造的最殘酷的白色恐怖。

　　所謂「驚惶失措」，係指 1949 年，中央政府遷台，在中共「血洗台灣」的恐嚇下，國民黨實如驚弓之鳥。1950 年 6 月，韓戰爆發，第七艦隊協防台灣，國民黨等於吃下定心丸，開始大廝整肅，或「知匪不報」、「爲匪宣傳」、「思想左傾」、「閱讀左傾刊物」，最後統歸爲「叛亂」。（胡子丹的判決書也是「叛亂」）。而且，多數是「二條一」，唯一死刑。

　　在司法爲政治服務之下，審判手法的荒謬、粗糙、拙劣、可笑，已不在話下，無視於生命的尊嚴，可惜造成多少破碎的家庭。這些法官已非法官，而是「上面交待怎麼殺就怎麼殺」的「劊子手」。

　　中國的糊塗官、貪官一向很多，亂點鴛鴦，還算成人之美，亂斬人

頭，必得報應。有的得了現世報，有的得了膀胱癌，有的自己也上了綠島，有的窮困潦倒，當年大權在握，今天也不過如此。當然，也有飛黃騰達的，這就正如哈金小說「等待」裡所寫的：一個強暴了女護士的解放軍，不但沒有受到報應，而且上了電視，被中共選為「全國模範企業家」，以致這位女護士心底哭泣：「不公平呀！太不公平了！」

然而，在這糾葛的世紀，荒謬的中國與台灣，什麼事是公平的呢？

最荒謬的是：情治人員在童軒蓀家，搜到一本馬克吐溫的小說，以為是馬克斯的親戚，竟被判感化七個月。當時，情治人員的程度就是如此，以致蔣經國也不得不大罵：「你們放走真的，捉到假的，製造新的！」製造新的，是為了獎金。事實上，當時的情治人員和法官，應是電視劇最佳編導。

最令人唏噓的是：1950 年，曹族高一生，吳鳳鄉鄉長，還為政府宣揚「消滅朱毛，驅除俄寇」，以生硬的國語，顫抖的聲音，振振有詞，而「俄寇」蔣方良女士就坐在他身邊。她到吳鳳鄉為高一生加油。老實說，俄寇在哪一個方向，高還不知道呢！曾幾何時，高一生等一夥人，也被搶斃了。

主要是：高一生這個人，日文太好，有日本情結；在吳鳳鄉，叫阿里山火車停就停的有力人士。他也是危險份子，二二八他曾領導曹族戰士，在嘉義打下有名的「紅毛碑戰役」，把從陳儀部隊搶來的槍械火砲，拉到阿里山，以巨砲封鎖笨箕湖（今奮起湖）一帶。因此，儘管高一生戰戰兢兢輸誠盡忠，最後是不可信任。

以下，提供二、三「糾葛」外的「小糾纏」，文獻上所沒有的，讓子丹兄了解：人間還有更「冤枉」，更令人不忍的。

1953 年 12 月 18 日午後，屏東機場，一架雙人座教練機，越過台灣海峽，黃昏，降落漳州機場。機上二人：一名陶開府，一名秦寶尊，皆為空軍官校三十三期生。屏東機場塔台長姓朱，當天請假到台北三總看病，由陳興章代替導航。原先以為迷航失蹤。

12月20日晚上八點，福建人民廣播電台，傳來陶、秦二人的喊話。26日，屏東機場輔導長何良玉，導航官陳興章同隊上一夥人，被押到台南空總八一三空軍秘密辦事處。一週後，轉送台北保密局（在延平北路）。

翌年6月，轉送台北青島東路軍法局。1955年2月，送新店軍人監獄。1958年2月出獄，規定二十年內，必須向有關單位報到。陳興章，大溪客家人，尚可回家吃老米飯。何良玉，江蘇人，在台無親人，後淪為台北大橋下零工，癌症而亡。相信無親人替他領補償金。

1950年6月20日，新竹縣客家青年林傑鋼突然被捕。先送保安局（今獅子林大樓），二十坪睡四十餘人，數月後，已剩皮包骨。終於開庭，共二十五人，皆不認識。林排名最後，心想不管所犯何罪，應該最輕，不久即可回家吃豬腳麵線。

法官問到林傑鋼：「你認不認識此人？」並示以一張相片。

「認識呀！是我開南商工的同班同學，朱永祥。」

該照片乃畢業時在新公園合照，共五人。法官再無問話，立即宣判：前面五人，一律槍決，後二十人，一律徒刑十五年，皆未讀罪狀。（朱永祥先此已被槍決）

林傑鋼大駭，這是「什麼司法」，但當時的氣氛，不敢問，被送上綠島十五年，一天也不少。其妻曾三度到綠島，回程二次想跳海。據林傑鋼云，他曾跟楊逵同房，但不知他是文學家。出獄後，曾到台中看過楊逵一次。（以上，皆真實姓名）

兩岸是半斤八兩：一個平民上廁所，臨時找不到草紙，偷偷撕下一頁報紙，剛好那一頁印有毛語錄，被人檢舉，以「反革命」之罪，判勞改三十年。此人後來發瘋，天天到茅坑找毛語錄。（見李碧著《煙花三月》P55）

大陸鄉下廁所，普遍沒有門。我曾在廣西陽朔上公廁，前面蹲著一個穿軍服的解放軍，歪戴著帽，還抽菸看報。我毫不尷尬畏懼，彷彿回

到四十年前，在南部當兵的時代。我屬國民黨的空軍，這位仁兄，應是陸軍，沒想國共二軍，同蹲一長條之茅坑。我有點時空錯亂，不禁爲世紀的糾葛，屎尿的交流，而啞然失笑。

在中國，一切在「老大哥」監視之下，毫無隱私（老大哥 big brother。歐威爾小說「一九八四」，指的是共產黨。不過，中國五星級飯店之廁所，應是全世界最豪華、最乾淨，服務最好的。拉鍊還沒拉好，已有人送上熱毛巾）。

兩岸的白色恐怖，在風格上，卻大有差異。

國民黨是玩陰的，三更半夜，恐怖到三點，突然來了三個羅刹，把你帶走。三天後通知家人去收屍，或三個月後通知你：綠島相見。林傑鋼到現在還百思不解自己犯了什麼，說是「知匪不報」，最先知匪的，應該是你們法官，若說是「匪諜」，未免太抬舉了。做間諜並不簡單，需要訓練。若說二十幾歲的鄉下青年能當上匪諜，這是人才，應該頒獎，或加以吸收。此所以有些有良心或有常識的法官，遲遲寫不下判決書，也就乾脆不寫了。

共產黨則不然。它一向光明正大。從三反五反，到文化革命，一切的批鬥大會都是公開的。它讓你剃鬼頭，戴甜筒帽遊街示眾，讓你知道你是牛鬼蛇神。你雖不同意，但至少讓你知道自己是什麼。人，沒有十全十美的。慢慢的，在「認罪情結」（犯罪心理學）之下，你會像阿Q一樣：「原來，人是生來要被槍斃的。」沒錯，我是牛鬼蛇神！

於是，在敲鑼打鼓，萬人所指之下，共產黨等於替你做了一場轟轟烈烈的告別式。這時，你會像卡繆小說《異鄉人》所說的：「只希望死前，有一群瘋狗，向我狂吠。」這點，共產黨辦到了。

1954 年夏天，在一個偶然的情況下，我看到七具漂浮在國防醫學院（在水源地附近，當時院長爲張健）福馬林池的屍體，一律臉朝下，張著屍黃的四肢。這些應該不是「大德」所自動捐獻的「大體」，四週沒有香燭花果。他們應是永不見天日，無名無我。

1960 年，也是夏天，我在東港對岸的小琉球，目擊一群「政治犯」，成兩路縱隊，或左或右腳纏著鐵鍊，肩上共扛一根又粗又長的巨木，呼吸急迫，風風而過，領隊還向我喊敬禮。我是空軍小預官，都至今仍難忘這一批人的目光。除了梵谷的畫筆之外，已很難描述這批人的目光：孤絕？憤恨？畏懼？仇視？求救？

1960 年，胡子丹已離開綠島，爲了找不到保證人，他在綠島多囚了三個多月。長官問他：「你怎麼還不走？」他說：「快十年了，你什麼時候看到我收到信，什麼時候看到我寄信出去。」這真是慘絕人寰的 The world apart。二十歲來台，二十一歲上綠島，會有什麼樣的人際關係？所以後來他開了「國際」翻譯社，這個名字也取得相當象徵意義。

當年多少「知匪不報」、「爲匪宣傳」的「恐怖」，而今「與匪共舞」、「與匪共眠」，反可炫耀；今天多少媚共朝聖的政客商賈，卻是當年喊的最響的。這已不是「糾葛」，而是中國人基本民族性的「荒謬」。

這個「糾葛」，還沒有完，所以胡子丹定名爲「跨世紀」。

讀胡子丹之作，百感交集，本來還有很多可寫，就此引用胡子丹的一段話，作爲結束吧！

「外省人」在悲情歲月、悲情城市中，在「本省人」的腦海裡，豈止相當於毒蛇猛獸，更是恐怖、卑劣的代名詞。這段醜惡的印象是誰造成的，值得「外省人」，尤其有權柄的「外省人」深思。(p.241)

我不是刻意引用這一段，而是事實：二二八也好、白色恐怖也好，悲劇的製造者，都不是「本省人」。

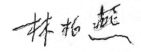

2001 年五月一日

綠島因緣（朱介凡來信 2001/05/11）

2001 年版《跨世紀的糾葛》出版後，接到來信甚多，最特別的，是來自警備總司令政治部副主任朱介凡的來信。昔日以「匪諜」視我，今日親我為「賢弟」，驚魂之餘，特予輯入。

2001 年五月十三日朱介凡和我在我的書房中

再也沒想到，我會在民國四十年八月，以迄五十二年底，任職台灣省保安司令部，四十六年改組為台灣警備總司令部的政治部副主任。這職務，一口氣，幹了十三年歲月。政治部主任王超凡中將。之成為他的佐貳，乃緣民國二十三年春，迄二十七年秋，我為東北軍騎兵四師政訓處長、政治部主任。騎四師一度受三十二軍（軍長商震）指揮，超凡為軍政訓處長，這是在北平時的事。其後，他任中央軍校第七分校政治部主任，是在長安。七分校主任胡宗南，因緣時會，是抗戰八年中，十個軍分校（第九分校在迪化，第十分校在海南島）學生最多的。十六期、十七期同時在校肄業，學生達十四個總隊之眾。終南山下的教育工作，幹了八年，與超凡公誼私交，益見深厚。而有後此臺北的共事。

我倆性格不一樣，但處事有一共同點：寬厚。

當時的保安司令部，是個好可怕的機關。我以一個司令部政治幕僚長的身分，初次去保安處察看，猶感到幾分不自在的氣氛。

事逾四十年了，我可以十分持平的說，比起當時大陸上同等的軍事機關，其肅殺氣氛應是十與一之比。共產黨、國民黨不同者在此。

　　新生訓導處爲所屬的外在重要單位之一。因爲職務上的視察、督導，前後赴綠島公幹，計有五次。本應帶一位參謀隨行，我卻總是獨來獨往，只爲要藉此利用點餘暇，一路上遊山玩水。

　　在綠島，我是所有外來客人逗留時間最長久的。不是匆匆而來，走馬觀花，即行離去。一住下來就是一星期。前後任兩位處長姚盛齋、唐湯銘，都樂意接待我這樣一位無拘束的客人。容朱某四處走動。憑意之所趨，走到哪裡就是哪裡。尤其是，讓我爲蒐集中國諺語，對新生同學們作諺學專題的講述。頗令聽者意外，政治部副主任怎地不爲「政工」的講話？由於「新生」們人才濟濟，皆四方賢達，所提供我的諺語，頗爲稀罕的語句，特感欣慰。午餐、晚餐，隨意去到每一個隊上參與「新生」們就餐的組合就食。國防部發給他們的主食，與部隊一樣。但由於每個隊上都自己種菜、養豬、養魚，伙食十分好，餐餐有肉食。

　　新生的結訓，時時有之。因而，在臺北我結識了綠島人物中的佼佼者，恕我，不欲提他的姓名。

　　孫某[①]，江蘇人，是因澎湖某中學的案件而判刑，綠島執行，以其才表現，提前結訓。超凡跟我，還有政治部的主管科長，齊同衷心幫助此人，以政治部不多的公費買了三十套桌椅贈與他。在台北市南昌街創辦了補習班，後遷羅斯福路一段，乃台北補習班之第一家。幫助了不少高中學生順利入大學，也使得大專學生順利留學考試。

　　福建林某[②]，莆田人，長得高大，有似東北漢子。以其學養與教學的得法，爲台北建國中學高中部的優秀國文教師。受業者皆感德惠。他結婚時，我夫婦同往致賀。亡妻姚青與新娘子喜宴前對話，笑得好開心，留下了她一生中參與喜宴心神最愉快的攝影。林某初從綠島出來，我夫婦盡力的援助了他。

　　楊達是可以提名的。初獲自由未久，在台北市青年公園見到，是李升如所主辦的台灣省文藝協會的活動中。還有柏楊。不過，柏楊乃是文藝界早先相熟的老朋友，與我、林海音都熟。柏楊之去綠島，乃在我離

[①] 胡註：孫某即孫鳴，創辦志成補習班，後當選台北市市議員。

[②] 胡註：林某即林宣生，後任東吳大學國文系教授。

去了警總職務之後。有兩次，我去東海大學訪方師鐸兄。師鐸時任東海中文研究所所長。我都特地去東海對過楊府看楊逵，除了談文學，也談唐湯銘這位可人兒。

李某，河北省人，原是讀北京大學的。民國四十六年，竟然跟湯銘（他離開了綠島，調職警光副參謀長），還有我，同在陽明山的革命實踐研究院黨政軍聯合作戰研究班第九期受訓，同窗者半年，朝夕相處。李某跟我很來往了一陣子。心知肚明，我從未跟他說綠島的事，乃湯銘提說，我才知曉。

上舉幾位，這三十年來，都無有音信。

民國九十年二月間，讀到《跨世紀的糾葛》，而與胡子丹賢弟見面，結為朋友，詳情不必多說。

特關懷他的身子，瘦個，工作有些過量了。

也特希望他在英漢、漢英的翻譯工作上，留下可觀的業績。

　　得詩一首，以記與子丹結緣之祝福。
　　時代苦難　烈火煎熬的人生
　　松柏挺拔　巍巍蒼蒼
　　盤結於華嶽、黃山、峨嵋峭壁危巖
　　多少不眠的長夜　從不曾哭泣
　　綠島海潮澎湃　啟迪了詩人的內心
　　看　晨星在望
　　將軍岩向無敵勇士微笑
　　一九六〇年三月七日[③]
　　永生難忘的那一天
　　天行健　君子自強不息
　　此所以為胡子丹也
　　悠悠河山　朗朗乾坤

[③] 胡子丹被釋放的日期，共服刑十年三月七天。

大大的自由自在

獨立自主的精神

清明在躬　志氣如虹

洞觀萬有

若西儒康德的哲學批判

放心的　放膽的　暢所欲言

無所畏　勿猶豫　不保留

做一個立在時代尖端

全民喉舌　跨世的著作家

君子溫良恭儉讓

切記　切記

善保健康　切勿過分勞慮

務須保有充沛的精力　深度的思考

付與您所要做的一切大事小事

若獅之搏兔

善於工作　也要善於休憩

唐•韋應物「東郊詩」

　　　依叢適自憩　緣潤還復去

以及相類吟詠閒適情趣的諸篇章

王維非如李，杜之汲汲忙忙

漢代某高士有言

汲汲忙忙　何暇著作

世界乃屬於熱情而冷靜的智者

張良　諸葛亮　劉伯溫　諸先賢也

勉之　勉之

國人共有厚望焉

2001 年五月十一日

（曹序）新世紀的自由（2008/08/15）

曹欽榮

2001 年，胡先生爽快接受我們的採訪，在台北市博愛路國際翻譯社有緣認識了他，離《我在綠島 3212 天》出版已 11 年，新版《跨世紀的糾葛》剛誕生。《跨世紀的糾葛》是了解 50 年代綠島集中營最生動的入門必讀書之一，更是理解台灣白色恐怖不可或缺的傳記。

讀者如果以現代人權觀點的思維閱讀本書，將會從書中發現台灣白色恐怖時代恣意妄為的權力體制思維，仍然威脅著今日民主自由的生活。《跨》書的貢獻不僅止於記述動亂「悲劇」時代的個人命運，更表達了無所不在的國家集體主義結構性暴力的威脅下，受害者個人追求主體解放的艱辛歷程。本書稱為《跨世紀的糾葛》，隱含著更多的個人傳記對於社會建構集體記憶的重要性，白色恐怖人權迫害的歷史有待社會深入的了解，作為鞏固民主生活的基礎，新的世紀我們所期待「轉型期正義」的實現，才有可能，如同胡先生及他的無數難友所期待：國家暴力的恐怖威脅不會再來，民主自由得以常存。

個人作為一位規劃設計者，多年來因為進行綠島人權紀念園區規劃工作，了解紀念近代歷史的博物館，必須透過當事人深刻的訴說作為基礎，才能廣泛且深刻理解受難者內心世界的生命史及她/他們的時代背景，紀念館也才有可能說服觀眾，讓觀眾親近不遠的過去歷史；然而，真誠面對過去的勇氣，書寫自己不堪的過去，何其不易，受難者在記憶與遺忘的內心掙扎過程回溯歷史的心情，外人甚難理解，受難者甚至不容易全盤對親人說明，這樣的記憶與遺忘的交戰，就發生在我們社會中無數的受難者；當代的紀念館所做的會是以「生而為人」的同理心去認

識紀念對象的遭遇，思索健全的民主社會的方法和可能的制度，而不是如過去的紀念館，標榜英雄、導師、偉人、國家主義的崇拜[①]。

多年來，分別陪同許多政治受難者或家屬尋訪綠島，深深覺得綠島人權紀念園區需要一座完整記述台灣人權史的紀念館，胡先生也因為協助建立紀念館基礎工作而多次前往綠島訪視度過 10 年歲月的舊地，而且不斷在報章為文呼籲社會認識 50 年代白色恐怖歷史，讓傷心之地成為希望之島，讓年輕朋友前往綠島旅行，多一份歷史人權關懷的了解。

近 15 年來，綠島已經成為年輕朋友浮潛的渡假勝地，對多數成長於白色恐怖時代的台灣住民而言，火燒島一直是監禁政治犯、重刑犯或流氓的神秘島嶼。島嶼被污名化的長久歷史，有如政治受難者被社會長期隔離一般。

火燒島在日據時代的 1911- 1919 年曾經設置浮浪者收容所，因為交通不便，收容所之後併入岩灣收容所；50 年代的白色恐怖時期，1951年 5 月 17 日第一批上千名政治受難者抵達綠島，胡先生是其中之一，到 1965 年左右裁撤新生訓導處，政治犯移送台東東河鄉泰源監獄，1972年因為泰源監獄事件，政治犯再度被移送綠島感訓監獄（綠洲山莊）；胡先生紀錄的就是新生訓導處前 10 年的種種回憶。綠島成為白色恐怖監禁政治犯的集中營（1951- 1965 年，新生訓導處）和監獄（1972- 1987年，綠洲山莊），時間長達 30 年，已知超過 30 位以上無期徒刑的政治犯，曾經拘禁在島上集中營及封閉型監獄超過 20 年，時間最長者超過34 年之久，政府的理由是安全仍有顧慮。

近年來，綠島兩處政治犯監獄的主要場域設立為「綠島人權紀念

[①] 國際博物館協會 ICOM（International Council of Museum）於 2001 年成立 ICMEMO 國際委員會，組成紀念公共暴行受難者的紀念館委員會（International Committee of Memorial Museums for the Remembrance of Victims of Public Crimes），綠島人權紀念園區及 2007 年 12 月 10 日開放的台灣人權景美園區，都具有 ICMEMO 所指的博物館性質。ICMEMO 的目標是鼓勵負責的歷史記憶，藉由教育及運用和平利益的知識去增進文化合作——這也是 ICOM 的聯合國夥伴組織 UNESCO 的主要目標。這些紀念館的目的是紀念國家、社會決策及意識型態鼓動的罪行下的受難者。這些機構通常位於原先的歷史地點或倖存者為了紀念目的所選的地方。它們藉由保存一種與當代社會強烈連結的歷史觀點，尋求傳達歷史事件的訊息。

園區」，逐步進行保存及重建工作。讀者若能閱讀《跨》書，前往綠島人權紀念園區參觀現場遺址，相信有如走訪一趟我國人權歷史的逆旅，了解當時火燒島新生訓導處超過兩千位受難者，在孤島漫長的集中營生活，日日夜夜望鄉，被受勞動改造。胡先生以文學筆鋒書寫集中營裡鮮活的人、事、物，記錄了白色恐怖時代不為人知的一面，設身處地想像如果是我們自己在動亂時代，青春年華葬送在遠離家鄉的太平洋孤島上10 年，以後又會是個什麼樣的人生呢？尤其是在台無任何親人的外省籍政治受難者。閱讀《跨》書，讓我們的閱讀經驗彷彿重新經歷那段歷史的陰鬱時空，令人感同身受。

作者開宗明義直陳：追記「這段生活」不是為了翻案，是當事人親身經歷的小小希望：「在這個時代裡，不曾坐過不知道為什麼而坐牢的人們，能夠毫不猶疑地相信；在我們的國家裡，的的確確發生過這些怪誕不經的事。」處在民主生活的今天，我們真的能夠相信這些書寫嗎？習慣教科書裡大歷史敘述的我們，還真難一下子轉換腦袋，相信我們過去的歷史曾經發生過無數駭人聽聞的斑斑血跡嗎？胡先生的難友陳英泰先生詳實的記錄了在綠島及新店安坑軍人監獄的再叛亂案，兩案有台籍和各省籍者，自 1955 年 7 月到 1960 年 2 月，共被槍決 29 人，平均年齡 30 歲，我們相信嗎？檔案一一證實了「嗜殺」的殘暴體制的胡為，這些個人恐怖遭遇的「小歷史」，集合成白色恐怖的集體見證，見證長期又廣泛的人權迫害全貌，凸顯民主催生過程的兩難－關懷受害者的身心創傷還沒有成為我們的深刻文化素養，我所知道的受難者年齡都已80 歲上下，還在承受半夜驚醒折磨的人，大有人在，她／他們親身經歷不可思議的犯行，至今並未得到真正的安心，因為至今沒有任何加害者之一，願意說聲對不起，多數旁觀者因為無知而無所謂，或認為那些陳年舊事已經成為過去，社會更缺乏從法律制度建立除「罪」化、照顧受難者身心的作為。

胡先生也曾經受長期噩夢所苦，他接受採訪時曾經如此說：「我一直不承認我是政治犯，直到釋放後一直找不到工作，好不容易找到了一份糊口工作，情治人員都陰魂不散地來到職場訪談，問僱主『怎麼敢用

政治犯?』飯碗因而丟了。當時我恨透了政府,連給我一碗飯吃的機會都不給,從那時候開始,我承認我是政治犯。」製造無數白色恐怖冤獄的犯行,在近年來檔案逐漸公佈後,清楚可見最高權力者及戒嚴體制下的相關人士無可推卸的責任,我們如果期待嶄新的民主文化,有必要要求政府釐清各層級的責任,才能避免邪惡體制再來。就此而言,政府體系及各軍種的白色恐怖案例還未被詳細探究,胡先生被牽連的海軍案是其中之一[②],除了當時海軍內部錯綜複雜的權力鬥爭因素,1949 年國共內戰敗退來台的國民黨政府四面楚歌,懷疑每一個人都有可能是匪諜,暗地進行搜捕各軍種內部的「匪諜」,政策原則不變:「寧可錯殺一百,不可放過一人。」無數冤死者可能就此淹沒在歷史長河裡,舉例而言:1950 年韓戰之後來台的上萬名反共義士,分發軍中,有的再成為綠島階下囚,甚至埋屍綠島十三中隊,家屬恐怕至今仍然無法得知。白色恐怖歷史必須書寫活生生的個別受難者,才能感受到受難者的血淚和生命展現的高貴價值,胡先生是最早自己書寫這段歷史的當事人和先驅者,但願我們都能從《跨》書中的人物得到啓發。

　　胡先生的書也是建構綠島人權紀念園區歷史敘述很重要的依據之一,個人受惠於此書甚多,恭敬從命為胡前輩的書,書寫一些規劃園區過程中對白色恐怖歷史的一點體會,表達對《跨》書再版的敬意,不足與過譽之處都要由個人來負責,胡前輩以及許許多多不分省籍的受難前輩給我無數的生命成長機會,讓我相信戮力記述她/他們走過的時代軌跡,是我們的責任、機會和挑戰,珍惜並承繼如此豐厚的歷史遺產,也是我們的幸福,唯有如此,過去的「悲劇」才會昇華為動人的民主生活的文化經驗,並祝所有的受難者身體安好,能與更多年輕朋友分享她/他們的生命經驗。

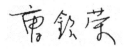

2008 年 8 月 15 日二戰結束紀念日
並紀念 5 月 20 日在旗津自焚的許昭榮前輩

[②] 參見戒嚴時期海軍蒙冤退役袍澤聯誼會編印,1999 年十二月,《中華民國海軍蒙冤退役袍澤蒙冤事實陳述書彙編》。

（蔣序）生命中必須承受的重（2008/10/19）

蔣友柏

2008 年二月 25 日，好友林世煜兄約我，說有位年輕朋友希望和我談談，但那天談得不夠盡興；三月 27 日一大早，在我寫字間，促膝而談，僅他和我，至午餐時分手。此年輕人，蔣友柏也；蔣中正的曾孫、蔣經國的孫子、蔣孝勇的兒子。

《跨世紀的糾葛》是我在綠島 3212 天的生活紀錄，1989 年在香港「新聞天地」連載，1990 年台北單行本出版。兩次和友柏見面，上世紀 50 年代的白色恐怖以及綠島種種，都是核心話題：他態度誠懇、聽得認真仔細；彼此相約，隨時隨地，見面聊天。

我想：我的「跨」書 2009 年版，何不請友柏寫點什麼，就這麼決定。我和他是用 E-mail 如此溝通：

2008/09/16
我曾送你一本書，書名《跨世紀的糾葛》，是寫我在綠島生活的情形。不知有無印象？
我二人曾有兩次單獨的愉快談話，不知你記得不記得？
這本書打算明年初再版，很想請你寫點感想什麼的，無以名之，就叫做序罷，十月底前給我，可以嗎？
我當然記恨你的祖父及曾祖父，但恨不及你；你當然愛你的祖父及曾祖父的，但想起他們的有些作為時，你心中一定會不以為然，這就是讓我能淡化對他們的恨意，而能對你有了可愛的感覺；不像有些仍居大位一副不吃人間煙火的人物，仍然自以為是，仍然自以為是二蔣的正宗傳人，我實在加倍的對這些人討厭。
你可以直接用英文給我信，寫序時也可用英文。

2008/09/20

I just got back from China. It was a difficult and long trip. As you know, the global economy is collapsing and it is critical to come up with at solution to ride through this era.

As your request it will be my honor. I will start composing a draft for you to review.

I thank you for remembering me and providing me with this honor.

2008/09/20

謝謝你在疲累中回了信，而且答應了我的請求——為我的書寫序。

全球性的經濟不景氣，在中國更能覺察到，台灣是尤其慘，只有政客們依然衣冠楚楚，藍綠一樣，即便有所例外，也是異數的少。

你可能第一次為我這種性質的書寫序，字數不在多少，我要的是真，無忌無憚，說出你友柏心中的話。

這本書叫《跨世紀的糾葛》，你有嗎？如沒有，我立即寄上。

2008/10/19

This is the initial draft. I tried my best to be as real as I can.

I will conduct alteration once you approve of the content.

Thank you again for this opportunity.

PS: Sorry for the delay.　The current market situation requires a lot of my attention.　I think it will be a tough 2009 and is preparing my company for it.

Best regards, Demos

　　人的出生是無法選擇的，有些人誕生在茅草中，有些人著陸在寬鬆的羽毛上，而我卻是掉落在世紀的糾纏裡。或許，因為叛逆的基因的作祟，我曾試著釐清生下就伴著我的負擔。期望著藉由了解而拋開他。也曾因為太習慣這些糾纏，完全忘了它的存在。

直到遇見了一些實際經歷過摧殘的長輩，才發現，誠心面對這些歷史的糾纏，認清我無法改變過去的事實，讓我更了解我自己。

與白色恐怖受害者第一次接觸時，我的心是惶恐的。有點像美國電視劇中的法院戲碼，懷著害怕的悸動，鞭策自己面對事實所帶來的評判。腦裡只有一個畫面；一條不歸路的剪影。我知道，一旦面對了真相，就會看到不一樣的空間；一個一直被隱藏的暗室。

　　但在會面的過程中，所有的受難者都溫柔的對待我。輕輕的、慢慢的幫把我眼前的蜘蛛網剝掉。並細心的遮住我沒見過的陽光，以免讓我受傷。這種寬大的心胸與氣度，讓我折服。

　　當胡先生邀我為《跨世紀的糾葛》寫序時，我實在不知道我有什麼立場參與這本書的再版。我擔心因為我的參與，讓胡先生的血淚蒙上了偏見的灰；我害怕因為我的不成熟，讓胡先生的傳承被冠上不公的名。所以，在這一篇序裡，我只會誠實的敘述胡先生對我人生的影響。

　　在與胡先生見面前，我一直在找 the facts behind the truth。想找到在歷史的洪流中，有哪些暗流促使「白色恐怖」這個結果發生。雖然市面上可以買到或擷取各種與「白色恐怖」相關的經歷、推測、假設、或片段證據，但還是無法拼湊出一個絕對的事實。對我而言，找事實不是為了對錯，而是幫助我承認、面對、與放下一段我沒有參與卻背負著烙印的歷史。但在與胡先生會談之後，我放下了尋找 the facts behind the truth，而開始琢磨 the reasons behind the acts。因為胡先生讓我了解，以我現有的智慧實不足以讓我用大時代的鞋反觀歷史[①]。現在的我，只能把我無法選擇的不平凡變成平凡，再把這個平凡變成平常。當我用平常人的平凡看那一段讓平常人變不平凡的歷史時，我反而能了解很多事的發生是人性造成的。這個基本「人性」的缺陷，當無限放大時，是會創造出無解的糾葛。

　　這個認知上的轉變影響了我的行為。一旦歷史的神化為人的時候，所有的不可能都變成可能。胡先生所經歷的「不可能」也變得比較具像。雖然每次的談話，胡先生都盡量輕聲平和的敘述他人生的起伏。但他的眼神與語氣卻堅定的對我吶喊出那段歷史所加諸的痛苦。我除了聽，什麼也不能做。但這一系列痛苦、無奈、悲傷、與不平的交響曲，卻讓我

[①] 原文是 You have to be in other shoes to see the things other is seeing，可意譯為「以我現有的智慧不足以讓我反觀那個年代的時空歷史」。

能藉由音符譜出些許當時的黑白影像。也讓我對於生下就被加諸的「恨意」，多了點釋懷。

　　也許，對於胡先生，與我見面是一種終極的放下。相對的，對我來說，與胡先生的互動，是一種新生的解放。在此，我想藉這個機會，對與我見面的家屬，獻上我的感謝。也僅能用我自己的立場，對各位說聲抱歉。

（蔣友柏）2008/10/19

2008 年二月 25 日，我和蔣友柏第一次約會，是在台北市新生南路三段的一個忘了名字的街口。

（林序）祝您生日快樂（2008/10/21）

林世煜

胡先生，

　　請容許我以這封信代序。書寫和閱讀，不就是作者和讀者之間，互相訴說、傾聽，並在想像中對話嗎？能把我的回應補進您的書裡，真是榮幸之至。

　　這幾天第二次讀您的書，一路作筆記。翻到一處折角，是上次的留下的記號。說的是您在綠島幫難友理髮，幾年之間，剃下來的頭髮，由烏黑逐漸花白⋯時間，大尺度的時間，十年、十五年、三十多年的囚禁；高濃度的時間，被刑打羞辱，等候命運由人決定，或者突然閒下來，萬般思緒一時脫韁由心底湧現的剎那。時間，在您曲折離奇又豁然開朗的八十年生命中，是如何波動，又怎樣度量？

　　讀您兄長所寫的童年回憶，蕪湖失守前離家，是您第一次逃難吧。從那兒到上海、到左營、到綠島、到台北，距離的感知，不只是空間的遠近，還有相望隔絕或通達利便的不同。左營的三樓、鳳山的海軍來賓招待所防空洞、台北軍人監獄裡輪班睡覺的囚室，和綠島二、三十人一排的通舖。有間隔沒間隔，或肝膽或胡越，連夢裡都飛不到的遠方，前胸貼後背的相濡以沫。您的空間感，是以思緒的轉瞬千里，還是由著肌膚、汗水、體味來感知？

　　您的身體，那個走不動長路渴望人揹的童稚身體，那個趴在地上挨「風火棒」的受難身體，那個扛大米搬石頭、汗如雨下的傷痛身體。您的身量英俊挺拔，如果無所牽絆的遊走人間，會有另一番令人豔羨的風光吧。可是卻被拘禁，上了鐐銬。我總以為物質的身體是有自主意識的，不肯蠕動時就不能蠕動，不能不蠕動時也無法停止蠕動。我就不去想像

您和幾十位難友關在小籠子裡的日常景像了。倒是上回和您一起去綠島，一夥人分配到海巡署招待所的客房。閻啓明先生看了樓下和室裡那兩張雙人床墊，不由分說的嚷道，「就我們四個睡這裡吧。」我一聲也不敢吭，只偷眼看您四位前輩默然的表情。那天夜裡，我離開二樓的套房，下來睡在客廳的沙發上。胡先生，人說身體的記憶能夠持續一生，是這樣嗎？ 一夜裡，擁擠不堪的和室，傳出您四位老男人平穩的聲息。

是身體主宰著我們嗎，還是不知依於胡底的精神？我請教幾個新近和你熟識的青年。他們說，愛你的斯文和藹、幽默風趣、學識豐富、胸襟開闊，「帶有一種歷經大風大浪的洞悉與透徹，充滿智慧，也充滿寬容。」而且，「他很會甜言蜜語喔！」她們都這麼說。但你也不隱瞞，「我常在夜裡驚夢而起，揮拳踢腳，我會周期性的動怒發脾氣。」您在家書裡對兒子這樣說。而我們知道您經歷過的大風大浪，絕不是等閒可以想像。您應答生命的提問與挑戰，在神智清醒的白晝裡盡可趨退自如，法度嚴謹；但是在夢中，心理自衛機制放鬆了，便要伸手出腳，回應那個時代和環境施加在您身心上的迫害。

您開始動筆寫這本書是一九八九年二二八那天。當時解嚴不到兩年，您剛滿六十歲，出獄二十九年。您是第一位發表回憶錄的白色恐怖政治犯。您也是當我們計劃著要辦「綠島青年體驗營」（見附註一）的時候，最早被青年們搶定的講師人選。大家異口同聲的說，因為您很「平衡」。意思是說，您不慍不火、雍容大度，開放而不執拗、不獨斷，是一位即之也溫的君子，令青年朋友油然興起孺慕之情的爺爺。這也是我和您結識幾年來的體會。趁著奉命寫序的機會，我懷著欽敬和好奇的心，設想要對您企及「平衡」的修為，認真思索一番。

然而我們的生命經驗那麼不同，您身心長期遭受的折磨，於我很難揣想於萬一。或許只能從時代和環境這個外部條件來推敲。那麼，姑且從您書上那句，「我被敵人的敵人抓起來判了罪」說起。

「敵人」和「敵人的敵人」。胡先生，這真是明快扼要的春秋之筆。

您一針見血的指出了時代的困境，和您被客觀環境所癱瘓的事實。我確信即使您曾經身陷牢籠，至今仍是未改初衷的反共愛國青年。敵人，和敵人的敵人，撕裂了您畢生熱愛的國家，剝奪了您愛國的權利。您失去所有，並陷入進退失據的兩難。To be or not to be，您曾因此徹夜難眠。

相形之下，您的難友們處境，各自有別。那些堅信解放革命者，心中懷著盼望，身旁同志環繞，多少得以互相支撐。那在台灣生長的難友，他們和腳下的土地、周圍的人民，依然如血脈枝葉生息相連。他們心中都還保有幾分牢靠，得以審時量力的進行杯葛和抵抗，甚至不顧一切豁出去幹了。但是您不選擇抵抗的路。或有人說，那一無所有，對生命毫不眷戀的人，豈不更容易豁出去。但我總覺得，那是否意味著放棄。求死或不畏死的抵抗，宛如自我放棄。您選了另一條路。

那位文太太一派輕鬆的對您說，「你別以為未來遙不可及，說不定明天就是未來…未來總要來到，現在不自由，總歸有天有自由。」經她醍糊灌頂，您決定，「那怕得知明天要槍斃，今天如果被許可，我還是要運動、要讀書。」您說，這是一個正確的決定，而且執行得非常徹底。

您和自己的生命和解了。不再是一無所有，而且擁有不假外力、自我圓滿的希望。漸漸的，您也與時代以及環境，與敵人和敵人的敵人和解了。您在字裡行間留下和解的訊息：「在我們的國家裡，的的確確發生過一些怪誕不經的事」。「我自己知道，我一點也沒錯。我沒錯，那麼，是誰的錯？只能說，是時代的錯。」「四十年後的今天，我明白了寧可錯殺一萬，不可錯放一人的道理，以及，黃巢殺人八百萬，在劫難逃的無奈。命中註定的也罷，是正巧碰上了也好！反正，往事已矣，過去的是與不是，都成了歷史」…

被時代的巨輪輾過、鐵蹄踏過，終而倖存下來。不，我並不是指您選擇和解，放棄抵抗。不是這樣。我要說，在聽了文太太一席話之後，您決定的，是一條與人不同的，昂首抵抗的路。你決定從一無所有的荒蕪當中，種下新的生命，從此活得多采多姿。面對那個糾纏不放的警總

長官撂下的話，「他們是他們，你是你」，胡先生，您只消身形立起，往人前一站，就是最滔滔的雄辯。

時代、環境、敵人、敵人的敵人。胡先生，您這一生已在無限的時空中，對古往今來的眾人擺下筵席。而我，又特別喜歡您在一派和解中，那些小小的，以直報怨的抵抗。我喜歡您留下海軍來賓招待所所長劉斌的戶籍地址；喜歡你寫探望新生訓導處處長姚盛齋，看他「蹲坐門前，在水盆裡洗衣服…他的現況是老婆跑了，不久，自己背向了十字架。」而且，你獨力爲自己翻案。你爲了自己的 integrity，甚至在出獄前拒絕一份錯置的誓辭，「報告指導員，誓詞上有脫離匪黨，可是我沒有參加任何黨。」壯哉斯言。

我彷彿有些體會了，胡先生。體會了某種美的形式，某種抵抗的美學。台北是您的生活基地，也是我的，那些喜歡聽您「甜言蜜語」的青年，也常在這裡相聚。時代的巨輪依舊轟轟轉動不知依於胡底，我早已選定自己那條抵抗的路，也不斷探索其中的形式美學。我得像您那樣，「斯文和藹、幽默風趣、學識豐富、胸襟開闊，帶有一種歷經大風大浪的洞悉與透徹，充滿著智慧，也充滿著寬容。」才走得通自己選的路。何況，我還得努力學講甜言蜜語…

感謝您寫出這本書。先祝您八十大壽生日快樂，政躬康泰，國泰民安。

晚　　林世煜　敬上

2008/10/21

P.S. 我記得劉紹唐先生的話，一定要註明年月日。

附註一：

綠島青年體驗營在綠島舉行，2008/05/17~05/22，參加學生分五組，我胡子丹

被邀派爲第一組講師，學員及其參加後之感想爲：

江佳娟　（隊輔、博士候選人）有人說，別輕易挑戰人的軟弱。而你的反應，
　　　　讓我看見你對生命的尊嚴與熱愛，我常覺得你比我們很多年輕人更有
　　　　生命力，有智慧，也有著寬廣的胸襟與風度。

于孟涵　（中研院政治所）您走過一段如此荒謬與殘暴的歲月，卻沒有放棄自
　　　　己的人生，並且持續爲難友們爭取平反與真相，更讓我佩服您的風骨。

杉山美也子（人權工作者）讓我再認識和平、民主、人權、自由。謝謝您。

陳琳婷　（中央大學英美語文學研究所碩三）謝謝您和我們在一起參加這幾天
　　　　的活動，不僅白色恐怖這四個字，成爲一個個人的生命故事，更知道
　　　　人權自由的可貴。您要保重身體，和我們年輕人一起努力。

梁尙慧　（台大外文系三年級）牽著您的手，我感到溫暖，看著你踏的步伐讓
　　　　我更堅定，與您的對話，讓我更深刻的思考我所學所做。心裡忍不住
　　　　將二十歲的自己和二十歲的您比較，卻發現自己要學的事物道理還有
　　　　很多，認識您這位朋友，真好！

楊宜靜　（台大法律系三年級）四月在台大聽您講您的故事，這三天聽了更多
　　　　關於您們過去的種種，那些過去彷彿活了起來，並且和此地的您們和
　　　　我們更交織在一起，很不真實，卻又如此真實。我們會記得，會努力，
　　　　希望能完成您們的心願。

鍾之儀　（台大動物科技研究所）除了自己的實行外，更希望能影響更多的人
　　　　來知道白色恐怖的真相。

陳　琳　（東海大學社工系四年級）透過實際的對話和互動，是最好也是最有
　　　　效的學習了！人權、民主之路，一起跑完吧！

王昭人　（台大台灣文學研究所碩三）聆聽了您的故事之後，令我很感慨，人
　　　　對人的無理暴力竟能殘忍至此！希望您之後也能健朗快活，筆耕不
　　　　輟！

林竣達　（台大政治研究所碩二）聽過您的故事後，令我十份感動，我會更努
　　　　力地瞭解這段歷史，希望我們的國家能越來越好，永遠別再讓類似苦
　　　　難發生，最後，謝謝您！

陳睿哲　（國立大里高三）了解您的故事，就如同了解台灣失去那一段的故事。
　　　　我也希望繼續將您的故事讓更多人知道。

彭琪庭　（師大歷史研究所碩三）很高興這幾天能聽您講些故事，經過這幾天

後，更覺得自己對於這段歷史的瞭解仍太少，多希望自己能多看一些，並多對這段歷史及這些在大時代受難的長輩們多做一些事情。

廖宜楷 （高雄餐旅學院管理系）您好，首先我想我必須說真的很高興認識老先生您。我想這幾天以來，我受到了很多震撼，尤其本身是高職體系出身，並沒有歷史課，別說白色恐怖，連二二八，我也不甚了解。也許像前輩們說的，這將會是場跨世紀的糾葛，而且年輕人越來越少人知道。但當我聽完前輩分享又看到身體的朋友，我知道，還有人在努力，歷史不會被遺忘，加上我們這些年輕朋友，未來會有越來越多人知道這件事，也會有一群人繼續努力，努力不讓歷史重來，努力還原真相，但願有一天能完成前輩的夢想，公布真相，還有道歉！也很榮幸認識胡子丹先生您，您真的一點都不老，希望您身體健康，萬事如意。

▲ 2009 年 2 月 18 日（農曆正月 24 日）胡子丹（持花者）生日宴上，和部份教授、學生們合影。

（吳序）命運與自由 （2008/11/06）
—爲胡子丹《跨世紀的糾葛》而寫
吳叡人

「人呀！人呀！奇怪的動物，完全靠心理建設。」(P053)

—胡子丹

如何書寫浩劫？如何書寫絕望？有人深深介入絕望之中，捲入它的無邊晦暗，然後在倖存者長日如年的悔恨憂鬱中，讓自己滅頂。如 Primo Levi，和他的《如果這是一個人》。有人從希望與絕望疏離出來，無念無想，只顧冷徹地，乃至客觀地凝視黑暗，並

且描摹它的荒謬、恐怖，以及美麗。如 Imre Kertész，和他的《非關命運》。

讀胡子丹的白色恐怖回憶錄，使我不禁想起 Kertész 的這部奇妙的浩劫小說：他們同樣冷靜，冷靜到了疏離，疏離到了觀看自己的痛苦彷彿在觀看他人的生命，疏離到一種荒謬，卡夫卡式的美麗，彷彿在巨大的、難以名狀的、迷宮般的命運之中焦慮地嬉戲。焦慮地、無知地嬉戲，然而又彷彿是理解的，因爲是疏離的，因爲是用一種意志強制抽離，拒絕陷溺的，局部的醒悟。我們稱這種疏離，這種以意志強制抽離的自我審視，這種局部的醒悟—我們稱之爲「自由」。

Kertész 筆下，被送進集中營的十五歲猶太少年卡維對自己的處境

完全是疏離的。他是局內人，然而他擁有一種純然旁觀者的視線。這種
疏離的視線令讀者感到焦慮，因爲他們無法讀到期待中的那種熱情的、
介入的，關於受苦，關於邪惡的生動描述與道德譴責。沒有，少年將這
一切視爲某種外在於自身的「命運」，靜靜地觀察它一步步的開展，彷
彿自己是自己生命的觀眾。然而這不是對「惡」的漠然，而是一種存在
主義式的，荒謬的抵抗：**疏離是將命運他者化的必要策略，而將命運他
者化，意味著對這個被強制加諸於自身的命運的拒絕—道德上的拒絕。**
不過，道德上的拒絕並不意味著我們能夠逃離這種被他人強加的「命
運」。現實之中，我們總是必須經歷這個命運，走過這個命運，穿越這
個命運，並且用我們最終的生存，克服這個命運。當我們克服了命運，
作爲他者的命運於是被馴服成我們的命運，而我們的自由於是孕生。所
以在活著離開集中營之後，少年卡維如是說：「**如果有命運，那就不可
能有自由；若有自由…就沒有命運可言…也就是說，我們自己就是命
運。**」

面對現實，經驗他人強加的「命運」，並設法生存下去，如此我們
就克服了在道德上從未接受過的，作爲他者的命運，並將之馴服爲我們
的自由。因此，再怎麼困厄的「命運」也絕不只是突然之間「來臨」，
而我們也絕不只是「接受」而已。如賀川豐彥所說，我們必須「穿越死
線」，正面面對命運/他者，並且—而且只能—在穿越之中獲得自由。這
是命運與自由的辯證。

《非關命運》所描繪的命運與自由的辯證，以一種更個人化、更親
切、略爲帶點自嘲，然而卻同樣清醒深刻的方式，出現在胡子丹先生對
恐怖歲月的回憶之中。他描繪自己在鳳山「海軍來賓招待所」、在台北
軍人監獄、在綠島的荒謬遭遇時，幾乎不帶任何火氣，彷彿在敘述他人
之事。這種高度抽離自身處境的冷靜筆觸，固然有時間沖刷淡化的因

素，然而它同時也意味著作者對那全然與自身無關，卻導致自己受難的「命運」─國共內戰與國民黨黨內鬥爭，意即所謂「大歷史」─的某種道德上的拒絕。當然，「疏離」不只是一種道德上的拒絕姿態，同時也是一種在荒謬處境中生存的心理策略，因為只有在心理上疏離希望，才能安然，乃至積極地度過黑獄中，荒島上的每一天。然而疏離希望不是放棄希望，而是一種高度的自我控制，試圖將全部生命集中在「生存」這個單一焦點之上。這是一種意志，生之意志。這是極端情境中的希望形式─hope against hope。

然而生之意志不拒絕快樂，因為**快樂，根據胡子丹的說法，同樣也是一種意志**。所以在層層監視，充滿謊言與告密的氛圍中，他甚至能夠跨越族群界限，獲得真實的友誼。所以在邊鄙海隅的流刑之地，青春之花依然綻放，愛情的甜美依然湧現─含蓄地、壓抑地，然而依舊是甜美地。因為胡子丹說幸福是一種意志，快樂是一種意志。因為胡子丹是一個意志的強者。

所以，胡子丹仰賴一種生之意志穿越死線，走過那段與他無關的命運，並且將那作為他者的命運馴服成自己的命運，自己的自由。胡子丹是一個自由的人。

吳　叡　人

寫於 2008/11/06，圍城之日清晨五時四十五分

（林序）「眼淚像麵糊一樣滑下來」的人
（2008/11/06）

林傳凱

能為胡先生的新版回憶錄寫序，真是我莫大的幸運。對我來說，認識胡先生，與結識其他幾位白色恐怖受難者，有非常不同的意義。首先，胡先生是我第一位熟識的白色恐怖受難者，也是我最常相處的一位。次者，我與胡先生的回憶錄，也有著相當奇妙的機緣，那話頭就從這裡開始。

我第一次見到胡先生的回憶錄，是剛宣佈解嚴時的那個版本。這是我在去年的夏日午後，在一個偶然的機緣下，從台北市牯嶺街舊書攤的架上看到。我記得那本回憶錄的書皮是紅色，上面用黃線勾勒出那個囚禁了數以千計青春歲月的火燒島。那個時候，我翻了內容，只知道作者應該是海軍出身，而且名字叫做「秦漢光」。我打了通電話，請教熟悉戰後綠島新生訓導處歷史的曹欽榮先生，他告訴我，原來這個作者是假名，而作者的真面目，就是我曾經在「白色見證」紀錄片中看過的胡子丹先生。

這件事情沒發生多久，我就親自見到了胡先生本人。事情是這樣的：因為一次偶然的街頭機緣，我們決定邀請一群年輕朋友①，在陳文成基金會與幾位白色恐怖受難前輩碰面。當時，世煜兄表示將邀請兩位「風度翩翩、溫文儒雅的紳士」來到現場，其中一位還是當年綠島最出名的「第一美男子」，常在話劇舞台上擔任男主角。他指的美男子，就

---

① 幾乎全是台大和政大學生，其中有博士候選人和碩士班畢業的，留給我有姓有名的是：尤美琪、張馨文、陳品安、梁國雄、李怡慧、蕭伶仔、蘇慶軒、褚縈瑩、謝榮任、何經懋、林易澄等同學。

是胡子丹先生。

　　我記得很清楚，那天胡先生提前來到現場，跟我們一起安靜的吃著便當。他給我的第一印象，是一位安安靜靜、話不多，但每句話都極有內涵的長輩。若拿當時的第一印象，與經過這麼多年相處後的印象相比，我想其中最大的差別，是胡先生當時半信半疑的問過我，困惑現在的年輕人，怎麼願意相信、也願意聆聽，在台灣的一九五零年代，確確實實發生過這些駭人聽聞的歷史？直到現在，對於初次見面的那一天，我印象最深的一句話，就是胡先生千叮嚀、萬叮嚀：「絕絕對對要相信，在台灣，曾經發生過如此荒誕不經的事情。」

　　喔，對了，那天見面以前，我已經讀完了我在牯嶺街買的那本紅皮書。讀完胡先生的文字後，我不斷跟我身邊的朋友稱讚，說我真喜歡胡先生的文筆，那是一種寬厚、溫和、是經過苦難淬煉後，才能將痛苦的生命經驗以平靜的字句轉達出來的真實智慧。在許多篇章，可以看見胡先生趣而不謔的幽默筆法；而在另一些篇章，又可以看見胡先生以不激情、卻充滿堅定的文字，去反省威權統治所帶來的荼毒侵害，並且細膩感人。

　　寫這篇序的時候，想來也真是奇妙。我記得第一次見面的尾聲，我拿起那本紅皮書，想請胡先生幫我簽個名。我到現在，都還能清楚背出胡先生簽在內頁的幾句話，他說：「林兄，一本舊書還讓你買，不好意思。」我想，光是這幾句話，就充分表露出胡先生的人品，及待人接物的謙謙之風。

＊＊＊＊＊＊＊＊＊＊＊＊

　　與胡先生的相遇是個幸運的開端。後來，我們曾經一起拜訪過一甲子前，作為胡先生十年苦難之旅起點的鳳山海軍來賓招待所、也一起重回過綠島、還一起經歷過許多回愉快的晚餐與趣談。至此之後，有越來

越多機緣，我認識越來越多的白色恐怖受難長輩。更從他們的口中，聽見了他們對胡先生的認識，這不但是與回憶錄中的內容「相互印證」，更使我們進一步靠近，那種在現今年輕人身上幾乎找不到的人格特質。我舉一個例子為證：

他的一位老同學，當年在綠島蹦蹦跳跳、喜歡睡覺、而且演起京劇丑角渾然天成的田慶有先生：「我真的很佩服胡子丹這人！他跟我同一隊，我印象很深。他不只教英文，他還喜歡打桌球，而且打得很好。他跟我們隊上那個戴振翮，兩個人打起桌球認真的跟什麼似。最厲害的是，他打完桌球，擦完汗，立刻回到囚房開始唸書，他們是一點一滴時間都不浪費（田先生附帶一句：而我都在睡覺）。」「還有，他這個人話不多，在綠島的時候很努力充實自己。我還有一個印象，每次隊上要他做公差的時候，他一聲不響，立刻起身去把它完成。然後回囚房後繼續充實。」誠哉斯言！當年的老同學，竟在沒讀過胡先生回憶錄的情況下，如此忠實的描述－胡先生自己也描述過的黃昏回憶。

* * * * * * * * *

解嚴之後，陸續有受難者出版自己的白色恐怖回憶錄。在我看來，這些前輩，有的是當年地下黨或反抗組織的成員、有的是因小事而抓入黑牢的受難者。因此，這些回憶錄的出版，都確實有其獨特、必然的傳世價值。但對我來說，雖然胡先生當年被捕的原因，確實「只是」受到同案者的無辜牽連，可是，比起許多自己把自己寫為英雄（或許也真是如此）的作品來說，胡先生的回憶錄，能更清朗而誠摯的表達出，當人處在苦難中，深切的覺悟、以及隨之而來的生命韌性。這種人性的品質，讓我不禁在閱讀胡先生的回憶錄時，視他為真真正正的「人間英雄」。

大抵上來說，我認為回憶錄這樣的事後書寫，經常在有意無意間，陷落入兩種不同的窠臼。

第一種窠臼，是把自己的故事寫成了「冤魂」的歷史。我的意思是，無論是隱瞞自己當年的政治意圖與行動、亦或真正遭受牽連，許多回憶錄基於批判、或其他理由，幾乎純粹只書寫那些「冤、假、錯」的一面，而不斷落入蒼白與僵化的傷痛陳詞中。恕我用一個晚輩的身分臆測，我總覺得，從歷經了將要一甲子前的白色黑牢，而能堅毅的活到今天，對每一位受難者來說，一步步履及今日，恐怕都是充滿血淚、卻也充滿生命韌性的動人故事。不過有些回憶錄，希望以犧牲這樣的篇章，來完成對不義政權的錚錚譴責。這樣的作法換來了一種力道，卻也可能犧牲了另一種感動的可能性。胡先生從不寫「冤魂」的歷史，冤魂不知道為何會遇到悲劇，也無能對悲劇應變，因為身為「人」的生命力量已經徹底喪失。

第二種窠臼，是把自己的故事書寫成了「神」的歷史，無論是基於那一種政治理論，而構築這樣的英雄事蹟。經過一甲子，我們慢慢在解嚴後，聆聽到越來越多長輩，訴說自己當年的政治理想、及實際參與的地下工作。我認為書寫這樣的歷史，確實是為後輩揭露一種典範夙昔的可能性。但這樣的書寫，稍微拿捏不好分寸，就很可能淪入過度、甚至神化的局面。身為人，在面對當時國家機器宛若暴風的狂亂侵襲時，所有靈魂中懦弱、恐懼、慌張、貪生，都成為必然糾結、也必須克服的障礙。但在「神」的歷史中，我們看不見這些至為平凡的七情六慾。可是，胡先生不寫「神」的歷史，當逝去青春成為某種教條的具現，那些身為人、最可貴的掙扎，也就徹徹底底的煙消雲散。何況，「神」本身是超越歷史、更不需要歷史背書的。

* * * * * * * * *

胡先生的回憶錄，最感動人的力量就在這裡。我們可以看見，胡先生當年以一個二十多歲的海軍娃娃兵身分，基於愛國，而隻身來到台

灣，卻遭遇到突如其來的不白之冤。在幽暗的鳳山海軍來賓招待所山洞內，他想過死、他想過自殺、他想過自暴自棄的可能。但是，他也承認自己害怕死亡，甚至在宣判十年的晴天霹靂後，突然覺悟到－－個人，應該什麼樣的生活都過得去。而胡先生也真的走過那十年歲月。

在火燒島，那個離我們又遙遠、又接近的島嶼上，縱使有千萬個不自由，要用怎麼樣的姿態度過十年，仍然潛藏有許多的可能性。我們聽過許多種不同的人生態度：怨嘆度過每一天、急著做打小報告的狗、私底下不斷閱讀馬克思主義與鍛鍊「黨員身心」、甚至在受難者間糾起「反抗派」與「反動派」的紛爭。但是在胡先生的十年歲月中，正因為在判決之時，有過徹徹底底的覺悟，因此我始終從他的筆下，感受到一個在月光孤島下的小世界，而年輕時的胡先生，就透過堅定的意念，日復一日的鍛鍊、充實自己。也無怪乎離開綠島後，他能夠在歷經外省籍受難者常見的各種困頓後，成為國際翻譯社的創始人。

但是，胡先生可不把自己，描寫為一個「毅力過人的超人」。他在回憶錄裡頭告訴我們，他之所以在綠島如此忙碌，是因為若不填滿時間，只要一有空檔，他的眼淚就會不自覺「像麵糊一樣滑下來」。瞧！「像麵糊一樣滑下來」，這樣的形容詞，我第一次讀完回憶錄後，就始終難以忘懷。實際上，我在讀那本紅皮書的時候，看到這個段落，我的淚水，也是如胡先生筆下所描寫的一般，不自覺從眼眶滑了下來。

* * * * * * * * * *

我如此喜歡、甚至敬愛胡先生這位長輩，最初的起因，正是他回憶錄中對自己過往生命的描寫。在解嚴之初，就書寫綠島的十年經歷，雖說是他人所逼，實際上沒有極大的勇氣絕辦不到。我想，對胡先生來說，那十年的歲月，是他生命中太難忘、太重要、也太刻骨銘心的一段經歷，是怎麼樣也忘不掉。現在，胡先生書寫了回憶錄，也讓我們這一群年輕

人，有機會「怎麼樣也忘不掉」那一段未曾經歷的慘白歲月。無論是在鳳山招待所的山洞、綠島的海岸、台北的家中、還有無數個白日與夜晚，胡先生不斷告訴我們年輕人，那些隱藏在殘酷的權力縫隙、卻隱然堅持生命力量的動人故事。

　　第一次見到胡先生，他說，他很驚訝、也很懷疑我們年輕人，究竟相不相信他說的故事。現在，我想，當我們彼此認識一段時間，當胡先生的身邊，也聚集了越來越多喜愛他、敬愛他的年輕朋友。至此，當時他問過我的那個問題，相信也在這段還不算太長的日子裡，得到了最直接、肯定的回答。現在，胡先生的回憶錄，終於要在他八十大壽之前堂堂進入「三版」。我由衷希望，這本回憶錄還有新增版本，能有機會再送到我們手中先睹為快。畢竟，如此細緻而豐饒的強韌靈魂，故事寫到這邊哪裡足夠！

2008-11-06 於台北公館

（楊序）奮力的微光（2008/11/18）
——讀胡子丹《跨世紀的糾葛》
楊　翠

　　初識胡子丹，他是秦漢光，透過《我在綠島 3212 天》，我進入一個異次元世界，展讀一個人、一群人、一群被時代操弄的人，如何在黑暗的洞穴中，尋覓一絲絲生命微光，奮力建造自己的陽光宇宙。

　　這不只是一本書，不只是一個人的生命故事，而是一個時代的寫真，一群人生命故事的複合文本。我在其中讀到祖父楊逵的側寫身影，想像他蹲伏在綠島鹹味濃重的土地上，種植花樹，營造菜園；想像他跑馬拉松，在全場久候中，以年老瘦弱的身軀，緩慢、但又堅定地跑入運動場中，成為綠島運動會史上，最受掌聲鼓舞的最後一名。

　　因為這樣的因緣，初讀《我在綠島 3212 天》，感到自己與秦漢光似曾相識，有一種獨特的親近感。我以一名政治犯孫女的身份，感知到我們都是相同的生命孤島，我們都在奮力尋求那一抹微光。

　　初見胡先生，在 2008 年初春的蔡瑞月論壇「藝術與救贖」會場，秦漢光與胡子丹形影疊合，從歷史文本的字裡行間走出來，溫文儒雅，面容清俊，言談之間，有一種獨特的內斂與溫潤，難以想像他經歷了那些時代的狂暴風雨，難以想像他曾屈身在那些黝暗的洞穴裡，度過 3212 個晨昏。

　　胡子丹的荒謬人生，起於少年時期的滿腔熱血 。1945 年，時局板蕩，少年胡子丹與幾個中學同學，從安徽蕪湖到南京找一位毛老師，卻被招考練兵的紅紙告示召喚熱血，未及返家，就「投筆從戎」，成為江

陰海軍的二等練兵。故事到這裡，或許還可以想像一番壯志高歌的生命圖景。然而，時局詭譎，少年的純潔人生，被一個腐朽而粗暴的國家機器，塗寫成一帙荒謬書卷。

二次世界大戰之後，初初成為戰勝國的國民政府，在國共鬥爭的戰役中，節節敗退，這個蕪湖少年，隨著海軍流徙，輾轉來到台灣左營，已是青年。1949 年中秋節前一個月上岸，度過一個孤獨的中秋夜，月色中，青年獨自一人，流淚啃著一顆大文旦的身影，猶如時代的寫真，鑲入歷史文本的最深處。然而，青年胡子丹未及回味自己第一個台灣中秋節的寂寞，當年的 12 月 3 日就被逮捕，關入黑洞，胡子丹沒見過幾次台灣的滿月。

15 歲從軍，說是糊里糊塗也好，說是豪情壯志也好，剛滿 20 歲，胡子丹的流徙之路，莫名地進入一個深黑的洞穴。「我從軍、我報國、我反共，我被敵人的敵人抓起來判了罪。」這是胡字丹一生最大的荒謬。

一位陷匪的海軍同學，寫信給另一位同學，附筆向胡子丹問好，就因為一句「問好」，胡子丹的人生與「好」就此錯身而過。罪名「為叛徒蒐集關於軍事上的秘密」，十年黑牢，成為他流徙人生的新驛站。

胡子丹的人生，真是一長段的流徙之路。他生逢亂世，隨軍艦移動，輾轉來到台灣，莫名地進入監獄，他的監獄旅程，第一站是鳳山海軍來賓招待所，第二站是左營海軍軍法處看守所，第三站軍人監獄，第四站綠島新生訓導處。刑滿歸鄉，竟是無鄉可返；初來台灣不到一年，就流徙到了黑牢，台灣這個新移民的安居之地，何處是他的家鄉？而原鄉蕪湖，邈然他方。國家暴力搬運了胡子丹的流徙人生，建造了他的流徙地圖，他只能茫然端看地圖上的陌生標示，難以辨識家鄉的方位。

胡子丹的黑獄人生，寫滿荒謬的劇本，如他所說，執政的國民黨「吃錯了藥，錯編了劇本，也錯找了演員」，以這些青年的青春與鮮血，塗抹掩蓋他們自己的失敗。他經歷了鳳山海軍來賓招待所中獨特的「來賓」待遇，在長方形的暗黑防空洞中，大批識與不識的人，都成為「來賓」，

被「招待」，招待所人滿為患，所長所貼告示，「查本所近來來賓甚多，加以房屋窄狹，不便之處，尚祈諸來賓見諒。」簡直是荒謬文本中最荒謬的驚嘆號。

在左營海軍軍法處看守所，胡子丹經歷過四十人裸體一房，一絲不掛，繞圈子散步、引吭高歌的荒謬情境，他如此描寫這個畫面：

> 是滑稽的畫面，可是誰也笑不出來，全身的力氣，幾乎全發洩在兩腿雙手上，兩腿不斷大步邁，順時鐘方向二十圈，再反時鐘方向，一手猛搖扇子，一手不斷揮甩臉上、胸、背的汗水；那奇形怪狀的胯下之物，隨身體搖擺、晃動，有的昂然，有的是無精打彩。
>
> 像極了舞台上的龍套，潛意識憧憬著奔向自由。

這樣的描寫，說它精彩，是一種褻瀆。然而，如此傳神寫真的繪圖，若非身歷其境，恐怕再有多麼天賦的文采，都難以寫成。這些受苦的肉身，在堆砌著醜陋、謊言與粗暴的舞台上，非己所願，成為龍套，然而，他們的靈魂總算可以自由，他們的肉身在狹小的囚房中被俘綑，他們的思想與精神，卻得以奔向自由的國度。第一任處長姚盛齋的名言：「我代表一座十字架，跟著我的是生，背向我的是死！」，這樣的恫嚇，或許馴服了他們的身體，然而，靈魂的出路，卻是四面八方。

四面八方，他們尋找自己的出口與通路。胡子丹自嘲的兩大瘋狂行為：打乒乓球和學英文，是他的靈魂通路；楊逵蹲伏茶園，是他為肉身與思想找到的最好安頓處所；呂水閣成為眾人之醫，以社會實踐通向救贖的彼岸。最令人感動的是監獄中的情感連帶關係，胡子丹在軍人監獄結識「免啦」本省老先生，初識味噌湯的滋味；他的族群經驗，因為是在獄中，反倒得以拆除圍籬；他在獄中學英文、學日文，教英文、教《古文觀止》。在一個被國家機器「全景敞視」的監管空間中，這些深摯的情誼，不僅止於相互取暖，更是以彼此的靈魂觸角，相互碰觸、辨識、連結，密密織就一張可以飛翔的羽翼。

最自由的一對翅膀，是愛情的想望。淺言淡語之間，胡子丹寫出一

則美麗的綠島愛情故事。在那個禁閉的孤島中，兩個靈魂的交會與撞擊，隱微而含蓄，每一個眼神與微笑，都彷彿深深鐫入生命肌骨，那種此生不再的感覺，那種愈是相互疼惜，愈是雲淡風輕的鄭重。

胡子丹是極其內斂的。他的愛情，如此沉默，因為言語的沉默，所以你可以聽見他熾響的心音。「會意中有種叛逆的衝動，笑聲中儲藏了神秘的喜悅」，胡子丹在綠島愛情中的沉默，隱含著更深斂的、更熱烈的敘事。姻緣或許是錯過了，然而，錯過，卻召喚了更深摯的、永恆的、純淨的愛情，成為一生的知己，守護並見證彼此的幸福。

走離綠島之後，每次再相會，都隱微地、卻又堅定地召喚當年，綠島以風聲、浪濤聲所守護的秘密心事，彼此回歸到最家常的體貼、疼惜與問候，「上言加餐飯，下言常相憶」。生命之美，靈魂的自由歌吟，莫過於此。如果沒有這一段美麗而沉默的愛情，引領胡子丹飛翔自由甜美的國度，或許孤島胡子丹，也只能馱負自己的孤島人生，孤影前行。

孤島終究未必是孤島。胡子丹揹負著政治犯身分的十字架，將黑牢經驗鎖入記憶底層，對兒子小心翼翼地保守著這個秘密，是緣自一個父親的深情守護。兒子出生二十八年後，在美國普林斯頓大學，他首度說出自己壓抑將近三十年的秘密，兒子靜默聆聽，消釋了成長過程中一些莫名的暗影，而父親則卸下生命中最沉重的負擔。

二十歲，胡子丹來到台灣，美麗島未及以它的亮麗陽光，歡迎這位清俊的蕪湖青年，國民黨的黑牢率先攫獲他的肉身，企圖抽空他的靈魂。然而，從少年至今，胡子丹的流徙之路，固然充滿荒謬文本，他卻以獨特的內斂氣質，從生命的內裡，整闢了一座花園、一片天空，以友情、愛情、親情，釀製甜美蜜汁，讓靈魂得以自由飛翔。

一甲子以來，胡子丹的流徙，因為斷裂而有了新的連結。孤島可以不必是孤島，通路打開，暖流進來，花飛草長。

2008/11/18，大肚山

（劉序）《跨世紀的糾葛》讀後心得
（2008/12/02）

劉玥杉

親愛的胡伯伯：

　　讀完您的回憶錄好些天了，我卻一直遲遲無法下筆將糾結的思緒整理出來給您。並非是我沒有任何感受，相反的，愈是情濃就愈是情怯，那些紛雜的心痛、感動、震撼、不忍的心情，在幾次閱讀您回憶錄的往來移動空間中，也將我捲入了您當年所經歷過的時空。胡伯伯，您的人生劇讓我入戲太深了，儘管我只能藉由文字揣想您當年的模樣、曾遇過的驚心動魄場面，可依循著您的每一字、每一句，在在都讓我心裡頭揪著，入戲到差點兒抽不離身。

　　今日陽光正好，像極了我們五月份在綠島初次見面時的那一天。來說說我們初初相遇時的情景吧！我想告訴您，您是如何打動我的心的。

　　記得是在我們去燕子洞時，閻啓明伯伯在石砌的舞台上對我們講述您們當年在此粉墨登場的往事，後來引薦您時，說您是當年「新生訓導處」演戲的「第一男主角」。儘管歲月將您的容貌刻畫出皺摺，我仍能從您臉上的輪廓中想像您當年的翩翩風采。您這位原本在我眼中極為憂鬱沉靜的「老紳士」，一上台便侃侃而談，溫和而充滿睿智的言語讓人印象深刻。您說，我們要做地球人而不只是台灣人；您說，您原本活得很悶，但在看到我們之後又燃起了希望，想要努力活到親眼看著我們這群年輕人接棒，並帶領台灣走向更公平正義的社會……。

　　您說的每句話都好撼動我，身為政治受難者的後代，我卻從來不曾與政治受難者接觸過，白色恐怖是一段我來不及、也不願參與的歷史，

在那段不堪回首的歷史中，我失去了我的爺爺，可是我卻在我們的初相遇之際，藉由您的身形，得以託付我對爺爺的孺慕之情，您成了我心中未曾謀面過的爺爺的真實典範。

您在囹圄歲月中不間斷地唸書，於是，我終於明瞭為什麼您的話語中總是帶有那麼多生命淬煉後的人生智慧，您的文字和話語字字珠璣，就是那時打的底。您說：『有道是台上三秒三，台下近十年！』胡伯伯，如將離開綠島後的歲月加總起來，您下的功可不只十年，只是，看著您的文字時，儘管您的筆觸溫柔敦厚，我卻總是心疼。

執筆寫出往事，您是以怎樣的心情書寫的呢？

您的書厚厚的一本，被我折起來留作記號的頁數竟多得連自己都感到詫異。折起來的篇章裡，我珍藏著您的金玉良言，其實，我這兒還私藏著許多您沒收錄在回憶錄裡頭的文字。第一趟綠島歸來，當眾多學員夥伴們在您部落格的留言板上留言給您時，您說：『你們的年輕感動了我，因為我不再年輕，你們所處的環境感動了我，因為我就不曾。人生難免有挫折，但看我們如何處理，人生多的是問題，我們必須作最明智的決定。』

提到那段幽禁的歲月，儘管當中百般掙扎、痛苦求生，而今，您卻僅僅輕描淡寫地說：『往事並不如煙，只是不堪回首而已。對我來說，在戒嚴期間，坐牢不是至痛，無形的被監控才是真正的最痛。俱往矣，老戲不再重演，舊事不再翻新，人活著，不再受到政治干擾，那敢情好！』

當我們傾心著您那溫文爾雅的氣質時，您卻偷偷對我說：『告訴你一個秘密，任何一位囹圄多年的政治受難人，如今仍然倖活者，都有點神經質，或多或少，或輕或重，他的家人或任何和他共同生活的人，都能見證，我當然不例外，朗朗乾坤時尚可力持克制，夢中意志力喪失，往往會狂呼高叫，拳打腳踢。』

面對突如其來的牢獄之災，誰能夠真正處之淡然、平靜以對？我翻著回憶錄書中看見您年輕時在綠島的身影，有幾張照片您笑得無邪，我

忍不住會想起上回問您：您離開家鄉這麼久，流轉過這麼多個地方，何處是您最深的鄉愁？

您定定地瞧了我半晌說：『我說出來你肯定不會相信。』

慢慢接著說，您最深的鄉愁在綠島。

胡伯伯，好一句您的鄉愁在綠島！看著您的照片，我好像可以理解，卻又好像無法理解。您人生中最精華的階段都在綠島中度過，綠島承載著您最苦的和最甜的，最痛的和最平靜的生命敘事，一如您們打咾咕石那片波濤洶湧不斷拍打著的礁岸，您終究親手將您心裡的咾咕石敲打走了，留下鑿刻後的坑洞和痕跡，浪來了又退了，頂多在小坑洞裡轉了一圈終歸平靜。

你我之間被五十載的光陰橫亙著，即便我貼近您的生活那樣近，仍不能從中感受萬一。

我畢竟不是當事人啊！說太多所謂「心有同感」的話實在太輕易又太矯情了，可我在追尋著我爺爺的受難故事時，卻總是在哭泣。與您相遇時，您平靜了，而我的故事才正開始。從前人說：淚不輕彈只因未到傷心處。我的淚，恰恰因為觸到了最傷最痛之處所以老是無聲地流，止也止不住。我瞬間明白您硬逼自己運動讀書的執念所為何故了，您像一面鏡子，讓我清楚看見自己，如果我有十年的時間在牢獄中度過，我會是怎麼模樣呢？與您相識相伴的這些日子以來，端視著您的時候，我也總是在思考我如何才能同您一般的平靜？

謝謝您一路陪著隔代挖根的我走了這麼多追尋的路，因為有您陪著，所以讓初次去馬場町的我，居然平靜得沒有眼淚。我進步了，您說是不是？

聽聞您預計在八十大壽時要舉辦一場筵席，宴請各方好友，這是為您祝壽，同時也是您的「生前告別式」，這是您自己說的。我知道看盡世事的您比起年輕的我們多了洞悉一切的了悟，近來察覺您的臉部線條越來越柔和了，沒有像初次見面時繃得那樣緊，您知道嗎？第一次在綠

島遇見您時，我最想做的是用手撫平您臉上的憂傷。如今，您臉上的憂傷漸漸地淡了，是因為我們嗎？

您一定會說是的！您總是喜歡順著我的話去肯定我。我們像朋友、像父女也像祖孫，屬於我們人生的筵席還有好多好多，我還想與您好好觥籌交錯，聽您話當年，聽您說故事。而我的這聲生日快樂，也預備要年年同您說，您也一定要年年聽我說，好嗎？

劉 玥 杉 　　2008 年 12 月 2 日
　　　　　　於桃園冬季午後

1990 年二月二十二日於香港。

希望人間沒有黑獄（代序）

世人祇知道：

有個名叫耶穌的，被釘在十字架上。

世人不知道：

有千千萬萬個被釘在十字架上的人，

他們姓什名誰。

□很流行的一種說法：

「凡是坐過牢的記者，才有資格成為出色的記者。」

這就是說，曾經入獄的記者，雖不能一概肯定他是偉大的記者，至少是高別的記者一等的記者。

舉個例子，陸鏗逢人強調：他坐過國民黨的監獄，也坐過共產黨的監獄。沾沾自喜，引以為傲。

另外很流行的一種說法：

「凡是從事政治活動的人，如果沒有過過囚犯生活，政治地位、政治生命，都有欠缺。」

陸鏗（左）、卜少夫（中）、胡子丹

因為作為一個政治人物，他必得經歷苦難、身受折磨，他的政治信仰才更堅定，對於所有的政敵，他永不會仁慈。

這兩種說法，似非而是，似是而非。

從事正常新聞工作，從事正常政治工作，都不需要「黑獄亡魂」來擔任，而鐵窗經驗亦並非此兩種人必要的條件。

我想，大概不幸而遭禁錮的上述兩種人，得逃生者，且成長或獲得地位，於是對外誇耀，強調縲絏之災對於一個人奮鬥的重要，一方面表示他堅強，經得起考驗；一方面也炫耀他有這樣的生命紀錄。

這是不足為訓的，天生人有人權，人不能無緣無故喪失自由。

古今中外，歷史上從來就沒有缺少過牢獄，因為作奸犯科之人也從未絕跡。可是歷史上對於殺人放火、竊盜搶擄，這類刑事案件，習以為常，是少記錄，而政治性的冤獄，則不絕於書。

我們看了倫敦塔，那個場地、那些刑具，令人毛骨悚然。

　　古代，帝制時代，十九世紀以前，凡不滿或反對當政，都是叛亂，凌遲、斬首、誅九族；而終身監禁、病死獄中，那還是一個從寬發落哩。

　　十九世紀以來，雖沒有滿門抄斬、雖沒有禍滅九族，但使用科技的文明方法，使受刑人受難程度，煎熬於生死之間，生不如死，求死不得。毛澤東的下放，到農村學習，與「充軍」有什麼兩樣？換一個好聽的名詞而已。

　　政府被中共趕出大陸播遷台灣以來，最初的十年，驚弓之鳥，有很多人到了台灣，又千方百計，遠走他邦。那時香港有一班人搞第三勢力，沖繩島也有建立軍事基地的計劃，在戒嚴令下，揮舞戡亂時期鐵腕，「寧可錯殺一百，不可走漏一個。」四面楚歌之下，幾乎人人都被當作匪諜，於是製造了許多假案、錯案、冤案，不少人無辜斷送了青春，喪失了生命。我的朋友中，李荊蓀、柏楊、程之行、胡子丹兄等，就是活証人，他們都在綠島（火燒島）畢了業，除了李荊蓀出來兩年後以心臟病去世外，其他三人都活蹦鮮跳在生活、在工作、在珍貴他們賸餘的日子。

　　中共文革以後，翻案風遍及整個大陸；台灣解嚴以後，反對派、民進黨、台獨組織，也掀起一陣翻案風。可是，國民黨黨員，以及不屬於上述範圍的人士，如柏楊、程之行、胡子丹等，這些高級知識份子，以莫須有的罪名，糊里糊塗被關在太平洋中的那座荒島上，使人想起電影「巴比龍」那個「惡魔島」的故事。他們含冤忍恨，甘心吞下這口苦水，從未提出翻案，或要求國家賠償。純良真善的朋友呀！國民黨這個政權應該對你們羞愧！

　　然而，綠島、火燒島，這個令人戰慄的名字，好像「秦城」

這個名字在大陸一樣，究竟內容如何？沒有緣份在那裡居留的人絕不知道，而從那裡期滿出來還活著的人，沒有一個人把它裡面的情景對外公開敘述，所以它是個謎，非常非常神秘。

由於台灣已解嚴，過去不能公開的，都暴露於陽光之下，連國防預算也在立法院的審查中，每一筆都追根究底地盤問仔細。軍事秘密、國防秘密，不再能作為拒絕、掩護、迴避的擋箭牌子。

因此，不幸在李荊蓀兄以心肌梗塞症遽然逝世後，我要求胡子丹兄來執筆，寫這個台灣奇妙的地方。如果荊蓀兄，他不但寫綠島，還可以寫他本身的故事。

子丹兄一直拒絕，他擔心有後遺症。後來看到氣候已形成，不再有顧慮了，於是從 1989 年四月一日第二一四六期新聞天地週刊開始，連載他的《我在綠島三千兩百一十二天》，直到 1989 年十二月二十三日第二一八四期止，連載了三十六回。全文約十五萬字，也就是現在出版的這本書。

子丹兄原無意舊事重提，過去的事，不管它是噩夢、美夢，已過去，就讓它消逝罷。硬被我逼出來的，所以也就並無立意：翻案算帳、吐苦水發牢騷、警世戒俗……等等企圖，完完全全如對一個老友敘述他有個這段故事，在一個不願居留的地方生活了將近十年，這個地方的風光人情種種，就是這麼簡單。

然而，印之於書，傳佈於社會，不可否認的，使人們會對那座小島，勾起無限傷痛的聯想與回憶，特別在那裡畢業而如今仍活著的一群幸運兒。

人間不可能沒有牢獄。

我們祇希望人間沒有黑獄。

冤屈的、黑暗的、莫須有罪名的牢獄，從人間消失。

本（2001 年）版　說明

　　本（2001 年）版和十一年前（1990）的版本有五點明顯的不同：

一、書名改爲《跨世紀的糾葛》＊，把原書名《我在綠島 3212 天》作爲副名。

二、書中所有姓名都是真姓真名，作者也是。

三、書中所有增、刪、更正、註釋，或追記，概以〔2001 年版附記〕於該章末頁。

四、增加圖片。

五、第 38 章至第 49 章，均爲 2001 年版所增有。

＊　本書第 49 章《跨世紀的糾葛》乃全書之縮寫，參加中國時報舉辦第一屆〔劉紹唐傳記文學獎〕，獲得第一名，2000 年十二月一、二日該報刊載。

▶胡子丹由「傳記文學」榮譽發行人劉王愛生手中接過獎牌。

　　1990 年版《我在綠島 3212 天》售罄多年，之所以新版爲《跨世紀的糾葛》，一是 21 世紀已來臨；再因爲很多人提起綠島和政治犯的關係，總以爲是 1960 年以後才開始，其實不然。

　　1987 年七月十五日台灣地區解除戒嚴令後，綠島羈押政治犯事，逐漸曝光，尤其是在 1997 年，曾是政治犯之一的謝聰敏立法委員，和其他委員多人，提議制定「戒嚴期間不當政治審判補償條例草案」後，「綠島和政治犯」遂被媒體炒熱，名作家柏楊（郭衣洞）和立委施明德等人均曾「留學」綠島，而他們在綠島時期，都是 1960 年以後。柏楊是 1968 年三月七日被捕，施明德 1962 年被捕。實際上，第一批前去綠島的政治犯人數最多，是由台北軍人監獄和生產教育試驗所，分兩梯次前往，日期是 1951 年五月初和五月十七日。名作家楊逵和名舞蹈家蔡瑞月便是其中之一之二。另有杜月笙的徒弟李裁法，銀行家潘誌甲等人，也是 1960 年前，被遞解綠島的。解嚴令發布那一年，除了遠在國外的蔡瑞月，其餘三人都已過世。而仍健在也頗具知名度的政治犯們，例如首任兩廳主任的張志良，曾任大學教授的淦子麟，大公報總編輯鍾平山等人，只因爲在戒嚴期間，寒蟬太久，繩蛇效應，他們都絕口不談 1960 年前的事。社會大眾以訛傳訛，總以爲綠島和政治犯的關係，乃始自施明德和柏楊等人。再說，政治犯中也有不曾被送去綠島的人。

　　1960 年以前①，政治犯在綠島的大本營，美其名曰「新生訓導處」，政治犯被稱作「新生同志」或「新生」。居住的囚屋絕非 1987 年台灣解嚴後，經常出現電視上的那種水泥柱的建築，而是下半泥磚上半木格，覆以四明瓦的長形平房，至於倉庫、豬圈、雞棚、舞台、壩堤、溝池、亭樹等，皆爲「新生」們自

己所搭蓋；環繞囚舍被稱爲「長城」的圍牆，山坡上的「禮義廉恥」和「忠孝仁愛信義和平」標語，以及通往漁民各村的主道石子路等，也都是「新生」們的傑作。如今電視上所看到的，乃是 1960 年以後的漸變產物，絕非原貌。

爲了不讓 1960 年以前的十年，綠島和政治犯之間的這一段歷史淵源被湮滅、失傳，很多朋友，尤其是同一時期在綠島的「新生同志」們，希望我能新版《我在綠島 3212 天》，珍藏紀念。

1949 年我被捕時滿 20 歲；1951 年被送往綠島時，22 歲；1960 年重返社會時，31 歲；1989 年本稿在香港《新聞天地》周刊連載 36 期，我 60 歲；1990 年單行本出版時，61 歲。如今，公元 2001 年，我已經年逾七十。「新生同志」們說的對，這本書不可以絕版。讓我們藉此 2001 年新版本，爲那個時代作見證，爲後代子孫們作人證。

2000 年七月二十七日，「財團法人戒嚴時期不當叛亂暨匪諜審判案件補償基金會」來函，主旨謂：「台端申請補償乙案，業經本會決定予以補償新台幣肆佰貳拾萬元整。至於所述刑滿未依法釋放期間之補（賠）償事宜，建議參酌修正後之『戒嚴時期人民受損權利回復條例』或他項規定，另爲適法之救濟。」同年八月十四日，該基金會董事長蔡清彥來信，謂：「政府立法對各位有形的金錢補償，無法彌補各位心頭所受的創痛於萬一。可是，這是目前我應該盡快完成的，也是社會對大家所遭遇災難的一個心願。」

至此，政府對此半世紀前白色恐怖時期所發生的種種冤案、錯案等的處理，算是暫且告一段落。遺憾的是，「補償金」的意

義何在？對五〇年代千萬受害者，仍不能在「匪諜」、「叛亂犯」的意識形態污名壓迫下獲得解放。爲什麼不能稱之爲「賠償金」？「補」與「賠」的一字之差，說明了國民黨執政的政府，只是因爲形勢使之低頭而不得不補償，遺憾的是，「低頭」還是慢了半拍，對國民黨所犯的錯誤、罪惡，人們可以理解、可以包容、可以原諒，但是絕不能忘記。國民黨悔之也晚，終於喪失了執政的舞台。如今，民進黨執政了，以己饑己溺、也是受害人的過來人身分與心境，我們期以明令執行一字之更易——「賠償金」！而不是「補償金」。

在綠島種種，且當故事講、好比笑話聽、回味一個永恒的夢，無恨、無憎，笑不出來，也沒有眼淚，想到了就想到了。可是怎能忘，不可能忘喇！

感謝所有鼓勵我寫成此書及再版的朋友們。本書 2001 年版的照片，是直接或間接由唐湯銘、唐鴻、曹昭蘇、莊子葭、歐陽文、陳孟和等先生，及王孝敏女士處取得，謝謝。

可以一提的是，1994 年五月十八日，中華人民共和國的北京世界書局簽約購買本書簡體字重印權，但在申請 ISBN 時，中國新聞出版署卻未同意出版此類圖書，因而作罷。

再一件可以一提的事：2000 年八月，台北中國時報舉辦第一屆「劉紹唐傳記文學獎」，限字六千，我將本書約二十萬字濃縮重寫②，勇敢應徵，九月二十九日揭曉，僥倖獲得第一名。

胡子丹

2001 年二月一日於台北國際翻譯社

①故友魏廷朝兄在其大作《台灣人權報告書》第 145 頁中曾言：1962 年以前，移送綠島新生訓導處的受刑人在一千名以上。當時國民黨當局有意採用「洗腦」方式，讓醉心社會主義的知識份子「自新」。因此，圍牆之內，不另設牢房，把受刑人稱爲「新生」，編隊上課與工作，施以軍事管理。

②參加「徵文」的題目是《跨世紀的糾葛》。請參看第 49 章。

2000 年九月二十九日中國時報
第三十七版

第一屆
劉紹唐傳記文學獎
得獎名單

● 第一名
得獎作品：〈跨世紀的糾葛〉
得獎者：胡子丹
（獲藝術獎座一座，金獎新台幣十萬元。）

一九二九年生，安徽省蕪湖市。中央海軍訓團第五期畢業。曾任《新聞天地》雜誌、中華民國派特北台誌雜《台北》出版事業協會常務理事、現任國際文化事業有限公司發行人、國際翻譯社負責人。曾任中國翻譯公會理事長。

▲ 綠島局景點之一：象鼻山(又名鬼門關)，二岩間之石道爲烏公館之流村至流鰻溝必經關卡。中爲將軍岩。(陳孟和繪圖)

第一章　在劫難逃

我之所以要把這段生活追記下來，

絕沒有想到翻案，也絕不可能翻案。

「翻案」又能怎樣？

能翻回失去的歲月？

能翻回被砸碎的夢想？

我只是希望，在這個時代裡，

不曾坐過不知道為什麼而坐牢的人們，

能夠毫不猶疑地相信：

在我們的國家裡，

的的確確發生過這些怪誕不經的事。

□坐了不知名的黑牢

沒有坐過牢的人，對人生的體會總是欠缺了些。

沒有坐過不知道爲什麼而坐牢的人，又哪裡知道人生的真正意義？

我不知道自己是有幸還是不幸？我坐過牢；我是坐過我自己不知道爲什麼而坐牢的人！

我坐過十年三個月又七天的牢。1949 年十二月三日至 1950年九月二日，被關在台灣省高雄縣鳳山鎮的海軍來賓招待所；九月二日至 1951 年四月三十日，被起解到高雄縣左營軍區的海軍看守所；四月三十日至五月十六日又被移送至台北市忠孝東路軍人監獄；1951 年五月十七日至 1960 年三月七日我在太平洋中距台東十八浬東方一個離島－－過去叫「火燒島」，現在被稱爲「綠島」－－上的「新生訓導處」。

我在綠島被「新生」了三千兩百一十二天！

□在劫難逃真正無奈

判決書①上我的罪名是：「爲叛徒搜集關於軍事上的秘密」，這當然是莫須有。我十五足歲當兵，二十歲被捕；服役期間，不是在陸地上受訓，便是在軍艦上工作，從沒有去過「匪」區，更不知「匪」的長相是怎樣？能知道什麼軍事秘密，怎又談得上「搜集」軍事秘密？

何況，我是以「找談話」被騙而逮捕，在宣判前一年又二十二天的恐怖拘禁中，正式開庭審問只有兩次，被毒打、被羞

辱的「談話」倒有四次之多。

　　當然，四十年後的今天，我明白了「寧可錯殺一萬，不可錯放一人」的道理，以及「黃巢殺人八百萬，在劫難逃」的無奈。命中註定的也罷，是正巧碰上了也好！反正，往事已矣，過去的是與不是，都已成了歷史。何況，多少位忠黨愛國的知名人物，被冤囚，甚至被冤死，也是大有人在。

　　父母也有錯怪孩子的時候，孩子可從不記恨，因為錯怪過了也就過了。

　　四十年來，我一直為當局者設身處地考慮，亂世用重典；罰疑從與，賞疑從去。可是，事過境遷，人生過程中最寶貴、最精彩、最有可塑性一段歲月，已被砍掉，被斷了層；出獄後，何必還要窮追不捨！何必還要浪費人力，浪費在這毫無意義、自我諷刺的一場絕不公平的「戰爭」中。為什麼不能以「平等」待我，以及曾遭受和我同樣遭遇的人們？②

　　我之所以要把這段生活追記下來，絕沒有想到翻案，也絕不可能翻案③。「**翻案**」又能怎樣？能**翻**回失去的歲月？能**翻**回**被砸碎的夢想**？

　　在八十年代的中國大陸，共產黨尚有多起「平反」，尚未聽說過苟安台灣四十年的國民黨有所謂「翻案」。

　　我只是希望，在這個時代裡不曾坐過不知道為什麼而坐牢的人們，能夠毫不猶疑相信：**在我們的國家裡，的的確確發生過一些怪誕不經的事**。

　　這些怪誕不經的事，絕不是「冤獄」兩個字可以解釋。冤獄可以平反，甚至可以賠償。

　　這些怪誕不經的事，也不是誰錯誰不錯的問題。按照判決

書的主文④，好像都是我的錯，可是我自己知道，我一點也沒錯。我沒錯，那麼，是誰的錯？只能說，是時代的錯。在那個時代，被捕而不被宰了，就是幸運，坐了不知道爲什麼而坐牢的人，若干年後，又被釋放了，更是幸運。

在那個被稱做「亂世」的時代，能活著就是了不起，意外被「失蹤」一段日子又出現了的人，比起大難不死更有福份，因爲，他有幸體驗到另一個人生。認識了執政掌權人的真面目。雖然，這種體驗代價是昂貴的，昂貴得往往付出了生命、青春、親情、愛情，伴和著不可知的等待、不可解的疑問，以及種種難以忍受的恐懼和羞辱。

我是一個讀書不多，不會寫文章的人，更不曾有記事寫日記的習慣，在這篇連載（1989 年四月一日至十二月二十三日香港「新聞天地」連載）《我在綠島 3212 天》的回憶裡，我願意把一些我認爲比較奇特、重大而具意義的遭遇寫出來。寫事難免牽涉到人，這個人如果目前還是生龍活虎，用真名用假名，我會斟酌考量；如果已經不在人間，我便用真名。至於我是何許人，1951 年至 1960 年間，曾在綠島生活過的「新生」以及長官們，「秦漢光」⑤這個名字應該不算是陌生的。

我一開始要記載的，是「五月十七日」這一天。

□絕對忘不了的日子

五月十七日這一天，對我來說，是一個終身難忘、不可能忘、也絕對忘不了的大日子。

這是 1951 年五月十七日，我第一次到綠島。之所以稱爲「第

一次」，因為在過了三十八個年頭以後的某一天，我又去了一次。第一次是被押解去的，在那小島上被囚禁到 1960 年三月七日才被保釋。而不久前的一次，是我以觀光客身分前去旅行的，只待了一夜兩天，住國民旅舍。

兩次到綠島，停留的時間長短太懸殊，身分不同，心情也不一樣。但是，那海浪襲擊岩石的景觀，聲勢不減當年，氣魄依然雄偉，在我的心底激盪的回響，「人世間的慘痛豈僅是失了爹娘」！

記得很清楚，1951 年五月十七日的一開始，大概是凌晨一點鐘不到，台北市忠孝東路的軍人監獄燈火通明，兩人一副手銬，每十人成一縱隊，用繩索綑綁住左或右腳，啞口噤聲，但聽得繩索窸窸、金屬鐺鐺，兩旁有荷槍上鎧、前後徘徊的憲兵。

說他們這些囚犯們對這種現象驚異，倒也不見得。這種一眼看得清的大場面，雖然叫人怵目驚心，但是，在被囚而尚未定讞的日子裡，每天天明前被打開囚房門，不知輪到誰會被應聲而「去」的忐忑，更是叫人失了魂。這時候，大家眼語神傳的信息相同：搬家了，絕非應聲而去馬場町，而是被解送去某地。去哪兒？待會看用什麼交通工具？朝哪個方向？應該知道端倪。

馬場町⑥在哪兒？聽說就是現在台北市青年公園裡一塊遊樂地，今日的人們遊玩其間，誰曾想到，昔日是刑場。

所有的囚犯終於被收拾好，一列一列在槍陣中，以必須劃一而不整齊的步伐，一一跨出了軍人監獄的大門，陣式浩大，聲勢懾人，夜雖深，偶有行人卻被憲兵們擋駕了，車輛被導引改道。沿途住戶有開窗窺探的，也被舉槍嚇阻，行行重行行，

不知踽踽多久，一個腳步錯了，好幾個人跟著絆倒，有人不慎小包落地，二十人跟著停止。這個不曾排練過的浩大、佶多的組合，約莫好幾十組吧！他們談不上心情沉重，只是驚異，何苦要如此小題大做？何苦要如此殺雞用上牛刀？

人之愚昧莫過於此，多少年來，這個經歷永遠忘不了。有人說「二二八」事件有了諸多後遺症。1949、1950年來的亂抓亂整，完全黑白不分，根本不把人當人的種種措施，能叫人認爲是德政？他們跟著自己腳步走，自己腳步再跟著前一人的腳步同步走，不敢想，那行列的第一個腳步是如何被指揮走的？他們方向莫辨、蹣跚、遲疑、疲倦，有人尿尿了，有人瀉肚了，有人絆倒了，有人咳不成聲了，這些都不能阻撓隊伍的移動。隊伍在槍陣中繼續行進、轉彎、再轉彎，不知走了多遠，被手勢阻止了。抬頭一看，原來佇立在鐵軌附近，多年後知道，原來到了後火車站。他們被解除了腳上的繩索，兩人一行，一對對同步跨上了黑黝黝的貨車。

□往昔客尊今日階囚

他們一個個臭汗滿身，跨上了火車後，屁股一落地，兩眼便闔起來了，太累、太渴，也太餓了，在被命令噤聲中，猛聽到「噹噹」起動碰撞聲，火車怒吼啓程，冷風由敞開的門偷襲進來，好幾名武裝軍人也在車上押解，管他呢！熱汗猛被吹，漸漸涼起來，有人被冷醒了，咳嗽聲、放屁聲，聲聲交錯，從車門探進來的矇矇月色中，很難辨認彼此狼狽相，漸漸天亮了，真要感謝老天見憐，這時候，如果下起了雨，該怎樣？

　　基隆到了，遠遠就看到碼頭，他們立刻推斷到可能性的目的地，火燒島！一定，一定，看他們雙眼中的反應，答案幾乎是一致的。但看，是不是下火車，走向碼頭。

　　果不其然，他們被驅向碼頭，這次步伐輕快多了，因為兩腳沒有束縛。**槍械擋不住思想的馳騁，手銬畢竟不妨礙步行**。雖然餓、渴、髒、累！他們終於心底踏實，是被放逐去火燒島，那兒總是塊有陽光、水，和空氣的地方吧。

　　好罷！讓他們守著陽光、守著水、守著空氣，看看究竟守到幾時！

　　在「他們」的行列中，我，胡子丹，是其中的一名。

　　是一艘大型登陸艇，「中」字號，對我來說，這當然不陌生。可是，這時候，我只能低著頭，和同一手銬的一位程老兄彳亍而行，一進到坦克艙，程老兄就吐了，這不一定是暈船，本來他帶病起解，半夜折騰，加上艙中的汽油味、汗腥味，一一湧上心頭，我倒楣又加倒楣，幫著拾掇、扶持，亦步亦趨、寸步不離。

　　航行中，有一餐吃的，兩個饅頭，也分到一舀開水。被捕前，我是海軍，眼前成了艙中囚犯，真所謂「昔日座上客，今日階下囚」。這不重要，眼前的事，拜託同手銬的程老兄少喝水，免得尿尿騷人。閉著眼養養神罷，我竟然昏昏盹盹睡著了，睡到被手銬拉醒。

　　是下午時刻，到了，到了，登陸艇又放下艙頭門，有位「牢頭」人物站在高處，在叫名點數，被點到一名，另一名同手銬的則自動報上囚號和姓名，核對後，便被解開手銬，捐拾自己小小行囊，下船上岸去。

□走進了「新生訓導處」

驀然間，眼前豁然開朗。

岸上早有一批軍人按著名冊在勾劃接收。這批政治犯就如此這般，在火燒島南寮碼頭上岸，一一走向被命名為「新生訓導處」的政治犯大本營。

火燒島，當時已經改名為綠島。

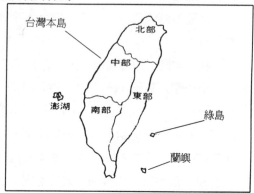

這一天，1951年五月十七日下午三時許登陸上岸，應該三十分鐘的步行路程，這批政治犯，整整走了三個多小時，拖拖曳曳，挨挨蹭蹭，行行停停，有的路邊倒下去，有的彎了腰便直不起身子，接收他們的官兵，荷槍實彈、沿途戒備。

快六點了，太陽已漸漸西沈。他們這批人影在夕陽裡，一會兒長長長，一會兒短短短，一會兒又長長長，在歪歪倒倒，不見人影的時刻，總算被集合在一塊空地上。一位壯碩的中年漢子，著軍服，佩少將階徽，來到我們中間，後來知道，他是第一任處長，1947年的「二二八」時在基隆擔任要塞司令的姚盛齋陸

姚盛齋▶

軍少將，他站在被揀選的大石頭上，對約有千餘名坐躺在地上，
剛剛報到的「新生」們訓話，一字一字，斬金截鐵：

　　我代表一座十字架，跟著我的是生，背向我的是死！

〔2001 年版附記〕

①請參看第 48 章。

②我應該是 1959 年十二月二日被釋放，因爲找保的困難，到第二年
即 1960 年三月七日才離開綠島。當時仍在戒嚴期間（1949/05/19-
1987/07/15，長達三十八年，是世界史上最長的軍事統治紀錄），所有
被釋放的政治犯，仍然被監管，每月必至管區派出所報到，經常接到
警備總司令部保安處「傅道石先生」（「輔導室」諧音）的來函或電話，
填寫表格、詢問答話，或者去警總面談。麻煩的是，常有人剛剛找到
工作，卻因爲警員來訪，被老闆知道了而被炒魷魚。我個人也遭遇到
幾件糗事。解嚴後，我寫了好幾篇文章發洩。我揀出《我對兒子的一
個秘密》這一篇，1994 年五月七日發表在台北自立晚報。請參看第 38
章。

③我要翻案，但是半途而廢。因爲國防部軍法局說，有關案卷都被
燒燬；同時「戒嚴時期不當叛亂暨匪諜審判補償條例」於 1998 年五月
二十八日通過。政府既然對整體有所處理，個人上訴也只好暫停。所
有和軍法局的往返公文及經過，請參看第 39 章。

④判決書主文：「胡子丹共同爲叛徒搜集關於軍事上之秘密處有期
徒刑十年褫奪公權八年。」理由：「陳明誠胡子丹共同爲叛徒搜集軍事
上之秘密部份：查陳明誠受投匪之宋平函囑曾將本軍艦艇動態函告業
據供認不諱核與本部政治部第四組查獲之函件內容相符已堪認定至胡
子丹雖未直接與宋平通信但宋平與陳明誠往來之函件均曾過目亦經供
認不諱且其與陳明誠私交甚篤陳明誠受囑託搜集軍事上之秘密胡子丹
自難諉不知其事既知而不報則其與陳明誠有意思聯絡當無疑義應以共
同爲叛徒搜集軍事上之秘密罪分別量情論處」（作者註：判決書除了
「（　）」和「：」符號，或偶有「。」，餘無標點符號。識字者皆知，
文章無標點，文意有時可以任意解釋。由此可見，國民黨執政的司法
是如何的黑暗、如何的無視於人權）。1998 年六月，台灣省文獻委員會
出版《台灣地區戒嚴時期五〇年代政治案件史料彙編》（五）第 62 頁，
對本案有如此之論斷：「姑不論該判罪的理由多麼牽強，而且有著自由
心證的偏差，最大的謬誤應係胡子丹只不過是一名士官，他對海軍的
機密既不能參與亦毫無所知，如果硬說他爲陳明誠搜集本軍艦艇動態，

真是天大笑話。」該頁前段並分析：「胡子丹被關禁在鳳山海軍招待所達二百餘天，迭遭刑求。但胡兵堅不承認有任何洩密情事。最後，胡兵被情治人員強制拉著手在一張紙，後來他才知道是「炮製口供」上捺了手印，在捺手印時，胡兵要求看看所寫的是什麼？情治人員不允，後來該紙乃炮製口供，被軍法處據以判了他們的罪。」

⑤ 本書 2001 年新版中的所有姓名都是真的，「秦漢光」是舞台劇《浪淘沙》中的劇中人的名字，參加演出的尚有王孝敏、張志良、馬昌齡、洪世鼎、鄭若萍等人，導演白兵衛。該劇演出約有三十次之多。

⑥馬場町的正確地點，是在青年公園的對面，原先是騎馬場，2000年八月二十七日闢為馬場町紀念公園，是日舉行紀念白色恐怖時期犧牲烈士安魂大會，民進黨籍的總統陳水扁與會，國民黨籍的台北市長馬英九也與會。

柏楊、陳水扁、林至潔等人與會。

▶新生訓導處在綠島的位置

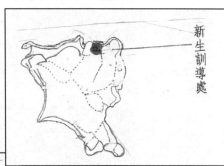

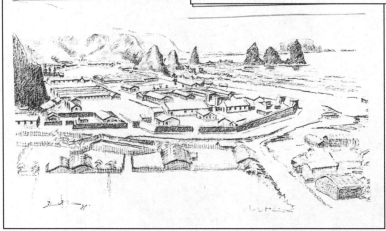

▲新生訓導處囚舍的鳥瞰(陳孟和繪製)

◀1951年五月十七日凌晨，第一
批政治犯由基隆被送往綠島所
乘的軍艦爲中基號登陸艇
(LST206)

▲1997 年十月二十三日，曾在綠島被「新生」，而生還的難友向向死亡的難友呐呐再呐致敬。

第二章　細說從頭

1949 年五月二十七日國防部發佈新聞：

「上海國軍在殲敵十一萬後主動撤守。」

但是，當時所聽到消息是上海交警叛變，

中共不費一兵一彈，從容進入了十里洋場。

這兩種說法，誰對誰不對，已經無關重要。

我們可以肯定的是：

中國大陸的改朝換代，

絕對不是中共的勝利，

的的確確是國民黨的失敗。

□是撤守呢還是叛變

1951 年五月十七日，我被押解到綠島之前的日子是怎麼回事？是怎樣從軍①的？我必須扼要的從頭說起。

我是 1949 年十二月三日被捕的。上海被「解放」就是這一年五月二十五日的事。

上海落到了中共手裡，爲什麼會那麼快？多少年後看到了資料，國防部在五月二十七日發佈新聞：「上海國軍在殲敵十一萬後，主動撤守。」但是，當時所聽到的消息是，上海交警「叛變」，中共不費一兵一彈，從容進入了十里洋場。

這兩種說法，誰對誰不對，已經無關重要。我們可以肯定的是：**中國大陸的改朝換代，絕對不是中共的勝利，的的確確是國民黨的失敗。**

稍早，中共在長江的軍事上一路進軍，勢如破竹，還不是得力於江陰要塞守軍的「投誠」。

上海保衛戰時，我在「興安」號修理艦上擔任電信工作，三月中被調至中型登陸艇「美和」號。

「美和」在那段時間，是往來上海、定海、左營，待命運輸。在上海我碰到過去在中央海軍訓練團的教官黃志潔，他是一艘中字號登陸艇的艦長，他把我同期同科的同學張耀東找去幹通信員，他推薦我去左營海軍士校當助教，等待來年去官校軍官班受訓，這就是我願意從「興安」調至「美和」的原因。「興安」去南京，長江突圍時被江陰要塞打沉了。我母親和姐姐弟弟在 1948 年底，從家鄉蕪湖來到上海，暫時住在江南造船所門前不遠的龍華路，準備和我一道去左營。

黃志潔教官，現住美國加州聖荷西，我們仍有聯絡。

　　張耀東後來改名張錦耀，退役後任職新甸輪船長時，1979年十一月一日，在美國德州蓋維斯郡，墨西哥離岸十浬處，撞船去世。

　　那年春天，上海並不曾因為人們換上了春裝，而有了些微暖意。黃浦灘上的人群，愈來愈湧、愈亂。開往台灣的輪船，一次比一次擁擠。母親偶而問起外面情形，我說：「沒有關係，大軍全集中在上海，還怕守不住。」

　　「美和」奉命開航定海，是五月二十日左右，到了定海，就立刻回航，再由上海直接去左營。我徵得母親同意，等我回到上海，下一個航次再一同去左營，別人的眷屬也是這麼決定。

　　那天，在家裡晚餐後，告別家人，我一人去外灘，因為「美和」在那兒靠碼頭加油。我由斜橋搭十八路電車，到了南京路口下車，正準備過外灘馬路，走去碼頭時，令我大吃一驚，立刻把自己失落了。偌大的、繁華無比、華燈初上的夜上海，竟然癱瘓了②，電車翹了辮子，一輛輛車成了死去的黃魚，一個人影兒也不見，我來不及思考，立刻全速向「美和」跑去。

□瘋亂不堪的上海灘

　　1949 年一開始的幾個月裡，上海特別瘋、特別亂，馬路上更是出奇地囂張和緊張。金圓券的貶值，我們每一次在軍需室領了餉，立刻快馬加鞭往街上跑，以碰到第一個買賣銀元的人向他購換袁大頭，往往第一個人和第二個人的價錢就不一樣，「早晚市價不同」這句話，在那個荒謬時代已不管用，應該說成「分分秒秒大頭的價錢不同」。大街小巷遍地是地攤，賣的東西全是實用品，例如鍋、壺、西服、美軍罐裝牛油等等，但是卻少有

人問津。買一包香煙，居然是好幾捆金圓券，常常看到有人提
了一小袋鈔票乘電車。鈔票的不值錢，製造了多起家破人亡！
惹起了千萬無謂爭執！糾紛更是數訴不清！

　　在那詭譎歲月裡，王雲五成了過街老鼠，大家肯定發行金
圓券是他的錯。多年後我到了台北，一次在「中華民國出版事

▶1949 年五月二十
三日的上海灘。

業協會」理監事餐聚上，王雲五是名譽理事長，我忝為常務理
事之一，正巧同席鄰座，我低聲請教金圓券是怎麼回事？他顧
左右而言他，笑謂，歷史自有公論。

　　說起袁大頭，有件巧事不得不記。袁世凱的孫子袁家楫正
好和我兩度同事，一是同在「興安」，後來又同時被調到「美和」；
而且同一臥艙，同串吊舖，他上、我下。只是出身不同，他來
自「重慶」號，算是留英派，我在「八艦」③幹過，中央海軍
訓練團是美式教育，被認定是美派。兩人生活習慣不盡相同，
可是工作上的負責和幹勁，以及上岸喜歡看電影，倒是有志一
同。在那段停泊上海日子裡，大頭、龍洋、鷹洋等等常常在我

們口袋裡叮叮噹噹，也學著以拇指和食指捏緊了銀元，用嘴對著橫剖面使勁一吹，立刻湊上耳朵聽，那餘音繚繞，為當時緊張氣氛製造了幾分樂趣。奇怪的是，家楫從不來這一套，而且，當我們在言談行動上，指著銀元上的袁世凱揶揄怒斥時，他總是默默無聲。有次我在電訊室裡，發現到他在看手上的一張照片發呆，我問怎麼回事？他一語不發把照片遞給我看，那是全家福，著大總統服的袁世凱正端坐中間，大大小小，男男女女約莫二三十位，我懷疑地問：「你是哪一個？你是袁世凱的什麼人？」

「袁世凱是我祖父。」他在皮夾裡又取出另一張照片，「這是我和爸爸媽媽合照的。」我一看，小孩果然像他，把兩張照片一比對，他爸爸在全家福中就站在第二排的中間。

「你們每天當著我面罵我祖父，我怎麼受得了！」

「可是，大家誰知道你是袁世凱的孫子？你看，要不要等機會乾脆講明了？我去說。」

「不用了，說明了我更不自在，你知道就好，你別一道起哄我就舒服些，我們倆在一起的時間最多。」

不久，他請調到一艘「中」字號去，再後來，則不知下落。

2009 年五月七日我去天津和家楫見面，時隔六十一年(1948~2009)沒見面，倆人都很激動。

□天翻地沸的壞消息

「美和」由定海回航上海，在吳淞口外，一個天翻地沸的消息傳來，我收到電報時，幾乎癱瘓下去。上海丟了！國事、家事，使我憤恨、懊喪、懷念，幾至瘋狂。

我是怎樣地把這張電報從打字機上抽下來？又是怎樣地走上艦橋，向艦長陳國鈞報告了這個霹靂雷殛？當時我一無所感，四十年後的今天，還是一無所知。這四十年的日子中，我有無數次的努力追憶，到底是什麼力量使我從電訊室爬上了艦橋？把這意外消息交到陳國鈞手中？我僅僅印象深刻的是：艦長也震驚得呆了。我們兩人是如何以及多少秒鐘以後才有了後續動作？相信他也不能回答。我轉身下艦橋時，他在話筒裡下達命令：

「我是艦長，準備起錨，請航海官來艦橋。」

陳國鈞聽說來台北後調國外幹武官後退休，航海官王漢國四十年來不曾再見面。

第二天，「美和」停靠定海碼頭，我兩眼劇痛，立刻被扶著去海軍醫院看眼科大夫，一雙眼全被紗布蒙了起來，說是急性結膜炎，原來被髒手揉進了細菌，每天去醫院換藥，都有人伴我同往。一個多月後才重見光明。

當我在一次自己前往醫院途中，遇到了在中央海軍訓練團同期但不同科的同學宋平，他是我之所以被牽連坐牢的關鍵人物，這傢伙雖然是無心插柳，我、以及很多同期同學都因為他的關係成了階下囚。

〔2001 年版附記〕

①1945 年秋，我和蕪湖中學同學朱正安、楊永光、陳正仁、龔維理、

龔維庭等人前往南京找一位毛老師，信步走到挹江門海軍司令部，看到門口貼了紅紙大告示，招考練兵，我等入內，糊里糊塗六人皆考取了，記得毛老師勸我們回家問了父母親再決定，一位軍官也勸我們等些日子考官校也可以。我們不知怎地，急忙忙就當天入伍，被送至下關魚雷營。隔天寫了封信回家，說是「投筆從戎」了。沒幾天上了一艘日本軍艦，被送去江陰海軍　第三練營。我們的階級是二等練兵。五十二年後，也就是 1996 年的最後一天，我和朱正安特地前往江陰一遊，寫成《江陰依舊，砲台何在？》一文，發表於香港《新聞天地》1997 年五月號（2401 期）。請參看第 40 章。

②多年後，我查清楚了，那天由上海龍華路家中晚餐後趕回軍艦，是 1949 年五月二十四日。我根據那晚忱目所見、驚心所感，寫成《翹辮子的外灘》一文，參加台北中國時報舉辦的「珍藏二十世紀――影響我最深的一件事」徵文大賽。意外地我獲首獎。該文 1999 年二月二十一日刊登於該報；1999 年六月十三日揭曉。請參看第 41 章。

③二次大戰末期，美國協助我國海軍對日作戰，依據同盟國租借法案，贈予我國小型軍艦八艘。當年，軍事委員會指派陸軍中將潘佑強擔任接艦官兵赴美領隊，海軍中校魏濟民為副領隊，計 1100 名官兵。在美國邁阿密海軍基地接收後，即駛回國門。所謂八艦，就是這八艘贈艦：兩艘護航驅逐艦（DE Destroyer Escort）即太康（Wyffles DE 6）、太平（Decker DE 47），俗稱太字號；四艘掃雷艦（AM Mine Sweeper）即永勝（Lance　AM 257）、永順（Logic AM 258）、永定（Lucid AM 259）、永寧（Magnet AM 260）；兩艘巡邏艦（PCE Patrol Craft）即永泰（PCE 867）和永興（PCE 869），俗稱永字號。

我曾服役過的美字號登陸艇（上）
和永字號（下）掃雷艦

1949 年前的上海風光。

龍華塔 ▶

▲上海城隍廟，現在成了「豫園」商場，是觀光景點之一。

第三章　誘捕「三樓」

1949 年初以來，

自從「重慶」號沒有了，

「長治」號也不見了，

海軍裡總有點怪怪的，

有種說不上來的神秘恐怖氣氛。

耳語傳聞，

張三忽然失了蹤，

李四被請去了「三樓」，

風聲鶴唳，

草木皆兵，

山雨欲來風滿樓，

人心惶惶。

□罪魁禍首同學宋平

宋平這傢伙，這罪魁禍首，他不僅和我一樣是在青島中央海軍訓練團第五期畢業，而且，我們又都是江陰訓練營娃娃兵出身。問題是，我們學的不一樣，他輪機，我通信，又不在同一隊，後來從不曾在同一艘軍艦上待過，加上他年長我至少有三歲之多。我入伍才十五足歲，大我三歲的人，受訓時根本不可能玩在一起，因為像他那麼大的人，通常認為我是小不點兒，不懂事，不屑和我為伍。在定海，不料狹路相逢。他喊我：

「你們船來了，要去左營？」

「對！你呢？」

在上海他在「玉泉」號服役，「玉泉」上有我一位球友叫王永久①的，當彼此的船都停在江南造船所的碼頭時，我常去他們船上找王，邀王一同去球場打籃球，王和宋同住一室，因而有了數次見面之緣，打招呼是免不了的。

「我離開玉泉了，我不想幹。你到了左營，如果遇到陳明誠，替我問好。」

陳明誠學航海，歲數和他相仿，而在青島受訓時，航海教室和通信教室是緊鄰，所以我和陳較為接近。宋平當時如此對我說，我順理成章地答應。

1948、1949年間，我們幹海軍的，跳槽不是稀奇事，尤其我們是中央海軍訓練團五、六期出身，受到任何一艘軍艦的歡迎，只要有缺，就怕我們不去，要去一講就成，通常是找高一階的缺，艦長聽到了我們的出身，總是千方百計「誘」我們去，何況，當時在數量不多的美式軍艦中，沒有一艘沒有我們的前、後期，甚至同期同學。

　　所以，宋平如此對我說，事極尋常，我左耳進右耳出。何況，我當時的心情實在惡劣之至，容不下任何別人的事。

　　「美和」是 1949 年中秋節前一個月左右到了左營，停靠桃子園海軍碼頭。幾天後在左營街上碰到陳明誠，我告訴他在定海遇到宋平以及宋平叫我向他致意的事。陳這時被一位我們稱之爲楊大頭的艦長，調到一艘待命成軍的掃雷艦，後來命名爲「永昌」；楊艦長正在招兵買馬，陳是當然說客，告訴我「永昌」有一個通信員缺，勸我何不直接上「永昌」，等成軍了再準備去官校受訓，豈不兩全其美，別去士校報到幹助教了。我想成人之美總是好事，便請准艦長陳國鈞的同意，由「美和」調到了「永昌」。

　　記得很清楚，是 1949 年中秋節前幾天的事，陳在聲納室告訴我，宋平從香港來信，附筆問我好。那年頭，香港我們隨時可以去來，所以宋平在信上如此寫，我們不可能有任何其他想法，講過也就算了，我當然不會和他通信，也沒理由問陳回不回宋的信。那年中秋節我是一個人過的，自己單位聚餐我沒有參加，王永久那時候也到了左營，約我在左營街上一家餐館吃飯我也沒去。我大概想家想瘋了，一個人買了一個大文旦，從左營街上獨自踏著月色走進軍區，靠在一個石碑上，席地而坐，邊吃邊掉眼淚，居然一夜沒回桃子園碼頭。

　　沒隔多少天，和陳在閒談中提起了宋平，說又來了信。我問：「你給他回信了？」他好像說還沒有。1949 年年初以來，自從「重慶」號沒有了，「長治」號也不見了，海軍裡總有點怪怪的，有種說不上來的神秘恐怖的氣氛。耳語傳聞，張三忽然失了蹤，李四被請去了「三樓」②，風聲鶴唳，草木皆兵，山雨欲來風滿樓，人心惶惶。

▲ 1995 年五月四日特地給「三樓」拍了照。

桃子園清晨，往往有罩頂卡車轟轟而過，據說是秘密處決「人犯」，活埋或槍決兼而有之，聽得叫人怕，夜間晚回碼頭，往往拚命跑著上船。

你一定不敢相信，多年後，當我由綠島重獲自由，和海軍裡少數同學有了聯絡時，我發現「宋平」在台北，只是此宋平非彼宋平，是一位階低的同學，當年，同學們陸續被捕不久，他居然冒頂宋平高階而抵上了缺，他倆都學輪機，當然，這位冒牌「宋平」現在也早退役當了老百姓。我們不禁要問：「宋平」當時的再出現，為何不曾受到任何偵訊？是這些情報人員兒戲了我們這個案子呢？還是我們這個「洩漏軍機」案根本是兒戲？

□情治人員非常活耀

「重慶」號是英國贈送的巡洋艦，火力很強。「長治」號也是艘巡洋艦，日本建造。可惜，這兩艘都沒了，傳說是「投」共。所以，那幾個月，海軍裡的陸軍出身的情治人員非常活耀，

疑神疑鬼。「三樓」便是他們在左營街上的大本營。後來才知道，那地方是誘捕獵物轉運站，「禮遇」誘捕後，第一站便是送去「三樓」，由「三樓」派囚車，送去鳳山的海軍來賓招待所。

陳明誠沒有回信，宋平也不再來函。一停止通信，陳明誠被捕了。後來同在綠島「新生」時，我們研究這件事，當年如果一直通信下去，給情治人員看出了真相，可能反而沒事。陳是 1949 年十一月二十七日被捕，我是十二月三日。

我是在高雄十八號碼頭小朱的船上聽到了陳被捕的消息。小朱也是同學之一，當時服役的也是掃雷艦，他幹輪機員，1949年年初他是長江突圍的「英雄」之一，同期同學中他能倖免於難，曾是「英雄」，一定是唯一的理由。當時有人勸我說：「老陳被捕，你一定跟進，不妨去香港玩幾天再回來。」高雄港中正有一艘商船升火待發要開香港。那幾年，幹海軍的人搭乘商船特別方便。我拒絕了，我說我要一走，老陳就死定了，假的變成真的，百口莫辯。小朱也以為是，當晚我回到桃子園，心裡反而平靜，等著被請談話。我堅信：把宋、陳的信攤開來解釋，把話說清楚，不就結了。

小朱名叫朱松泉，當年被「秀」為英雄人物，七年前跑商船下來，移民去了美國德州，聽說開了一家汽車旅館。

陳一直沒有回來，我也一直沒被捕，事情顯得蹊蹺。同學們人人自危竟不相往來，同事們也絕口不提這檔子事。我心中嘀咕起來，要就陳被釋放了，要就把我抓去，如此不明究底的懸著，可真不是滋味。

□要來的禍終於來了

日子在煎熬中度過。

要來的終於來到，來得早不如來得巧。十二月三日的上午，那天正是輪我「值日官」。我上「永昌」是抵通信員的缺，只待成軍開航，艦長負責向艦隊部替我報升。我服裝整齊，佩帶零點四五口徑手槍。

那年，我虛歲二十一。

艦長楊大頭那天正好外宿休假。「值日官」便是一艦之主，有權代表艦長處理任何事。兩名未佩帶官階的陸軍出身的海軍，由跳板走上梯口，兩個人都穿了軍便服，憑直覺，我一眼便看出了不是真正海軍。我迎上去，等他們一一向艦首行了舉手禮後，我們之間互相敬禮。

「請問貴艦有位胡子丹在不在？」

我當然可以說不在，甚至說沒有這個人，或者說他出國接艦了。我沒有，我脫口而出：

「我就是。」

「那好！是艦隊部請你們幾位同學去談話。」

艦隊部根本不可能請我們去，這謊話說得不高明，可是他們也不能說逮捕我，即使逮捕，即使有正式拘捕公文，當時我也可以不去，因為我在值日，他們如硬來，我有權指揮梯口的「值更」，把他兩人先拘留起來，等艦長回來發落。

我沒有這麼做，我毫不考慮的在梯口打電話，請較我低一期同學徐乃誠前來接替值日官，我解下手槍，把私人的一串鑰匙，一併交給了徐。

我心裡早有準備，徐也是一眼看得清。兩位前來誘捕的獵人，一定有了意外輕鬆的感覺。

一部小客車在不遠處，後座兩名持槍的衛兵下來，把我讓

入後座，他們一左一右把我夾在中間，兩位獵人中的一位開車，另一位坐在駕駛位側。

　　我注意到，車子正往左營市區急駛，「一定是去三樓」，我心中肯定。

〔2001年版附記〕

　　①王永久不是我的海軍同學，當然也不是陳明誠、宋平的同學，但是他卻是我們的同案。他是海軍裡被稱爲「八艦」留美官兵之一。我在青島被派往「永順」艦報到時，他在「永順」任電訊下士，我是信號上等兵。兩人都愛打籃球和看電影，因而成了球友兼玩伴。1948下半年和49年上半年，他在「玉泉」我在「美和」都是電訊上士，兩艦都靠江南造船所碼頭，我艦待修，電機停用期間，每次在造船所的球場上打完球，便上「玉泉」洗澡，他和宋平同住 chief quarter，中譯爲上士房，後來才知道他上士，宋中士，但都占軍士長缺，住進了同一房間。所以說，宋、陳，和我是同學；王和我、和宋是同事；王

▲王永久

和陳只是同案。爲什麼會是同案？因爲宋給王給陳都寫了信，王還回了信，爲什麼陳和我被判了罪，而王卻被判無罪？根據判決書「理由」，「王永久致宋平之信雖有羨慕之語但無脫離現役之意質之羨慕何事則係諷刺其逃亡且嗣後復無查獲其再與宋平通信之事實所供似非虛言不無可採既不能證明犯罪應諭知無罪。」（判決書的文字，除了最後的句點，其它無標點。）王永久被判無罪，但感訓之罪難逃。他好像和我同一天被捕，同在鳳山海軍招待所當「來賓」，1950年九月二日同車至左營海軍軍法處看守所。1951年，同時離開左營，陳明誠和我被送去台北軍人監獄服刑，王被送去彰化員林鎮的「反共先鋒營」，直至該年十一月十六日結訓、回軍。一直幹到上校、退役。回役期間，從未幹過主管，海上是副長，陸地是教官、參謀。王永久之所以未被判刑，事實上並非判決書上寫的那些文字。在軍法處看守所期間，有天輪班「放封」，王在禁地裡繞圈子時，正巧時任海總參謀長（或副總司令）馬紀壯前來視察，軍法處長政治部主任等陪同，和王永久四目相對。

事後馬問：「王永久身犯何罪？」告以洩漏軍機，馬說不可能罷，他在我船上（指「永順」艦）多年，十幾歲和我同時出國接艦，回國後從沒離開過軍艦，他只是名士官，能洩漏什麼軍機。」這當然是耳聞，但是在馬任駐泰國大使期間，有次我去新加坡參加國際書展，途經曼谷，馬邀我餐敍時，我曾以此事相詢，他間接地回答：「那天如果看到你，我也會這麼做。」1994 年在紐約，我遇到馬過去的勤務兵汪席有，談到此事，他大聲說：「對！對！我聽說了，你運氣不好，那天你和王永久同時放封就好，不就兩個人都出來了。」汪和王永久也極熟，我們曾經同是「永順」人。

馬過世後，我和退役中將劉定邦、徐學海等人聊起，咸認馬亦為「白色恐怖」時代海軍中的重要劊子手之一。或許對低階和他無所妨礙的人，有時也會網開一面。王永久很念舊，我服獄期滿，無保人可找，1960 年他少校，官階夠資格，但因為曾是同案，不能保，他在高雄找到一位林金帶老闆，另外是已退役的海軍同學王辰伯，其時在美軍顧問團工作，二人作了我的保人，我才能離開綠島。王永久於 1992 年四月四日因病故世，享年六十四歲。陳明誠、我，還有一位同一判決書的海軍同學劉稔年，都去左營參加了告別式。

②三樓位於左營後街的一座三層樓房，看相不顯眼，一、二樓和鄰樓一般模樣，三樓卻是海軍情報處寄放「犯人」所在，在軍區誘抓獵物，便被暫囚三樓，當天等到一定數額或一時段，便以卡車送去鳳山「海軍來賓招待所」。「三樓」的正式名稱應為「海軍總部政治部情報工作隊」，三樓的兩任頭頭董行健上校和黃啟先上校，先後都犯了滅口慘案而被處極刑。

第四章 亂抓亂整

想想在 1948、1949 年，

那個亂哄哄的時代裡，

我們這些二十啷噹的小夥子，

根本搞不清楚什麼是共產黨？

什麼叫共產主義？

同樣，

對三民主義也不甚了了，

一腦瓜子救國救民，

滿腔熱血打倒共匪。

□海軍裡的陸軍特務

汽車果然停在「三樓」前，坐在駕駛位側的獵人轉頭對我說，請上三樓去，三樓有人招呼你。兩名衛兵跟著我後面，車子開走了。想當然，他們一定如法炮製，又去誘捕別人。

樓上已經有了五、六名我們同學，一見就招呼：「哈！小胡來了，奇怪，小胡沒參加同學會，怎麼也來了？」衛兵把門帶上，外面一定有人看守，可是，面對街上的窗子是開著，好像料準了我們這些獵物不會飛出牢籠。

「什麼同學會？」

「你當然不知道，你那時大概還在上海，我們在桃子園開過同學會，是宋平他們發通知的。」

我一聽到宋平這名字，知道壞了事，一定宋平有了問題。但是宋平有問題，即使陳明誠有問題，我還是沒問題呀！第一我沒參加同學會，第二我沒和宋平通信，他只是在別人信上向我問好而已。之所以問好，還是因爲在定海街上的「狹路相逢」。

對這五、六位同學的名字，現在已不復記憶，好像有林履中，對！林履中的弟弟林履平，在江陰是和我同一籃球隊的。林履中也在「永昌」，幹軍需官，他在左營家裡被捕。

林履平前一兩年因病過世，林履中目前在台北做生意。

大家真像在開同學會了，你一句他一語，氣氛熱絡得根本看不出有絲毫被逮捕的憂慮。

急躁、不平；有牢騷，也有罵街：

「他媽的，這些陸軍特務，事情不搞清楚就亂抓人，同學會只是大家吃吃鬧鬧，鳥事也沒談，根本還未成立，剛剛發起，讓他們抓罷，最好把我們這五、六期的人全抓來，看看船怎

麼開？我看這些陸軍特務一定有問題，他們是想把我們海軍弄
垮。他們根本看我們海軍不順眼。」

「我們中飯在哪兒吃？我船上還不知道我被抓，我是在軍
區大門口，被他們請上車的。」

□熱心報國反而被抓

七嘴八舌，議論紛紛，那一年，同學中絕大多數都是單身
漢，家陷大陸。沒想到，滿腔熱血從軍報國，一到復興基地台
灣，卻被特務抓了來，難怪怨聲載道。即使在九個月後被送去
中部「反共先鋒營」①感訓而沒有判刑的人，回到了軍中，也
是千方百計儘快申請退役，不是上商船，便是遠走高飛去美國、
南美，或其他被認為可以「免於恐懼」的自由土地。

這一些陸軍特務都是當時的海軍總司令桂永清引進來的。
桂永清在海軍總司令任內是功是過，我年幼階低，未知究底，
不敢置喙。但是，在「用陸軍整海軍」這著棋上，顯然百分之
百的錯，他不是自卑感太重，便是著了中共的道。他的隨身參
謀徐時輔，後來還代表他當上總部上海辦公室副主任，就是共
產黨員。總部的情報處的兩任隊長董行健和黃開先，都是桂永
清戰幹團的學生，也因為亂抓人，貪污姦淫，作惡多端，紙包
不住火，竟也被判死刑。陸軍特務們非法逮捕、非法「談話」，
以「招特所」名義囚禁政治犯，等等等等，幾乎是和聽來的中
共整人模式完全相同。「新海軍」因時間的巧合，在桂永清任內
建立起來，「新海軍」的精神和實體卻在桂永清任內完蛋。

□假海軍欺壓真海軍

具體的說，「重慶」號是被桂永清的陸軍氣走了的，艦長鄧兆祥在南京總部以及在上海各種集會上，遭到「假海軍欺壓真海軍」的故事，1948、1949 年在海軍中傳播得最多。傳說中的官校校長魏濟民要不是「朝中有人」，也會被誘捕後一命歸陰。記不清是哪一年班的官校學生，竟因為其中一人可能有問題，便全部下獄。②

多少優秀海軍軍官們都寒了心喪了膽，即使當時未遭毒手，也是兔死狐悲。我被釋放後，在國外遇到好幾位從那恐怖歲月鬼門關中逃出來的老長官、同事們，他們聽說我還要回台灣，都驚奇地問：「你好不容易出來了，還敢回去？坐牢坐得還不夠？」

傳說桂永清並非善終，而是自我解決，真相到底如何？相信永遠是個謎。

大家在高談闊論中，有了個無可奈何的結論：

「問清楚也好，大概三天五天罷！就算小病一場。」

豈止小病一場？運氣好的，一年以上；陳明誠最倒楣，十五年。我，信上問了我一聲好，判決書上說：和陳「私交甚篤」，想當然是「知情不報」，我失去了自由十年又加上若干天的零頭。

談著談著，有人上了樓，又送進了兩位，一是同學，名字已忘，一是王永久。

王永久不是我們同學，是我在「永順」號掃雷艦上的同事，後來他調「玉泉」，我調「興安」。在「玉泉」上他和宋平同一房間。原來他和宋平有信件往來，僅有的一次往來，這是後來在海軍看守所他告訴我的。

　　林履中一語不發，他是唯一有妻有子的人，他可能比宋平、陳明誠還要大兩歲。他跟楊大頭艦長頗有淵源，我們想，林大嫂一定會求楊大頭設法營救。

　　想想在 1948、1949 年那個亂哄哄的時代裡，我們這些二十啷噹的小夥子，根本搞不清楚什麼是共產黨？什麼叫共產主義？同樣，對三民主義也不甚了了。一腦袋瓜子救國救民，滿腔熱血是打倒共匪。至於共匪是怎麼回事？老實說，我們這些娃娃兵大多數迷迷糊糊。我們從不曾見過匪兵，也從不曾讀過共產主義。

□亂抓亂整亂殺亂埋

　　可是，一到了「三樓」，感染到這些陸軍特務的恐怖氣氛，我們倒有了懷疑，是不是共產黨就搞這一套？亂抓亂整亂殺人！我們在江陰受訓時，是嚴格的日式軍事管理；青島中央海軍訓練團陸訓及艦訓時，百分之百的美式教育；從不曾在精神上、肉體上被虐待過。一向被尊重慣了，這一兩年在軍艦上正式服役，更是自由自在，長官士兵間彼此相處好像一家人。想不到，一剎間，被「陸軍」騙來「三樓」，被衛兵押囚。世事變幻，本如泡影，這好比一齣戲，更像在夢中看戲。無奈！既來之，則安之罷！

　　已經超過了十二點，有人乾脆閉目養神；有人盤算著如果現在放人，還可以趕去高雄看場電影，還有人擔心會不會不分青紅皂白被活埋掉；當然，也有人在想，宋平被逮住了最好，一切便煙消雲散。

　　可是，四十年來，宋平一直沒有消息。那天下午兩點多鐘，

我們被押解上了囚車，開往鳳山的海軍「來賓招待所」。

〔2001 年版附記〕

　　①反共先鋒訓練營有好幾處：南投名間反共先鋒營、員林反共先鋒營等，根據 1999 年十月十五日，海軍總司令部政治作戰部（88）智字第 2589 號，致函「戒嚴時期不當叛亂暨匪諜審判案件補償基金會」，附第一至第三期羈押人員名冊計一百六十七名。所謂羈押人員即被羈押於反共先鋒營人員。（見戒嚴時期海軍蒙冤退役袍澤聯誼會編《中華民國海軍蒙冤退役袍澤蒙冤事實陳述書彙編》174-177 頁，1999 年十二月版）。和我同案之一的王永久（見第三章〔2001 年版附記〕），名列該名冊中第二名。

　　②後來得知，乃三九年班譚乃盛、陳靖一、賈華昌、金志祥、李恒彰、潘鐘南、李龍之、劉國元、龐連章、張秀山、侯知虞等；四十年班郭浩、陸肇寧、楊邑生、秦長城、余賜福、袁舜、鄧嘯風、潘建南、羅榮華等；四一年班周鴻章等；四二年班李昌觀、馬建新等多人。（所據資料同①）

第五章　來賓招待

我們被鎖在「牢」中，

偏偏在名義上叫作「招待所」。

對外面如此稱謂，

尚可以解釋爲了保密，

關進來了，

爲什麼還要把我們稱爲「來賓」？

是嘲諷？戲謔？

明明是軍事機關，

爲什麼有如此濃列的政治味？

□迷迷濛濛猶如夢境

囚車上已經有了五、六人，都是同學，好像有張富恭、小龔，記不清楚其他人的名字。

時隔四十個年頭，現在想起來，迷迷濛濛猶如夢境；在當時，何嘗不也是夢中感覺。囚車往鳳山方向開，這不到二十個二十歲剛出頭的少年兵，途中居然談笑風生，有人敘述自己被捕的經過。無視於真槍實彈的衛兵在座；更無知於在他們的生命過程中，即將被無故砍斷若干歲月。

「真好笑，來抓我的時候，我正在洗澡，梯口廣播，喊我，還有『海怪』，說有人找，我匆匆忙忙揩乾身體拿了衣服邊穿邊往上跑，『海怪』拜託我說他不在，他媽的，早知道是這回事，我不理不也結了。」

『海怪』也是我們同學，真名真姓現在全忘了。簡直開玩笑，『海怪』真的一直沒事，永遠免去了這牢獄之災。

「我可是自告奮勇來的，看他們上船來請老劉，我湊上去問名單上有沒有我，果然榜上有名，我便陪老劉，還有隔壁船上的老李，一塊來了。」

多年後，年歲稍長，回憶被捕情況，真是玩笑一場，哪有抓得到的就抓，抓不到的也算了，而且只抓一次。同學中性子急的，便巴不得早一天被抓，總以為早一天問清楚，便早一天沒事，免得心中七上八下，不知道什麼時候會來「請」人。誰料到，除了有力人士的挺身擔保，否則，不是判刑，便是被感訓。

海軍出身人人自危

被力保釋放的人只有一兩位。因為，誰敢力保？真正海軍出身的官兵，人人自危，人人泥菩薩過江，我們認為優秀的官兵，幾乎都曾一度為階下囚。

海軍來賓招待所到了，距離鳳山市區十多分鐘車程，門口是營房駐兵格式，囚車長驅直入。在一間小屋裡，我們被解去了褲帶、帽子、鞋子、手錶，以及口袋中的所有物件，他們用小包一一盛起、封口、寫上所有人姓名。我們雙手提了自己褲子，生怕掉下來。被衛兵押解，彼此苦笑著，勞燕分飛。

我們被分別押去牢房。

我被押進了一個大的長方形防空洞裡，有七、八個榻榻米緊緊排列，我是最後一個位置，也是最暗的地方，衛兵鎖門時對我說：「待會給你拿毛毯來。」

☐牆上貼的一張佈告

我盤坐在榻榻米上，看見同「洞」的五、六位難友，或坐、或站，有的在榻榻米盡頭的泥地上來回不停走，拖鞋「拍拍」響，偶而碰到放在地上的臉盆，發出「吱」的旋轉聲。看他們有的著睡衣有的穿軍便服，少開口，愁容滿面，焦慮異常，還有一人躺在榻榻米上，裹在軍毯裡呻吟。我被感染得呆住了，這不像電影上看到的監牢模樣，也不見「犯」人穿囚衣，手銬腳鐐也沒有，可是這也不像真正被「招待」。牆上貼有一張佈告，我站起來，走到榻榻米盡頭看，我注意兩腳剛剛拍乾淨的襪子，

▼當年在鳳山的海軍來賓招待所，有心人在 1995 年五月四日去拍了照片，現在還是駐軍，上面一張是正門，下面是後門。

小心翼翼，別一腳踹到泥地上。佈告上寫著：

　　查本所近來來賓甚多，加以房屋窄狹，不便之處，尚祈諸來賓見諒。所長劉斌①敬啟。

　　我把這三十二個字一連默唸兩遍，好奇怪！又好笑。難道另外還有囚房？只有這一間是防空洞？對，他們一定被關進別的牢房，只有我一人來到洞中。**我們被鎖在「牢」中，偏偏在名義上叫作「招待所」。對外面如此稱謂，尚可以解釋，爲了保密，關進來了，爲什麼還要把我們稱爲「來賓」？是嘲諷？戲謔？明明是軍事機關，爲什麼有如此濃郁的「政治」味？**

　　扯上了「政治」，可不是玩笑！印象中，敵僞時代的「七十六號」，日本憲兵隊，都是殺人不見血的機關。所謂「政治」，便是奉命整人，而且預設好整人的藉口，要你在「合作」的情況下被整。我眼看佈告上的「來賓」二字，心中想到我這「來賓」可能會有怎樣的遭遇？忽然驚覺到那裏在軍毯裡呻吟的「來賓」，一定被刑求過了！想著想著，剛才在囚車裡的糊里糊塗，陡然涼颼颼害怕起來。要挨揍？坐老虎凳？被活埋？

　　「胡子丹？是胡子丹嗎？」

□陸大隊長也成「來賓」

　　好熟好熟的聲音，我回頭一看，原來是陸錦明大隊長，第一次見他穿睡衣，居然同在此「洞」中，難不成他也成了「來賓」？

　　「陸大隊長，您……」我習慣地向他行了個舉手禮，他一把按住我，兩人在榻榻米上相對而坐。

在青島中央海軍訓練團讀書時，生活上管理有三個大隊，大隊長三位：錢恩沛大隊長、陸大隊長，和黃志潔大隊長。黃又是通信教官。他們三位大隊長輪流值星，主持晨操點名，上教室前登記人數，以及假日時有權檢查我們服裝，更重要也是我們深爲感念他們三人的是，同學中如有在假日外出時被友軍欺了，或是自己鬧事被ＭＰ（軍中糾察隊）帶走了，他們會負責把人要回來。本軍的處理標準是「自我檢討」。自我檢討其實也夠嚴格的，有次我鞋面光亮得不夠標準，而且是累犯，被禁足兩次，以後我再不敢擦鞋時掉以輕心。

陸大隊長告訴我，前兩天看到陳明誠了，也看到我們其他好幾名同學，我告訴他我們是同學會的事情，還有就是宋平通信。他分析：同學會有沒有問題，比較好查，而宋平的信就比較麻煩，信裡的文字，可以任由解釋，一個人的通信處可以代表一艘軍艦的所在地，端看辦案人的看法，以及決策人的情緒而定。除非把宋平抓來，不然你們可能會倒楣。發生這件事，誰也不敢來保你們出去。

我沒有問他怎麼也被抓了來？他也沒說。他給了我一條毛巾。第二天又給了我牙刷、牙膏、內衣褲，以及一個鋁質臉盆，一雙拖鞋，我知道是爲我新買的。那天送晚飯來時，聽到他對衛兵講，拜託他請准所長，買了這些東西。

他關照我，叫去談話時，儘量順著點，沒有的事絕對不可以亂說，被打被羞辱，**千萬要沉住氣，不能生氣，不能發脾氣，**一生氣一激怒便上當了。我們這間牢房，是最好的一間，門前是天井，再前面是通道，可以享受雨景或陽光，所長來點名，不要多問話，注意禮貌，喊衛兵要喊班長，有事要「報告」，這

兒可不比我們的「軍」中，你要時時提醒自己，見人矮一截，自求多福，忍耐，能夠早一天恢復自由，便是最大的勝利。謝謝陸大隊長的這番話，可惜，第二天下午，我被調房了，調到被稱為最壞的「黑洞」中去！而從第二天，也就是 1949 年十二月四日開始，一直到今天，我沒再見到陸大隊長，也沒聽到任何有關他的消息。

之所以被調去「黑洞」，是因為那天早晨，我看到陳明誠被兩人架著，經過牢房前，顯然他沒看到我。而我，在他身影快消失前，失聲喊了他的名字。有人告訴我，他一定是夜中「談話」歸來，被送回牢房去了。

〔2001 年版附記〕

①劉斌，解嚴後改名不改姓，叫劉侑；1949 年至 1952 年間，任鳳山海軍來賓招待所所長，設戶籍高雄縣左營區果峰街 13 號 17 樓，但無人。長我至少 15 歲。2001 年應有 87 歲左右。

▲桂永清對馬尾海軍學校航十一、十二的海軍軍官，誣為「他們全班都是共產黨」，部分被捕，均被關入「反共先鋒營」，刺字感訓後再回軍。(照片取自「台灣地區戒嚴時期五０年代政治案件史料彙編」第五冊 305 頁)

第六章　一盤殘局

兩個多鐘頭的勞動，

一身汗涔涔，滿心歡喜。

自由失去了兩三天，

這有限度的伸展四肢，

仰天俯地，

便勝似乘長風破萬里浪，

或者在陸地上任情遨遊。

人呀！人呀！

奇怪的動物，

完全靠心理建設。

□同班同學都進「黑洞」

這實實在在是一個名副其實的「黑洞」,是深入另一個防空洞裡面的洞中洞,據說這在日據時代是室內靶場,後來改為防空洞,而現在則成了牢房。

走進黑洞十來步,眼前全黑,衛兵按住我,喝令站住,我雙手捧著臉盆和軍毯,閉起了眼,心想,難不成就在這兒解決我?

一分鐘不到,我又被推著走,稍稍習慣了黑暗,黑暗正在一步步吞噬我。忽然,一個荒謬念頭掠過:一拳把衛兵擊倒,換穿他的衣帽,大模大樣走出招待所,直奔高雄碼頭,再借穿海軍制服,上哪艘去香港的輪船。……完全是電影故事中的情節,不禁啞然失笑。回頭看衛兵影子,我問:「班長,裡面還有洞沒有?」「當然有洞,還有不少人呢。」

果然有不少人,當我被推進「黑洞」中時,他們一個個湊近我看,十來個不比我大到哪裡去的少年郎,清一色是海軍官校學生,是 38 年班或 39 年班的罷!

他們是學生,所為何來呢?原來是有艘「崑崙」號日式軍艦有「叛」的可能,上面有他們同學在實習,在來不及替他們化妝誰白臉誰紅臉之前,不論在海上還是在陸地,只要是同班同學,一網成擒。我和他們不陌生,他們之中有在「永順」實習過,也有在「興安」實習過,而我在這兩艘軍艦上都待過。我對駕駛台上的玩意兒,例如雷達、聲納、信號等等都是我的專長,他們想要用書本上的理論來印證實際的操作,往往不得不在我身邊打轉,要我得空陪他們操作一番。

「黑洞」裡的氣氛有異於我剛剛遷移來的山洞，竟有點像在野外露營的味道。衛兵把門鎖後站到山洞外面去，學生們嘰哩呱啦講個不停，他們相信，「崑崙」號已經回航，「談話」告一段落，應該釋放他們回官校。他們為我分析，宋平如抓到，我則太平無事，不然，這個籤可就不是上上大吉。

宋平會被抓到嗎？我開始憂慮。

這兩班學生還是大陸招考來的，程度不錯，學習精神旺盛。後來聽說在這幾個班裡的學生，篩出十幾二十名被釋放，而這少數人當中就有人成了海軍中的高級將領。

□等待的日子不好過

早、中、晚三餐飯有人送進「黑洞」給我們吃，大便是被衛兵押解去廁所個別解決，小便則尿在洞中的尿桶中。晚點名是所長劉斌或副所長（姓名已忘），由兩名持槍衛兵護著，提了馬燈進來一一唱名，彼此可以答問一些無關案情的生活上問題，我在「黑洞」的第一晚被劉斌訓話：「遇到任何人不可以打招呼，更不可以講話，即使同一房間也不可以問別人的事情，知道嗎？」我當然答應「知道」。

等待的日子不好過，沒有消息的等待更是難過。我知道，他們也勸我，等待才開始呢！別說對「出去」的等待，八字不見一撇，對「談話」的等待也要努力忍耐。

既來之則安之，可是身在黑洞洞的黑洞中，如何「安」之？又能以何法而「安」之？這些學生們妙極，舉行分組下棋比賽，我也被編入三人小組中的一份子，三盤兩勝，由一人主持「唱

棋」，真所謂：口唱無悔洞中囚，心中有界真來賓。

一天一夜，我們在一盤殘局中，累極而眠：

兵三進一

將六退一

兵三進一

將六退一

前砲平四

車六進一

砲八進八

士五進四

車五進六

紅勝。

□清理環境重見天日

我們被衛兵罵醒了，罵我們是不是睡死了？還是裝死？我們一一向他道歉，好話說盡、告饒不絕。

下午我們被叫出去清理環境。哈哈！好差使，大家樂，大喊「重見天日」！

陽光溫暖了身子，眼睛在一兩分鐘後適應，重新派上了用場。仔細一打量，黑洞方向正對大門，有天井的山洞在右側，左邊是辦公室，辦公室旁有一片偌大草地，我們便是派來草地撿垃圾、割雜草什麼的。

每人分配到一個生鏽的剷子或鐮刀，衛兵持槍遠處環立，他們看準了我們不可能有什麼動作。我們使勁做，力求表現，

盼望能常常如此，可不希望永遠如此。

　　兩個多鐘頭的勞動，一身汗涔涔，滿心歡喜。自由失去了兩三天，這有限度的伸展四肢，仰天俯地，便勝似乘長風破萬里浪，或者在陸地上任情遨遊。人呀！人呀！奇怪的動物，完全靠心理建設！

　　收工後，一一被押去洗澡，特別優待，十分鐘包括洗內衣褲的時限，夠我們用了，方便也一併解決。

　　洗澡是在水龍頭接水，就在露天往身上沖，一排五、六個水龍頭是裝在走廊一個長條水槽上。走廊的一端是廁所，另一端我注意到，似乎是一排排木隔的小房間，由外牆走路的步距來測，加上牆上小窗數目，至少有二十間左右，如果雙排便是四十間；這是走廊一端的左方，右方距離極短，三個窗戶乘以二等於六，後來知道了，那是女賓囚房，神秘的禁地。

　　日子過得混沌，「將士象」一旦溜出腦袋瓜，「什麼時候談話？」我總是自問無答。盼望談話，又害怕談話。一定會挨揍嗎？一定會被屈打成招嗎？黑洞中的棋友們，居然也是在等待，他們當中沒有一個人有被談話的經驗。黑洞位置隱秘，獨立家屋，他們來了十多日，聽不到任何消息，也看不到任何跡象。

　　我又調房了，被調到正是那一排排木隔的其中一間小房間裡去。

　　在黑洞中待了七、八天的一天下午，我們根據送來的飯，是稀或乾，來證實上午或下午。班長要我收拾東西，我第一個反應是放我出去，我說，東西不要了，班長不耐煩地問：「幹嘛？又不是槍斃！」

　　這兩種反應因當事人不同而各走極端，答案在兩種極端中

不語而明：調房！

　　果然是兩排木造小房間，衛兵押我在通道中走，在打開通道鐵門時，發出了鎖鍊和鐵門以及開啓的聲音，每間木板門上，離奇而恐怖的景象，我一個也辨認不出誰是誰？

　　實際上，小窗出現的眼睛、鼻子，幾乎二分之一以上是我們同學，只因爲不完整的面孔特寫，雖叫我終身難忘，當時卻統統感到陌生。

第七章　「談話」「班長」

午睡乍醒，

往往錯覺到自我失落，

泣聲牢愈靜，耳語囚更憂。

遠遠近近，斷斷續續，

襯托出格外淒涼。

恐怖中透著緊張，

緊張中蘸有新奇和樂趣。

有幾分少年不識囚滋味，

人在難中還糊塗。

□一個小窗三根鐵柱

我被關進倒數第二間靠廁所方向的小房間，裡面已經有了兩位來賓，一叫姜光緒，是「八艦」①上的航海員，另一位則是官校學生，但顯然不是和黑洞中同一班次。一次在放封時，他被他同案喊作「表妹」，一直到今天，我記得的就是這不倫不類的綽號，而他本人則是孔武有力又高又壯的二十五、六歲的大漢。

班長鎖上了木門，我立刻褪去拖鞋，放下臉盆和軍毯，舖滿兩個半榻榻米的房間，三個人夠寬裕。除了門上小窗，後牆一人半高也有一個小窗，以三根鐵柱擋隔，光線不錯。叫人怔懼的是，靜極了，除了偶而通道中傳來「班長」的皮靴重濁彳亍聲，便是開關木門、開關鐵門，以及來賓的拖鞋曳曳；人聲是有的，那便是「某某某，出來談話！」或是「報告班長，我要小便。」

又看到了那三十二個字的佈告，貼在木門後的小窗子旁。之所以在多年後我仍能把它倒背如流，是因為每天都要看它幾眼，默默讀它幾遍。聽到班長遠去，鐵門開又關，他們便和我咬耳朵彼此介紹，叮嚀我第一不要出聲講話，第二由小窗看對面小窗以及對面的左右鄰的小窗時，如有同案或相識，只可以擠眉眨眼，或唇語、手勢，千萬不能出聲，否則一定屁股挨揍。

□三個月為一調查期

他們又告訴我，來到這些小房間，不可能十天半個月被釋，至少三個月，因為三個月為一個調查期，一期不行，便要六個

月，六個月還沒搞清楚，九個月就少不了。他們問我帶錢沒有，或有什麼貴重物品？可以報告所長請班長代買東西。「你必須想辦法殺時間，不然時間會殺了你。」

我非常感謝這兩位室友。一直到今天還深深懷念。1981 年左右，姜光緒跑商船幹了兩任船長下地，我們在台北邂逅，往事重談，不勝唏噓；「表妹」分手後，至今音訊毫無。

我拜託班長，以我的一個十七石手錶，換來了鳳山街上買來的一本英漢對照的書，書名《新中國》。這本書可不能以當時的金錢來衡量，要以我被釋放後居然靠英文混飯吃的現狀來評估；《新中國》遠超過千個、萬個手錶的價值。

我自認我真正發憤讀英文，是從《新中國》這本書開始，啟蒙老師便是姜老兄，他自己拚命在啃寸半本袖珍英漢字典，而且真的每兩天撕下一頁和水吞到肚子去，他有句名言，我一輩子不會忘，他說：「自己把握不住的事，乾脆別理會它。」

「表妹」不甘寂寞，自告奮勇教我球面三角，他說他在官校學的，是大圓航行必修課程，以後我一定用得到，而且，演算起來非常有趣。

□泣聲愈靜耳語更憂

當了「來賓」的我，生活反而長進起來，可是一待稍稍得空，焦急、恐懼，仍然攫取了我整個心身。姜和「表妹」其實也一樣。人麼，再怎麼理性分析，豈能敵得過被架空感受。

何況，夜中常聽到有人被叫去談話，凌晨被送回牢房的呻吟。

午睡乍醒，往往錯覺到自我失落，泣聲牢愈靜，耳語囚更憂。

遠遠近近、斷斷續續，襯托出格外淒涼。

是第三天還是第四天的淒涼時刻，我驚覺到有人用手指敲擊木板的聲音，有韻律，我注意聽，果然是摩爾斯電碼（Morse Code）：答的答的答答的答，的答答。

我當然懂，是ＣＱＷ，ＣＱ是呼喚所有關係人，Ｗ是王，一定是王永久，我高興極了，真像間諜片，我回答：

的答答的答答，的的的的答答的的。

是ＷＷ，ＨＴＤ；王永久呀王永久，我是胡子丹。

當然，不是學通信的人，便沒法聯絡，但是，如果是緊鄰，可以用耳朵貼住木板耳語；如果是小窗對小窗，可以稍稍站後面些，便可辨識出何許人，加上上廁所途中通道中去來，不到三兩天，我們這班同學，誰在幾號房，誰已經被談過話、挨過揍，大家都明明白白。**恐怖中透著緊張，緊張中蘸有新奇和樂趣。**

有幾分少年不識囚滋味，人在難中還糊塗。

兩個禮拜光景，林履中被釋放，這是意料中事，楊大頭艦長一定捨命保君子，一來他二人久在一單位，二來林履中是我們同學中唯一有家有室的人，林大嫂不苦苦哀求楊大頭才怪。

□談話未談就先挨打

我一直緊張著在談話時可能挨打，不料，談話尚未談到，卻先輪到挨打。

被打的理由很多，同室的「表妹」就是眼前例子，夜半被叫去「談話」，注意，不是開庭，而是談話；不是軍法官，而是組長；不是法庭，而是一間空蕩蕩房間。趙組長②，對！找來賓談話的趙組長是名狠角色，很多人被他修理得慘。他坐在辦

公桌前，笑吟吟問話，來賓站著答。「表妹」談話談到了天亮，哼聲不絕，被兩個衛兵架著拖回來。我那次倒不是趙組長打我，而是劉斌劉所長，他也是夜半提人，我睡眼惺忪，被「班長」用步槍頂著腰桿去了所長辦公室，一進門便叫我趴在地上。我知道要挨「風火棒」，閉上眼，咬緊牙，雙手交叉在額頭前，貼在階前泥巴地上，這小子居然親自下手，一棒一棒不停地打，前幾下實在受不了，上身會跟著起伏，兩腿會跳動，十多下以後，麻痺了，也似乎熟睡。

　　一盆冷水把我澆醒，他問我：

　　「爲什麼挨打，知道嗎？」

　　「知道，因爲我多話，講了實在話。」

　　「不是實在話，是不該講的話。」

　　「下次絕不開口。」

　　「知道就好。衛兵，把他架回去。」

　　原來那天吃中飯，居然有一碗包心菜，而且有十幾塊肉片，湯是豆腐豬血，難得的不錯。我們三人正在你謙我讓，聽到通道中有好幾位走路談話的聲音，忽然在我們小窗口站住了，正巧面對我，有人瞪眼問，我不得不答：

　　「怎麼，這兒伙食每天都這樣嗎？」

　　「啊，不！今天比較好，平常不是這樣的。」

　　「啊！啊！」

　　這些人出了鐵門。姜料得好準：「完了，你可完了，劉斌跟著耶，怕是總部派人來視察的。」

　　果然料得準，夜半更深，我便遭到毒打，整整躺了個把禮拜，球面三角因「表妹」挨打已經停了，現在繼續停，《新中國》第一次曠課。

是在「談話」前或後，我已不復記憶，我受到「班長」的污辱。

（2001年版附記）

①請參看第二章　。

②多年後得知，趙組長叫趙正宇，也被喊作趙參謀、趙法官。是名狠角色，多少優秀海軍官兵，被他「自由心證」而炮製自白書，栽在他手中。

第八章　受辱刑求

失去盼望「談話」的心情時，

談話來了，

那是被關到這間牢房裡的

第三個月開始不久。

當然是夜晚，

我被叫醒，

走去廁所背道而馳的方向，

被引進一間空洞洞的屋子。

□「來賓」被辱耳聞是實

這不是無理取鬧，的的確確是被污辱，女來賓被污辱，僅止傳說，男來賓被污辱，耳聞目睹是實。

我親耳聽到一位海軍中校被一位陸軍中士打耳光，而且是毫無道理。

這位海軍中校可能剛剛扮演「來賓」，招待所的行情一定未經簡報。他小便回來，一路和「班長」嘀咕，快進牢房了，聲音激昂，我們豎耳恭聽：

「小便一分鐘，誰規定的？你怎麼一點禮貌都不懂……。」

「老子規定的，怎麼樣？你們海軍有什麼好神氣！」

「你，你，你怎麼可以這樣說話？豈有此理！」

拍！

「你敢打我？我是海軍中校，你這個士兵……。」

一定有人拉住了，牢門開又關，中校恨聲不絕，「班長」皮靴，篤篤離去。

這位中士，名副其實的「班長」，惡名人人皆知，中校的下馬威便栽在他手中。

我也是因「方便」而被污辱。

我們很少放封，大小便要報告，白天被押去廁所，班長老唸經：「小便一分鐘，大便三分鐘，開始！」最初很不習慣，後來我們每天大便的次數總比小便次數多，班長責罵聲也愈來愈多。晚上就寢前，班長會命令兩個人用扁擔抬一個尿桶放進牢房的甬道中段，來賓是一間房一間房被放出來小便，小便滿了再命令兩人抬去廁所倒掉，一桶滿了再來一桶。通常抬便桶是班長權勢下的好差使，被派此項任務的來賓可以活動活動筋骨，

可以在往來廁所經過露天時透透氣，可以和同案的人擠眉弄眼、歪歪嘴角、皺皺鼻子交換點消息，運氣好，還可以驚鴻一瞥瞄一瞄不是男性的來賓。我和這些被尊稱「班長」的衛兵少有交道，不可能被派這種好差使。有天居然中了獎，我小心翼翼，在第四桶尿，也是最後一桶尿抬去廁所時，班長一路催我們快，腳下不小心踩空了門檻，尿桶一歪，潑了我滿身尿，班長大人靠我太近，也享受到幾滴尿花，他火大了，認定我是有意，兩個墊步，回轉身子，一口吐沫直射我臉上，我兩眼成了濛濛谷。還算好，我強迫自己一定要忍耐，想起了韓信受胯下之辱，我胡子丹也得受唾臉之災。不然他編排我有越獄企圖，一槍斃了我，等於打死小老鼠、小蟑螂，算不了什麼，我忍耐不吭氣，用衣袖抹臉。要是四十年後的今天，我會低聲下氣向他道歉，當年二十一歲剛開始，氣憋得實在難受，扁擔前頭的那位來賓，比我年長，看他放下擔子，跑來替班長擦尿滴，陪笑臉，說我不小心，一場意外災難總算化解。

　　在我已經失去盼望「談話」的心情時，「談話」來了，那是被關到這牢房裡第三個月開始不久。當然是夜晚，我被叫醒，走去廁所背道而馳的方向，被引進一間空洞洞的房子。

□重複幾個問題「談話」

　　見面勝似聞名，端坐桌前的一位中年漢子，藍色中山裝，臉龐浮腫黝黑，從攤滿桌面的卷宗上抬頭看我，眼神似刀，貫穿來人，很濃很濃的香煙味和那重濁鄉音問話，排山倒海而來。燈光集中他和我，四週顯得特別暗。

　　記不清他問我答的語句是如何組成的，回憶起來，他先自

我介紹，他是趙組長，希望我能配合他，盡快結束這件人多事不大的案子，他老是在幾個問題上兜圈子：

——知道宋平和陳通信，爲什麼不報告？

——既然因陳的介紹上了「永昌」，在左營又常在一起，私交一定很好，一定無話不談，信的內容一定知道，爲什麼知道而不報告？

——你是宋和陳的同學，又和王永久同事過，而王和宋曾經同在一艘軍艦上，王和宋也通過信，你怎麼說王和宋通信你不知道？

——他們在桃子園開同學會，你搞通信的，你雖然沒參加，可是爲什麼說不知道？

這幾個問題，我老老實實回答：「不知道。」

我一直注視著趙組長，他坐我站，桌上的檯燈，斜照著他，我頭頂前側的吊燈，正好罩住我全身，他明我更明，當時可沒注意，他左邊桌上有人在記錄，我身後還站立有人，記得他問：

「你真的不知道？」

「真的不⋯⋯」話還沒說完，只見趙組長頭一仰，下巴隨即一合，說時遲那時快，我被人按著肩頭扳轉過身子，「碰！碰！」，胸口上部左右開弓，我各吃了一拳，幾步倒退踉蹌，恰被桌子擋住，我兩手朝後撐著桌面，又站起來了。

來不及看清楚打手是誰？我被拉轉身，痛得直咳嗽。趙組長面不改色，還是笑吟吟，一字一字問，大意是：

「陳明誠和宋平一共通了幾次信？寫了些什麼，快說！」

我根本沒有看到信，從不曾問過他們通過幾次信，我說，聽陳明誠講，他們通過兩次信，以後說不寫了便被抓來。」

「爲什麼不繼續通信？你說！」

　　我當然不敢頂撞，就是怕惹麻煩，沒想到，不繼續通信，立刻惹上了麻煩。

　　「我沒寫信，宋平也沒給我信，我怎麼知道？趙組長，你可以問陳明誠本人。」

　　「好，我當然要問！把他帶回去！」

　　帶我進來的那位便衣，這時又出現了，他先拉我去左邊桌上簽字，是談話記錄，也就是口供，我根本沒有看的權利，匆匆忙忙，是命我在指定的地方簽字，還是被拉了手捺了手印？忘了。

　　同房的兩個人對我如此迅速的被發落歸來，又是沒有慘不忍睹的歸來，深感意外，我對這兩位「老師」詳作報告，他們評估這案子很難料理，如此拖下去，總有人要倒楣，因為辦案的人要向上級有所交代。

　　那一夜，門聲開開關關好多次。第二天「聯絡」結果，去談話的全部是我們同學，被揍的人不多，比我慘的人也有，意外而叫我們啼笑皆非的是，張富恭胡說八道，他和趙組長攀上了交情。

　　這當然是後來知道的事。第二天我們只是感到不對勁，張富恭被放出來做外役了，幫忙廚房工作，送水送飯到牢房裡來，在窗口，趁班長不注意，對我們耳語，說他正在耍趙組長，他要爭取成績，如果早一天出去，他會為我們喊冤想辦法。

　　這還用說！是他被趙組長耍了，一定是偵探小說看入了迷，要不就是想出去想瘋了，疑假幻真。「神經有問題」，我們都這麼肯定張富恭。

　　張富恭果然神經有問題，他在「反共先鋒營」感訓回來後自殺而死。這是後來的事。而我們的這一案件，因為他一攪和，

把調查時間一延再延，一連延了三期整整九個月，香港、左營兩頭調查，毫無犯罪證據。可是既已浩浩蕩蕩勞師動眾抓來一批人，輕易釋放又如何解釋？只有將大部份同學分送台中「反共先鋒營」，少數人送軍法處判決。而我、陳明誠、王永久，以及劉稔年，正是這少數人的組合。

第九章 自由心證

最叫人忐忑不安的，

就是這種幾乎天天破曉時分的

「要命時刻」那一刹，

開庭挨揍沒有聽說過。

問題是，

像我們已經被炮製了口供的人，

在這兒不可能翻供，

而且我們的判決似乎是早經確定；

到了看守所，

只是形式上有了軍法審訊，

和一紙判決書。

□值得一記的幾件事

我在鳳山海軍來賓招待所整整九個月，有幾件事值得一記：

一、兩位「老師」大概在我第四或第五個月時，相繼離去，姜把一本不曾「吞服」的英語字典留給我。

二、我讀完了《新中國》；球面三角沒學完，但是因為要學球面三角的關係，我溫習了大代數和三角。

三、我一共「談話」四次，第二、三次沒有被打，第一次和最後一次，都挨揍。四次談話內容，顛三倒四，翻來覆去，恐嚇詐騙，全是一個樣。我要求看宋、陳來信的內容，趙組長就是不答應。

四、手臂和小腿發癢，使勁抓破流血，藉故去醫務室看病，一來可以在走廊上透氣，二來可以要一瓶紅藥水。入廁時把竹筷在坑上磨光，用來蘸紅藥水演算數學題，紙條就用包消炎片的紙，以及節省用下的衛生紙。

五、《新中國》讀完後，我開始看書上的英文默讀中文，再看中文默讀英文，反覆多次。一本不到兩百頁的漢英對照書，被我折騰得破損不堪。

1949 年十二月三日被送來招待所，1950 年九月二日起解去左營海軍軍法處看守所。

□海軍軍法處看守所

兩部車子出發，後來知道，人多的一部車，開去了台中「反共先鋒營」，另一部車子載陳、王，還有劉，和我，去左營。

陳、王二人直接和宋平通過信，而我和他們三人都熟識，

宋平在信上又問我好；劉不僅參加了同學會，他曾私自離開原
來單位，冒名另一個同學在新的單位報到，有潛逃嫌疑。

　　左營軍區，是我們非常熟悉的大環境，可是在過去，就不
曾注意過有看守所的存在。

　　看守所和招待所最大的區別，是神秘性消失了，這兒有七、
八間大牢房，並不像電影上看到的鐵柵門，和一般門沒兩樣，
全部木板，如果以榻榻米來計算面積的話，每間囚房應該有二
十疊大小，牢房面對面，中間是天井，和地板平行位置有一個
小洞，是空氣、牢飯、冷水、開水的通道。洞小得只有一個「碗
公」那麼大，靠近洞口位置是由資深人犯享受，兩人抵頭而眠
時，平分了洞口秋色，牢房後角有一糞坑，蓋上木蓋便成了新
來犯人的睡舖。難堪的是，**一房有四十多個人的排泄系統，欣賞
別人小便，那曲膝、那雙手小心翼翼托扶命根子神態，尚可忍受，
享受別人的大便異味，聲色俱全，立體音響，可真受不了，受不
了也得受**。我運氣不錯，看守所人犯種類多，流動量快而大，
我只當了三天糞坑上的貴賓，不斷移動位置，再下去，得可能
遞升為龍頭老大。

　　我們這一牢房的龍頭老大是位年高體壯的醫官，花白髮鬚，
音量宏大，山東佬，聽說是貪污。第二把交椅是四十來歲的司
機先生，他把一位「英雄」壓死了，他說「英雄」死得玄，因
為連升三級又領了巨額獎金，這位英雄便買了一部自行車，酒
後披星戴月，腳踏風火輪，對著卡車迎面而來。司機先生說，
真冤，我猛按喇叭，也剎住了車，他還是雄赳赳，英勇地撞個
正著，人從車頂上摔到地面一丈多遠，我立刻抱他上車開去醫
院，仍然來不及擋住他去了陰曹地府。是他自己找死，當時可
因為他是「英雄」，司機先生便多了一層麻煩。還記得有位人物

姓劉，是殺人犯，妙的是，他口口聲聲說，他殺人有理，而且自首，不應該判死刑，可也不排除槍斃可能，如被槍斃，他一定死得漂漂亮亮；不料，有天天未亮，皮靴聲在黑暗中由遠而近，在我們牢房門口停住了！開鎖拉門拴，叮叮噹噹，我們摒聲斂氣，知道是「要命時刻」來臨。死囚宣判時間和執行，通常是清晨一併舉行。我們牢房裡是誰？誰都不能排除可能性。兩名武裝戰士，一名看守所的衛士，衛士大聲喊：「劉某某，提審！」

□忐忑不安要命時刻

門開時，我們早已坐起，劉某某平時好漢一條，此刻聽見自己的名字被喊，竟倒了下去，全身癱軟，衛士們經驗老到，上了地板，兩手向劉某某左右脅下一抄，給他穿上衣褲，架了便走。我們一陣慌亂，肯定自己又能活上一天。靠近劉某某的人，掀了掀他的被單，準備摺疊好，讓人來收，一陣尿味滿騷室內，有人捏鼻一看，原來劉某某剛剛尿床了。

最叫人**忐忑不安**的，就是這種幾乎天天破曉時分的「**要命時刻**」那一剎，開庭挨揍沒有聽說過，問題是，像我們這已經被製造了口供的人，在這兒是不可能翻供的，而且，**我們的判決似乎早經確定；到了看守所，只是形式上有了軍法審訊①，和一紙判決書**。

□自由心證早經判決

如果把軍法官的審訊和一紙判決書，認定是合法的話，那

便成了天方夜譚。第一，開庭只有兩次，第一次只問了姓名、籍貫、單位、軍階等，我便被命令簽了字；第二次便是宣判，判決書上沒有可以上訴的說明。第二，我在判決書上被判徒刑十年的具文理由是：「胡子丹自難諱稱不知其事，既知而不報，則其與陳明誠有意思聯絡，當無疑義，應以共同為叛徒搜集軍事上秘密罪，分別量情論處。」四十年後的今天，我仍然看不懂這「白紙黑字」的理由是什麼理由？

犯罪事實，不是依證據而認定的嗎？②

法律不是講證據，而非憑直覺、自由心證嗎？③

不是罪疑則赦，罰疑則輕嗎？

判決書的日期是 1950 年十二月二十五日。陳被判處十五年，理由是「查陳明誠受投匪之宋平函囑，曾將本軍艦艇動態函告，業經供認不諱」。劉判刑六個月，王無罪。

無罪入獄，應該被氣瘋，被判多年冤獄而不瘋的人，那才是真正瘋子。

如此邏輯，我應該是一名瘋子。1950 年十二月的某一天被開庭宣判的那一刹，我腦中頓成真空，眼前漆黑，被人攙手簽了字，被人扶著回了牢房。

沒有任何感覺，沒有一滴眼淚，更沒有任何思考。

我了無牽掛，所有親人都在大陸。我從軍、我報國、我反共，現在好了，我被敵人的敵人抓起來判了罪。

沒有任何人問我，我自己也沒有問我自己，這剩下來將近九年的日子，我該怎樣生活下去？宣判後的一兩天，我似乎想到一個阿Q似的想法：一個人，應該什麼生活都能過，而且，也一定過得去。

被判決了，不僅在牢房裡「偉大」起來，看守所的官兵們對我們這些被稱作「政治犯」的囚犯，有了顯著的禮遇。尤其是那老老的副所長（對不起，我實在不該忘了他的姓名），當他奉命起解我和陳去台北軍人監獄的時候，沿途不止一次地喟嘆：

「唉，你們爲了什麼啊！這些搞情報的傢伙，真是唯恐咱們海軍不亂！」

在看守所一共被囚了八個月差一天。每天的拂曉時分雖然叫人驚心肉跳，牢房中卻也有溫馨、原始的生活面。舉一例說，四十幾個大男人一絲不掛在牢房裡繞圈子散步，就夠你終生難忘。

〔2001 年版附記〕

①1997 年八月十日，我應海軍退役中將徐學海之約，參加每周五部份海軍將軍們的「富都餐敘」（在台北市富都酒店二樓中餐部），席間和當年審判我的三位軍法官中碩果僅存的陳書茂少將鄰座，談起了此案。他淡淡地說，在那個年頭，上面怎麼交代就怎麼判。

②曾在台灣調查局長期做過情報分析工作的李世傑，1966 年被捕時的職位是該局第一處副處長，他曾指責「一切羅織捏造拼湊的罪狀，完全倚靠訊問者瘋狂殘忍的暴行與無恥詐騙的編造。」（參看魏廷朝著《台灣人權報告書》第 40 頁）

③被告不允許答辯，自白出於刑求而炮製，根本不合乎事實。判決書引用軍事審判法判決，可是卻完全違背了軍事審判法。例如該法第 166 條：「被告雖經自白，仍應調查其他必要之證據，以察其是否與事實相符。」第 169 條第一項：「卷宗內之筆錄及他文書，可爲證據者，應向被告宣讀或告以要旨，被告請求閱覽者，不得拒絕。」等，軍法處開庭時只是按照情治單位送來的「炮製自白書」判決而已。判決書上所引用的法律條文，全是違背了所引用的條文，請參看第三十九章「非常審判」，國防部軍法局是無法答覆，只以「無法定原因」而拒絕受理已經受理的聲請。

▲1997 年八月十日，本書作者（右）和半世紀前判他十年徒刑的軍法官之一海軍退役少將陳書茂（中）餐敘時鄰座，談起了此事，他淡淡地說：「在那個年頭，上面怎麼交代就怎麼判。」海軍中將徐學海（左）在座。

第十章　裸體散步

理論往往是用來勸慰別人用的，

一定要挪來勸慰自己的時候，

那就可悲又可憐了。

我當然知道我已經沒有了未來，

但是我強詞奪理勸服自己，

絕對不能失去生之希望，

未來儘管由別人安排，

希望卻任憑自己經營。

□一絲不掛引吭高歌

二十幾個大男人一絲不掛,在牢房裡不僅僅繞圈子散步,而且還引吭高歌,是老醫官領頭唱起來的,後來竟成了「牢歌」,老醫官走了,歌聲流傳不輟,我記得歌詞中有幾句是:

孩子們呀!孩子們呀!

母親在呼喚你;

那遼河的水呀!

那松花江的浪!

‥‥‥‥‥‥‥‥

音調悲愴悠幽,唱著唱著,情不自禁,眼淚拌和汗水,不住滾落地板。

是滑稽的畫面,可是誰也笑不出來,全身的力氣,幾乎全發洩在兩腿雙手上,兩腿不斷大步邁,順時鐘方向二十圈,再反時鐘方向,一手猛搖扇子,一手不斷揮甩臉上、胸、背的汗水;**那奇形怪狀的胯下之物,隨身體搖擺、晃動,有的昂然,有的是無精打彩。**

像極了舞台上的龍套,潛意識憧憬著奔向自由。

南台灣天氣熱,牢房只有小洞透氣,尤其三餐飯後,人人揮汗如雨,噴氣如火,不知道那位高人領先排練出這種裸體散步秀?看守所並不禁止,只關照我們,有人參觀時,必須穿一條短褲。

還有一種驅熱的好方法,除了龍頭外,四個人輪派一組,各人抓緊被單的一角,有志一同向上掀,再動作一致向下壓,一掀一壓,牢房虎虎生風,雖然,那風中味:臭、酸、騷、腥,五味俱陳,大夥兒可就爭著迎風迎得近。

□海軍管理正派監獄

看守所畢竟是正派監獄，絕大多數是未定讞的過客，重要的是，是海軍管理海軍，除了死刑犯被提出執行時殺氣騰騰，其餘種種措施，應該說是人道而正常。這可能是我以「招待所」的標準來衡量的關係。

除了死刑犯、政治犯，其餘人犯都可以接見，可以收到衣服、食品、書刊、藥品等等。

所有犯人都可以分批放封。最自由的莫過於可以在室內唱歌、談話、打橋牌、下棋。

是一個可以讀書的環境，奇怪的我，居然沒有一天讀書，環境可以影響一個人，我不得不信。

尤其是在宣判後，我沉湎下象棋。

棋盤是粗粗黑黑的劃在地板上，棋子是有人接見時送進來的。

我們這一批一絲不掛的大男人，袒裼裸裎，日夜面對面毫不以爲不然，**每當搖頭晃鳥兜圈子散步的時候，我們也成了走在棋盤上的人。**

有人爲回棋而爭執，面紅耳赤；有人在夢中高喊「將軍」，舞拳踢腳。

不應該自然而自然，應該隱密而不隱密的事，莫過於有人公開手淫，而且是兩三人競相表演，先弄出污物的人是輸家，輸家處理善後，洗刷全室地板。

這些表演者，清一色是軍區裡行竊或收買贓物的年輕小伙子，他們被關進看守所，完全是寄居性質，即使判刑，也是極短日子，想不到他們竟然如此性急，如此包天色膽，名副其實

的急色兒。

放封，是叫我們尷尬又興奮的片刻，兩人一副手銬，一個牢房一個牢房輪流被叫出來，在一個四週以鐵絲網圈住的空地裡來回走動。因為是在軍區內，圈外行人中難免有熟人，**從熟人的詭疑、驚訝的眼神中，我們不得不重新評估自己。**

□徹底展現人性美醜

牢房內最見坦白的地方除了人體絲毫沒有遮攔外，那就是人性的美與醜。每逢星期三和六是接見日，收到食品較多的人，便成了被捧、被拍、被擁戴的必然對象，主動示好者，當然是希望分一杯羹。還有知道某人即將被釋放，更是被有心人親密得異常，請求捎一封短信，或是帶一個口信。示好的方式極為具體，例如把自己的一份開水或冷水奉送，替他搧扇子，如果是鄰位，甘願把位置挪出來給他睡個舒服，自己抱膝而坐等等。還有醃臢的男性丟臉事，那就是甘願充當相公。周瑜打黃蓋，他們兩下情願，別人也莫可奈何！

夜中，起身去小便，麻煩又恐怖，躡手躡腳，人頭中腿縫裡一步一步，手腳並用的前往糞坑旁，輕輕推醒坑蓋上的人；回程途中較為清醒，臭腥的暖空氣在昏暗的燈光中，更顯出燠熱蒸冒，**一具具半裸，全裸的男性胴體，有的皆牙咧嘴，有的掀鼻抿唇，輾轉反側者有之，腹胸起伏者有之，爭奇鬥妍，隨心所欲。整個看守所在隆隆鼾聲中安靜得使靈魂戰慄。**

「比死人多一口氣」，是罵人的慣用語，此時此地此景，多一口氣的死人，滿眼皆是。

□無人高潔誰表予心

　　理論往往是用來勸慰別人的，一定要挪來勸慰自己的時候，那就可悲又可憐了。我想起有人說過這樣的話：「世事虛幻呀本如泡影，又似戲劇；倘能善養正氣呀，身處縲絏，也好比身居仙府。」我不知道文天祥的「正氣」是怎樣培養？岳武穆的「莫須有」是怎樣從容而「去」？司馬遷又是如何捨「勢」而完成了《史記》？我胡子丹又將怎樣捱過還有整整九年的冤獄光陰？

　　我的確想到了死。死的實景聽到的、看到的已經夠多，常為自己也編織一個，卻只是小小的水泡。我甚至想到了死的方式，撞牆、放封時猛撞鐵絲網的水泥柱、絕食、把牙刷的柄磨尖用來割腕……想到死前的痛苦，自殺的勇氣頓失。

　　我立刻又以另一個理論，來解釋自己不敢死的決定，有生命的活著，不是比頹喪消極的糟蹋生命要強？俗話說得好，螻蟻尚且貪生，好死不如歹活。

　　好多天，我一直找理由來抵擋自己想死的念頭。小時候讀駱賓王的《在獄詠蟬》，他說：「無人信高潔，誰為表予心？」對我來說，我的冤枉，趙組長就可以還我清白。可是，為何判我罪，為何不還我自由身？

　　內心掙扎、矛盾的結果：活下去！就算看戲，我要看這齣戲怎麼演下去？演員也好，觀眾也好。

　　宣判後，我仍然自絕於人，不和任何人寫信，不主動和任何熟識的「自由人」打招呼。

　　我要求自己，在任何被安排的環境中，獨立、樂觀、有計劃的生活下去。

　　我當然知道我已經沒有未來，但是，我強詞奪理地勸服自

己，絕不能失去生之希望。**未來儘管由別人安排，希望卻任憑自己經營。**

我發現「生而平等」的天賦人權雖不可靠，但是睡眠的享受，百分之百是人人相同。我訓練自己，沒有睡意時絕不躺下，連閉眼都不要，我成功了，從那時起，四十多年來，我沒有失眠的記錄。我又發現，要小便時暫時不要小，憋到非小不可時再小，那舒暢的感覺，如人飲水，冷暖自知。

這兩種自我訓練，一是主動，一是被動。前一種我向任何人推銷，後一種則不必享受，因爲有可能產生不良後果。

當我正在享受這兩種訓練時，1951 年四月三十日，我被押解去台北的軍人監獄。

第十一章 軍人監獄

迎接我的是一百隻左右的厭惡眼光，

不吭氣，

也沒有人挪動一下身子，

有老、有少，

都穿了佩有囚號的衣服。

我在門口柵欄邊席地而坐，

向他們點頭問好，

小心翼翼打招呼。

□起解台北軍人監獄

副所長太好好先生了，不僅在態度上、言語上表現出「我們是同事，朋友！是一條船上的人」，在起解路程中，除了在軍營區內，以及下了台北火車站以後，我和陳極其短暫地被套了套手銬，從左營至台北的火車上，我們三人一直是平起平坐，手腳都是自由自在，甚至在入廁時也任憑我們單獨前往。

他老人家信任我們，他的理由是「我信任你們，你們不會跑，因為我知道你們根本沒有什麼事。」

儘管我們在火車上自由自在，和其他旅客沒有兩樣，我和陳仍然接受了四面八方前前後後對我們注目的怪異眼光，那是因為我們缺乏陽光的面色和疑慮的眼神，以及我們兩個人只穿軍服而沒有軍帽。

是囚車接送我們還是乘計程車？由台北後火車站前去忠孝東路軍人監獄，已經不復記憶。

清楚明晰的是，副所長把我們交到了軍人監獄，辦妥了手續，轉身向我們握手、按肩，道別時說：「不要難過，日子總要過去的，刑期不會那麼呆板的，大赦的機會多的是。在裡面，保重身體，多讀點書，我們再見！」

我們不曾再見，一直到四十年後的今天也不曾再見。

他眼中含淚。我和陳除了「謝謝」還是「謝謝」，看他背影走往辦公室外，消失大門盡頭。

我們分別被領去編號、拍照、按指紋、剃光頭。

□迎接我的厭惡眼光

我的囚號是一一二九。

我被推進牢房中時，有一個念頭立刻掠過腦袋：我完了，我一定在這兒小命歸陰！

的的確確的是典型監獄，鐵欄柵，一排排牢房，沒有天井，只是走道，走道口有一個重重鐵門。每一牢房面積比起看守所的牢房小了近一半，可是被關在牢房中的囚犯卻多出了一倍以上。具體的說，看守所每一牢房有二十個榻榻米大，關了四十多人，這兒的只有十二、三個榻榻米大，卻擠疊了將近五十人。

跨進走道的鐵門，臭味撲面而來，進了牢房，我不知道該蹲立何處？

迎接我的是一百隻左右的厭惡眼光，不吭氣，也沒有人挪動一下身子，有老、有少，都穿了佩有囚號的衣服。我在門口柵欄邊席地而坐，向他們點頭問好，小心翼翼打招呼。

換來的是一陣沉默。

我再打招呼，並且道歉：「對不起！」

「免啦！」一位老先生開了口。

「你是外省人？是軍人？」是一位比我大不了兩三歲的人問我，牢房裡都是本省籍老百姓。問話的青年是位小學老師。

想當然，他們有充份的理由厭惡我、仇視我、甚至把我毒打一頓，我也毫無怨言，因為：

一、我是外省人，我是軍人，再加上他們是老百姓，卻被軍法審判後，關到軍人監獄。

二、他們被認為是「匪諜」而判罪，他們卻不知道何謂「匪諜」？

三、「二二八」餘悸猶存。

□很快建立彼此友誼

小學老師姓謝，我簡略介紹我自己和我的案情，謝老師以台語一一翻譯。

漸漸，沉默解凍，表情由尷尬恢復正常，語言使空氣活絡。久入鮑魚之肆，臭味也不翼而飛。

我發覺他們雖以台語交談，往往夾雜了不少日本話，我也以僅僅學過的日本語，例如「阿里阿多」、「斯米馬甚」、「豆走、喲羅稀古」……等等，去酬酢他們剛學會的國語。巧的是，我稍會的國語注音符號，那時候正碰上他們的「國語狂」，我這被送進「牢」的外省郎，竟被認作「老師」了。

想像得到，我和這些本省同胞，友誼很快建立了起來，我的生活上一些小缺乏，也統統解決。我成了謝老師的鄰居。

其實，牢房裡都是鄰居；一個個緊挨緊擠，彼此貼近像極了佈告欄，別人的肢體語言和面部表情，都是你日夜必讀的大塊文章。

睡覺是分兩班睡，一半人睡，一半人是斜靠牆壁，欄柵的一面不可以被擋，盡量讓空氣流通。沒睡的人最痛苦，因為盤膝久了腿發麻，懸空伸腿不小心會踢到睡覺人的頭。一夜裡往往一腿未平一腿又起，糾纏不已，煩不勝煩。

我生平第一次吃「味噌湯」，就是在軍人監獄吃的，是那位「免啦」的老先生請我吃的。

在我有生之年，味噌湯成了老先生名字「許德興」的同義字。

本省人當然有接見，有接見當然有人送來食品等等。軍人監獄的飯菜比起看守所要差得多了，可是我吃得不錯，羅漢請觀音，他們每一位稍稍割愛，我這外省郎吃不了兜著走。

□四十幾個奇怪故事

許德興老先生是名木工，六十多歲，他的案情聽得我啼笑皆非。

他是行走山地裡的一名木工，上工下工都是工具箱揹在背上，多年來不論藥商廣告也好，歌仔戲的宣傳單也好，往往被張貼在他的工具箱上，代價當然有，香煙、肥皂呀什麼的，他不識字，國語不靈光，只要不撞期，他都來者不拒。有天他被捕了，說他「為匪宣傳」。

這當然是貼在工具箱上的玩意兒有了問題，可是發生這種問題的問題是：他不識字，而且他從不曾注意過貼的是什麼廣告，他又不記是哪一天，是誰來招攬的這筆生意。

再說這種流動看板，由來已久，他怎能警覺到：因為改朝換代而出了問題？

他除了「幹伊娘」、「巴格耶魯」的亂罵一通，別無他法。他被判七年徒刑。

還有一位比我年輕兩三歲的陳榮華，1948 年剛剛考取台灣大學當新鮮人，寒假前被捕了，今年初判十年徒刑，因為他參加了「共匪外圍組織」。

他國語比我標準，一字一字按照注音符號發音。他說他是參加了學校裡的讀書會，讀書會是校內多樣社團之一，如果被認定是什麼外圍組織，學生又怎麼知道？

校長傅斯年奔說無功，參加的學生都被判了徒刑。他奇怪的問我，大陸上是不是這樣？我說不知道。1945 年服役，1949 年離開了大陸，現在怎樣？更是不知道了。

四十幾個同房難友，就是四十幾個不同的奇怪故事。同案

的人是不會被關在一間牢房的，有時在高牆空院裡放封，偶而在繞圈子相逢時，愴然一笑。

　　兩腳一跨出走道鐵門，立即感覺到空氣的清濁不同；**在陽光下看到別人眼神中的自已，蒼白、乾燥、憔悴、軟趴趴，這是囚禁多日的必然成績。**軍人監獄裡的囚犯，大部分已經定了讞，尤其是鄰近十來間囚房，據說統統是政治犯。這些人既然已被塵埃落定，為什麼不給他們應該享有的「人」的權利：空氣、陽光、水，以及足夠的棲身之「地」？

第十二章 「十字架」前

1951 年五月十七日傍晚，

當第一批政治犯被送往報到時，

第一任「新生訓導處」處長姚盛齋少將，

忙不迭地立刻向他們訓話，

一字一字，

斬釘截鐵：

「我代表一座十字架，

跟著我的是生，

背向我的是死！」

□綠島的「新生訓導處」

政府會如此笨？既已冤枉了這些人的心，還要斲傷這些人的家屬的心嗎？這些被虐待的冤獄人犯，默默無聲的反應，正如同瓦片投撇湖心，那撇起的波紋，漸遠、漸遠，可以一直波及遠遠的湖畔，久久恢復不了原有平靜。

1951 年四月三十日，我被送來軍人監獄，以爲必死無疑而沒有死成，因爲半個月零一天以後，也就是五月十七日，我們統統被送去了綠島。

1951 年至約 1971 年間，台灣的政治犯，大部分是被囚禁在綠島的所謂「新生訓導處」。

1951 年五月十七日傍晚，當第一批政治犯被送往報到時，第一任處長姚盛齋少將，忙不迭地立刻向他們訓話，一字一字，斬釘截鐵：

　我代表一座十字架，跟著我的是生，背向我的是死！

首任處長姚盛齋（中）
首任總教官唐湯銘（左）
首任政治部主任周文彬

多年來，記憶猶新。若干年後，有次在台北遇到這位姚處長，談到這件往事。我問他，爲什麼當時要迫不及待地說出這種話？他問：當時的「新生」們會怎麼想？會怎麼想？想喝水，想立刻躺在地上睡覺，睡醒了再吃東西。

在台北，大概 1974、1975 年左右，有次我去新店青潭新村看另一位處長唐湯銘①。這位唐處長是新生訓導處歷任處長中，最有人緣的將軍。他的幼子唐傑，和女公子燕妮，我在綠島替他們補習過，多少年來不論在國內或國外遇到了，他們都很尊敬地喊我「老師」。就憑這一點，唐將軍的家教是成功的，也可看出他老人家的為人，和對待當年在綠島應該「敵視」的囚犯們的態度了。那天我去看他，他告訴我，姚盛齋處長和胡牧球副處長都在家，和他近鄰，應該去看看。聽說姚處長和他太太離了婚，胡副處長的獨生子身體也不太好，兩人晚年景況頗不順遂。我走近姚處長房子，遠遠看見他蹲坐門前，在水盆裡洗衣服，彼此聊了點綠島往事。胡副處長更見老態，談談他目前在老人協會的工作情形。這兩位當年意氣風發，一身幹勁的正副「監獄長」，那天見面時都已日薄西山，現今都早已不在人間。

姚盛齋是全身有政治細胞的少壯軍人，是歷任處長中最有創意、最有幻想、最不實際的標準政客。**他衷心希望在他十字架前的新生同志，全是頑強敵人，由他來教誨，認定這種化「敵」為友的工作，是他「贏」取前程的籌碼。**新生們最初幾年，就在他的各種「謊言」中，痴痴期待過去。當然，那是一種「善意的謊言」。每當他由台北回綠島，總是有甜甜訊息，叫新生們心動，說是「某某條文一旦通過，新生們便可以結訓了」。漸漸，謊言太多，他編得累，聽的人更累。後來，他自己警覺到，新生們不全是那麼一回事，他的希望落了空，也被調職了。

□綠島初夜睡得痛快

抵達綠島的第一晚是怎麼過去的？是怎麼個睡法？有沒有

吃東西？統統忘了！忘了！忘不了的是，我們一堆堆的人，被武裝軍人驅使著，一堆堆進入一間間統艙似的長形房間，在兩層木板舖上，倒頭就睡，睡得淋漓痛快。大局已定，不再關心任何事，也不知道任何事。

人間最自由平等的事，莫過於睡眠。我們在盡情任性享受了這種「自由平等」的第二天清晨，被起床號驚醒了。一翻身，好甜、好香、好清爽的新鮮空氣。原來這長形房屋兩側都是木格窗子，左拉右推便是一開一關了。

「的答答……」號聲的尾音尚在繚繞，「拘拘」哨音在門口響起，一口湖南腔在傳達命令：

「起床，寢室往裡走有廁所和盥洗室，十五分鐘後出來在教室門口集合。」

這一覺睡得好痛快，大家一骨碌起床，「叮叮噹噹」臉盆撞擊，「的的答答」有人穿了木屐，急急忙忙往寢室後方走。

廁所是蹲坑，一排八個，另有靠壁小便槽，一次可站五個人。所謂盥洗室，有一個水泥砌的大水池，滿盛清水，因為是水泥地，眼見排水不錯，便用漱口杯舀水出來就地解決，比起牢房，寬敞得太多。

□一排橫面短矮房屋

大多數人沒等到哨音催，就來到教室外。原來出了寢室，連接的是一個大教室，大教室橫梗在四個寢室的前頭。教室和另一橫面稍短的一排房屋中間，是一個小小空地。後來知道，那橫短一排房，是大隊部，四個寢室是四個中隊，寢室出口處有幾間房，是中隊的官員們寢室，在這些寢室和後面大寢室之

間有一個門。這個設計很別緻，很有用心。

我們一部分人被集合在寢室後側的操場上，有十多位陸軍軍官在整頓我們的隊伍，一一唱名，被排列成馬蹄形即所謂連隊講話隊形時，一位少校發「立正」口令向一位上校敬禮，報告人數後「稍息」。

上校向我們訓話，說我們這些人被編入第二大隊，分別是第五、六、七中隊，第八中隊尚未成立。他自我介紹，他是第二大隊長，發口令的少校是第五中隊中隊長也就是這個禮拜的大隊值星官。每一中隊有三個分隊，每分隊有三個班，每班有十五名左右人犯。大隊有大隊指導員，和幾名幹事；中隊除了中隊長，有中隊指導員，三位分隊長，九名幹事，另有特務長、勤務兵等等。

我被編入第二大隊第七中隊第三分隊第九班。

□新生同志新生同學

在這兒，從今天起，我們是「新生訓導處」的新生，長官訓話時，稱我們「新生同志」，也稱「新生同學」。軍人監獄的編號棄而不用，我們恢復使用真名真姓。

我們實質上是犯人，但，稱謂上叫「新生」。

各級隊長對我們新生是軍事管理，各級指導員和幹事是思想感訓。因此，除了班的編制，還有小組的組合。

所有的軍官清一色外省人，而新生中外省人的比例，只有十之二三。為了傳達命令方便，也為了軍事動作操練陣容，凡是外省人尤其是軍人出身，都被命令當班長，而外省人中被認為知識份子的，更是「組長」莫屬。

　　我當班長正夠格，我又當組長，因為我的這一組中，統統是農民。

　　我成了第九班班長兼第九組組長，所屬十四名部下，是班裡的兵，也是組裡的員。

　　我印象深刻的，第一班班長兼第一組組長是張志良②，他高考及格，是公務員。此人是一個人物，值得一記。他兼具曹操和劉備之長，而無兩人之短。我和他三度同隊，先七中隊，後五中隊，再三中隊，又同一「助教」辦公室，他教高級班英文，我教初級班。他比我早三年重返社會。最初搞翻譯，補習班教書。他胸有韜略，懷有大志，處處結交權貴，時時爭取機會，終於認識了商界某鉅子，一帆風順，幹上了校長。他長處是能屈能伸，對人體貼，做事周到。後來教育部借重老張才幹，聘任他為另外一校的校長，又改聘某兩廳主任。前幾年前屆齡退休。

　　還有姓白姓鄭的兩位班長，也是我所忘不了的「大」人物。

〔2001 年版附記〕

　　①唐湯銘，兩度（1950-?,1959-63）在綠島服務，初在台北內湖「新生總隊」，後調綠島，仍任總教官；1954 年二月繼胡牧球副處長後任副處長，同年十二月升任處長。1998 年在台北接受訪問時說：「今天，省文獻會要把當年的歷史在陽光下加予編纂，這我認為很好，因為五０年代的案件，以我在綠島長期的領導和觀察，我個人認為有百分之六十以上的判決是不當的。」（見《台灣地區戒嚴時期五０年代政治案件史料彙編》第五冊第二一六頁）

　　②張志良，原為外交部科長。商業界鉅子是王永慶，在台塑幹總務，再明志工專教務長、校長，因而得識陳履安，後任藝專校長，再調第一任中正紀念堂的兩廳主任，離職後移民美國。

第十三章　行為語言

新生們不吃眼前虧，

雖然心不甘情不願，

也只好在行為語言上盡量配合演出，

揚眉固可表示吐氣，

舉手豈是意味投降？

朝夕相處兩三年以後，

彼此間袒裼裸裎，

繃緊了的面孔，

終於鬆弛了下來。

因了解而同情，

因同情而潤滋友誼，

除了制服不同，稱謂不同，

其它幾乎不再存有任何芥蒂。

□起用犯人管理犯人

獄政最大最原始的進步，大概就是起用犯人來管理犯人。以毒攻毒，也象徵著一種民主的平等氣氛了。

「新生訓導處」管理新生的方法，顯然也是用了這一招。引以爲憾的是，第一批基本「幹部」的任用，是根據軍監移送資料的草草決定，並不完全被信服、被掌握，因而逐漸被整肅。這是後話，暫且不表。

白班長①是南方人，可是一口北方話，聽說是幹政工出身的，又會導演，能言善道。他的案情頗爲「正常」，他 1949 年來台灣不久，有友人自大陸來，在他府上住了幾天，後來這位友人有了問題，白班長便因「藏匿匪諜」被捕，被判徒刑七年。他大我十歲以上，在「新生」期間，除了在幾齣話劇中他導我演，平常很少接觸，不料到了台北，我倆卻隸屬同一網球俱樂部。不久前，他和老伴移民加拿大。

另一位鄭班長②和我年歲一樣大，是老師，班長組長中罕有的本省人之一，對他之所以印像深刻，乃此人才華出眾，他會小喇叭、薩克斯風、大小鼓，而且精通樂理，樂隊指揮。我平生稍稍涉獵了一點點「和聲」入門，便是鄭班長傾囊相授。鄭班長爲什被捕？我不知道，來台北後，他一帆風順，從西藥推銷員幹起，一直幹到美商某大藥廠的亞洲區經理。去年在報紙上，看到「企業講座」的講師名單中，有他的大名，我與有榮焉。

□夢魘開始劍拔弩張

以多年後的今年去印證「新生」期間的各路英雄好漢，我發現一個道理：苦難中苦幹苦學、忍辱負重的人，後來在社會上各行各業中，都有了或大或小的成績。

「新生」期間的一開始，也可說是「夢魘」生涯起步兩三年，管理人與新生間的關係，劍拔弩張。管理人監視新生們工作時佩槍持械，日夜押解架勢。訓詞口吻也一味認定向「敵人」喊話。新生們不吃眼前虧，雖然心不甘情不願，也只好在行爲語言上盡量配合演出，揚眉固可表示吐氣，舉手豈是意味投降？朝夕相處兩三年以後，彼此間袒裼裸裎，繃緊了的面孔，終於鬆弛了下來。因了解而同情，因同情而潤滋友誼，除了制服不同，稱謂不同，其它幾乎不再存有任何芥蒂。喟嘆著共同在演一齣戲，必須認真，必須認命。導演是誰？劇本在哪兒？都成了無關緊要的事。

剛「新生」的半年之內，早晚統統在爲整理環境而做工。整理環境的項目包括：建造克難房、倉庫、豬圈，開路、舖籃球場、疏濬流鰻溝，開墾、建築水壩等等，這只是第一期的初步工程。這些工程中動員了新生中所有專家。交通大學畢業的工程師來當新生的也不少，其中有一名後來在台北成了十大著名建築師之一；木工、水泥工，以及農人們統統派上了用場。大多數凡夫俗子，像我這種新生，是當然的搬運工和小工。

□囚犯們自建克難房

「夢魘」中幾件大工程，是被新生們肯定了是典型的「囚犯生活」，一直到現在，也很難在不論國片或西片的電影中看得到那種原始、野蠻的震撼鏡頭。新生們被命令著建造克難房，

建砌沿海岸半繞囚舍的圍牆，這圍牆新生們管它叫「萬里長城」，加上開闢運動場。這三大工程，都和石頭有關，建房砌牆都以石頭為主要建材，開闢運動場是要把山邊的石塊打掉。因此，在施工日子裡，打石頭和抬石頭，便成了新生們的唯一生活內容，連夢中也是石頭和石頭。打石頭的範圍，除了山邊，還要上山去打，也要下太平洋去打，這種「打」的工作，是揀選年輕力壯，本來就是做工務農的新生們去打，而抬石頭便是全體動員有志一同了。通常是起床後早飯前抬五次，晚飯後再抬五次，當然，在正常作息時間內，更是不計其數的抬的抬、打的

▲新生們自己堆砌的圍牆，新生們管它叫「萬里長城」。

打、建的建、砌的砌了。往往在晨曦中，在黃昏裡，在烈日下、在風吹雨打中，**如果你能動中取靜，冷眼旁觀，以老僧入定的參悟道行來自我欣賞的話，你會驚覺到某些人的愚昧、醜惡，和無知。**為什麼這些濫用權柄的人，硬是要製造出如此令人扼腕的鷹食事件。相信這不是當初設立「新生訓導處」的本意。

新生們又能怎樣？**抬抬抬，朝朝暮暮，忍忍忍，天問奈何！**

▲新生們自己堆砌的倉庫，稱之為「克難房」倉庫。

□我個人的兩件大事

記得是 1951 年八、九月間，我個人發生了兩件大事：一、我被人誤以為是「賊」，有口難辨，真是冤中有冤；二、我遇到貴人，使我一夕富有。我自被捕，經招待所、看守所、軍人監獄，而新生訓導處，一直沒有和外界通信。來到綠島，我被編入第七中隊第九班裡，幾乎無一熟人。衣、鞋、被、襪等雖然有定量配發，可是肥皂、毛巾、牙膏等，我卻把帶來的用完了，

便斷了補給。我的方法，是一早跑去廚房，要一小撮鹽，用食指蘸了刷牙，兩手接水洗臉後用衣袖擦了也就解決。大便揩屁股以水沖布抹代替了衛生紙。我同舖鄰位的叫做吳家祥的四眼田雞，有天一大清早，我剛由廚房回來，聽他大叫，牙膏和肥皂不見了！大家都把眼光集中到我，窘極了，我拉了鄭班長向他們解釋，偏偏我找不出具體而使人信服「沒有偷」的證據，時間又不容許找廚房裡的「幫廚」來作人證。這一下我把我身為班長又組長的尊嚴和威望扯跌谷底。吳家祥這小子不斷用台灣國語在冷言冷語：「好啦！合用好啦！免偷！」

這似乎成了不容置疑的真理：有這些東西的他們絕不會偷；而沒有這些東西的我，當然是唯一嫌犯。真理既定，大家也就停止了追究肥皂、牙膏「何處去」的思路。那兩天要和這些視我為「賊」的「部下」生活，生活得真痛苦，比起被宣判「叛亂犯」時更加難堪。前一污點小小，但大家相信；後一個罪名大大，卻是人人不以為然。

老天有眼，第二天晚上就寢前，有人路過我們床邊，把我們中某人的一隻鞋子踢進了床舖下的裡面去，當他趴進去揀鞋子時，意外地在暗暗旮旯深處發現了半截牙膏和一小截肥皂，兩樣東西都被啃得殘缺不全。

那正是誤以為我「偷」的吳家祥的東西，現在被鐵定判斷是給老鼠咬去的。

吳家祥口琴吹得極好，後來他特地要家裡又寄來一把口琴，教我和他二重奏。我們成了好朋友。

為了迎接來到綠島的第一個雙十節，大隊部命令各隊準備節目，要在露天舞台演出。七隊的節目是排練一齣三幕兩景的話劇，劇名叫《海嘯》。

　　導演就是白班長，張志良和我成了主要演員。演話劇的女演員哪來？這是一種異樣感觸的回憶。何況，在排戲過程中，有一天，我遇到了貴人。

▲吳素華和她丈夫周雨農(左)，右為同鄉侯醫官一家人。

　　這位貴人也是女人，一位軍需官的太太③，是我在家鄉讀高中時一位男同學的鄰居。說起來，她也是同校但不是同年級的同學。

〔2001年版附記〕

　　①白兵衛，離開綠島後，和我同在台灣大學網球場打球十多年。申請移民加拿大未成，現居蘇州市，偶來台北時，電話聯絡餐敘。

　　②鄭班長，名叫鄭慶龍，和我同齡，一向獨來獨往。最近一次見面是1998年八月三十日，在台北市「高齡政治受難者關懷協會」成立大會上。

　③吳素華，和我一直有聯絡，兒二女四和我熟如一家人，丈夫周雨農離開綠島來台北後去世，她自己於 2000 年五月二日在台北市病故。雨農兄伉儷對我有恩，當年在綠島，雨農兄和我是屬於「對立」身分，他夫婦居然無所畏懼，對我百般照顧。第一次經過政治部送我日用品時，他還被政治部周文彬主任叫去問話，聽說被訓了一頓，也常從台東特地買藥品送我。往事難已！每次想起，每次感慨不已。（如何在綠島相認，下章中有說明。）

▲1997 年四月十九日，吳素華一家三代，前排右一為么女周莉，後排右一為長男東生(老三)。

第十四章 公差演戲

「說你行，你就行，不行也行；

說你不行，你就不行，行也不行。」

我的天！這是人盡其才嗎？

中共如此，

想不到在台灣執政的國民黨早就如此。

可能自以爲是，

「以子之矛，攻子之盾」吧！

痛苦的事，

莫過於在失去自由的囹圄生涯中，

又直接地加深了不自由，

叫你演戲你不演，

便是反動，

指導員或幹事便會說你思想有問題。

□奉命參加排演話劇

在綠島參加排戲，就如同奉命出其它任何公差一樣，不是人人想幹就幹得到，也不是人人想不幹就可以不幹。

1988 年年底我去大陸探親，中共有兩句非常霸道的說詞，我聽了大笑不止，不正是我在「新生」時代，經常奉命出公差的情形一樣嗎？這兩句是：

說你行，你就行，不行也行；

說你不行，你就不行，行也不行。

我的天！這是人盡其才嗎？中共如此，想不到在台灣執政的國民黨早就如此。可能自以爲是「以子之矛，攻子之盾」吧！

我奉命多次演戲，就如同稍後幾年，我奉命當所謂「助教」一樣。我根本不是幹這些事的材料。

《海嘯》三幕劇的排練，是在流鰻溝入口附近的一個倉庫裡進行。每天早餐後集合派工時，值星官會命令「排戲的出列」，我們當臨時「戲子」的人，便帶了自製的小板凳等必要用品，應聲而出，隨著黃幹事浩浩蕩蕩前往倉庫。

實際上，當值星官喊我們出列時，我們的心情複雜而不安。隊上的其他難友，不是上山砍柴，便是下海抬石頭，統統是體力勞動的苦差使，而我們卻被叫去排戲，不僅不風吹、不日曬、不雨打、不流汗，更不流血，反而有異性在側。因此，他們的眼光，不怒而恨，不氣而酸，不怪而妒。甚至，在值星官的命令聲中，也聽到了不自在，他少了好幾名人力資源；再說，政治教育和軍事管理往往是各說各話。

黃幹事是隊上九名幹事中首席幹事，指導員缺席，他是當然代理，值星官喊「立正」向他敬禮。他主管康樂，身材瘦小

口氣大，津津樂道的當年勇，是他率領板橋土城清水村三號生教所的「新生」，在台北市中山堂公演話劇的陳年往事。不料，智者千慮，他說這些話有天被他人洩了底，那是警備總部司令部康樂隊的事。原來，比我們早到綠島兩天的第六中隊和女生分隊，就是來自土城生教所，和我們軍人監獄來的這一批，竟然兵分兩路，殊途同歸。我隸屬第七中隊的囚舍，便是夾在第六中隊和女生分隊的中間。

這一次我們第七中隊抽籤抽中演《海嘯》，兩名女演員，是由大隊部命令第六中隊借調女新生支援：一是十七號（李倩），另一位好像是十八號（許曉霞）。

十七號李倩

□排戲享有兩大好處

如果把話說得粗俗而坦白，排戲的確有兩大好處，一是在性心理上可以獲得適當宣洩性的意淫，最起碼可以和年輕異性說「話」，儘管所說的是戲中話，在白導演設計經黃幹事的認可，偶而也可以和戲中的她作肢體上的接觸。另一個好處，在等待上場以及休息時段裡，可以看書。

清湯掛麵的說法：即使沒有異性但不能沒有愛。多年被禁葷腥的感受，既然和愛絕緣，「望梅」總比「畫餅」強。

痛苦的事，莫過於在失去自由的囹圄生涯中，又直接地加深了不自由。叫你演戲你不演，便是反動，指導員或幹事便會說你思想有問題。當了臨時「戲子」，儘管有「望梅」的性點綴，也

是少有人百分之百願意幹，因為太痛苦，一步一趨，身邊總有人監視，只准講劇中人的話，只准有劇中人動作，沒輪到上台時，除了看書，只有大眼瞪小眼，不可以隨便走動或說話。想想，這豈非活受罪。

排戲還在走大位置的初步開始，有天一位年輕太太，抱了個牙牙學語的女娃娃，在旁邊看我們排戲。在休息空檔裡，這女娃娃搖搖擺擺，撲到我懷裡，仰起小小頭，斷斷續續兒語：

「你，胡叔叔？……」

大家奇怪極了，我來不及對這有所反應而答話時，女娃娃轉身又蹣跚奔向她媽媽懷中去。黃幹事很有人情味，他幫我走向這位年輕太太面前，我也跟著去。原來女娃娃的媽媽名叫吳素華。

吳素華是我在家鄉蕪湖中學的同班同學潘慧祥的鄰居，但是她也和我們同校低一班，

▲吳素華和我在綠島相識時，也只23、24 歲，已有周蘭、周瑩二女。

她不認我，我絕對想不起她。她說我依然故我，她卻是由小姑娘變成了兩個孩子的媽媽。

當然感慨萬千，要說的話太多，乾脆就什麼話也不說。「不可說！不可說！」佛家正有此說。

第二天，由政治處轉來一個紙盒，是吳素華送的，裡面滿是肥皂、牙膏、牙刷。我只有收下，心中滋味，苦辣酸甜。我由赤貧頓成富有。多年後，知道他先生周雨農中尉，那次卻被政治處叫去好好盤問了一番。

歹日子難過，慢如蝸牛；多年後想想，還是似箭如梭。

往事唏噓！那女娃娃現在已經是一男一女的媽媽，他先生也就是吳素華的大女婿，前幾年已經是陸軍上校，據說快升少將了。

□管理青年壯漢不易

我在綠島，三千兩百一十二天當中，發現這政治犯大本營，在全盛時期，是三個大隊全滿，如果一個中隊以（15 x 9 =）一百三十五名，除了沒有第八中隊，加上女生分隊以九十名計算，應該有（135 x 11 + 90 =）一千五百七十五名新生。二十歲以下的少有，六十歲以上的不多，平均年齡應該在二十五至三十歲之間。如何把這批內心裡怨氣沖天、表面上溫順柔和、血氣方剛的年輕壯漢，管理得恰到好處，實在是門極不容易、極不簡單的大學問。

獄方採取了最原始、最直接的方法：不讓囚犯們閑著。在腦力上、體力上儘量想辦法壓榨，用各種康樂活動，各種型態的討論，各種政治課程，以及各種生產勞動、建設勞動；後來又增加了捕滅蠅鼠競賽，和輔助教育等等。

我參加演出的所謂大戲碼的戲，除了《海嘯》不算，記得有：《安魂曲》，我演莫札特的父親；《浪淘沙》，我飾「秦漢光」，是名妓毛惜惜以身殉國的一段歷史；《龍山之戀》，是阿蓋公主和段功的纏綿故事，我演段功。前兩齣戲，導演都是白班長，「龍」劇是五中隊王雄仁執導，聽說他本來就是這一行。

新生同志中，出身演員和導演的大有人在。一位在戲劇界成了名人現在香港的丁伯駪，還有一位先國語片後台語片當了

導演的金超白，另一位先在邵氏後在嘉禾當了製片的戴振翮。
在軍中導、演舞台劇的李梅、陳天、張少東、王雄仁、白兵衛
等人。回想「新生」時代我參加演戲，著實學習了不少東西，
經驗了很多新奇。

▼《浪淘沙》的兩幅劇照。
（上）右中為女主角毛惜惜(王孝敏飾)，左一為奸臣(鄭若萍飾)，左二為新
科狀元(張志良飾)。
（下）倒椅者為毛惜惜，立其身前持劍者為秦漢光(胡子丹飾)，右一為奸相(洪
世鼎飾)。
（中）飾劇中人毛惜惜的女主角王孝敏。

在綠島，演戲打球，甚至教書編教材，都可算是出公差項
目之一。公差中有一項非康樂性，也非教育性，而給予我們印
象深刻的，是上山砍柴。砍柴雖辛苦，但極受我們歡迎，因為

可獲得短暫性的自由自在。最最不能忘的，是第一次感受到綠島居民們對我們「新生」的愛。

▼兩張歌仔戲劇照

王孝敏（中）
著「新生」服▶

▼音樂晚會：徐國華(出獄後為牧師)的男高音，指揮林義旭。

▼國樂演奏：左二為李德生(出獄後師大畢業當老師)。

▼台前台後：唐湯銘(中)和演員、劇務人員合照。

第十五章　吃人樹前

她一眼看到被吃人樹吃了的人，

便奔迎出來，

把他拉近胸前，

用手壓擠自己兩個豐挺的乳房，

又白又稠的乳水淋浴似直射一臉一身，

叫他自己用力擦揉癢痛的傷處，

面對如此鏡頭，

我們全有要哭而哭不出來的感覺，

有向她下跪而不敢下跪的衝動。

□上山勞動最受歡迎

上山打柴當然辛苦，遇到狂風暴雨，人在山谷矮樹中，又冷又熱又怕被雷殛，只好不停亂跳亂蹦，亂喊亂叫，保持不冷不熱。這工作最辛苦，但卻受到我們歡迎，是因為帶隊的分隊長或幹事，把我們帶到山上，在規定了什麼時間在某地集合後，便解散了。我們有時兩三人同行，或者獨處，可以無話不談，無事不想，交換意見，商量對策，彼此安慰，彼此勸勉；爭吵、狂笑、痛哭、謾罵。我們往往在被規定時間、集合地點前，我們自已安排了另一地點先集合。

這是因為我們不希望有人回去太早，我們大多數人沒有錶，一次有人回去早了，下次規定的時間便會縮短一些。我們先集合，然後再陸續按規定時間到達被指定的地點。我們稱類似這種措施是「魔高一丈，道高一丈一」，以其人之道還治其人之身也。有次上山時雨紛紛，砍樹枝伐茅草時大雨傾盆，原先集合出發時卻陽光普照。我們彼此看到別人那副德性，全身泥濘，胳臂手腿有刺傷瘀割血痕，衣褲扯破淋濕，有人乾脆脫得光光，擰搓衣褲揩擦身子，有人淚光盈盈倒臥在地，更有人掏出了小包翻看家人照片……，忽然間，有傢伙冒出一句：「這鏡頭電影上一定看不到。」大家面面相覷，刹時大聲號哭起來，直哭得所謂是山動地撼、日月無光、天地變色。

上山勞動，颱風下雨總是比晴天多，是為了特別勞苦我們新生同志筋骨？還是未雨綢繆偏偏遇到雨？值星官總是說：「颱風快來了，補給船的煤恐怕來不及。」或者：再蓋一個倉庫、火雞房、豬圈呀什麼的。其實，我們只有應聲而往的份，何必浪費唇舌解釋！山上天公放晴時，我們必經之地是觀音洞，瞻

仰、拜拜、默禱。當年的觀音洞樸實、簡陋，哪像多年後的今天，已經把觀音洞刻意擴大、裝潢、舖設，使成為綠島的觀光勝地之一。

□別具情調的觀音洞

　　觀音洞在流鰻溝上游的山谷間，是一個自然裂開的岩洞，洞底有清泉，泉水上游突出一巨形白石，三公尺左右高，遠看像煞一位披紗仙女。島山居民視作觀音化身，因而稱作「觀音洞」。春夏秋冬，香火鼎盛。觀音洞附近草木特別茂盛，傳說如有人砍了那附近的草木，他家的鹿必死，他家的人下海一定舟翻人亡。

　　觀音洞旁有絕壁，後來我們在壁旁搭建好多座亭榭，成千上萬蝴蝶飛舞其間，伴和浪聲、風聲、鳥聲，夏天裡的蟬鳴，交織成一個別具情調的天地。

　　有人歌詠「觀音洞」，吟詩一首：

　　牽藤附葛覓神縱，

　　曲徑通幽又幾重；

　　佛法無邊民感戴，

　　香煙縹緲達蒼穹。

▲觀音洞中觀音像特寫。

　　1989 年底，我以觀光客身分被導遊小姐介紹前往。觀音洞今非昔比，那四週環境全變，變得和一般鄉下寺廟沒有兩樣，紅紅綠綠、掛燈結綵，粗鄙、世俗，我只有透視被套上紅色長袍的襯裡，在白色石身上，追憶想那三十多年以前的過去。

幾乎是全綠島的漫山遍野，即使人行的過路兩側，都長滿了半人高的野菠蘿。從草叢中跳出來的小螃蟹和四腳蛇，算是對過路客的歡迎。最初可嚇著了我們，後來也就習而慣之，牠們偶而缺席了，失落和寂寞反而頓襲心頭。

□人奶可治癒吃人樹

山上勞動時，最欺侮我們這些陌生人的，莫過於「吃人樹」①了。我們可給吃人樹吃得慘了，幾乎人人都有被吃的經驗；多多少少，輕輕重重，次數不等。

這種吃人樹，仔細分析，只見樹葉光溜溜，樹幹樹枝沒有什麼異樣。一旦碰著了，那碰著的地方奇癢、浮腫，經過兩三個禮拜才潰爛、流膿，而收口。有天我第一次看有人碰著了，他最初兩手碰到，他不知道，用手抓臉、抓身上，不久，全身喊癢，兩頰腫得像饅頭，大家嚇壞了，猛向最近的山窪裡跑，想請當地居民想辦法。正好遇上一個不滿二十歲

▲這婦人當然不是彼婦人。

的小婦人，從屋裡出來，好像剛剛餵奶嬰兒，上身本就赤裸。她一眼看到被吃人樹吃了的人，便奔迎出來，把他拉近胸前，用手壓擠自己兩個豐挺的乳房，又白又稠的乳水淋浴似直射一臉一身，叫他自己用力擦揉癢痛的傷處，面對如此鏡頭，**我們**

全有要哭而哭不出來的感覺，有向她下跪而不敢下跪的衝動。

我們大聲向她謝謝，向跟著奔出來的家人謝謝。她們只是笑著說：「莫要緊啦！」

後來知道，吃人樹有兩種：一叫麵包樹，一叫漆樹。最初很難分清楚，反正兩種都是以靜制動，以逸待勞。我們這些登山勞動的陌生人是在明處，而牠們一直在暗處，張牙舞爪，仗勢吃人。麵包樹又叫咬人狗，幹高葉闊；漆樹矮不過一公尺左右。一高一矮，往往叫人防不勝防。初初幾年，我們吃足了苦，山下防人，山上防樹，精神和身體雙受其害。另外還有一種經常向我們突襲的怪物。

突襲的怪物，是凌空而降，被我們稱作旱螞蟻。這怪物總是蟄伏樹上，猛地飛躍，降泊到我們的脖子上、胸膛裡，甚至搖擺的手臂腿腳。詭詐的是，降泊的刹那，技術精湛得叫你毫無察覺。等到你能感覺到好比蚯蚓在身上游動了，牠早已飽餐一頓。你能怎樣？除了恨嘟嘟、氣煞煞，把牠甩掉！撐死！

人奶可以治好吃人樹！對，居民告訴我們，給吃人樹吃了，唯一土方子，便是擦人奶。那次真是運氣好，她因為怕他眼睛受傷，一時情急，便直接擠出來叫他盡快搽。在往後的日子，我們特別小心，一旦有人發現了吃人樹，便小心翼翼砍伐掉。萬一中了獎，用小瓶找有奶水的媽媽，討點奶水來搽，非常有效。

□ 綠島居民同情「新生」

綠島居民對我們新生好，是真好，同情、敬重，完全信任我們。

我們有時出公差去南寮港口，買出海剛剛漁獲的魚，往往要等漁船回航，附近居民一定堅持請我們去屋裡等，奉茶敬煙，任憑我們登堂入室。他們的住宅無所謂客廳臥房，一張大木舖，可以睡五、六個人，有時碰巧小媳婦或大閨女在午睡，我們也被請上木舖打一個盹。人心換人心，居民如此對待我們，恢復了我們自尊，也多少滿足了我們虛榮，我們怎麼能不死心蹋地幫助他們、教導他們、關心他們。

▲等待返航(上)與買魚(下)

新生們演歌仔戲，請居民們一同觀賞，甚至由幹事率領去中寮村搭台演出。逢年過節，去幾個村子耍龍舞獅、跳蛤蚌舞，和居民同樂。新生中有各種專家，負責教他們耕種、畜牧；建設勞動中，我們為綠島開闢道路，擴建橋樑。新生中有各科醫生，免費給居民看病；暑假期間，我們給學童補習。

這種新生和當地居民的友好關係，毫無遲疑、毫不保留地維繫了好幾年。後來本島送來了另一批「新生」，制服和我們穿的一樣，可是人的素質不同。居民們搞不清楚，聽說上了不少當。以後遇著了我們，如果不認識，他們一定問：「你們是真新生還是假新生？」在他們心目中，真新生是政治犯，政治犯不會亂來的。

綠島三面有山，山上空地很多，居民們無代價地讓我們開墾耕種。幾乎每個中隊在山坡地都有了菜圃、豬圈、羊舍、火

雞房，並且都蓋有克難房，管理生產班的幹事在山上有辦公室，在山上工作的新生們，白天裡也有了午睡、休息的地方。

生產班對我們的生活貢獻很大，有時候我們以山上的農產物，和居民們換取花生、魚蝦等等，他們也高興用牛肉、鹿肉換取我們的大米。我們的蔬菜、豬肉也以低廉價格賣給官兵眷屬。因而我們對生產班都給予全力支持。每隔若干天，**我們在早餐前，往往數百人，兩人一組，抬糞抬尿送往山上菜圃。遠望那百多擔的臭臭長龍，在蜿蜒山路上，崎嶇田埂間，晨曦薄霧，蠕蠕游動，上上下下，穿梭搖晃，煞是奇景壯觀。**

〔2001 年版附記〕
　　①以《綠島的吃人樹》為題，寫成短文，發表於台北中國時報，又被時報出版公司收入《愛的小故事 3》單行本，並在警廣調幅網「同心橋」節目中播出。請參看第 42 章。

綠島公園中的兩個景點，也是
新生們抬糞上山時必經之路！

▶ 吃人樹葉闊四張，
色黑如漆，和其他
矮樹狀似，不易識
別。

◀ 幾乎是全綠島的漫
山遍野，即使是人
行的過路兩側都長
滿了半人高的野菠
蘿。

第十六章　官長太太

我一直在想：

在眼前的環境裡，

我要怎樣生活才能有益無害？

不僅對現在，也對未來。

任何人在一生中要做多少次決定。

我很幸運，

這一次做的決定，

我執行得非常徹底，

而且，

是一個正確的決定。

我決定：

哪怕得知明天要槍斃，

今天如果被許可，

我還是要運動、要讀書。

□兩位女士對我影響

有兩位女士，對整個新生訓導處有很大的影響.。一位是文奇文隊長的太太，一位是女新生王孝敏，編號 59。

文太太隨他先生一到綠島，就幫了我一個大忙。不久，和我合演《龍山之戀》時，她的一番話又改變了我的生活態度。當然，是如何幫了我忙以及如何改變了我的生活態度？她自己到現在也不知道。59 號和我在《浪淘沙》中分飾男女主角，這齣戲演出了數十次之多，台北一有大員們來，處部就通知我們準備拿這齣古裝話劇來獻寶。59 號在當時的環境裡，因為她各方面的出色，引起了不論官兵還是新生們的全體注意，說成覘覦也不為過。她的一舉一動、一顰一笑，都成了男人們注意的焦點，以及女士們的評論話題。

文太太怎麼幫了我的忙，先說說在她來綠島前，我是怎樣地遭受到一次無妄之災。

記不得是哪一年，但一定是台灣本島正流行《綠島小夜曲》①這首歌的那段時日。我們在綠島，一點也不知道。

某天，早飯後集合派工時，值星官說：

「胡子丹，出列，去向大隊指導員報到。」

大隊指導員姓什麼？忘了。很溫和、很神秘，壓低嗓子，招呼我坐下，說：

「你寫了一首歌叫《綠島小夜曲》的罷？什麼時候寫的？」

「《綠島小夜曲》？我不知道，我從不曾寫過歌？」

「別人寫的曲，你寫的詞，他已經承認了。」

「我真的沒寫，也不知道有這首歌。真的，到底是怎麼回事？」

「寫首歌沒什麼了不起，上面在懷疑，台灣本島已經唱開，說一定是我們這兒人寫的，說綠島是一條船，在海洋上飄，那不快沉了嗎？這綠島是影射本島，我們是主動查。胡子丹，如果是你寫的，只要告訴我，是怎麼傳去本島的？我會設法給你開脫的。」

「絕對不是我寫的。我哪夠格，我根本沒唸過幾年書。」

「話不能這麼說，誰知道你的學歷是真是假，再說，那也不重要。」

我心裡真嘀咕，我滿十五歲當兵，今年也只是二十多。學歷怎可能有假？可是我沒把這番理由說出來。

沒唸幾年書也會引起了懷疑；而懷疑就成了罪狀。

我當然沒法承認，對這種突發奇事，根本丈二和尚，你說別人寫的曲，「別人」是誰？

不幾天，這案子破了，不破自破，是文太太破的，她自己不是不居功，根本是不知道。

☐一個盛大歡迎晚會

約談後不到一個禮拜，有一個盛大晚會，歡迎一批由本島新調來的官員及眷屬。晚會以輕音樂、魔術、短劇、演唱為主。

節目主持想不起來是哪一位新生。節目進行到一個段落時，一名新來的官長，上台拿起了插桿上的麥克風，大聲宣佈：

「我是某上尉，謝謝大家歡迎我們，我現在報告大家一個好消息，我們的文少校夫人，是著名的女高音，我們大家請她唱一首目前本島最流行的《綠島小夜曲》，是周藍萍的作品。」

台上台下台前台後，千餘人全給楞住了，忽地靜下來，死

靜死靜好幾秒，忽地掌聲響起。這心理上的過程，從驚訝到悟解，由恐怖到釋然，幾天來耳語傳播，疑假似真，瞬間的謎底揭曉，現實虛幻了。

少數官員的無知，新生們的受愚弄，我，「別人」，也許還有其他被「約談」的人，雖然麻木折騰多年，這時刻不禁要哭、要鬧、要叫、要狂笑、要手舞足蹈。

樂隊指揮我記得，是林義旭，只見他飛躍般地跳到某上尉前，要了份樂譜，要求主持人，請文太太的演唱放在下下節目進行。

新生樂隊的新生們，立刻抄譜，林義旭忙編分譜。

二十分鐘後，結婚不到兩個月年輕貌美的文太太登場了。台北來的時髦女性立刻叫人眼前一亮。不僅我們男性囚犯睜大了眼，官兵們也一樣，女生分隊的妞兒們，也在耳語激賞。

文太太歌喉不凡，剛拿到分譜的新生樂隊更見功力：

這綠島像一隻船，

在月夜裡搖呀搖，

姑娘喲，

妳也在我的心海裡飄呀飄；

………………

聽眾的夠水準，不是被鎮壓般在聽訓話，而是由衷地潛入了周藍萍的心聲，溶化在旋律中了。自我的遭遇，國家的處境，權勢的亂來，未來的命運，一一襲擊心頭。

顯然，文太太深深感動。後來聊起此事，她對我說：「那次我可感動驚異極了，這首《綠島小夜曲》，我在不同場合唱過了不知道多少次，絕沒有想到對你們政治犯會有那樣不同的反應，那樣安安靜靜，那樣淚水潸潸，那樣『安可』不停。」

　　《綠島小夜曲》這段公案，算是不了了之。大隊指導員再也不曾提起。

　　官長的太太參加到男囚犯行列中演話劇，文太太是第一位，也是最後一位。新生訓導處裡空前絕後的一件事。

□官長太太參加演戲

　　文太太參加演出一齣是《龍山之戀》，她演阿蓋公主，我飾段功大將軍，是一對情侶。印象深刻的是，有天排戲，文隊長文奇②來探班，極大方地對我說：

　　「胡子丹，不要客氣，導演要你怎麼演就怎麼演，該摟就摟，該抱就抱。」

　　文太太禁止他來探班，文隊長以後果然不曾再來。

　　文太太是位人到哪裡就把歡樂帶到哪裡的女性。因為她不是新生，帶隊的幹事對他的快人快語也無可奈何。

　　有次，她和我聊天，不知怎地，聊到了過去，也聊到了未來。她笑嘻嘻的說：

　　「過去就別管了。未來嘛！你別以為遙不可及，說不定明天就是未來，你空想未來，你拒絕未來，都不切實際，你要想到，未來你一旦重返社會，你將以什麼樣態度去迎接未來。未來總要來到，現在不自由，總歸有天有自由。」

　　她說得輕鬆自然，絲毫不見斧痕匠跡。在我聽來，不啻醍醐灌頂。

　　她這番話改變了我的生活態度。在以後的幾天裡，我一直想：在眼前的環境裡，我要怎樣生活才能有益無害？不僅對現在，也對未來。

　　任何人在一生中要做很多決定，我很幸運，這一次做的決定，我執行得非常徹底，而且，是一個正確的決定。

　　我決定：邪怕得知明天要槍斃，今天如果被許可，我還是要運動、要讀書。

　　我承認：我在綠島新生的日日夜夜，只要是碰到書，我幾乎是無選擇的讀；尤其是勤讀外文，勤讀的程度，使別人也使自己難以相信。

〔2001年版附記〕

　　①實際上，《綠島小夜曲》是潘英傑作詞，周藍萍作曲，首在台灣中國廣播公司白茜如主持的「綜合節目」中，由紫薇主唱，一唱而紅，至今流行不衰。這是 1954 年的事。據作者言，「綠島」的標題，只是一種想像的情境，並非實地。是描述情人傾訴愛戀及相思的情歌。毫無他意，更無關政治。這件因「綠島」二字使我受株連的糗事，我來台北後，曾和當年擔任中廣節目部主任故友王大空兄（ 1921-30/07/1991）談起，他說「我們中國人一向對於『惡』的聯想力特別敏感豐富。」我不會唱歌，但是我會看了歌詞唱《綠島小夜曲》，旋律美、意境美，尤其對我有這麼一個永不能忘的糗事。再說，紫薇唱的真好，動聽極了。紫薇的本名是胡以衡（13/11/19/30-4/03/1989），在南京出生。

　　2000 年九月十六日，台北聯合報 27 版刊出柏楊談《綠島小夜曲》是「來自一對獄中戀人，隔著鴻溝訴情詩」，應是泛政治化的瞎掰了。二十世紀末，《綠島小夜曲》被評為「百年金曲十大排行榜」的第三名，榜首是《望春風》，第二名是《不了情》，第七名是《何日君再來》，《小城故事》第十名。

　　②文奇賢伉儷，和我可算是私交甚篤。多年後我重返社會，第一次申請出國，幸得文奇一助。1973 年，為了打開我主持的國際翻譯社的知名度，我以出版人身分，擔任「中華民國出版事業協會」的常務理事兼副秘書長奉命以「中華民國出版事業考察團」(團長劉紹唐副團長何凡）秘書的名義出國訪問，可是辦理出國手續卻擱了淺。全團十幾人的手續都已辦好，只有我的出入境證沒發下，說是「會辦 」 警總中。 我間接得知，文奇已升上校，任警總參謀，我去電話，文太太接的，說：「果如承辦人保安處吳際雲中校所言，只要有人敢簽字，就可以准你出境，文奇會簽字的」。記得和文太太通電話是星期五晚上，三天後也就是星期一的下午，旅行社的人給我電話，說全都辦妥，可以

如期出國。說來笑話，我首次出境的事，敗也警總，成也警總。

▼197?年參加法蘭克福國際書展。
副團長何凡即夏承楹和本書作者。

▲197?年參加法蘭克福國際書展　。
左起：李振華、何恭上、張清吉、
　　　鄭李足、劉紹唐、本書作者。

◀文奇伉儷結婚照。左一不知何許人，右一是唐湯銘的女公子唐燕妮，本書作者在綠島的「學生」之一。

◀唐燕妮在綠島長大。

第十七章 唐鴻教官

我們和他相處久了，

發覺他的忙碌和對人禮貌，

正是他阻擋苦惱，

以及保護自己的一種方法。

他大陸有妻、有子，

他知道他和同僚們，

因爲出身不同而遭到排擠，

因而工作得更勤奮，

待人接物更是小心謹愼。

在我的印象裡，

他過的一直是苦行僧的生活。

□學習日語獲得良師

　　勤讀外文，一開始選擇的是日文。在綠島那種環境，是學日文最好的環境。本省籍的新生佔多數，而他們幾乎都會講日語，只是程度高低懸殊太大。練習講日語的對象可以不拘，師資的選擇卻要特別慎重。

　　我有幸，找到兩位最好的日文老師，傅賴會①和戴振翮②，一位是工專畢業的工程師，一位是台大醫學院未畢業便在高中教數學的老師。他二位都比我年長五歲以上，我們三人卻成了毫無省籍陰影的終生朋友。寫到這裡，我不禁悲從中來，他們兩位在三年前先後過世了，都在他們最有成就的工作崗位上因病而去，一在台北，一在香港。奇妙的安排，他二位辭世的前兩天，我是綠島朋友中，唯一在病

1970-1980 年間，我常去香港和戴相聚，常至小酒吧小酌、聊天、唱歌。

榻前探視的人，傅在台灣大學附屬醫院，戴在九龍何文田他的寓所。

　　他們教我日文，不定時間不定場所不定教材，一有機會我會湊去他們某一人的身邊，紙筆我是隨身帶，他們極有系統地為我造句並且分析文法。他們誇我進步快，發音不錯，在很多勞動機會裡，我和任何本省籍新生之間，簡單的日語伴和著國語，成了習慣性的溝通方式。

　　福兮禍所倚！因為官兵們不諳日語，新生們日語通行無阻礙，對他們形成了極大威脅，至少產生了某種程度的危險。他

們沒理由禁止講台灣話或客家話，但有百分之百的理由不准講日語。

奇怪的是，講英語不但不禁止，而且還鼓勵人學。

處部頒發命令：嚴禁日文日語，加強國語文教學。記得有天晚上，一位趙姓幹事把我叫去好好訓了一頓，命令我立刻停止學日文，不准說日語，否則會受到嚴厲處分。我看苗頭不對，人在屋簷下。何況，我易身而處，在綠島那個環境，學日語的確是絕對的忌諱。犯人會日語的太多，獄卒會日語的可能零。

□改學英文派當助教

日文不能學，學英文當然行，找英文老師可沒有日文老師容易。我在張志良那兒找教材，因為他那時一方面擔任了外賓來參觀時的口譯，一方面為官兵們開了英文班。我用張志良給我的一些舊雜誌、報紙、零碎英文文章，我自己逮住時間自修，不明白的地方問一位老同學王博文。提起這位博老，家世大有來歷，據說他父親在敵偽時代是華北的頭號人物，他本人做過外交官，英文、日文、中文都是呱呱叫，而且書畫俱佳。最最難得的，是他愛護年輕人，每次問他英文，他都是熱心耐心教，頻頻鼓勵。我利用分分秒秒可以利用的時間，讀生字、片語、短句，在人群裡默記，獨處時大聲朗讀。好長的一段日子，我有兩大瘋狂行為，一是打乒乓球，一是讀英文。隊上偶而臨時集合，我缺席了，值星官反而為我解釋，說我一定唸英文去了，「神經兮兮」。實際上，幾位分隊長，甚至幹事們，的的確確派人去流鰻溝上游查證過，屢試不爽。所謂「臨時集合」，也只是看看有無逃亡或尋短見的，既然十拿九穩知道我在何處，來不

來集合，便顯得不重要了。

　　我因爲享有讀英文讀得「神經兮兮」的雅號，竟因此被二組的唐教官看上了。是他把我調到「助教」室當起「助教」，使

▶一直過著苦行僧
　似生活的唐教官。

我有了更多機會接觸紙和筆，讀書機會大增，因爲張志良和王博文，以及戴振翮都是「助教」。而且，有辦公用的桌椅。

　　「助教」工作是上午編政治教材，讓教官們拿去照本宣科教新生，下午是所謂輔助教育時間，師資全由助教擔任。有英文、數學、國文、國語等等。教新生、也教官兵，和官兵的子女；而且，在寒暑假，教綠島國民小學的學生。

　　「助教」室中的成員除了張、王、和戴，還有一位周景玉將軍和林宣生老師，他二位負責教國文。周將軍後來回到高雄後過世；林老師來台北成了全台灣排行榜第一的建國中學的國文老師之一，而且在東吳大學兼課。另外鍾平山和陳正坤兩位本來是在報館當編輯的；有一位陳金柱是小學教員，在助教室專司刻印鋼版；交大出身的雷大效在助教室管總務；還有一位淦子麟，他的工作等於是處長的中文秘書，處長所有演講稿幾乎由他一手包辦，多年後我在台北遇到他，他成了三民主義權

威學者又是文化大學教授，有次我去新聞局開會，淦兄竟然是以國民黨文工會總幹事身分與會，散會後，我順路送他回金山街，他再三關照，千萬別提「綠島」事，那時尚在戒嚴期間，難怪他有此關照。幾年後聽說退休。

助教室中另一位奇人是李建中③。

二組的唐教官把我調去了「助教室」，是一件不按牌理出牌的事。唐教官大名唐朝選，自己簽名時喜歡簽「唐鴻」，助教室由他管理。我們喊他唐教官，他對我們這十來位「助教」執禮甚恭，一律稱「胡同學」、「張同學」等，從不直呼其名，在綠島，唐教官是唯一對我們「助教」個別尊稱某「同學」的人。

這天，值星官命我去二組唐教官那兒報到。

第二組，主管全處官兵「生」教育。

□「反共義士」唐鴻教官

唐教官找我談話，三言兩語，決定了我當年在綠島，以及我離開綠島後下半輩子的生活型態。

他為什麼找我當「助教」？他說：

「你學英文和打乒乓球的精神使我特別注意，你這種生活方式太聰明、太實際、太有前瞻性了，不可能有負數，即使一輩子坐牢，也一輩子沒痛苦。」

我給他說糊塗了，我問唐教官，把我找來助教室，我能幹什麼？他說，他看過我在小組和大組討論，以及座談會的發言記錄，可以先幫忙編教材。他和張志良同學商量過，等些日子，要我幫忙教初級英文。

我就這樣當了「助教」。

　　唐教官的處事精神，以及他在新生訓導處的處境，令人非常佩服，也非常同情。

　　他是名所謂「反共義士」，走路極快，右手少了個指頭，他幾乎不斷在做事，他由處部辦公室來往「助教室」之間，每天不知有好多次，每次來他都是走到某「同學」面前，交代一些事情。他對長官非常有禮貌，助教室經常開會，有時二組組長親自主持，組長是上校，唐教官是中校，他喊「立正」時，莊嚴鄭重得有如全處官兵生集合向處長敬禮一般。我們和他相處久了，發覺他的忙碌和對人禮貌，正是他阻擋苦惱，以及保護自己的一種方法。他大陸有妻、有子，他知道他和同僚們因爲出身不同而遭到排擠，因而工作得更勤奮，待人接物更是小心謹慎。

　　唐教官喜歡拍照片，自己設有暗房，處裡的很多活動照片，大半是他拍攝。

　　一個禮拜天，他帶我們去「海參坪」天然溫泉洗澡，我們請他給我們拍裸體照，他一一拍了，隔天拿給我們看，看了又

▶ 唐教官把我裸照撕了，把泳褲借給我穿，
　拍了這張照，1956 年。

收回去當面撕毀。他的解釋是：此時此地如此身分，怎可如此「自由」。

　　多年後，在台北仁愛路，我碰到唐教官，在一家廣告工程公司當經理。又不久，在報紙上看到他在台北安東街附近辦了

個兒童圖書館，免費招呼孩子們去看書、借書。再以後，不見他消息。五、六年前，我去唐湯銘處長家，聽說，唐教官可能去了大陸。

爲什麼去大陸？也許想念家人；也許是，他覺得在這個社會裡，他做的太多，但絲毫不受重視。

在我的印象裡，他過的一直是苦行僧的生活。

〔2001年版附記〕

①傅賴會，在綠島我們曾同在第三中隊，他負責養火雞，但在隊上，每次看到他都在看書，多半是日文的工程方面的書。重返社會後，他在不是國際牌電器產品的一家日商國際公司工作，不久當了廠長，說又兼了個廠長，他太太常埋怨，說他有時深更半夜也去七堵的工廠。他是如此的日夜忙，卻堅持給我翻譯了兩本書，並且叮嚀我說，要出好書，不要太注意賺錢。不記得他哪年過世的，但記得當我得知他住台大醫院時，我去探病，他平靜地說：「こしたん，我恐怕沒希望了，醫生好幾天前開會診會議，到今天都沒告知結果。」談了十多分鐘，見他精神不錯，講話有條有理。過沒幾天，他兒子來我辦公室，說他過世了。

②戴振翮，熟人皆喊他たしんかく，我所熟識的台籍人士中，罕有的人才，　聰明、中日文都有寫作能力，中日英台韓語都能說。在綠島我們有同樣嗜好，乒乓球和籃球，另外有同樣個性，那就是絕對聽從官長和班長（班長也是新生）的差遣，不以「剛剛下課」爲理由而拒絕。他擔任國語和數學課，我的注音符號就是他教的。重返社會後，他先在邵氏電影公司台北分公司做翻譯，聞調香港，他怕警總不准致身分暴露而辭職，投考國華廣告公司，邵氏老闆聞知，爲其擔保，終於去了香港。後調同一老闆香港嘉禾電影公司任製片，最後自組歐亞影片公司。有次我去香港，聽說他患鼻癌，在何文田街自宅休養，不願見任何人，我向戴嫂說明非讓我見面不可，同意後始往，鼻腫蓋擠兩眼，精神尚可，談到我欲寫「綠島」事，要我從速進行。我回台北不及十天，友人蘇友鵬電話告我，たしんかく已故世。たしんかく對我最大的影響，是在一次談話中，鼓勵我先考入廣告公司，見識世面，了解社會，說沒證件沒關係，他雖然在台大讀到三年，但是並沒有被要求查驗證件。我報考三家，筆試皆取，只一家日語口試時不被錄用。後來我創業也是他的鼓勵，說趁年紀未滿四十，創業垮了可以再來，

我們本來就是零，有什麼可怕，因而我創立了國際翻譯社和國際文化事業有限公司。

　　③李建中，奇人，綠島美其名的「助教室」原是第七中隊的囚室，我們都在雙層床的下舖前放置辦公桌椅，他一人卻在上舖放置。他負責製作政治課程及展覽用的掛圖及宣傳用海報。他少言，些微口吃。1998年，在台北街頭，曾見他一次，給我名片，有美國、台灣、中國三地辦事處，頭銜是「美國國際文化藝術協會東方藝術開發部總策劃」，台北市忠孝東路阿波蘿大廈218-2號。

每周一的周會，在露天舞台舉行，由處長主持。

逢年過節，新生們前往南寮村、中寮村演街頭戲和居民同樂。

第十八章　瘋狂麻醉

已經離開人間的戴振翮、傅賴會，

以及楊逵等人，

在綠島生活那幾年，

都是能執著，

並充分掌握、利用自我零碎時間的人。

當時所追求的是自我麻醉，

也是爲自己塗上一層保護色。

說是爲自己塑造了形象也不爲過。

□半開放式監獄管理

綠島的「新生」生活，等於半開放式監獄管理，監獄四週除了我們自築的「長城」便是山，山的延伸便是「長城」。在囚舍四周、「長城」彎處，以及山路叉口等地，都有衛兵二十四小時瞭望的碉堡，而山的那一邊以及環繞「長城」約有百公尺的岩石海灘，外側則是太平洋。因此，即使用直昇機，囚犯們也難離開綠島一步。當然，如果求得了漁船的協助，應該是可以一逞逃脫之快。但是，如何避開碉堡的視野？如何忍心連累漁民？即使逃到了本島又如何避免二進宮？

囚犯中根本沒有人有如此笨的念頭，獄卒們可就擔心萬一有了這種意外。

因此，獄卒們對囚犯的最大不放心，便是不知道每一位囚犯在每天極其有限自我時間的自我空間中，在做些什麼和想些什麼？臨時公差、緊急集合等花樣，往往成了獄卒們心血來潮的安全措施。

人心畢竟可以比人心，人對某些一般事務上的處理或方法，智慧往往在伯仲之間。如果某一囚犯在他自我時間內的所作所為，因為慣性定型得讓獄卒們放了心，孫悟空終究被掌握在如來佛的手心裡，那麼，這位「孫悟空」便在不自由中獲得了自由。

我之所以每天在被擠、被搶出來的自我時間中，拚命打乒乓和讀英文，開始幾個月是一種無奈的痛苦麻醉，完全以一種強烈得近乎瘋狂的理智力量去強迫、約束自我就範，日久天長了，最大的副功能，居然是無心插柳，動物本能般地，給自己增加了一層保護色。

　　「神經兮兮」的保護色，多次臨時公差和緊急集合，我不是在被認定的地方給找回來，便是被豁免。

　　當然，我之所以被肯定爲「孫悟空」，是因爲我的確萬無例外的一直在「如來佛」手掌心中。

□最大樂趣打乒乓球

　　在綠島打乒乓球，是我那段近十年新生生涯中，佔據了我極有限的自我時間的絕大部份，在當時給了我最大的樂趣最安全的發洩，意外地養成了我出獄後不斷運動的習慣。

　　打乒乓事，值得一記。

　　在康樂活動裡，除了奉命演話劇，我也被命令加入第七中隊籃球隊，但因技不如人，往往是備而不用的候補。後來兩個大隊部的中山室相繼落成，四分之一面積隔爲壁報室，其餘大大的空間，報架上是中央日報、青年戰士報，還有《國魂》、《暢流》等雜誌，中間放著的，便是乒乓桌。

　　打乒乓，我讀中學時本有基礎，軍中也常練習，這時一出招，康樂幹事自以爲是伯樂，立刻要組訓成隊。我成了先是七中隊乒乓隊隊長，後來成了第二大隊乒乓隊隊長。

　　我犧牲午睡時間打乒乓，出公差回來，不論是上山還是下海，只要一回到隊上，拿了臉盆，游泳池洗澡前，總是去中山室打乒乓，下午下了第三節課吃晚飯前也是打乒乓。乒乓球拍和球是放在壁報室裡。壁報室位在中山室隔壁。「助教室」，壁報室，還有在中山堂那邊的「新生月刊」社，是新生訓導處三大文化機構，在這三個單位出公差的新生們是被公認爲「文化人士」。

果真不假，這些「新生」時代的文化人士，後來重返社會，絕大部份還是社會上的文化人士，報館裡編輯、編譯，有人當了老師、牧師；國內外都有，這幾年已有人開始退休。

在綠島三分之二的日子，我是有收入的，「助教」月薪十五元「新生券」（等值新台幣，僅限處內流通。）新生月刊和壁報的稿費每月兩三篇也有十元左右。小吃部的陽春麵五毛錢一碗，「香蕉」牌香煙八角一包。我是不抽煙的，這是舉例比較，每月將近有三十元收入，牙膏、牙刷、肥皂，連買乒乓球的錢是不虞匱乏了。

新生券

□乒乓單打全處冠軍

我們那時候的乒乓球水準不低，這由後來我到了台北，1961 年左右，我曾在幾家乒乓房隨便打打，居然一路贏。有次在南昌街，巧遇省運選手在練球，不知是天真還是忘我，順口批評了一句「這球落點不對」，居然被請教「打打看」。球場如戰場，恭敬不如從命，我脫去外套，借穿運動鞋，暖身後連連輪戰數人，勝多敗少。那年我已三十好幾，又已久不曾練習。他們直問我尊姓大名，肯定我是此道前輩。

處長杯比賽時，我有次拿了個單打冠軍。這冠軍拿得幸運，可也非常艱苦。

幸運的是，我唯一沒把握打贏的林金鑑，我們管他叫「柯帽利」或小林的，因病未能參加。他本來就是桃園縣的選手，多次參加省運都能拿到名次。他球打得太好，長、短、正、反、抽、切、削、轉，無一不妙，尤其在落點、選位，不僅心到球

隨，而且手幻球變。和「柯帽利」打球，小小白球幾乎全被他控制，始終黏在他球拍上，他掌握了武器，也掌握了敵人。和他對壘的人，往往在心理上便輸了兩成。

那次他未能參加。但是和我半斤八兩，甚至比我較高的對手還是不少，例如林森田、廖金照、簡茂興、王荊樹等人，個個球藝精湛，關關不好闖。

比賽採雙淘汰制，我歷經十數名敵手，大戰數十局，由敗部一直打上來成了敗部冠軍時，勝部冠軍竟是我最怕纏的王荊樹。

王荊樹，我們管他叫「雞歪」，因為他是名婦產科醫生，綠島的小生命，在 1952 年至 1959 年間，大多數都是由他接到人間。胡副處長夫人難產，便是雞歪救的兩條命。他後來回到高雄，是當地有名的婦產科大夫。可惜的是，十多年前因病過世了。

王荊樹的球路難纏，連小林也有幾分懼意，有敗在「雞歪」手下的記錄。他的長抽極出色，左右落點往往叫人猜不準方位。那次對壘前，我特地向「柯帽利」請教。他授我以妙計錦囊，他說：「儘量小球、削球，吊長球時朝他胸部打。」我懂這個道理，這都是減弱他桌外長攻的威勢。當然，對方難纏，必須打得他覺得我更難纏。

那次乒乓賽是唯一的在室外舉行，沒有風，陽光不大，下午整個處部停擺，如同有外賓或高級長官來，看籃球比賽般。

是一場激烈而緊張的乒乓賽。賽後王荊樹認為比「難產」還難產。一來一往，互有輸贏，不斷延長至第十三局，在五個「丟士」後我才慘贏。真所謂，殺得天昏地暗，難分難解。看球的人再多，我的兩眼中只有那一個小小的白球。

　　有人認爲，打乒乓不費多大體力，實際上正相反，以乒乓、羽毛球、網球來比較，乒乓最消耗體力，網球是較爲溫和。我在五十歲以後開始打網球，五十歲以前有兩三年打羽毛球。離開綠島以後，乒乓少打，近二十年來根本不打。可是，我一直懷念那段打乒乓的瘋狂的日子，那牢獄裡苦中作樂的感受。

□瘋狂行爲麻醉自己

　　以如此瘋狂行爲來自我麻醉的人，我知道的還有好幾位典型人物。

　　雷大效，交大出身，可是不知怎麼的，他沒有被派去設計室，而來助教室當總務。他利用零零碎碎的時間，埋頭在英文《讀者文摘》裡，書是家裡寄來的。可能是奉命唯謹，他的書絕不肯借人，連封面也不讓我們瞄一瞄。他讀英文已經用功得叫所有「助教」，尤其是我們擔任英文課的人受不了。他往往把助教室裡僅有的一本韋氏英漢辭典佔據自己一個人用，每次找他拿都要看他的臉色。他的修養特別好，別人說他幾句，他屁都不吭一聲。

　　王任，此人學化工的，些微口吃，我有幸一度和他緊鄰而睡，每次勞動回來，人人都急著拿臉盆去游泳池洗澡，他卻是上得床來，在內務架裡取出小提琴，半撐起譜架，調好弓弦，立刻拉起來，真所謂數年如一日，我對小提琴一竅不通，但是多少首提琴名曲，耳熟能詳，培養起我的欣賞能力。十多年前聽說他在嘉義一家化工廠當廠長。

　　勤拉提琴的還有兩位，一位是耳鼻喉科的蘇友鵬①。另一位林烈臣，本是莊稼人，在綠島專管養豬，每當我走近豬圈範圍時，

▲林烈臣在綠島專職養豬，沒事就練提琴，豬圈裡的豬最有音樂細胞，說是最好吃的豬。最初和我同第七隊。

十次中就有九次聽到他練琴的琴音，林在綠島先跟王任，後跟蘇友鵬學拉提琴，他又參加了新生樂隊吹薩克司風。前幾年我去高雄，有晚特別去一家夜總會找他，可惜未遇，有人告訴我，他在那兒主理鋼琴演奏。

　　已經離開人間的戴振翮、傅賴會，以及楊逵②等人，在綠島生活那幾年，都是能執著並充分掌握、利用自我零碎時間的人。當時所求的是自我麻醉，也是為自己塗上一層保護色。說是為自己塑造了形象也不為過。

〔2001 年版附記〕
　　①蘇友鵬，被捕時為台灣大學附屬醫院耳鼻喉科醫生，出獄後仍為台大醫生，在台北市廈門街另設診所，稍後為鐵路醫院後改名為台北醫院醫生、副院長。其長子和我兒子是新民小學同學。因而他兒子1992年結婚時請我擔任男方介紹人。蘇在綠島也幹醫生，而且是全科醫生。我的包皮手術就是他為我動手術。當時在綠島勤練提琴的有三位：蘇、王任，和林烈臣。我和蘇有段時期同第五隊，和王、林曾屬第七隊。
　　②楊逵，1949 年，因撰寫短短六百字的「和平宣言」刊載上海大公報而被捕。以「為匪宣傳」罪（叛亂七條）被判處有期徒刑十二年。他過世後，我據對他的印象曾撰文兩篇：一發表於自立晚報，一刊於傳記文學（1985 年五月號，第 46 卷第五期）。請參看第 43 章。

新生訓導處的圍牆及營區

新生訓導處入口「新生之家」

新生訓導處出口「革命之門」

從「四維峰」眺望三峰岩、
公館鼻

第十九章　「蘇秦」「張儀」

把樣版內容注射進不同腦子裡去，

就好比把同一比例的砂粒、石子、水泥，

用水調和好，灌進規格各異的模板中。

政治課程中有一門「共匪暴行」，

常提到「洗腦」的恐怖，

我們這些新生，

身受如此「灌腦」的討論，

叫我們不寒而慄。

不知道「洗腦」與「灌腦」的如此法術，

師承何門？

「洗腦」先於「灌腦」？

還是「灌腦」先於「洗腦」？

春秋戰國時代的蘇秦、張儀，

兩人同拜鬼谷子為師，

國民黨和共產黨的頭頭們呢？

□一天勞動一天上課

我們的正常作息是：一天勞動，一天上課，上課是上午政治教育，下午輔助教育。政治教育的教材是由助教室編，提供教官們在教室照本宣科，輔助教育分識字、初級國、英文、高級國、英文、數學等，由助教擔任。輔助教育裡，我擔任初級英文和識字，政治教育的教材，我「編」有部分的「中國國民黨黨史」和「蘇俄侵華史」等。所謂「編」，只是把不同的資料整理抄錄在一起，編時興趣索然，編後也是印象全無。在上課的日子裡，早餐後第一堂課以前，還有一個叫新生們頭痛的「小組討論」節目。

輪到上課的那一天有小組討論，是兩三年以後的事。到綠島的頭兩年，小組討論幾乎每天早晨都有。負責我們第九組的是游幹事。我們暗中叫他「阿布拉」，這是日本話。「阿布拉」是安徽人，他向我拉同鄉關係，常常把我叫到他房間去，關照我如果知道什麼事情一定先告訴他，我當然口頭答應，可是，從來都沒有告訴他什麼。實際上我哪有精力和時間管這些事。再說，新生們也只是發發牢騷而已，把牢騷做成了報告，不僅搬弄是非，其後果會難以想像。我身陷當時情況，自己知道成了個豬八戒照鏡子，往往我走到別人面前，他們便停止了談話，或者改變話題，其實台灣話和日本話我並不全懂，而游幹事對我不能供應小報告，更感到不滿意。

游幹事對我不滿意的程度，在我刑期屆滿，指導員叫我抄錄自己的感訓成績時，頭幾年的分數居然全部不及格，那當然是「阿布拉」的德政。幸虧後幾任幹事和指導員救了我，使我的平均分數正好過關。難友們和我之間，後幾年也相處得不隔

肚皮了。人可以偽裝短時期，也可以矇騙部分人，哪能年復一年矇騙所有的人！

□小組討論大隊座談

小組討論的討論題綱是早一天發下，叫你不得不在累得不

▶上政治課。

▶（左）小組討論。
◀▶（右）大隊座談。

堪的體力勞動中擠出時間來，翻書查書抄書，大多數國語不靈光的人，還要查國語字典，忙著牙牙學語。到時候，站起來盯著稿子唸一遍，實際上千百人對同樣題綱的發言內容，幾乎一個樣，原來資料同一來源，統統是「處」頒教材。妙就妙在上級的要求正是如此，把樣版內容注射進不同腦子裡去，就好比把同一比例的砂粒、石子、水泥，用水調和好，灌進規格各異的模

板中。政治課程中有一門《共匪暴行》，常提到「洗腦」的恐怖，我們這些新生，身受如此「灌腦」的討論，叫我們不寒而慄。不知道「洗腦」與「灌腦」的如此法術師承何門？「洗腦」先於「灌腦」？還是「灌腦」先於「洗腦」？春秋戰國時代的蘇秦、張儀，兩人同拜鬼谷子爲師，國民黨和共產黨的頭頭們呢？想來都由史達林那兒學了相同的一手。小組長是當然主席，散會前重新唸一遍，作爲小組討論的結論。擔任記錄的更慘，要把相同的發言內容，用不同文句組合起來。而各組的指導幹事，又照樣葫蘆再結論一番。評語不外乎是：發言踴躍、結論精采、主題正確、立場堅定。有時還會額外勉勵：國語進步神速，發音字正腔圓。而他自己卻是鄉音特重，與會者不禁莞爾。有些重要題綱，或逢重大事件，小組討論後，要舉行中隊、大隊座談。那場面壯觀、夠得上被稱爲轟轟烈烈。

可謂平地一聲雷，紋風不動的水面被投進了一塊大石頭。

我們是被指定要發言的，有時座談前被指定，有時就在當場。發言時，不允許拿出發言稿唸，要背得出來，而且，要大聲說得自然。

尤其大隊座談，那才有「戲」看。女生分隊隸屬第六中隊，因此，女新生們每人捧起一個小板凳，揹起一塊墊板，施施然來到集合地點，不下雨通常是在籃球場。

提起小板凳和墊板，這可是新生生活中兩項極爲重要的道具，三餐飯、進教室、參加晚會、看球賽、練習唱歌什麼的，集合前，值星班長一定哨音後大聲宣佈：

「帶板凳，在教室前（或其它集合地點）集合！」

如果是上課、座談、聽講等，他會加上一句：

「帶板凳、墊板，集合！」

　　墊板是劃一製作，方方的硬紙板，兩角穿上一根繩子，正好掛在脖子前，坐下後置放胸前的兩膝上。板凳各式各樣，有簡單丁字形，的複雜到肚子裡可以放書本、紙筆、杯、碗筷、扇子，甚至衛生紙和襯衣褲的，大大小小，或方或圓，木板竹片。可以看得出各人個性、態度，和手藝功夫。平時放在兩層通舖的床舖下，偶而也會堆在教室裡。滿目琳瑯，怪不勝收。

　　女新生出現，老遠老遠，大家都在引頸而望，一待她們整好隊伍，劈劈巴巴放穩板凳一一就坐，由中隊長輪流擔任的大隊值星官立刻發「立正」口令，向大隊指導員敬禮，再由大隊指導員向大隊長喊「立正」，再「稍息」後，開始選「主席團」。

▲部分女新生在囚舍前席地而坐，後左一為 59 號王孝敏，右二為 83 號吳崇慈。

□有模有樣耍足猴戲

麻雀雖小的座談會，氣勢上的規模卻五臟俱全。有模有樣主席團的成員有九位，其中一位是女生分隊的保障名額。主席的位置是坐在正中面對群眾的正常座位上，不是坐小板凳和用墊板了。前有桌子後有黑板，頭頂上懸有臨時掛好的幾盞大電燈泡或是煤油燈。

我參加過無數次小組討論，和數十次的座談會，當時的心情和現在想來的印象並無兩樣：耍猴戲。再往深處想，由古至今，從中到外，有多少種的會議不是在耍猴戲！

記得有一次座談會的題目，是批鬥胡適之胡先生。新生們，尤其是一些比我還幼，根本就不知道胡適之是何許人。對胡適之半知不解的我，也給攪糊塗了。不是一直在恭維、標榜、推崇、讚美胡適之胡博士嗎？為什麼一下子又要批鬥他呢？新生們是奉命罵胡，按照處頒資料，上面怎麼寫就怎樣發言。現在想想，胡博士幸虧是後來在歡迎院士茶會上當場倒下壽終正寢的，如果是在新生們隔洋謾罵聲中一命歸陰的話，新生們豈不「罪」加一等。

不可否認的，第一批被派來新生訓導處的獄卒們，不論是負責感化的政治教官，指導員及幹事，或是擔任生活管理的帶隊官兵，正如同台灣光復伊始，政府派來台灣的部隊儘是老弱殘兵一樣是蹩腳貨；這些人在人的一般水準上都算得上好好先生，但極可能是無能、無知、無聊，甚至無恥。一位因擔任《三七五減租》課程而有了綽號「三七五」的教官，經常前來助教室，繪聲繪影地誇耀他如何用羊眼圈和某某女人做愛。一位分隊長公開揶揄他新婚太太：「我娶她只是搞得玩而已。」太太醜

是事實，既然娶了她，爲何要如此公開侮辱她？

□矛盾之至「感化」教育

既然已認定新生們思想有問題，理論上要感化他們，強調「愛新生、爲新生、保新生、用新生」，爲什麼不派遣一些高水準的獄卒們來擔任這種感化工作呢？

新生訓導處的「感化」教育是矛盾的，是反其道而行的。如果說獄卒們對囚犯起有感化作用，不如說囚犯們給了獄卒們若干正面影響。

當然，這是指一般情況而言。新生中有老鼠屎，獄卒中也出現了奇葩。

有一次，我心不甘情不願地去上《蘇俄侵華史》，這位教官的毛病一向是開始把教材唸一遍，然後叫一名新生上去寫黑板，讓上課的人猛抄，抄得差不多了，下課號也「的答答」響起。

這一堂課不一樣，進來的教官是位陌生人，他自我介紹姓洪，剛來不久，在處部辦公，是來代課的。他手中沒帶教材，臨時撿了支粉筆，幾乎是信口開河，只見他滔滔不絕，從 1896年中俄密約，李鴻章允俄用中國港口，開中長鐵路，聯俄制日說起，到 1901 年俄國獲取滿州、蒙古、中亞權利，一直談到 1903年俄軍強佔奉天省，1918 年俄國乘亂佔據新疆，1924 年中俄復交，以迄 1927 年南京政府對蘇聯宣佈斷交爲止，短短五十分鐘，只見他口若懸河，條理分明，全教室兩百多人被他統統怔懾住了，大家聽故事般，偶而隨他「板書」記下了重點。下課時他簡單交代：不用記筆記，他只是提醒大家對這門課的興趣。任何課程都是有味道的，只看我們用什麼角度去看，用什麼心去

想。

　　《蘇俄侵華史》一向被我們認定是最乏味八股的課程之一，和《共匪暴行》一樣，都是一面倒的罵街。不料卻給洪教官講活了，生趣盎然，妙不可言。

　　洪教官是誰？洪國式也。後來聽到了傳說，才曉得他是道地的「政治犯」，是中共派在台灣「地下」工作者。是中共欽定台灣省「省長」。

　　洪教官只上了一堂課，以後再也沒見到他。

▶新生們的三餐都是以地爲
　桌，五或六人坐在自製的
　小凳上成一桌。

第二十章 老鼠蒼蠅

這鼠蠅買賣市場的產生，

應該歸咎於那默許市場開放的管理人員，

他們當然知道而裝作不知道，

這種市場的存在。

他們藉由這種污穢市場的暗中交易，

激發新生中知識分子，

要他們吐露出他們的不滿，

要他們在失去理性控制下顯露出真情。

□「新生」複雜參差不齊

新生中有老鼠屎，一點也不錯。這些老鼠屎，後來一粒粒逐漸當上了班長，替代以往一批被任命，但不能被獄卒所信任的班長。

我便是被免職的其中之一，無「官」一身輕；組長照舊。

新生們份子複雜，知識水準相差太大，品德人格更是參差不齊。而管理人員在原先按照資料遴派的班長中，本來就是急就章的人選，日子一久便發覺這些班長們即使是人才但絕非奴才，因而便以各種自圓其說的理由，開始了新的佈達式，利用一些沒唸幾年書又沒是非標準，缺乏做人原則的傢伙們當班長，成了他們的耳目。就如同抗戰時期的淪陷區裡，日軍重用當地沒有骨氣的士紳做維持會長，也如同《共匪暴行》教材上說，「解放」之初，共產黨如何利用地方上的混混流氓出來鬥爭別人。當班長的人大多數是外省人或會講國語的本省人。班長的最大權限可以在派公差時不公正，這點，我倒不怕，反正在同一個時段我只能從事一項工作，只要喊到我名字叫我幹什麼我就去，凡事忍耐、低頭，我一直記住：「**天大的冤枉都忍住了，還有什麼了不起的。**」有件事，現在想來幾乎是笑話，那就是買賣蒼蠅和老鼠，買主是一些年老的知識分子，而賣主則是這些班長當中的少數人渣。

獄政最大最原始的進步，大概就是用被揀選的犯人來管理犯人。以毒攻毒，也象徵著一種民主的平等氣氛。

這鼠蠅買賣市場的產生，應該歸咎於那默許市場開放的管理人員，他們當然知道而裝作不知道這種市場的存在。他們藉由這種污穢市場的暗中交易，激發新生中知識分子的不平，要

他們吐露他們的不滿，要他們在失去理性控制下表現出真情。但是，這著棋沒結果，看不出贏輸。因為，鼠蠅買賣了一段日子，預期效果尚不見眉目，反而製造了一些生活上的困擾。

□規定捕蠅捕鼠數量

是某年夏天，鼠蠅太多，新生們被規定了每人每日捕蠅二十隻，捕鼠一隻，每天下午交給班長。想想看，這實在是難題，蒼蠅一開始尚好辦，人人蠅拍一把，利用中午休息時間，「拍拍拍」到處可聞，老鼠第一天便不好抓。於是乎市場應運而生，而且是期貨。

這些做市場主人的班長們，用剩菜剩飯、用糞便垃圾，招鼠引蠅，大肆捕獲，晚點名時當了值星官面點數燒毀，對於沒有繳鼠繳蠅或繳不足數的人犯便罰以公差。時日一久，鼠蠅來源不繼，而值星官日久玩生，往往當面點了點大數後，便任由班長率公差拿去海邊自行燒毀。如此一來，班長們便玩「法」弄假了，他們拿去海邊燒的是不足數或者死魚死貓死蟲什麼的，反正有煙火有臭味便可以，剩下的他們第二天再拿出來賣，再拿出來驗收。我記得賣價蠻貴，二十隻蒼蠅是兩包香蕉牌香煙的價碼，一隻老鼠也是兩包。那時候我給《新生月刊》寫篇三千字的稿，所得稿酬也只是兩包香蕉牌的代價而已。

香蕉牌比老樂園低一級，老樂園比新樂園低一級。新樂園和長壽牌並存，香蕉牌和老樂園早已絕跡。

鼠蠅市場的停止，當然是由於捕鼠捉蠅的規定停止。規定的產生本來是要達到政治上的目的，規定的停止卻是現實生活的需要。因為太不衛生了，鼠蠅燒毀是一陣臭味，儲藏鼠蠅的

地方往往在囚房四週，距離管理人住處也不遠，招鼠引蠅的製造場所更是臭髒不堪，而這場所十之八九是選擇了流鰻溝上游，那正是全綠島的水源之地，是囚犯與獄卒，以及全綠島居民們息息相關的生命源頭。

燒毀蒼蠅容易，連包裝物一併點火，丟在乾乾石塊間，任牠再次歸陰即可。

燒毀老鼠①成了奇景、壯觀，叫你佩服那醜陋黑通通機伶小獸，其臨刑時的神智清醒，方寸不亂，你不得不嘆為觀止。

所有被判死刑的老鼠，被分別裝在好幾個鐵絲籠裡，三三兩兩「劊子手」，在月黑風高或是星稀月明的夜晚，隨同班長來到盡是岩石壘壘的太平洋邊，鐵絲籠放在亂石間，透過鐵絲籠格格空隙，我們為這些死「犯」的身上，一一傾注我們稱之為「聖水」的汽油，然後把一根被劃燃的火柴丟下去，一刹間，滿籠的老鼠都相互兜奔自燃燃「鼠」，我們眼見滿籠的老鼠都已身著火衣，便打開籠門，說時遲，那時快，不論籠門朝向三百六十度哪一度，所有奪門而出的老鼠，火箭般完全直線地飛快奔向太平洋。有時好幾個籠門一道打開，只見百來支匍地奔放的燄火，對準同一方向作扇形放射，在約有一百公尺死亡之旅的路程中平行衝刺，尤其是入水「滋滋」連續幾聲而逝，是可遇而不可求的奇景。在全然忘我的幾秒鐘以後，漸漸又恢復了水邊一貫的平靜。我有充當如此劊子手的兩三次經驗，

我不懂何以牠們被燃痛了還能明辨方向？何以不甘於火刑而甘於葬生太平洋底？又何以如此絲毫不猶疑、不考慮，千百隻老鼠都同一意志？我請教專攻生物的人，他們不得其解。

是求生本能？還是求死本能？或許是飲酖止渴，也可能是安樂死的一種方式。

我非上帝，但有權結束了這麼多生命；我非萬能，自己的自由乃任由別人主宰、擺佈。

□牛鬼蛇神關係靠攏

少數牛鬼蛇神的班長，以及一些極少數來頭大的囚犯，一向和管理人員走得很近。這號人物的語言舉止往往和其他難友們格格不入，變成了特殊階級，他們只上課而不勞動，不出公差。不上課時便游手好閒。

例如，後來在台北殺死吳家元的李裁法②，以及已退休的交通銀行總經理潘誌甲，便是其中之一之二。

也許是管理藝術，也許是刺激反應，整個新生訓導處往往舉行不定期的突擊檢查。早餐後，全處十二個中隊加上一個女生分隊，同時下達命令，全體操場集合，住在醫務所的病號也不例外。人人把衣被、書本、毛巾、臉盆等統統陳列在陽光照耀的大地上，有人監視著，此時可不得自己翻動，先從囚房搜索，橫樑、床上、窗格中間、床板下，任何地方和任何死角都不放過，由室內到室外、操場，從一雙襪子可以檢查到每一張練習本的零星紙片。這時候最大的立即效果，是提醒所有被檢查的對象說，你們是囚犯，你們一律平等，即使你們在平時與眾不同，儘管你們享受了特殊禮遇，但是，你們仍然是囚犯之一，仍然在精神生活上受管制，仍然得不到獄卒們的些微信任。

當然，對某些人來說是難堪的，但對極大多數的囚犯來說，毋寧是一種補償、安慰，有平衡作用。哼！你們還不是一樣受檢查，看你們平日裡悠哉游哉，現在又是怎樣一副德性！這檢查前後，誰是五十步？誰是百步呢？多少年後想想，真是夠感

傷的。

　　每天晚餐後至晚點名前這一時段，有時緊湊，有時清閒，不幸的是清閒機會少，那一定因為管理人員太累或人手調派不開，無法來集合「整」我們的關係。

　　緊湊的節目有：集合在一起唱歌、聽訓、選舉伙食委員，甚至繼續早上未完的小組討論。這些節目，容後我再一一說明。現在先說這清閒時段，囚犯們如何自我打發！

□寢室成了北京天橋

　　如果下雨，或颱風天，最好是風颱，寢室裡成了北京的天橋，南京的夫子廟，或是揚州的瘦西湖畔了。

　　寢室是雙層通舖面對面，中間有一人張開兩臂兩手寬的距離。每一層通舖可以睡三十人左右，二十個榻榻米集中在一起的長度，兩邊計四層，這時候熱鬧不嘈雜，失序不紊亂。走廊中間放了一盞瓦斯燈，當然不可能全室都有光明，尤其兩側四端的下舖裡面，仍然漆黑。但是不打緊，有人揀這個位置躺下閉目養神，上舖有人借燈光看書、查字典、準備小組討論，還有打橋牌，下舖拉提琴、聊天、吹口琴、拉二胡。也有人跟班長報備，藉這個機會跑去游泳池洗衣服的。睡覺的位置，本來是固定的，但是在這寶貴清閒時刻，大家因人邀請、因地勢方便，都隨遇而安了。不知道是默契何時養成，床位的如此侵佔或被侵佔，從沒人提出異議。

　　我是多半參加了打橋牌，固定的牌友是：何少泉、吉光彝，和洪世鼎③。當時採用了「榮譽制」叫牌。

　　少泉兄現在台中某教會裡當牧師，老吉失去聯絡，洪兄一

直幹高中老師，這兩年可能退休。

　　我們能在琴聲、談笑聲中認真打橋牌不稀奇，那些讀書、寫字的人照樣可以全神貫注。在綠島當新生久了的人，吃苦耐勞、忍辱負重已成了特性之一；而能在任何喧嘩場合可以靜心閱讀寫作，才顯出定力。

　　天氣好，大家被允許在指定的操場上自由散步。

　　自由散步，是耳語傳播的黃金時段。

　　記得某年，不知哪兒來的情報，說是蘇俄放射了第一支火箭，大家談得神秘、興奮，居然有那麼一丁點幸災樂禍，有人還製造了小小的天體圖，一手拿著，仰看太空，計算著可能的火箭方位。

　　這真是活見大頭鬼了。傳說有位忠（國民）黨愛（中華民）國的「匪諜」，被槍斃時忽然高呼「共產黨萬歲！」這種不可思議的理由有兩種可能：一，他是真匪諜；另一，他被逼被冤得乾脆狠下心，自己當匪諜。這是不是和一名臨終的非基督徒，斷氣前要求由牧師爲他祈禱的心理一樣呢？

　　我固定散步伙伴是王博老④，和他練習英語會話。在他缺席時，我便自己默背英文單字，或者被不定的難友湊上來，談談彼此身邊瑣事，以及共同有關的「大」事。

〔2001年版附記〕
　　①我曾寫打油詩一首，名曰《焚鼠》：
　　在罰疑從輕、罪疑惟重的悲情歲月，
　　白色恐怖也籠罩到老鼠身上，
　　太平洋中火燒島的彼岸，
　　未經審判的老鼠們在黑暗中焚奔而亡。
　　一直被掌權人覬覦的政治犯們權充劊子手，
　　滿載老鼠的囚籠一一被抬到刑場，

在點滴了汽油的牠們身上點燃了火，
同時打開了囚籠。
支支火箭伴著滋滋音響又「嗖」地一聲，
從各個方向齊射太平洋，
揹負著死亡旅程的火和消逝在水底的光，
被焚後的創傷在水底求取釋放。
臨刑不亂竟有如此的方向感！
劊子手的冤恨在焚鼠景觀中宣洩、舒暢！

②李裁法，據說是杜月笙的徒弟，是被蔣經國由香港請來台北，一下飛機卻被送來綠島，被編入和我同隊的第三隊，受到特別禮遇，盡幹些輕便活兒，掃掃地什麼的。他常常拿一些他和名女人如林黛合影的相片給我們看。回到台北，我在武昌街明星咖啡館左邊一家貿易公司做事，他在明星右側開一家專賣泡沫沙發墊的南洋公司當老闆。有天報載，殺死了他和于右任共有的朋友叫吳家元的而逃之夭夭了。刑警大隊立刻找到我家，把我帶去問話。幸虧不久李在香港被逮捕，原來是台灣的「兄弟」們給他買船偷渡，卻被香港的小妾告密。被判幾年徒刑，出獄後在台北圓山飯店去世。死因傳說頗多。

③2000 年一月二十四日，洪世鼎朱渝夫婦的兒子洪維健給我電話，說他父母先後亡故。維健是獨子，曾在台灣電視公司任編導，現在自己經營傳播公司。

④王博文，大家叫他博老或王博老，離開綠島後，住台北妹妹家，妹妹移民新加坡後，一人去大陸，住小兒子王渝宅，蘇州市學士路 209號，太太已故。1996 年夏，我曾去看他，時已病重，相對流淚無語。不久，故世。

第二一章　新生之花

那天風大，

我們被集合在寢室裡，

他站在兩排上下舖中間訓話，

僅有的瓦斯燈，

把他的影子，

前進又後退，

後退又前進來回推動；

手勢打在地上和床舖後牆上，

他成了表演皮影戲老師傅。

我們都盤坐在床沿上。

□晚飯後的整人節目

每天晚餐後至晚點名前，幹事或值星官常常集合我們在教室、操場，偶而在寢室，來一些「整」我們的節目：唱歌、聽訓、選舉伙委、讀新聞簡報、甚至小組討論等等。

唱歌、除了早點名晚點名時，必須要張口大聲唱《新生之歌》，集合時是練習新歌，以及複習已學會的老歌。這是件令我們痛苦，但必須忍耐的事。

早晚唱的總是那麼幾首，真是要人命。

我記得《新生之歌》歌詞是這樣：

> 三民主義的洪流，
>
> 粉碎了我們的迷夢，
>
> 我們不做共產黨的奴隸，
>
> 我們要做反共的英雄，
>
> 起來，新生同志們！
>
> 起來，新生同志們！
>
> 四維峰下，八德坡前……
>
> ………………

另外一首，聽說，連台灣本島所有部隊，學校都在唱：

> 反攻，反攻，
>
> 反攻大陸去………

就在兩年前（1987），我在國外遇到了在綠島被稱作「新生之花」的王孝敏①，她對當年的被逼唱歌，感慨系之：

「真是痛苦之至，有時情緒好，唱唱無所謂，有時情緒低落，我們女生還有生理期，對不對？幹事老逼著妳張開嗓子窮吼，真痛苦！」

□共同享受美妙回憶

我們共同擁有了一個美妙的回憶：有次我們排戲的人，在將軍岩的海邊，不知怎地，有了個大空檔，做佈景搞道具的那幾位，下海摸螃蟹去了，我們十多人，男男女女，分散在海邊撿貝殼。

「記得是黃昏時分，我還教你唱一首民歌。……」

孝敏在海外很有成就，已經是拿到了「終身教授」②資格。那次（19/11/1987-22/11/1987）在美國喬治亞州亞特蘭大市的一次學術性會議上不期而遇，同住七十二層高的「桃樹園酒

▲開會時攝，左爲台北中華語文學院何景賢院長。

店」，晚間在頂樓咖啡座裡，眺望遠處點點光閃，在星星燈火難辨的夜色中，兩個都已屆花甲的年輕人，雙雙陷入了囚年往事。

「我記得，第一句是『日落西山』什麼的，妳現在哼哼可好？」

她轉向窗外，壓低了嗓子，但刻意把歌詞唱得特別清楚：

　　日落西山滿天霞，

　　對面來了個俏冤家，

眉兒彎彎眼兒大，
頭上插了朵小茶花。
哪個山上沒有樹？
哪個田裡沒有花？
哪個男人心中沒有伊？
哪個妞兒人心沒有他？

▲ 1987 年 11 月 24 日王孝敏在 Redondo Beach。

「好聽極了！詞兒真美。那天妳唱的時候，太陽正向太平洋沉，滿海灘燦爛一片，霞光灑遍了石頭、貝殼、沙粒，連我們都變成了金黃色的了。後來我們是怎麼分手的？」

「指導員來了呀！原先帶隊的幹事臨時肚痛，把我們丟下她自己去醫務室了，你們男生幹事先有事說待會兒再來。我們排戲那麼多次，僅有一次的難得放鬆，結果給指導員括了一頓，一直問我和你們談了些什麼？」

「你沒告訴他，我們談情說愛，讓他氣瘋了才好。」

「啊！我可不敢亂說，我直說沒什麼，只是唱唱歌而已。」

綠島往事竟然也有如此甜甜點綴！

值星官或者幹事，指導員要我們聽訓，往往也揀這時候，中隊長訓話一定排在晚點名，全隊官兵到齊，那一定是宣佈重大事情。

□「還有一點」單分隊長

有一位綽號「還有一點」分隊長，姓單，湖南人，那時正壯年，矮矮壯壯，比我長二十歲左右。他顯然少年失學，極愛讀書，便常常找一位新生中的朱榮培老學究，到他房間裡給他講解《幼學》、《左傳》什麼的。就因為這個緣故，輪到他值星，常常逮住機會訓我們的話。他把剛剛唸熟了的「多行不義必自斃」呀類似的句子，一一安插到他訓詞的第一點第二點中來。他這樣說，在他是溫習功課，我們卻是聽得慘，好氣好笑，必須忍耐。

多年後，單隊長（後來升了中隊長）在台北市擺地攤，我遇到好幾次，就在許昌街青年會對面的人行道上，他積習未改，我好幾次經過那兒，特地趨前問候，他便開口了，劃腳又指手，高談闊論，不再引經據典，而是批評他們那班退役後的官兵不能面對現實，而他便敢拋頭露面做小生意。規規矩矩討生活有什麼不好意思。最近幾年我路過那兒，卻不見他老蹤影，算算年紀八十出頭了吧！

單隊長訓話是由「各位同學」開始：

「第一點，……第二點……　」

「最後，補充一點……還有一點……」

有次訓話中發生意外，他訓著訓著，忽然有人喊：

「報告！」

「什麼事？」

「報告值星官，你的訓話有很多點，我都有記下來……」

那天風大，我們被集合在寢室裡，他站在兩排上下舖中間訓話，僅有的瓦斯燈，把他的影子，前進又後退，後退又前進的來回推動；手勢打在地上和床舖後牆上，他成了表演皮影戲的老師傅。我們都盤坐在床沿上。

「報告」的人由上舖跳下來，胸前掛了墊板，一手紙和筆，一手拿著寫了好幾行的紙條。

「很好，記下了怎樣？」

「我發現第三點和最後補充的第二點，還有和還有第一點有完全相同。報告值星官，應該有保留哪一點？」

這位「報告」仁兄講話，一向「有」字特別多，可是態度莊重，禮數周到，語氣正經八百。

大家想笑，憋住不能笑。「還有一點」沒料到會有這步棋，猛地被將了一軍。

陡然，空氣凝結住。

不知道是真是假，「報告」仁兄被這氣氛楞住了，慌七慌八地說：「報告，一定我有弄錯，等我有整理了再說。」

訓話不知怎麼結束的？這位「報告」仁兄真逗，被捕時十五、六歲，是種田的，沒唸幾天書。為什麼被抓，他自己不知道。我們後來叫他「寶貝」。

寶貝趣事不少，有次小組討論題綱是關於西安事變，張學良的名字當然再三被提到。我們這位寶貝，他「張志良」長、「張志良」短的喊個不停。原來他根本記不住張學良這個名字，張

志良是他班長，習慣成自然，他大聲叫個不停。

□饅頭師傅開班授課

　　選舉伙委挺有趣，是自組搭檔公開競選。有什麼理由會有人自動出馬，原因無他，可以有一個月的自由自在。伙委幾乎是沒人管，除了必須親自去中寮或南寮村買魚，或者以米交換，而請主管幹事帶差前往，否則，在一個月內，上課、公差、勞動、小組討論、晚點、早點、週會，甚至晚會、看球等等活動全被免了。伙委的工作量不輕，四人當中的綜合才藝，要會記帳、會做飯、做饅碩、做豆漿、做油條、會做菜、會殺豬、會講國語和台灣話。另有必備條件，那是要被全中隊官兵「生」都能信得過。這些條件我全不夠格，因而我是伙委零記錄，但是我幫過廚，殺過豬，做過豆漿，在種種「吃」的公差裡，我擔任的都是副手角色，這些情形我將逐一說明白。

　　做豆漿油條從什麼時候和怎樣開始的？已經不可考；做饅頭是從第五中隊開始的，新生中北方人不多，會做饅頭的更少，據說，五隊有次競選伙委中，競選人之一發表政見，說是每禮拜供應幾餐饅頭，麵粉已和特務長商量好，在台東以大米折換，饅頭師傅由山東人于秉英負責，並且開班授徒。五隊一開始，白胖熱呼呼大饅頭，一時間飄香全處，官兵「生」無不饞之唾液。鄰隊的伙委向老于學習，「民以食為天」，學習伊始，是隊別不同的新生們暗中請教，「地下」久了，乾脆明朗，負責伙食的幹事，特准老于公開傳授。

　　老于不良於行，四十不到，高大壯碩，標準山東漢子，他成了跨隊新生，行走於十二個中隊的廚房之間。任何一隊如果

某天做饅頭了，麵和好發酵差不多準備成形時，老于會適時一
拐一拐來到，把拐杖放在右脅下，用左手在揉好的麵粉上招幾
下，歪頭揚聲，發出簡短評語：「可以！」「力道不夠！」「過頭
了！」

　　老于是基督徒，朗朗笑聲後的口頭禪往往是：「這個人是撒
旦！」「這是試探，我們得留意！」

　　不管老于本身是不是撒旦，多年來，我每次吃饅頭或者看
到饅頭時，行走隊際之間而無阻的老于，總會出現在我腦中。
二十年前，有人告訴我，在南部見過老于，而且，老于腰直了！
拐杖不見了！

〔2001 年版附記〕
　　①王孝敏於 1992 年七月四日凌晨去世。聞知後我寫《我在綠島的
朋友－－王孝敏》刊台北自立晚報。請參看第 44 章。
　　②王孝敏於 1987 年獲美國教育部核准為「終身職教授」。該年度
為洛杉磯惠提爾市（Whittier City）和惠提爾學院（Whittier College）
一百週年紀念，王孝敏任該校外語系系主任。1987 年八月二十一日世
界日報有專訪，並刊有王孝敏和洛杉磯市市長布萊德雷合照。

▲本書作者和王孝敏

第二二章　四維八德

當我每天總有好幾次仰首「四維」峰，

或是行走在「八德」坡下的操場中時，

我常想：

牢獄的意義豈僅是止於有形的囹圄？

有些陳腐的、封建的、教條的、

觀念上的牢獄，

乃使每一個受害人，

永遠無法由他自己的肉體、情緒、

和思想中逃出；

而且終身不察，

心甘情願。

□宗教替代政治理論

當政治的理論訴求，在政治犯大本營裡失去功能時，獄卒們企圖以道德力量或者宗教信仰，轉化爲政治效果。

1951 年至 1961 年間，新生訓導處有所謂「四維」峰和「八德」坡的建設。

如果說，「長城」的築砌，是爲了減低太平洋風浪威力，「四維」峰和「八德」坡的建設，可以說成綠島景觀的美化。

實際的理由何止侷限於這種表面說詞，「勞其筋骨」，讓光陰在汗與血、累與疲中消逝，使囚犯們無法也無暇思想，是意會得到的重大理由。

▶唐湯銘夫婦立於「四維」峰下，右側是「八德」坡的忠孝仁愛，唐夫人左邊則是信義和平。

「四維」峰和「八德」坡，面對太平洋，以第二大隊囚舍背後面對大門的山坡，用水泥澆成忠、孝、仁、愛、信、義、和、平八個大字，當然是自右到左，橫列在山坡中間，「四維」峰則是把「禮義廉恥」四個字直行矗立在「忠孝仁愛」和「信義和平」之間。

我清楚記得，這兩大工程是如何完成的，因爲我參加了工程人員的行列。

　　八德的每一個字有四張乒乓球桌拼起來正方形那麼大，我
們第七中隊抓鬮抓到了「忠」，我被派擔任小工，第一步是兩個
人被繩索綑了，由山頂往斜坡下吊，這兩個人是一左一右，屁
股向下，面對天空，背向太平洋，由山頂一步一步往下捱，我
擔任在山頂拉繩子，山下有人吹哨子指揮，當他們兩人隨著短
促哨音，將寫好「忠」字的白布在山上不斷調換位置，我們跟
著山頂指揮的口令「左、右、放、收、好！好！」也在不斷移
動位置，真是驚險刺激，忘我的一刻。光是定位，便耗了整整
一個下午。移動繩子的人分兩班，每班左右各四個人，千萬不
能掉以輕心，一旦失手，除了「忠」不成，還要人命關天。總
算在長長一聲哨音中定了位。第二步是換人下去把「忠」一筆
一劃用石灰灑印在定好的位置上。以後每天去挖土打石塊，把
「忠」在山坡上凹成形。釘打模板時，又把白布寫的「忠」字
套上去對準校正。最後一個步驟，便是灌水泥。單單這一個「忠」
字，足足花費了近二十工作天，而每次人工，平均總在十二名
以上。

□迷惑徬徨「四維」「八德」

　　「八德」是二、三大隊製做，「四維」是一大隊擔任。

　　禮義廉恥四個字是由上到下，排列在「愛」「信」之間，位
置在一大隊廚房後面的山脊上。那山脊下的一條路，是我們在
「幫廚」時，往返流鰻溝和廚房間，挑水的必經之地。

　　我們正迷惑徬徨於「四維」和「八德」的真正意義何在時，
卻奉派親手製作了「四維」和「八德」，把自己圈圈在四維峰下

和八德坡前。

當我每天總有好幾次仰首「四維」峰，或者是行走在「八德」坡下的操場中時，我常想：**牢獄的意義豈僅是止於有形的囹圄？有些陳腐的、封建的、教條的、觀念上的牢獄，乃使每一個受害人，永遠無法由他自己的肉體、情緒，和思想中逃出；而且終身不察，心甘情願。**

「四維」「八德」的道德訴求，是新生們體力勞動後的具體成果，更是多少人前來新生訓導處視察、參觀時，一定留下的實景印象之一。而宗教信仰在新生訓導處裡公開傳播，形成了少數知識份子逃避短暫現實的一個正當藉口。

曾為蔣介石、蔣經國，而 1989 年四月間，又為蔣孝文一連三代人主持追思禮拜的周聯華①牧師，是他把基督福音傳到綠島來的。

記得某一天，停止上課，也不勞動，值星官宣佈：服裝整齊，全體官兵「生」整隊去剛剛落成不久的中正堂集合。我們猜想，保安司令部有高級長官，或者別的首長來訓話。

政治部主任周文彬陪了一位穿西服、戴眼鏡、神色自若，笑瞇瞇的人，一前一後走上講台，總值星官大聲喊「立正」，向周主任敬禮後，回轉身又喊「稍息」。

□ 周聯華在綠島講道

▶ 1951 年拍的照，應該是 1955 年
三月七日來綠島的。

周主任介紹了講演人，說：「周聯華先生給大家講話。」

周聯華自我介紹，他極自然稱呼我們：

「各位先生，各位女士……」

來到綠島，這應該是第一次被如此稱呼，是空前；非絕後，那是朱介凡先生，在我離開綠島前，就沒有人這樣喊我們「先生女士」。他說自己是傳教人，但現在不是傳教，是隨便聊聊。

將近四十分鐘的講演中，絕口不提上帝，也沒引用聖經，他以人生的志向為主題，他說：

「過去有位老農夫，叫他兒子去耕田，兒子問有什麼竅門，老爸說有，一定要對準一個目標。兒子耕田回來，被問成績如何？兒子說不行，田被犁得東倒西歪，老爸說不是叫你對準一個目標嗎？兒子回答，一點不錯，我一手扶犁，一手鞭牛，眼看遠處煙囪裡冒出來的煙，便一行行跟看走，結果卻不像老爸耕的田整齊。老爸說，你錯了，選目標不錯，可是要選固定目標才行。兒子第二次選了遠處停泊河邊的一艘漁船的桅桿，結果比上次稍稍整齊些，還是不夠好。……」

周牧師口齒清晰，國語標準，沒有廢詞贅語，四十多分鐘的講演，如果錄音後用文字記述下來，應該是一篇流暢生動而感人的文章。

大家聽得很舒服，幾位泡病號藉故未能參加的人，非常後悔。

當天就傳開了，知道周聯華是總統的牧師。是推理也是猜測，周牧師是透過蔣宋美齡的關係，不甩保安司令部的帳，很快將派浸信會牧師來新生訓導處傳教，而且住在綠島，要把福音傳遍這小島上每一家庭中。周牧師這一次，是以基督尖兵身分，打一次必勝的戰。

推理想必不假，猜測果然成真。

周聯華離去不久，當我們對他的關注和把他作為談話資料，漸漸淡化的時候，俞敬群弟兄來了。俞弟兄神學院剛畢業，說是神的感動和差遣，周牧師遴選他主持綠島事工。最初幾次週末晚上的聚會，一定派有幹事在場，後來慢慢幹事們不出席

▲俞敬群弟兄，回台北後按牧。

了。參加的新生們都是自願的，每次大約二三十人左右。

參加禮拜的理由，有真的信教、有慕道，也有藉此而免去隊上可能有的集合。

當然，因參加禮拜，而信教受洗，離開綠島後終身事奉主為上帝傳教的大有人在，例如，我前文曾提過的何少泉牧師，另外還有已退休的鍾平山牧師，這兩年正在國外傳教的徐國華牧師②等人，在教會團體裡，他們都有了不起的成就。

俞敬群弟兄兩年後被按牧成為牧師，繼任的是李精一弟兄，他們二位離開綠島後，我和他們在台北、高雄、彰化等地都碰過面。後來俞牧師住紐約皇后區時我還去過他府上。

□和周牧師四次面晤

1961 年間，我由當時在神學院讀書的鍾弟兄（後來的鍾牧師）陪同，拜訪過周聯華牧師，感謝他那次「耕田」演講對我們的啟示。後來有兩次值得回憶的見面：

　　一、1969 年左右，我參加兒子的幼稚園畢業典禮，他以董事長身分致詞後，在家長席中認出了我，迎上來重重握我手道賀。

　　二、1978 年五月十四日，我因為工作關係，訪問了刻在台北的世界聯合聖經公會的翻譯部主任倪達勤博士（Dr. Eugene Albert Nida）因為談的問題雖然是翻譯，但是牽涉到聖經內容很多，我不放心，把記錄下來的原文和中譯，特請周牧師校改，周牧師滿口答應，一個禮拜後，將近萬字的訪問稿便寄到了我手中，而且又電話叮嚀，有什麼事他能幫上忙的儘管找他。

　　如此的人物，是神揀選了他？還是他找對了神呢？

　　我在綠島受過洗，當俞敬群牧師在台北真光堂主牧時，我還在那兒證過道。我總以為：不一定是教徒，任何人都應該，以出世態度做入世事情。

　　不是與世無爭，而實在是無所爭。

　　任何宗教力量，如果被有心的政治人物所利用，當然對政治可以發揮掣肘力，古往今來，中外歷史中，不乏其例。但是，那畢竟不是宗教的本身力量。**基督教登陸了綠島，首先和被認定為「政治犯」的新生們結合，對某些參加聚會的囚犯，給他們精神生活激起連漪當然極有可能，如果以為有任何預期的政治性效果，那可能是一廂情願而必定落空的想法。**

〔2001 年版附記〕

　　①周聯華牧師這一次的「聊天」，我極為佩服，講話流暢，沒有口頭禪，沒有贅語，「這個，那個」、「但是，因為」、「第一點，第二點」等，統統沒有。雖非京片子，卻是每個字都能聽得清楚。我是由他受洗成了基督徒，不過老實說，在綠島受洗成為基督徒，當時是為了可以名正言順地參加聚會，免除同一時間的「集合」，安靜一兩小時，出

獄後說不定可以進神學院，或在教會裡混口飯吃。 1960 年離開綠島後，第一處落腳地方，是俞敬群主牧的高雄市鼓山區的基督教浸信會，而俞敬群正是周聯華的學生。一星期後我到台北，我和鍾平山、張少東，由李精一牧師陪同，去浸信學院看周聯華牧師，洽問來院讀書的事，周說：鍾年長，適合讀神學，張和我要三思，以在社會上打拚為妥。張後來去台東任教，我則在台北就業，鍾在神學院畢業後去岡山、嘉義等地主牧。退休後住北投養老院。後來有四次和周相見，第一、二次的見面，在本章中有記錄。第三次是彼此參加了如今已經不復記憶的一個座談會。第四次則是在 1994 年七月八至十日，在台北市中央圖書館舉行的「外國文學中譯國際研討會」的休息室裡，記得那天下午輪他主席，我趨前向他致意。他撥開了記者群的包圍，優先和我落座聊天。這一次因為留有團體照，相片上有年月日。

　　②1981 年徐國華牧師在台中傳教時，我全家曾應邀聚會。後來他應聘阿根廷，擔任駐會牧師，1998 年回北京探親，三月七日病逝老家。僑居美國紐澤西的張家林兄曾告知，徐牧師擬將本書 1990 年版連載於當地教會刊物上，我同意。

▲中正堂落成沒多久，周牧師就來「隨便聊聊」，我們聽得很舒服。

第二三章　手臂刺字

誰也不敢想像？

這種事情如何收場？

瓦斯燈的火舌冉冉上噴，

欲斷似續爆閃火花，

吱吱叫，

特務長正忙著提來一桶水，

——給瓦斯燈座裡加水，

以無奈的眼神窺探著新生們的表情。

九位幹事和三位分隊長，

成了無頭蒼蠅，

前後蠕動。

□重要事情夜晚宣佈

新生同志們，在百分之百的事件上，幾乎是百分之百的順從，掌權的官兵們要他們如何如何，他們無不服服貼貼，至少在表面上如此。他們認定自己只是脆薄的玻璃杯，掌權人動一動手指，稍稍使一點勁，玻璃杯便破碎。囚犯們以自己身受、聽來的，看來的經歷，知道了一個真理：**對一名接受了莫須有罪名的政治犯來說，講理有罪。再說，這些變相的獄卒們硬是身不由己的奉命惟謹，根本不是講理的對象。天大的冤枉都默默承受了，何在乎這些生活上的小枝小節！**

但是九十九加一等於一百是算學，在一件突發事件上，有了百分之百以外的零點零點一的意外。

一個夜晚，我被哨音驚醒，跟著是值星官們的嗓門，大聲喊：「起床！」

面對面上下舖中間的長廊中，被七八盞瓦斯燈亮得透明。事非尋常，七中隊的官兵們似乎全出動了，連住在克難房的特務長和勤務兵，也擠到我們囚室中來。值星官正是「還有一點」單分隊長，大聲命令：

「統統坐到自己床沿上，有重要事情宣佈！」

難不成要大起解？難不成是集體趕沉太平洋？難不成全體被驅入山洞活埋？大家心裡忐忑不安，七上八下，死靜窒息中彼此閃動著疑慮眼光。

有人報告，要下床小解。

立刻被吆喝，等一下，忍著點。

從上舖看下去，長廊進口處多出一張木桌，上面有印泥，十行紙、卷宗等等，亂七八糟。

山洞是樂隊練習演奏、排戲的好所在，也是極為可能「解決」新生的地方。
（左上）由洞內向外看。（右下角）由外面看洞口。

「立正！」值星官向少校指導員敬禮。

新生們早已訓練有素，在床舖上聽訓次數多多，聞「立正」口令，要挺胸、盤坐，兩手平放膝上。

「稍息！」

聽到「稍息」，可以鬆弛腰部，手可以小範圍移動。

「立正！」是指導員口令，向少校中隊長敬禮。

我們又挺了挺胸。

「稍息！」

「各位同學！」中隊長等新生們挺起了胸膛，猶疑片刻，接著說：「稍息。」

新生們摒氣歛聲，急欲聽到正文。

□具體表現愛國情操

「奉處部命令，為了使各位效忠政府擁護領袖的愛國情操有所具體表現，準備在各位手臂上刺上『反共抗俄』四個字，願意這麼做的同學，請下來簽名。」

一片默然，新生們不知所措，來不及思考，來不及反應。約莫二十公尺長的兩層床舖的囚室，頓時陷入寂靜，一百多人的呼吸聲似乎被窒塞。好長的幾秒鐘，比起聆聽宣判還驚訝、緊張。腦袋瓜空白，四肢麻痺，結舌痴騃，目瞪口呆。

像在夢魘中被推下懸崖，像在十字路口眼見卡車迎面撞來，喊不出聲音，動不了手腳。

「沒關係，各位考慮一下。」中隊長說著，身子沒動。幹事們和指導員開始巡視，上舖看看，下舖瞧瞧。審訊的眼光把新生們看活了：蟋蟋嗦嗦，嘰嘰喳喳，新生們耳語頻繁。

「商量一下也好！」指導員配合著中隊長的意思：「好好想想，這件事對各位前途很重要，說不定會提早結訓。」

這種姚盛齋式的說法，新生們不可能為之心動。我沒有和左或右商量，只是納悶：

「問題不在刺字，一定是在試探什麼？怎麼事前毫無風聲？官兵們也不見刺呀！」

「我不刺！」

「我不刺！」

「關碉堡、槍斃，我也不刺！」

是前後的輕聲低語，不是正式發言。

幹事們似乎耳聞這些否定意見。我一直在凝視這些統治者的表情：意料之中，又像意外。中隊長好好先生，凝重但無所期待。指導員不同，狡點的微笑中，幸災樂禍，潛藏著有所得

▲ 新生中如自然死亡，或被「解決」，則埋此山谷中，被稱為「第十三中隊」。

有所獲的預測。

九位幹事和三位分隊長們，成了無頭蒼蠅，前後蠕動。

□政治犯一定要刺字

時間在分分秒秒中過去。陣陣耳語後，又恢復了寂靜，在重濁皮靴彳亍水泥地上的間歇聲響中，人人心跳肉驚。一名年輕幹事沉不住氣，爆發了指名叫陣的技倆：

「由小組長和班長開始，響應刺字的人請下來，到特務長那兒簽名，下來，第一組組長……」

「第一班班長……」

「第二組組長……」

「第二班班長……」

按著組次、班次喊，沒人挪動身子，沒人吭氣。又是一名魯莽幹事乾脆唱名：

「第一組組長張志良，請下來簽字！」

沒反應。

指導員立刻阻止繼續喊下去。箭在弦上，可是形勢比人強，如此僵、這般耗，怎麼收場？的確非同小可，第七中隊囚室裡，囚犯一百多踞高臨下，官兵僅十來名，萬一，萬一，總不能鳴槍示警。再說，誰也不能保證不會囚急跳床，一擁而上。誰曾規定？政治犯一定要刺字，難道復古了，一百零八條梁山泊漢子，統統刺過青。現在民國時代，這些漠然而坐的「新生」們，為什麼一定要胳臂上刺字？

「這樣吧！不願刺字的下來簽名。」

還是沒反應！

別人的心理怎麼想，我不知道。我注意到中隊長的表情尷尬、不安。他和指導員咬耳朵……

他一定後悔：**不讓大家尷尬，自己就不會尷尬，事情就不會**

弄得如此難堪。

「下來簽字！」

「下來簽字！」

幹事們的尊嚴，被沉默的反應激怒了，聲音逐漸高昂，右鄰六中隊，左鄰女生分隊似乎有所警覺，有人拉開床頭的木條隔成的窗子，馬上被分隊長喝阻。

誰也不敢想像？這種事情如何收場？瓦斯燈的火舌冉冉上噴，欲斷似續爆閃火花，吱吱叫，特務長正忙著提來一桶水，一一給瓦斯燈座裡加水，以無奈的眼神窺探著新生們的表情。

特務長①私底下和我們相處得如兄似弟，他常常帶我們出公差外出採買。聊些體己話，也時時發點小牢騷。

這樣面對面冷戰不是辦法。這些犯人們平時的乖乖表現，使管理人忽略了，在重大事件上，他們可能有所執著。

這時候，總算有人說話：

「報告！」

□如果統統都不願意

石破天驚！大家心中一亮，是葉貽恒，不是小組長，也非班長，是籃球隊隊長。第一個向新生們發難的年輕幹事，便是兼管康樂業務，標準籃球迷，每次由台灣本島休假回來，一定和新生們大談三軍球場的籃球賽。我也是籃球隊隊員之一。葉貽恒是這位幹事麾下的頭號愛將，他料得到，愛將一定響應他，起碼是替他解圍，或者說，替這個場面轉換一下氣氛。

的確是轉換一下氣氛。

指導員不愧是塊老薑，似乎料準了即將是怎樣的氣氛來臨，

不等幹事開口，他跨上兩步，往上舖看，冷冷搶著說：

「葉貽恒，你說！」

「請問指導員，我們是不是一定要簽名？不管願意還是不願意？」

「這……」

「如果是統統不願意，或者大部分不願意，對隊上官長們有什麼好處？」

「這……」

「再說，在身體上刺字的事，我們自己也做不了主。所謂，生我者父母，《孝經》上不是說過『身體髮膚，受之父母，不敢毀傷』這句話嗎？我們每天不是在『堯舜禹湯文武周公孔子國父』的發揚中國固有文化嗎？這件刺字的事，是不是等過些日子專題討論後再決定？」

「這……」老到的指導員一連被三「這」出局，一時間竟想不出應對的詞，幹事和分隊長更火大了，可是，在室內，夜深人靜，眾犯難惹，無法施展其它法子。

好好先生中隊長真是厚道，別看他平時婆婆媽媽的，這關鍵時刻，只見他當機立斷，下達命令：

「值星官，這事情以後再研究，解散就寢！」

「立正！」

「稍息後繼續就寢，稍息！」

這件事無疾而終，一是葉貽恒處變不驚，一是中隊長對新生們的成熟了解，他勇於不掩蓋羞辱，居然四兩撥千金斷然處理。七隊的新生們從那刺字事件後，對他無不感激萬分。

我們未見任何新生刺字，因為我們經常在一起赤身露體。倒是回來本島後，發現有人在其他單位受訓服勞役時，胳臂上

刺上了「反共抗俄」四個字。這些人一旦恢復自由，立刻拼命用藥水塗抹，潰爛一片，慘不忍睹。

　　還有大批反共義士們，被刺上了「反共抗俄」。這種狹窄的愚忠表現，在現實裡，以及歷史記錄中，能有什麼意義呢？②

〔2001 年版附記〕
　　①特務長是在我們輪到公差，去中寮村或南寮村買魚，或和老百姓有所交易時的當然帶隊人，跟我們走得很近，我有幸也輪到幾次，確是愉快的享受；享受了短暫解放，享受了自認有了尊嚴，而綠島居民對我們的好，更是終生難忘。我曾試寫短文一篇《綠島的居民很政治》，刊台北中國時報。請參看第 45 章。
　　②1996 年五、六月間，台灣的榮民總醫院忽然多了項嶄新的外科手術，那就是以鈥雅克雷射，替一些榮民們的肢體上，除去一種政治性圖騰的刺青。這種刺青除了少數人繪有黨、國旗外，清一色是文字，樣板的句子有：「殺豬」、「拔毛」、「效忠蔣總統」、「殺盡共匪」、「反共抗俄」、「消滅共匪」等。有的用單句，有的兩句並排，例如「反共抗俄，消滅共匪」最多見。五０年代，在蔣氏政權裡有了如此愚昧、野蠻、殘酷的咄咄怪事，很多人對之有種錯覺，總以為是榮民們效忠的自發行動。不錯，看起來頗似自發，實際上是一種人為刻意製造的自發。我們從被刺青的對象來看，就可以找到答案。隨國民黨政府來台灣的士兵，大規模前來台灣的所謂「反共義士」，以及被種種莫須有罪名冠以「叛亂犯」而被感訓的政治犯等三種人。據我所知，當年在台灣，各地感訓機構的政治犯，少有逃過被刺青的可能。但是，在綠島，我們拒絕了刺青！
　　不料，近年來，尤其是 20 世紀末，少數青年男女，居然有了刺青的歪風，全身都刺，還有刺在私處的。他(她)們現在是拚命要刺，當年的我們，是拚命不要刺。

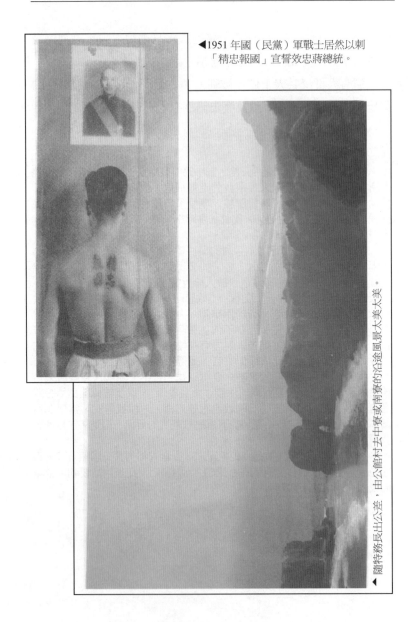

◀1951 年國（民黨）軍戰士居然以刺
「精忠報國」宣誓效忠蔣總統。

▲ 隨特務長出公差，由公館村去中寨或南賽的沿途風景大美大美。

第二四章 綠島公園

當海浪或潮汐展現威力的時候，

日日夜夜，千年萬年，

發揮了雕塑作用，繪畫作用，揉捏作用，

把億貝萬殼琢磨成精緻藝術品，

人工無法仿造，

沒有兩個絲毫相同。

沒有人不喜愛貝殼，

新生中更有有心人，

利用抬石頭、打石頭，

以及在海邊做工的機會，

揀選了成袋的貝殼，製作成一幅幅貝殼畫！

台北中華商場以及好幾處藝品店，

都掛起了貝殼畫求售，價碼還不低，

而始作俑者的藝術家們，便是少數新生。

□白藍波浪中的綠島

如果綠島的原名不叫火燒島,再如果火燒島不和「流氓」兩個字有關聯,綠島實在是一個原始、樸拙、神秘、美麗,甚而帶有幾分浪漫情調的小島。尤其是我們這批「新生同志」在那兒生活的一段歲月裡。

綠島原名火燒嶼,1077 年改名爲火燒島,1949 年八月一日,正名爲綠島。

今日綠島,雖然已被開闢爲觀光區,飛機往返極爲便捷,島上有環島公路,名勝幾處也被刻意的人爲加工,但已失去昔日原有風貌。好比純純村姑,硬生生被塗抹,還被隆鼻、拉皮、墊臀、襯乳,遠看婷婷、娉娉,一靠近,俗不可耐,膩不忍睹。

燈塔矗立在中寮村緊貼太平洋的海蝕平台上,好白好高,是惟一和綠島居民的住宅極不調和的近代建築。似乎有意提醒這些遺世獨立的男女老幼,在不遠處的一個大島上,正有一個經濟起飛、科技發達的地方。1937 年,有艘美國豪華郵輪「胡佛」號,在中寮附近因濃霧而觸礁擱淺,後來便捐款興建了那漂亮的燈塔。

你現在由台東搭小飛機去綠島,只要一騰空,左前方便看到一支白色的竹竿,兩三分鐘後粗壯成形,那就是燈塔。綠島在白藍兩色摺疊又翻滾的波浪裡,像極了一艘船,日日夜夜在台灣本島東岸不遠

處拋錨。機身翱翔，船兒搖蕩，約莫十多分鐘，十四人座的小飛機便已停妥在離燈塔千步之遙的機場了。

有年教師節，唐朝選教官請准處長許可，帶我們這些「助教」們，作一次徒步環島旅行。我們好樂，不是出公差，而是郊遊。語彙的差別，興起了情緒上的激動。

第一站去公館，這小村子只有十多戶人家，居民們難得看我們一行人服裝整齊，聽說是「老師」，都怪同情又可憐似地接待我們。村長介紹說，綠島的祖先叫陳必先，遠至清乾隆四十五年（1780）五月間，偕伙伴五人，自小琉球載貨前往恆春貿易，遇風飄流，無意間在公館登陸。見此小島如世外桃源，認定漁牧大有可為。乃歸程呼友攜眷，復來公館，斬棘披荊，開墾定居。後來子孫繁衍，移民絡繹不絕，擴移中寮，再南寮。公館距離中寮僅三公里，中寮村最大，有百多戶人家，幾乎家家飼鹿，斑斑點點，昂首挺胸，行走時婀娜多姿，看來好美好美，有時頭上有角，有的被剁掉了。

綠島，稱之為鹿島，誰說不宜？

□環島路、南寮、孤石群

從新生訓導處的大門口開始，前往公館、中寮、南寮，有一條比「產業道路」稍窄的平坦石子路，牛車往來相錯絕無問題，這是我們新生們流血流汗的亮麗成果。應該有十里長左右，開鑿補挖是件大工程，不斷保養修護便成了經常勞役了。這一次是難得不拎不挑不抬也不掮，徒步在這條環島公路上，腦袋裡不時湧現出：某一天炎炎烈日下赤膊戴斗笠，舖敷路面；某一次風暴雨裡，全身濕漉漉，堆砌石頭。

▲環島路程(上)、南寮(中)、孤石群（下）。

　　路邊兩側，長滿了矮矮密密的野菠蘿，往往跳到路中央來的小螃蟹和四腳蛇，橫行，兩種生態有別的動物，在同一時空裡和平共存。

　　南寮有一個小小港灣，橫泊豎躺了十來艘單桅漁船，小舢舨也有三、四條。

　　這景緻我們常見，隨同特務長，還有伙委當中負責採買的，下午出公差到這兒來等候漁船進港，現買或者以米交換。這類似原始市集般交易，在價錢或數量上很少爭執，連秤也不用，半買半換數十尾魚，十元新台幣可以買到五、六斤，只憑用手掂掂，雙方滿意，生意便成。島民對我們的無條件信任，我們回饋他們卻是莫名的憐憫與同情。他們的生活水準很低。一水之隔，政府為什麼對他們不多一層照顧？

　　南寮過去不遠，在太平洋海蝕溝前，有一片百平方公尺的孤石群。所謂孤石乃是海水沖蝕的作品。海浪或潮汐擁有回擊力量，文人騷客描述的暗潮洶湧，正是這回擊力量的說明。這種回擊力量因衝撞、浸蝕、堆積、搬移等作用，改變了地形。這片孤石群的地層下多有熔岩，砂礫，水蒸氣等，幾處較深的海蝕溝，自自然然成了露天礦水溫泉。那「溫」的程度已經超過了攝氏一百度，可煮蛋，一不小心，腳被燙得起泡脫皮。

　　那次我們在那兒享受了溫泉，還請唐教官給我們拍了裸體照。

□別出心裁的貝殼畫

　　由太空看地球，好比看見了一顆美麗的藍寶石。地球的表面四分之三是水，也就是說，海洋比陸地多三倍，而陸地還包

括了山林，地球之所以藍色的原因就是如此。天空本無色，為什麼被稱作藍天？地是藍的，天空是被反射而成色。

海浪和潮汐的力量太大，一平方公尺的海浪或潮汐，竟有一千六百七十五磅力量。所以當海浪或潮汐展現威力的時候，日日夜夜，千年萬年，發揮了雕塑作用，繪畫作用，揉捏作用，把億貝萬殼琢磨成精緻藝術品，人工無法仿造，沒有兩個絲毫相同。

沒有人不喜愛貝殼，新生中更有有心人，利用抬石頭、打石頭，以及在海邊做工的機會，揀選了成袋的貝殼，製作成一幅幅貝殼畫！別出心裁的裝飾品，開始是愛好者小規模獨樂，逐漸成了小小企業，不僅去台東賣，台北市中華商場以及好幾處藝品店，都掛起了貝殼畫求售，價碼還不低，出產地是綠島，而始作俑者的藝術家們，便是少數新生。

你一定奇怪，貝殼在綠島近幾年越來越少，原來是台北的商人們前去搜購。在海邊撿貝殼，已經成了當地居民的新興副業。

這些當年做貝殼畫，後來在台北也做得有名的新生同志們，有王雄仁、曹霖、朱矢石、曹昭蘇、翁庭倩、陳忠國等人。當然，最近十年內他們都另有發展，不操此業①。

□綠島的水源「流鰻溝」

綠島雖然像一艘船，四周都是汪洋一片，但是全島上的人所共有的水卻是流鰻溝。

流鰻溝，舊稱流氓溝，名字不雅，叫人望聽生畏。原來只是一條蚯蚓般由山谷流下的小川而已。新生們來了，從連接太平洋開始，溯逆而上，挖深鑿寬，是囚公移山，也是荒民殖墾，

經過了約莫兩年時間的整頓，成了綠島最北端勝地。溝長有兩公里多，迴旋曲折於兩山之間。絕壁上有蝴蝶蘭，崖下築有「聽泉亭」多座，首任副處長胡牧球，儒將風雅，在每個亭柱上，留下了佳言詩賦。潺潺流水，配合風聲浪聲和鳥鳴，夏日裡還有蟬噪，動人心魄，往往叫人流連忘返。溝前有「將軍岩」，十餘公丈高，岩壁陡峭，光禿禿寸草俱無。

副處長胡牧球。

古人有詩句：「蟬噪林愈靜，鳥鳴山更幽」，我們郊遊此處，深深嘆服，有些寫景寫情的句子，給古人寫絕了。而這些古人，往往都是在被流放被貶逐期間，吟唱出美妙佳構。

自高山處的水源到太平洋出口，這一段流鰻溝的蜿蜿曲曲，我們依水位建造了約有二十多水閘，使閘與閘之間形成自然水壩，更有調節水位和儲積飲水的兩大功能。水閘由下往上我們以數字標明，例如第五與第六水閘中間是游泳池。

游泳池的實際用途是洗澡洗衣服，池長三十公尺，寬十公尺。只有在每兩年開一次運動會時，有兩天的法定用途，那就是游泳比賽。

第八水閘以上是飲水區，絕對不作其他用途。第七水閘附近，正好是一曲折處，被作為「綠島公園」的入口。

□亭榭澤池「綠島公園」

入口右側，矗立大石碑，「綠島公園」刻凹其上，全文是：

綠島位於台灣之東，當東經一二一度之半，北緯二二度之

半，為矩形。酷熱多雨，年雨量千七百公厘。八九月南風較多，餘期間以東北風為屬，最大風速五六月間為一至三秒尺，十二月至三月間為六至九秒尺，七月至九月颱風來襲最多，亦最強。生物為風所患而失，殖民多苦之。島之四週，碧草如茵，翠微疊障，怪石嶙峋，若虎豹虬龍，人立獸踞，狀至奇偉。東南岸則削壁巉崖，蒼峰高聳，海拔二百七十九公尺。民風淳樸，尚節儉，結茅而居，捕魚為活。歌於斯，作於斯，欣然自得，不啻世外桃源，海上樂土。百餘年前，島上始有人跡，初僅椰美族人，聚息茲土，俱為土著。但其自來已難徵考。至清咸豐年間，有台東人陳必先者，製材為業，舟行遇風，飄流至此，喜其飄然獨立，與世無爭，遂家焉。嗣閩人與高山族人相繼徙此，互通姻婭，繁衍孳生。今鄉有三村九灣，男女三千老少。島之

中，山巒連互，火燒、阿眉、中仔三山，鼎峙其間。四十年夏，台灣省保安司令部新生訓導處，就阿眉山之麓，拓地為營，房屋櫛比，莘莘學子孜孜於卷。汰瀝攻錯，弦歌不絕。四維峰下，八德坡前，儼然海上學宮矣。其明年，建設成，學業進，乃發學子千人，創建綠島公園，以為怡情勵志之所，綠山之巔，有泉嗡然仰出，瀉於夾谷之間，蜿蜒入海。沿溪行，芟草去穢，疏泉鑿石，闢小徑直通瀑布。順流而下，有七亭一榭三澤五池相輝。居中者曰碧潭，波光瀲灩，鳥語花香，蕉風習習，椰影生姿。潭之上有介公亭，亭之上有凌虛台。登高遠眺，極目四顧，海天相連，波濤萬頃。諸生於潔身浴德之餘，復獲登臨遊憩之機。俯仰嘯傲，心曠神怡。當茲赤燄方張，朱毛禍國，八荒板蕩，銅駝蒙羞。鍛爾海隅，咨爾多士，成仁取義，為民前峰。豈徒今日克難游藝而已哉。是園之工殊艱巨，披荊斬棘，開山闢路，賴群策群力，辛勤以赴。自施工以迄蔵事，時僅匝月。國父云雙手萬能，信有徵矣。爰為之記，庶後之來者，而有覽焉。壬辰仲夏新生訓導處誌。

壬辰，應該是民國四十一年，即 1952 年。

這篇「記」，文是周景玉撰的，字是朱榮培寫的，刻碑的人是詹桓。這三位新生當年已是六十歲左右。周公肯定已經在高雄作古；朱、詹二老也久久不曾見面。

〔2001 年版附記〕

①朱矢石、王雄仁、翁庭倩三人已先後作古。曹霖離開綠島後從未見面，此人怪傑，在綠島那種物質條件奇缺下，他可以製作小提琴、吉他等，我的私章也是他的作品。曹昭蘇在台北有時會遇到，他常為平反事遊行請願。陳忠國一度曾在台北市廈門街開設便利商店，後來不知去向。1999 年十月十七日，台北聯合報有篇陳柏州寫的《潛海採集，貝殼作畫》，說有位朱爻先生，曾在綠島服役（管理犯人），乃試

用當地盛產迷你貝殼作畫，加上他原本就具有的美工基礎，在 1978 年完成他的第一張貝殼畫「一隻老虎」。對於這種說法，應屬存疑。1978年左右，綠島還有貝殼可揀嗎？除非是早先揀藏的。提到朱矢石，綠島的京戲是因他而興，他本人專長青衣，對京戲卻是全能，文武場到說戲導戲，樣樣精。我最愛看他和戚耀福合作的《斬經堂》。戚是海軍官校學生，我知道他對京戲一句也不會哼，居然被朱一句一句、一個身段一個身段，調教成了氣候，真的有了麒派的味兒。這齣戲在綠島演了好幾次，我看了聽了，使我跌進了小時候在家鄉蕪湖看麒麟童和言慧珠合作演出的回憶裡。

▲綠島的 「產業道路」。

▲這劇照當然不是 《斬經堂》，劇中人物的飾演者，不是鄭若萍，便是陳正坤。

第二五章 公差幫廚

我容貌可以老，

心情可不能老，

動作更不能未老先衰。

我不允許歲月在我成長過程中作梗，

在心理上必須阻止歲月發生作用。

我要把那十年挖掉，

多活十年，多健康十年，

一定要活夠本！

我腰痛，不能持久站立，

可是不動也不行，

長久不動便不能動。

就好比一個人長期不用情緒，

慢慢就失去了情緒。

□刻意忙碌避免獨處

人都有一個共同體會，也常掛在嘴上說：「忙，絕非壞事！」對一個囚犯來說，更能體會得深。

在綠島那麼多日子，被安排的活動已經夠忙，我自己還計劃：在極短極零碎的空檔時間裡，硬塞進自己預謀的節目。你一定奇怪，在那段茫茫而沒有指望的日日夜夜，有沒有人傷心掉淚？有沒有人自我解決？

有！有！我肯定告訴你，當然有。**傷心掉淚你看不見，自我解決的事不是新聞，只是被淡化，甚至被封鎖掉。**

很多人在一起哭的機會不多。單獨一個人，不一定是在做工，**只要一人獨處，手頭沒事，心中真空，一鬆弛，會一陣陣心裂，眼淚麵糊般往下滑。**

尤其是夜半夢迴，猛然驚醒的時候。

頭幾年，夢特別多，受刑挨打了，被拉去槍斃了，一掙扎擊地坐起來，頭碰到上舖，居然痛不醒，以為自己在夢遊，為什麼不回到原來地方？弓著身子撐著手，摸索下了床舖。瓦斯燈沒加水，火舌結花鎖住了陰陰森森，鼾聲、汗氣，在七倒八歪的一百多人體上發散，錯以為到了殯儀館的殮房，或是戰場。這種夢很難醒，總要等到由廁所回程時，才能開竅，才能分辨出這些人體的張三李四。他們睡相好不雅觀，有人咬牙磨齒，有人怪聲喊叫，還有重重的歎息和蟋蟋的哭泣。我不敢俯身湊近看，好可怕，人的面孔，**倒下的和豎起的竟完全兩樣**，往往，**很熟的人都很難辨認，陌生得恐怖！**

□嚴重受傷體力勞動

在所有體力勞動中，叫我受害最大、後患一輩子，使我脊椎骨受傷嚴重，便是在中寮碼頭搬米，一袋袋大米，由碼頭搬到路邊的牛車上。所謂「搬」，是兩個人把一袋大米摔到你的背脊上，你得碎步慢砲，一口氣奔去約五十公尺外的牛車邊，轉身由肩旁把米丟過去，別人接手放好。每次總有十來次奔波。一袋大米，據說有一百多斤。初初不覺得，只是全身累、腰酸、腳軟。

沒幾次，不對勁，回到隊上腰直不起來，不僅酸，也痛得厲害。不知哪兒知道的土方子，去廚房要來生薑和麵粉，用石塊把生薑打碎，滲和些許麵粉，放在大片樹葉裡，敷在後腰板上，用布像褲帶似的綑在腰部。仰躺床上，開始壓到薑餅上，冰涼冰涼，慢慢熱起來，火燒火燒，這時必須忍耐，越火燒越舒服，酸痛被燒得精光，腰部才能直立起。這時候解開布帶，生薑變成了烙餅，有些還黏在皮肉上。那段日子，每逢腰痛直不起身子時，大家便用這種土方。當時止了痛，卻種下了惡果，後來到了台北，四十歲出頭以後，毛病便出籠，每遇颱風下雨，腰痛如刺如裂，厲害的時候，額頭汗流如雨，痛不欲生。我走訪各家名醫，中醫、針灸、密醫，愛克斯光照過好幾次，各種偏方都試過，是脊椎體被壓變形，一輩子好不了，只有特別小心，保持不惡化就是阿彌陀佛。

回到台北三十多年來，我不能搬東西、不能彎腰工作，不能持久站立。**可是不動也不行，長久不動便不能動，就好比一個人長期不用情緒，慢慢就失去了情緒。**

我容貌可以老，心情可不能老，動作更不能未老先衰。我絕不允許歲月在我成長過程中作梗，在心理上必須阻止歲月發生作用。我要把那十年挖掉，多活十年，多健康十年，一定要活夠本！

我想到一千兩百多年前的韓愈（768-824）第一次被流放廣東陽山，途經汨羅時，他自喻屈原，在詩中卻表示「未報恩波知死所，莫令炎瘴送生涯」，明顯是自我掙扎，「君」恩未報，絕不能讓暑氣和瘴癘之氣將我喪身。我要學韓愈，絕不學屈原。

我不服氣，我本來是打籃球和乒乓的，來到台北好幾年後，安定了，我想試試，不行！腰一閃動，痛得厲害。醫生告訴我，脊椎骨變形，俗名「骨刺」，學名「增生」，是長期損傷的結果。我下決心一定要動，先做體操，再參加韻律操、慢跑、打羽毛球，直到五十三、四歲那一年，開始學打網球，現在已有七、八年球齡，大概定型了。網球沒有年齡限制，早晨打，對手幾乎全是中老年人，來球不重，跑得不激烈，很多球接不到算了，暖身運動多做一點。

□石頭人頭兩頭糾紛

體力勞動中，還有一項重頭戲，那就是抬石頭。

石頭是我們硬體建設中最基本而必需的建材，搭建克難房、露天舞台、「長城」、開闢道路、水壩、中山堂、豬圈、雞舍、游泳池，等等等等，沒有一樣不是不要石頭。因而，石頭，便成了我們生活中重要一部分，在一段密集抬石頭的日子裡，夢中的石頭特別多，而負責打石頭的人，夢中一出手，把鄰位的人頭當作石頭打了，夜半動起了全武行，驚醒了很多人，**初初以為是性騷擾，原來是石頭人頭的兩頭糾紛。**

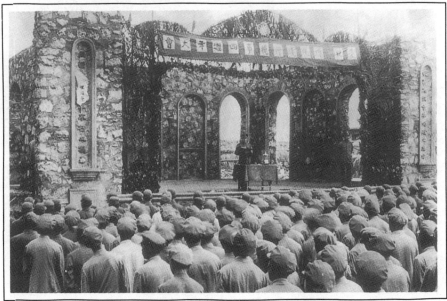

▲每一中隊都有作倉庫用的克難房（上），（下）是露天舞台，周
　一紀念會，各種集會都在此舉行。遇雨則在中正堂舉行。

當山邊和岸邊的石頭打得差不多了，便發展到太平洋裡，算那退潮時刻，打石頭的人便拚命去打，而大多數的我們便成了抬石頭的小工。我們是用兩根繩子兜起來抬，抬到待建的克難房邊，待建的牆邊，待建的舞台邊，反正是抬去工地就是。

因為距岸越來越遠，我們行走在凸凹尖刺的菱狀石坡上，膠鞋的底早被磨得薄如紙，腳底被戳得血肉模糊，眼淚簌簌流。去時還好，回程肩上有負擔，兩人抬一擔，一前一後，或左或右，彼此掣肘阻礙，又怕摔跤，更擔心會被漲潮捲走，那苦痛滋味點滴心頭。

我們阿Q似的咬牙堅定：**什麼生活都得過，而且也一定過得下去。**

□夜半輪派擔任「幫廚」

在勞動項目中，幸虧不是每一項都叫人痛苦難受。出公差任務裡，也有新奇和趣味，而且有所學有所得。學會了生活中很多實際操作，養成了事事能夠親自動手習慣。

我在前文說過，幫廚是每天輪派。伙食委員是一個月四個人，其中一定有會做菜煮飯的，還一定有人會記帳。選舉伙委很熱鬧，有幾次競選居然發表政見，說如何在有限財力物力情況下，為大家謀福利，盡量吃得舒服，並且提出具體方案。我記得有一次在一位當選的主委政見裡，居然有「以物易物」的創見，就是用我們主食大米去換當地居民的炸彈魚，而且是剛由太平洋裡漁獲來的魚。每隔三、五天，當大部份人下午收工回到隊上時，採買的人也從南寮漁港回來，連人帶魚都是活蹦亂跳，全隊人馬集合操場晚餐，大快朵頤，吃「沙西米」了。

我對「沙西米」有特殊感情，多年來，我一直對「沙西米」更有特殊回憶。

　　伙食委員我從未幹過，但是我輪過幫廚。

　　「幫廚」這個名詞，顧名思義，是幫助廚房工作，一點不錯。

　　幫廚必須早起，是頭天晚點名時，由值星班長派定。早晨四點鐘左右，二至四或四到六值更的人負責把我們叫醒。「我們」包括了伙委，幫廚，有時還有做豆漿和做饅頭的。我們夜半起來出公差，囚房的鎖往往是掛在門栓上面，通常不鎖，我們由鐵柵門內伸手取下鎖，輕輕搖出門栓，推開門，再恢復原狀。看管我們的這些分隊長和幹事們，他們房門也是掩而未關，有時我們要把輪管伙食的幹事推醒，借電筒，拿克難房鑰匙什麼的。這當然是後幾年的事，他們對新生已經是推心置腹了，不然，那還了得，不怕把他們宰了。

　　日久見人心，獄卒和囚犯之間，究竟誰感訓了誰？誰都不清楚。

　　幹幫廚的公差，一來到廚房，第一件事，當然火速料理自己的早晨私事，公廁有好幾處，洗臉刷牙在廚房裡就地解決。然後，便把盛菜的盤、碟，小臉盆等，用水桶裝了，四人齊奔流鰻溝六號七號水壩間，把昨晚已經洗乾淨了的這些東西，再清洗一遍。送回廚房後，便開始去八號水壩附近挑水，這時候，煮稀飯或是磨豆漿的人，從水池裡不斷用水，我們便不斷地補充。早晨水清，幫廚的人喜歡在這時候把水池挑滿，並且放兩擔滿滿的四桶水放在池邊給他們用，另外四個桶空著準備早餐用，這幾乎成了慣例，也是傳統，偶有疏忽，伙食委員會立刻提醒。

　　早餐的時間不一定，總得等隊上的活動停止，值星班長來廚房通知，在教室內、教室前，或者在操場開飯，我們應聲把已經準備好的菜、飯，或饅頭、豆漿，有時還油條，用水桶盛了，挑往指定地點，盛裝器皿也一塊送去，六人一桌，我們會把小臉盆一個個整整齊齊放在地上，把花生米、炒蛋，還有一兩個其它小菜，一瓢瓢舀到臉盆裡，連官兵們在內，總共約二十一、二份，滿盛豆漿或饅頭的水桶，則分開好幾個位置放妥。值星班長這時候顯出了權威，把隊伍集合好以後，依序而喊：

　　「第一桌！」六個人走去順序的第一桌，六人中派出一人依序取菜，饅頭和豆漿也是依序自取。碗筷各人自備，十之八九是放在自己小板凳的肚子裡。

　　「第二桌……第三桌……」最後喊「立正」向值星官敬禮後便「開動」了。

　　早餐結束，幫廚收拾善後，剩菜剩飯早有生產班的囚犯，儲桶以待，挑走餵豬餵雞做飼料。善後工作總得個把鐘頭，接著洗米、洗菜，有時還要去生產班抬菜、幫忙拔豬毛、拔雞毛、殺魚等等。午餐後到晚飯前有兩個多小時休息，這時候讀書很難集中精神，我總是在中山室打乒乓球。晚飯後，把善後工作妥當後，要負責把水池裡的水挑滿。早晚兩次挑水，因為十二個中隊的幫廚有四十八個人，加上女生分隊湊熱鬧，晚上我們挑水時，她們也在抬水給自己洗臉洗澡洗衣服用。廚房後面那條通往流鰻溝的路，成了山陰道上，往來不絕，儘是挑水人，彼此穿梭打個招呼。有時得調整速度和步伐，以欣賞那搖曳的辮子，擺動的臀部，和迎面來襲的胸前盪漾。

第二六章　食色性也

生命中可以沒有異性，

但是不可能沒有愛；

生活中卽使摒棄了愛，

但是不可能沒有慾。

他躡手躡脚匐匍前進，

幾乎爬到了豬圈前，

仰面一看，

在月色反射中，

居然是浪裡白條，

有人光著屁股，半蹲身，

雙手抱著豬脊背，

一蹶一蹶正在敦倫行房事。

□姑妄聽之的「性」傳聞

有人說：生命中可以沒有異性，但是不可能沒有愛。如果低俗而實際地說：生活中即使摒棄了愛，但是不可能沒有慾。誰能提出異見？

當然，對某些人來說，慾是可以禁，可以忍，可以昇華。但是，那畢竟是限於少數的特殊人，好比僧尼、神父、修女等。一般人，多數壯男健女青春期間的一般人，何德何能，我們何苦又何必要求他們或她們不能有慾，不能有愛，不能有異性！

在綠島這個政治犯大本營裡，不僅囚犯，獄卒們也在忍著點憋著點過日子。

有老婆在身邊的官兵畢竟少數，輪到去本島找樂子，那只是打打牙祭。在綠島那個小島上能否和居民們偶而小吃小吃，恐怕可能性不大，因為公開的「小吃」店根本沒有，島小人稀，早婚已婚婦女佔大多數，誰都不敢冒大不韙。有關官兵新生們的所謂有趣「性」醜聞，聽來頗多，試各舉一則。姑妄言之，姑妄聽之也。

彭指導員，風流倜儻，西皮倒板，唸腔反二簧，他都有一手，常常在新生們平劇演山時取上一角，不論「我主爺，起義在芒碭……」還是「聽說韓信他去了……」或「我正在城樓觀山景……」他都是唱做俱佳。早先在處部主管戲劇業務，那時，女生分隊已回土城，女眷們尚無人參加演戲行列，兩位女少尉從復興崗被請來綠島參加演戲，可能是樓台近水，正碰上烈火乾柴，傳聞中這位「諸葛亮」和她們其中之一有了一腿，其結果，當然是女主角黯然離去。

無巧不成書，又是一位平劇票友，不僅能登台亮相，又是

文場高手，這位李姓仁兄①，京胡拉得極好，他是鳳山少年兵出身，長相挺帥。他也是跟一位女少尉出了毛病，詳細情節少有人知道。有天晚點名，李兄沒到，值星官派人找，聽說在海邊山洞裡尋獲，那位女幹事正和他廝殺忘我。這是驚人事件，李是囚犯，女少尉是幹事，也是長官。從那晚上起，我們再也沒見到這位俏少尉，而李兄足足關了一個多月的重禁閉。

後來誰也不提這件事，不過，自那次事件後，新生訓導處裡便不再出現女性康樂幹事。

二十年前，我在台北遇到李兄，他很棒，他一出來便考進師大，相見時已經是國中教師。

□離奇荒謬的春宮圖

先四隊後六隊，養過火雞、養過羊，又養過豬的小鄧②，有天悄悄告訴我一個天方夜譚的人間事。

他說，他不僅親耳聽見，而且，還親眼看到了，這離奇荒謬的春宮圖。

六隊有一間豬圈在山上菜圃，可能是繁殖太多太快，在通往綠島公園途中一個倉庫附近，他們又蓋建了一個豬圈，小鄧成了兩圈主任。有天合該有事，快要晚點名，他忘了帽子放在新建豬圈裡，報告值星官跑去拿，快到圈前，忽然聽到有人拉風箱似地呼吸聲，他初初以為是自己的上氣不接下氣，趕緊一定神，聲音確實來自豬圈，風箱聲中還混和著豬母的沉濁低吼。他第一個念頭，一定是小偷盜豬。小鄧人矮膽大，加上他過去養火雞被偷的怒氣未消，在路邊揀了根木棍，**躡手躡腳匐匍前進，幾乎爬到了豬圈前**，仰面一看，在月色反射中，居然是浪裡

白條，有人光著屁股，半蹲著，雙手抱著豬脊背，一蹶一蹶正在敦倫行房事。我的天！小鄧一時哭笑不得，已經高高舉起的棍子，只有輕輕放在一邊，人也跟著退下。帽子不拿了，從原路回到隊上。

小鄧心不甘，找機會，大膽又去了幾次，是「豬姦」，一點不錯，最後一次，他偷偷躲在路邊，用石塊連擲好幾下，終於看到一名他所熟悉的戰士，雙手還在繫褲帶，嘴裡不乾不淨嘀嘀咕咕，左右前後邊打量邊落荒而去。小鄧當下看得夠明白。他告訴我：「他媽的，發生這種事，誰也不能相信，我真服了這傢伙，以後吃過晚飯，我再也不去。」他在豬圈裡的柱子上貼了個紙條：「小心感冒，注意清潔。」

□望梅止渴畫餅充饑

望梅止渴絕對比畫餅充饑強，有幾位坐六望七的老新生，每當黃昏時分，他們不是在靠近「山陰道上」的操場散步，便是儘可能賴在囚舍後側對著「山陰道上」看，還有兩三「老」，乾脆在囚舍與囚舍間的晒衣場中窮蘑菇，原來二大隊三個中隊的晒衣場進出口，都是在「山陰道上」。

所謂「山陰道上」，是指往來流鰻溝和廚房之間的一條小路，夕陽無限好的黃昏時刻，所有幫廚人都在挑水，而女生分隊也有輪值女娃，兩人一扁擔抬水抬到香閨內盥洗間的水池裡，洗臉洗澡洗衣用。這些守株待兔「近黃昏」人物，憐香惜玉般往往喃喃關照，小心受了涼，窗子關緊了以防宵小。聲音不大，完全自我發洩，如此變態的正常化，當然算不上性騷擾。

年輕力壯知識水準較低的男囚，雖不曾發生過任何醜聞，

口頭上的宣洩在所難免，而且也是看準了對象。編號「詩桑」③
的女新生，身材矮肥，胸部發達，年紀二十一、二，三圍比得上
餔乳媽媽，她個性開朗，常常被派前往六中隊交涉事情，扯開嗓
門，從不避諱顧忌，大家給她「炸彈魚」綽號，她也受之無愧，
久而久之「炸彈魚」叫開了，「詩桑」只有在官式場合中偶一使
喚。

「炸彈魚」出來抬水，一定笑聲盈耳，招惹起歌聲不絕。有
人戲唱：

> 遠遠來了炸彈魚，
>
> 兩顆炸彈隨身游；
>
> 抖抖晃晃一路跳，
>
> 奔向自由才甘休。

挑水和抬水同在一個水壩，和游泳池遙遙相對，每天挑水抬
水頻繁吃緊，也正是游泳池裡洗澡客滿時刻。女新生在上游抬水
經過，一定看得到男新生們光屁股在那兒沖水抹肥皂，後來建了
一道矮牆，下身被擋住了，上身還是看得清楚。

□向禁忌挑戰的愛情

在那樣的環境裡，當然是不允許談戀愛的。可是，**戀愛這
玩意，禁止和鼓勵差不多有同樣效果。**只可惜單戀者多，彼此心
心相印而不敢透露的也不少。不論單行道還是雙行道，幾乎都是
沒有結果。原因無他，女人青春有限，失去自由卻有飯碗，
一旦有了自由，便忙不迭地要抓牢救生圈，迫不及待找一張長
期飯票。有好幾對，同學、同案、同囚，同時出來，十多年椎
心泣血的戀愛，原以為一定成為眷屬，不料，**因被抓而相戀，**

因被釋放卻分了手。試想，一個三十出頭又是坐過牢的女人，還有什麼指望？還有什麼選擇的？1961 年左右，「女強人」名詞沒出現，「單身貴族」想法未形成，**不結婚而可以生孩子的觀念根本沒有**。只要有人要，何況有人愛，還不嫁了算了。而男新生剛出獄，泥菩薩過江，不是本省籍的人，上了台東陸地，東南西北方何處落腳都茫茫然，遑論成家！女新生不是短視，是現實吃人，加上治安機關的緊迫盯人，**你不能安定便更難安定，無法自立就得有人給你立**。女新生不得不遷就現實，碰到第一個向她示好的男人便嫁了。所遇非人聽說不少，但是即使個個都是王寶釧，她苦戀苦等的心上人，是不是都是薛平貴呢？事後諸葛，說了也白說。

伍玖④，這女新生中的異數！在事業方面是唯一的卓然有成；但是，在一開始的遷就現實方面，她是徹底失敗。自己匆忙中選擇的丈夫，終於在國外訴請離婚，而又再度新娘。如果當時回到台北，在求學期間不結婚，等去國外拿到學位有了工作才結婚，在人生道上，豈不爲自己寫上更美的紀錄！

伍玖，這美得叫人醉的女人，我和她即使在綠島，在那種被密密包圍，層層監視的囚犯生涯中，也曾有過靈犀一點通的微妙感應。我在惡運中似乎有了好運，是將近千名男囚，甚至數百名官兵們所羨嫉的好運，伍玖和我有了被特許在眾目睽睽下的接近機會，那就是演話劇，和運動會時在一起主持廣播工作。

伍玖，一口京片子，一串長辮子，大學新鮮人，清麗出眾。尤其是那串黑如墨的長辮子，一絲不苟地挽在腦後，掛在背脊，往往一轉身，便隨著在腰間游動。我常因她那嫻靜的坐姿而神往；幾乎用整個身體來傾聽別人講話的恭敬端莊的神態，

▶運動會時在廣播，中為本書作者，右為康樂幹事。

也往往吸引住我，叫我入迷。有時，我發覺到，在她坐姿裡，或談吐中，有一種落寞、遺憾、悲痛，被執著攪和，隱隱其間。

我們逮住機會聊天，談彼此感受、生活情形、未來憧憬等等。她同案同學不少，她笑吟吟告訴我，有位同學向她求婚，希望重返社會共組小家庭。還有好幾位男士向她如何示好，她當故事講，我當故事聽，相視而笑。

愛情，往往是現實中向禁忌最大的挑戰，如果不是，就顯得了無意義。往昔如此，眼前也如此，恐怕永遠如此。

我不知道，伍玖和我多年前那樣的坦然相處，算不算是戀愛？將近四十年後，我們在國外相遇，彼此都有了自己的另一半，自己的兒女，和自己的事業，我們微醺往事，喟歎而肯定：那是份淺淺淡淡、白白純純，懵懵懂懂，充滿稚意的愛。

有一對男女⑤，在綠島開花在台北結果，有情人終成眷屬。1989 年的今天，他二人有了大專畢業的三男一女。妙的是，戀愛時的身分，男的是幹事，女的是新生。

管理女犯的男獄卒，居然申請要和曾是女犯接連枝。上面不是不准，而是報告不批。這位當時尚未退役，調來司令部在台北服務的中校，非常「羅蜜歐」，他問不批報告是根據什麼法令？男大當婚是他的權利，「茱麗葉」已被釋放就是普通國民。她待字閨中，他單身未娶，為什麼根據規定申請結婚而上面壓住報告不批。上面禁不起他的催詢、執拗，只有不了了之。兩

人結婚了，他也退了役。

　　這一對奮鬥結婚的老夫老妻，一直都是我的好朋友。就在去年（1988），我還參加了他們家老二的婚禮。

▶左爲男幹事陳振生，右爲唐湯銘。

▲女生們在圍繞她們囚舍的籬笆牆內活動身子，右第二人即和男幹事結婚的 81 號（李梅），右三是 59 號（王孝敏），雙手托球者爲 83 號（吳崇慈）。

〔2001 年版附記〕

　　①離開綠島，進彼時是省立師範大學讀書的大有人在，除了這位李兄，據所知，尚有王平雷和石小岑。王畢業後好幾年才准去美國深造，回台灣在清華大學教書時，曾和我有過電話聯絡。石小岑當過國中教導主任、校長，但不曾見過面。提起王平雷，我要特別謝謝他，他早我一年到台北，住景美他弟弟家，在師大讀書，有好幾處家教。有次在景美教堂遇到他，知道我當時的窘狀，他立刻讓兩處家教給我，家教的收入，確是解了我的急。在綠島時，他六隊我七隊，在籃球場上的經常碰頭，也是第一位送我一本英文教科書的人，書名是《大一英文選》。他被抓時，是台大新鮮人。

　　②鄧華勝，上海人，聰明能幹，回台北，曾在李裁法的南洋公司做過事，李殺了吳家元偷渡去香港，我被刑警大隊請去問話，小鄧更不能免。事後告訴我們，他被請時，帶了被服和盥洗用具，刑警問他何故？答曰經驗耳！誰知道哪年哪月被釋放。筆錄完畢已深夜，他索計程車資始回。離開南洋公司，入民營造船所，多年前，台灣遊艇大行其道，他當了造船廠廠長。後來去了深圳開便宜商店，老運不惡。1998 年電話聊天，說已退休。

　　③詩桑即 43 號女新生，短小但不精悍，面孔紅通通可愛，尤以胸脯凸出，人緣極好。女生分隊有所外交，通常派她出馬，尤其向她們所隸屬的第六中隊有所求援時，總聽到她高聲談笑，分隊長幹事等人常是有求必應的多。至今數十年，仍不知 43 號姓啥名甚。

　　④伍玖即 59 號女新生，原名王孝敏。去世時我曾為文悼念。請參看第 44 章。

　　⑤男生是陳振生，女生是 81 號李梅。在綠島時期，陳是上尉幹事，服務政治處，主辦體育戲劇等康樂活動，記得在籌劃 59 號主演的《浪淘沙》的預算上，幹劇務的鄭若萍申報預算是 950 元，陳振生削減為 590 元，可見其時王孝敏影響他們官兵之深。陳退役後做貿易，常在英文信件上和我討論研究，在綠島的官長中是位開明份子。李梅長我一歲，曾在舞台上合作多次，被捕前就是演員，1999 年十月裡過世。

▲ 1955年三月十八日「總統塑像」揭幕，處長唐湯銘和綠島各界首長合影。

第二七章　重新編隊

剛到綠島的頭一兩年，

新生們被嚴格規定，

不可和隊別不同的新生們談話，

和島上的居民更不可以私下搭訕。

這種不接觸規定，

在多次隊際活動以及重新編隊的情況下，

由具文而演變成全被推翻。

□幾個悲慘淒厲故事

　　我在綠島那麼多日子，有時度日如年，有時心情平靜得連自己也驚訝不已。既來之則安之是騙人的安慰話，而我家人在大陸，兩岸音訊隔絕，使我毫無親情的掛念，應該是「平靜」的最大原因。我發覺到，**快樂本身是一種感覺，往往也是一種意志，你要追求快樂，製造快樂，快樂就會歸你所有。你不喜歡憂愁，憂愁有時候便自動讓步。**

　　但是大多數的人總因為思念、擔心在本島親人們會思念他、擔心他，而焦慮憂煩不已，尤其結婚不久的人。在被准許眷屬可以前來綠島探監日子裡，我們聽到了幾個極為典型的悲慘故事。

▲ 新生的家人被允許來綠島探親。

　　新婚不久的太太來探監，被判無期徒刑的丈夫在接見時，拿出了一紙已捺好指模親筆簽字旳離婚同意書，一定要太太回去辦妥離婚，所持理由極為人道而正當，「我不知道何年何日才能出去，妳何苦要守活寡。」太太當然不依，丈夫當場斥責、不歡、奪門離去。太太沒想到竟然受到如此接待，明明知道這是丈夫的真愛表現，兩情繾綣，為了讓丈夫相信她也真愛，在太平洋小輪回程中，她趁人不注意，躍身水中，以死殉情。

剛到綠島的頭一兩年，新生們被嚴格規定，不可和隊別不同的新生談話，和島上居民更不可以私下搭訕。一位在山上出公差的新生，在山徑和居民說了話，不知道是問路還是聊天？被帶隊的幹事發現了前來查問，這位新生居然拔腿拚命跑，幹事大聲嚇阻，緊張慌亂間，一不小心，失足在懸岩峭壁，幾經翻滾，一頭栽進了太平洋。

另一個傳聞，一位學經濟的新生，有次在海邊勞動時，趁大家不注意，拚命跑向水中，被撈上來時，已經頭破骨折，血肉模糊，回生乏術。

也有人苦中作樂，你幹事們不放心我，老找我麻煩，我不妨作弄你一次玩玩。這傢伙真夠種，我們聽了都笑個不停。

幹事們對我們這些所謂「政治犯」，最大的不放心是不知道我們腦子裡想些什麼？他們只有在我們寫的東西中捕風捉影。有位仁兄有次在一個黃昏裡，裝模作樣看《三民主義》，在封面上卻故意加一層別的紙。那專注詭詐表情，掩書作逃遁狀。幹事眼尖，大聲叫他站住！叫他交書上來。一邊是遲疑不肯，一邊是堅持要看；屈服的當然是新生，一副受委屈的面孔加上無奈的姿態，雙手交出了《三民主義》。尷尬的對峙，可以想像得到兩個人的兩種表情。

這擺明了是有意佈局，幹事也只有恨在心頭。揮揮手，結束了一場鬧劇。

□重新編入第五中隊

嚴格規定隊別不同的新生們，彼此不可以私下接觸，這種不接觸規定，在多次隊際活動以及重新編隊的情況下，由具文

而演變成全被推翻。

例如，我們助教室人選，是來自各中隊的新生。還有設計室、樂隊、大隊組成的球隊，以及幫廚之間的互相支援，壁報室、新生月刊等等，無一不是跨隊組織，接觸頻繁，而且必須接觸。

重新編隊，大規模有兩次，一次是人為因素，一次是天災。

▶楊逵在綠島

新編的第五中隊，除了原來的生產班不動外，其他的新生幾乎是十二個中隊裡被處部徵用的。再不用大腦的人也可以體會得到，如此的編隊是必需而明智。所謂必需，是易於管理，全處大規模的體力勞動，第五中隊乾脆免了——只可惜大規模的體力勞動項目幾乎都已完成。所謂明智，在原來隊上，每每派工作時會引起其他新生們心理不平衡——為什麼同樣是犯人，有些犯人成了特殊份子？

在第五中隊，我認識了戴振翮和楊逵。

□臭味相投的戴振翮

我們喊戴振翮たしんかく，和我一樣被派在助教室，他本來在台北就是教數學的，當了「助教」教大代數，另兼國語課。

戴和我有些地方臭味相投，打籃球也打乒乓。他日文精通，中文進步神速，我跟他學過一陣子日文。在二組我倆辦公桌相

鄰，曾有若干夜晚，又是床舖鄰位。平時談笑風生，可是往事一字不提。有次他可能酒喝多了，就寢時枕邊細語。他是台南人，這點我知道，因為他有篇《鳳凰木》寫得極美。我第一次聽到的是，台大醫學院讀到三年級時他輟學了，為的是不願意做他父親的順民。本省人總是要兒子讀醫，這是日據時代的政治因素，為什麼到了祖國懷抱，還要自甘作賤？讀醫當醫生不是不好，可是為什麼一定要讀醫當醫生。他和老爸鬧翻了，為了生活，為了準備重考，他在一個女子中學裡當數學教員。他姐姐出嫁日本。他為什麼被捕？醉後未吐真言，他強調說，我是他第一個被他看上的外省朋友。

稍稍告訴我一點他往事的第二天，一起床，似乎昨晚上他什麼話也沒說，我當然也裝得自然。彼此都是吃過虧的人，警覺性當然有，一切盡在不言中了。

我認定他是新生中的才子之一，與其他才子不同的是，他一點酸味都沒有，任何公差，只要點上他的名，一定欣然前往。他比我稍後回台北，成績不錯，考進了國華廣告，又考進台北邵氏，後又回國華，因為邵氏調他去香港，他怕出國不成反類犬，眼前差使丟了怎辦？後來邵氏明白了原委，老闆力保，終於龍歸大海，一去不返。在邵氏先翻譯，後製片。又被嘉禾挖去當亞洲部經理。可惜的是，天不假年，1986 年過世了。

老戴對我影響頗大，一次在台北晤談中，那時他在台北邵氏，我在一家貿易公司當秘書。他問我是不是安於現狀，甘心一輩子做生意人？他建議我應該先學點新玩意，儘量了解社會，稍後再投身大企業或自立門戶。

他鼓勵我不要膽怯，報考時就填大學有關科系畢業，錄取了再說，他說他雖然大學肄業，可是至今並未提交證件。

他說得對極，我又不是要當公教人員，必須學歷證件，作為銓敘，核驗之用。既是民營企業，學力、能力最為重要。

我同時考取三家廣告公司①，兩家要我立刻上班，一家因日語會話未通過而被刷。在廣告公司先擔任文案撰寫，再企劃主任，昇級加薪希望正濃，斯時自己創辦了出版社和翻譯社，魚與熊掌的考慮，最後決定了自立門戶，一直到今年（1989），已經二十多年。

楊逵的長跑和游泳

▶楊逵在游泳池

楊逵給我的最深印象，是他五千公尺的馬拉松，和游泳池畔的十趟來回。那年他五十三歲，和二十郎噹的小老弟們並肩作戰，全處的人都給他熱烈掌聲。為此，我曾在《傳記文學》及《自立晚報》上發表兩篇關於楊逵的文章②。去年我看到《自立晚報》連載楊逵的「綠島家書」（1957年至1960年間），那時段，我正生活綠島，信中提起很多我都熟悉的生活片斷。家書是經過篩揀的，如果有心人能夠把那段歲月中的《新生月刊》找到，比起家書來，更見真實得多，更有震撼力。

楊逵和我雖短暫同隊，但從無往來，多次露天洗澡時，面對面袒裼裸裎，只限於相視一笑，狹路相逢，也是他走他的陽關道，我過我的獨木橋。當然，彼此內心中早有對方存在。來台北，有次「五四」前夕，收到他簽名的《鵝媽媽出嫁》，後來他被人抬出來國內外亮相，以迄於辭世，我們都沒有見過面。

　　楊逵在一生最後幾年，國內外的勞累奔波，想來絕非自我
意願。他在綠島那麼長日子，甘心做一名園丁，除了奉命在小
組討論時，用半生不熟國語唸發言稿，在《新生月刊》和大隊
壁報上，寫寫生活點滴。他最初寫的中文稿，日式語法較多，
寫不出來的字便用注音符號替代，我在壁報社看過他原稿，一
經發表，在文句上已被改得面目皆非。在別人印象中，他是三
棍子打不出一個悶屁的老人。怎可能常常國內外的跑，不能自
求安靜呢！他絕對是一位甘心寂寞的人。

　　五隊的囚舍是邊間，在一次颱風肆虐中，不幸全被吹垮。
不幸中大幸，半夜裡我們感到屋頂在搖幌，土敏瓦開始見了光，
值星官下緊急命令，全隊人，撤退去女生分隊。

　　那是在女新生們調去土城以後的事。

　　當我們剛剛
撤退完畢，整個
五隊的屋頂，開
始了一片片，一
塊塊隨風而去，
靠邊土牆和木板
窗，倒的倒，飛

▲第五隊的囚舍近觀遠看：倒也！倒也！

的飛。眼睜睜看它：倒也！倒也！

　　第一次重新編隊是人為因素，這第二次完全是天意。

　　天災後的編隊，是把第五中隊廢了，把人編散到別的中隊
去。我們助教十來人，統統編去第一大隊第三中隊。以後的日
子裡，我一直在第三中隊，一直到離開綠島為止。

　　楊逵好像被編入了第一大隊第一中隊，還是被派在菜圃裡
工作。

人定勝天，是理論，每一次颱風後的重建，我們更加被灌輸了這個理論。可是，我們內心知道：**自然界的力量，我們不僅懾服，有時候，硬是要躲避。**

〔2001 年版附記〕

①三家廣告公司是國華、世界、大傳。國華的總經理是日本人，問我日文如何，我說不行。事後老戴說我太老實，既然已經日語問答了，何不說麻麻馬馬。總經理極忙，他不會繼續深入問下去。而簡單的日語，在那年頭，戴認定我是可以應付的。我揀選了大傳廣告公司上班，總經理薛木麟，我覺得「大傳」這名字起得好，一人是大，專人是傳，太吻合廣告公司的涵意。最初半年，我幹文案（copywriter），有幾個企劃做得至今不忘而得意：鈴木機車、丹頂髮蠟、味全牛奶、增你智等。當時只有一家台灣電視公司，有意上電視做廣告模特兒的人，和廣告公司互動關係極為密切。記得有次國語、台語歌唱比賽，夏台鳳和涂昭美分別奪魁，由於我的建議，邀請了她二位當了廣告模特兒。半年後，薛木麟要我放棄在經濟日報和中華日報寫稿譯稿，把晚上時間專事應酬，我考慮再三而辭職，開始了自己的事業，那應該是 1967 年的事。

提起國華廣告公司，我雖然沒有考取，有幾件事與我頗有緣：一、老戴在國華待過；二、我離開中央圖書供應社，接我事的是樊志育，他不久也進了國華，後來成了廣告界著名人物，在大學教廣告，有著作多種；三、國華的廖為智曾為我翻譯了一本《怎樣說流利英語》；四、在綠島和我同在第三中隊的蔡焜霖也進了國華，並且當上了副總經理。

②請參看第 43 章。

第二八章 綠島海景

看海浪，

尤其是看颱風裡的海浪，

打開五官，

也要打開心。

看海常常忘我；

在浪頭起落間，

想起了人生無常，

在綠島將近十年間，

有不少「人物」前來視察，

我們不僅在生活上受到騷擾，

在內心也加深了與次俱增的不歡迎。

□颱風也是一種情緒

颱風如果是一種情緒，那敢情是一種瘋狂的痛快發洩。

颱風對我來說，完全不陌生，過去在軍艦上服役，往往明知颱風來臨，軍令如山仍然開航。有次高雄去廈門，我在一艘「中」字號改裝的修理艦上，途中遇風，主機、兩部副機中的一部、還有電舵、發報機全部損壞，全艦官兵只有七個人能動能吃，輪機長、電機軍士長、兩位輪機士，全在機艙，沒人換班。艦長、航海員，和我。我本來負責無線電，經過舵房時，一名航海士正在操作人工舵，說要上廁所，請我代一下，結果他一去不返。艦長在電舵房裡用話筒告訴我風向，我便頂著風走，風從哪兒來，艦首便對哪兒開。最感恐怖的，只知道艦身在台灣海峽，不知道正確位置。我報告艦長，請航海員來替我，讓我上來到海圖室找船位，艦長說，這時候看海圖不管用。我說，我到海圖室不是看海圖，我要用那兒的方位器（Direction finder）來找找船位。瞎貓抓死老鼠，試試看。

用方位器找船位，當然不正確，甚至不可能，根本沒人這麼做過。我認為可以，因為有一次在海上，我用無線電收馬尼拉的氣象報告時不夠清晰，我把方位器開了，試轉到同一方向時，電波立刻響亮可辨。這關鍵時刻，我先找到上海的氣象台方位，在海圖上劃了一條線，再找到廈門和馬尼拉的，三條線一交會，我以交會點為中心劃出一個小小半徑，雖不中也不遠矣。報告艦長，我們一定在此範圍內，我不能決定的，是艦首方向何處去？艦長卻清楚，他透了口氣說，我們一直逆風航行十幾小時，不進則退，如果順風，便全艦覆沒，沉沒海底了。

那次是在台灣的西海岸的台灣海峽中航行。西海岸比起東

海岸來，算是溫順柔靜得多，岸邊多沙礫，船隻如被颳上岸，有擱淺漏破之虞；東海岸奇岩怪石，一旦意外，粉身碎骨，連船帶人，死有葬身之地，那就是太平洋。

□看海觀天常常忘我

　　綠島的海邊，和台灣東海岸的情況，是完全一樣。我在好幾次颱風過境以及颱風眼時，藏身大門口的碉堡，從瞭望洞中，靜心欣賞颱風時的海景。

　　碉堡裡的衛兵，百分之百認識，他瞭解我別無用心，樂得我去陪他。

　　首先我們要了解的，東海岸以及綠島的海岸邊緣，全非當地土產，是飄洋過海來的舶來品。說得清楚點，菲律賓平鑲板上的一部分。整體景象是堅硬，要是颱風過境，就是一般的東北風，侵襲力道也顯得特別強。海浪一卷一卷的滾滾而來，不管是碰上絕壁，是斷崖，那千仞高聳、耀眼的白、唬人聲勢，飛濺起億萬水花，繽紛落葉般匯成巨流，織成白練，囂張吆喝，來去不停。**海浪多變似無情。地球不停止旋轉，海浪就不會歇手雕刻大地。**

　　看海浪，尤其是看颱風裡的海浪，打開五官，也要打開心。說什麼「浪淘盡千古風流人物」，那只是將近一千年前（1082 年），蘇東坡先生在黃州赤壁磯頭泛舟，眼見滾滾江流洶湧澎湃，驚起的浪濤拍裂江岸，岸邊怪石嵯峨，呈火紅色的峭壁聳立長江

邊。他一時興起，寫出了這一曲《念奴嬌·赤壁懷古》。

江邊赤壁，怎可和綠島絕岩斷崖相較？江水浪濤，又豈能和太平洋的洶湧比擬？只可惜，蘇東坡不曾來過綠島；來綠島的人，又缺少了像蘇東坡這樣會寫詩的才華。我欣賞他寫的是：

> 亂石穿空，
>
> 驚濤拍岸，
>
> 卷起千堆雪。

所謂千堆雪、驚濤、亂石，統統指的是水，把水形容成雪，就其色而言；濤，是其勢；而成了石，尤其是亂石，則說明了水的力道，水的動向了。

在碉堡裡，有次想起了五百多年前明朝的王陽明先生，被奸臣劉瑾所害，受廷杖後，貶放貴陽龍場，環境惡劣，還要日夜提防殺手，他以「吾命只待天」平靜心思，胸中豁然開朗，終於渡過一劫。四年後，劉瑾勢衰，王陽明敗部復活，離開了龍場。

我當然比不上王陽明，王陽明的怨憤之情應和我相同。他能忍，我何不能？

我緊靠碉堡窗口向外看，踮起兩腳，有時乾脆找來石塊墊腳，在那水天不辨，汪洋一片，層層滔滔，奔馬轟雷，驚心動魄的時空裡，我不知身在何處？神遊古戰場？還是在三百六十度的廣角電影院中？

一個真正愛上了海的人，也是真正懂得了人生。說什麼人生如夢，倒不如說人生比不上一顆或一粒濺起的水珠。千堆雪要多少水珠才能聚匯起？個體的無數小我，如不能盡其在我，在有生之年，做一點有益於人間的事，豈不是白活？浪費生命！也糟蹋了糧食。

看海常常忘我；在浪頭起落間，想起了人生無常。在綠島將近十年間，有不少「人物」前來視察，我們不僅在生活上受到騷擾，在內心也加深了與次俱增的不歡迎。

把我們當猴子看，當猴子耍，只看表面浮面，而且是刻意準備的表面浮面。

□朱介凡狗頭賣羊肉

這些人物中，除了周聯華牧師，給了我們一些漣漪外，還有朱介凡先生的來訪，也平添幾許不知名的佐料。

朱介凡是以保安司令部政治部主任身分來綠島，叫我們反感最頭痛。任何「人物」來訪，我們除了加強內務整理、環境衛生打掃、小組討論表演、球隊比賽，以及晚會演出，還要列隊受檢、聽訓等等，把最醜最苦最不正常的體力勞動一律遮蓋。總括一句話，不好的統統藏起來，把一些「政治犯」應有感訓的面目和節目一一呈現。當然，還有抽樣的個別談話，那也是早經甄選，排練妥當，樣板而已。

料不到的是：朱介凡掛狗頭卻賣了羊肉。

他妙極，訓話一開口，就解除了我們對他的抗拒和排斥。他稱呼我們：

「各位先生、各位女士。」

他接著自我介紹，不錯，他是以司令部政治部主任身分前來綠島新生訓導處，但是他以私人對諺語有興趣的立場，和大家閒聊諺語。不是政治人物的慣用語「閒話家常」。

他不談政治，不談反共抗俄大道理，滔滔不絕地大談諺語源頭、衍生、派系、分類、區域、語句、聲韻等等，我們用心

聽，他如數家珍，娓娓道來，彼此興未盡而不得不散。

　　午餐時，他興緻所至，來到操場上和新生們共餐，入境從俗，脫下了上衣，爲金聖歎（1608-13/07/1661）的三樂加上一樂：

　　　久旱逢甘霖，洞房花燭夜；

　　　金榜題名時，赤膊吃午餐。　　　▼歡迎晚會的三人舞蹈。

▲五０年代的蔡瑞月

▲2001年9月7日蔡瑞月和我在台北喜相逢

他站起來說笑宣佈，我們鼓掌贊成。

那次歡迎朱介凡先生的晚會，是袖珍型的輕音樂和歌舞。王孝敏和另外兩名女生，也表演了一場舞蹈。

在綠島初期，晚會中的舞蹈是蠻夠水準的，因為名舞家蔡瑞月女士，也是女囚之一。

若干年後，在朱先生一篇文章裡，看到了他的感慨，大概是這樣的寫：「從這三位面貌姣好的女同學表演中，似乎看出了她們的無奈、哀怨，和難以負荷的委屈。」

就我記憶所及，來到綠島走馬看花的人物有：

蔣經國夫婦、戴安國、葉公超、黃少谷、馬紀壯①、顧維鈞、藍欽、劉毅夫等人。

顧維鈞遊罷綠島公園，題詩一首：

> 名山曾見亦曾聞，到此奇觀涇渭分；
>
> 不繡苔痕比鳥跡，漆搖椰影盡龍紋。
>
> 芳亭嘯嗷舒虹氣，水榭謳歌醉草裙；
>
> 眼痕江山橫萬里，欣然撥霧上青雲。

劉毅夫先生是中央日報記者，我讀到他當年往返綠島的特寫，太浮面了，因為他聽不到他該聽的話，也看不到他該看的鏡頭。何況，他的報紙，也不允許他發表「真實」文章。

劉老健在，前幾年，在我們的共同朋友卜少夫、劉紹唐等多次餐聚中，曾和他談笑言歡。我記得他去過綠島，他怎知綠

島的當年有我。

〔2001 年版附記〕
　①我曾寫《我所認識的馬紀壯》，刊《新聞天地》，紐約《海俊》轉載，請參看第 46 章。

▲1955 年蔣經國來綠島，鄭重其事地，欽定六名「新生」談話後留影。據其中之一張蘊智說，個別談話時所允諾之事，事後皆零回應。左起王博文、王孝敏、吳崇慈、蔣經國、梁耀光、張蘊智、徐國華。

▲▶ 除了高級長官來視
察，還有外賓們，
把「新生」們當作
動物園中的動物。

◀ 蔣經國陪藍欽大使，左為唐湯銘。

▼遠眺「樓門岩」是「新生」們的享受。

▲靜靜的太平洋是「新生」們囚舍的緊鄰。

第二九章 讀人讀書

沒有明天沒有未來並不表示絕望，

根本不奢求希望的我，

怎可能產生絕望。

日子在哨音和號音中一天天消逝，

生活在體力和腦力雙重勞動裡周而復始。

三餐中有酸甜苦辣，

情緒上卻短缺了大喜大悲。

□綠島火燒也有春天

綠島雖名火燒，也有春天。但是，春天是春天，我是我。我不知道別人的感受怎樣。我除了奉命工作，加上自我意志的打發時間，我的腦子裡，永遠沒有明天，沒有未來。偶而湧起的思想，大概也只是思想起以往在軍中、在家鄉的種種往事。

為什麼會有如此純粹生活在現實中的人？唯一的理由，是我和過去完全斷絕了關係，自從被捕那一天開始，我不曾和過去相識而仍然自由的人通過信。當我得知，即使我十年感訓期滿，如果沒有兩個人擔保，依然釋放無望時，我對未來更是充滿了無奈。

沒有明天沒有未來並不表示絕望。根本不奢求希望的我，怎可能產生絕望。

日子在哨音和號音中一天天消逝，生活在體力和腦力雙重勞動裡周而復始。三餐中有酸甜苦辣，情緒上卻短缺了大喜大悲。被捕後自己親身遭遇的一切乖謬離奇，不是身受者又怎能相信其千真萬確！而在《共匪暴行》中所讀到的某些記錄，卻正是我在鳳山當來賓時期所接受的招待內容。這兩個執政黨在兩岸隔海而王，鎮壓統制其被冤屈的臣民，在那悲情歲月裡還不是同一模式，同一方法，同一師承，同一數千年來的暴君專制！

托爾斯泰說得好：「只有坐過牢的人，才能真正認識到他政府的真面目。」可謂坐牢者心得之一。

我不屬於任何黨，來到綠島後，在書本上讀到共產黨的種種暴行；在自己被捕後的經歷裡，體會到國民黨的手段招式。我暗暗有了決定，一輩子絕不參加任何黨，一輩子絕不涉及政治。只要有飯吃，做點有益於「人」的事就可以。

　　哀莫大於心死，人的遭遇可以改變了人生觀，影響了生活態度，也左右了行為語言，除了「會」中奉命發言，在各種場合裡我變得很少講話。**在一個感訓機構裡，沉默不是金，比爛鐵還要賤。**我顧不得獄卒們對我的狐疑、猜忌，我就是我，我就是一個很少講話的人。

　　保持沉默的副產品，是養成了冷靜。我學會了從別人的話中聽出他的真意。即使擅長語彙、表情豐富、口才便給的人，不論他如何口若懸河，舌燦蓮花，他如果在毫無鼓勵的氣氛中失去了迴響，往往在放鬆的臉龐肌肉上顯出了尷尬，在語尾煞不住的表情中洩露了猶豫，而尷尬和猶豫，正是言不由衷、美言不信的徵兆。**讀人如讀書，讀人往往勝過讀書。**

□綠島土皇帝的禮數

　　「新生」多年，我最討厭的生活項目之一，是每禮拜一的週會，討厭的主要原因有三：一是討厭它的排場；二是討厭主席的一言堂；三是我腰痛不能久站。

　　週會無例外的一定在露天舞台前的籃球場舉行。禮拜一的早晨，多盼望是一個下雨天！老天偏作美，美得叫我們生氣，獄卒們也敢怒不敢言，沒有人願意參加週會，偏偏規定了除了值勤和留守外，官兵生全體參加。主席由處長擔任，歷任處長最高官階是少將，後來幾任都是上校。官階不高官味卻很重，官威更是了不得。當全體集合妥當，處長由舞台後側走上舞台時，總值星官一聲「立正」，接下來便是新生樂隊的「接官」樂，那氣勢，在我記憶中，比起有次在青島海訓團列隊迎接蔣中正，有過之無不及。我不知道，是不是陸軍裡有如此禮數，還是首

任處長姚盛齋始作其俑，立下來的「土皇帝」規矩，乖乖隆的冬，在那歷時兩三分鐘鼓號樂聲中，只見這位主席大人，一步一步邁上舞台，走到主席台前站定答禮後，樂聲終止，在餘音繚繞中，總值星官喊起「稍息」，舞台下的千餘人才恢復了生機。

主席大人要講些什麼話，如果是特定內容，或涉及時事上的專題，我們助教室的人往往可以先知道，因為講稿是由助教室擬編出來的。首任處長姚盛齋是一位「有言者不必有德」的大言不慚的人，他往往言過其實，說些無驗而言的話。開始一年多，把我們聽得天天有希望，他言之者無罪，而我們聞之者不足以戒，成了十足的可憐蟲。首任胡牧球副處長也是少將，他偶而代替主席時，講的倒是些生活上種種瑣事，可是他往往「得魚而忘荃，得意而忘言」，所說的往往和實情不符，我們聽的人也只能暗暗納悶會心一笑而已。周文彬處長似乎講話不打草稿，想到什麼就講什麼，語多幽默，多次博得了滿場哄然輕鬆。歷任處長中任期最長的唐湯銘上校，是位形象端正，中規中矩的老式軍人，既不花俏，也不急就章，總是看準備的講稿，一字一句讀完為止。

我腰痛不能站久是我個人因素，但是這個因素的形成也是綠島生活所製造，是在海邊搬米壓壞的。當我每次忍痛站立聽訓時，分分秒秒加深了我對週會的痛恨。無形中養成了對「說話」沒有好感。我總以為，這些主席大人們言不及義，好行小惠，難矣哉。

□不是朋友便是敵人

長久的囚禁生活，會使被囚的人在心版上留下永恆的創傷。

囚犯們有種特別的認知：總以爲生命已經形成了他們永遠無法由自己的肉體、情緒，和思想中逃出的牢獄。

這種認知，不是身歷囚境，身受其冤的人可以領會得到，推理也不可及，甚至不可能相信；如人飲水，冷暖自知，是一般性的經驗法則。愛國從軍的軍人被莫須有之罪假軍法之名囹圄十多年，今之孫立人，往昔岳鵬舉，是其犖犖大者；小焉者冤死冤獄在 1949 年、1950 年，真是多不勝舉，「二二八」是有形屠殺，稍後的亂抓亂整，是無形的杯弓蛇影。

問題是，上位的人也就是所謂掌權執政的人，對於非知名人士的被抓被整，總以爲理應如此，「口供」是白紙黑字，殊不知口供是如何取得的？一般特務囉嘍，他們本身的「忠貞」如何？他們是如何爲非作歹？他們是如何比「匪」還匪？他們即使不是居心叵測，爲虎作倀，也成了病狂喪心、疑假成真、顛倒是非，冤獄的數目和辦案的考績往往成了正比。①

在綠島被稱作「新生」的政治犯，他們的身分難以定位，因而獄卒們和囚犯間正式對話，在彼此立場上便難以確定，立場難以確定，心理上便有了疙瘩，語氣和神色間也顯得不自然。試問：以獄卒的立場來說，這些被管理的囚犯是朋友還是敵人？

那段日子裡，有一個邏輯性的政治口號：「不是敵人便是朋友」！反過來說就可以說成：「不是朋友便是敵人」！這當然不等於「放下屠刀立地成佛」，因爲不可能說成「立地成佛放下屠刀」。但是，黑與白之間，就不允許中間色存在嗎？政治是沒有灰色的。如此一來，我們當囚犯的，以囚犯的立場，把獄卒們當作朋友？還是敵人呢？

實實在在說來，我們把他們當作朋友，而且是可憐又可恨的朋友！

　　之所以把他們當作朋友，是因爲他們的無知，**最起碼他們對我們是無知，也不試探性努力地去了解我們。**我們知道他們內心裡認我們是敵人，表面上卻又要把我們視作朋友。而我們自知確實不是他們認定的「敵人」，因而我們表裡一致地認定他們是朋友。

　　如此心理曖昧，如此心情糾纏，在剛開始的兩三年，獄卒與囚犯間彼此都默默承受痛若。到後來，日久生情畢竟漸漸了解，不用言喻，意念中終於在認知上相互接納。是命！是緣！是一齣戲。

　　囚犯們是乾脆被冤了，被送來綠島。獄卒們呢！應該是被認爲次等貨色罷，也被派來綠島。兩種截然有別的身分，相聚一起過著相同的遠離人間生活，也是命！緣！一齣戲。

　　「人生幾何時，懷憂終年歲！」一千八百年以前的蔡文姬被匈奴擄去有此感歎；一千八百年後在綠島的千餘人，何不同此一悲！不論囚犯還是獄卒。

　　牢獄往往和教堂的功能一樣，最具有沉澱作用，除非你十全十美，否則，每個身陷其境的人，所有缺點都會凸顯出來。十全十美的人哪兒有？而彼此認清各自缺點又能夠互相容忍的人，很容易成爲好朋友。在新生環境裡，我交了好幾位朋友，有囚犯也有獄卒。

〔2001 年版附記〕

　　①《漢書‧路溫舒傳》有言：「夫人情安則樂生，痛則思死。棰楚之下，何求而不得？故囚人不勝痛，則飾辭以視之，吏治者利其然，則指道以明之；上奏畏卻，則鍛鍊而周內之。」翻成現代話來說，則是「以常情來說，生活過得去就要活，過得痛苦則想死。一旦遭到酷刑，什麼口供炮製不出來呢？被抓的人受不了酷刑，只好編造情節給辦案人看，辦案人順著這些編造情節教導受刑人炮製口供；辦案人唯恐這

個炮製口供，不能遂上司的意，便把案子編造得周延結實，天衣無縫。」路溫舒，前漢（-80 - -75）時，宣帝初即位，溫舒上書，此引文乃書中之一小段。他說秦有十失，其一尚存，「治獄之吏是也」。而我台灣，尤其是 1949 年後，被中共趕至台灣的國民黨執政的中華民國，其情治人員可謂虺蜴爲心，豺狼成性，近狎邪僻，殘害忠良；而國民黨上層卻以爲倚此而能苟安，藉此而可洩忿。

▲新生訓導處島瞰圖一（陳孟和繪）

▲2009 年 2 月 18 日（農曆正月 24 日）在本書作者 80 歲日生宴上，和陳孟和（左）、艾琍達（中）合影。

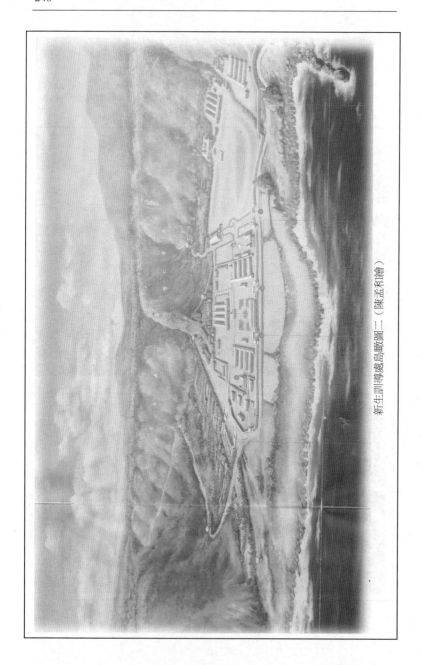

新生訓導處鳥瞰圖二（陳孟和繪）

第三十章 「吳鳳」新生

「外省人」在那悲情歲月悲情城市中，

在「本省人」的腦海裡，

豈止相等於毒蛇猛獸，

更是恐怖、卑劣的代名詞；

這般醜惡印象是如何造成的？

值得「外省人」，

尤其是有權柄的「外省人」深思。

□廖校長的讀書小約

在綠島新生將近十年期間，有兩位被公認疑似「吳鳳」型的人物；當然，這「疑似」的前提是，吳鳳確有其人不算，還確有「吳鳳精神」。所謂「吳鳳精神」，就是傳說中「任阿里山通事時，高山族有獵首祭神之惡習，感化束手，乃以身殉之，其習遂革。」

這兩位都是新生，而且一開始便和我同屬第七中隊。一位叫廖金照，是小學校長；一位呂水閣，是內科醫生。兩位都長我二十歲以上，都是本省人。

廖校長和呂醫生使人最尊敬的地方是：一、任何體力勞動一律參加，不像有些年長者以病以弱為藉口；二、任何時刻任何人只要找上他二老，他二老一定笑臉相迎，能替你辦到的一定馬上辦；三、任何不愉快的事情發生，只要他二位知道了，總是前來勸解、安慰；四、是非分明，獄卒們在我們生活起居上的規定如不合理，他二老會據理力爭。

廖校長在綠島日子不久，三年多罷，大概在第一次重新編隊前他被調去本島。傳聞中那是一次不祥的調動，果不其然，一直到今天，三十多年了，沒有人知道他的生死存亡。

廖校長的案情，據傳說，他聽到有些避居山中的知識份子可能被逮捕，他趕去通知叫他們小心謹慎。那些人還是被軍人抓了，他因而被株連。

他和我有段極為愉快讀書小約。有個下雨天的勞動天，我們在寢室等候天晴了出發上山砍柴，他拿了本《古文觀止》來我床邊，要我有空講解給他聽，當時的直覺是他要練習國語，我當然不夠資格「講解」，可是面對這位人人尊敬的校長，我根

本沒有謙虛和拒絕的勇氣，再說，我看那本《古文觀止》是有註解和語體文，便毫不猶疑地說「好，我們一起讀。」他把書遞給我，叫我選讀第一篇。我知道，他是讓我準備的意思。我記得很清楚，第一篇我選了韓愈的「師說」。本來嘛，聞道有先後，我雖比他年幼，讀《古文觀止》可能我在他先。

一禮拜大概約有一兩次，不是晚點名前就是午休時刻，有時在山上砍柴也讀一段，無形中我們有了共同約定，這是純讀書，不講日語、不談案情，也不談彼此家中事。

初初以為，如此的讀書小約，一定會夭折，不可能日久天長，不料，三、五次下來，興趣愈濃愈烈，廖校長本身散發出魔力，和他親近就是一種享受，他音調、表情，是「即之也溫」，使我感覺到他是位仁慈長者。雖然在現實環境裡，他和我一樣，也是名被感訓的囚犯。

兩人一起讀了五十多篇《古文觀止》中的文章，有天指導員叫我去他房間談話。廖校長那一組的幹事也在座。

重要的疑點，要我供認，廖金照除了課文內容，有沒有什麼其他談話？有沒有借「課文」而發揮？

我說，偶而有，只是生活上的瑣事。

幹事的意思，不准我再和廖金照在一起讀書，免得「養癰貽患」。──這位幹事真的踱了這麼一句成語。

指導員堅持說不可以停止，因為讀《古文觀止》也禁止，難不成只能讀《三民主義》！再說，如果是「癰」，也要養出來才看得見癰，目前言之過早。

《古文觀止》我們繼續讀，我心中暗暗嘀咕，廖校長真是位「人物」？真是「匪諜」？為什麼獄卒們如此看重他、注意他？我沒有理由因為「約談」便停止讀《古文觀止》；更沒有理

由把「約談」的事向廖長和盤托出。不料，在「約談」後又讀了兩篇文章以後，廖校長主動告訴我：

「不要問爲什麼，這一篇讀完了暫時停止。」

理由是不言而喻，問題是：理由的理由何在呢？

就在「停止」的那一年，一次大調動中，廖校長被調，離開寢室時，他當了指導員的面，笑吟吟地把那本《古文觀止》送給了我。

我好奢望，有人看到這本《跨世紀的糾葛》，告訴我，廖金照①現在人在何處？

□醫德醫術的呂醫生

呂水閣醫生最初給我的印象：他是位夜晚打坐而不睡覺的人。

有天夜裡，我披了外衣去廁所小解，無意中瞄到上舖有人挺直了腰桿在打坐，我沒思考那是誰？是偶而爲之？是三兩分鐘的新鮮？回程中偶一抬頭，黑幢幢打坐依舊。我仍然未用大腦，天冷，我直打哆嗦，鑽進被子裡繼續睡。

後來，我夜中起來入廁或值更，我又問了好幾位難友，證實了那夜中起身打坐的人是呂醫生。一年三百六十五天，他夜夜如此，大概由一點鐘開始，一直到全體起床時止。

我問過呂醫師本人，他解釋，打從被捕第一天開始便夜中打坐，冬天禦寒，夏天不熱；理由單純，完全是攝生之道。等到我離開綠島前幾天，他主動告訴我，最初是下半夜老是睡不著，乾脆起來打坐，漸漸習而慣之，努力持恆學打坐，既免除失眠痛苦，也可以暫時停止思考。

想當然，思考自己為什麼而坐牢？不僅痛苦，更會狂怒；能以打坐而停止了思考，是智慧抉擇，也是毅力支持。

新生中所有醫生幾乎全被調去醫務所②服務，呂醫生是唯一的例外，他自嘲是一名行走江湖的郎中。全處官兵生，以及軍眷，甚至綠島居民，任何人有了急病，重病，即便醫務所在看病，也都希望找呂醫生看病。我們時常看到呂醫生匆匆忙忙，進進出出，值星官找他，有時隊長、大隊長親自會到我們寢室找呂醫生，是某隊某人，或某長官某太太病了，要他立刻去，他成了應召醫生。最有趣的是，女生習慣了指名找呂醫生看病，她們一個個都喊呂醫生為呂伯伯，少尉中尉的女幹事也跟著喊。

呂醫生醫德好，醫術好，尤其是他用功讀書，寫字一筆不苟。我在綠島害過一次急性胃痙攣，痛的滋味不好受，我大喊大叫大哭，左右寢室都被我吵得一夜難安，自始至終，呂醫師一直陪伴我，替我打針，可是針效一退便又大痛如故，到了第二天去醫務所拿了特效藥，才漸漸好轉。

呂醫生對任何人都一視同仁，有次他正在某隊替一位新生看病回來取東西，值星官告訴他某某長官叫他立刻去他家給他太太看病，呂醫生回答說不行，說他還有一位同學的病還沒看完，看完了再去。我沒聽清楚值星官對他說了什麼，只聽到呂醫生正色地說：

「既然要我看病，我就是醫生，醫生的眼中只有病人，沒有什麼官長和新生的分別。」

呂醫生個性耿直，是好醫生，但不是好新生；如果他不能「妙手回春」的話，連他自己都相信，他一定和廖校長一樣，也被一道調走了。

若干次的大規模勞動，以及零零星星的小公差，呂醫師可

以堂而皇之的享受特權，豁免參加，可是他不要。好幾次集合派工了，值星官告訴他，某某官長的孩子病了要他去看病，他說，做工回來了或者晚上去看沒關係，那不是急病；有時他乾脆建議，去醫務所②看也一樣。有次晚點名後，我們聽到有位居民在官長室用半生不熟的國語請求，只聽見值星官的聲音：「晚上太不方便了，明天一起床叫呂水閣去好不好？」只見呂醫生趕緊穿好衣服，手提診包，大聲向值星官報告：「讓我去好了，我知道他阿媽病得很重，不重他不會這個時候來。」

呂醫生就是這麼一個人，他似乎來綠島不光是坐牢，也是為了給綠島的所有人看病。在綠島，包括官兵在內，不論有沒有讓他看過病，所有的人對他莫不有一份敬畏、愛護，儘管他是名犯人。

呂醫生在我離開綠島的第二年，大概 1962 年左右，回到了他家鄉，台南縣白河鎮。當然，他還是懸壺濟世，在白河，只要一提起呂醫生，真正是無人不知、無人不曉。他的醫德醫術活人無數，他的風範德澤更令人難忘。

十年前左右，呂醫生因病在白河逝世。

我不敢高攀，說什麼廖校長和呂醫師都是我的好朋友，不過我相信，如果我當了二老的面如此說，二老也會欣然同意。

□「美麗」銘利乒乓球友

我自七隊、五隊、調到三隊不久，我交到一位名叫顏銘利③的嘉義縣人做朋友，大家都喊他「美麗」，年紀和我差不多，最初我們同屬乒乓隊，比賽時我倆搭配雙打，很自然接近，他憨厚、純樸、非常重感情。後來他教我彈吉他，並且秘密告訴

我，他把吉他藏在中山室舞台上的頂柱上，我有空可以自己拿下來練習。他的力氣比我大，上山砍柴時，他常叫我歇著，他很快砍了兩大捆兩小捆，堅持自己挑大捆，快到集合地時，他又改捆四捆差不多大的，這樣一來，兩個人挑的和其他人的份量便沒有顯著的不同。輪到幫廚時，他也一樣幫我，四個人幫廚，平均每人要挑二十擔水，往往他一人挑三十五擔也不止，我只挑四、五擔而已。他知道我腰痛，所以他特別多方面幫我，這份友誼，叫我終身不忘。

有次，他低聲告訴我，他一直對外省人印象不好，我可算是他第一個交的外省朋友，而且是好朋友。

「外省人」在那悲情歲月悲情城市中，在「本省人」的腦海裡，豈止相等於毒蛇猛獸，更是恐怖、卑劣的代名詞，這般醜惡印象是如何造成的？值得「外省人」，尤其是有權柄的「外省人」深思！

〔2014 年版附記〕

①廖金照的女婿何西就先生因讀 2001 年版《跨》書，電話告知廖老已於 1957 年三月二十一日前往極樂世界。

〔2001 年版附記〕

　②醫務所的醫師群組織，除了編制內的幾名陸軍醫官外，新生中的台大醫院醫生占據重要成份，相片中前左一是耳鼻喉科的蘇友鵬，右一是皮膚科的胡寶珍，二排右二是眼科的胡鑫麟，另有婦產科的王荊樹，牙科的林輝記（十多年前我去東京，他來酒店看我。2000 年十一月二十六日，吳昌惠電話中告知，林已亡故）等。呂水閣不是台大醫院的。

　③顏銘利，比我稍後離開綠島，1961 年秋，我在台北重慶南路中央圖書供應社當店員時，他曾來看我，因爲他有哥哥在中華商場做生意，回嘉義後一直沒消息。每逢遇到中南部的老難友時，都打聽不到他的消息。到了 1998 年，第三中隊難友們有次在台北「好小子」餐廳聚餐，有人告訴我，說銘利早就過世了。

第三一章　人醉己醉

我不喝酒，也不抽煙，

但是我欣賞別人喝酒，

也不反對別人抽煙。

我欣賞他們醺醺然的豪爽、坦誠、忘我、

個個顯出真性情，能哭、能笑、能叫、

敢說、敢鬧、敢發牢騷。

□夜涼如水水涼如夜

蘇東坡被貶海南島時，有篇石刻書寫得妙，其中有這樣詞句：

清夜無塵，月色如銀，斟酒時需滿十分。浮名浮利休苦勞神，似隙中駒、石中火、夢中身。

雖抱文章，開口誰親？且陶陶樂取天真。幾時歸來做個閒人，背一張琴、一壺酒、一溪雲。

如果想得開，甚至什麼都不想，或者什麼也想不起來，在綠島的政治犯，從人生旅程中某一觀點來看，上面這些詞句，何嘗不可以成為他們現實生活的寫照。

在所有生活項目中，我常引頸以待的是聚餐。你別錯以為我好吃，或者新生們平時吃的不好，那可不是。綠島的一天三餐，尤其後來的幾年，吃的可真不賴；因為我們自己有生產班負責菜圃，所以蔬菜無缺，又有豬圈、羊圈、火雞、土雞，差一點還準備挖魚池養魚，主食有大米飯，自己又會做饅頭、麵條、連油條、豆漿也會做。我期待聚餐，最喜歡那股吃喝吆呼時的氣氛，同時，我等待聚餐結束後，我自告奮勇擔任清理洗滌杯、瓢、碗、盤的公差。

聚餐往往是晚上舉行，幫廚的由四人增加為六人甚至八人之多，每桌菜餚花樣有限但豐盛，高粱酒雖按席定量供應，可是飲者自飲，不能飲不要飲的酒瓶便集中到善飲者的席上來。聚餐不在籃球場，便是在教室裡舉行，和往常開飯一樣，六個人一席，圍地而坐，地面便是桌面，幫廚的不斷分菜送菜，每席至少十個菜以上。聚餐無大小，官兵生不分，成了「政治假期」，只待開動令下，禮貌敬酒後，便暢飲開懷，座位可以任意

▲新生們自己的菜圃，以及▼雞鴨成群。

變動，各種方言甚至日本話也出了籠。聚餐當然有名目，逢年過節、重大國訂假日是當然大吃大喝，每月的慶生會、迎新送舊、球賽得了錦標、某長官榮陞、官兵的婚喪喜慶也都舉行一次聚餐，克難房落成了，生產班又加蓋了一個豬圈，都是加菜喝酒的好題目。反正吃的東西多，官兵生都想藉口打牙祭，輕鬆、放肆，解脫一下，這是各中隊自己的家務事，大隊部的官兵有時被邀作客，只要醉得不出事，狂得恰到好處，聚餐一事，好像不曾受過干預。

□醉酒忘我易發牢騷

酒醉難免出事，出事的倒不是囚犯。記憶中僅有一次是我們的中隊長自己。

還是早先第七中隊時代，聚餐已經結束，我們早都醉入夢鄉，猛聽得有拍桌、怒罵、打架、木板倒塌的聲音，我們聽若無聞，知道是獄卒們窩裡反，接著有人勸架推拉走人的聲音，靜悄悄一會兒，接有鎂光閃亮，低聲談話，吵得我們再也睡不著。

第二天一起床，才知道隊長室①有了災情，三邊木板隔間上半截幾乎全被打倒，桌上玻璃也被砸得粉碎。所為何事？當然是不可說不可說。半夜裡的確找人來拍照存證，負責拍照的是五隊的陳孟和②。房間修復很快，木工是我們隊上的許德興許老先生。

這是聚餐後遺症的小插曲，事態不嚴重，那一任隊長是周什麼翔的，為人四海，對我們新生挺不錯，沒有絲毫敵對態度。二十年前我在台灣后里遇到他一次，完全是老朋友口吻，親切

招呼，互訴近況。

綠島期間，百次以上有酒供應的聚餐中，我是滴酒不沾。我應該算是有點酒量也有酒膽的人。過去在軍中，尤其天寒地凍的日子，天津、葫蘆島、秦皇島等港口，都是破冰船才能進出的零下十幾度的氣溫，我們在海上討生活的人，總是以東北流通券買了整罈整罈的燒刀子，沒事來上一兩口，上了岸，更是不醉不歸。可是自被捕後，我下了個決定，只有兩種情形下開戒：一是「大去」前奉命喝；一是被釋放了自己喝。

我不喝酒也不抽煙，但是我欣賞別人喝酒，也不反對別人抽煙。**我欣賞他們醺醺然的豪爽、坦誠、忘我、個個顯出真性情、能哭、能笑、能叫、敢說、敢鬧、敢發牢騷、**令我們意外的是，有次一位年輕幹事在觥籌交錯之餘，居然舉杯衝著我們說：「你們還是有期，過一天少一天；可是我們卻是無期，誰知道哪天才能調去本島？」

後幾年，官兵們也有了輪休輪調制度，可是有少數官兵，好像一開始就在綠島，到我們一一離開時他們還未離去，是自願留營？還是奉命如此？我們不得而知。

一個中隊以十八、九桌來計算，一桌如果大小碗盤湯匙酒杯最少三十件的話，總共就有五六百件東西要洗。聚餐的規矩，幫廚的公差只料理廚房裡的事，聚餐現場的清潔工作以及把五六百件食具洗得清潔溜溜，如數交去廚房，則是臨時公差的事。

十次就有九次，這種公差四個人當中一定有我，這是因為我沒有喝酒；我又事先向值星班長報備，儘可能派我；還有一個重要原因，這不是好差使，深更半夜才能回寢室睡覺。

可是我樂此不疲，現在想想，這也算是「犧牲享受，享受犧牲」罷。

把睡眠時間犧牲掉，說成「犧牲享受」不勉強；我獨愛這種夜間公差，自認「享受犧牲」正恰當。

就算是十二個中隊在同一晚有聚餐，夜間這種洗碗盤的公差也不過五十人左右，佶長的流鰻溝，我們各佔一個水壩的凹堤，水流潺潺、碗盤碰觸，低語、輕吟，種種聲響起落或交會，串篩在自由自在的夜空中。手在水中，腳在水中，有時雙手捧起一挽水沖沖臉，夜涼如水？水涼如夜？心中涼涼，腦袋跟著清醒不少。

多次聚餐喝酒的共識，當有人在酒後傾訴或話不正常時，你只能靜聽，等機會轉變話題，千萬不可以應和或順著他發表意見，因為一旦有了共鳴，彼此的心聲便擁抱在一起，一擁抱便溶化，溶化的後果不堪想像，也難以想像，給自己也給同桌的人帶來災難。

□蘭嶼佳賓合唱共舞

記不清是哪一年的夏天，有百來位上身赤膊下身穿丁字褲（ふんどし）的蘭嶼居民來到綠島作客，不知什麼理由，和我們囚犯們一起吃後，統統來到中正堂前運動場上，手牽手圍起大圈圈，左腳右前跳又收回，右腳左前跳又收回的，哼哼哈哈跳起舞來；跳舞唱歌不打緊，阿伊吾愛嗚的談笑也不打緊。一點徵兆都沒有，忽然間，數百名大男人，震天響地哭號起來，又跳、又叫又狂笑……

當然是酒精作用，淤積心頭的怨恨、悲憤，剎那間黃河決口，理智和顧忌一時間失去效力，獄卒們也有部分手牽手地在圈圈中打轉。

我沒喝酒，被這種氣勢感染了也醉；我一向拘謹，在哭笑搖

擺中失去分寸。

　　這個場面不知道是怎樣結束的？也不知道什時候結束的？這是僅有的一次。後來有天和警衛連張連長聊天時才知道，他們當時緊張極了，他們只有奉命在四周增加崗哨，嚴密注視，誰敢保證不會發生什麼事？誰能判斷這會發生什麼事？

　　張連長那時候勤學英文，是位肯上進的年輕軍官；和我私交匪淺。

　　酒醉是一種非理性表現；戰爭、宗教信仰、群眾活動、傳統因襲，甚至戀愛等等行為，統統是非理性。在政治犯大本營的綠島，我在每次多少位新生酒醉後表現中，看出了一個答案：這些囚犯當中，十分之一也不夠資格，說他們思想上有什麼政治問題，包括我當時的自己在內，根本就不知道何謂政治。執政黨在那時代的所謂亂世亂來，勉強說得過去。現在已經偏安了三分之一世紀強，對這些已經服刑完畢根本毫無問題的新生們，現在又如何交代呢？**往事絕非逝去，只是過去而已**。遺憾的是，在新生代掌權執政人心底檔案上，只有這些案例的結果記錄，卻不存有其結果的成因分析。他們不願、不能、也不敢相信這些荒謬案例的捕審過程，僅僅執迷於判決的結果，深信不疑。

　　我們可以理解的是：**他們對這些案例拒絕用理智來分析，一分析，他們對眼前的一切便失去了信心。**

〔2001 年版附記〕
　　①我記得中隊長是周翔飛（名可能有誤，但姓對）。有年我去后里周雨農府上作客，碰到周隊長，他海派，很熱呼。在綠島時，對我們毫不敵對，聽說也故世了。
　　②陳孟和，擅攝影，回台北後曾在新亞旅行社任職。1998 年「台北市高齡政治受難者關懷協會」成立，我們推舉他擔任總幹事。當年在綠島專司攝影工作者計三人，除陳孟和，尚有歐陽文，唐鴻唐教官。

「憶火燒島系列」之一▼將軍岩晨曦，之二▼▼象鼻山（即鬼門關）。

第三二章 雕蟲小技

千萬別看扁了使用推剪這小小工具的手藝，

它端賴五指的靈活操作，

而肘隨指移的進退之間，

腕力壓放自如的輕重，

其學問大焉哉！

在綠島新生過的政治犯，

除了不能單獨生孩子外，

其它事似乎統統學會了。

□拔毛戳肉勤學剃頭

綠島新生期間，如果自己肯學、努力學、持之以恆的學，是可以學到一些技藝的。但是不論學什麼，首先得摒棄那來自心靈深處的痛苦、精神上的鬱積和憤慨，甚至要壓抑隨時可能爆發的瘋狂。

而且，學任何東西，只求當時的適應環境，為需要而學；千萬不要有長程目標。「為將來如何如何」是給自己找麻煩，激起了內心深藏的不平衡，什麼也學不好，什麼也不想學。

湖水清澈見底，我們只可以在浮面瓢舀，絕不可浣濺搗攪，底層沉澱一旦混濁，滿湖皆渾，久久不已。心湖何嘗不一樣！

在諸多雕蟲小技的項目中，我學會了剃頭和打針。

差不多每兩個禮拜的禮拜天，整個上午全體新生有志一同地在教室裡剃頭；當然是大光頭，當然不用剃刀；我們用推剪，是你我互相推剪。一開始，沒幾個人會用推剪，人人想學的欲望都很強，人人敢當試驗品的勇氣卻非常低落，那被拔毛戳肉的滋味痛苦不堪，自己的腦袋被壓抑扭轉的委屈更是忍無可忍。

千萬別看扁了使用推剪這小小工具的手藝，它端賴五指的靈活操作，而肘隨指移的進退之間，腕力壓放自如的輕重，其學問大焉哉！

完全不會使用推剪的人，好比第一次坐上駕駛座開汽車一樣，百分之百要聽從座旁教練的話，一個指令一個動作倒也好辦；不同的是，學開汽車的人，汽車是向前走了。學剃頭的人，推剪雖不停前推，頭髮一簇簇在推剪下被壓輾過去，當教練喊停，推剪應聲拿起的時候，剛剛被壓輾的頭髮卻又再度矗立，真所謂「野草除不盡，春風吹又生」，只恨生長神快，眼見前仆

被壓輾，後繼立刻爬起來。實情是：被壓被輾，未斷耳！

如何使用腕力將推剪的前齒插進髮根，在原地擠放兩三下，耳聞髮斷的吱吱聲，眼見髮倒的散落狀，這是初步功夫的考驗；此一考驗一旦成功，推剪繼續前進，則不會無功而退，吱吱不絕，散落繽紛。在頭頂何處而停？如何而停？則又是深一層功夫。

何處而停？這個問題可以說得清楚；頭顱是圓形，剛學剃頭，往往從左眉上方開始，這是以正常右撇子的人為例，左撇子正好相反。推剪皆不重，最初幾次使用卻重如千鈞，五指運行竟是意外的痠，所以不必推剪太遠，到了頭顱中心前後，就可以暫停，在舉起推剪前，一定要在原地擠放兩三下，不然會把頭髮連根拔起，那滋味和後果我們可以想像得到，被試驗的人兒咬牙切齒，怨聲不絕。

因此，在最初半年內，輪到剃頭的禮拜天，教室成了屠宰場，拔毛流血，追逐打鬧，哀鴻遍教室，一片辛酸。

剃頭這門手藝應該沒有理論，不去剃和不去被人剃就永遠不會剃。如果一定要說有點竅門的話，那就是五指在擠壓時千萬別推進，準備停止前，得原地擠放兩三下，再作另一次開始。其它各種細節，在不斷剃別人和被別人剃的親手操作和感受實際過程中，自然神會心領。

在綠島新生過的政治犯，不會剃頭的人，應該是百中無一，萬一真不會的，那只有兩種可能：一、他撒謊；二、他封建。他在心理上排斥，認為剃頭是賤業，不屑一學，他一定化錢「賄」人替他剃。這兩種可能，還是以第一種可能為最大可能。

半年後，幾乎人人會剃頭，再以後，愈來愈有技巧，也越來越有功力了，三兩分鐘便解決了一個頭，一個中隊，三把或

四把推剪，百人左右，兩個小時不到，便統統剃光。兩名公差很快處理善後，把屠宰場打掃得清潔溜溜，剩下時間，不是去流鰻溝清洗衣服，便是以自己的意志或興趣去「殺」時間。我多半打乒乓後去洗衣洗身體。

人人剃光頭，除了正式集合必須頭頂青色小帽子，其他場合，日夜二十四小時，誰也不可能在片甲不留的光頭上藏有秘密。至於光頭下的內部，裡外是否一致，那可就因人而異，連他自己也難作主的了。

應該是在綠島的第三年或者第四年開始，第一次發現新生中有人奉准蓄髮。這不僅證明了我們使用推剪的技巧，已經由剃頭進步到理髮，等於是由草坪剪割，提昇至為花木修整；最最叫我們興奮的是：我們有了重返社會的希望。這一位奉准蓄髮的新生，原來他已經寄出了保單，在等待保人辦理手續中，他的頭顱上也開始了欣欣向榮，為出獄，為自由，他留起了頭髮。

叫人感歎的是，越到後來的幾年，禮拜天被理或被剃下的頭髮，由原先的烏黑烏黑，逐漸的花白花白起來。「**白頭宮娥**」**是帝王時代作賤女性傑作，花白新生是國民黨無視人權的佳構。**

學會剃頭，如同學會騎自行車一樣，多年後再度拿起推剪，稍稍練習便又運指如飛。後來我重返社會，娶妻生子，在兒子進小學前，他的頭髮完全由為父的我一手包辦。一把他獨自專用推剪我一直保留，偶而拿出來抹抹油，往近處想是思念兒子；往遠處想，那剃頭的禮拜天，那麼多人聚集在教室裡，你剃我頭，我剃你頭的情景宛如眼前……

□皮下注射血管注射

在綠島，很多人學會打針，當時我們以日文的漢字來說，是注射，我也會，而且，技術不錯，重要的是，多次的給別人打，也給自己打，從未出過差錯，可說萬次中尚無一失。

不僅是皮下注射，打血管我也會。不過，不彈此調已三十餘年矣！可以肯定的是，這一輩子，不可能也無此必要給別人或者給自己打了。

當時的環境，十之八九的新生自己會注射，是風氣，也是必須。說是風氣，大概東洋味太重，每個新生總覺得自己有病，太虛弱，口服藥保管不易；醫務所醫護人員太少，新生中的醫生被徵用也人數有限，乾脆問明白了應該打什麼針，由台灣本島的親友寄來，自己或彼此打方便得多，而且針頭自己專用，在衛生上更加安全。自己的注射器材通常是放在便當盒中，使用時拿去廚房加水煮沸就行。

新生中最顯著普遍的毛病是關節炎，缺乏某種維他命什麼的諸多症狀，這當然是在軍監或其它看守所時就有的毛病。綠島伙食不錯，營養不夠均勻是不可避免的事，還有自我認定有某種毛病的人也不少，親友們在猜測、關注的情況下，未曾徵詢，也往往寄來了不少藥品。反正有益無害，注射便成了一種流行的時尚了。

第一次給人注射，是一半被迫一半好奇而當上了密醫。左鄰老賴有天興沖沖由廚房捧了燙手的便當盒，上得床來，他左鄰小陳不知何處去，他堅請右鄰在下我給他打針，我說不會，他說一學就會。由不得我答應不答應，他打開便當盒，用鑷子夾起了針筒，用針筒套上針，以藥棉把它扶緊，斜放在盒蓋上，

再取出一管維他命，「卜」的一聲，熟練地以心形割片把維他命管劃裂後，大拇指和食指一掰就開，針筒插進去，先平吸再由下向上吸，眼見管中維他命液完全被吸中針筒裡，他先推出針外一兩滴，告訴我針筒內已無空氣，用藥棉擦抹左臂，把針筒交給我，對我說，向擦抹處插下去，直插，不要搖擺，平穩插進去一半就可以，然後可以左手托穩針筒，右手將針管原地旋轉一下，如不見紅，便可往上慢慢推進，一直推到筒底，維他命液全部注入時，右手變換姿勢，不要搖擺，慢慢抽出來就大功告成。

我一一依言而行，心裡緊張萬分，兩手總算被控制了不抖不擺，當我摒氣斂神眼睜睜看見最後一圈維他命炎沒入他手臂裡，平平穩穩拔出針頭時，老賴立刻用藥棉抵壓針頭留下的小眼，也馬上誇獎我：「米拜！米拜！」（不錯的意思）「多謝！多謝！」

皮下注射實在沒什麼技術可言，重要的是，針頭一定要消毒徹底，不要打進空氣，每次都小心，尤其是打臀部，更不見困難。

血管注射比較麻煩，太瘦太胖的人往往不容易把血管顯露出來。我們常常看到護士給病患血管注射，針進針出，徒增麻煩和痛苦。病患的血管太細難找是實情，這位護士毛躁性急也是原因。血管上端紮緊後，我們不妨在血管下端往上推擠，另外用蘸有酒精藥棉在血管上用力搓擦，稍待幾秒，血管一定會出現，當針頭平挑進入血管，再細的血管也是空心，握針的手應該有所觸覺，針一插入，立刻要放鬆上端捆紮，針筒也就見紅，這當然是毛細孔作用。此時一方面注射，一方面告訴病患，手掌攤開，不用著力，心裡如果感覺不適，要立刻講，注射應

聲停止或減慢。

　　我只可以替自己皮下注射，給別人注射血管也有多次，現在回憶種種囚年往事，再荒唐不過，莫過於打針這件事了。

　　在綠島新生過的政治犯，除了不能單獨生孩子，其它事似乎統統學會了。

▲每逢「總統華誕」喜慶節日，一定隆重佈置，此非「雕蟲小技」，而是大搞一番。
公差名額至少八名以上，照片中人乃帶班的「班長」，右爲鄭若萍，左忘其名。所
著服裝乃「新生」禮服，衣冠難得整齊，尤其鞋子乾淨異常，以示對神聖工作之
敬畏。

第三三章　不祥調動

思想是絕對自由，

思想無形正是思想自由的最大保障，

妄想以有形的人身逮捕和留置，

來消除猜忌中的敵對思想，

當然是治絲愈棼，

問題會層出不窮。

□姑妄聽之的政治課

當上了犯人，尤其是美其名的「政治犯」，囹圄日久，反而覺得自己更自由，真的成了「政治犯」了。這絕非阿Q想法，因為，生活在任何空間，存在腦袋裡思想總是自由的。地球再大，宇宙再遼闊，比起腦袋中的空間，還是有限制、有邊際。

腦袋中的空間，可以無限大，任憑思想馳騁、翱翔，成長、蛻變； 絕不受暴力摧殘、無端歪曲、強迫說教，或是蠻橫灌注，應該也是一種天賦人權。任何人腦袋中任何思想，可以用被他所能接受的事實，狀況去影響它，在企圖影響它之前，必須先斷定，這些人的腦袋裡到底是些什麼思想？

思想是絕對自由，思想無形正是思想自由的最大保障，妄想以有形的人身逮捕和留置，來消除猜忌中的敵對思想，當然是治絲愈棼，問題會層出不窮。

如果一定要扯上「政治」，對綠島絕大部分的新生們來說，那就太高估了。他們國語說不靈光，不論中文或日文的閱讀能力都很差勁，受日本警察管轄多年，光復後那幾年，一直是國民黨統轄下的台灣老百姓，哪來政治意識？哪來政治思想？國民黨的特務硬把他們派為匪諜，一批批抓來坐牢，送來新生，能以什麼思想改變他們原來的思想呢？他們的腦袋本來無所謂思想，但是無所謂思想，並不等於沒有思想，沒有思想的成年人也不等於腦袋空空，可以隨便灌輸什麼都行。從被非法逮捕、刑求、坐牢、新生，所有國民黨給予他們的各種事實、理論，或狀況，孕育了他們的思想。他們直覺的感受：原來國民黨是這樣！國民黨主政的中央政府是這樣，法在哪裡？理在哪裡？情又在哪裡？

　　最大的諷刺，莫過於新生們上政治課，當教官口沫四濺，在講台上痛斥共匪是如何如何暴行時，新生們幾乎都已經身受了這些暴行中某些項目，而施暴的人反而是國民黨的特務。新生們除了啼笑皆非，對所有政治課程的「姑妄聽之」不得不成了他們必須有的心理建設，說成高度修養也不為過。

　　國民黨的高官們怎能警覺到這一點。在 1949 年美國白皮書剛剛發佈不久的歲月裡，大陸江山明知不能保，台灣「二二八」後的餘悸猶存，國民黨只好一方高唱「反攻大陸去」！拚命強調「一年準備，兩年掃蕩，三年反攻，五年成功」，以愚昧追隨政府來到台灣的軍與民，一方面縱容特務們猛抓「匪諜」向軍民們鎮壓和示威。匪諜案中的真匪諜當然是有，但是更多的是以「莫須有」和「想當然」的罪名被判重刑送了命。幾乎可以肯定的說，在那悲情歲月裡，一旦被誘捕的老百姓或軍人，如有一點一滴蛛絲馬跡被認定有匪嫌，生命一定嗚呼。被判重刑而新生的人犯，不是被「自由心證」，也是文不對題，或者是罪不至此。

　　在綠島生活了漫長歲月的我們，不論獄卒還是囚犯，幾乎都有了一個心照不宣、天機不可洩漏的感受，那就是，國民黨執政的政府，對綠島這批「政治犯」，十之八九在小題大做、吃錯了藥、錯編了劇本，也錯找了演員；把細短的繩索看成粗長的毒蛇了。在當時，也許是狗急跳牆，大失敗後猛發洩，任憑特務們亂抓亂整，是遷怒，是殺雞儆猴，到後來無法自圓其說時，便大言不慚地宣言，在那種情勢下，任何統治者都會那樣做，今古皆然。**亂世用重典，可不是亂世亂用典。**

　　再說，亂世過了又怎樣了呢？在創造了經濟奇蹟的安定日子裡，又怎樣了呢？

1966 年至 1977 年，在中國大陸被稱爲「文化大革命」期間，共產黨冤人殺人無數，僥倖活下來的人們，在他們肉體和心靈深處，留下了斑斑傷痕，在社會上也留下了各種各樣發人深思的形形色色。但在「文化大革命」十年期滿，四人幫下台後，好多大陸同胞曾由各種反動的罪名清算、鬥爭、判刑、勞改、下放，甚至喪命，卻都由中共當局主動予以平反、恢復原職、補發薪水，冤死者也給遺屬補償。反觀一向自我標榜民主自由的國民黨，對過去冠名爲「叛亂」的政治犯，國人皆知冤者枉也，今之當局卻死不認帳，記憶猶新的當年主其事的人，官腔照舊，說是依法辦理，奉命行事。而**年輕一輩的今之執政人，根本不敢相信，堂堂中華民國，怎可能發生過如此恐怖、黑暗、怪誕不經的事。**

□不吉不祥的大調動

即使我們在牢中，在綠島的新生訓導處，也發生了一件怪誕不經的事。

前文曾經提過的，在綠島有一次不祥的大調動，那應該是發生在 1951 年十月下旬。調動的氣氛怪怪，神秘中透露緊張，倉促裡顯現恐怖，如果說把刑期較短的送去新店監獄，可是也有即將到期的卻不在名單之內，再推測是把刑期超過十年以上的調走，有好多位無期的又沒被喊到名字。

不祥的調動，是指導員率領隊上文武百官來我們寢室下達「起解令」的。我記得很清楚，早餐時，在值星官交代事項的口吻中就聽到了玄機，他在例行「開動」口令前，以努力平靜自己的語調宣佈說：

「早餐後全體在寢室集合，幫廚、伙委、病號，所有處部公差全部到齊。」從語調中聽出了詭異，在表情上更看出事非尋常。

難不成是不久前「刺字」事件的再版？說不定是有幾位倒楣鬼要被關重禁閉？

稀飯伴著小菜默默由喉嚨嚥入肚中，腦袋卻不斷推測：又有什麼出人意表的新鮮事？

指導員率領文武百官，早餐後和我們幾乎同時進入了寢室，所謂文官是九位幹事，武官則是三位分隊長，其中一名是值星官。

▲作為禁閉室用的碉堡。

在這重要時刻，我們的中隊長呢？原來他由特務長侍衛著，在大隊部前的空地上，和其他三個中隊長、大隊指導員，以及大隊部的官長們，正在接受大隊長的指示：以何種方式把各隊起解去本島的新生送去南寮上船？－－當然，這是事後知曉的秘聞。

　　值星官命令值星班長把廚房裡的人統統催叫回來，連住在病房的兩個病號也弄來寢室，各班清點人數一個也不少，指導員在和值星官兩人彎腰如儀後，大聲宣佈：

　　「被點到名的人，把自己東西準備好，待會兒隨身帶了去�部門前集合。」

　　「報告指導員……」

　　「不要報告，保持肅靜，等點過名以後，有問題再說。」

　　「……」

　　「……」

　　我記得，這些人當中有：廖金照、王任、賴象、陳明誠、葉貽恆、張樹旺等人。

　　廖金照當了眾人面，笑吟吟送我一本書，《古文觀止》，我亮了亮書面，也現了現書頁，指導員默許我收下。

　　我們第七中隊有十多名，聽說全處有一百多。

　　每當指導員唱出一個名字，我們心裡便更能加強一個肯定的答案，那就是，這絕非普通編隊，極可能是起解他處。

　　但是，他處是何處？誰也猜不準。誰也沒猜到，他處竟是台北的新店監獄。

　　這是一個類似整肅的措施，任何藉口或解釋，只是讓我們全體新生同志們了解一個事實：**被認定不乖乖於感訓的人，便得乖乖被送到有形的牢籠中去。**

　　當所有被調走的名字一一唱完了以後，輪到了指導員他們吃驚，沒有任何人提出任何問題。因為答案已經在唱名過程中揭曉了。

　　一定是離開綠島。值星官在宣佈中洩了底：棉被和新生服不要帶，隨身穿一件就可以了。

　　一刹間，寢室裡充滿了離情，靜悄悄，沒有襯底音響，百來個大男人，彼此無聲惜別，有人丟下了所有的筆記本，有人把洗淨了的力士鞋當作贈品，也有送書送筆的。眼看他們二十來個，瀟瀟灑灑地走出寢室，壯士一去兮不復返！指導員再三命令：

　　「沒有叫到名字的人不要離開寢室，等待命令。」

　　鐵門在「吱」的悠長聲中被帶上，門栓也應聲而落。被留下來的我們，並不曾在「何處」上傷腦筋，而是一直在「他們調走了會怎樣呢？」

　　會怎樣呢？大家心裡有數，一定凶多吉少，嘴上反而輕鬆說，換換環境也好。

　　真的是凶多吉少。一兩年後輾轉傳來消息，他們被調去新店監獄，說是案中有案，在綠島有不良企圖，刑期改判加碼，有些人將近四十年來？杳無音信。

　　案中有案到底是怎麼回事？等我回到了台北，經由一位當時在綠島的軍眷口中得知：「說你們新生有人在入廁時密議，計劃擇日暴動，奪槍殺官兵、殺軍眷，然後乘漁船逃逸，也有直升機接應。」

　　簡直是不可思議的荒謬！誰能料到，廁所高論，居然招惹起殺身之禍。

　　我們的廁所位接寢室後座，開放式，一排八坑，無門有窗，所謂窗乃是後、左、右皆是半截木柵，可以拉開拉關，後柵外是前文說過的「山陰道上」，左右柵外是晒衣場，總而言之，絕無隱蔽可言。「暴動殺人」是何等驚天動地，絕不可能在廁所裡密議？

　　不過無風不起浪，空穴豈來風！一定是竊聽人斷章取義，

也可能「廁所高論」時口沒遮欄。

　　大多數人的入廁時間：起床前、早餐後、就寢前，尤其是起床前和早餐後的人較多、因時間較寬裕，廁所較乾淨，三邊窗子都拉開，氣味也蠻清新。

　　想想看，七個人或八個人的七上八下，人人蹲在坑上，短則三、五分鐘左右，長則八、九、十，怎可能噤聲無言，久而久之，我們把「廁所高論」當作「海德的肥皂箱」了，**坑底容納了我們的穢物，坑上的氣氛，也常常反映出對現實生活中的評論。**

　　一定有人隨口牢騷，類似「軋伊老母，真想把伊汰掉！」

　　據我所知，甚至事隔若干年後的研判，怎可能有所謂「暴動殺人」密議①，如果說在山上砍草時秘密聚談尚屬可能，在廁所裡如此「偉大計劃」，實在是一千一萬個的絕對不是真！

　　想當然，那些被認定案中有案的人們，被「自由心證」的判決後，原來的刑期又加上了若干年。如果本來是是十五年、二十年，甚至無期的呢？

[2001 年版附記]

①曾被國民黨查禁五幕史劇《海天孤憤》（又名《屈原》）作者趙丕承於 2001 年一月十日告訴我：「在綠島時，姚盛齋有天對我密語，如果有一天情況發生，即便只有一條船，我也帶你逃生。」可見二人私交甚篤。趙回台北後，不僅在金融界頗有成就，窮十年時間，著有《五胡史綱》，在學術界更有成就。

第三四章　綠島民俗

在綠島我三讀《史記》，

想當年，

司馬遷由於多次「走過從前」之旅，

終於在極刑非人道的遭遇下完成了《史記》。

我何人也？

豈可比之以司馬遷，

我只是每當和綠島居民接觸時，

不管多累、多煩、多難過，

之所以能夠打起精神問東聊西，

因為我心中有了司馬遷。

□咾咕怪石螺蚌巢之

在綠島新生期間，我有多次出公差和當地居民接觸機會，雖然我的閩南語不靈光，但是在我有意導引話題，經由第三人居中翻譯，答問或聊天，加上我有所爲的目睹耳聞，我對綠島居民的生育、冠婚、喪祭，以及宗教等等，有了粗略了解。

孔夫子作《春秋》，或爲目的而犧牲事實；而《史記》則不然，既忠勤於事實，又兼顧深遠之目的。《史記》據素材雖多，但是最重要、最有別於其它史書之不同者，乃是其作者司馬遷先生的親臨現場，聞聽各遺老證言，以其文筆之美，娓娓道來，五十二萬六千五百字，字字珠璣，使成爲我國第一部中國通史。

在綠島我三讀《史記》，想當年，司馬遷先生生於西元前一三五年或西元前一四五年，由於多次「走過從前」之旅，父親臨終遺言，以及他本身興趣及使命感，終於在「就極刑面無慍色」非人道的遭遇下，完成了偉大的《史記》。

我何人也？豈可比之以司馬遷！我只是每當和綠島居民接觸時，不管多累、多煩、多難過，之所以能夠打起精神問東聊西，因爲我心中有了司馬遷。

除了中寮的燈塔，南寮的綠島旅社，這小島的間間民舍，幾乎全是平房，而且統統用咾咕石疊造。咾咕石可說是「生於水涯」，越近太平洋越多，水底盡是咾咕石天下，此石堅而脆，螺蚌巢之，多色怪狀，大似小舟，因有「打石頭」之說法，乃把巨石「打」分數塊，抬出來築屋砌牆，敷以土敏土，久而愈固，固而愈堅。屋頂多蓋以茅草；蓋瓦、蓋鉛鉛者後幾年日漸增多。屋分住房及廚房兩種，屋舍矮小，四環棘籬，畜雞豚爲鄰，鹿屋則另建。廁所戶外，男女共用。

綠島南東兩側臨海，多為斷崖，崖頂則山道崎嶇，攜帶輕便物件，固可通行無阻，稍有笨大物件，則不易搬運；北西兩岸，均為岩礁海岸，石骨嶙峋，交通極為不便，居民平時跣足，行走山路岩岸，如履平地，婦女耕田，荷重負擔，無異勇士，盈盈女郎，往來羊腸小道及尖削礁岸，矯捷如飛，堪稱絕技。

▶ 水底盡是咾咕石。

◀ 東南兩側臨海，多有斷崖。

□婚喪喜慶頗有古風

婦人生育習慣，和昔日大陸幾無不同，只因為孤泊太平洋中，在尚未派有助產士，每於孕婦臨盆分娩時，多由居民中生育較多經驗豐富之婦人幫助接生，每遇難產則聽天由命。孩童長大後，男孩出海捕魚，女娃上山耕作，起居作息，順自然節

奏，每逢時節，闔家團圓。自 1951 年夏天後，新生訓導處每有晚會，不論電影、歌仔戲、平劇、歌舞、話劇等，島上居民時也被邀參觀，偶而循鄉公所之請，新生們也組團分赴中寮或南寮搭台演出。至此，他們不僅生活上有了調節，在思想上也有若干變化。

綠島頗有古風，成人之禮，男冠女笄，在婚嫁時一併舉行。議婚時由媒人送女庚帖至男方，書明出生年月日時，三日內無意見，遂議訂婚，男以戒指贈女，並附時果糕餅，任女方分餽親友。結婚以新郎十七、八至二十一、二為宜，新娘少三或五歲。成婚之日，清晨四點五點間，由媒人陪伴新娘步行至男家，並請父母俱健在之新娘女友數人作陪，沿途鼓吹前導，燃放爆竹，和新郎雙雙首拜天地祖先，次拜父母長輩，家境富裕者大開筵席，招待親友，共慶良辰。至第三日，璧人一對同回娘家拜親，結婚儀式始告完成。

喪祭典儀，仿古甚矣而重視。例如老人病篤，置床堂左，謂之搬舖，既絕乃哭，披髮袒臂，跣足擗踊，少須訃聞戚屬，二十四小時後，乃利用死者生前所臥之床板，製成棺材，備物以祭，謂之辭生，子女扶棺就殮，憑棺哭號，親友臨弔，晚輩直系親屬披麻帶孝，送至墓地安葬，以一人在前放紙，鼓樂從之，葬時孝男撮土，設祭而返，三日後，至墓謝土。

島上居民，信佛者百分之九十九，全島面積一十五點一平方公里，1951 年間，人口男一千八百五十八人，女一千九百一十五，總計為三千七百七十三人，但是土地廟只有一座，供奉福德正神，幸虧另有觀音洞，使居民分有膜拜對象。每年農曆正月十五日及八月十五日，居民們聚集兩位神祇居所，一廟一洞前，白紙香燭拜奉，佐以牲畜米粿，舉行隆重平安祭祀。

◀觀音洞全景原貌。

□林氏默娘成了媽祖

　　土地公和觀音菩薩，都在陸上護祐，綠島居民，絕大部分以捕漁爲生，太平洋的風浪詭譎善變，漁民們在心理上豈可無所憑藉？想當然，媽祖娘娘成了他們的安瀾之神。媽祖娘娘，亦稱媽祖，確有其人。查考俗姓林，閨名默娘，生於宋建隆元年（960）三月二十三日，福建莆田湄州嶼人。其能廟食百世，爲後世垂範者，厥爲其純孝之報。按湄州嶼爲僻處海濱之孤島，地瘠民貧，居民靠捕魚爲生，婦女則家居織布，貼補支用。某晚，媽祖織布困乏，伏布機而臥，彷彿見父兄船隻，掙扎於狂風巨浪中，狀至危急。驚醒後，披衣出戶外，但見白浪滔天，正是颱風來襲之時，視野一片漆黑，不辨東西。媽祖爲使父兄歸航有所識，遂返屋燃風燈，佇立山頭作爲指引，白天則改用白布幔；如此三日夜，父兄雖不幸罹難未返，而附近漁戶得媽祖提示，安全返航者甚夥。媽祖卻因連日焦勞，不幸於宋雍熙四年（987）九月初九日辭世。鄉人感念媽祖恩德，不啻爲觀世音大士再生，遂在湄州嶼上，立廟祀奉，尊爲神，申詳上稟，受封爲通賢靈女，後改封爲天妃、天后、天上聖母，成爲民間普遍崇信之海神，尤以出海作業之漁民，視爲平安之保障。故福建、台灣一帶，奉祀尤誠。台灣現有之朝天宮、奉天宮、天后宮近四百所，遍及各鄉各鎮，均爲虔祀媽祖而設，目前以北

港朝天宮最負盛名。綠島居民，每逢三月二十三日，九月初九日，即媽祖生和死日，必禱必告，至腆至誠，面對太平洋焚香膜拜，求降福消災。

有人迷信過深，家有久病不癒者，居然延請乩童至家，設壇以禳，裸體散髮，距躍曲踊，狀若中風，割舌刺背，鮮血淋漓，謂神祇憑依，創而不痛。年老者又有吃齋茹素，以求清體澄心，減罪降孽。

1955 年三月七日，周聯華牧師來綠島為耶穌基督做工，再由俞敬群、李精一等牧師繼續綠島福音事工，第一次接受浸禮弟兄達二十餘人。

□天賦漁場魚量豐盛

綠島地處亞熱帶，雨量充沛，但因原始森林被砍化殆盡，童山濯濯，遠看火燒一片。溪潤三處，源流均極細小，經常保有潺潺之聲者僅流鰻溝一處，流量亦僅零點五立方秒公尺，後由我們這批新生囚犯苦力鑿掘，始見開闊深遠。中寮和南寮兩溝，天晴無水，驟雨之後，山洪沖汜，暴漲暴落，毫無灌溉之利。每年十月以後，季風猛烈，雨鹹為災，農作損害甚巨，居民亦無力購肥施農，因之小島土地貧瘠，水稻不適生長，只以種植甘藷落花生。水田面積僅有二十三公頃，年產稻穀三萬八千公斤，不敷食用；旱田二五０公頃，年產甘藷六十萬台斤，為主要農作副食，農產全年獲量，可供居民七個月之需，主食仍須由台灣本島價購，或以魚類佐食。

綠島盛產野生蕁麻及歸化種之苧麻，居民樂於善加利用，採集成熟之莖，剝其皮，去其綠色部分，日晒乾燥後，取其纖

維，色白，堅韌可用。

　　島上無水利可言，侈談農業，但因新生囚犯中有農業專家，乃從改良土壤做起，後來大量種植蔬菜果類，給全島的居民們在副食方面，有了大大的革命。

　　漁業在綠島應該是可以大展鴻圖的。她位於太平洋暖流流域，往來魚群多如過江之鯽，洄游魚族，極為豐富，其中鰹、鰆等魚，均為盛產。迤南一帶，且為冷暖流及黑潮交匯之處，實乃一天賦漁場，堪稱漁島。六、七十歲以上的老漁夫說，在民國初期，居民們原住岩灘淺水地域，以原始方法捕魚，後來聘請琉球等地漁業技術人員，移住指導，用一木鉤，曳延繩等捕魚方法，綠島漁業遂積極展開。迨至太平洋戰爭爆發，遭到盟機轟炸，各項設施均被盲目破壞，動力漁船又被徵用，漁業頓形衰落，漁民經濟益趨艱苦。光復後屢受颱風災害，政府亦無視於此，加上缺乏資金和冷藏設備，致遲遲不能恢復舊觀。

　　1951 年，一千多名官兵「生」來了，對漁民們來說，只是多了個大客戶，囚犯中沒有漁業專家，對他們愛莫能助。

　　在 1952、1953 年間，綠島有漁民四百六十多戶，佔全綠島人口總戶數百分之八四點七六。共有動力漁船七艘，舢舨漁船一百二十四艘。就 1953 年一年內近海漁獲四百四十六公噸來說，以其動力漁船總噸位數八十九公噸平均計算，每噸船單位全年漁獲量為五公噸，較之台灣各地近海漁船平均漁獲量一點二七公噸，超出三點七三公噸，可見綠島附近漁藏量之豐富。惜以對外交通不便，冷藏設備不足，魚產多以鹽藏方法運至台灣本島銷售。如此原始笨拙，魚類極易腐爛又減少重量，影響綠島居民收入太大。

　　就在去年（1988），當我舊地重遊，特別因此請教兩三位漁

民，政府似乎只注重觀光的表相煙囪：重點是一、綠島機場的跑道延長及加強導航設施；二、擴建遊客服務中心，加強逐漸增加的旅客服務；三、綠島的道路改善，並增加山徑步道；四、加強海參坪、柚仔湖等景觀漂亮據點的遊憩設施。

但是對農、漁業，以及養畜方面的改善仍是蝸牛。

綠島，這個我居住了三千兩百一十二天的小島，毋寧已成了我的第三故鄉－－第一故鄉是安徽省蕪湖市，第二是台灣省台北市。

▲綠島的漁港。

第三五章　還我自由

層層灰色的中寮村，

逐漸後退，

碧綠蒼翠的遠方山崗，

在一片耀眼的陽光下，

冉冉移位，

心中一片辛酸，

這麼一串長長日子，

生命中最精緻稚嫩的一頁頁，

就被綠島寫上了永難忘懷的紀錄。

□皇帝不急急死太監

綠島，這個我整整居住了三千兩百一十二天的小島；我是因「莫須有」罪名而被押解囚禁在綠島，料不到的是，在我深信一定老死綠島，絕望於可以離開的時候，我終於交保被釋放了。

1951 年五月十七日到綠島，1960 年三月七日我離開了綠島。

1959 年的十二月二日，是我刑期屆滿日。早在一個月前，隊上指導員便把保單交給我，叫我寄出找保。

十年真空，十年斷層，十年前在沒有保人情況下，我被誘捕。十年後要我找到保人才能釋放。我到哪兒去找保人？

我不知道把保單塞在哪個旮旯裡。每天每天，生活還是老樣，早餐後去助教室上班，中午回隊上吃飯，下午再去，再回。不是勞動，便是教書、出公差、打球，或者排戲，一切正常。

皇帝不急，可急壞了太監，指導員沉不住氣。1960 年一月裡的某一天，他輕聲問我：

「怎不見你寄保單出去，怎麼回事？」

「報告指導員，這麼多年來，您見過我發過信嗎？您見過我收過信嗎？」

「那怎辦？」

「沒關係，聽其自然罷！」

我不是不想出去，既然沒有保人就不能出去，我退而求其次地想，我出去能幹麼？海軍裡同學，在 1959、1960 年前後，軍階最高的也只是少校，既然沒退役，對於十年前的這件「匪諜」案怕都怕死了，還敢保我？豈不惹禍上身？已經退役的，不是上了商船，便是行蹤不定，到哪兒聯絡？聯絡上了也可能

是自討沒趣。老百姓一個不認識。綠島長官及眷屬是愛莫能助，他們被規定了不准作保人。

叫我去找保，根本是絕望，反正在綠島不會餓人，不聽其自然，又怎地？

任誰也想不到，我居然有了保人。

□光光屁股撞到保人

有天寒流過境，我以病號資格，去福利社的浴室洗熱水澡，浴室好比北方澡堂一樣，裡面有大鍋熱水，洗澡的人用臉盆舀來，蹲在地上沖洗。在福利社買票，一次一塊錢。這澡堂只有官兵才能用，我以病號資格也混了進去。

真的，我雖然買票進場，還算是混了進去，因為我不是住院的重病號，那天我怎麼想起了要洗熱水澡？這是我的唯一的一次，料不到這一次卻被我洗出了「保人」。

一陣熱霧迎面撲來，一盞大概十支光的電燈泡孤伶伶浴室高懸，昏昏黃黃，胴體幢幢。

我一進去，立刻有一個意念：真平等！洗熱澡的人清一色是官兵；我，新生，一名囚犯，竟和他們光溜溜平起平坐了，不，是平洗平蹲了。我們是舀了熱水，滲進冷水，找個空地蹲下來沖洗，待換的衣褲，進門時便掛在牆釘上了。

洗著洗著，沖著沖著；忽然注意到，面對面蹲洗的人，似乎老在打量我，難道，脫光了赤裸裸的我，出了什麼差錯？

我被盯得不好意思，正在納悶，**多年坐牢養成了過份容忍的習慣**，使我不聲不響地繼續沖洗。這傢伙開口了：「你是胡子丹吧？你不是十年，聽說出去了嗎？」

他問得怪，不像是管囚犯的官兵，我湊近一打量，髮型顯然不同，問話口吻蠻平等，臉型依稀熟悉，「你，你哪位？」

話一出口，我沒等他回答，立刻補上一句：「你們船擱淺了？」當然，我已經想起了這傢伙是我過去在興安艦上的同事，他航海，我通信，只是名字一時湧不上來。

那幾天我們已經聽說，有艘永字號軍艦在燈塔附近擱淺了，主機副機全壞；主機是開船的機器，副機是發電機，副機一壞，船上的水電統統斷了氣。

保人的事不久便解決了。他叫李長志什麼的，是那艘軍艦的艦務官。

李兄第二天正式前來新生訓導處會客，當了指導員的面，我把新領的保單交給了他。不過，他並不是我的保人，因為少校才夠資格，而他那年偏偏上尉。他撂下了話，他去找王永久，王那年少校副長，還有王辰伯，退役了在美軍顧問團做事。

我的兩個保人一是王辰伯，一是林金帶①，是王永久找的本省籍朋友。為什麼王永久自己不保？可能是同案，也可能怕耽誤了升艦長，不料他後來上校退了役，還是一任主管也沒撈到。是否因為熱衷於設法保我，或原本是同案而受到了影響？我說抱歉也無濟於事。

林金帶是我保人之一，而且也是我離開綠島，由台東、枋寮，到了高雄，第一個落腳投靠的人。

我在林先生家睡了兩個晚上，一個白天去左營看同學，一個白天去旗后找工作。不料只住了兩個晚上，卻給熱心的林先生帶來很大的麻煩。這事情還是兩年以後，王永久在台北告訴我的。說是管區警員第二天便去找我，我不在，他問林先生，他二人之間有段對話很精采：

「你既不是胡子丹的朋友，爲什麼要保他？你爲什麼敢？」

「朋友的朋友就是朋友，政府敢放他，我爲什麼不敢保他？」

「你看，他現在人就不見了，他到什麼地方去了？」

「他現在被放了出來，就是自由人，他出去到處找工作，怎麼能說定到什麼地方？你要找他，請晚上來，他會回來睡覺。」

林先生實在大好人一個，尤其他是本省人，如此講義氣，而且，事後也不對我說。想來，兩天後我離開了，他還是有麻煩。王永久再三關照我，千萬不要和林先生聯絡，免得麻煩不斷。後來我和林先生真的失去了聯絡。

□感時濺淚恨別驚心

離開綠島的前兩天，也就是等船去台東的那兩天，我的心情複雜之至，我成了離群的孤雁，因爲我成了特准不參加任何集合的人，新生服也繳掉了，已蓄有短短小平頭，因爲沒有帽子戴，更顯得突出。忽然間，綠島的一草一木，一人一獸，一砂一石，統統對我具有了特殊意義，流鰻溝的流水，籃球場上籃框下的網兜兜，也都搖撼了我的心。

真所謂：

感時花濺淚，

恨別鳥驚心。

我把所有的筆記本、書籍、心愛的乒乓拍，分別送給需要的人，兩三套新生服也任人以較舊的換了再繳去特務長那兒。信仰上帝的弟兄，爲我大聲祈禱，聽從上帝帶領；常在觀音洞拜拜的佛教徒，求菩薩特別保祐我。我從不曾想到，有生三十

一年以來，這短短的兩三天，我凸顯出自己的重要性，居然被所有難友們關心，我腦中一片迷糊，一點打算也沒有，到了台東，到了高雄，怎麼辦？自由的明天即將來臨，我以什麼來迎接明天？抓住明天？

實在是惶惶然，正在不知所措的時候，指導員找我，說要宣誓，在中山堂。

那是 1960 年三月六日的事，我之所以記得這日子，是因為第二天我便離開了綠島。

命令我肅立孫中山先生遺像及國旗下，叫我高舉右臂宣讀誓詞。他沒料到我一看到誓詞便提出抗議：

「報告指導員，誓詞上有脫離匪黨，可是我沒有參加任何黨。」

▲將要到期結訓出獄的新生，集體宣誓。

「啊！拿錯了，這是給第三大隊新生們用的。」

第三大隊新生據說統統都是俘虜，後來才明白大多數是船

員。

換來的一張誓詞，大意是服從最高領袖，完成反攻大陸，絕不參加匪黨組織等，我照唸一遍，並且在「宣誓人」下填上姓名，捺了指紋。

當時心中嘀咕：服從最高領袖，是國民應該的事；完成反共大陸，我能嗎？在我有生之年，能嗎？至於絕不參加匪黨，那是當然的事，因為我早已經決定，任何黨也不參加。

指導員人不錯，當時安慰我，勉勵我出去注意健康，找到工作好好幹，交朋友特別注意，有什麼困難，去警總找「傅道石」。

後來才知道，「傅道石」是「輔導室」的諧稱，是專門追蹤查核結訓後新生的動向。我沒去找過「傅道石」，每年新年開始，他都有一封信例行問好，附有意見調查表，我都遵照辦理。

1960 年三月七日，早飯時值星官告訴我，飯後特務長②送我到中寮上船，難友們全體起立鼓掌致賀，說我是綠島新生結束，台灣本島的新生開始。

我站立好久，在掌聲中無言答禮，視野濛濛，心中沉沉，腦子裡空空，在「四維峰」下和「八德坡」前的操場上，好久好久，才結束了這難忘而特殊的送行早餐。

特務長②很細心，叫我去他那兒打手印領了五十塊錢，並且交給我國民身分證③，又發給國防部軍人監獄的開釋證明書，再三關照，一到高雄目的地，便去警察局辦理報到手續。他替我拎了個小包包，裡面裝了牙刷牙膏，和兩套內衣褲。

我身上穿了一套不合身的冬天西服，是李聿恆④借給我的。當我離開高雄，穿上另一套海軍裡同學朱松泉借給我的西服時，便把原來的一套寄還去綠島，附上一給大家的信，報告平

安，奮鬥剛起步，祝福大家，後會有期。

　　李聿恆回台北後自殺。朱松泉移民美國。

　　上船後，回頭看到特務長站在岸邊向我揮手，襯托在他背

▲離開綠島那天正是這艘同型船，同行的有張少東。

後的，是叢叢矮矮的野波蘿，**層層灰色的中寮村**，逐漸後退後
退，碧綠蒼翠的遠方山崗，在一片耀眼的陽光下，冉冉移位。
心中一片辛酸，這麼一串長長日子，生命中最精緻稚嫩的一頁
頁，就被綠島寫上了永難忘懷的記錄。一陣悵惘，一陣淒愴，
是命運戲弄了我？還是我編織了一個漫長而不精采的夢？

　　來不及浸沉在剛剛逝去的日子，未來在眼前正已展開。

〔2014 年版附記〕

　　①2009 年二月二十七日，林金帶先生終於和我見了面，是約好在
台北福華飯店。驟然相見，驚疑隔世，恍如夢中。緣於我在台北參加
了一個網球俱樂部，有會員林美足老師，她看到了《跨》書中提到的
保人林金帶先生，疑爲她姐夫鍾火成先生的友人，乃電話確認後，遂
有「福華」之約。

▲林金帶先生（左）

〔2001 年版附記〕

②請參看第 23 章②。

③我看了看身分證，是「東島（18）口字第 005 號」，開釋證明書，當時沒細看，因爲囚相難看。被告知證明書非常重要，人一到本島就要憑此證明書向警察局報到。怎想到台灣的司法黑暗極了，我明明是民國四十九年三月七日被釋放，證明書上的執行起訖日期卻寫成「自 38 年十二月三日起至 48 年十二月二日止」。這還是最近這兩年才發現這種「預設性的防範陰謀」。在我到達高雄市的第二天前往警察局報到時，警官在證明書的背面蓋了印，寫下「三月九日」，卻沒有寫哪一年。我真擔心，政府會不會反而咬我一口，說我是民國 50 年甚至 60 年的三月九日才去警察局報到的。或者說我人是 48 年十二月二日離開了綠島，一直遲到第二年也就是 49 年的三月九日才報到。

④李聿恒是位經濟學者，在台北遇到時，他被派去情報局工作，不久聽說在旅館裡自殺。

▼開釋證明書上明明寫「執行起訖日期」是「自38年12月3日至48年12月2日」，而我真正離開綠島卻是民國49年三月七日。

▼

「三月九日到達」。

開釋證明書背頁寫明

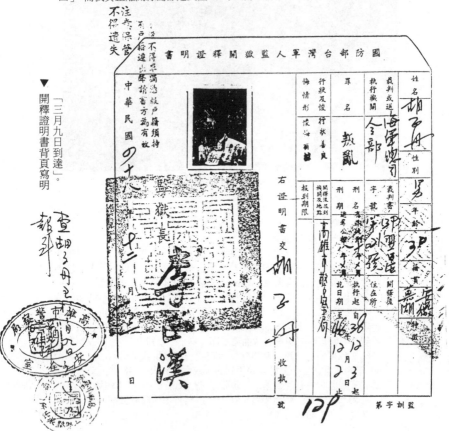

第三六章　書末結語

坐井觀天是譬喻人的見聞有限，

在牢獄裡的囚犯，

根本談不上有什麼見聞，

一己之我的框框資訊，

當然不足以表達全貌的萬萬分之一，

我第一次把這「寫」的念頭，

由別人而不是自己嘴巴說出來，

是在十多年前；

而開始動筆卻是今年(1989)三月一日的事。

□潛意識要寫「這綠島」

有人說：人生寄一世，奄忽若飆塵；死生哀樂兩相棄，是非得失付閒人。我坐牢整整十年又九十五天，往事無奈總匆匆，算得上奄忽，更是若飆塵了。

少有人坐牢還坐過了頭的，我是 1949 年十二月三日被捕，有期徒刑十年，應該是在 1959 年十二月二日期滿，軍人監獄的開釋證明書竟也如此記載，可是我被拖到 1960 年三月七日才離開綠島。這不是到期了我賴著不走，是因為沒有辦妥保釋手續給耽擱了。如果我一直找不到保人呢？是不是一直坐牢坐下去？

一個隨政府由大陸來到台灣的娃娃兵，沒有任何社會關係，所有親人均陷大陸，所有在台灣的同學同事都是驚弓之鳥，如此情形而找不到保人，也是娃娃兵自己的責任嗎？

坐井觀天是譬喻人見聞有限，在牢獄裡的囚犯，根本談不上有什麼見聞，一己之我的框框資訊，當然不足以表達全貌的萬萬分之一。有關綠島新生的生活情形，有知道已經有一本書出版①。我還沒有拜讀，因為我怕在自己寫出來以前看到別人寫的，對我會有所影響，因而打消了寫的念頭，或者不經意在體裁、形式，甚至內容上有了模倣也不一定。

第一次把這「寫的念頭」由別人而不是自己嘴巴說出來，是在十多年前，有次在東京，一個白雪皚皚的夜晚，只有我和余阿勳兄②兩人，我飲酒他抽煙的「綠島」話題中，他緩緩語調，非常非常感性的說：

「我相信你們那段生活會有人寫，說不定你就會寫！」

他當時擔任中國時報的東京特派員，很少人知道，1955、1956年間，他也在綠島，在綠島國民小學教書。那次東京相遇的夜

晚，我們談得多，下午五點左右開始，連續六、七小時，話題全集中在「綠島」一切。我們在綠島似曾見過面，原來有年暑假，我們幾名「助教」給學童補習，在教員室，校長把我們彼此介紹。

阿勳已於 1983 年十二月七日在東京因病逝世。他真的料中我會寫綠島，遺憾的是，他沒來得及看。有趣的是，繼任東京特派員的秦鳳棲兄，也在綠島待過，最初他六中隊，我七中隊。

難友戴振翮和王孝敏也曾鼓勵我把「新生」生活記錄下來。在發表時間上，二位卻持相反意見，戴以為越快越好，孝敏堅持至少也要等到七十歲過了再發表。兩人所持的理由各走極端：一是我們已經邁向老年，生命朝不保夕；一是眼前發表，會不會因為牽涉很多人和事，諸多不便。

兩種意見都有充分理由，我猶疑了好幾年，這種事兒又不能和沒有深交，不是有同樣遭遇的人商量。

□這本書稿的催生者

我終於動筆開始了寫綠島，記得很清楚，那是今年(1989)二月最後一天的事。那天晚上，卜少夫約我在台北市秀蘭餐廳餐敘，餐後同去復興北路的「新聞天地」社台北辦事處。兩人都有醉意，我表示我不能繼續寫「每週評論」，理由是實在寫不下去。他見我堅持得認真，一手按住我肩，一手摀我嘴巴，開始了不衛生的說話：

「好！好！他媽的，暫時我自己來，那麼，那麼，你給我每期來點別的文章，對了，就像上次那個連載的，再來一個連載，就這麼決定了。」

我沒接腔，他已經「他媽的」，面對如此真性情，八十二歲的老報人，你能怎樣？

他開始了慣有的連續動作，拉住我手，在電視機旁取了一瓶酒，往我手上一塞，說：

「等我，我去屙尿，我們到對面心船吃宵夜。心船，他媽的，這店名取得不俗。」

三月一號清晨兩點多鐘在回家車程中，我決定了，何不寫綠島？連載期間看看反應，有危險隨時可以停，而且，臨時用一個筆名，暫時不出版單行本。

三月三日和卜少夫在老地方秀蘭再見面，另有老友劉紹唐

▲本書作者(中)和劉紹唐(左)、卜少夫(右)合影。

先生等人十數位，我遞給卜少夫一個牛皮紙袋，裡面是這連載稿的前三篇。第二天一早，他在電話中告訴我：「好！夠義氣，昨夜一口氣看了兩遍，我寫了個按語，今天要託人帶去香港，

四月份開始連載，你繼續寫，不要脫期。」

四月裡第一個星期開始刊發，我預計寫到年底最後一個星期連載完畢。

他「按語」寫得匆忙，是酒後急就章，不過，他強調，他寫得激動，不能自己，「他媽的，不能再寫下去了。」他在電話中把他的「按語」一字一字讀給我聽：

1988 年一月十三日蔣總統經國逝世之前，綠島、警總、調查局……等等，都是一個令人恐怖，令人厭惡的名詞，強人死了，不再戒嚴了，開放了，民主自由了，許多許多被封鎖的神秘、秘密，都經由各種不同的方式，一一呈露在陽光之下了。

本文是報導一個身受磨難者的自述，相信，也許是第一篇關於這座魔鬼島的真象爆破，它有多麼可怕，它葬送了多少冤魂，它扼殺了多少，窒息了多少生命與時光，人間的慘痛，有什麼藝術製作可以描繪的嗎？

省主席到過嗎？國防部長、行政院長到過嗎？他們都參觀過在這魔鬼島上的「人的生活」嗎？

這樣的血淚文章，可遇而不可求，新聞天地幸運地得到，作為傳播一份子，盡了報國的責任，希望我們國家今後不再有此類死的「草菅人命」事件，公諸於眾，並非全為了揭發，為了翻案。

作者是誰，不必究竟，其中之一，活著的當事人之一耳，而與他們同樣情況的人，現在仍活著的還不少，祝福他們珍惜這九死一生的餘生！

卜少夫・一九八九年三月三日台北

卜少夫就是這樣的一個人。我想，糟了！這稿子非搞下去不可了。

　　將近四十年前至三十年前的事情，完全憑記憶所及，就算是每年回憶一次，也經過了將近四十次的修補，寫出來實在零碎，難免顛三倒四。爲什麼遲到今年才開始寫？我找出了理由：

　　一、台灣地區已經解嚴了；

　　二、別人已經有了類似的文章；

　　三、自己的孩子已經長大成人了。

　　雖然我曾經理智地思考，執政黨今非昔比，應該有雅量讓別人吐吐苦水，說說委屈。我仍然決定，這篇連載的單行本，還是保留一段日子再說。

　　寫作過程中，因爲每周一要交稿至少一節 3000 字左右，根本不及細看，等看到發表後的整齊版面時，我的感受是：

　　一、寫得太平俗、太表面化；

　　二、把醜的、苦的，寫成不醜、不苦了；

　　三、把應該明晰、透視的，寫得模糊、重疊了；

　　四、大而化小，小而化無了；

　　五、好比電視電影的夢境處理，被色彩或網線套住，或被馬賽克處理了；

　　六、以今揣昔，發現有錯位移位的影響；

　　七、……

　　韓愈有詩歎息：「少年真可喜，老大百無益。」我的「少年」呢？我的少年在綠島牢獄中度過！是不是因爲，正如同有人說：「沒有任何痛苦，是時間不能減輕和緩和的。」

　　時間！時間往往成了痛苦的特效藥。

　　這篇稿子在《新聞天地》連載期間，我個人接到了若干通電話，其中有兩位讀者頗具紀念性。

　　一位是輔仁大學商學院院長張宇恭神父，一位是綠島新生

訓導處任期最久的處長唐湯銘退役少將。

張神父和我在電話中的談話是這樣：

「老弟呀！《新聞天地》上的那一篇連載稿，你知不知道是誰寫的？他把我弟弟張富恭（見第八章『受辱刑求』）寫得對極了，他的確就是這麼一個神經兮兮的人。」

「那一定是他海軍裡的同學又去過綠島的人寫的，你再看下去，就會看出了是誰寫的。」

「我現在已經知道是誰了，這個人用筆名，當然不欲人知，我不必明說，你說對不對？」

張神父在家鄉蕪湖時，是我哥哥的同班同學，他弟弟也是我同班同學，他一定知道，這連載是我寫的。

唐處長打來電話，我也沒有明說作者就是我，因為我擔心在寫作過程中，受到別人意見的干擾，或者有了較多意見而難以處理。但是，我決定，有朝一日，只要單行本一出版，我會專程送去一本。

電話是這樣：

「子丹，我在大陸的兒子來信，說是在一本雜誌上看到一篇描述綠島的文章，文章裡提到我，那雜誌好像是《新聞天地》，你不是常常給這本雜誌寫稿嗎？你看到沒有？知不知道作者是哪一位？」

「啊！我還沒有看到……」

這電話是 1989 年五月裡打來的，以後唐處長就一直沒有給我電話。我相信，他當然知道是我寫的，也一定會諒解我沒在電話裡立刻承認。我更希望他老人家能夠：

一、讓我在他的相片簿裡選擇照片，在單行本裡用；

二、為單行本寫篇序，不要說教的，要說出自己的話；

　　三、不要嘗試說服我，修改或增減已經寫好的內容，因為這是以一名囚犯立場寫的。囚犯看到的，想到的，當然和「監獄長」看到、想到的不盡相同。

　　至於其他讀者們打電話，或者見面時聊起，我都一笑置之，這些讀者們也一定肯定這位作者是我，他們也都在綠島生活過一段或長或短的日子。

　　往事已過去，我祝福我們這些九死一生而倖存至今的難友們，珍重珍重！

　　我在綠島三千兩百一十二天，好長好長的一個夢，此夢難醒終於醒來。但願接納我們的是一片光明、乾淨、平和、純潔的空間。

　　我的未來不是夢！千萬千萬不能再是夢！（全文完）

（1989 年十月二十五日脫稿於台北）

〔2001 年版附記〕

　　①2000 年一月十日，我才讀到《煉獄》這本書，沒有寫綠島，只有寫左營「三樓」和鳳山「招待所」。是海軍上校倪行祺以影本相贈。1975 年三月香港七十年代月刊社出版，作者趙鍾蓀，1948 年偕妻葉嘉瑩來台灣，在海軍官校當教官。不料，次年十二月十八日，在家中被海軍所謂的「蓋世太保」誘捕。羈押「三樓」、「招待所」。該是 1954 年後被無罪釋放了。書中對「三樓」、「招待所」著墨頗多。作者在「後記」的最後一段說「因為，國民黨幾十年的政權，特工的權力和政治犯的處理，早已氾濫全國。有詳細的認識或實際經驗的人，一定不少。」2000 年二月二十日，葉嘉瑩教授由加拿大來台灣講學，倪行祺兄囑我邀約葉教授小聚，尚有曾耀華中將、譚乃盛上校等人出席，另有中國時報記者陳文芬在座，次日專文《世界著名女詞家，痛陳自我放逐始末》報導。

▲前排左起曾耀華、葉嘉瑩、倪行祺，站立者譚乃盛(左)、莊子葭
▼左起曾耀華、葉嘉瑩、陳文芬、倪行祺

②余阿勳，熱情、苦學、正直，對他我曾寫過三篇文章，分載《翻譯天地》、《傳記文學》，及《自立晚報》。請看第 46 章。

③劉紹唐、卜少夫先後於 2000 年二月間和 2000 年十一月四日過世。

▶ 二○○○年三月十三日刊台北中國時報第十一版

葉嘉瑩及其夫婿 也是海軍蒙冤受難者

世界著名女詞家 痛陳自我放逐始末

陳文芬／台北報導

總統大選之前，一大批的老海軍官兵組織的「戒嚴時期海軍蒙冤退役袍澤聯誼會」，今天（十三日）將公開向政府、爭取名譽回復與補償。此刻揭發五十年前駭人聽聞的海軍大規模的政治冤獄案，其中的受難者，包括現在知名於世界的女詞家、加拿大終身皇家院士葉嘉瑩教授夫婿趙鍾蓀。三月初，葉嘉瑩為台北國際書展返台停留期間，與這批白色恐怖受難者見面，一敍當年未敢言說的苦痛。

七十七歲的葉嘉瑩桃李天下，學生遍知道她的先生曾在軍中出事，監禁三年冤獄李來者不多，而趙鍾蓀的案件，可能埋下株連葉嘉瑩後來在彰化女中教書，也被疑似匪諜。盤查押解三天後，方才釋放。日後葉嘉瑩為來到美國、加拿大的大學聘書，離開她在台大、淡江大學中文系、極受學生歡迎的教職，與趙鍾蓀因案，在台灣學藝不得發展，有很大的關連。

這群登記進入蒙冤海軍袍澤聯誼會有六十七人，其中，先已造成長江艦叛逃、重慶號叛逃。來台後特務扣押，令，桂永清有品德瑕疵、軍中廣植特務做基礎，國府來台前，民國三十五年，蔣介石將陸軍中將桂永清派為海軍總司令。

倪行祺、胡子丹、譚乃盛等人，三月一日在葉嘉瑩轉往大陸天津講學以前，帶著趙鍾蓀撰寫、一九七五年發表於香港七十年代雜誌，印行為單行本的冤獄小說「煉獄」，到葉嘉瑩下榻處探望她。

這群白髮蒼蒼的老海軍與趙鍾蓀有著相同的經驗，都曾被監禁在高雄海軍鳳山招待所，美其名為招待所，其實是海軍囚禁死囚官兵的黑暗之地，是一座座的山洞。葉嘉瑩說，趙鍾蓀被關了一年多後，去看先生了。去到鳳山，天氣熱得出汗，終於，海軍允許她給他送棉被來，她漸漸弄清楚，趙鍾蓀卻要求她點點的，逐漸弄清楚了。很多事情，都是日後才知道的。

如今台灣社會也在老海軍們蒐集這件事拼湊起來。葉嘉瑩所謂的「弄清楚了」，逐漸把這件事拼湊起來。老海軍的受難資料彙整，令桂永清審判案件補償基金會。

倪行祺，三月一日在葉嘉瑩被囚禁、處死的官兵，各官階都有，連同海軍官校學生百餘有整班被抓，趙鍾蓀以海軍學校教官身分遭關，被關了三年，葉嘉瑩回憶，當時她抱著出生八個月大的長女，四處奔波都不出，趙鍾蓀的罪名。

而葉嘉瑩曾經以先生可能是說話自由的一些，並不知道這是整個海軍系統、大規模的白色恐怖的一環，老海軍倪行祺指出，「煉獄」的資料搜集的已稱齊全，老趙鍾蓀在該小說裡分析，他得以出獄的原因，是蔣經國指揮的保密局（前身是軍統局）已然穩固，決定打擊桂永清指揮的保密局的勢力，趙鍾蓀因而遭此劫運。

的葉嘉瑩回首這些歷程，已然一釋懷，她做學問的養分，已為生命所遭遇的滄桑，令她體會了古詩詞的意境，體悟苦難最後轉化變成她做學問的養分，向「戒嚴時期不當叛亂及匪諜審判案件補償基金會」申請補償過程裡，他們也促請葉嘉瑩返回加拿大僑居地後，趙鍾蓀也提出申請。

第三七章　讀者的信

你被捕時，

我正在海軍總部任交際科長，

仗著是「桂老總跟前的人」，

跑去找當時的政治部主任趙龍文，

想和他說「理」，

不料他拿下老花眼鏡，

瞪著一對三角眼，

問我是不是也想進去一下。

我們相信：

一個卑微生命是可能被時代所犧牲，

而由於他不屈服命運的尊嚴，

他活過來了，

而在四十年後的今天，

寫下這篇不是黃金歲月的告白。

□必須補充的人和事

連載告一段落後，我接到一百多封讀者們的來信，當然，他們都是我所熟識的，不然，怎可能肯定「秦漢光」①就是在下我這個人！其中有兩封很有代表性，一是我的老師黃志潔先生，由美國給我信，他補充了如下的幾件人和事：

一、當時被關在鳳山招待所的除陸錦明之外，尚有林春光，他也是留美同學，和宋長志同學，在海總通信處任內被告私藏發報機而被捕；還有劉定邦②，他原任廣州炮艇隊隊長，因後任隊長柳炳（陶峙岳之婿）投匪後有一士兵供出柳隊長如何如何而被誤為柳某，柳劉同音而被捕；另有陳在和（梁序昭之婿）等人，後均獲釋。

二、錢大隊長恩沛在上海臨撤退時棄艦留滬，現居蕪湖原籍。

三、海總辦公室副主任徐時輔（留美同學青島四期），上海撤退時留滬投共，現在南京與原「重慶」艦長盧東閣同任中共海軍部研究部副職。

四、你被捕時，我正在海軍總部任交際科長，仗著是「桂老總跟前的人」，跑去找當時的政治部主任趙龍文，想和他說「理」，不料他拿下老花眼鏡，瞪著一對三角眼，問我是不是也想進去一下，把我嚇住了。後來我才知道幹這些傷天害理的事倒也不是政治部，而是楊大穌主持的情報處，不久副處長董行健和科長黃開元都惡貫滿盈，被斃了。黃是擄人勒索殺害高雄一商人；陸錦明在鳳山時，黃曾脅陸妻獻身救夫。

五、你文中林履中、平兄弟，姓氏有錯。③

六、你所說的陳明誠，是否就是得了博士的某某。

七、　袁家楫後來好像留學德國，回台當過標準局局長。

黃教官是我海軍長官中，一直保持聯絡的長者，最近一次相聚，是五年前他來台北主持他女公子的婚禮，他特別抽空，約了六、七位我們海軍同學在中山北路的「天廚」聚餐。再最近一次的談話，三年前罷，我去美國南部開會，在西部小停時，在電話中聊了好久。四十年前我被捕，到現在才知道，他曾為我奔走。意料中的叫人不意外，「真海軍」在「假海軍」當道時，怎可能講「理」！

□失去了的黃金歲月

曾經是我同事，相當於我的秘書一位年輕朋友，我不知道，她是如何地肯定，「秦漢光」竟然是她的「上司」。她遠遠寄來一封信，是一篇以「失去的黃金歲月」為題的短文，她特別關照，如果被引用，一定要隱其姓名，信不可保留，我照辦。（所有的信都未保留，因為我是因為「信」而有了牢獄之災）短文是這樣：

想想看，二十歲到三十歲這段黃金歲月的你，都在做什麼？正常的狀況是學生、畢業、出國、就業或結婚。無論如何，這段十年的時間，無非就是所謂實現人生理想的第一個打拼階段。這期間，你發揮所學，實現能力，儘管甘苦有之，重要的是完全根據你的意志所為。

年輕的你，是否想像一位二十歲的小兵，在牢裡待了十年的時間，三十歲出頭的他才開始一無所有的，在六十年代初的台灣社會，活出自己的一片天地！

當然你也可能說，那是他犯罪的代價。那你就錯了，問題

就在於他的罪完全是「莫須有」，甚至是時代的悲劇。

誠如作者所言，這篇記述不在於翻案，只是在告訴大家，**在那個難堪的時代，的確發生過那般荒誕不經的事。**

時間是從 1949 年十二月三日至 1960 年三月七日，共十年三月又七天。作者待了四個地方：鳳山海軍「來賓招待所」、左營軍區海軍看守所、台北青島東路軍人監獄，以及綠島，其中五分之四的時間，待在綠島這個政治犯的大本營。

身為年輕讀者的我，在閱讀本書時，我關心的是作者的心情，在當時的環境下，在漫長刑期中，他如何繼續求生的意志？

脆弱的時候，「只要一人獨處，手頭沒事，心中真空，一鬆弛，會一陣陣心裂，眼淚麵糊般往下滑，尤其夜半夢迴，猛然驚醒的時候。」但大部份時間，作者是堅強的。我們看到他在「絕處」中，不斷自我充實，「我在綠島新生的日日夜夜，只要是碰到的書，我幾乎是無選擇的讀；尤其是勤讀外文，勤讀的程度，使別人也使自己難以置信。」

至於書中描寫監獄中的奇聞，如一絲不掛的裸體散步，慘不忍睹的火燒老鼠、離奇荒謬的春宮圖等等，都是我們聞所未聞，難以想像的；而新生們血汗所建設的「長城」、「四維峰」、「八德坡」，又豈僅是為了美化綠島的景觀。

掩卷之餘，讓我們閉目一幕幕回想，一個少不更事的年輕小兵，如何毫不知情、莫名其妙地被捕，而在獄中接受勞動、管理，然後決定以充實自己的態度面對未來。

我們相信：一個卑微的生命是可能被時代所犧牲，而由於不屈服命運的尊嚴，他活過來了；而在四十年後的今天，**寫下這篇不是黃金歲月的告白。**

逝者已矣！讓我們在嘆息聲中，劃上一道休止符。

〔2001 年版附記〕

①「秦漢光」是本書作者的筆名，1990 年版本用此筆名。

②1998 年七月五日接到海軍退役中將徐學海書面通知，七月十四日應邀出席「海軍五〇年代白色恐怖受冤袍澤互助會」籌備會，會中得識劉定邦退役中將，劉被推舉為會長，我因為為之草擬會章以及編纂《中華民國海軍蒙冤退役袍澤蒙冤事實陳述書彙編》，而時常見面。於 2000 年二月三日我在台北中國時報發表《將軍冤獄宜修法彌補》，乃鑒於將軍等人雖被羈押，但是因為沒有判決書，而不符受理補償條件之規定，因而有了互助會之組成，以及我寫本文之動機。他看到非常高興，不料過了數日，卻說退役上將劉和謙看了不爽，要我再寫一文作進一步說明。我拒絕了。該文最後一段是：「海軍上將劉和謙日前呼籲，衷心期盼立法院、司法院委員諸公主持公道，同情受害人半世紀以來沉冤未雪，務請伸出援手賜予協助。我以為劉上將在呼籲之餘，定有些許遺憾與愧疚，既對這些往日袍澤們的冤獄知之甚稔，為何在海軍總司令和參謀總長任內，不予積極處理，如今力有未逮，徒呼負負而已。」

劉中將為補償事，文書進行以及到處奔走，非常積極，終於得到立法院的肯定，而增列條文，使無判決書者也有了補償。

③不是姓林，是姓甯。

第三八章　我對兒子的一個秘密

(請參看第一章②)

■ 本文 1994 年五月七日刊台北自立晚報

　　我有一件事，好多年都沒有告訴我兒子，從他 1963 年在台北出生，到他 1991 年在美國紐澤西讀書為止。我因為考慮到，由我這做父親的人，把這件事親口告訴了自己兒子，很可能有了政治性的後遺症；這是我保守了這個秘密的最大理由。

　　這秘密是被我兒子戳破的。

　　1991 年的一個春不暖花初開、陽光亮麗、無風有鳥的下午，兒子導引我在普林斯頓大學校園中散步。這是將近七年多來，距他在台大入學不久，有天我父子倆各騎一輛自行車，在校園裡四處踏踩、追逐笑談的又一次校園遊。普林斯頓的可更大、更遼闊，更應該騎自行車才對。

　　談談笑笑俱往事，我的童年，他的童年，談得起勁，聽得認真，看得見的熱氣團，伴隨歡樂由口中圈圈而出；雖然明天我即將回程台北，離愁未被勾起絲毫。

　　攜手同行，或佇立稍停，或路旁小坐。在一次假山前休息時，他忽然無語，我也斂容，噴泉在身後淅瀝，一群鴿子尋食眼前；很可能我父子二人，同時想起了他在國中二年級時發生的同一件事。

　　他陡地站起來，把問話拋在身後：「老爸，我想問你一件事！」 鴿子被他嚇飛了，穿越我們的肩，我們的頭，傾斜凌空而去。

　　我緊邁幾步，他自顧自走， 我們匆匆闖進了一條看來「人

煙罕至」的小徑，他左右打量，前後張望，慢慢恢復了從容。回答了我的「是不是那年學校派你參加童子軍露營的事？」他說：「對！正是此事。」

「有所疑問，是不是？」

「對！疑問可大！當時我奇怪，不是老爸，便是教官，兩個大人之中，總有一個人是出爾反爾。」

「好！你說。」

「這件事我記得很清楚，國二那年開學沒多久，教官告訴我，我被選派去美國參加國際童子軍露營，說你已經同意了。」

「是你們教官打電話來徵求家長同意，我立刻同意。」

「可是沒幾天，教官又告訴我，說你不同意了!」

「他真的這麼說？」

「他真的這麼說，他說你不放心我去。」

「他有沒有說，是他打電話給我的？還是我打電話給他的？」

「這點他沒有說清楚，反正是說你不同意就是了。而且關照我不必再問你了，免得傷了父子和氣。」

「所以你認為你老爸出爾反爾？」

「我是獨生子，我想或許老媽不放心我出國，那時我太小。」

「我告訴你，兩次都是你們教官給我打電話，第一次我立刻同意，第二次他說他把你的名額改了別人；我問為什麼？他說，胡先生，你自己的事情你自己應該清楚，這是上面的意見。我記得我當時還問他，上面的意見，上面是指哪個上面？他回答說，這個你就別問了；現在已經決定了，再改也來不及了。」

「上面的意見？老爸曾經犯案坐監……，老爸是政治犯？」

「美其名的說法是如此。這是一個荒誕的故事：我在左營

被抓的那一年滿二十歲，不知道什麼叫政治，被判的罪名是叛亂，實際情形是我軍中一個同學，由香港寫信給也在左營的另一個同學，在信上附筆問我一聲好，我既沒有和他通信，也沒有看到那封寫來的信，我便以知情不報被認定爲叛亂，被送去綠島，前前後後一共被關了十年三個月零七天。」

「那封信上一定有重大軍情洩漏，香港又是一個危險地區。」

「不！香港在 1949 年那期間是可以自由去來的地區，不需要出境證和港簽的。那封信如果真有一點所謂軍情的話，那收信人，甚至我一定被槍斃掉，而且死也甘心，因爲總有那麼一點影子。判決書上也沒有引述那封來信中的任何一句話。出獄後我問過收信人，他說很可能是因爲那信上提到了另一位同學當時在某一艘軍艦上，也許就這樣被認定有洩漏軍機之可能。而我的名字既然在信上出現，想當然是有志一同了。」

「所以就禍延子孫！所以我就跟著倒楣！」

「不致於連累到你的子女罷！老爸我的確是一輩子被毀了，事情過去了快半個世紀，我在警方檔案上還是有犯罪記錄，所犯何罪？卻又不記載明白。」

「怪不得有天夜裡，我記得很清楚，我那時讀建中，有管區警員，會同好幾名便衣來家按門鈴，說是查戶口，進來了，東張西望，戶口名簿看也沒看便走了。」

「那段日子正是施明德逃亡期間，其實一直到今天我根本不認識施明德。」

「怪不得我聽老媽說，管區警員還曾經來家裡，要過你的筆跡。」

「那是因爲謝東閔的手被郵包炸了，不僅來家要筆跡，還

去我辦公室裡，把所有打字機都打了字樣拿走。」

「這不是荒謬嗎！同一廠牌的打字機不知道有多少萬架。」

「荒謬的事可多，記得我結婚不久，你可能還在你老媽的肚子裡，有天我下班回家，兩名陌生人在客廳裡坐著等我，把我帶到刑警大隊去，原來是殺死吳家元的凶手李裁法逃亡了，我又被懷疑有藏匿助逃之可能，只因為李裁法也在綠島被關過。那天晚上在刑警大隊被錄口供，搞到十一、二點才放我回家。」

「如此說來，老爸在台北，恐將永無安寧之日了。」

「解嚴後這幾年是好多了。不過就在去年，發生了一件叫我啼笑皆非的事。」

「說來聽聽。」

「我因為需要一個學歷證明，你知道我以往申請雜誌社，是用我的著作物去申請，我一張學歷證件都沒有；1949 年被捕時我只穿了一套軍便服，所有東西全被情治人員拿走。在海軍我是中央海軍訓練團第五期畢業的，所以我寫報告去海軍總部，請發一紙被捕前的學經歷證明，並且把判決書的影本附去。不料海總人事署回公文卻說『經查本署無台端任何資料，所請歉難辦理』。你說，是不是叫我啼笑皆非！是海總抓了我，關了我十多年，現在海總卻說，沒有我這個人的任何資料。」

「事情就如此結束？」

「沒有。我又寫報告，我說我只有判決書是證明，海總可以根據文號查檔案。隔了快一個月，有了回文，叫我把我保管多年的判決書寄去。」

「你寄了？沒寄。」

「當然沒寄，影本清清楚楚；而且在報告上我寫出了仍然健在的有關長官和同事，一調查便知真假。我有理由相信，他

們是想湮滅證據；可又想不透，所為何來呢?」

　　父子的答問，到此並沒有結束，兒子沉默起來，我倒輕鬆了不少；在轉換話題、也許是繼續就此話題發揮之前，我告訴他：「我這次來，就是想和你談這些事情，現在你已經讀研究所了，又在自由國家，我認為你能獨立思考、不會受任何人，包括你老爸在內的話影響或被左右的了。」

　　我稍稍話歇，兒子靜靜看我，日影在草坪上也悄悄移了三四分。起風了，鴿子不見再來。偶而有人經過，對我們父子倆頷首微笑；來，又去。

　　那天是我離開台北十多天的最後一天，也是我最有自己心情的一天；我要高興點說，那天和兒子相處，是自他出生二十八個年頭以來，我心中最坦蕩蕩、如釋重負的一天。

▼1991 年初，本文作者在普林頓大學辦公大廈前。

第三九章　非常審判

（請參看第一章③）

□提起「非常審判」

1997 年十月二十八日，我向國防部聲請提起非常審判，該「刑事聲請提起非常審判狀」如下：

為海軍總司令部 1950 年十二月二十五日（三九）翌晏字第02177 號確定判決，違背法令誤判聲請人叛亂罪刑，請求　鈞部主任檢察官提起非常審判，以資救濟平反事：

查海軍總司令部 1950 年十二月二十五（三九）翌晏字第02177 號之確定判決，有軍事審判法第239 條第六、九、十三、十四款所列當違背法令之情事。茲奉海軍總司令部（軍法處）1997 年七月八日（八六）持檢第 1502 號簡便行文表指示，可請求鈞部軍事主任檢察官向鈞部非常審判審判庭提起非常上訴以資救濟，茲將本件應提起非常審判之理由陳述如左：

一、聲請人係於 1945 年抗戰勝利後，以十五歲之幼齡投考海軍，先後至江陰第三練營、青島中央海軍訓練團第五期受訓、美軍第七艦隊 LSM433 號艦訓，畢業後依序在美盛艦、永順艦、興安艦、美和艦服役，以迄調往尚未成軍停泊左營桃子園碼頭之永昌艦被捕時之 1949 年十二月三日止，甫足二十歲，階級為電訊上士，與中共根本攀不上任何關係。僅因隨艦停靠定海之某日，在街上遇到同在青島受訓同期輪機科宋平（聲請人為電訊，同期不同科），表示聲請人將隨軍來台，聲請人並不知宋平隨後在定海脫離其服役之艦艇潛往香港。案發前僅因同在永昌艦服役之陳明誠告知宋平有信給他，在信中附筆向聲請人問好，

逐被政治部情報組誤會聲請人與陳明誠共同爲宋平搜集海軍秘密，聲請人爲此莫須有之叛亂罪，被海軍總司令部軍法處判處有期徒刑十年，移送綠島執行三千二百一十二日，至 1960 年三月七日始獲重返社會，先後坐冤獄十年三月零七天。聲請人年已六十八歲，對於往日此段冤獄至今無法釋懷，際此我國政治邁向真正民主，社會各界崇尙正義，人民之權利漸獲有關當局尊重，爲雪恥聲請人一生中唯一莫須有之冤獄，以還我淸白，得能告列祖列宗在天之靈，聲請人將不辭萬難，使此段冤情得以大白，對後代子孫能有所交代，冀鈞部能瞭解聲請人之此項真誠，命主任檢察官提起非常審判，以資昭雪。

　　二、原確定判決認定聲請人係海軍永昌艦之電訊上士，於 1949 年十月間，與在該艦任航海下士之陳明誠，共同將本軍艦艇動態函告前在海軍玉泉艦任輪機中士，業已投匪匿居香港之宋平，逐依懲治叛亂條例第四條第一項五款論聲請人共同爲叛徒搜集關於軍事上秘密罪，科處聲請人有期徒刑十年、褫奪公權八年，聲請人所有財產除酌留其家屬必需生活費外全部沒收之罪刑。

　　三、查原判決將聲請人論罪科刑之證據，除聲請人在政治部被刑求誣服之不實自白外（詳後載），僅有該政治部第四組查獲之函件而已。惟該判決理由既認定「胡子丹雖未直接與宋平通信」等語，則聲請人顯無原判決所稱將軍機洩漏於宋平之犯罪行爲，原判決將聲請人論罪科刑，已嫌自相矛盾，而有軍事審判法第 239 條第 13 款判決所載理由矛盾之違法。

　　四、聲請人如何與陳明誠共同爲宋平搜集軍事上之秘密？亦即聲請人與陳明誠共同犯罪部份，其犯罪之證據何在？原判決並無說明，僅稱：「聲請人與陳明誠私交甚篤，陳明誠受囑託

搜集軍事上之秘密，聲請人自難諉稱不知其事，既知而不報，則與陳明誠有意思聯絡當無疑義」等語。查原判決之前開判斷，無異承認並未查獲聲請人與陳明誠共同犯罪之證據，僅由承審軍法官用其主觀之推測作此認定。依軍事審判法第 186 條規定，於軍事審判案件應準用之刑事訴訟法第 154 條明白規定，犯罪事實應依證據認定之，『無證據不得推定其犯罪事實』。原判決未發現聲請人與陳明誠共同犯罪之確實證據，竟用法律禁止之「推定」，認定聲請人為陳明誠之共犯，顯然違反前開法令規定，依軍事審判法第 237 條規定，本案應提起非常審判，以資救濟。

　　五、按犯罪事實應依證據認定之，被告雖經自白，仍應調查其他必要之證據，以察其是否與事實相符，軍事審判法第 166 條、第 168 條訂有明文，換言之，筆錄記載之自白與事實不符，亦不得採為認定犯罪之論據。本案判決時軍事審判法雖然尚未公布施行，惟上開規定，乃任何刑事案件訴訟上應遵守之基本審判法則，於軍事審判案件不能除外。本案審判時應準用之刑事訴訟法第 154 條規定「犯罪事實應依證據認定之，無證據不得推定其犯罪事實」，同法第 156 條第二項規定「被告之自白，不得作為有罪判決之唯一證據，仍應調查其他必要之證據，以察其是否與事實相符」。查原判決認定聲請人與陳明誠為共犯，並未依前開法律規定說明其做認定依據之證據，亦未說明聲請人在政治部遭受刑求被強捺指印之筆錄，如何與事實相符可信，徒以業據聲請人供認不諱等空洞之詞，規避其調查事實真象之職責，顯然嚴重違反前開審判時應遵守之有關法令，原判決有軍事審判法第 239 條第 13 款「判決不載理由（包括判決理由不成立）」之當然違背法令情事。

　　六、依據軍事審判法第 169 條第一項規定，卷宗內之筆錄

及其他文書可爲證據者，應向被告宣讀或告以要旨，被告請求閱覽者，不得拒絕。軍事審判應準用之刑事訴訟法第 164 條亦規定「證物應提示被告，令其辨認，如係文書而被告不解其意義者，應告以要旨」，同法第 165 條第一項亦規定「卷宗內之筆錄及其他文書可爲證據者，應向被告宣讀或告以要旨」。本案政治部第四組查獲之函件，係何人書寫致何人之信函？其內容如何？是否涉及軍事上之秘密？原軍法合議庭並未向聲請人宣讀其內容，亦未告知以要旨，聲請人請求閱覽該函件，亦被拒絕，因此該函件之真實性如何？至今不得而知，其內容是否有判決所稱將本軍艦艇動態洩漏予宋平之情事？聲請人至今尙不知，原判決既以該函作爲論處聲請人罪刑之唯一重要證據，竟未將該函件之內容向聲請人宣讀或告以要旨，或將該函件交付聲請人閱覽，則該函件與未經調查之證據無異，原判決逕以該函件作爲認定聲請人犯罪之唯一證據，顯有軍事審判法第 239 條第九款「依本法應於審判期日調查之證據，未予調查之當然違背法令」情事。另原判決既未說明該函件之如何內容，可以證明聲請人爲本案之共犯，同時構成同法第 239 條第 13 款「判決不載理由」之當然違背法令情事。

七、聲請人服役之永昌艦，當時係無作戰及航行能力之待修成軍之軍艦，如陳明誠將該無作戰能力之永昌艦停泊於公知之台灣主要海軍港口桃子園碼頭之情事，於其致宋平之信中提及，是否可以認定洩漏軍事上之秘密？又該函係陳明誠寄送宋平，抑宋平寄交陳明誠？信中有無囑聲請人共同參與搜集本軍秘密？原判決竟無隻字說明，原判決依此內容不明之信函，論處聲請人之罪刑？如何能令聲請人心服？由此可見原判決確有軍事審判法第 239 條第 13 款「判決不載理由」之嚴重違法。

八、軍事審判法第 168 條規定「被告雖經自白，仍應調查其他必要之證據，以察其是否與事實相符」，此項法律規定，乃在避免屈打成招，造成冤獄。查聲請人自 1949 年十二月三日起至 1950 年九月二日止，被非法羈押於鳳山海軍來賓招待所之黑牢內，長達九個月，聲請人於羈押中始終否認有為宋平搜集軍事秘密之不法情事，乃不為負責偵訊之趙組長所相信，該員為求向上級邀功，遂利用某日深夜，指使所屬左右開弓痛毆聲請人胸口，聲請人無法忍受，恐怖、昏迷，被強拉手指，該部虛構不實之筆錄捺手印，依刑事訴訟法第 156 條第一項規定，此種用強暴、違法羈押等不正當之方法取得之自白，根本不得作為認定聲請人犯罪之證據使用。何況該不實之自白，並無任何證據能證明與事實相符，依軍事審判法第 168 條之規定，亦不得作為認定聲請人犯罪之證據，乃原判決僅以聲請人對犯罪已供認不諱，而未調查自白之筆錄與事實是否相符？即逕行採為認定聲請人犯罪之論據，可見原判決確有前揭判決不載理由之當然違法。

九、依軍事審判法第 78 條第一項規定，被告所犯最輕本刑為五年以上有期徒刑，未經選任辯護人者，應指定公設辯護人為被告辯護。又依刑事訴訟法第 31 條第一項規定，最輕本刑為三年以上有期徒刑之案件，於審判中未經選任辯護人者，審判長應指定公設辯護人為其辯護。查本案檢察官起訴懲治叛亂條例第四條第一項第五款為叛徒搜集軍事上之秘密罪，乃最輕本刑十年以上之罪刑，依前開法律規定，乃須辯護人為被告辯護之強制辯護案件。惟查原判決並未為聲請人指定辯護人聲請人辯護，顯然違反軍事審判法第 239 條第六款依本法應用辯護人之案件，無辯護人而逕行審判之違法。

　　十、聲請人應香港《新聞天地》雜誌之邀，於 1989 年四月 2156 期起，將聲請人受冤獄之各般情形，連續在該雜誌刊登，至 2184 期，後由台北國際文化事業有限公司出版單行本。本案關係人宋平輾轉獲悉聲請人在台受冤情形，乃出諸良心，於 1997 年十月三日自浙江湖州來函表明如下：「我與胡子丹的關係：我等曾於 1945 年秋，在南京海總投考海軍，報效祖國。曾在海軍江陰訓練營、青島中央海軍訓練團、同期同學。1949 年四至六月間，我在海軍玉泉艦服役，軍艦停泊在舟山定海時，曾與胡子丹同學相遇，他擬去台灣，我托他到台灣後，若遇到陳明誠同學時，代為問好，時間為幾分鐘而已。1949 年七月我在舟山定海脫離海軍，於同年八月在香港華商總會任職，曾去信二封與同期要好同學陳明誠聯繫問候，並附言代向胡子丹及其他同學問好，別無他求，但此二信均未見覆，自此音訊杳無。數十年後，得悉他倆因信受嫌，純屬無辜，特予澄清。坦言書白，僅供參閱。」有該函一件可證。可見原判決之論罪依據信函，乃宋平寄陳明誠之信件，中途即被政治部第四組截取，則陳明誠有否回信以及來信之內容為何，聲請人毫不知情。再說陳明誠豈有無緣無故為宋平搜集軍事秘密之理？原判決認定陳明誠為宋平搜集軍事秘密，莫非有在前之另件宋平之囑託搜集軍事秘密之信函可憑，否則原判決之認定，即屬推測。可見本案疑竇重重，有將原函件調出提起非常審判，重加審理調查認定之必要。

　　綜上理由，懇請鈞部重視本件冤獄，賜命鈞部主任檢察官，依軍事審判法第 237 條規定提起非常審判，以還聲請人之清白，實為盼望之至。

□催詢「非常審判」

兩個月後，我久等回文未得，乃寫信向國防部查詢：

主旨：爲聲請「非常審判」至今未蒙回覆事。

說明：

一、陳情人曾於本（86）年十月二十九日依法郵寄「聲請提起非常審判狀」，掛號執據及回執（附影本）均可顯示該聲請狀業已寄達無誤。

二、根據以往　貴部（局）作業流程情況，例（86）則剛覆字第 3128 及 3345 號簡便行文表等，回文均在十日之內即可收到。此次作業或因事涉繁瑣，需要時日辦理，亦在情理之中。陳情人仍希能早日收到簡略回應，「辦理中」、「研辦中」等告知，如能說明時限最好。因爲該聲請狀寄達　貴部（局），至今已滿六十天。

三、爲愼重計，陳情人特將該聲請狀及附件（證物名稱）再次寄呈。

□國防部通知書(見附影本，頁 328-330)

1998 年一月中旬，始接得國防部主任軍事檢察官通知書（八十六年則剛覆非字第 033 號），內容如下：

右聲請人因叛亂案件，對海軍總司令部三十九年翌晏字第 02177 號確定判決，聲請提起非常審判，業經審核，認無提起非常審判原因，茲敍理由如左：

一、原判決認定聲請人即被告胡子丹任前海軍永昌軍艦電訊上士時，與同艦航海下士陳明誠，於三十八年十月間，共同將海軍艦艇動態函告前在海軍玉泉軍艦充當輪機中士業已投匪匿居香港之宋平，事證明確，論以懲治叛亂條例第四條第一項

第五款「共同爲叛徒搜集關於軍事上之秘密」罪，判處有期徒刑十年，褫奪公權八年確定。

二、聲請提起非常審判意旨略以：原判決將聲請人論罪科刑，除被告自白外，僅有該政治部第四組查獲之函件，即認定聲請人與陳明誠爲具共犯關係，未就該查獲函件向聲請人宣讀並告以意旨，亦未調查被告自白是否核與事實相符，遽予判決聲請人構成「爲叛徒搜集關於軍事秘密」罪，即屬「判決不載理由」，況聲請人所犯本罪最輕本刑爲五年以上有期徒刑，依軍事審判法爲強制辯護案件，而聲請人未經選任辯護人，原審即應指定辯護人爲聲請人辯護，其未爲指定而判決，原判決亦屬違背法令云云。查本案有關卷證資料，經海總軍法處函覆該處因 1967 年致誠營區大火，檔案資料均遭焚燬，無從調閱查考，然就聲請人所檢附判決繕本內容詳核結果，原判決係依共犯陳明誠不利己之供述，暨查獲陳明誠與投匪之宋平間往來函件，且聲請人自承目睹該函件，加諸聲請人與陳員間私交甚篤，陳員爲宋員搜集海軍軍艦動態並函告，自難諉稱不知，而按共同正犯之犯意聯絡，其表示方法，並不以明示通謀爲必要，即相互間有默示之合意，亦無不可，因之原判決衡情論以聲請人共犯罪責，於法並無不合，至聲請人所指原審未指定公設辯護人爲被告辯護乙節，依照本案所適用之戰時陸海空軍審判簡易規程第八條及陸海空軍審判法等規定（聲請人認本案應適用當時尚未經立法公布之軍事審判法顯屬誤解），並無應指定公設辯護人之規定，則原審未經指定公設辯護人爲聲請人辯護而判決，尚難謂其適用法令有何違誤之處。另聲請人所提系爭陳明誠與宋平往來經查獲之函件，真實性如何，是否涉及軍事機密等，乃屬事實認定問題，自非非常審判程序所能審究。因之聲請意

旨指摘原判決違背法令云云，顯無理由，所請提起非常審判自難准許，特此通知。

中華民國八十七年一月六日　主任軍事檢察官　趙定魁

□再度聲請「非常審判」

我於 1998 年二月五日，再度寄出「聲請提起非常審判」狀：爲　鈞部主任軍事檢察官 1997 年則剛覆非字第 033 號通知書，謂「所請提起非常審判自難准許」，聲請人難以信服。茲就一、該通知書上所論各點；二、海軍總司令部三十九翌晏字第 02177 號判決書，其判決所據、亦爲其所違之主要法律條文；予以一一說明，請求　鈞部主任軍事檢察官心鏡高懸，洞悉其委，從而提起非常審判，以資救濟平反事：

一、對該通知書之重點：（一）本案有關卷證資料均遭焚燬；（二）原判決係依共犯陳明誠不利己之供述；（三）「聲請人認本案應適用當時尙未經立法公布之軍事審判法顯屬誤解」等，聲請人提出如下之說明：

（一）依刑事訴訟法第 54 條規定，卷宗滅失案件之處理，另以法律定之。該通知書上並未說明如何處理，既未處理，何能遽而論斷「所請提起非常審判自難准許」。

（二）本案卷宗既已滅失，該通知書所謂「原判決係依共犯陳明誠不利己之供述」，其根據似屬臆測，豈可據以駁覆聲請人之聲請？

（三）該通知書中認定聲請人在上次（1997 年十月二十八日）「聲請提起非常審判狀」上所引用民國四十五年十月一日施行之軍事審判法「顯屬誤解」，以致「原審未經指定公設辯護人爲被告人辯護乙節，依照本案所適用之戰時陸海空軍審判簡易規

程第八條及陸海空軍審判法等規定，並無應指定公設辯護人之規定」。然判決書中所引用之刑事訴訟法，其第二十七條（相當於軍事審判法第七十八條第一項）有明文規定：「被告於起訴後，得隨時選任辯護人」。而本案被告等均無辯護人。致本案之判決顯係違法。

該通知書中述及「聲請人認本案應適用當時尚未經立法公布之軍事審判法顯屬誤解」，然則所有法律在名稱上雖不同，但在立法精神上卻相通。因而該「聲請提起非常審判狀」所引用之軍事審判法，和該判決書所引用之刑事訴訟法之間，其若干條文全部相同，試臚列如左：

（一）刑事訴訟法第 154 條（相當於軍事審判法第 166 條）有明文規定：「犯罪事實應依證據認定之，無證據不得推定其犯罪事實」。而聲請人在本案中既無犯行證據，自不得推定其犯罪事實。故本案之判決顯係違法。

（二）刑事訴訟法第 156 條第二款（相當於軍事審判法第 168 ）有明文規定：「被告之自白，不得作為有罪判決之唯一證據，仍應調查其他必要之證據，以察其是否與事實相符」。而聲請人在本案中所謂之自白，乃在被違法羈押山洞九個月中之出於刑求之炮製口供；開庭審理時，一庭為例問，二庭即宣判，毫無辯白或自白可言。故本案之判決顯係違法。

（三） 刑事訴訟法第 165 條（相當於軍事審判法第 169 條第一項）有明文規定：「卷宗內之筆錄及其他文書可為證據者，應向被告宣讀或告以要旨」。聲請人從未見任何證據，請求閱覽所謂「函件」亦不被允許。故本案之判決顯係違法。

可見，該「聲請提起非常審判狀」，部份所引用之軍事審判法之條文，幾乎全部來自刑事訴訟法。而本案判決書所據以判

決之重要法律，正是刑事訴訟法。

二、海軍總司令部三十九翌晏字第 02177 號判決書，其判決所據、亦爲其所違之主要法律條文爲：

（一）刑事訴訟法第 291 條前段：「辯論終結後，遇有必要情形，法院得命再開辯論」。本案一共僅開庭兩次，一次爲例問姓名、籍貫、單位、級職等，第二次即宣判。聲請人未能被准許發言，何有辯論？故本案之判決顯係違法。

（二）刑事訴訟法第 293 條第一項：「審判非一次期日所能終結者，除有特別情形外，應於次日連續開庭；如下次開庭因事故間隔至十五日以上者，應更新審判程序」。聲請人被開庭是在被密囚鳳山山洞（對外稱之爲「海軍來賓招待所」）九個月（1949年十二月三日至 1950 年九月二日）後，被解遞至左營軍法處看守所中八個月（1950 年九月二日至 1951 年四月三十日）的期間中。一共開庭兩次（開庭情況如上述），絕無連續開庭，第一次與第二次開庭之間，絕對超過十五日以上，絕無更新審判程序。故本案之判決顯係違法。

（三）懲治叛亂條例第四條第一項第五款：「有左列行爲之一者處死刑、無期徒刑或十年以上有期徒刑：五、爲叛徒作嚮導或刺探、搜集、傳遞關於軍事上之秘密者」。聲請人只被陳明誠告知宋平在信上附筆問好，既未示之以信，也未告知信上所寫爲何。其日期判決書上明指 1949 年十月間，判決書上既採信「王永久供稱 1949 年十月間接獲宋平之信時不知宋平投匪」，何又認定「陳明誠 1949 年十月間」和宋平通信時，謂宋「業已投匪」？王、宋於 1949 年初仍在同一軍艦（玉泉號）服役，而陳、宋不曾見面多有年月。十月間王不知宋已投匪，陳又何以知之？雖然本案資料據云已毀，依常理判斷，絕不可能在信件

上告知「已經投匪」。陳既不知宋已投匪，同學之間通信事屬平常，聲請人何能「既知而不報」？報什麼？聲請人又為何被判定有「共同為叛徒蒐集關於軍事上之秘密」？故本案之判決顯係違法。

（四）懲治叛亂條例第 8 條第一項：「犯本條例第 2 條第一項、第 3 條第一項、第 4 條第一項第一款至第十一款之罪者，除有第 9 條第一項情形外，沒收其全部財產。但應酌留其家屬必需之生活費」。聲請人被誘捕時，僅著軍便服一套。何曾「酌留」一文一物？

另有陸海空軍刑法第 1 條、第 93 條，刑法第 37 條第二項等，閱其內容概與聲請人無關。尚有「作戰時海空軍審判簡易規程」一種，目前已難找到，在國家圖書館也沒有找到。　鈞部如珍藏該規程，聲請人至盼得一影本。聲請人深信，任何法律都是一種人為的意識創作，其精神雖源自當時的政治性的實際需要或是社會的價值判斷。但均得遵守基本的審判法則，該規程自亦不得除外。但不論該規程之內容如何，絕不致與判決書上所依據之其他法律相悖。本案判決之最大缺失，而必須予以救濟平反者，乃在於所據以判決之法律條文未盡妥適，而臻違法毀法之嚴重性，尤其在判決書中全不引用被認定載有「軍事上之秘密」之「函件」中之一詞一句，在法律或情理的公平正義的經驗認知上更為荒謬。滿紙竟充斥「已堪認定」、「亦經供認不諱」、「自難稱不知其事」、「當無疑義」等揣測之詞。這豈是斷案謹刑之道，不僅有違「罰疑從去」和「罪疑惟輕」之古訓，且亦無視於陷人於罪之不當。然罰疑從「與」和罪疑惟「重」之心態，卻成了我海軍在五十年代造成諸多冤獄或假案之濫觴，言之可悲亦可嘆！尤有進者，斯時桂永清將軍任海軍

總司令，引進諸多情治人員，竟在海軍裡製造太多的冤獄或假案，爾後雖經發覺這些情治人員中本身有問題的大有人在，如主辦本案的情報處副處長董行健和科長黃啓先二人，在聲請人被密囚山洞九個月期間，竟責令周組長者，對聲請人刑求而炮製口供，再於解送軍法處時請據以判刑。而該二人後來雖被處死，但生前所主辦之案件卻未予重新審理。 鈞部主任軍事檢察官，如欲徹底了解當時情況，不妨和劉和謙上將或徐學海退役中將談談，以證聲請人所言非虛。

聲請人於 1945 年十五歲時在南京考取海軍，1949 年二十歲棄家隨政府來台，卻被敵人的敵人抓起來了，密囚、刑求而炮製口供，據以定讞，而放逐火燒島。總計失去自由十年三個月零七天。前在海軍五年服役期間，不是在江陰和青島陸地上受訓，便是在軍艦上服役，被捕時爲一士兵，又剛調至一尙未成軍之軍艦上服役，何能搜集軍事上秘密？只因爲同學宋平在給同學陳明誠的信件上附筆向聲請人問好，聲請人既未看信也未寫信，何能謂之「有意思聯絡」？而宋之所以在信上附筆問好，是因爲兩艦航泊定海時曾在街上相遇的關係。聲請人之如此被「想當然」而判決有罪，實在冤枉之至。判決書上三位軍法官，其中一位陳書茂先生（曾任海總軍法處長），聲請人去年九月十日與之餐敘時，曾提及本案，陳先生只能感慨系之，謂：「唉，那個時代……」「你真的坐了十年牢？」陳先生現住台北市民生東路三段一五三巷三弄十五號， 鈞部主任軍事檢察官不妨向陳先生求證，應可探知本案竟究。

再者，聲請人於出獄後，在戒嚴時期被貼上標籤的外省人是如何地煎熬偷生，聲請人是如何地把這冤獄的痛苦和屈辱深藏心底，不希望讓獨生子知道，一直到他服完兵役後去國外讀

書時，因他的疑惑而稍稍告知（見附文《對兒子的一個秘密》）。
而聲請人從火燒島來到台北後如何地發憤創業（見附文《國際
翻譯社三十年》）。回想一生，倏忽七旬，「面垢不忘洗，衣垢不
忘澣」，唯一遺憾而必須儘快努力完成的，就是要將此冤獄平反，
要以一個清白之身，走完人生盡頭。

　　綜上所述，再次懇請　鈞部重視本件冤獄，賜命　鈞部主
任軍事檢察官，依法提起非常審判，「大勇竭其力，大仁播其惠，
大智盡其謀」，「因其褒貶之義以制賞罰」，顯我政府之大公，以
還聲請人之清白，不勝盼望之至。

□國防部回函「查無法定原因」(見附影本，頁 331)

　　1998 年二月二十四日，國防部軍法局回以 87 則剛(覆)字
第 0648 號「書函」覆我：

　　（一）台端 87、2、5 來函敬悉。

　　（二）經核本次聲請意旨，仍查無非常審判之法定原因，
所請礙難辦理，復請查照。

　　國防部軍法局

　　我以此函請教好幾位律師，皆說，主任檢察官無法覆文，
只好以「國防部軍法局」名義，說聲請人無「法定原因」而了
事。在當時是以政治案件視之而處理，如今也必須以政治因素
而翻案。此時，我已得知，有立法委員謝聰敏等八位提案，陳
永興等六十一位連署，計六十九位委員，鑑於政府解除戒嚴以
來，已將屆滿十年，但對於戒嚴時期受不當政治審判的人民，
尤其是被依戡亂時期「懲治叛亂條例」和「戡亂時期檢肅匪諜
條例」治罪者，因當時政治時空的因素，而產生很多冤、錯、

假案，當中如確有因言論或思想和當時的國策容有違誤，但以今日的政治環境和發展程度觀之，亦是不足以爲罪，甚至因爲他們的堅持信念和受苦受難，使得民主運動的命脈得以續存而後發揚光大，才有今日之所謂的政治奇蹟。但這些政治受難者及其家屬，卻長期生活在陰暗、恐懼、受迫害的環境下。雖然強權已去，戒嚴解除，但他們卻長期無法過正常社會生活，而成爲社會最弱勢的團體和個人。特提議制定「戒嚴時期不當政治審判補償條例草案」，全文計十五條，是爲立委版條例草案，使成立院議案關係文書院總第 1582 號，委員提案第 1742 號，於 1997 年三月十五日印發。針對此條例草案，同年十一月二十六日法務部提出「戒嚴時期不當判亂暨匪諜審判案件補償條例」經修正三讀通過後，成立了基金會，但因爲該會審查進度慢如蝸牛，爲外界垢病質疑。我曾爲文：《白色恐怖案件平反，不應該選擇性處理》(24/12/1997 聯合報)、《排除條款讓平反美意功虧一簣》(03/06/1998 中國時報)、《白色恐怖補償金，何時受理申請》(04/03/1999 中國時報)、《有判決書才能申請不合理，條文應速修正》(10/09/1999)、《將軍冤,獄宜修法彌補》(03/02/2000 中國時報)、《冤獄補償何以牛步化》(30/03/2000 自由時報)、《平反不是恩典，補償金也非嗟來之食》(發表年月日及媒體已忘)。根據補償條例第七條規定：「基金會應於收受後六個月處理完畢」，但迄至 1999 年十二月十三日，其第一批審查通過者僅十四件。由於申請案件近五千件，似此進度，每月審查十多年，預估要三十年審完‧幸好 2000 年五月二十日開始，改由民進黨執政中央，董事會注入新血，作業正常，可望一兩年內將補償部分發放完畢。

□終於得到補償

2000 年七月二十七日，我接到「財團法人戒嚴時期不當判亂暨匪諜審判案件補償基金會」來信，略謂：台端申請補償乙案，業經本會決定予以補償新台幣肆佰貳拾萬元。至於所述刑滿未依法釋放期間之補(賠)償事宜，建議參酌修正後之「戒嚴時期人民受損權利回復條例」或其他規定，另爲適法之救濟。

包括我在內的爲數不少的「政治犯」，刑期屆滿時，往往又被羈押一些時日，關於這部分，我於 2000 年四月二十四日，依法向台灣台北地方法院，提出國家冤獄賠償。至本書 2001 年版問世，尚待處理中。

〔本書作者註〕請參看次頁國防部對「非常審判」兩次回文的原稿影本。

國防部主任軍事檢察官通知書

八十六年則剛覆非字第○三三號

　　聲請人
　　即被告　　胡子丹　男，年六十八歲、安徽省蕪湖縣人，原海軍永昌軍艦

電訊上士，住：台北市重慶南路二段五十七之一號十

二樓。

右聲請人因叛亂案件，對海軍總司令部三十九年望晏字第○二一七七號確定

判決，聲請提起非常審判，業經審核，認無提起非常審判原因，茲敘述理由

如左：

一、原判決認定聲請人即被告胡子丹任前海軍永昌軍艦電訊上士時，與同艦航

海下士陳明誠，於三十八年十月間，共同將海軍艦艇動態函告前在海軍玉

泉軍艦充當輪機中士業已投匪匿居香港之宋平，事證明確，論以懲治叛亂

條例第四條第一項第五款「共同為叛徒搜集關於軍事上之秘密」罪，判處

有期徒刑十年，褫奪公權八年確定。

二、聲請提起非常審判意旨略以：原判決將聲請人論罪科刑，除被告自白外，

僅有該政治部第四組查獲之函件，即認定聲請人與陳明誠為具共犯關係，未就該查獲函件向聲請人宣讀並告以意旨，亦未調查被告自白是否核與事實相符，遽予判決聲請人構成「為叛徒搜集關於軍事上秘密」罪，即屬「判決不載理由」，況聲請人所犯本罪最輕本刑為五年以上有期徒刑，依軍事審判法為強制辯護案件，而聲請人未經選任辯護人，原審即應指定辯護人為聲請人辯護，其未為指定而判決，原判決亦屬違背法令云云。查本案有關卷證資料，經海總軍法處函覆該處因五十六年致誠營區大火，檔案資料均遭焚燬，無從調閱查考，然就聲請人所檢附判決繕本內容詳核結果，原判決係依共犯陳明誠不利己之供述，暨查獲陳明誠與投匪之宋平間往來函件，且聲請人自承目睹該函件，加諸聲請人與陳員問私交甚篤，陳員為宋員搜集海軍軍艦動態並函告，自難諉稱不知，而按共同正犯之犯意聯絡，其表示方法，並不以明示通謀為必要，即相互間有默示之合意，亦無不可，因之原判決衡情論以聲請人共犯罪責，於法並無不合，至聲請人所指

原審未指定公設辯護人為被告辯護乙節，依照本案所適用之戰時陸海空軍審判簡易規程第八條及陸海空軍審判法等規定（聲請人認本案應適用當時尚未經立法公布之軍事審判法顯屬誤解），並無應指定公設辯護人之規定，則原審未經指定公設辯護人為聲請人辯護而判決，尚難謂其適用法令有何違誤之處。另聲請人所提系爭陳明誠與宋平往來經查獲之函件，真實性如何，是否涉及軍事機密等，乃屬事實認定問題，自非非常審判程序所能審究。因之聲請意旨指摘原判決違背法令云云，顯無理由，所請提起非常審判自難准許，特此通知。

中　華　民　國　八十七　年　一　月　六　日

主任軍事檢察官　趙　定　魁

［印章：趙定魁］

國防部軍法局（書函）

速別		
受文者	胡子丹君	

胡子丹　君

行文單位	正本	胡子丹君
	副本	
	本	

發文日期　中華民國87年2月24日

發文字號　(87)則剛(覆)字第○六四八號

附件

一、台端87.2.5.來函敬悉。

二、經核本次聲請意旨，仍查無非常審判之法定原因，所請礙難辦理，復請查照。

國防部軍法局

宋平來信影本(見頁 317):

我与胡子丹的关係

我等曾於 1946年秋,在南京海總,投考海軍,報效祖国.曾在海軍江陰練营,青岛中央海軍訓練团,同期同学.

1949年4~6月间,我在海軍玉泉军艦服役,军艦打泊在舟山定海时,曾与胡子丹同学相遇,他拟去台湾,我托他到台湾后,若遇見陳明誠同学时,代为问好.时间为几分钟,仅此而已.

1949年7月我在舟山定海脱离海軍,於同年8月在香港華商總会任職,曾去信二封,与同期要好同学陳明誠联系问候,並附言代向胡子丹以及其它同学问好,別无他意.但去二信均未回票.自此音訊杳无.

数十年今,得悉他俩因信受嫌,純属冤事.特予澄清.坦言書白,仅供参阅.

宋平,1997年10月3日於浙江湖州

第四十章 江陰依舊，砲台何在？

（請參看第二章①）

■本文 1997 年刊香港《新聞天地》五月號總號第 2401 期

江陰要塞，又稱黃山砲台，乃通行長江之關卡，也是江南江北之孔道。1945 年秋，山下設立江陰海軍練營，營長戴戎光少將，1949 年四月二十日，以要塞「起義」中共，加上林遵司令在南京響應，雖有突圍艦艇，至此，國民黨海軍實力大減。迨至左營桃子園海軍基地期間，桂永清的「東、西廠和錦衣衛」肆虐，頓使海軍精華殆盡。本文中的兩名小兵便是當年在江陰海軍練營裡受訓。看他們經過了五十一年後的小聚，是如何地重遊這江陰要塞。

1945 年秋，王辰伯、朱正安，和我，三人同在南京考取海軍。1949 年朱留大陸，王和我隨艦台灣，1973 年王退役後移民美國。1987 年底我們取得聯繫，知道朱住上海，王 1994 回歸故鄉無錫定居。三人三地相約，1996 年的最後一天，同去江陰黃山砲台，看看五十一年前，我們同在一起受訓的地方。

1996 年十二月三十日，我經澳門飛上海，王早幾天也來上海住他女兒家，當晚連絡上。加上久居上海的朱正安，還有郭、毛二位同鄉，大家電話約定，次晨北站見面，同乘旅遊車去無錫。中午抵達無錫時，王說另有友人當天由南京趕來，要和我們共進晚餐，準備作一竟夕之談，所以不能陪我們同去江陰，我們四人只好自行前往。當下從火車站前起程，決定租一部計程車，言明兩百元人民幣往返，而且在砲台附近至少要停留半小時。後來證明這個決定是個明智之舉。因為無錫和江陰間的

公車班次完全自主自由，若有似無，說無卻有，一去一返，加上找舊址、尋舊夢，如不是包了計程車，則絕非當天可以畢其功於一役。

江陰完全變了，記憶中的窄狹小徑，如今成了六線大道，兩旁工廠林立，酒家餐廳不少。記憶中的砲台沒有了，問了好久還是沒問到。這位女司機非常熱心，下車問路，不斷和當地居民比手畫腳地解釋。車子走過了頭，迴轉改在慢車道上開，開往一個掛有「黃山公園」的山坡上去，在山脊處我們下車，有一棟兩層樓高的建築物矗立脊旁，是一個紀念塔什麼的，豎有石牌，名為「望江樓上望江流」，附有文字說明，可惜勒鑄太小，我看不清楚。另有石碑，斗大隸書「黃山砲台舊址」，特別標明「江蘇省重點文物保存單位」。往下看，巒巒山谷中屋宇儼然，炊煙四起，雞犬相聞。轉身再向下看，往年的營舍不再，原先有的小小航泊碼頭也不翼而飛，操兵場兼球場更是不見蹤影，偌大的空間全都填塞了幢幢瓦房。女司機給我們的可能性推測，很可能也是駐兵營舍，但絕非海軍練營。肯定是人民解放軍，也肯定不可能讓我們涉足其間，作短暫的尋夢遊。儲存腦中半世紀前的親切環境，霎時變成了眼前的全盤陌生。**陣陣冽風襲來，我拉緊外衣領上的覆帽，擋一擋寒，也擋一擋不能親履營舍的遺憾！**

兩年前，我們在台灣的海軍同學，在日月潭有過一次「江陰同學五十年慶」的聚會後，有意翌年在江陰再舉行一次，而且決定了負擔在大陸的同學們自南京往返江陰以及住宿無錫三天兩夜的全部費用，他們也都欣然同意。負責連絡的楊姓學長後來來信說，他們「領導」要我們與會者在台同學的名冊及五十年來的經歷。這齣百分之百的念舊懷古的老人戲碼，居然也

要滲拌些政治佐料，台灣的同學們個個打了退堂鼓。在江陰舉辦的江陰同學會因而流產。

談笑中感慨特多。正安忽然想起了有次他在打野外時，偷拔田間紅蘿蔔吃的糗事，他遙指當年田畝位置，如今已是一棟平房。**受訓期間的肚子總是餓，吃飯打衝鋒般努力，現在想想，有趣又好笑。**找砲砲不見，砲基仍在。後方不遠處，豎立丈高石碑，有葉飛將軍，於 1987 年五月在碑上刻勒「陳毅詩碑亭記」。其文如下：

　　1949 年五月，新四軍老六團奉命以江南抗日義軍番號東進抗日，直抵滬郊，威震江南。十月，陳毅司令員到江陰佈署北渡長江，發展蘇北。目睹國民黨軍丟棄的江陰要塞，似一盤散沙，形同廢壘，滿懷激情寫下了『夜過江陰履國防廢壘有作』一詩。近聞江陰人民興建陳毅詩碑亭，特錄詩作，以誌紀念。

龍飛鳳舞，此人想必是一位儒將。

陳毅有詩在碑的另一面，那面該是正面，我們是反方向而上。詩曰：

　　江陰天塹望無涯，廢壘猶存散似沙；
　　客過風興敵惶急，軍民游擊滿南華。

也是葉飛的字，「敬錄於一九八七年五月」。

極目遠處，長江在望，真的是「滾滾長江東逝水，浪花淘盡英雄。是非成敗轉頭空，青山依舊在，幾度夕陽紅。」葉飛何在？陳毅何在？戴戎光何在？桂永清、林遵等人又何在？中國內戰的始作俑者蔣介石和毛澤東，今又何在？半世紀來多少事，英雄狗雄，「都付笑談中」！

我環顧四周，**仰俯天地。景物變化太大，容貌不再，但是正安和我終於回來，這是對空間而言，要時間回來絕對不可能！我**

二人是 1945 年十一月至 46 年秋在這兒受訓，到今天已經是 1996
年十二月三十一日。往事今朝想，相隔半世紀還要多。當年正
安和我都是十六歲，今天已經是七老八十的七旬老翁！

郭、毛兩位蕪湖同鄉，也是正安和我的初、高中時代的同
學，居住大陸將近七十年，大江南北跑過不少地方，江陰可就
是他們很少沒有到過的地方的地方。連稱，叨光了！增長見聞
不少！

車回無錫天已大黑，再付二十元人民幣給女司機作為謝意。
辰伯住處巷術，計程車不易進出，我等都是第一次造訪，尋找
難度極高，問左鄰又右舍，失望但非絕望之時，天賜異象，我
在窗外看到了那位特地由南京趕來的昔日同僚常劍秋兄，正在
操刀主廚。大喊一聲，結束了這夢想五十一年之久的江陰遊。

▼1996 年最後一天，半世紀前本文中的兩名小兵，左朱正安，右胡子丹，同去
江陰砲台，尋找當年受訓的營舍。

▶ 葉飛的字

▼ 陳毅的詩碑亭記

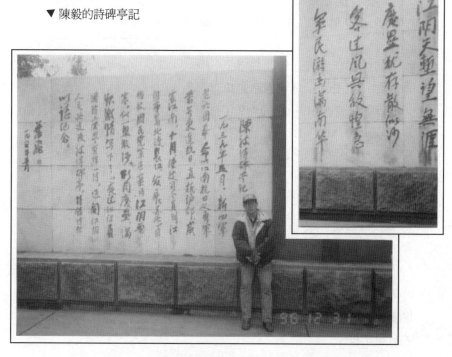

▼同行的同鄉郭懷悟女士和毛東海先生。

第四一章　翹辮子的外灘

（請參看第二章②）

■本文 1999 年二月二十一日刊台北中國時報

▲ 50 年代的上海市外灘

　　如果你在最近五年間去過上海，你一定看到了外灘對岸的東方明珠的雄姿。如果你在 1949 年以前在上海待過，你一定記得在中國銀行門前的那兩頭大獅子，但自解放後，牠們卻不知被下放到何處去。半世紀來，至今倖存的的唯一路標，只有那海關大樓上的自鳴鐘；往年是每半小時鳴響時間幾下，現在改以早晚準六點，播放一次「東方紅」的《忠字歌》。

　　還有不變的是：通往楊樹浦的外白渡橋；和那一天二十四小時的人潮、車潮、喧鬧聲，和吵雜聲。日本作家有本《中國貼膚紀行》，主要的就是寫他自己，在上海外灘時的如何「貼膚」般欣賞街景。

　　「一千六百萬人口走不動」的上海，幾乎有一半人群，擁擠推撞到外灘來，原因無它，一是外灘碼頭多，站牌多；二來，它是南京路、福州路等路的起點，僅就南京路來說，是任何商賈批發小販們的必到之路，更是士紳淑女們百逛不厭的地方。**來到上海而沒有逛過外灘的人等於沒有到過上海**，逛過外灘的外地人儘可以挺起胸膛來說：「阿拉去上海白相過了！」

　　想想看，如果這麼一處動感十足，繁華無比，人車密集的外灘，有朝一日，竟然唰地一聲靜了下來，唰地一聲停了下來，

唰地一聲黯了下來，會是怎樣的一個景象？你相信嗎？你能信嗎？你肯信嗎？

果爾！1949 年的五月二十四日的晚上，我由西藏路的大世界搭乘紅色 20 路巴士，巴士在快到外灘前的一站停了，我以為拋錨了，或其它原因，不及分析，逕自走往自鳴鐘的方向去。那年，我服役海軍，上午由軍艦下地，前往高昌廟附近龍華路的家中，晚餐後要返回停泊在外灘碼頭的軍艦上去。此時，我疾步快行。忽然，眼前一黑，路燈、店家的燈，全滅了！心中大驚，立刻失落了自己；偌大的、繁華無比的洋場十里，居然癱瘓了，左右前後，一個人影都不見，除了自己的腳步聲，其它鴉雀無聞，一輛輛車子成了死去的黃魚，怎麼回事？外灘和眼前的橫七豎八的電車一樣，在淡暗的月色下，都翹起了辮子。我哪有思考，加緊腳步，奔向碼頭。

驟如其來的如此突變，不是寒傖、悽楚、害怕、悲涼、緊張等詞彙，可以描述得了。其深刻、其顫人，五十年來，每一憶及，都膽戰心驚，刻骨銘心。

就是那天的第二天黎明，中共解放軍不費一顆子彈，由郊區進入了上海。據說：是因為上海交警的「叛變」。

▲1908 年的上海市外白渡橋。

第四二章　綠島的吃人樹

（請參看第十五章①）

■本文 1991 年某日以「秦漢光」筆名刊台北中國時報；並被時報出版公司收入《愛的小故事 3》單行本；警廣調幅網「同心結」節目中播出。

1951 年至 1960 年間，我因「莫須有」罪名，被送到綠島接受感訓，在多種體力勞動和腦力勞動的項目中，印象最最深刻的是上山砍茅草時，往往會碰上吃人樹。

上山砍茅草，颱風下雨總是比晴天多，當然辛苦。遇到狂風暴雨時，人在山谷矮樹中，又冷又濕又怕被雷殛，只好不停亂跳亂蹦，亂喊亂叫，保持體溫。但是，最最欺侮我們這些

▲當年的綠島女性，是不穿上衣的，相片中的人，不是文中救人的人。 (歐陽文攝)

落難人的，莫過於「吃人樹」了。我們可給這些吃人吃慘了，幾乎人人都有被吃的經驗；多多少少，輕輕重重，次數不等。

這種吃人樹，仔細分析，只見樹葉光溜溜，樹幹樹枝沒什

麼異樣。一旦碰著了，那碰著的地方奇癢、浮腫，經過兩三個禮拜才潰爛、流膿，而收口。

有天我第一次看到有人「中了獎」，他最初兩手碰到了，卻不知道，用手抓臉、抓身上，不久全身喊癢，兩頰腫得像饅頭，大家嚇壞了，猛向最近的山窪裡跑，找當地居民想辦法。正好遇上一位不滿二十歲大的小婦人，從屋裡出來，好像剛剛奶過嬰兒，上衣還沒拉下。她一眼看到被吃人樹吃了的人，便奔迎出來，把他拉近胸前，用手壓擠自己兩個豐挺的乳房，又白又稠的乳水淋浴似直射他一臉一身，叫他自己用手大力擦揉癢痛的傷處。面對如此鏡頭，我們全都有要哭而哭不出來的感覺，有向她下跪而不敢下跪的衝動。

原來，人奶可治好吃人樹引發的症狀。我們大家向她謝謝，向跟著她出來的家人謝謝。她們只是笑著說：「莫要緊啦！」

第四三章　楊逵的長跑精神

(請參看第十八章②)

■本文 1983 年十一月七日刊台北自立晚報

今年度吳三連文藝獎，小說類得主是楊逵先生。

眼見報紙上刊出的，黑白照片中的熟稔面孔，我不禁回憶將近四分之一世紀以前的一段往事。

楊逵是我的「老」同學此「老」有二解：一是他長我二十四歲，一是我倆同在一個大學裡，一塊生活了將近三千三百個日子。入學的那天，我記得很清楚，是在 1951 年五月十七日；我先他而畢業，是在 1960 年春天。在這麼長久的一段朝夕相聚的環境裡，我們卻不曾談過一句話，也不曾共過一件事，

▲楊逵參加了五千公尺。

原因是我倆的隊別不同，寢室也不同。我一直搞不清楚，我是先認識他的人，還是先知道他的名字。好歹這種事無關緊要，他一直是他，我一直是我。

　　第一次知道他名字，是老戴告訴我的。談起老戴可也是真絕。在三十二年以前，他該是我本省籍的第一位談得來也臭味相投的朋友，他也認爲我是他外省籍難得知己的好搭檔，原因是咱倆能文允武，任憑什麼粗活兒，幹起來從不皺眉，運動場上也是響噹噹人物，可以寫寫文章，主持一個千兒八百人的座談會什麼的也不含糊。有次，老戴搗搗我的胳臂說：「你看，那就是楊逵！日本時代頂頂有名的大作家楊逵。」語氣神秘得很，居然還壓低了嗓門，真是見他的大頭鬼。眼前走過的那個矮瘦瘦的糟老頭子，貌既不驚人，相更談不上出眾，一付可憐兮兮的瘟三樣兒。看那一身裝備，大概是洗澡去，兩手捧了個鋁製的洗臉盆，一條又破又黃的乾毛巾搭掛在肩頭上，最令我不能忍耐的，這位「老」同學還滴答滴答穿了雙木屐，木屐卻又是兩隻兩個樣，一大一小，一橫帶，一隻是交叉布帶。老戴又立刻關照我：「不要和別人提起楊逵的過去，更不要說是我告訴你的。」不提就不提，從此後我真的啥也不吭氣。在心底，可沉甸甸壓了個「楊逵」那付德性。

　　以後的歲月裡，我和楊逵雖然在途中邂逅若干次，也都是他走他的陽關道，我走我的獨木橋；所不同的，就是我知道，楊逵就是他，而他卻不知道我這個「青年才俊」何許人也。每次壁報和月刊出版了，我開始注意楊逵的文章。遺憾得很，文章的主題雖佳，反共又抗俄，詞句的確不敢恭維，日文式的，台語式的，極其忍耐地每篇都讀完了，我總想在字裡行間發掘些什麼。老戴是個深藏不露的角色，他所激賞崇拜的人物一定不簡單，定有他異人之處。不多久，這個謎底果然被揭曉了。

　　那一年的秋季，是我們全校的第一次運動會，我擔任進行組的工作，校花王孝敏被派現場播音員，一切熱熱鬧鬧，一切

順順利利，當然，我能和校花耳鬢廝磨，研究項目進行和廣播稿內容，更是越忙越起勁。

第二天，當我看到五千公尺馬拉松的名單，赫然出現了「楊達」兩個字，令我大為吃驚。想當年，運動場上的選手，盡是些生龍活虎二十嘟噹的小伙子，我們這位「老」同學已進入了「知天命」之人，日常生活已夠辛勞的了，何必捨命陪少年呢？他名已經報了，眼看著他瘦伶伶地，穿了縫有號碼的背心和短褲，已經在休息的帳篷前，彎腰伸胳臂地做著暖身運動。

第一次廣播了，當校花以純正的京片子，報出了「楊達」兩個字時，全場爆出了掌聲，田賽雖好戲登場，已經進行到撐竿跳，也只有暫停，掌聲歷久不衰；第二次廣播了，掌聲又起，等到第三次廣播，楊達和其他選手來到跑道就位時，掌聲更是震耳，席地而坐的同學們全都站了起來。我直覺到這不是好現象，這樣磨菇下去，其它項目的進行要大受影響，立刻用麥克風請大家注意運動場上的秩序，請把掌聲留待馬拉松的選手們跑完全程，歸來時再鼓。

二十幾位馬拉松選手在掌聲中被送出了運動場，手臂擺動和兩腿前邁的白色影子愈來愈小，他們到野外去了，消失在一片綠色中，運動場上恢復了平靜。大家都在盼望他們的歸來，誰第一位進場，誰可能就是冠軍，誰最後一個進場，誰就是最後一名。在這過程中，每個人心裡明白，冠軍和末名都不重要，大家最關心的，大家最惦記的，大家最受感動，這位「老」選手會不會隨時臥倒？會不會途中退卻？

時間在一分一秒中過去，電話不斷送來消息，誰領先，誰殿後，誰棄權了，……就是沒有楊達的報導。終於，歸途中的選手接近大門了，擴音器宣佈：「清理跑道」、「某某某領先」、「某

某某緊追不捨」、「……」，漸漸，漸漸，我們看到了人影，大半場的人轉過身子，面對著運動場的入口，某某某進來了，某某某上了跑道，一位，一位，一位……有的相差無幾，有的相差幾十呎，幾乎全進場了，校花在一一報名，除了已經知道的幾位中途棄權外，現在全進場了，可是「楊達」呢？

「楊達」呢？楊達不見了，楊達被拉得太遠了！大家都在擔心著，眼巴巴地，摒聲斂氣地。前五名已經確定，準備頒獎了。終於，終於，一「點」小影子，一搖一拐地投入了幾千隻眼睛裡，對！對！是楊達，進入了跑道，慢慢，慢慢，到了終點，被人扶起了身子，忽地，掌聲響了，全場的人滿含眼淚，統統站了起來。**楊達，馬拉松似的人生，不怕摔跤的人生。我們的「校長」**特別頒發他一個最佳勇氣獎。

三天的運動會完了，一切恢復正常。楊達和我，有時在途中相遇，表面上一仍往昔，沒打招呼，彼此當然知道，我心中有他，他心中有我。

又是一次運動會，在游泳池畔，楊達參加了三百公尺的自由式，我們的游泳池是三十公尺長，所以要游來回十次。這種比賽和馬拉松不同；馬拉松是越野賽跑，只能看到出發和到達終點，而游泳的全部過程則在眼前。

當前五名全部陸續游完全程時，這位泳池中的馬拉松選手，才剛剛游完第六次，麥克風為他加油了，不要急！不要急！慢慢來！慢慢來！只見他極盡努力地，極盡掙扎地，游過來，游過去，又游過來，第七次、第八次、第九次，終於，第十次開始了，終於，游到了終點。

掌聲掩沒了興奮的讚賞，是他，又是他，人生過程中又打了勝仗，**勇氣磨練**出來的努力，持久孕育出來的耐勁。他又獲得

了最佳勇氣獎。

　　自此後，我們分開了，一直到今天，我們不曾再見過面。

　　1975 年五四後不多久，接到他由台中寄來《鵝媽媽出嫁》，在扉頁上他親筆寫著「胡子丹先生指正，楊逵，一九七五、五、四」字字端正，筆筆分明。這是我第一次看到他的筆跡。多少年不見面了，容貌已不復記憶。仍舊鎖在心頭的，是那游泳池裡游來游去的情景，和那運動場上的白色小影子。……

楊逵綠島十二年

■本文 1985 年刊台北傳記文學第四十六卷第五期五月號

楊逵走了，報上說，今年三月十二日早晨，在家喝牛奶的時候，兩眼一閉，就不再睜開過。真叫人羨慕，走得那麼平靜，不勞累人，也算是走得其時－－孩子們都成了家，自己又享受了些許風光。想想看，如果在綠島時走了，或者是在離開綠島不久，會怎樣？現在走，應該是沒有什麼遺憾！

沒隔多久，收到一張大白帖，是楊逵的訃聞。打開一看，密密麻麻盡是人名。這件事如果趕得上徵求楊逵同意，我想他一定不高興。楊逵就是楊逵，他甘心守住寂寞，自己私事決不願如此勞師動眾，舖張熱鬧。

二十五、六年前的一個早上，我依稀記得，好幾百人聚在空地上喝豆漿，他草草了事，戴上斗笠，手提肩褡一些什物，向同伴們揮揮手，他去菜圃了。這景象彷彿眼前，和今年的三月十二日早晨，他走了，我覺得沒什麼兩樣。

楊逵和我相識，緣自 1951 年五月十七日，距他最後一次的走，整整三十四年差兩個月零五天。相識三分之一世紀，說來神奇，我倆從不曾交談片言半語。除了在 1975 年五四後不久，他寄我一冊《鵝媽媽出嫁》，也沒有通過信。好多次他在台北，以及我去東海的機會，想去看看他。總想起了一段往事，也是二十五、六年前的一個黃昏吧，我從山上下來，路過他工作的菜圃，四目相對，我做了個手勢：「還沒回去？」他舉了舉手上的工具，微笑頷首，我理會得：「快了，做完了就走。」我又何

必一定要彼此的相晤寒暄。

　　前年吳三連文藝獎，小說類得主是楊逵，報上刊出他黑白相片，熟稔面孔絲毫沒走樣，我一時衝動，在自立晚報上寫了篇《楊逵的長跑精神》。我知道有楊逵這個人，是老戴告訴我的。我這樣寫：

　　有次，老戴搗搗我的胳臂說：「你看，那就是楊逵！日本時代頂頂有名的大作家楊逵。」語氣神秘得很，居然還壓低了嗓門，真是見他的大頭鬼。

　　眼前走過的那個矮瘦瘦的糟老頭子，貌既不驚人，相更談不上出眾，一付可憐兮兮的瘓三樣兒。看那一身裝備，大概是洗澡去，兩手捧了個鋁製的洗臉盆，一條又破又黃的乾毛巾搭掛在肩頭上，最令我不能忍耐的，這位「老」同學還滴答滴答穿了雙木屐，木屐卻又是兩隻兩個樣，一大一小，一橫帶，一隻是交叉布帶。老戴又立刻關照我：「不要和別人提起楊逵的過去，更不要說是我告訴你的。」不提就不提，從此後我真的啥也不吭氣。在心底，可沉甸甸壓了個「楊逵」那付德性。

　　有位作家在楊逵走了不幾天，寫了篇文章，說楊逵在這次走的前幾天，去過新店，拜望當年綠島「新生訓導處」的唐將軍（文章裡稱為「監獄長」），這難道是楊逵的幽默，還是福至心靈？禮數周到？居然去辭行。唐將軍是歷任處長當中，最得人緣、交朋友最多、退休後家居生活最美滿的處長。第一任姚處長，民國四十年（1951）五月十七日的傍晚，在一塊廢墟廣場上，他站立在被揀選的大石塊上，向千餘名坐在地上，剛剛報到的新生們大聲訓話，一字一字，斬金截鐵：

　　我代表一座十字架，跟著我的是生，背向我的是死！

　　多年後，記憶猶新，我在台北遇到姚處長，談到這件事。

我問他，為什麼當時要迫不及待地說出這些話。他問當時的新生們是怎麼想。會怎麼想？想喝水，想立刻躺在地上睡覺，睡醒了再吃東西。

唐處長初期是總教官，姚以後是周文彬處長，周以後便是唐處長。這位唐「監獄長」在綠島最久，比楊逵當新生的日子還要久。

四月一日張恒豪先生在自立晚報有篇文章，對《楊逵文集》出版有一些建議，題目是「做得好，才重要！」文中有句話說：「又當人們爭著傳誦楊逵的回憶時，他在世時，始終不敢去觸及的十二年綠島夢魘，也變得不那麼重要了。」其實，楊逵在那場「夢魘」中，雖寂寞，卻清醒；雖種菜，卻也筆耕。《鵝媽媽出嫁》裡好像選了一篇，記述颱風前後移植花圃草坪的小點滴。只一篇太少了。那時候，楊逵還是用日文思想，用日文腹稿，最後才用中文寫。他一定用了不只一本國語字典，每次看到他，他隨身佩戴中，破爛的一本國語字典總是少不了的。在那「夢魘」環境裡，也辦有命名為《新生月刊》的刊物，和每周一期的大隊隊際壁報，讓我們可以常常看到楊逵的作品，文字不夠流利。那時候的壁報社幾位編輯，回到台北來，一位告老退休，一位當了牧師，另外三位現在還老本行，是報社的現任編輯，我想他們幾位，對楊逵的文章，有潤飾斧正之助，是無容置疑的。

《楊逵全集》的出版，如果能搜尋他在「夢魘」中的清醒文章，想必更能「全集」得有意義，更能表現出楊逵的「思想、鬥志，及為人」。

楊逵不是偶像，他一定討厭在近年來，被別人捧來捧去，當作了偶像，搞得他躲在東海也不能寂寞。在「夢魘」裡他是

名普通、不受殊遇的「新生」，沒想到來到花花世界，連守住一撮乾淨土也不行，朝三暮四總有人去朝他的「聖」。每次得知他被邀了開會什麼的，想必他又奈何！自從 1951 年五月十七日開始，他參加開的會，何止千百次，每次每次都是苦澀澀的，表情如此；聽他「照本宣科」的讀手稿，音調也如此。又豈是心甘情願，又豈能樂從苦中來。

楊逵在一些問題原則上，是永遠倔強的，是「壓不扁的玫瑰花」的。在「夢魘」生活中，常見他晚上出公差，不是殺魚，便是挑石頭類似的零時工。那段日子裡，他已年逾五十，幹菜圃是被列為專業，特准不出「晚公差」的，但是，他不拒絕。他以順民姿態作沉默抗議。因為，他不屑向他的「上司」申訴理由。他執著：讓他們自己發覺自己錯誤吧！殊不知，發覺了又怎樣？父兄向子弟們認錯的事，世人總認定新鮮。

說楊逵是一位「坐牢仔」似不為過，因為他一生居然有十二次出入監獄的記錄。在綠島的「夢魘」十二年，是他最後一次也是最長的一次坐牢生涯。他坐牢坐得心安理得，至少表面上如此。他的言論（保括已發表的文章在內）和他的行為，絲毫看不出忿恨不平，即使是在「夢魘」中的好幾次重大工程裡，他的表現，幾乎已經到了聽天由命的順民心態。如果對這種心態，我們要刻意說成演技的話，那就太爐火純青，太自然得生活化。他總是那麼默默地、乖乖地，他被命令著做什麼，他就做什麼。

那好幾次重大的工程，在「夢魘」中被新生們認定是典型的「新生生活」，一直到現在，也很難在不論國片或西片的電影中看得到那種震撼鏡頭。新生們被命令著建造克難房，建砌沿海岸半繞營舍的圍牆（新生們管它叫「萬里長城」），開闢運動

場，這三大工程，都和石頭有關，建房砌牆都以石頭爲主要材料，開闢運動場是要把山邊的石塊打掉。因此，在那段日子裡，打石頭和抬石頭便成了新生生活主要內容。打石頭的範圍，除了山邊，還要上山去打，也要下海去打，這種「打」的工作，是揀選年輕力壯、本來就是做工務農的新生們去打，而抬石頭則是全體動員有志一同了。通常是起床後早飯前抬五次，晚飯後再抬五次。當然，在正常作息時間內，更是不計次數的抬的抬、打的打、建的建、砌的砌了。往往在晨曦中，在黃昏裡，在烈日下，在風吹雨打中，如果你能動中取靜、冷眼旁觀，以老僧入定的參悟道行來自我欣賞的話，你會警覺到某些人的愚昧、醜惡，和無知。**爲什麼這些有權柄的人要製造出如此令人扼腕的鷹食鏡頭。**相信這不是當初設立「新生訓導處」的本意。新生們又能怎地，抬抬抬朝朝暮暮，忍忍忍天問奈何。楊逵在這種抬石頭行列中，是極其普通一位，不突出、不顯眼，一塊塊石頭，一步步路程，每次狹路相逢，雖然他走他陽關道，我走我的獨木橋，我總以爲他一定在打腹稿，用怎麼樣的詞彙，用怎麼樣的題材，來記錄眼前的大奇景。

在「夢魘」中，楊逵終於穿了幫，終於讓所有綠島的人認識到楊逵的存在。我在《楊逵的長跑精神》裡，有如下的記錄：

第二天，當我看到五千公尺馬拉松的名單，赫然出現了「楊逵」兩個字，令我大爲吃驚。想當年，運動場上的選手，盡是些生龍活虎二十啷噹的小伙子，我們這位「老」同學已進入了「知天命」之人，日常生活已夠辛勞的了，何必捨命陪少年呢？他名已經報了，眼看著他瘦伶伶地，穿了縫有號碼的背心和短褲，已經在休息的帳篷前，彎腰伸胳臂地做著暖身運動。

第一次廣播了，當校花以純正的京片子，報出了「楊逵」

兩個字時，全場爆出了掌聲，田賽雖好戲登場，已經進行到撐竿跳，也只有暫停，掌聲歷久不衰；第二次廣播了，當聲又起，等到第三次廣播，楊達和其他選手來到跑道就位時，掌聲更是震耳，席地而坐的同學們全都站了起來。我直覺到這不是好現象，這樣磨菇下去，其它項目的進行要大受影響，立刻用麥克風請大家注意運動場上的秩序，請把掌聲留待馬拉松的選手們跑完全程，歸來時再鼓。

二十幾位馬拉松選手在掌聲中被送出了運動場，手臂擺動和兩腿前邁的白色影子愈來愈小，他們到野外去了，消失在一片綠色中，運動場上恢復了平靜。大家都在盼望他們的歸來，誰第一位進場，誰可能就是冠軍，誰最後一個進場，誰就是最後一名。在這過程中，每個人心裡明白，冠軍和末名都不重要，大家最關心的，大家最惦記的，大家最受感動的，這位「老」選手會不會隨時臥倒？會不會途中退卻？

時間在一分一秒中過去，電話不斷送來消息，誰領先，誰殿後，誰棄權了，……就是沒有楊達的報導。終於，歸途中的選手接近大門了，擴音器宣佈：「清理跑道」、「某某某領先」、「某某某緊追不捨」、「……」，漸漸，漸漸，我們看到了人影，大半場的人轉過身子，面對著運動場的入口，某某某進來了，某某某上了跑道，一位，一位，一位……有的相差無幾，有的相差幾十呎，幾乎全進場了，校花在一一報名，除了已經知道的幾位中途棄權外，現在全進場了，可是「楊達」呢？

「楊達」呢？楊達不見了，楊達被拉得太遠了！大家都在擔心著，眼巴巴地，摒聲歛氣地。前五名已經確定，準備頒獎了。終於，終於，一點小影子，一搖一拐地投入了幾千隻眼睛裡，對！對！是楊達，進入了跑道，

　　慢慢，慢慢，到了終點，被人扶起了身子，忽地，掌聲響了，全場的人滿含眼淚統統站了來。

　　三天的運動會完了，一切恢復正常，人與人之間，表面上仍如往昔，但是，在每個人心底，卻有了個「楊逵」存在。

　　楊逵在「夢魘」中，最初被編在第二大隊第五中隊，不幾年，在一次颱風肆虐，第五中隊的房舍全被吹垮，而損壞的程度無法修建，他被改編到第一大隊第一中隊。他在兩個隊上的「職業」，一直是擔任菜圃工作。在「夢魘」中的三百六十行，這是項遠離權力中心，「天高皇帝遠」的最好的一種職業。楊逵全力以赴，勝任愉快。恍若隔世地回到了現實社會，雖然仍想專心一意幹名好園丁，卻不可得。名呀利呀，紛至沓來。**過去是屋漏偏逢連夜雨，到頭來，成了個你要我要的熱門貨。**

　　「夢魘」生涯的開始兩三年，管理人與新生間的關係，弩張劍拔。管理人監視新生們工作時，佩槍持械，完全押解架勢，訓詞口吻也一味認定是在向「敵人」喊話。新生們不吃眼前虧，雖然心不甘情不願，也只有在行為語言上，儘量配合演出；**揚眉固可表示吐氣，舉手豈是意味投降。**朝夕相處兩三年以後，彼此間袒褐裸裎，繃緊了的面孔，終於鬆弛了下來，因了解而同情，因同情而滋潤友誼，彼此間除了制服不同，稱謂不同，其它一切幾乎不再存有任何芥蒂。嘆喟著共同在演一齣戲，必須認真、必須認命。導演是誰？劇本在哪兒？都成了無關緊要的事。新生們也參與編撰政治教材，由管理人出面教授新生，新生們也幫助管理人以及他們的子女們學習英文、數學等課程。這種互助互愛、互切互磋、互體互諒的生活方式與真摯情操，逐漸擴大延伸到綠島的居民間。男女老少也參加到新生們的生活中來，新生們歌仔戲、話劇、平劇，辦運動會、音樂會補習

班等等，居民們都爭先恐後地積極參與，新生們更教導他們如何耕種，如何畜牧，並且開闢道路，搭建橋樑，使得這「夢魘」中的小島，由於三種人的組合，和好無間，不數年已成了一個「桃花源」，並且也有了一線希望，因為流水不止息，光陰更無情，遙不可及的遠遠刑期，終究一年一年地靠近。最初幾年，是在姚處長的謊言中，痴痴期待過去。當然，那是一種「善意的謊言」，他每當由台北回綠島，總是有甜甜的訊息，叫新生們心動，說是「某某條文一旦通過，新生們便可以結訓了。」漸漸，謊言太多，他編得累，說得累，聽的人更累。姚處長是位全身有政治細胞的少壯軍人，他滿希望在他十字架前的新生們，全是真正的頑強敵人，由他來感化，由他來教誨，認定這種「化敵為友」的工作，是他「贏」取前程的籌碼。後來他驚覺到，全不是那回事，他的希望落了空，也被調職了。新生們從「謊言」中解放出來以後，便一心一意安排眼前的生活，也一心一意努力未來的準備。在這一般漫長、變幻的「夢魘」時空裡，楊逵寫了不少文章，是紀實，也有隱喻。我不以為，在「楊逵全集」裡，應該把這些寶貴的零零碎碎，有意或無意地丟棄掉。

楊逵走了。人走了，如果真的可以成神成鬼，能夠行止自如，我相信，楊逵不會去愛荷華，也不會留在東海。他有理由，再度回到「夢魘」中去。因為，那畢竟是一塊免於打擾，免於名利的地方。

第四四章　我在綠島的朋友王孝敏

（請參看第二十一章①）

■1993 年十二月十一、十二日刊台北自立晚報

　　我在綠島「新生訓導處」的政治犯大本營裡，一共被「新生」了整整三千兩百一十二天，從 1951 年五月十七日至 1960 年三月七日止；在三個大隊計十二個中隊加上一個女生分隊，有千餘名的「新生」中，認識了不少朋友，王孝敏是唯一的女性。

　　1951 年五月十六日深夜，從台北忠孝東路軍人監獄押解出來；腳鐐手銬，鋃鐺彳亍，這千餘人的行列，在憲兵們荷槍實彈的驅使下，到了後火車站，被推上貨車；十七日拂曉時分，在基隆碼頭上了「中」字號登陸艇，下午抵達綠島中寮碼頭拋錨；黃昏中踏入「新生訓導處」的大門，來到一個空曠野地中，大家被命令散坐下來不久，竟發現不遠處有個籬笆圍牆中的囚舍裡，已經有了若干女犯，王孝敏就在其中。原來她們是在早些日子，由台北土城的生產實驗教育所被送來。

　　我們左顧右盼，彼此在別人眼神中看到了自己，蒼白、乾燥、憔悴、軟趴趴，這是久久不見天日的成績。在基隆上船時，腳鐐已被拿走，兩人共用的手銬，登陸綠島前也被解除。斯時斯地，我們由全身武裝的陸軍官兵們接管，**他們如臨大敵，我們卻拼命享受空氣和陽光**。唱名編隊，熱汗轉變爲風涼；我被編入第二大隊第七中隊。巧的是，第七中隊的囚舍，正面對那籬笆圍牆。

　　後來知道，女犯們在編制上，是屬於第二大隊第六中隊的女生分隊，她們以號碼代替名姓；王孝敏是 59 號。在我寫的那本《我在綠島 3212 天》書中出現的「伍玖」就是她。我對她最初印象、也是迄今未改的印象，一如我在書中所寫：

　　伍玖，一口京片子，清麗出眾。尤其是那串黑如墨的長辮子，一絲不苟地挽在腦後，掛在背脊，往往一轉身，便隨著在腰間游動。我常因她那嫻靜的坐姿而神往；幾乎用整個身體，來傾聽別人講話的恭敬端莊的神態，也往往吸引住我，叫我入迷。有時，我發覺到，在她坐姿裡，或談吐中，有一種落寞、遺憾、悲痛，被執著攪和，隱隱其間。

　　第一任處長，就是那在「二二八」時，擔任基隆要塞司令參謀長的陸軍少將姚盛齋，當我們被集合在他面前聽訓時，他站在一塊被揀選的大石上，兩眼俯瞰全場，掃射前後左右，一字一字，斬釘截鐵：「**我代表一座十字架，跟著我的是生，背向我的是死！**」怎生料到，不到十年，他家破人亡，小老婆也跟人跑了。他比任何一位重返社會的「新生」（在「新生訓導處」的犯人被稱作「新生」），最先背向了十字架。

　　綠島的「新生」生活，等於是開放式監獄管理，監獄四週除了我們自築的「長城」便是山，山的延伸又是「長城」。在囚舍邊角和「長城」彎處，以及山路岔口等地，都有衛兵二十四小時瞭望，而山的那一邊以及環繞「長城」約有百公尺岩石海灘的外側，則是太平洋。因此，即使有直昇機，「新生」們也很難離開綠島一步。獄卒們對「新生」們的最大不放心，便是不知道，新生們每一位在每一天極其有限自我時間的自我空間中，在做些什麼？想些什麼？**臨時公差、緊急集合等花樣，往往成了獄卒們心血來潮的安全措施。**

　　獄方採取了最原始最直接的管理方法：不讓「新生」們閒著。在腦力上、體力上盡量想辦法有計劃地壓榨，用各種康樂活動、各種型態的討論、各種政治課程，以及各種生產勞動、建設勞動；後來又增加了捕蠅滅鼠競賽和輔助教育等。

　　王孝敏第一次在男「新生」群中公開亮相，是她們女生分隊參加了大隊座談會。她不僅發言，而且還是主席團的成員之一。

　　那天晚飯後不久，操場上臨時吊起了幾盞大大的煤油燈。我們五、六、七三個中隊（那時第八中隊尚未成立）約莫四百多名男「新生」已經以凹字隊形各人端坐在自製的小板凳上，胸和膝蓋間，放有一塊尺寬尺二長，當作墊板用的厚紙板。第二大隊的所謂官兵「生」都在恭侯政治部指導員蒞臨，同時也在火急火急催促女生分隊及時趕來。老遠老遠，官兵「生」全神貫注朝向籬笆圍牆引頸而看；她們碎步跑來，一待整好隊伍，劈劈巴巴放妥了小板凳。指導員在全體「立正」又「稍息」而落坐的動作下就位，座談會於焉開始。

　　那次座談會之所以如此記得，女生分隊尤其王孝敏的與會，是原因之一，而座談內容之荒謬，更是令人永不能忘；題綱竟是批鬥胡適先生！多少年來，不是一直在恭維、標榜、推崇、讚美胡適胡博士嗎？為什麼一下子又要批鬥他呢？我們被攪糊塗。

　　所有的座談會、小組討論會、演講會等等，我們都是根據「處」頒教材照本宣科，談不上有個人想法，更沒有什麼思想可言；千百人對同樣題綱的發言內容，幾乎一個樣。妙就妙在上級的要求正是如此，把樣版內容注射進不同腦子裡去，就好比把同一比例的砂粒、石子、水泥，用水調和好，灌進規格各異的模

板中。王孝敏那次的表現，明顯的是有備而來：她不看講稿、口語化、態度從容、落落大方，加上她先天的亮麗，和已經傳播開的知名度，全場千餘人對她的注目傾聽，遠遠超過了對指導員以及其他每一位長官在講評時的專注。

批鬥胡適先生的後遺症，是官兵「生」有志一同地對王孝敏的品頭論足，這當然是耳語、密言，而且是官兵和官兵，「新生」對「新生」；一來立場、身分有別，二來在那緊張時刻，隊際之間一「通」都不「通」，面對熟識的人，即使夫妻，打個招呼也嚴格禁止。

「新生」期間剛開始，獄卒們和「新生」間的關係，劍拔弩張，嚴禁「新生」們跨隊連絡，男「新生」女「新生」更是漢界楚河。**我們奉命惟謹，一味在行為語言上配合，揚眉固可表示吐氣，舉手豈是意味投降？**時日一久，獄政中很多規定往往在執行時卻窒礙難行。例如種種活動中的事前規劃、排練等等，在人力財力上，都不是一個中隊甚至一個大隊可以負荷的。王孝敏和我因而有了兩個名義、多次機會相聚聊天：一是運動會，一是排演話劇《浪淘沙》。運動會她參加了兩次，兩次都和我擔任了進行組的廣播；演話劇更巧，《浪淘沙》成了樣版戲，多次本島有長官、貴賓們來參觀、視察時，樣版戲便多次奉命演出。

我們逮住機會聊天，很多事當故事講，當故事聽；**會意中有種叛逆的激動，笑聲中藏儲了神祕的喜悅。**深深體會到「快意之事莫若友，快友之事莫若談」的樂趣。何況，那是在被禁止下悄悄成友，悄悄而談。

我們共同擁有了一個美妙的回憶，有次我們排戲的人，在將軍岩的海邊，不知怎地，有了個大空檔，做佈景搞道具的那幾位，下海摸螃蟹去了，我們十多人，男男女女，分散在海邊

撿貝殼。多年後，在 1987 年十一月間，我應邀參加在美國喬治亞州亞特蘭大市召開的「華文華語教學研討會」，會期四天，報到時我二人不期而遇；咖啡時間聊天，談起了這檔子事，她眺望窗外遠處，低聲細語：「記得是黃昏時分，原先帶隊的幹事忽然肚痛，把我們丟下她自己去醫務所了。我們排戲那麼多次，僅有一次的難得放鬆……」

女生分隊在綠島不到五年，便又回去台北土城；可以理解的是，獄卒們可以把上千的男女「新生」管理得循規蹈距，可是兩百多名男獄卒又怎能嚴加防範？傳聞中綠島也有了春天，一位多次在平劇中票角諸葛亮的男指導員，和一位少尉女幹事鬧起了緋聞；這位女主角黯然調職後不久，女生分隊便離開了綠島。

王孝敏和我再次相遇，是在 1963 年某天下午的台北街頭，彼此相告，她在淡江讀書，我在一家貿易公司做事；她忽然問我有了小孩沒？「一個，一歲。」問她怎知？她說來台北便聽說了。當然，我也打聽到，她在生教所以及一出來便能夠安心繼續讀書，完全得力於一位張先生，這位張先生便是她的第一任丈夫。

她什麼時候結婚的我不知道，在她原先同校國防醫學院又有「新生」之誼的同學間，這時對她有了評語：說她虛榮心作祟，居然下嫁比她大二十歲的男人。這種評語，不論出諸醋味也好，還是嫉妒也好，平心而論，未免失之嚴苛。試問：一名三十歲出頭又是坐過「政治」牢的女人，在六十年代的大環境中，還有什麼指望？還有什麼選擇？女人青春有限，失去自由卻有飯碗，一旦有了自由，便忙不迭地要抓牢救生圈，迫不及待找一張長期飯票。那時代，「女強人」名詞沒出現，「單身貴

族」想法未形成，不結婚而可以生孩子的觀念根本沒有。只要有人要，何況是愛她的人要，更何況還可以繼續讀書，還不嫁了算了。而男「新生」剛出獄，泥菩薩過江，不是本省籍的人，上了台東陸地，東南西北方何處落腳都茫茫然，遑論成家！重返社會的「新生」們不是短視，硬是現實吃人，加上治安機關的緊迫盯人，你不能安定便更難安定，你無法自立就被迫有人替你立。如此婚姻，不幸的傳說頗多。但是，**即使個個都是王寶釧，她苦戀苦等的心上人，是不是都是薛平貴呢？事後諸葛，說了也白說。**

到了她在淡江當助教，到台北語文學院教書的那段日子，我二人又有了好幾次見面。她得知我自己創業，便介紹了好幾位外籍學生幫我做翻譯工作。有年我公司的年終聚餐，她攜眷參加，這是我至今唯一一次的和張先生見面。

1977 年左右，有一天她給我電話，說有事和我談，約我去她臨沂街家中。我邊時前往，她一邊照顧著孩子，一邊告訴我說：好不容易申請到去美國讀書的獎學金，九月初開學，出入境證申請了三個多禮拜，一直在「會辦」中，眼看快來不及了；可是學校裡人人皆知，去不成如何解釋呢？她說，她想到了我，我不是出國過嗎？是怎麼神通廣大的呢？我說我是奉派參加國際書展，經專案核可的；儘管如此，我也是經過「會辦」、經過警總的個別談話，我還央請了一位時在警總服務的文奇上校，在時效上說項與奔走而成。她聽著說著，竟和她兒子相擁而泣；這是我第一次看見她不是在戲中、而在真實人生舞台上掉下眼淚。記得我當時的建議是：寫限時掛號信給警總的「傅道石」（「輔導室」的諧音，專司監管結訓後「新生」的動向。），請他告訴妳，出入境證至今未發的理由何在？因為妳必須將這個理由告

訴妳服務的語文學院和妳的學生們；並且挑明了說，這些學生中大多數是美國大使館裡的官員，莊萊德大使也在內。如果妳自己不講，他們也會問，他們甚至會經由外交途徑弄個清楚。是不是這封信有了作用，我不知道。幾天後她在電話中告訴我，出國手續已經辦妥。現在反而私事糾纏，身心疲憊，是需要下大決定，需要有大勇氣的時候。她說一定走；一定和我連絡。

我們一直沒有連絡。

1985 年上半年，我在《傳記文學》上，讀到何景賢先生寫的一篇關於台北語文學院諸多同仁的回顧；文中提到王孝敏，說她現在加州惠德大學任外文系主任。我和何先生雖然多次在應酬場合中碰面，但是顧慮到他是否知道王的底細呢？他如果問到我和王如何相識的呢？所以，「惠德」的英文是怎樣拼？地址在哪兒？我一直沒有問他。

那年下半年，我和內人去美國旅行；行前我在美西大學目錄裡，找到了 Whittier College，在 Whittier City，屬於洛山磯的一個行政區域，我肯定 Whittier 就是「惠德」，於是，立刻寫信給王孝敏，要她接信後跟我一位也在洛城的朋友連絡，因為我直飛紐約，一等我知道了她的電話會立刻和她通話。

一到紐約，便和她連絡上了。當我和內人在回程中，住進洛城蒙特利市的林肯酒店時，她已在大廳裡等著，她是剛剛下課趕了來。乍見之下，幾乎不太相信，居然是在國外見面。**迢迢步履又十年！坐牢是為了自由，離別是為了重逢；難道真的如此！**

她把長髮剪短了，稍稍豐潤的臉龐襯托出樂觀、幹練，鬢容間似乎找不出歲月留駐的痕跡，皓齒中仍現往日的爽朗言談。十多年來，她是一名獨自走天涯的女人，惟恐引起無謂流言和

麻煩，所以一直不敢和我通信。她告訴我們，獨生子已經接來身邊，就在剛剛過去的夏天，經加州最高法院判決，她與在台北的張先生離了婚。她強調她的那次婚姻有愛，但是感恩成份更多。當她發覺到，因感恩的愛，在真實的婚姻生活中逐漸稀釋時，她問自己：**她的一輩子，難道就此甘心，從一個牢獄裡爬出來，又跳入另一個牢獄中去？她的前途呢？抱負呢？難道十二年的「新生」屈辱，還不足以使她奮發、創造出一個真正自我？**1950 年她在台北被捕，只因為參加了學校裡的「讀書會」。

她 1977 年來美國，入克萊蒙研究院，1979 年獲語言學碩士後，一方面在波莫那大學教書，一方面繼續進修，1981 年獲語言學博士學位，進入惠德教書，1985 年被升為外文系系主任。

短短數日相聚，傷心人談傷心事，綠島時代的點點滴滴，我內人聽得神往。**事實就是事實，仇恨可以寬恕；事實怎能遺忘？我們絕不能讓少數人的自我情結的狂妄認定，來抹殺客觀存在的既有事實。**

1987 年七月間，我再次去洛城。她和我商量，為了配合美國各大學的華文華語教學，她計劃編一套「中國當代文學叢書」，中國大陸方面由北京師大朱榕教授選稿，台灣方面我負責，詞彙英譯及注音，請羅傑斯大學（Rutgers University）的李培德教授擔任，總其成的工作歸她全權處理。這套書後來出了兩本，因她患病而停止。那兩天，她介紹了她男友李愷先生和我見面。李先生是一位太空科學工作者，也是位拳術高手；他白天在太空噴射實驗，負責外太空人造衛星拍攝影片收錄以及顯像處理，晚上在巴沙迪那教授有數千年歷史的中國太極拳。我們談得興起，他告訴我，1948 年在台灣，他參加了全國運動會，獲得了拳擊中丙級冠軍。他在 1966 年開始學習太極，1967 年拜李小龍

為師學截拳道。他說，我如有意寫李小龍傳，他可以搜集到更多的資料。有天晚餐，我們三人加上孝敏的兒子，特別開了瓶香檳，他二人決定了在十二月十八日舉行婚禮；請我將十來封喜帖帶回台北的友人，並且要我算準了時差，婚禮那一天，在台北同步宴請孝敏的三位同難姐妹：姜民權、張輝二位是家庭主婦，夏穌尚未退休，仍在中視公司工作。

1988 年不曾見面，來信說，好事頻頻來，美夢幾成真；那年她再度獲得惠德大學的優良教授獎，又榮獲終身教授職，洛城市長布萊德雷曾當面向她道賀。那年下半年，她和我應邀參加十月二十至二十四日，在中國無錫召開的「中國語文研討年會」；以及十一月十八至二十日，在美國芝加哥的「華文研討會」。她說，兩地開會的日期連貫，把它當作旅行罷！約我在無錫見面，二李（李愷和李培德）可能同行。那一年，台灣的大陸政策是僅止於單行道的探親，我把大陸寄去美國轉來台北的邀請書，勞駕立委卜少夫先生，攜去新聞局徵詢局長的可否，卜先生告訴我，邵局長要我自己看著辦。我是被蛇狠狠咬過的人，其結果：兩個地方我都沒去。

1990 年她來台北五天①，這是她離開台灣後第一次、也是最後一次回來台灣；她來是接受淡江大學頒發傑出校友獎。她住新店她的張姐家，有天張姐陪她來我辦公室；她興沖沖告訴我，她自己設計了一套電腦中文教學，叫做 Chinese CAI，軟體有五個單元：字彙、文法糾正、閱讀測驗、翻譯短文、發音比較，是以羅馬拼音為準；這套軟體系統，經由美國群智電腦研究中心(JHL Research)發展推廣，如今在全美十所設有東方語文或中國語文中心的大學，包括哈佛、耶魯、加州柏克萊、密西根、芝加哥、夏威夷、哥倫比亞、印地安那、奧柏林等大學使

用，效果良好。她談得起勁，我們聽得也高興。她精神奕奕，容光煥發。誰知道，這時候，癌細胞正在她體內生根發芽。

她第一次告訴我她身體不適，是在 1991 年一月二十日的信中，寫得可輕淡：「上星期發現身體有點小問題，需手術，四五週後恢復。」到了九月三號，她信中才又提起了她的病，她說：「我恢復得不錯，早期發現病狀，可能沒有什麼問題，但要和醫生每二個月連絡一次，照相、驗血；三年以後才能放心。」

到了 1992 年二月十一日，她在信中終於說出了病的嚴重性，她說：「我的健康，於去年九月間定期檢查後，發現癌細胞有擴散現象，本來的腫瘤已割除，但散的仍在體內，已至頸椎及脊椎，所以我的手有些故障，但我仍然變通，可以寫字，別擔心。醫生已給我化學治療，英文叫 Chemotherapy（Chemo），六次一個療程，已打了四次，症狀減輕，如今這病不是絕症，可能一生要帶著，像別的病一樣，要控制住即可。我已辭去（請假）白天工作，只教一門師資鑑定班的課；學生來我家上課，因為是中國語言學及當代文學，難找別人替，我身體仍可支持。」

為了讓她少寫信，我和她通了兩三次電話，有次先是她的兒子接，我問他媽媽的病怎樣？「老樣子，現在學生來家上課，媽媽不要我們提起她的病。」不知在她哪封信裡，有了無奈的聲音：「此地醫藥進步，總是盡人事的。」

1992 年六月間，我和內人去美國紐澤西的兒子家，本也準備在回程時去看她。七月五日我在聖荷西，急著去洛山磯，當時我內心矛盾又掙扎，我不迷信，兩件往事卻湧上心頭，我居然有了忌諱；那是因為我有兩次「催死」的記錄：也是「新生」好友戴振翩和傅賴會，幾年前，當他二人分別在九龍和台北，也因癌症逝世的前夕，我都趕上了在病榻前探視，並且還聊天。

往事雖已矣！私心裡卻怎堪這「往事」萬一重演！

　　我沒去，「往事」在意念中醞釀、蠢動，卻真的重演。七月十一日，我離開了美國，王孝敏就在這同一天過世。享年六十三歲。一九三〇年二月一日，她在河北省武清縣出生。

　　①那次孝敏回台北，除了淡江大學的接待人員外，只告訴了我和住新店的王輝女士，有天她兩人來我辦公室，在我座位上拍了張照。不料，孝敏過世後，她先生李愷送來悼念她的紀念冊，刊載多篇她友人和學生們的悼念文章和照片。妙的是，紀念冊首頁選印的她的照片，卻正是坐在我的辦公桌前的那一張。

王孝敏夫婦、兒子大山（左一）和本文作者（右一）

第四五章　綠島的居民很政治

（請參看第二十三章①）

■本文 1997 年八月？日刊台北中國時報

▲新生們向剛回航的漁民們買魚

　　我曾寫《我在綠島 3212 天》，在《新聞天地》連載了三十六期；現在試以三百字左右，說出在這「3212 天」中，我經歷到而沒有提過的一件小小趣事。

　　在綠島的後期生活（1951-60 的後半段），衣食住行中的食

相當不錯，蔬菜自己種，雞豬羊自己養。妙的是，每隔三兩天，我們還以大米向當地居民換取他們由太平洋漁獲回來的炸彈魚。

　　大家都以被輪派去中寮碼頭換魚而高興。總是特務長領著新生中的兩三人，總是大熱天的中午，也總是在碼頭附近的任一居民家的石屋裡等。

　　石屋好比一通艙，一張木板床佔去了偌大位置，男人們全出海了，女人家和孩子們在午睡。我們也被招呼上床，或坐或躺，等著漁船回航。**那穿堂的熱腥海風，伴和聲聲蟬鳴，撩人遐思，也催人入眠。**早年的綠島女人是習慣裸露上身，我們也常把汗濕的上衣掛在屋外鹿棚柱子上晾乾。後來問她們，為什麼不怕我們會亂來？**「你們是新生，新生都不會亂來。」**

　　那年頭在綠島，管政治犯叫「新生」。

綠島漁民歸航〔左〕，在碼頭上分魚〔右〕，我們就地以大米換魚。

第四六章　我對馬紀壯的印象

（請參看第二十八章①）

■本文 1999 年一月刊香港《新聞天地》

及紐約《海俊通訊》

　　馬紀壯已經過世了好些日子，除了楊元忠在《海俊通訊》第四十六期上寫了篇《我對馬紀壯的認識》，至今我尚不曾看有關悼念或記述他的文章。這是奇怪得令人難以相信的事。以馬紀壯在生前的長袖善舞、能說會道、人脈之廣、官場之久、閱歷之深，爲何如此呢？

　　我之所以要寫這篇文章，一是看到楊文的結語是：「我不肯相信馬紀壯是桂永清的海軍白色恐怖案主謀者之一」。二是《海俊通訊》主編張澤生兄邀我寫篇有關我在永順艦服役的情形，其時馬紀壯正是永順艦的艦長。我和他相處短短兩年，他中校我上兵。但因爲往往是在月黑風高的駕駛台上僅他和我，印象就特別深刻。離開永順艦五十多年以來，雖只有極少次的打過交道，交道得也頗有意思。

　　1946 年，我奉命由 LSM433 調去八艦之一的永順艦。調艦這件事，說來就是奇事，那時我只是一名信號上等兵，十八歲，這項人事命令卻是代總司令桂永清，在一次官兵代表座談會上親口下達的。桂永清來到青島，我剛從海訓團畢業，被分派在 LST 和 LSM 等尚未成軍後來被命名爲「中、美」（另有「聯、合」）號登陸艇上艦訓，被選爲士兵代表，在會上輪我發言時，初生之犢，不知輕重，大放厥辭，或許說來成理，記得聞聽我發言的桂總，和侍立身旁的徐時輔中校（後來他首任興安艦艦

長，我任電訊中士）同步耳語，隨即宣佈，即日起，我調派永順艦，散會後立刻報到。未知是禍是福，但是軍人以服從爲天職，回 LSM 拿了自己東西，實習艦長還沒有回來，向値星官辭行了就走，從這個碼頭到另一個碼頭，向永順的値星官（好像是通信官馮兆鴻）報了到，他給我介紹了我的頂頭上司陳榮輝上士（在重慶從軍，是位緬甸華僑，半月後離開了，聽說回老家仰光去）。還有一位信號中士徐次君，書法特佳，當時借調文書室，不久戴上大帽花。我被升爲信號下士，佔了上士缺，一名上海練營的陳子明成了我的接班人。這些如今看來雞毛蒜皮的小事，當時在一名小兵眼中，竟成了了不得的大事，都是在不到三個月，陸陸續續的發生。想到了先記在這兒，免得丟三落四。

永順艦那兩年（1946－48）的任務，老是出海巡弋，以青島爲基地，停泊的陸地是秦皇島、葫蘆島，有次還在塘沽靠岸。印象深刻的有：**好冷好冷，但是不怕冷；不富裕，但是總不缺錢用；學會了騎馬，學會了逛平康里，學會了喝燒刀子。還有一個重要的是，知道了軍中也有虛假。**容我道來。

馬紀壯給我的印象很快好起來，但又很快不好起來。和他單獨相處的時間，通常是在零到四的駕駛台。艦長不值更，可是他偏愛夜中起來，奇怪的是，我好像零到四的更特別多。第一次在航海室的 Maneuver Board（艦隊操作板）上看到一本小冊子，上書 Night Order（夜令書），我翻開一看，常有「零到四更叫我，紀壯」，下註月日時間，自來水筆寫的，粗粗，顏真卿的體，看得好舒服。對軍人的看法，當時我很極端：粗料，軍閥型；洋裡洋氣的，飛將軍是，出國接艦的八艦官兵也是。沒想到馬紀壯喊 messenger 也好，下達俥舵口令也好，甚至連夜

令書的封面偏偏寫英文而捨中國字，叫 log 不稱航海日誌，居然中國字寫得如此了得。我小時候臨過顏帖《雙鶴銘》，所以更增親切感。有天夜更不久，通往艦長室的話筒沒人應，值更官要我去敲門叫艦長，到了艦長室門口，他正好要進門，看樣子是去了小廚房，叫我幫忙拿他手上的熱咖啡壺，推門進去，把壺放在桌上時，看到一本霍桑探案，被打開了反放著。他問我：「你看不看偵探小說，我喜歡，尤其是霍桑探案。」我笑了走開。這是他第一次和我說的不是官腔的私人話，而且不帶一個英文字。他對我們幾個在艦長室附近的小兵真不錯，有次他衝著我們說，你們經常把小廚房裡的東西吃光了，也不給我補齊全，叫我好不方便。這裡說的「你們」，是我們幾個喜歡愛打籃球的人，電訊室的王永久、曹仁榮、管小廚房的汪席有，和我，還有「跨得馬」（quartermaster） 談瑛，有時在陸地打球回來，慫恿汪席有在小廚房拿冷飲和水果，好幾次忘了再去補齊，也不是經常啦，瞧他故意說得誇張。他是河北人，可不像北京人說話那麼膩味，也沒有津嘴子那麼油，有磁性，聽來親切舒適。時間久了，知道他喜愛看偵探小說，也知道了他為什麼在航行時，老愛在零到四的深夜裡上駕駛台坐一坐的原因。

那年頭，我們在海上抓「匪」船抓得厲害，目的物出現似乎都在零到四時的深夜。馬紀壯責令以艦務官王庭箎為隊長倉促成軍「檢查隊」。常在夜半聽到如此廣播「檢查隊注意，請聽候通知，在後甲版集合！」一旦檢查隊動員，比起戰鬥位置(General Quarters)毫不遜色，**緊張中透著熱鬧、神秘，人人興奮，滿懷希望，沉不住氣的人加倍樂不可支，形之於色。原因無它，「財神爺」來臨也。**

目的物通常是被我們雷達所偵現而辨識其航程為「匪」區

至「匪」區的機帆船，比起我們擁有一門三吋炮兩門四十米厘的機槍，以及其它輕武器的軍艦來，只有束手待擒的份。現在想來，馬紀壯當時對這件事的處理確是周延、高明、圓滑。「匪」船上除了極少數的人自認是「匪」而被帶回青島交由基地處理，其餘的人則任其回航離去，而所有的貨則被搬運到我們軍艦上來。在回到基地前，便已經全部被處理掉了。在何埠售出？以何種方式售出？相信包括我在內的當時小兵們，是一個永遠無法知道的答案。出售所得的贓銀，聽說有二分之一是回基地報繳，其它二分之一劃分為一百「點」，馬紀壯的點子佔十五，其它副長以下均各有其點，例如小兵如我也有零點零幾。一見「匪」貨出清，有人急於向軍需室打聽，總收入多少，則立刻知道自己的所得了。我清楚記得，每次巡弋都有斬獲，而我每次所得總比一月餉銀為多。對於這件事，我尤感新鮮的是，有次聽到馬紀壯的廣播：「你們下地時，不要太騷包，不要表現出大爺有的是錢的樣子，但也不要太寒酸，遇到友艦朋友，不妨很自然地請個小客。上層關係我來，其他關係則要靠你們了。」他很注意官兵私生活，每次類似廣播，總不忘了說：「逛平康里要注意衛生，最好多打茶圍少上坑，short time 可以，避免 over night。」over night 是針對官員們說的，士兵們禁止外宿。

　　他要我們在每次有了份外之財，要如何肆應於友艦袍澤之間，當然是用心良苦，我當時聽了可有點怪怪。不料，怪怪的事兒卻是接二連三來。有次我們正在海上，接到開往秦皇島的命令，說桂總要上永順。航行中的艦船，當然髒兮兮，艦長在駕駛台上有了點子，他對副長陳在和說，把吃水線以上的船身油漆一下。後來聽到有人批評，哪有這樣搞的？太馬屁精了罷！一天一夜搞得人仰馬翻，幸虧風平浪靜，油漆好了，立刻加速

趕去目的地。記得桂永清上了駕駛台，誇獎說：「你們船保持得很乾淨嘛！」馬紀壯表情平平淡淡，說：「我們一向如此！」我聽得嚇了一跳。還有一次，桂總已經在永順的官艙裡，馬在駕駛台對副長說，你下去和艦務官他們準備一下，待回兒總司令上來了，我建議我們來一次 General Quarters（戰鬥位置），要快要搞得漂亮。果不其然，那次的動作確是快了一倍多，而且逼真，桂永清看得讚賞有加。

桂永清真除後不久，艦長有次集合時說，總司令寫了首海軍軍歌①，本艦有幸，被指定爲試唱單位，練熟了回航基地時要推廣到全軍，現在指定卓通信員教唱，由第三隊爲種子隊。第三隊就是我所屬的這一隊，航海、電訊、信號、雷達、聲納、電工、醫務等的雜牌軍。卓通信員名叫卓祖磬，是由電工上士升上來的，在重慶從軍前原是交大學生，斯斯文文，白邊眼鏡，是永順艦少有的四隻眼。他用口琴教我們唱海軍軍歌，「我們是中華民國的新海軍，乘長風破萬里浪！」我們倚蹲在四十咪喱機槍的砲位裡唱，在海風掠耳、海浪翻騰、海鷗伴舞的好多天的航行中，終於成功了練唱任務。**我們只是單純地奉命學唱歌，哪知道在我們的馬艦長升官的階梯上，增添了好幾塊磚石。**

馬紀壯會做官也會做人，態度和藹，至少他對我們當兵的在表面上是熱呼，好像和每個人的私交都不錯。可是他的海軍技術卻是鴉鴉烏。他每次進出港、靠離碼頭或友艦時，老是不熟練，口令喊得好囂張，fender（碰墊）老是來不及的奔馳，有次把美軍一艘拖船呀什麼的撞了，一名水兵由直梯上冒出來，褲子也來不及穿，圍了浴巾，開口便罵，fuck，fuck，罵了老半天。難得一次由副長陳在和靠碼頭，幾個口令，清潔溜溜，永順在很少 fender 聲中，靜悄悄靠妥了碼頭。多年後我問我同期

同學在高雄幹領港主任的韓星海兄，靠離碼頭真的很困難嗎？他給我的解釋是，這和停、開車子的情況同樣道理，尤其是熟悉的碼頭，不應該慌了手腳，大概是和各人的悟性和潛能有關。如此說來，馬紀壯是擅長於在陸地上當官的人，尤其適合於在逢迎的官場文化中成長。

海軍軍歌唱遍全軍的同時，馬紀壯調長太康艦，以後更是搭電梯般升官，直至總統府秘書長、資政。我在他離開永順艦不久，稍後於輪機長張企良調差興安艦，也被調去該艦任電信中士，結束我在永順艦的一段日子。

1949 年五月，我在美和艦服役，停靠上海黃浦碼頭待航，有天（應該是二十二、三號）早晨，天剛亮，我在船邊碼頭上彎腰伸胳臂做晨運，看到一名和我穿同樣夾克，戴同樣船形帽的人走過來，在行、答舉手禮的距離時，看出了是馬紀壯，他也看出了是我，他知道我已幹電訊，關照我多和司令部電台連絡，他抓住我胳膊不讓我報告艦長，說是隨便走走，又問我有沒有把家裡人送去台灣。那時他好像是基地司令或是艦隊司令，我看到一部吉甫停在不遠處等他。沒兩天（五月二十五日）上海就被解放了。那天早上的見面怪不得有股怪怪的特別氣氛。

那年十二月三日，我在左營被捕了，是因為同學宋平在香港和在左營的陳明誠寫信，在信上附筆問我好。和我曾在永順艦同事的王永久，因為和宋平在玉泉艦上同事，有書信往來，所以也被捕了。聽說陳在和（馬紀壯的繼任者，永順艦艦長）稍後也被關在鳳山海軍招待所。我們被密囚了整整九個月才被遞解到左營海軍軍法處。陳在和後來因為他老丈人梁序昭（時任海軍總司令）的力保，才被釋放。王永久卻因為一次在被「放封」時和馬紀壯的巧遇，由軍法處送去了「先鋒營」刺字，再

被送往軍官隊受訓。兩年後畢業回軍，終身沒幹過主管，海上是副長，陸上是參謀，上校幹了快二十年，1992 年鬱鬱以終。這些事是我在 1960 年三月七日離開綠島重返社會，後來才慢慢知道的。

到綠島的第二年，我曾死馬當活馬醫，寫過一封信給時任總司令的馬紀壯，收到了海總回文，要我提出無罪證明。我看著看著笑了起來，犯罪無證明，無罪卻要提出證明。妙的是，有年他陪蔣經國，還有藍欽大使來火燒島視察，記得有記者劉毅夫同行。每次大員們視察，我們這些囚犯們如同兵士般要列隊受檢。數百名囚犯我偏偏是站立在首列隊伍中，他在行列中似乎認出了有我，當時沒有吭氣，次日蔣經國的個別談話名單中沒有我，我卻也被叫去了處本部，原來是馬紀壯要和我見面，問我缺少什麼，他主動說，回總部會叫人再查查看。一直沒有下文。

坐了十年三個月零七天的牢，到台北安定了不久，有天遇到了已經退役了的汪席有，他說他告訴了馬紀壯說我回來了，問我要不要見見他，官邸好像在濟南路，我答應去是想解開兩個疑問，一、為什麼要我找無罪證明，這又不是殺人放火，張三在寫給李四的信上問我一聲好，我就活該坐牢，我不僅沒有看信，而且也沒有寫信；二、王永久寫過信為何反而能夠回軍。他那天滿風度的，和在永順時神情一樣，解釋說，回信的公文是他批可的，不那樣寫，又能怎樣寫？他本身也知道那班特務，唯恐天下不亂。初初幾年間，幾乎把海軍裡的菁英全部摧毀。後來我想想，那期間，陸軍出身的桂永清掌理海軍，有一個海軍出身的校級軍官馬紀壯主動示好，當然是一拍即合。馬在桂的整肅異己的白色恐怖工作中，有沒有幫兇？如同楊元忠說的：

「我不肯相信馬紀壯是桂永清的海軍白色恐怖案主謀者之一。」楊將軍這話說得很政治，他也只是「不肯相信而已」。可是我們從另外一個角度來看，當時被桂倚爲股肱的馬紀壯，說成利用也好，海軍裡的人事背景、派系等實際情況當然是由馬隨時提供和分析，馬因此也一定開罪了不少他的同僚和長官，我就有一個聽之甚稔的故事，馬和他的長官高舉將軍曾經發生一次嚴重衝突，馬的軍艦要靠峨嵋，高舉正在峨嵋（是艦長也可能是司令），不知爲啥，一個要靠，一個不准，兩個人隔艦在海上口角起來。想想看，這是何等的笑劇！這當然不是表面的「靠不靠」，一定是心中怨恨已深。高的官運和馬的官運在海軍裡正好是此落彼漲。而且高舉離開海軍後的運氣也坎坷低落。有個傳說頗爲生動，他上商船報到幹大副，而船長卻是以往他當艦長時的航海下士。人生機運無常，起伏不定，不過當時的情形，彼此真的尷尬了一陣子。馬紀壯會不會幫忙搞白色恐怖？當年到如今，人人都認爲楊大龢是劊子手，馬總不能推卸責任說「一概不知！」桂如授意楊大龢去整高階而又跟馬紀壯不和的軍官，想來馬是不會爲之辯白，即使和他沒有什麼過節，但是在官位上對他有威脅的人，他也不會表示意見的。比他階低甚至士兵們他明明知道是被冤整了，爲了表示自己是大義滅親，能不管則儘量不管了。**萬事莫如做官急，馬愛財，但是會處理不當之財；馬愛做官，做大官，而且善於經營，工於心機。他不會爲了對自己做官發財無所裨益的人或事去盡力，但是他也不會爲了對自己做官發財有所妨礙的人而有加害之心。他不會害人，也不會幫人。可惜沒人適時提醒他：不幫助應被幫助的人，等於幫兇。**當然這是指馬在有能力伸以援手的時候。楊將軍是馬的教官，也曾任馬總司令的副參謀長，於公於私，是不是少了適時提醒馬的責

任！

　　馬和桂永清的彼此利用，是馬的機伶和用心，加上桂的無知和無奈。後來怎麼也被蔣經國寵信了？楊文中說：「蔣經國做國防部長時，他做副部長，所有國防部對立法院、監察院等機關的質詢，都由馬紀壯去應付，而且應付得都很圓滿。後來蔣經國做總統，總統府秘書長一職，就交由馬紀壯去做。從這些事來看，就可看出他在做官這方面的才能來。」那麼我們要問，馬在做副部長之前是什麼原因讓小蔣欣賞到他呢？他又不是有過像鍾湖濱在美國有保鑣小蔣之驚險鏡頭，也沒有像黎玉璽在金門砲戰時有應答老蔣「玉璽在」之吉祥象徵。何以故？何以故？小心！耐心！恒心！苦心！製造機會！利用機會耳！

　　小蔣因發掘、欣賞，而重用了馬紀壯，馬因才具有限，為人鄉愿，做官做人兩平穩，雖無惡跡，也少有建樹。但早些年代在海軍時期，力攀權勢，汲汲於升官過程中，眼睜睜看著主子和奸佞之徒胡搞亂來，殘害同僚，摧軍毀國，居然因一己之私而視若無睹，明哲保身；**伯仁非他所殺，也非因他而殺，但其幫兇之嫌，不可釋也**！

　　說起馬紀壯，不由得想起吃他專屬小廚房的冷飲被他埋怨的溫馨，也想起了永順艦上兩位人物，一是副長陳在和，這位福建才子，對他我有幾分敬佩，工作上沒發覺他有什麼差錯。也有幾分羨慕，每當永順停泊在港，總有時髦漂亮的女孩子找他，稍候，便和他下艦外出了。約莫二十多年前，我在舊金山和他見面，那時他在金山公司幹 port captain（總船長），看到我高興極了，要我留在他身邊幫忙，處理文件，我因為出國前在警總具了結，老婆兒子在台北等於人質，謝了他的好意。一位是通信員卓祖馨，有年他任職駐美使館海軍武官，我去看他，

他由樓梯扶手上一跳而下，宛如在永順由他房前樓梯走向官廳時一樣，一見是我，互相敬禮後握手談笑。記得他的重要談話是：「每天帖子很多，尤其是周末的邀約更多，我選擇中共有人參加的，我不以為『漢賊不兩立』是對的，至少我是大老婆生的，而且我長得也不錯。」我在華盛頓三天，他請一位海軍上尉整整導遊我三天。

　　五十二年過去了，永順艦早已報廢，報廢不了的是我對她的懷念。馬紀壯正是那時候的永順艦艦長。

①海軍裡以訛傳訛，說軍歌乃陳在和教唱，其實乃卓祖磬，我特為文說明，2000年五月九日刊台北聯合報，題為《海軍軍歌卓祖磬教唱》。

胡于丹 ● 回音谷

海軍軍歌卓祖磬教唱

最近讀〈海軍蒙冤事實述書〉，有關海軍中將陳在和部分，文中述及海軍軍乃由陳氏教唱。此種記載，絕非事實。當年我是練唱人之一，有責任說明經過，還歷史真相。

海軍軍歌在永順艦教唱是事實，但教唱者絕非少校副艦長陳在和，而是少尉通信官卓祖磬。一九四七年間，我是永順艦中校艦長馬紀壯，以及陳、卓，不分晝夜，常相左右。總司令桂永清來永順艦，愛上駕駛台坐坐、看看，東問西問，

有天風平浪靜，永順艦由青島航秦皇島，任務就是去接桂總。我聽到馬對陳說：「總司令寫的軍歌，指定我們練唱。讓第三隊不值更的，要不要更的，行嗎？」「行！他口琴吹得不錯，聽說他在交大做學生時，最喜歡唱歌了！」練唱子肯定就是那天在航程中開始。所謂第一節一節、一遍一遍，在那次航程中，我們已經練習得半生半熟的哼哼吟吟了。記得第三天，我們就在桂總面前獻唱，唱得桂心大悅。回航基地，永順成了種子隊，得以唱遍全軍。後來知曉，我們「馬嘴子」（馬紀壯可以把死的講成活的）的官運，因而砌築了一個重要階梯。

我在軍中服役期間不長，陳、卓是我最敬佩的優秀海軍人，二十多年前，卓在華府任武官時，我曾分別拜訪他們，至今都健在。幾年前，十多位在台北的永順人聚餐時，談起了這半世紀前的永順人軍歌練唱事，是如眼前，百分之卓祖磬教唱。

「你說讓卓通信員教，行嗎？」三隊？」他說讓卓通信員教，行嗎？工、航海等十數人所組成的雜牌水兵伍，在全艦四個隊中被公認為知識水準整齊的一隊。我們在上甲板機槍砲位裡，或依或靠，或坐或站，海風、海嘯、浪聲、歌聲、搖晃、陽光，在口琴伴奏中「乘長風破萬里浪，新海軍，……」

第四七章　苦學有成余阿勳

（請參看第三十六章②）

■本文 1984 年刊台北《傳記文學》第四十四卷第一期元月號

▲ 左朱佩蘭、右劉慕沙、中余阿勳。

今日台北，五十歲以下，精通日文，又能把握住中文，從日文譯成中文不僅可讀性高，夠得上發表水準，速度快，中國字又寫得漂亮的人，可說是鳳毛麟角。但是據我所知，早在十多年前，便有了「三傑」，那就是，劉慕沙、朱佩蘭、余阿勳。這三傑早已是「日譯中」知名度很高的譯界高手，而且年歲一樣大，看名字，又都像女生。

余阿勳第一篇稿是「女作家」，投中央日報，不中，再寄徵信新聞，被刊登了。主編王鼎鈞，也誤認余阿勳是「小姐」。

有醫學根據嗎？這三傑中的唯一男性，夭折了。1983 年十二月七日上午十一時，氣喘病發作，逝世於日本東京大藏醫院，年四十九。他在老家花蓮縣鳳林鎮出生，是 1935 年十一月二十九日。

孔夫子讚美顏回說：「一簞食，一瓢飲，在陋巷，人不堪其憂，回也不改其樂。」因而「賢哉回也！」殊不知，余阿勳比起先賢更苦，他活了四十九年，早年喪父，四歲以前窮得沒褲子穿。讀初中一年級時母親也去世，他一切全憑自己，初中畢業後，讀台東師範，去綠島教書，二年後考入師大國文專修科。「金榜題名時」，也是「洞房花燭夜」，1960 年九月九日，是他一生中最值得紀念的大日子。後來他去日本讀早稻田，再進大學研究所。在短短四十九年的生命中，除了讀書、教書（綠島國民小學、曾文中學、東吳大學，和東京華僑中學）、中華電視台編審，經營新理想出版社，便是在中國時報當編譯、駐日記者、特派員，而從未間斷的乃是譯稿和寫稿，尤其是譯稿，是他生命中最重要部分。他把生活與翻譯有此一比：

生活要有內涵，內涵的差距愈大，對生命的體會愈深。翻譯要有痛苦，痛苦的掙扎愈烈，對再生的陶醉愈醇。對生命無所感受或感受淺薄的人，他不僅不能創作，翻譯也難臻上乘。這種人就好比一種複印，不要說不能繪畫，連攝影也談不上。

為什麼如此酷愛翻譯？得先從他如何學習日文，以及他在怎樣的環境下讀日文說起。

在綠島兩年間，對余阿勳的一生有了決定性的影響，他要繼續深造，要從事譯著，要和李佳純女士結婚，更重要的是，童年的家庭生活，已經把他訓練成純樸、木訥、習慣貧窮與苦難，但是，在那七百多個白天和夜晚，他發現自己竟然是生活

在更多的純樸、木訥、習慣貧窮與苦難的人群當中。

他對綠島的居民有一股虔誠的敬意，他們的純樸和憨厚，往往叫他流淚。他常常一個人跑去觀音洞，一坐就坐上老半天，看靜靜山巒，聽洶湧浪濤。「新生」同學的每一個各別遭遇，令他驚訝而無法安寧。他試找答案，他思求後果，但均不可得。他領悟：**惟有在知識領域中，可神遊廣闊空間，也惟有在寬闊空間中，能識辨知識真偽。**他除了準備大專聯考的功課，便是自修日文，以在日本時代讀過四年的日文基礎，他請在本島的同學為他寄去舊的日文版讀者文摘。一面讀一面練習譯成中文。他下決心，也訂計劃，他準備大學畢業後去日本留學，以譯作投稿維持生活。

他有位住在台南西港的初中同學，叫李鑒台，後來成了他的大舅子。有次他寫信謝謝鑒台寄來的郵包，妹妹佳純代表覆了信，如此就魚雁往返，四年後結了婚。往後的日子裡，多虧佳純在故鄉蒸饅頭賣豆漿，幫助他完成了大學課程又留學。

留學日本期間當然貧苦，在旅行社打工，因為老闆嫌他笨，不久被炒了魷魚，他更加死心踏地譯稿、寫作。有時一天內，有兩三篇文章同時在不同的報紙上刊出，有些稿本來不想譯，怎奈生活逼人，「就算是練習作文罷！」自我安慰一番。幹上記者的初初兩年，更見捉襟見肘，東京那麼大，自己沒車，往往趕地下鐵趕到現場，關鍵性的人與事早不見縱影。後來他興起一個好辦法，除了在同業間廣結善緣外，他買了好幾個小的電晶體收音機，同時收聽不同的幾家電台報導，對某種突發事件自己心裡有了底以後，再向日本同行打電話交換意見，於是「新聞稿」他常立體、客觀、多面性。他不願向別人有所求，尤其是向報館。他說他非千里馬，余紀忠先生卻是伯樂。他要自我

訓練、要求，期許一日終成良駒。

　　他念舊，對朋友熱心，是所謂點滴之恩報以湧泉的典型。他實在，老替他人設想，自己吃虧了不吭氣。有次，他約我在新宿站前三和銀行門口見面，我去了，左等右等不見，待問清楚行人後，我大吃一驚，原來另一個出口，也有個三和銀行，而且當地人彼此約見，都以那個出口的三和銀行爲準。我立刻跑去相見，他自責再三，不停道歉。他不容我解釋我已知道原委。東京迪士尼樂園開幕不久，我準備爲香港旅行雜誌寫篇報導，我和他商量這事情的可能性，他欣然贊同，立刻連絡。他再三關照，他在辦事處守著電話，如果有什麼要他做的，隨時電話連絡。事後他又關照，不要光揀好的寫，把真面目，不盡是全好的地方統統寫出來。他說得對，**好朋友有意見當面說，好記者有意見文章裡寫。人與人之間，顧慮太多是虛僞，說話、寫文章都是同一道理。**

　　余阿勳愛打電動玩具，稀里嘩啦、叮叮噹噹的嘈雜聲，使他腦筋停止思考，讓他專注於機器的操縱。他更愛深夜裡和朋友們聊天，最近兩年來他停止了抽煙，過去日子裡，煙和咖啡，是夜談中不可少的佐料，聊天範圍，離不了藝與文，尤其是翻譯，他對所謂「意譯」「直譯」有其執著，他認爲：

　　「這不是也不能先行確定一個原則的問題。試問兩個不同的民族，其生活方式與風俗習慣，以及文化背景的不同，對同一件事物的看法與感受即使完全一樣，在文字語言的表達上，仍然大有分別的。我們不妨舉個有趣的例子來說，被日本人推崇爲國寶級的文學家夏目漱石先生，他曾翻譯一本英文小說，發現書中男女主角對話中的一句，譯成恰當的日文值得思量。原文是 I love you. 和 I love you, too. 前一句是男生說，當然可

以譯成『我愛你！』後一句是女生說的，則絕不可直譯成『我也愛你！』因為，在明治時代的日本，男女地位的差距懸殊，女人怎可向男人直言不諱，愛得如此平等呢！只有找最恰當的『意』譯了。結果譯成『我願意被你愛得死！』如此的翻譯，我們能說不是最上乘的翻譯嗎？」

當然，翻譯是藝術，從事翻譯工作的現代人，是不需要再在意譯或直譯裡兜圈子了。

余阿勳過世的原因是痼疾，他自己早有預感，他不僅在談話中不時停下來噴藥，在開車途中也服藥。好幾次，我眼見他臉色忽地唸得蒼白，似乎下一次的呼沒法子接上來。事後卻不准我討論病情，也不接受建議去看醫生。有次我急了，搶白一句：「這樣無意義！」他兩眼看我，待氣息喘定，慢吞吞，一字一字地說：「**人生本無意義，我們何不做些意義！**」

我沒和他共過事，但曾旅遊過，也曾同去訪問過日本一位學人。他把進行過程中的所有細節，都有了妥善而計劃性的安排，例如準備好早餐在車程上吃，途中何處入廁，看些什麼資料，還準備好寫字用的墊板，甚至提醒你穿什麼衣服合適。他認定，**對工作的態度愈重視，工作就越有意義。**

余阿勳不是位赫赫大人物，在了解他的朋友的心目中，他是位不折不扣坦蕩蕩的君子，假以時日，相信他在譯著上，會有豐富的成果，在記者生涯裡，會有更卓越的表現。但是，人生無奈，無奈人生，他中道夭折了。

他長子李祈賢剛剛給我電話時說：這幾天他拜讀了林佛兒的《悼念余阿勳》（十二月九日自立晚報）、林海音的《『一旦停車』記阿勳》（十一日中國時報、桑品載的《隔海遙祭余阿勳》（十四日中國時報），和我的《阿勳再見》（十二日中國時報），

使他真正認識了他自己的爸爸，他說他覺得很富有，「爸爸遺留下來的可真不少！」

▼1978 年冬，本文作者(左)和阿勳在東京
　皇后大飯店門口。

阿勳，再見！

■本文 1983 年十二月十二日刊台北中國時報

　　今（八日）晨讀報，「余阿勳痼疾不治」把我震懾住。我不甘心，立刻撥電話到東京，「喂，……」是哽咽的中年婦女聲音，「佳純嗎？我是子丹，阿勳怎樣？是真的……」「是真的，老毛病，你知道……」「好，我要妳做一件事，不要哭，我儘快來東京看妳，祈賢怎樣連絡？」「祈賢常去他阿姨家，叫他服役部隊請假，儘快奔喪。」祈賢是阿勳長子。我立刻打電話找他，叫他自己去趟中國時報，接著打電話給何凡，夏先生說①，今晚他和儲京之先生會碰面，要協助辦理祈賢奔喪的事。

　　打完這幾通電話，心裡一直不平靜，注視著報紙上糢糊的阿勳相片，耳朵裡響起了他每次送我登機前的「再見」聲，我也每次向他揮手說「阿勳，再見！」。

　　這一次可真的「阿勳，再見」了，再也聽不到他的「再見」回響。

　　和「阿勳，再見」的最後一次相聚，是今年的五月十七日那一天，他和他夫人李佳純女士，陪我內人和我，一道去富士山作一日遊。阿勳開車，途中常在上衣口袋裡取出嗅藥往鼻子上湊，他見我注視得緊，解釋說：「最近比你上次來的時候好多了。上次……三年前對不對？你從漢城來京都，對！是在京都打電話給我替你訂旅館的。那些日子比較厲害，咳得凶，不僅要噴，還要把車子停下來吃藥。現在，可好多了。佳純，對不對？」佳純在後座，正和我內人談他們長子在台北當兵，二子

在東京送報的近況。佳純最愛哭，情緒稍激動，眼淚便滾滾而出。聽阿勳講病情，眼眶又紅了。「好是好一點，可是他老是忘了帶藥，有時候噴完了又忘了買，真叫人擔心。」往返車程裡，兩位太太專談往事，唏噓聲、擤鼻涕聲、嘆息聲，總是勝過了聽到的歡笑。阿勳和我只有傾聽的份兒，偶而當當諮詢，「那是哪一年？」「那是在台北還是台東，還是在東京？」談話每一段落的結束不外是：「現在總算好了點，總算苦過來！」

　　我和阿勳第一次正式見面，是在 1978 年三月二日，在東京的一家旅館裡。當然，以前在台灣，我們早已神交，也曾經面對面過，只是沒有交談。那年冬天，我為了《翻譯天地》這本雜誌，特別去東京，在國會圖書館裡找到很多資料，和日本《翻譯の世界》的主編杉浦洋一交換意見，也寫了一篇《痛苦的歷程－－訪余阿勳談翻譯》，但是，這些都不最重要，最重要的是阿勳和我覺得倆人一見如故。第二天，三月三號，我把寫他的訪問稿在國會圖書館給他過目，他說：「不必看，怎麼寫都成，我知道你昨晚一夜沒睡，咱們輕鬆去。」我的確一夜沒睡，為了這篇訪問稿，寫完了，又清稿一次，只在上午睡了兩個半小時，便趕來圖書館見面。他領我乘地下鐵，那年他尚是無車階級，太座佳純還在「中華料理」包餃子賺錢。記得是在新宿驛站旁的一個巷子裡，稀里嘩啦全是電動玩具店，他教我怎樣操縱機器，我們裝了不少「子彈」，叮叮噹，閃閃亮亮，整把整把的「子彈」吐了出來，有時卻全被吞了進去。阿勳在鄰座，他那股專注勁兒，不久也感染了我。兩次全軍覆沒後，我領略訣竅，「子彈」開始回籠，眼看我的彈袋滿滿，難以負荷時，阿勳站了起來，他叫我跟他一樣，用雙手捧起彈袋，隨他走到櫃台，換來五、六十包巧克力，用兩個大紙袋裝了。「這些戰利品帶回

台北去！」送我回旅館時他說：「先回去睡覺，晚上等我來。」

我是被電話叫醒的，阿勳在樓下等我，晚上八點多，他特別關照，穿大衣，多加件毛衣。外面皚皚下雪，白花花一片。「我帶你去家最擠、最價廉，最快速，最新穎的地方吃飯，飯後我們好好聊聊。」

是一家「小盤菜，自轉來」的吃食店，食客們圍著圈子坐，一盤盤小菜，在「行李帶」似的輪帶上旋轉到面前，合意則動手取下，湯自己倒，因為「湯」龍頭裝在附近。食客太多，進去時只有排隊的份，又因為要有兩個鄰座的，等得便久些。「你看，菜盤有大中小三種，價錢也三種，你喜歡吃什麼，轉到面前就立刻拿，不然很可能要等很久再出現。」此話果真，輪轉帶是長橢形，像極了機場裡行李轉運台，只是在比例上縮小了不少倍。拉直了也幾乎有百公尺。菜的種類極多，主食也列其中。好不容易等到了空位，我們入座後，大衣放在雙膝上，沒多久上衣也脫了，手忙嘴忙吃得滿頭汗。轉回身子，看到前面又有人在等著了。我們吃完了，走出門外，穿上衣服。「跟我來，去咖啡店聊天去！」

穿過一條全是「麻雀店」的巷子，我們又來到幾乎被「咖啡屋」擠滿了的一條巷子。

似乎阿勳常來的一家，揀一個看到街景的角落坐下，沒招呼，熱咖啡來了，那些年，阿勳煙抽得厲害，他說一天差不多兩包。

「你看，下午的輕鬆不錯吧！你可以忘了一切，你有沒有注意到，去玩電動玩具的，幾乎全是成年人，如果上午去，家庭主婦買完菜順道去玩玩的多，這是絕好的輕鬆場所，不是是非之地……」我們很自然談起了台北與東京的不同。他更是一

一敘述他自己的過去。

　　那晚上我們談到次晨兩點多，彼此的話真正說了好幾籮筐。他對自己的苦難過去不隱瞞，對仍然在貧困中奮鬥的當時也無怨言。他長子李祈賢在台北讀建中，他用台北的稿費供他生活費用；在東京，他準備分期付款買住處，但得先償還過去讀書時的借貸。兩女一子在身邊，一家人夠清苦的，但是，他廉潔耿介。他說，日本人是重視「無冕之王」的，所以我們更要自重、自愛。後來有好幾次他開車送我去成田機場，抵達機場前有例行的行李檢查，他只揚了揚記者證，我們便無須停車接受檢查。每次，他都同樣表示：**日本人非常尊重新聞記者，身為記者的我們，豈不自我尊重！**

　　有次櫻花季節，我由美國回台北，經過東京，他整整陪我兩天兩夜，他不好酒，我只顧獨飲，他咖啡過量了，常對我說，我醉人，他醉語。談話當然時起爭執，我們便另起話題。他說到盡如我意時，我說：「對！」我如講進了他的心坎，他口頭禪應聲而和：「就是嘛！」彼此拊掌相視而笑，樂之不疲。

　　阿勳在他認為是陌生人面前是禮貌得少開口。對不陌生的朋友們，內心裡可真是多天裡一把火。上次我由東京回來，到了機場，他在我行囊裡塞進一本當天出版的 Focus，和一罐味噌，笑著說：

　　「Focus 裡面有你要看能譯的文章，味噌是帶給何凡，夏先生最喜歡吃了。」

　　果不其然，Focus 裡有篇談張學良的文章，我譯出來在《新聞天地》發表了。而夏先生實在最喜歡吃日本的味噌湯。

　　剛才，在電話裡，我叫佳純不要哭，話沒說幾句，我迫不及待電話掛了，我自己都控制不住自己。阿勳，再見！阿勳，

我會儘快去看佳純。

① 何凡即夏承楹先生，時任國語日報社長，主筆聯合報「玻璃墊上」專欄多年，五十年代至七十年代，常讀聯合報的人，沒有不知何凡的玻璃墊上。

▼夏先生(左2)和夏夫人林海音女士(左1)非常愛護阿勳夫婦。

▶一九八三年五月七日阿勳夫人和本文作者另一半在富士山下。

痛苦的歷程

訪余阿勳談翻譯

■本訪問稿刊 1978 年四月號《翻譯天地》月刊，後收錄於《翻譯因緣》單行本中

余：是胡先生吧？我是余阿勳，對不起，讓你久等了。

胡：那裡，余先生你好，讓你老遠來看我，真不好意思。我也剛回旅館，是服務台告訴我的，說你十一點來。請，請上我房間裡坐。

余：我看我們在附近找一家咖啡座聊聊。待會我們吃一頓純日本料理好不好？

胡：還是先到我房間裡的好，沒人打擾，可以儘情談談。我們是不是可以請服務生為我們送點飲料上來，咖啡甚麼的。

余：好，我來對他說……

胡：請寬下大衣吧，屋裡面暖和多了。台北這兩天是十幾度，這兒恐怕只有四、五度吧！

余：對，前兩天還下雪，胡先生是不是剛由台北來，覺得東京太冷，會有點受不了……

胡：不！不！我已有所準備。昨晚一下飛機，我就穿上大衣。我小時候在北方讀書，冬天裡幾乎都是零下幾度，那白皚皚的雪真叫人懷念。余先生你在日本很久了吧！

余：快十年了！我是民國五十六年考上早稻田的，讀書期間，為了生活，便一面打工，一面投稿。後來中國時報的余紀忠先生對我特別愛護，我便成了中國時報的記者了。

胡：是中時請你擔任駐日特派員？

余：不，是我主動的。早稻田畢業後，我曾經在華視擔任過短時間的編審。後來有一個機會，我主動向余紀忠先生提出，希望能有這個工作，先給我三個月時間試用。結果不到半個月的試稿，聘書就寄來了。

胡：在日本，以一個外國記者的立場，採訪新聞是不是有困難？

余：不，正相反。我有好幾架收音機，報紙也訂了不少份。只要稍稍有一點發現，我立刻打電話或到現場去追縱，總是會得到充份合作和幫助。

胡：余先生，我拜讀過很多你的翻譯作品，你是怎樣走上這條路的呢？

余：啊！興趣吧！我記得我的第一篇譯稿是《女作家》，先投中央日報，被退回來。我再寄徵信新聞的「人間」，那時是王鼎鈞先生在編，被刊登了。我有時會同時投稿幾個報刊，往往在同一天兩個地方會有我的作品刊出。這倒不是心存僥倖，而實在是生活逼人。

胡：余先生，你看起來比我想像中要年輕得多，中日文是怎樣磨鍊出來的？

余：我今年四十三歲，和劉慕沙、朱佩蘭二位同年，我們三個人都是搞日文翻譯，說來可真巧，是不是？我念過師大專修科，在日本時代我讀過四年日文。我不斷訂閱日文版讀者文摘。開始譯稿是當我在綠島國民小學做教員的時候。

胡：綠島？你在綠島待過？

余：是我自己請調去的。我是台東師範畢業的。我對綠島的居民有一股虔誠的敬意。他們的純樸和憨厚，往往叫我流淚。

我常常跑到觀音洞去，一個人坐上老半天，看靜靜的山巒，聽洶湧的浪濤……真想有機會再去看看。

胡：最近中時有一篇關於綠島的報導，希望政府很快建設好東部，開發綠島成為一個觀光區。

余：胡先生，你除了寫稿，弄出版，最近又編《翻譯天地》，還有其它事業沒有？

胡：事業談不上，十多年來，我一直在負責一個翻譯社。

余：翻譯社？有十多年？是國際翻譯社是不是？

胡：是。你……？

余：啊！國際翻譯社是挺有名氣的，對吧？過去我有好幾位同事都想參加，一直就苦於無門而入……

胡：我不向你拉稿，免得彼此尷尬，因為你太忙了，同時和中時似乎有約定，不得為其他報刊寫稿。是不是這樣？

余：哈哈……忙是夠忙的，談約定倒沒有這麼嚴重。我只覺得，中時如此厚待我，我也得盡心盡力才是。對了，胡先生，你剛由國內來，我也拜讀了你幾篇討論關於翻譯的文章。國內的翻譯界仍然沒有規律嗎？

胡：豈止沒有規律，簡直亂得一團糟，你爭我搶，完全生意經。譯出來的東西既不能忠實於原著，又漏又錯又竄改，簡直把讀者當作白痴。看來，以往三十年來是如此，而後的三十年恐怕也很難好轉。我國是不是或者能不能考慮參加國際版權組織，我想這是能不能導使翻譯界走上正規的先決條件。

余：這一點我和胡先生同感。日本的翻譯界就是中規中矩，從事翻譯是不能自己任意找一本書或一篇文章來翻譯的，必需透過出版商，出版商再透過對方的出版商，除了訂約，還要付原作者的版稅。所以說，在日本不可能有搶譯現象，也不可能

在短時間內同一本書出現兩種甚至兩種以上的譯本。日本的稿酬很高，每千字幾乎有相當於新台幣四千元左右。

胡：啊！真叫人羨慕。余先生從事翻譯這麼多年，又很有成就。以你的經驗來看，怎麼樣才能做好翻譯，又怎麼樣才能有好的翻譯作品。

余：第一個問題的答案，應該是所有從事翻譯工作的人都是相同的，那就是不僅原文（Source language）要好，譯文（Target language）更要好。至於怎樣才能有好的翻譯作品，各人的看法可能不盡相同。我的意見則是，原著一定要好，把不好的作品譯成好的作品，在翻譯成績的評分標準上，應該是和把好的原著譯成不好的作品同樣不及格……

胡：對了，關於這個問題，最近陳蒼多先生在聯副上有篇請教思果先生對翻譯所持的不同看法，倒是和你的看法有些接近。

余：我讀過了，思果先生的《翻譯漫談》我也讀過了。這雖然是見仁見智的一個問題，我個人總以為，在翻譯過程中，必須在痛苦中掙扎過，自己必須要陶醉在每一個字、每一個句子裡。當然，這每一個字和每一個句子必需被自己感到滿意，感到驕傲。換句話說，翻譯作品必須是原著的再生，有新生命新面貌又忠實於原文的翻譯才是好的翻譯。

胡：有人認為，**生活越豐富、體驗越多，對寫作很有幫助。**這方面，余先生是否認為對翻譯也有幫助。

余：大有幫助，也大有關係。我說過，**好的翻譯必須是原著的再生，**在翻譯過程中，一定在痛苦中掙扎過。正因如此，生活要有內涵，內涵差距愈大，生命感的體會便愈深。對生命無所感受或感受淺薄的人，他不僅不能創作，**翻譯也難臻上乘，**這種

人只好比是一種複印，不要說不能繪畫，連攝影也談不上。

　　胡：余先生，你對所謂的意譯和直譯的看法怎樣呢？

　　余：我認為這不是也不能先行確定一個原則的問題。試問兩個不同的民族，其生活方式與風俗習慣，以及文化背景的不同，對同一事物的看法與感受即使完全一樣，在文字語言的表達上仍然大有分別的。我們不妨舉個有趣的例子，日本人推崇為國寶的文學家夏目漱石先生，他曾翻譯過一本英文小說，發現書中男女主角句對話中的一句，譯成恰當的日文很值得思量，原文是 I love you. I love you, too. 前一句是男生說的，當然可以譯成「我愛你！」但是，後一句女生說的，則絕不可「直」譯成「我也愛你！」因為在明治時代的日本，男女地位的差距懸殊，女人怎可向男人直言不諱，愛得如此平等呢！只有找最恰當的「意」譯了，結果譯成「我願意被你愛得死！」如此的翻譯，你能說不是最上乘的翻譯嗎？翻譯是藝術，從事翻譯工作的現代人，是不需要再在意譯或直譯裡兜圈子了。

　　胡：你對國內一些有志翻譯年青朋友們，好不好告訴他們一些翻譯訣竅？

　　余：我想只有一句話，要具備深厚的散文寫作能力。要練字、練句。好的白話文要讀，文言文也要讀。最起碼，在下筆寫東西的時候，對自己所引用的成語典故等在有疑問時，有查考印證的能力，就如同我們讀了多年日文或英文，有時某個字不會寫，弄不清楚意思，我們總算能夠查字典或翻翻參考書呀！

　　胡：剛才說到日本翻譯界與出版界之間配合得很恰當，彼此尊重與合作，請問余先生，日本官方或民間有沒有類似翻譯協會這類組織？

　　余：組織倒沒聽說過，他們的文部省好像設置了一個藝術

文化獎，好的翻譯也有獎勵。幾年前，就公佈過早稻田大學有位教授翻譯了一部德國作品，我一時不記得清楚了。但是這幾年來一直不曾公佈過，大概是寧缺勿濫吧！不是聽說國內也有著作獎嗎？

胡：國內的主管出版官署，過去是在內政部裡設置了圖書出版管理處，大概由 1974 年開始，文化局取消以後，在行政院新聞局轄下設置了好幾個處，例如電影事業處，出版事業處，把原有的「管理」兩個字拿掉了，不僅在觀念上給人一新，這幾年來也的確做了些事。前年公佈優良雜誌獎，去年公佈了出版圖書獎。大概對翻譯作品也會考慮的。我想，國內一旦有了翻譯獎，余先生一定最有希望的。啊！對了，余先生，你目前還在翻譯嗎？

余：啊！我除了定時爲報紙報導新聞外，現在有一個長篇，每天在連載中，那是每逢周四交班機帶回。另外，我還爲遠景譯一個長篇，是安部公房寫的《壁》，這是我成爲中時特派員以前就約好了的。

胡：余先生，是不是有興趣或有計劃把國內優秀作品，用日文翻譯出來介紹給日本讀者？

余：很想做，我曾爲產經周刊寫過報導性的文章，我曾將黃春明的《莎喲哪拉，再見》介紹給文藝春秋主編岡琦先生，昨天和他通過電話，他表示有興趣，等他決定了，可能就是我在翻譯工作的過程中一項新的挑戰。

胡：談起黃春明，這位年輕人我和他見面不多，倒很談得來，我也很喜歡他作品。余先生，你通常寫的新聞稿是用電報發回報館嗎？

余：不，我幾乎每晚十一時打電話去大理街，和秦鳳棲先

生連絡，秦鳳棲，你認識嗎？

胡：認識，認識，快二十五年的老朋友了。他是東北人，跑經濟的，你們通話用國語嗎？

余：用國語，有時候遇上比較重要的新聞，希望成為獨家，我們偶而也用日語，你當然知道，秦先生日語說得很好。

胡：我還知道他精通一種樂器，恐怕不是你所曉得的，他小喇叭吹得棒極了。

余：真的？這我真的不知道了。胡先生你這次來待多久，是開會還是……

胡：說是專門看你，你當然不相信，我是想跑跑神保町的書店，找點書，沒幾天我就回去。余太太好嗎？你年紀比我小，孩子卻比我多，你結婚時還是學生吧？

余：對，我是 1958 年九月九日結婚的，那年我正考取師大。

胡：洞房花燭夜，金榜題名時，你在同一時間就有了人生兩樂，真叫人羨慕。

余：可是，我也算是坎坷人生呀！我讀初一那年，父母就亡故，我和大哥二哥在一起過活。初到日本時，到處打工，養活自己，還要設法養在國內的老婆孩子，是不是叫人羨慕呢！

胡：好在現在總算苦盡甘來了，我們談談你太太吧！

余：我太太現在在中華料理負責包餃子，因為孩子們白天都上學了，閒著也是閒著，她賺得可也不少，一個月差不多有五百美金。大孩子現在住在台北永和，上大一，其他三個小孩子在東京讀書，白天在學校吃，不需要為他們準備便當。我和我太太這一輩子的緣份，恐怕還得感謝綠島這個地方。

胡：為什麼呢？難道余太太是綠島姑娘？

余：那倒不是。因為我在綠島時，有次接到我初中同學李

鑒台寄來的郵包,我寫信去他老家台南西港道謝,他不在,他妹妹為他覆信給我了,就這樣魚雁往返了四年之久,我們結婚了!

　　胡:所以你對綠島懷有特殊的感情!

　　余:可以這麼說吧!呀,不早了,已一點多,我們去吃午餐吧,邊吃邊繼續聊,怎麼樣?

　　胡:好!好!請把大衣穿上,我們走吧!請!

　　余:請!

▼記不得哪年哪月哪日,阿勳在東京機場送我的行。

第四八章　海軍總司令部判決書

（請參看第一章①）

海軍總司令部判決

（39）翌晏字第 02177 號

判決正本

被告　陳明誠二十五歲江蘇阜寧人海軍永昌軍艦航海下士

　　　胡子丹二十一歲安徽蕪湖人海軍永昌軍艦電訊上士

　　　李　鵬（又名劉稔年王韻辛）二十八歲安徽當塗人

　　　　　第三巡防艇隊彰化拖船准尉帆纜軍士長

　　　王永久二十三歲湖南鳳凰人海軍玉泉軍艦電訊上士

右列被告因叛亂等情一案本部判決如左

主文

陳明誠共同爲叛徒搜集關於軍事上之祕密處有期徒刑十五年褫奪公權十年其餘部份無罪。

胡子丹共同爲叛徒搜集關於軍事上之祕密處有期徒刑十年褫奪公權八年。

陳明誠胡子丹所有財產除酌留其家屬必需生活費外全部沒收。

李鵬（又名劉稔年王韻辛）無故離去職役處有期徒刑六月其餘部份無罪。

王永久無罪。

事實

陳明誠係海軍永昌軍艦航海下士胡子丹係該艦電訊上士三

十八年十月間共同將本軍艦艇動態函告前在海軍玉泉充當輪機中士業已投匪匿居香港之宋平。

李鵬（又名劉稔年王韻辛）係海軍第三巡防艇隊彰化拖船准尉帆纜軍士長原在海軍美益軍艦充當航海下士時於三十六年十二月間籍假潛逃。

王永久係海軍玉泉軍艦電訊上士三十八年十月間曾與宋平通信有逃叛嫌疑。

此外陳明誠李鵬於同年六月間有曾受宋平指使組織江陰海軍第三練營第一期同學會吸收叛亂份子參加叛亂組織嫌疑均經本部政治部第四組查覺拘押訊辦到案。

理由

本件理由分別說明之：

（一）陳明誠胡子丹共同為叛徒搜集軍事上之秘密部份：查陳明誠受投匪之宋平函囑曾將本軍艦艇動態函告業據供認不諱核與本部政治部第四組查獲之函件內容相符已堪認定至胡子丹雖未直接與宋平通信但宋平與陳明誠往來之函件均曾過目亦經供認不諱且其與陳明誠私交甚篤陳明誠受囑託搜集軍事上之秘密胡子丹自難諉稱不知其事既知而不報則其與陳明誠有意思聯絡當無疑義應以共同為叛徒搜集軍事上之秘密罪分別量情論處。

（二）陳明誠李鵬參加叛變組織嫌疑部份：訊據陳明誠李鵬係不認組織江陰海軍第三練營第一期同學會係受宋平指使作為吸收叛亂份子之秘密組織原意係謀互相幫助聯絡感情等語查陳明誠等發起組織同學會之籌備會係於三十八年六月中旬在桃子園海軍子弟學校舉行當時雖然玉泉軍艦停泊左營港但宋平並未參加復查宋平係於同月三十日在定海潛逃其投匪時日無從稽

考惟係逃亡後之事當無疑問且陳明誠等僅開籌備會一次即未再次開會籌備工作亦均停頓倘該同學會確係宋平指使作爲吸收叛亂份子之秘密組織則籌備時宋平必定參與主持迨潛逃後更應督促陳明誠加強組織進行一切但據查獲宋平致陳明誠之信件均未提及同學會之事足見所供屬實堪以採信既不能證明犯罪應諭知無罪。

（三）李鵬逃亡部份：查李鵬原名劉稔年曾於海軍第三練營及海軍中央訓練團受訓後派美益軍艦服務三十六年十二月藉假潛逃三十八年間來台冒抵其同學李鵬之名在海軍第三砲艇隊六十二號交通艇充當艇長旋調現職均據坦白自陳不諱核其行爲應以無故離去職役論處。

（四）王永久逃叛嫌疑部份：訊據王永久供稱三十八年十月間接獲宋平之信時不知宋平投匪且僅曾復予一信迨知業已投匪後即未與其通信等語查王永久十月十七日致宋平之信雖有羨慕之語但無脫離現役之意質之羨慕何事則謂係諷刺其逃亡且嗣後復無查獲其再與宋平通信之事實所供似非虛言不無可採既不能證明犯罪應諭知無罪。

基上論結合依作戰時陸海空軍審判簡易規程第二條第一項第八條刑事訴訟法第二百九十一條前段第二百九十三條第一項陸海空軍刑法第一條第九十三條第三款懲叛亂條例第一條第四條第一項第五款第八條第一項第十三條刑法第三十七條第二項判決如主文。

中華民國三十九年十二月二十五日

海軍總司令部軍法合議庭

審判長　史元培　印

審判官　王　輔　印

審判官　陳書茂　印

右件證明與原本無異

書記官　陸　漸

中華民國　年　月　日

本件繕本與原本無異

軍法處審理科主任書記官徐保宏

〔本書作者註〕一、判決書全文無標點。

二、判決書所引據以判決之法律各條款內
容，除《作戰時陸海空軍審判簡易規
程》未能找到，所有條款均與事實大
相逕庭。請參看第 39 章「非常審判」。

海軍總司令部判決

判決正本

被告陳明誠廿五歲江蘇阜寧人海軍永昌軍艦航海下士

胡子丹廿一歲安徽蕪湖人海軍永昌軍艦電訊上士

李鵬（又名劉稔年王韻辛）廿八歲安徽當塗人第三巡防艇隊彰化拖船准尉帆纜軍士長

王永久廿三歲湖南鳳凰人海軍玉泉軍艦電訊上士

右列被告因叛亂等情一案本部判決如左

主文

陳明誠共同爲叛徒搜集關於軍事上之祕密處有期徒刑十五年褫奪公權十

年其餘部份無罪。

陳明誠共同爲叛徒搜集關於軍事上之祕密處有期徒刑十年褫奪公權八年

胡子丹共同爲叛徒搜集關於軍事上之祕密處有期徒刑十年褫奪公權八年

陳明誠胡子丹所有財產除酌留其家屬必需生活費外全部沒收。

李鵬（又名劉稔年王韻辛）無故離去職役處有期徒刑六月其餘部份無罪

王永久無罪

事實

陳明誠係海軍永昌軍艦航海下士胡子丹係該艦電訊上士卅八年十月間共

同將本軍艦艇動態函告前在海軍玉泉艦充當輪機中士業已投匪匪居香港之宋平李鵬（又名劉稔年王韻辛）係海軍第三巡防艇隊彰化拖船准尉帆纜軍士長原在海軍美益軍艦充當航海下士時於卅六年十二月間籍假潛逃王永久係海軍玉泉軍艦電訊上士卅八年十月間曾與宋平通信有逃叛嫌疑此外陳明誠李鵬於同年六月間有曾受宋平指使組織江陰海軍第三練營第一期同學會吸收叛亂份子參加叛亂組織嫌疑均經本部政治部第四組查覽拘押訊辦到案

理由

本件理由分別說明之：

（一）陳明誠胡子丹共同為叛徒搜集軍事上之秘密部份：查陳明誠受投匪之宋平函囑曾將本軍艦艇動態函告業球供認不諱核與本部政治部第四組查獲之函件內容相符巳堪認定至胡子丹雖未直接與宋平通信但宋平與陳明誠往來之函件均曾過目亦經供認不諱且其與陳明誠私交甚篤陳明誠受囑託搜集軍事上之秘密胡子丹自難諉稱不知其事既知而不報則其與陳明誠有意思聯絡當無疑義應以共同為叛徒搜集軍事上之秘密罪分別量情論處

㈡陳明誠李鵬參加叛變組織嫌疑部份　訊

據陳明誠李鵬係不認組織江陰

海軍第三練營第一期同學會係受宋平指使作為吸收叛亂份子之秘密組

織原意係謀互相幫助聯絡感情等語查陳明誠等發起組織同學會之籌備

會係於卅八年六月中旬在桃子園海軍子弟學校舉行當時雖玉泉軍艦停

泊左營港但宋平並未參加查宋平係於同月卅日在定海潛逃其投匪時

日無從稽考惟係逃亡後之事當無疑問且陳明誠等僅開籌備會一次即未

再次開會籌備工作亦均停頓倘該同學會確係宋平指使作為吸收叛亂份

子之秘密組織則籌備時宋平必定參與主持迨潛逃後更應督促陳明誠等

加強組織進行一切但據查獲宋平致陳明誠之信件均未提及同學會之事

足見所供屬實堪以採信既不能證明犯罪應諭知無罪

㈢李鵬逃亡部份：查李鵬原名劉稔年曾於海軍第三練營及海軍中央訓練

團受訓後派美益軍艦服務卅六年十二月藉假潛逃卅八年間來台冒抵其

同學李鵬之名在海軍第三砲艇隊六十二號交通艇充當艇長旋調現職均

據坦白自陳不諱核其行為應以無故離去職役論處

㈣王永久逃叛嫌疑部份：訊據王永久供稱卅八年十月間接獲宋時之信時

不知宋平投匪且僅曾復予一信迨知其業已投匪後即未與其通信等語查

王永久十月十七日致宋平之信雖有羨慕之語但無脫離現役之意質之羨

慕何事則謂係諷刺其逃亡且嗣後復無查獲其再與宋平通信之事實所供

似非虛言不無可採既不能證明犯罪應諭知無罪。

基上論結合依作戰時陸海空軍審判簡易規程第二條第一項第八條刑事訴

訟法第二百九十一條前段第二百九十三條第一項陸海空軍刑法第一條第

九十三條第三款懲治叛亂刑法第一條第五款第八條第一項

第十三條刑法第三十七

中華民國　　　　年　一月廿五日

安判庭

審判長　史　培　印

審判官　汪　　輯　印

審判官　陳書茂　印

中華民國　　　　年　　月　　日

右件證明與原本無異

本件繕本與原本無異

軍法處繕理科

書記官　徐保安　印

書記官　陸　漸

第四十九章　跨世紀的糾葛

(請參看「2001」年版說明②)
■本文 2000 年九月二十九日發佈被評選為「第一屆劉紹唐傳紀
文學獎」第一名，2000 年十二月一、二日刊台北中國時報。
2001 年元月刊紐約《海俊通訊》

　　中華民國在台灣，半世紀來，政府和人民之間，發生了兩
大憾事，一是「二二八」，一是白色恐怖的亂抓亂整。前者在本
世紀內，政府道歉，金錢賠償都已告一段落；但後者的補償和
賠償，仍然躑躅辦理中，必將成為跨世紀的糾葛。

　　這件跨世紀的糾葛，和另一件打破世界史上最長的軍事統
治紀錄，自 1949 年五月十九日至 1987 年七月十五日的戒嚴令，
長達三十八年。相濡以沫，互為因果。

　　我不知有幸還是不幸，血與淚、生或死、希望抑絕望、生
命中最可塑的一段，二十至三十一歲，竟然和這件跨世紀的糾
葛沾上了邊。而且，延續至解嚴，我五十八歲時，一直長期生
活在陰暗、恐懼、受迫害的環境中，無法過正常社會生活，成
為社會最弱勢的個體。

　　容我約略道來。

　　1949 年五月二十七日，國防部發佈新聞：「上海國軍在殲敵
十一萬後，主動撤守。」五月二十四日的傍晚，我在上海外灘，
目睹所有車輛停駛，行人絕跡，燈光皆滅，我震驚、戰慄，跑
回我服役的美和艦。第二天清晨，解放軍由龍華進入市區，據
說是交警的「叛變」。

　　美和艦全速航泊定海，在街上巧遇服役玉泉艦的同學宋平，

兵荒馬亂，彼此寒喧數語。不久，來到左營，我奉調永昌艦，同學陳明誠，有天對我說，宋平給他信，附筆問我好，我沒看信，沒寫信，也沒問陳有沒有回信。十一月底，陳被捕，十二月三日，我跟進，被兩名武裝陸軍軍官，押去左營「三樓」。那是海軍情報隊誘捕「人犯」，暫時羈押的所在地。

那年年初以來，自從重慶號、長治號兩艘軍艦「不見」了，海軍裡總有點怪怪，有種說不上來的神秘恐怖氣氛。張三忽然失了蹤，李四被請去了「三樓」。風聲鶴唳，草木皆兵，山雨欲來，人心惶惶。

左營桃子園碼頭，清晨往往有罩頂卡車轟轟而過，說是秘密處決「人犯」，活埋、槍斃兼而有之。聽得叫人怕，夜晚回艦，拼命奔跑。

上了「三樓」，已經有好幾位同學在座，有人罵街，有人發牢騷：

「他媽的，這些特務，同學會鳥事沒有，只是吃吃喝喝，根本沒有成立，緊張個屁。」原來還有同學會。那時我在上海，我該沒事。

「我們中飯在哪兒吃？我是在軍區大門口，被他們騙上車的。」

那一年，同學中大多數是單身漢，家人陷大陸。沒想到，滿腔熱血從軍報國，一到復興基地台灣，卻被特務抓了，難怪怨聲載道。

中飯沒吃，全被送去了鳳山的「海軍來賓招待所」。

「招待所」的外觀，是營房駐兵格局，囚車長驅直入，在一間小屋裡，我們被卸除了身外之物，雙手提了褲子，彼此苦笑，勞燕分飛。我被押進了一個長方形的山洞裡。

　　後來知道，這山洞算是五星級上房，來賓官階起碼校級。同案嚴禁同房，我好運，被分到上房來。眼見房中人，睡衣、拖鞋，愁容，或坐，或來回走動。忽地有人叫我，竟是海訓團的陸錦明大隊長，來不及向他敬禮，他按我肩，兩人落坐榻榻米，說：「昨天我看到陳明誠了，你們可能因為是同學會的事，如果你沒參加，不要慌，不知道的不要亂說。」我告訴他宋平寫信給陳，「那比較麻煩，文字是可以各種解釋的。」我看到一人倚牆裏在毯子裡呻吟，大隊長回答我的注視疑問，「不要問別人的事，少講話。」我沉默了，看那牆上告示：「查本所近日來賓其多，加以房屋窄狹，不便之處，尚祈諸來賓見諒。所長劉斌敬啓。」

　　這三十二個字的告示每房都有，一天瞄一眼，我也默讀了兩百七十次，記不住也難。第二天被調房了，調到最糟糕的一個洞，日本時代是防空洞，也是靶場。洞中關的清一色是官校學生，所為何來呢？原來有艘崑崙艦，據報有叛的可能，艦上有他們的同學在實習，在來不及替他們化妝誰白臉誰黑臉之前，一網打盡。誰料到，這其中有幾名，三、四十年後，成了海軍將領。

　　進山洞頭幾天，恐怖中透著緊張，緊張中蘸有新奇。日日夜夜，除了吃睡大小解，便是等待。等待的日子不好過，沒有消息的等待更是難過。和外界完全隔絕，度秒如年。

　　我氣憤、痛苦、恐怖、躁急、不知所以。

　　山洞中晝夜不分，唉歎嗅聞中，往往錯覺到自我失落。泣聲愈靜，耳語更憂，遠遠近近，斷斷續續。

　　我又調房了，調到山洞對面新建的小木屋裡。

　　押走在木屋的通道中，那鎖鍊和鐵門碰觸，以及開、關的

聲音，叫人忐忑難安。每間木門上方，有只能容納半截面孔的小窗，都出現了兩個眼睛和一個鼻子，這離奇而恐怖的不完整的面孔特寫，雖然大半是我們同學，當時卻個個陌生。

我被推進倒數第二間靠廁所方向的小房間裡，兩個半榻榻米面積，三個人夠寬裕。一位叫姜光緒，中尉航海員，另一位忘了名姓，只知道和官校校長魏濟民案有關。姜每天背英文單字，把背熟了的一頁撕下來和水吞。先我離去，把字典的殘骸贈我，我受惠不少。

這排小木屋，人多，卻靜得驚人，除了衛兵的皮靴重濁，便是開關木門、鐵門，以及來賓的拖鞋跋拉。人聲是有，那便是「報告班長，我要小便。」或者「某某某，出來談話！」所謂「談話」，便是問案。

我被所長劉斌拖去打屁股。那天有長官視察，問飯菜是否和平常一樣，我說今天好得多。所長打我有理，說真話就是錯。解嚴後，他改名劉侑，有戶籍沒人。

在招待所整整九個月，夜中「談話」四次，最後一次吃了兩記耳光，胸口也挨拳，手被抓住在紙上摁了指模，就是軍法處據以判罪的自白書。主持「談話」的是被稱為「趙組長」的趙正宇，是名狠腳色，據說，由他決定，被秘密「處決」的海軍官兵，難以數計。

後來知道，招待所是炮製自白書所在地，三個月一期，最長三期。我們這一批浩浩蕩蕩人多，不能雷大雨小，一定要篩幾個人開刀。因而，陳明誠、王永久，和我三個人算是倒霉。1950年九月二日，兩部車，陳、王、我，被送去左營軍法處看守所，其餘人，被載去南投反共先鋒營。

看守所和招待所最大區別，是神秘性消失了。牢房舖地板，

每間約有二十個榻榻米大，牢房面對面，中間是天井。和地板平行有一個碗公那麼大的小洞，是水、空氣、牢飯的通道。洞口位置是由資深人犯享受，兩人抵頭而眠，平分特權。牢房旮兒有一糞坑，蓋上木蓋便成了新來人犯的睡舖。難堪的是，一房四十多人的排泄器官，欣賞別人小便，那曲膝、那雙手小心翼翼托扶命根子神態，尚可忍耐；享受米田共異味，聲色俱全，立體音響，可真受不了。尤其夜中去糞坑，人頭間腿縫裡躓頓跨越，一步一步，躡手躡腳，輕輕推醒坑蓋上的人；回程較為清醒，臭腥的暖空氣在昏黯燈光中，更顯出燠熱蒸冒，一具具半裸、全裸的男性胴體，有的齜牙咧嘴，有的掀鼻抿唇，輾轉反側者有之，腹胸起伏者有之，爭奇鬥妍，隨心所欲。整個看守所，在隆隆鼾聲中安靜得使靈魂顫慄。「比死人多口氣」，此時此地此晾，多口氣的人，滿眼皆是。

看守所人犯複雜：殺人放火、姦淫擄掠、扒弄貪污等等，被稱為政治犯的不多。在如此複雜人犯中最見坦白，人體不遮攔，人性美醜更見透明。每逢接見日，收到食品較多的人，便成了被捧被拍對象。知道某人即將被釋放，便被有心人親密異常：把自己的一份開水或冷水奉送，把自己位置空出來讓他睡個舒服；還有齷齪事，莫過於甘願當相公。

在山洞，處決人犯絕對保密。在這兒卻是唯恐人不知，最叫人忐忑不安的，總是破曉時分，稱之為「要命時刻」。兩名憲兵全副武裝，加上兩名法警，開了某門，架了某人，鋃鐺而去。有的神色自若，有的頓成死狗。

頭次開庭只是驗明正身，第二次即宣判，我被判了十年徒刑，陳十五年，王去先鋒營後回軍，二十多年後上校、退役。我們三人來自山洞，驚弓之鳥，神不守舍，沒有皮肉之苦就是

平安，不感到恐懼就是福氣。聆聽宣判，大大鬆了口氣，慶幸從鬼門關返回人間。在山洞，鳥事沒有的人，被活埋、被丟進太平洋，不知凡幾！

判決的理由是：「爲叛徒搜集關於軍事上的秘密」，這當然莫須有。判決書上三名軍法官，其中一位陳書茂以少將退役，1997年八月十日，和他在台北富都酒店餐敘時，問怎麼如此判決？他說怎麼交代就怎麼判。判決根據了自白書，而自白書乃在山洞裡被刑求而炮製。《台灣地區戒嚴時期五〇年代政治案件史料彙編》第五冊，對此冤獄有如此評論：「姑不論該判罪的理由多麼牽強，而且有著自由心證的偏差，最大的謬誤應係—受刑人只不過是名士官，他對海軍的機密，既不可能參與亦毫無所知，如果說他爲別人搜集本軍艦艇動態，真是天大笑話。」

無罪入獄，應該被氣瘋，被判多年冤獄而不瘋的人，那才是真正瘋子。有趣的是，我從軍、愛國、反共，卻被敵人的敵人抓起來，判了罪。

副所長太好好先生了，他解送陳和我北上軍人監獄時，火車、汽車、步行途中，處處表現出「我們是同事，朋友！」他的理由：「你們根本沒事！」

在軍人監獄只待了十六天。1951 年五月十七日傍晚，當第一批約八百名政治犯手鐐腳銬，由軍人監獄船運綠島「新生訓導處」，第一任處長姚盛齋少將，斬釘截鐵向我們說：「我代表一座十字架，跟著我的是生，背向我的是死！」調侃的是，十多年後，台北相見時，他的現況是老婆跑了，不久，自己背向了十字架。

「新生」伊始，管理人與我們之間的關係，劍拔弩張。他們佩槍持械，日夜押解架勢；訓話口吻完全向敵人喊話。**我們**

不吃眼前虧，心不甘情不願，行為語言卻盡量配合，揚眉固可表示吐氣，舉手未必意味投降。朝夕相處兩三年後，彼此袒裼裸裎，繃緊了面孔，終於鬆弛下來。因了解而同情，而滋潤友誼，除了制服不同，稱謂不同，幾已不存在任何芥蒂。喟嘆著共同演一齣戲，必須認真、認命。

綠島生活，是典型的奴工生活。被命令著上山砍草、下海打石頭，而砌建克難房、倉庫、運動場、大禮堂、水壩、舖路、造橋、圍牆等等工程，統統和石頭有關；打石頭、抬石頭，晨曦中、黃昏裡、烈日下、風吹雨打中，那原始、野蠻的震憾鏡頭，我們又能怎樣？**抬抬抬，朝朝暮暮，忍忍忍，天問奈何！夢中也常與石頭為伍，如影隨形，終生難忘。**

摻雜奴工生活中最有鹹辣味的，是令人厭惡的政治課、小組討論和大組座談。政治課是教官們叫我們抄寫黑板上已經板書了的內容，討論和座談則是依據抄來的同一資料，各人發言的內容因而完全相同。妙就妙在我們被要求正是如此：把樣板內容注射到不同的腦子裡去，有如把同一比例的砂粒、石子、水泥，用水調和好，灌進規格各異的模板中。

我們拒絕了刺青「殺朱拔毛」，抵死不從。幾名被視為有帶頭作用的，被調離綠島，下落不明。

痛苦事不必細表，差強人意的也有不少：一、衣食住行中，吃的不錯，綠島有的是荒地，我們當中有農民，蔬菜自己種，雞、豬、羊自己養，拿大米向漁民換魚，自己做豆腐、豆漿、油條、饅頭等。二、我被調至教育組擔任「助教」；給教官編政治教材，教「同學」及官兵初級英文。另外，給綠島學童在寒暑假補習。編教材只是東抄西抄；教英文誤人不少；給學童補習，樂趣多，享受也多。三、學會了理髮和打針。

　　我十六歲離家從軍，1949 年來台灣、被捕時二十歲、未婚，所以沒有因坐牢而驟增想家之痛。天大事被冤了，生活裡便無所謂希望失望，更談不上絕望。在不絕望的「新生」中，十年刑期加上九十四天的零頭，我終於結訓，來到了台北。

　　1960 年三月七日，由綠島經高雄來台北，找飯吃、找地方落腳，大不易，還要應付情治單位的追蹤考核。一月兩次例去派出所報到，管區的不定時來住處臨檢。警總有位傅道石（「輔導室」諧音）文攻武嚇，糾纏不已。創業前，打工項目有：踏三輪、擺地攤、家教、補習班教英文、店員、秘書、廣告文案，等等。戒嚴期間，謀生不易，創業倍艱。無聊又無趣的遭遇有：李裁法逃匿了，刑大逮我問訊。謝東閔炸手，警察到我家要我的字跡，到辦公室要所有打字機的字體。施明德不見了，我家深夜被臨檢。我翻譯的《約會的藝術》，有談到服役男孩交女友的不易，警總說我挑撥軍民感情。我出版中譯本的《畢業生》等，責我出版黃色書刊，其他出版社卻照出不誤。兒子讀國二時，被遴派出國參加世界童子軍露營，因我的被監管身分而臨時換人。最早的「移民講座」在希爾頓飯店舉行，警總硬說是我辦的，要立刻停止，幸虧稍後查明。每次出國回來，必須向傅道石專文報導，我多次以寄回台灣發表過的有關剪報附陳。

　　1961 年我三十二歲結婚，兩年後有了兒子。我必須努力安定自己，不然情治單位會讓我不安定，連出境也不准。1967 年創業後，我多次參加在東南亞、歐美等地的國際書展或出版會議。曾當選有關協會常務理事、副秘書長等，以及有關公會首屆理事長。因而結識了不少國內外友人，民意代表、政府官員也有。當然，這些人，以及同業間、事業主管單位等，均尚不知我是名被監管的政治犯。

解嚴解得太遲！1987 年，我已五十八歲，體況下坡，鬥志全無。幸運的是，獨生子金門服役後，出國讀研究所，結婚、就業、定居。家母在分別整整四十年後，從我夢中走出來，由北京來到台北，生活了兩年十個多月，九十一歲無疾而終。更加幸運的是，1979 年開始，我養成了每天清晨打網球習慣，至今不輟。身心不再被監管，寫作範圍也就擴大，除了在一家周刊寫評論、專欄。解嚴伊始，寫了三個有關今日台北、冤獄、探親的長篇，連載後，都出了單行本。中譯袖珍版英文自修書四十餘種。編譯了幾種工具書。另外我用筆名寫了十多種中國名人傳記，死嘴活話，借古諷今，舒暢發洩，痛快淋漓。創業三十三年來，上班下班不間斷，我享受工作：寫作、翻譯、閱讀。

　　一直堅持一個信念，有生之年，一定要讓政府還我清白。年紀越大，堅持越力。1990 年，我向海軍總部申請被捕前的學歷證明，來文（04289 號）：「確無台端任何服役資料」，1997 年向國防部申請非常審判，回函（033 號）說「檔案資料均遭焚燬，無從調閱查考。」此時，由友人魏廷朝處得知，有立法委員謝聰敏等八位提案，陳永興等六十一位連署，提議制定「戒嚴時期不當政治審判補償條例草案」。針對此條例草案，法務部提出「戒嚴時期不當叛亂暨匪諜審判案件補償修例」，經修正三讀通過後，成立了「財團法人戒嚴時期不當叛亂暨匪諜審判案件補償基金會」。但因為該基金會審查進度慢如蝸牛，為外界詬病質疑。我曾為文：《白色恐怖案件平反，不應該選擇性處理》（24/12/97 聯合報）、《排除條款讓平反美意功虧一簣》（03/06/98 中國時報）、《白色恐怖補償金，何時受理申請》（04/03/09 中國時報）、《有判決書才能申請不合理，條文應速修正》（10/09/99

聯合報）、《將軍冤獄宜修法彌補》（03/02/2000 中國時報）、《冤獄補償何以牛步化》（30/03/2000 自由時報）、《平反不是恩典，補償金也非嗟來之食》（發表年月日及媒體已忘）。根據補償條例第七條規定：「基金會應於收受後六個月處理完畢」，但迄至 1999 年十二月十三日，其第一批審查通過者僅十四件。由於申請案近五千，似此進度，每月審查十多件，預估要三十年審完。幸好 2000 年五月二十日後，「基金會」董事長易人，董事會注入新血，作業正常，可望在跨世紀間，將補〔賠〕償金發放完畢。

2000 年七月二十七日，我接到「基金會」來信，略謂：台端申請補償乙案，業經本會決定予以補償新台幣肆佰貳拾萬元。至於所述刑滿未依法釋放期間之賠償事宜，建議參酌修正後之「戒嚴時期人民受損權利回復條例」或其他規定，另為適法之救濟。

包括我在內的為數不少的「政治犯」，刑期屆滿時，往往又被羈押一些時日。關於這部分，我於 2000 年四月二十四日，依法向台灣台北地方法院，提出國家冤獄賠償。等待處理中①。

不管怎麼說，政府總算有勇氣，面對這件跨世紀的糾葛，非昨而是今。

① 2000 年十二月七日接到台灣台北地方法院刑事決定書(八十九年度賠字第 165 號)，主文：胡子丹於判決執行後，未經依法釋放，仍受執行玖拾貳日，准予賠償新台幣參拾陸萬捌仟元。

評審委員對《跨世紀的糾葛》入選首獎的激辯：

《跨世紀的糾葛》

漢寶德：一篇很標準的傳記文學，富有時代性，描寫一個小人物在白色恐怖時代，無緣無故被捲進一個陰謀，再遭受迫害的故事。作者把他個人的實際經驗，描寫得很生動，可惜文字技巧並不成熟。

雷驤：作品裡有許多細節描寫，不是普通人隨時記得很清楚。作者有這方面的傑出表現，與個人曾經寫回憶錄有關係。過去的寫作經驗，訓練作者有凝鍊的文字造詣。作品讀來文字流暢，故事寫得很生動，令人讀後覺得作者所言全屬真實，心裡產生感動。

邱坤良：它最具有傳記文學的體例、標準和內容規範。作者以他個人的歷證，表現出身處的世紀之間，曾經發生的種種糾葛和荒謬。由於屬於個人經驗，作者在描寫過程中穿插一些時代背景的資料，讓讀者能夠有所印證和啟發。文筆雖平實，寫得滿流暢。

時代的嘲弄　◉邱坤良

每個人一生都有本文記述平實、自然，作者時代的影子，也是被關入「海軍來賓招待所」的某些歷史事件的見生活場景：「囚車長驅直入在證人。時代提供給人某間小室裡，我們被反映歷史痛苦常由個人的生命史也使每反覆解除了身外之物，雙手提了褲子，彼此歷史寫真更加深刻互相望了一位特對生活在台灣、苦笑……」而在描述一位殘中國大陸的人而言歷史行的難友「每天背英文單近百年的擾擾攘字，自言自語不一首兩句不會和殘攘，不惟權貴之字，把字典和殘劇史，知識份子英挑人敗腦裡深生命與車外的水吞。先寫再和門爭的激盪，即使文采而淹沒人物與事件民亦不能免於時井小一味交代始末，把他的白色恐的宰割與蹂躪怖經歷寫成論文。

在國民政府撤退著者在這篇自叙中具備以判來台前後的混亂時決書的文筆，內容為白色恐怖刻，歷史的荒謬劇做見證。他在綠島處長曾自不斷上演，《跨世命代表十字架，顧者生、逆者紀的糾葛》的著者亡，而遇刺的是，十多年後兩人台北相見，「老婆跑了」姚某自己也背了十字架，在著者筆下，這就是囚累報壓。也許受字數的限制，有些事凡的海軍軍官，但件關鍵交代不清或過於簡略，不是革命分子，也如被捕那一刻的描述，宋平「同不是英雄好漢，只學陳明誠有關對我說。宋平「同是一位平是英雄好漢，只另一學，我沒有信。附帶問我寫的政治犯，這篇文好，我沒有信。沒有信……章所敘述的，正是十一月底被捕，十二月三日，作者二十歲至三十一歲「生命中最可我跟進，被兩名武裝陸軍官塑的一段」的獄中生活，以及出獄之「押去左營三棧」，如此流水後的二十餘年間。帳式的記述，缺乏傳記文學的長期生活在陰暗環境中，無法過正情境與深度，是美中不足處。的環境中、恐懼、受迫害的正

THE ENTANGLEMENT INTO THIS CENTURY

(This prose was awarded the first prize of biographic literature writing by China Times on September 29, 2000 and published on December 1 & 2, 2000)

Lake HU/blog.roodo.com/lakehu

In the past half century, two regrettable events have occurred between the government and people of Taiwan. The first was the "228" incident in 1947. The second was the rampant seizure and punishment of innocent people during the White Terror Period in the 1950s. The first was resolved within the last century through the government's apology and decision to award monetary compensation. But the reparations for the second are still in the process of being made and have become an entanglement into this century.

This entanglement into this century resulted from an era that set the record for the longest period of military rule. This period of martial law lasted 38 years (from May 19, 1949 to July 15, 1987). Just as people help each other when both are in humble circumstances, martial law and the circumstances surrounding it fueled each other, making it difficult to distinguish between cause and effect.

Having experienced the blood and tears, life and death, and hope and despair of this time, I don't know whether I am fortunate or unfortunate that during the most formative stage in my life, when I was 20 to 31 years old, I was unexpectedly caught up in this "entanglement into this century". Moreover, I was forced to live in the shadows of darkness, terror, and oppression until martial law was lifted in 1987, when I was 58 years old.

Allow me to give a brief account.

On May 27th, 1949, the Defense Department of the KMT announced that after defeating 110,000 enemy troops, the Nationalist Army stationed in Shanghai had actively withdrawn its defense. At dusk on May 24th, I was in Shanghai's Waitan. With my very own eyes, I saw all the cars at a standstill, all the people vanished and all the lights extinguished. In shock and trembling, I ran back to the Meihe, the naval vessel on which I was serving. At dawn the next morning, the Liberation Army entered the city from Longhua, on the outskirts of Shanghai. One might say that the traffic controllers had betrayed Shanghai.

The Meihe had sailed at full speed and anchored itself at Dinghai Harbor, Zhejiang Province. On the street I coincidentally bumped into my schoolmate Ping Song, who was serving on the Yuqian, also a naval vessel. Amidst the chaos of the war, we exchanged greetings briefly and said goodbye. Soon after, we arrived at Zuoying Harbor, Kaohsiung, Taiwan. I was honorably transferred to the Yongchang, another naval vessel. One day, a schoolmate Mingcheng Chen told me that Ping Song had written him a letter, in which he asked how I was doing. I never saw the letter, never wrote him a letter and never even asked Chen whether he had replied to the letter. At the end of November, Chen was arrested. On December 3rd, I followed, taken into custody by two armed army officers and detained at Zuoying's "Third Floor" - the temporary detainment center for criminals caught by the Naval Intelligence Agency.

At the beginning of that year, after the "disappearance" of two naval cruisers, the Chongqing and the Changzhi, the general atmosphere in the navy had become a little strange, filled with an indescribable and mysterious terror. One person would suddenly be missing, and another would be invited to the "Third Floor". The wind was filled with the panic-stricken cries of cranes. The rain was about to fall in the mountains. And the people were frightened.

At the wharf in Zuoying's Taoziyuan, covered trucks would frequently rumble through at dawn. It was said that they were secretly executing the "guilty", either burying them alive or shooting them dead. Such talk frightened us. At night we ran as quickly as we could back to our ships.

When I got to the "Third Floor", there were already quite a few of my schoolmates sitting there. Some were cursing angrily at no one in particular. Others were venting their complaints.

"God damn those secret agents! The alumni association did nothing! We only ate and drank. We didn't set up anything at all. There was nothing for anyone to get nervous about." It was the first time I heard anything about the establishment of an alumni association. At that time, I had been in Shanghai, so I shouldn't have been in any trouble.

"Where are we going to eat lunch? They tricked me into getting into their car right at the big entrance to the naval district."

That year, the majority of my schoolmates were single men. Our family members were all still in mainland China. With our hearts full of patriotism, we had devoted ourselves to our country by joining the navy. But we had never expected that as soon as we arrived at the base for restoration of KMT power in Taiwan, we would be arrested by the secret service. It was no wonder we were brimming with angry complaints.

Without any lunch, we were sent to the "Naval Reception Center" in the town of Fengshan, Kaohsiung Hsien.

On the outside, the center looked like an army station. It took awhile for the prison car to get inside. We were unloaded into a small room and stripped of all our clothes and belongings. Holding our pants in both hands, we smiled weakly at one another and then we were all split up. I was detained in a long, square-shaped cave.

Afterwards, I considered this cave a "5-star" accommodation, inhabited only by those whose military rank was captain or above. Those involved in the same case were placed in the same cell. I was lucky to be placed in this prison. I saw the cell crowded with people in pajamas and slippers, all with worried looks - either sitting or pacing back and forth. Suddenly, someone called out to me. It was Jinming Lu, one of my group commanders at the Chinese Naval Training Center! Even before I could salute him, he came over and squeezed my shoulder. The two of us sat down on the tatami. Lu said, "I saw Mingcheng Chen yesterday. You guys might be here because of the alumni association. If you didn't participate, don't panic. Just don't talk about anything you don't know about." When I told him about Ping Song writing a letter to Chen, he said "That may create more problems. Writing can be interpreted in different ways." I glanced at a man leaning against the wall on a blanket, moaning. Lu answered my questioning look. "Don't talk to other people. Speak as little as possible." Silently, I read the bulletin on the wall. "Recently, many guests have come to our center. The rooms are also very narrow. Please excuse us for the inconvenience. Respectfully, Bin Liu, Center Director."

These 32 Chinese characters could be found in every cell. I silently read them once a day. After having read them at least 270 times, to not remember them would have been difficult. The next day, I was transferred to the most horrible cave - one that had been used as an air-raid shelter and shooting range during the period of Japanese occupation. Those in the cave were all students in the naval academy. Why were they all there? According to a report, one of the naval vessels, the Kunlun, was possibly treasonous. On the ship were a number of naval academy students in training. Because there had not been enough time for the Naval Intelligence Agency to decide which of them would take the fall, they had all been taken into custody. Who could have known that several among them would become leaders in the navy thirty or forty years later?

During the first few days at the cave, a sense of anxiety permeated our terror, but in the midst of this anxiety was also a bit of novelty. Day after day and night after night, aside from the relief of eating and sleeping, there was only waiting. Days of waiting are difficult enough to endure, but days of waiting without any news are even more difficult. Completely isolated from the outside world, the seconds turned to years.

I felt anger, pain, terror, anxiety and at a loss of what to do.

In the cave the days and nights were indistinguishable. Amidst the sounds of sighing and the stench, I frequently lost my senses. The sounds of weeping became quieter, and the whispering became more anxious, both far away and close, constantly stopping and starting up again.

I was transferred again to a small wooden cell in a new building right across from the cave.

As I was being escorted down the passageway to my cell, the sound of the chains and iron doors clanging against each other and the sound of the doors opening and shutting made me feel apprehensive and unsettled. Above the wooden door of each cell was a window so small that it could fit only half a face.　In every window, there appeared two eyes and a nose. Although most of them were my schoolmates, each and every one of those strange and terrifying incomplete faces, close-up, seemed unfamiliar.

I was pushed into room #2, a small room next to the bathrooms.　With an area of 2 and a half tatamis, there was ample room for the three of us. One of my roommates, Guangxu Jiang, was a lieutenant in the navy. I forgot the name of my other roommate; I only remember that he was involved in a case with the principal of the naval academy, Jimin Wei.　Every day, Jiang memorized English words from a dictionary.　When he memorized a page of words, he would tear it out and swallow it with water. He eventually left the prison before me. When he left, he gave the remaining "wreckage" of the dictionary to me; I benefited a great deal from this gift.

Although many people lived there, the quietness of the row of small wooden rooms could startle people. Except for the sound of the guards' heavy leather, muddy boots, there was only the opening and closing of wooden doors and iron doors, and the plodding along of prisoner's slippers. There were a few sounds of human life, but only "Reporting Sergeant, I want to go to the bathroom," or "So-and-so, come out to chat." But this so-calling "chats" was actually interrogations.

I was dragged away and beaten by the director Bin Liu.　That day a high-ranking officer had observed and asked whether the food was different from usual.　I had said the food that day was much better. The director's reason for beating me was that telling the truth was wrong. After the lifting of martial law, he changed his name to You Liu, leaving no one to claim the registered identity of Bing Liu.

During the nine months at the center, I was questioned four times during the night. The last time I was interrogated, I was slapped in the face twice, my chest was punched and my fingerprints were recorded in my "confession", used by the military court as evidence of my guilt. The section chief in charge of these sessions was Yuzheng Zhao. He was well-known for his viciousness. It is said that at his hands, a countless number of naval officers were secretly "dealt with".

I later found out that the center was merely a place to fabricate confessions. Each period of "examination" lasted three months, and no person was examined longer than three periods. There was a large number of prisoners. The agents knew that they could not be "all talk and no action"; they needed to start sifting out a few of us. Mingcheng Chen, Yongjiu Wang and I were among these unlucky few. On September 2nd, 1950, two cars of prisoners, including Chen, Wang and me, were sent to the Zuoying military court's prison ward. The other lucky ones were taken to the Anti-Communist Pioneer Camp at Nantou Hsien, Taiwan Province.

The biggest difference of the prison ward from the reception center was the disappearance of any mystery. The cells had wooden plank floors, and each cell was as big as about 20 tatamis. All the cells faced each other, and at the center was a courtyard. Parallel to the floor was a small hole about the size of a big bowl. This hole was the passageway for water, air and our food. The position at the hole's opening was enjoyed by the senior prisoners. Two people could put their heads down and sleep. The senior prisoners divided this special privilege equally. At every   corner of each cell was a pit for excrement.   This pit had a wooden cover; when covered, it was also used as the bed of a newly arrived prisoner. Each cell also meant more than 40 people's "bodily needs". It was embarrassing to watch others go to the bathroom, their knees bent and their hands very carefully holding their penis.   Still, these things were tolerable. It was the smell, sight and sound of excrement, particularly the clear and distinct sound of others defecating, that I found really unbearable. Things were especially bad at night; going to the bathroom required making one's way carefully through the sea of heads and legs, one step at a time, on tiptoe, and then lightly nudging the person sleeping on top of the pit's cover to wake him.   On the way back from the pit, the prisoner would feel more clear-headed.   The air, warmed by the nauseating odor, could be seen in the dim light, making the smoke, heat and steam even more visible. The men were either half or fully naked, some gritting their teeth and grinning, some twitching their noses and pursing their lips, some tossing about from side to side, some with their chests and stomachs bent over, all competing as if in a beauty contest, doing whatever their hearts desired.   The whole prison ward, with the glorious sound of snoring, was so peaceful that it could make one tremble.   As far as the eyes could see, at this moment and place, there were men barely breathing, almost like the dead.

The prisoners in the ward were complicated men, charged with murder in a fit of rage, rape, pillaging, pickpocketing, corruption, etc.   Only a few had been charged with political crimes. What was most apparent about these complicated men were their straightforward nature. They didn't bother to cover their bodies; the beauty or ugliness of their character was even more transparent. Every visiting day, those who received more gifts, etc. became the targets of praise and flattery. If the men knew that a certain prisoner would soon be released, they would deliberately become exceedingly intimate with that person, offering them their own portion of boiled or cold water or giving up their own space and allowing the person to sleep comfortably. Other dirty favors were granted - no better than consenting to be a male concubine.

In the cave, the execution of criminals was absolutely confidential. What terrified us the most and made us most apprehensive was the "Time of Desperation" - always at the break of dawn. Two armed military policemen, plus two judicial policemen, would open certain doors, make certain people stand up, cuff them and then leave. Some of these prisoners looked as if nothing was out of the ordinary, but others looked as pale as ghosts.

The first time I went before the court, they only wanted to verify my identity. The second time, my verdict was announced. I received a 10-year prison sentence. Chen was sentenced to 15 years. After going to the Pioneer camps, Wang returned to the navy, and 20 years later, he became a captain and later retired. In the caves, we three had been constantly in panic and disoriented, so when the three of us finally left the caves, we felt at peace, knowing that we were out of the way of physical harm. We felt lucky not to live in fear anymore. When I heard the verdict, I breathed a huge sigh of relief. I rejoiced, feeling as if I had returned to the land of the living from the gates of hell. In the caves, a countless number of people, guilty of nothing, had been buried alive or thrown into the Pacific Ocean.

The reason given for our verdicts was that we were collecting naval secrets for traitors. Of course, this was completely without grounds. The names of three military judges were listed on the verdict. One of them was Shumao

Chen, who had later retired at the rank of major general. On August 10, 1997, I had a chance to sit down and chat with Chen at a restaurant at Fortuna Hotel in Taipei. I asked him why he had made this ruling. He said that he had ruled according to whatever information he had been given. Thus, he had ruled based on the confession - a confession had been extracted through torture and had been totally fabricated.

The fifth volume of "A Compilation of Political, Legal, and Historical Materials Regarding Taiwan's Martial Law Period of the 50s" comments on these injustices: "Regardless of how farfetched the reasons for convictions were and how errors were made based only on one man's opinion, the biggest falsehood lay in the fact that those who were punished were only petty officers and could not possibly have been involved in or known anything about the navy's top secrets. Claiming that they had collected information about their ships' movements for other people was totally ridiculous."

To be imprisoned when not guilty should make a person crazy with anger. But the true lunatic is the person who suffers injustices for many years and does not go crazy. The ironic thing was that in the midst of my military service, patriotism and anti-Communism, I was captured by the enemy's enemy and deemed guilty.

The Vice Director of the prison was a good man. When he escorted Chen and me to the military prison in northern Taiwan, he acted as if we were all friends or colleagues, no matter where we were – on the train, in the car or on the streets. His reason for this: "After all, you guys haven't actually done anything wrong!"

We only stayed at the military prison for 16 days. On the evening of May 17, 1951, I was among approximately 800 political criminals – our hands and feet all handcuffed – shipped from the military prison to the New Recruits' Reeducation Center on Green Island. Our first director at the center, Major General Sheng-zhai Yao, told us very firmly: "I represent a cross. If you follow me, you will live! If you don't follow me, you will die! Ironically, when I saw him about 15 years later in Taipei, his wife had left him, and soon afterwards, he himself had stopped following "the cross".

When the "training" began, our relationship with the guards were very strained. Armed with guns and holding pistols, they always appeared as if they were escorting us to a new jail. They lectured us as they would have the enemy. To their faces, we never protested for fear of punishment. In our hearts we were unwilling, but in our words and actions, we tried our best to cooperate. For us, raising our hands didn't necessarily mean "surrender". After three or four years of getting along together and even being naked in front of one another, the tense expression on our faces finally began to relax. A mutual understanding and sympathy nourished our friendships. With the exception of our uniforms and names, we shared no differences or disagreement. Reluctantly, we worked together to act out the "drama" in which we had been caught up; it required us to be serious and resigned to our fate.

Life on Green Island was the typical life of a slave. We were ordered to climb mountains and cut thatch, to go into the ocean to break up stone, to build the Kenan Building, warehouses, gyms, big auditoriums, and dams, to pave roads, and to erect bridges and fences – anything to do with stone. No mater at dawn or at dusk, under the intensely hot sun, or in the midst of biting winds or pouring rain, we had to break up the stone and lift it. The sight was primitive, barbaric, and startling. But what else could we do? Day and night, lifting and enduring.　Even the cries from heaven were to no avail. Our dreams were often filled with stone.　The stone became our very shadows.　For the rest of my life, I will never be able to forget this experience.

In the midst of our slave life, what disturbed us most were the political classes, small group discussions and large group forums, which we all detested. The political classes consisted of our military instructor making us copy down the contents of already published books from the blackboard. The group discussions and forums were also based on the same materials; and the ideas and conclusions spoken by every prisoner were exactly identical to the contents of the materials. Such a wonderful result was achieved through their demands of us to take all the information given to us and to inject it into our different brains.　In many ways, the process was similar to building walls – the same proportion of sand, stone, cement and water were mixed together and used to fill different molds.

We refused to be tattooed with "Kill Zhu and Mao". Even when they threatened to kill us, we refused to obey. Several prisoners were deemed the leaders of this "rebellion" and were transferred out of Green Island; to this day, their fates remain unknown to us.

There's no need to go into further detail about all our suffering.　Actually, there were tolerable aspects of my life.　First, in terms of the basic necessities of life, our food was pretty good. Some of the land on Green Island was still uncultivated. Since there were some farmers among us, we were able to grow our own vegetables, raise our own chickens, pigs and lambs, trade rice for fish with the fishermen and make our own tofu, soybean milk, oily sticks and steamed buns, etc. Secondly, I was transferred to the education section to serve as a teaching assistant. I compiled political teaching materials for the instructors and taught beginner's level English to my "schoolmates" and the officers. I even provided cram classes for the school children of Green Island during their winter and summer vacations. Compiling teaching materials just meant copying one page after another. In teaching English, I ended up misleading quite a few people. Giving cram classes to the schoolchildren was fun and very enjoyable. Third, I also learned how to cut hair and give shots.

I left home at the age of 15 to join the army. In 1949, I came to Taiwan and was arrested when I was 20. I wasn't married at the time, so I didn't suddenly experience any added pain of missing my family when I was in prison. The major struggle in my life up to that point was being framed. My young life had yet to experience any hope or disappointment – not to mention despair. After 10 years and 94 some-odd days at the center, still without giving up hope, I finally completed my training and came to Taipei.

On March 7, 1960, I came from Green Island to Taipei, travelling through Kaohsiung. When I got to Taipei, I found food to eat and a place to stay with great difficulty. I also had to deal with the intelligence and police authorities constantly following me and checking up on me. Two times a month, I had to report regularly to the police station. At any time of the day, local police paid me irregular visits at my home to conduct temporary searches. There was an "individual" at the Taiwan Garrison General Headquarters by the name of Fu Dao Shi (suspiciously pronounced the same as "Guidance Office" in Chinese) who continually sent threatening letters and the police to my home to scare me. Before I started my own business, I held many part-time jobs; I was a pedicab driver, a street vendor, a tutor, an English teacher at a cram school, a store clerk, a secretary, and an advertising copywriter. During the martial law period, making a living was not easy, and starting a business was difficult. I had to endure a number of nonsensical and unamusing experiences; when the famous ganster Caifa Li escaped and went into hiding, the police brought me in for questioning. When Dongmin Xie, who was governor of Taiwan at the time and several years later became vice-president of the Republic of China, received a mail bomb, the police came to my home for a handwriting sample and also went to my office to find out all the fonts on my typewriter.　When the famous political criminal Mingde Shi was nowhere to be found, my house was searched in the middle of the night. When I translated a piece called "The Art of Dating", which discussed the difficulties for men serving in the military in courting girlfriends, the Taiwan Garrison headquarters said I was trying to incite soldiers' feelings. When I published the Chinese translation of "The Graduate", I was criticized for publishing obscene books, though other publishing companies had no problems when they printed the same materials.　When my son was in his second year of middle school, he was selected as a delegate to the International Boy Scouts' Camp. However, because of my prison record, he was replaced by another child at the last minute.　When the very first informational meeting about immigration was held at the Taipei Hilton, the Taiwan Garrison General Headquarters insisted that I had set up the meeting. They wanted to stop the meeting immediately.　Fortunately, within a few minutes, the situation was cleared up, and the meeting was still disable to proceed. Each time I returned from a trip abroad, I had to submit a report to Fudaoshi. Many times, upon returning to Taiwan, I clipped all newspaper articles I had published during my time abroad and attached them to my reports to Fudaoshi.

In 1961, I was married at the age of 32, and two years later, my wife and I had a son I needed to settle down; otherwise, the military and police would never stop hassling me. I wasn't even allowed to leave the country. After I started my own business in 1967, I participated in many international book fairs and publishing conferences in Southeast Asia, Europe and the United States. I was also elected to the boards of Publishers' Associations as a board member and vice secretary, etc. and was also elected to be the first Board Director of Translators' Guild in Taipei. As a result, I made quite a few acquaintances in Taiwan and abroad, including a number of elected representatives and government officials. Of course, none of these people, nor my business colleagues and other business owners, knew I had been imprisoned as a political criminal.

The lifting of martial law came too late! By 1987, I was already 58 years old. My physical health was in decline and my morale was long gone. Fortunately, after finishing his military service in Quemoy, my only son went abroad for graduate school, got married, found a job and settled down. Also, after 40 years of separation, my mother materialized right from my dreams, coming from Beijing to live in Taipei. She lived for more than 2 years and 10 months, living in good health to the very end at the age of 91. In addition, starting in 1979, I got into the good habit of waking up every morning at dawn to play tennis and have continued to do so till this very day. My body and mind were no longer imprisoned. The scope of my writing also expanded beyond writing weekly commentaries and columns for the Newsdom Weekly in Hongkong. After the lifting of martial law, I wrote three long essays entitled "Taipei Today", "I Have Been on Green Island for 3212 days", and "Visiting Relatives in Mainland China". After they were published in succession, they were published together as one book. I also translated over 40 pocket-size English self-study books into Chinese and edited several manuals. Under a penname, I also wrote over 10 biographies about ancient Chinese people, bringing them back to life through words and using lessons from history to discuss present-day life. Free from any worries or inhibitions, I vented and wrote to my heart's content. satisfaction in writing. In the past 34 years since starting my business, amidst the unceasing daily grind, I have enjoyed my work – the writing, the translation and the reading.

I had always held fast to the one conviction that before I died, I had to make the government restore my innocence. The older I grew, the stronger this conviction became. In 1990, I applied to the Naval Headquarters for my academic records prior to arrest. Their response (#04289) was: "We hereby confirm that no record of your military service exists." In 1997, I applied to the National Defense Department for a re-trial. Their response (#033) was: "Because your records and information have all been incinerated, there is no way to investigate or review your case." At that time, my friend Youchao Wei informed me that 8 legislators, including Congmin Xie, backed by 61 others, including Yongxing Chen, had formulated a legislation proposal entitled: "Draft of Statutes on Compensation for Improper Verdicts by the Government During the Martial Law Period". In response to this draft of statutes, the Legal Affairs Department put forth its own "Statutes on Compensation for Improper Verdicts on Sedition and Communist Espionage Cases During the Martial Law Period". After a process of three readings and amendments, the "Foundation for Compensating Improper Verdicts on Sedition and Communist Espionage Cases During the Martial Law Period" was established. However, because the foundation had to investigate all the cases, progress was as slow as a snail and became the object of public condemnation and questioning. I wrote many articles regarding this situation: "White Terror Redress Cases Should Not Be Selectively Handled?". (12/24/97, United Daily News), "The Removal of Clauses

Leaves Well-Intenioned Redress Short of its Goal" (06/03/98, China Times), "White Terror Compensation: When will the Applications Be Accepted and Handled?" (03/04/99, China Times), "Possession of Judgement Documents is Unreasonable Application Requirement; Stipulations Should Be Quickly Amended" (09/10/99, United Daily News), "Laws Should Be Amended to Deal With Generals Involved in Frame-ups" (02/03/00, China Times), "Why is Compensation for the Frame-ups So Slow?" (03/30/00), Independence Times), "Redress is Not Gracious, Compensation Has Become Unwanted Food Scraps" (publishing date and name of newspaper have been forgotten), etc. According to the 7th statute of the compensation regulations, "the Foundation should complete the handling of cases within six months after receiving applications." However, by December 13, 1999, only 14 of the first batch of cases had been investigated.   At that rate of 10 plus cases a month, since there were a total of nearly 5,000 applications, it was estimated that the investigation would not be completed for another 30 years.   Fortunately, after May 12, 2000, the Foundation's Chairman of the Board changed and the Board of Directors was infused with new blood. The Foundation's operation was regulated, and it was hoped that the distribution of compensation would be completed by the turn of the century.

On July 27, 2000, I received a letter from the foundation.   It briefly stated, "In response to your application for compensation, our organization has decided to award you compensation in the amount of NT$4,200,000. As for the said matter of compensation for failing to be released from prison after the completion of your sentence, we suggest that you consult and consider the amended 'Statutes Regarding the Restoration of Citizens' Rights Deprived During the Martial Law Period" or other regulations or suitable laws for relief."

There were a large number of political criminals like myself who were detained for a period of time after the completion of our sentences. Regarding this matter, on April 24, 2000, I brought up the issue of compensation for national frame-ups with the Taipei Local Court of Taiwan.[1]

Regardless of what is said, on the whole, the government had courage in facing this entanglement at the turn of the century, and is finally rectifying its wrongs of the past.

---

[1] On December 7, 2000, I received a judgement from the Court (year 89, #165). It stated, "After Tzudan Hu completed serving his prison sentence, he was not released in accordance with the law. For serving an additional 92 days, he is entitled to a compensation of NT$368,000."

第五十章　我的童年　　　　胡駿之

我沒有童年，因為都忘了。此文乃家兄所寫，文中的「我」是家兄自己不是我，但文中有提到他的弟弟，他的弟弟就是我。我特借此文一用。（家兄已於 2008 年 12 月 7 日病逝蘇州）

1937 年初冬。

日本軍已逼近南京。離開南京只有 180 華里的老家蕪湖，幾乎每天都有飛機來騷擾、轟炸。炸彈甩在市郊的飛機場、火車站、沿江一帶的碼頭上。機槍也在市區的上空對商店、住宅、倉庫進行掃射。人心惶惶。商店已停業，學校已停課。富裕一點的人家，大多已沿長江向上逃往武昌、漢口，或由陸路逃往內地屯溪，轉道再向西南逃進大後方。

我們家一共六口人：祖母、父親胡漢卿、母親鄒守蓮、姐姐、我和弟弟。祖母已年近古稀，身體有病，已臥床三年。父親失業多年，靠做點小買賣維持家庭生活。兩年前，才謀到一家南貨店當跑街的職位，六口人的生活剛剛才有點保障。碰到這種兵荒馬亂的日子，真不知如何是好。

父親的店主，他家的老家在安徽涇縣。他們全家在半個月前已離開蕪湖回去了。店也關門了，賸下的一些貨交給父親看管。現金沒有了，往來的賬款已沒有辦法討取了。父親為人忠厚誠實，對於店主交下的貨，不敢擅動，怕失去信用，親手把這些貨包裝封存起來。

戰禍的威脅，越來越嚴重。每天都能聽到日本兵燒殺姦淫的消息。祖母不能走動，母親當時也是一位三十多歲的中年婦女，姐姐十七歲，我十一歲，弟弟才八歲，我和弟弟還都是小學學生，如軍情再緊急，我們一家人想逃也逃不了。對於父親來說：真是「上有老，下有小，身上又無錢」，要領著一家人逃難，真是太難了啊！

南京淪陷的消息，傳到了蕪湖，南京大屠殺的慘聞，也驚呆了在蕪湖還沒有逃出去的人。

逃到哪裡去？怎麼逃？逃出去後生活問題如何解決？……等等，一

連串的問題，急壞了父親，也愁煞了我們一家人。

有的人家是逃到江北去（長江以北），但我們家在那兒沒有親戚，也沒有朋友在江北。逃到江北去，無處安身。而且去江北的人，一天天在增加，飛機又每天來空襲。渡江輪船因轟炸的關係，早已停航，只是靠江邊幾戶船民和一些臨時為了掙點賣命錢的農民的小木船在渡江。逃難的人多，船少，擁擠得很，遇有空襲，不是船翻，就是要遭到機槍射擊。祖母不能走動，要用人抬著上船，想要上小木船，根本辦不到。走陸路向皖南方向逃，長途跋涉，雇人抬起祖母走，既化不起這筆雇人的錢，祖母也經不起這長途顛簸的辛苦。

正在這走投無路的時候，父親突然想起在南陵縣有一個和他在年輕時，同在一爿店裡當學徒的師兄，二人感情不錯，只是多年不見，不知情況怎樣。好在南陵縣距離蕪湖不遠，如果清晨動身，當晚就可走到，頂多三天就可趕回。所以父親決定一個人先去看看情況再決定。翌日天未亮，父親就起身上路。

我們姐弟三人在家幫助母親整理行裝。東西不能帶多，但衣服、被褥等又不能不帶，挑了又揀，揀了又挑，六個人的衣服，裝了一個箱子，被褥捆成兩個行李卷，另外還用一個大網籃裝雜用物品，還準備了一些炒米粉之類，供祖母在路途中食用。三天的時間好像三年一樣，我們焦急地等待著父親的歸來。

父親疲憊不堪地三天如期回來，滿身塵土，雙腳都佈滿了血泡。但消息是好的：他的師兄歡迎我們一起到他那裡去。他現在在南陵縣城內開了一爿小烟紙店，家住在離縣城八華里的鄉下，有一妻二子在家務農。可以先去他家躲避一下，俟情況緩和後就回來。

但怎麼走法？由陸路去雖然比較快，但祖母受不了。還是雇小船走內河水路比較好，而且船到南陵後，通過小港汊，可以直接到目的地，雖然路程要兩天，但因內河港汊多，遇有空襲還有地方躲藏。

父親休息一晚後，又出外忙碌了一天，雇了一條小木船。就這樣，

我們一家人，在 1937 年初冬的一個清晨，揹著行裝，請划船的兩個農民幫忙抬著祖母，滿腹悽愴，懷著國破家亡的心情，默默無言地鎖起家門，一步一回頭地離開了家。稚氣未退的弟弟，不知從哪裡找出一段短粉筆在家門上寫上「胡家」兩個字。

上船後，打開行李在矮小的小船艙內把祖母安排躺下。父、母和姐姐坐在艙內，安慰著滿臉淚水的祖母。我和弟弟坐在船艙外面。划船的兩個農民收拾好跳板，划槳、搖櫓、篙子等用具後，就離岸出發。

划行約半小時，剛剛離開市區不遠，船行近鐵路橋時，就聽到了空襲警報聲。鐵路橋上的警察，吹起哨音，禁止岸上行人和水面上的船隻行動，要求立即疏散開。我們的船被迫划到橋墩下的隱蔽處躲藏。鐵路橋在前幾天就遭到飛機機槍掃射。作為一條主要的鐵路交通橋，本來就是轟炸的目標，空襲時跑警報的人都是遠遠地避開它，而今天我們反而躲在橋下面。父親叫我和弟弟馬上上岸藏到稻田後面低窪地裡去，我和弟弟沒有走，我們的確是怕得很，但我們不能走，我們已離開了家，現在我們無論如何不能再離開親人。我們呆呆地仍舊坐在船艙外面，靜靜地凝視著天空，警惕地聽著飛機的聲音，四周死一樣的寂靜。這怎麼回事呢？平日間空襲都是發生在中午前後，而今天卻發生在清晨。一分鐘、二分鐘……，半個多小時過去了，飛機由郊區向市區上空盤旋了幾個圈子，沒有俯衝投彈，只掃射幾次機槍，就飛向江北去了。

又過十幾分鐘，空襲解除了。小木船重新開船。

因為初冬季節，河水很清，河道兩旁，行人看不到，田間農民很少，河中船隻也很少，偶而也有上行小船，但大半是空船。下行向蕪湖方向去的，平時裝運稻穀和皖南山區土特產的船都沒有了。

父親疲乏地斜靠在船艙內，一動都不動地思索著什麼。姐姐跨臥在祖母腳邊，母親曲腿坐在父親對面。船艙內除了祖母的飲泣聲和咳嗽聲外，沒有人說話。

河面上有微風，天氣很好，陽光暖暖地灑在我們身上，但我們心中

卻緊張得很。天氣好，本是好事，尤其是坐著小船在河面上。但天氣好，卻是空襲的好條件，我們寧願在苦風淒雨中，在滿佈雲層下孤舟行駛，比較放心一點。

弟弟拿著一根小木棒，俯伏在船板上，把木棒插在河水中玩水，我坐在他身旁，看著他這個剛剛在讀小學二年級，還沒有脫離孩子氣的淘氣的小臉，我難過極了。我在想家、想學校、想同學。我低低地一遍又一遍地唱著不久前剛學會的《松花江上》歌詞：

> 我的家在東北松花江上
> 那裡有森林煤礦
> 還有那滿山遍野的大豆高粱
> 我的家在東北松花江上
> 那裡有我的同胞
> 還有那衰弱的爹娘
> ⋯⋯⋯⋯
> 流浪、流浪、哪年？哪月？
> 才能夠回到我那可愛的故鄉？
> ⋯⋯⋯⋯

淚水在我面頰上流著、流著，此情此景，我整個的身心都被這首歌的感情浸透了，我懂了，徹底地懂了這首歌，我好像一下子長大了十歲。⋯⋯

船行了一天，傍晚時，經過一個傍河的小集鎮，父親領著我上岸，打算購買點食品，轉來轉去，所有小店都關了門，街道上也沒有人，後來轉到集鎮街口，有一間茅屋，門還未關，我們探頭看看，發現屋內有一只籮筐，籮筐上面有一塊方板，方板上放著幾十包香烟和一些零星雜物，好像是白天搬出來，放在路旁做小攤販的。屋內有一個老人，父親向他買了兩包烟，並詢問有沒有吃食賣？老人說，麵食沒，只有家裡自己製的乾掛麵（安徽農村的農民有自己磨麥製作麵條的傳統，麵條製成

後要掛起來晾乾，所以叫掛麵）。我們買了幾斤，用雙手托著回到船上，用船上的鍋灶，燒水下麵，當作晚餐。

天黑下來了，船不敢停泊。河道兩岸都是曠野，怕遭不測。兩個划船的農民，輪流休息，小船繼續前行。我們一家六口，擠睡在小船艙內。因為船身搖幌，搖櫓划水時發出的有節奏的吱呀聲，船行進時水濺船頭的泊泊聲，我迷迷糊糊地睡不著，似睡非睡，似醒非醒。半夜裡只覺得父親有幾次悄悄地坐起來，雙手對搓著，一會兒又輕輕躺下。不知在做什麼，因為油燈滅了，只靠星星微光，看不清楚，又不敢問，怕吵醒母親和祖母。到了天將亮時，我才睡著。

太陽出來了，我醒過來了，母親叫我趕快洗洗臉，去揉父親的手。我發現父親的右手背已全部紅腫，因為昨天上船時，在匆忙中搬行李時，扭傷了手腕。我的生肖屬老虎，根據當時迷信的說法，老虎掌是能治扭傷的。我責無旁貸，草草地用河水洗洗臉，就盤腿坐在父親的面前，把他的手放在我的膝蓋上，用左、右手轉流地父親的手背上又搓又揉，一直保持住燙的溫度。我累得很，但我心裡覺得輕鬆，我感到對不起父親，不能幫助父親多做點，在這種「大難」臨頭的時候，不能為父親分憂。

這一天，就這樣在水面上渡過，早餐、中餐都是吃麵，大約在下午四點多鐘，船到了南陵縣，由河道轉入小港灣，船行進的速度變慢了。漸漸地看到了我們的目的地，父親讓船停泊在一個水灣子裡，帶了我和弟弟上岸。遠遠地我們看見有一個年近五十歲的人領著一個二十歲上下的農民穿著的青年，拿著竹扁擔和繩索向我們走來。

父親急忙趕過去打招呼，並讓我們喊伯伯、大哥，是我父親的師兄迎我們來了。

「我估算今天你們一定會到的，我已到河邊來兩次了。伯母先留在船上，我們把行李先挑回去，叫二小子也來，由他弟兄倆抬伯母回去。」

「太謝謝了。我們馬上回船整理行李，請到船上來休息一下。」我

們回到船邊，母親和姐姐已將祖母扶起坐在船頭，行李也整理好了，來的這位大哥上船把行李挑起上岸，關照我們等一下，他馬上就和他的弟弟一起來。父親和來的大伯在岸上敘談蕪湖的情況，我和弟弟用一根木棒，穿在大網籃裡慢慢抬上岸。

傍晚，我們一家人進了這位伯父的家。

他家共有兩間正房，一間客堂，接我們的那位大哥已成親，所以兩間正房是伯父母住一間，大哥大嫂住一間，正屋外面有一間長形邊屋，邊屋隔成前後兩間，前半間是廚房，後半間是小哥的臥室。在邊屋後面還有一間堆放農具的房間，面積不算小，只是沒有窗戶，門關上後就一片漆黑，是茅草屋頂，土牆，地面是用石灰加黃土拌合後夯實的，所以還比較乾燥。已打掃過，作為我們家的住房。室內已用木板搭起兩張雙人床，另外還特別安放一張單人床給祖母，每張床上都鋪了厚厚的新鮮乾稻草，作為墊胎棉，所以室內有著新鮮的穀草香味。有一張方桌和幾個木凳，牆上還掛了一盞油燈。我們一家人就在這間房內暫時安身了。

父親每天都到城裡去打探消息：蕪湖失守了，火車給炸掉了，長江南北通航封鎖了，某某人被殺害了，某某家的女人被姦污了，什麼地方被燒掉了……等等，都是令人膽顫心驚的消息。這些消息我們都瞞著祖母，不讓她老人家知道，免受刺激。父母在談這些事時，都避著祖母，父親急得不得了。逃出來時，父親只帶了十幾元錢（相當於一個普通公務員一個月的薪資）。本來打算把我們送出來後，只要局勢稍微緩和，父親自己就先回去，但根據現在情況，這種想法和打算是無法實現了。長久下去，一家六口的吃飯問題，如何解決？父親的師兄家，也只是個普通農戶，我們一家六口，是不能在他家長住下去。

母親的娘家本來是南陵縣人，我們打聽到母親有一房遠親表兄弟，在離縣城三十華里的山區，雖然是農民，但家境還不錯，投奔到那裡去，解決生活問題，可能比較容易些。

所以，在父親的師兄家，我們大約只住了一個多月，就投奔南陵縣

山區去了。

在父親的師兄的安排幫助下，他家的大哥哥用一架木架獨輪車（又叫雞公車），一側堆放行李，一側用被褥墊著讓祖母半坐半臥地躺靠在上面，推著上路。他在後面推，我用繩子縛在車子前面背著走。

弟弟真可憐，開始上路時，他還高高興興地跟在車子後面跑、蹦蹦跳跳地高興得不得了。但走了幾里路以後，就走不動了。父親只好揹他，揹一段路，哄著他走一段路，慢慢地趕路。獨輪車也走不快，雖然走的是所謂的「大路」，但路面很不好，坑坑窪窪地，有時還要把祖母扶下來，把車子推過坑窪，再把祖母扶上去，就這樣，走走停停，三十多華里，從上午九點多鐘開始，一直走到太陽快落山時才走到。

這門親戚姓何，老弟兄一共有五人，老大已經五十多歲，最小的也有四十歲。雖然是一家人，但已分家，各有妻兒，住在一個村庄裡，但不住在一起。這村子不大，一共有十幾戶人家，但全姓何，所以叫何家村。老大家有三個兒子，因為勞動力多，所以除了種田以外，還經營一個小磨坊，製做掛麵，到城鎮中去賣，所以經濟情況在五個弟兄中算是最好。他家有空屋，我們一家人去後，就住在他家。

因為我們這次逃到何家村來，究竟要住多少時候，很難估計，所以在生活上，父親和何家大舅談妥，我家自己燒飯吃。吃的米按當地鄉下慣例，採用借稻穀的辦法（即借一佰斤稻穀，一年加利三十斤歸還）向何家大舅借。至於燒柴、蔬菜等等，山上有柴，田裡有菜，我們可以自己去砍、去摘。

何家五位老弟兄為人都很淳樸、忠厚，有著濃郁的鄉土老農誠實待人的品格，他們非常可憐我們一家人，尤其是對祖母非常尊敬，非常關心，只要他們家吃葷菜時，總要端一碗來孝敬她老人。

在何家村，我們大約住了有四、五個月，在這一段日子裡，父親為了不敢輕易動用帶出來的這點錢，也為了經常要去縣城裡去打聽蕪湖的消息，所以平日就到別村子裡去收買農民家的雞蛋，三、五天一次到城

裡去賣，每次都是提著一籃雞蛋，大約二百個左右，賺一點零碎錢，買點鹽、油和祖母吃的點心之類回來。我和弟弟每天上午在家寫寫毛筆字，下午就到山上去揀乾樹枝，或到水溝裡去摸螺、魚，田裡去摘菜，一面玩，一面幫家裡做點事，媽媽和姐姐在家裡照應祖母，做家事。在何家村，我們弟兄二人和當地的小孩，相處得很好，因爲我們認識字，舉止也比較溫和，大人們也喜歡我們，也可以說，是很可憐我們，所以很樂意讓他們的孩子和我們一起玩。有時他們還幫我們砍柴送到我家來。不過我們的心中總在想家、想學校、想同學。有時臉上在笑，心中卻感到很淒涼。

逃難出來後的第一個春節（1938 年春節）是在何家村過的。山區農民生活方式，雖然很簡樸，但過春節還是很熱鬧，家家都要殺豬、蒸糯米糰子、做豆腐。幾個表舅父家，怕我們在過春節時孤單想家，在過節的前幾天，就輪流地把我們請去幫忙準備年貨。我們幫助推石磨磨米粉，磨豆漿，媽媽和姐姐幫助做菜，做糰糕。他們還要我在剪好的、大大小小的方塊紅紙上用毛筆寫「福」字和「喜」字，我用心寫，但總不滿意，但幾個表舅父卻誇我寫得好，我那歪歪斜斜的字，居然在春節時能貼在很多家的門上。

春節期間，我們一家人都成了他們家的客人，除了到他們家做客以外，我們家也有不少糯米糰糕，多種蔬菜、掛麵，還有豬肉。這些都是表舅父們送來的。我們沒有東西回贈，只有感謝他們的盛情和同情心。

戰爭的局勢越來越緊張。沿著江面上各城市失守的消息，不斷地傳到山區。南陵縣城內也有飛機來轟炸了。我方被打散了的部隊官兵，二十人、三十人一夥夥地、零零散散地向皖南內地潰退。還有一些沒有人管的三、五成群的輕傷士兵到村子裡來，強取硬要，有時還打人，鄉下也不安定了。

在何家村，本來只有我們一家逃難出來的人，春節後又逃來了兩家。他們的情況，比我們更慘，他們在蕪湖失守的前一天離家的，逃難

途中，遭到了搶劫，稍值一點錢的衣物都被掠光，在途中，他們走走停停，幾乎是沿途乞討來的。在何家村住了幾天，鄉親們湊了點糧食給他們，又向皖南方向出發，投奔親友去了。

寧靜的山區不寧靜了。只要是晴天，幾乎每天都聽得到繪有太陽圖形的飛機，編著隊形，朝內地飛，毫無抵擋，肆無忌憚。村民們都到山裡去挖坑，埋藏糧食，做應急的準備。我們也不能再住下去了。尤其是祖母不能走動，緊急時，要躲一下都不能辦到。

父親有一個姓馬的老同事，他們二人曾經在一起工作過，是安徽涇縣人，住在離涇縣城的 40 華里的馬家村。父親去過他家，父親考慮再三，決定帶領全家投奔馬家村。

馬家村離南陵有 120 華里。我們的路程要先到南陵縣，出南方走大路去涇縣，全程有 160 多華里，全靠步行。路上有可能要遇到空襲，所以不能用推車推祖母，改用簡便的帆布床抬祖母走。

何家舅父在子孫中派了二個小弟先送我們，二個人抬祖母，一個人挑行李。

在 1938 年 4 月初的一天，我們離開了何家村，再一次逃難去涇縣。

第一天到南陵縣城，我們一行人前往本家一個伯伯家，預備住一夜晚，第二天清晨就出城去涇縣。但就在這天的下半夜，祖母由於幾個月來，生活上的一直不安定，心裡焦急，和幾次路程上受到辛苦，病情突然惡化，呼吸急喘，不能平復。找當地中醫診治，囑咐不能再搬動，必須靜臥，服藥治療。意料不到的事發生了，伯父家住房很小，家境也困難，而且城內也很不太平，我們不能耽擱，又必須儘快離開，所以父親決定，先將祖母託付給伯父家照看幾天，先送我們去涇縣，安頓下來，馬上就回來想辦法接祖母走。

在無何奈何的情形下，我們只能離開祖母先走。誰知道這一離別，竟是和祖母永別。出發時，我們到床邊向他老人家告別，只見她滿臉淚水，嘴角搐動，泣不成聲，這樣的生離死別，她老人家是多麼的痛苦啊！

我們一家人就這樣悲悲切切地離開了祖母，踏上旅程，走進逃難的人流中……。

兩天的路程，每天要走 60 多里路，母親是纏過足的，而且身懷有孕，弟弟又小，父親心情很悲傷，我們只能走走停停。姐姐一直走在母親身旁，必要時攙她一下，父親和挑行李的表兄走在一起，我攙著弟弟逗他說話，拖著他走。弟弟在這次的旅途中，好像猛地長大懂事了，走幾里路就叫我等他一下，他蹲下來揉揉小腿，或是用石子在地面上劃幾下玩玩，然後又站起來走，我知道他是累了，腿酸、腳痛，可他咬牙忍住了，他懂了不能再要人揹了。戰爭帶來的苦難，是多麼殘酷呀！真不知道有多少「老人填溝壑，少小流他鄉」，流離失所，親人分散的慘劇啊！

馬家村是一個有四、五十戶人家的大村庄。馬家大伯家務農，但也有一爿豆腐作坊，農閒時做豆腐，串村走寨去賣，是一戶勤儉的農家，日子也過得還可以，有一子一女，都已成家。姑娘出嫁去外村，家中除老夫妻外，有兒子、媳婦和一個小孫子。我們到馬家村後，馬家大伯把我家安排住在他家隔壁。

到馬家村後的第二天，父親就趕回南陵縣，趕到祖母那裡去。

一星期後，父親回來了，人瘦了，面色蒼白，眼窩深陷，頭髮蓬亂，腳上穿的鞋子面上幔上了蔴布，祖母逝世了。

我們一家人都哭了，祖母死得這麼可憐！要不是這萬惡的戰爭，逼得我們有家不能回，流離失所在異鄉流浪，祖母決不會這樣被折磨死的。聽父親說：他趕回去時，祖母已在彌留時刻，她老人家在等待著親人，當時她已神智不清，但口中還在喃喃地喊著我和弟弟的名字，她在想念我們這兩個孫兒，不放心我們這兩個孫兒，她是睜著眼睛痛苦地死去的！

喪葬很簡單，父親為她老人家買了一口棺木，在死後的第三天，就草草地安葬了。

第五一章　媽媽的眼淚

■這是民國三十二(1943)年三月二十一日的日記，童年生活的一個鏡
頭；被輯入向陽編的《人生船》。

1943 年媽媽 44 歲，
住蕪湖索麵巷

　　好幾天前，媽媽就告訴我，今天要搬家，
從住了多年的城北陡門巷搬來城西的索麵巷。
今天禮拜天，我們不上學，哥哥電信局也沒值
班，他帶我一道跟車跑，說是押車。姐姐照顧
弟弟妹妹，媽媽留在剛搬進來的屋子裡整理。

　　屋子只有一間，根本住不下五個人，哥哥
本來是住在公家宿舍裡，媽媽要我從今天起去和他睡。父親過世不到一
年，這一次搬家，是顯著地家道中落，租了一部黃包車，來回只跑了三
趟，媽媽的床算是唯一體面的家具，其他簍箱鍋罐地，大包小包也不過
滿裝兩個車次。一大早便陰天，我們由一幢自己的大房子，搬進了租來
的鴿子樓似的亭子間，一路上水坑水漥，屋子裡昏暗昏黑，媽媽捨不得
開燈，我幫著她安裝床舖，床架放好了，床板老是不平，媽媽叫我扶正
床柱，她用錘子把床板打低下去。「啊！」我的大姆指被敲到了，媽媽
一把抱住了我，急忙揉搓著我受傷的指頭，連聲抽搐著說：「這怎麼好！
這怎麼好！」她站起身子要去開燈，我說：「媽，好像流血了！」湊到
燈下看，才知道手沒破，那濕淋淋地，是媽媽的眼淚。

　　忙亂一直到晚上，姐姐在巷口的老虎灶買來了開水，跑出跑進，又
買來了好幾塊大餅。小妹小弟吃著吃著，和衣倒在大床上，姐姐的帆布
床還沒撐起，哥哥帶我走，說是怕雨大起來。媽媽趕緊用塊大花布，包
起一床棉被，叮嚀我們：「衣服明天再拿，書包別忘了。」又兜起我的
手，對著受傷的地方直吹氣，問我還痛不痛。媽媽的眼睛裡，滿眶淚水，
我轉過脖子，不敢看。

　　哥哥的宿舍很近，只穿過兩條巷子，我常來，也常想來，今晚卻不
怎麼想。做功課時沒精打采，哥哥說：「你手痛，先上床睡吧！」

其實，我的手已經不覺得痛了，只是，心裡，心底，一直痛到夢裡去。

十六歲的我，坐在城西索麵巷的井邊。

1994年五月二十四日，我去蕪湖，找到了城西索麵巷這間房子，已經破舊不堪，尤其這口井，井座猶存，坐在上面，頓時掉入往事中。

小學畢業證書上的照片（約十三歲）

十八歲，在青島拍的

第五二章　弟弟

■ 1957 年刊綠島新生月刊。1971 年九月十四日刊台北大眾日報。1973 年六月十八日刊台北新生報。1974 年台北天人出版社編入《我思我見》單行本。

■ 1987 年十二月二日，我去北京探親，見到睽別三十八年之久的母親和弟弟。原來上海解放後，第二年，弟弟考取了中央音樂學院小學部，吃住和學費全由學校供應，直升初中、高中、大學。等到他當了助教，便接母親到北京同住。他專攻中國樂器管子。我們相見時，他任副教授。政府招待外賓如尼克森、柴契爾夫人等的音樂會上，經常應邀演奏，更常出國表演。迄 1997 年，曾來台灣演奏五次之多。他叫胡志厚。

　　弟弟小我十二歲，在我十五歲出來謀生以前，他對我能夠咿咿呀呀地湊上幾句，那也不過是一年多的時光。一直到我在經濟力量上，勉強可以把家接出來時，母親的眼花了，髮白了，弟弟也能說出點完整的意思了。我和弟弟的彼此感情，應該是從這個時候開始。

　　1948 年年底，家鄉蕪湖的情形特別亂。恰好，我隨服務單位來到上海，不容考慮，一方面急著找房子，一方面去信給母親，叫他們趕緊出來。不多天，房子找到了，母親也來了電報，告訴我到達的日期和車次。

　　弟弟來上海時，已經八歲，長方臉，個子有我一半高，短短的黃毛，有幾根還掛在眉梢上，穿件我寄回去的格子呢短大衣。當我問他：「弟，你怎麼老遠的在車廂裡就認出我，叫我呢？」他把一隻手插在大衣口袋裡，一隻手理著我的領帶，滿口家鄉口音，笑著說：

　　「有你相片在家裡呀，媽說你一定來接我們，火車還沒停穩，我就找你了，火車停了，媽又不准我下去，我只好在門口看，好半天，才看見你了，所以我就喊了起來。」

　　在家鄉，弟弟已經是二年級學生。到了上海，第一年來不及轉學，

第二年因為時局動盪，又沒有上學。每天晚上，便由我回家去教他。我這麼做，一方面可以不耽擱弟弟的讀書，一方面我可以在家裡多坐些時刻。

我每晚走近家門時，就聽到弟弟的歡叫聲：「媽，二哥回來了！」一轉身，他已經跑了進去，當我跨進口，他卻又跑轉來，雙手抱住我大腿，仰著頭嚷：

「二哥，我用心唸書，禮拜天帶我去玩！」

「好，只要你聽媽的話，用心唸書。」

可是，我就沒有一次曾帶他玩過。

有幾次禮拜六的晚上，我在家裡睡，弟弟和我一頭，他告訴我不少家鄉的情形。可是每當他要講出生活上有關經濟方面的事情時，母親總會打斷話頭：

「老五，讓二哥睡覺吧，老說過去的事情幹什麼呢？」

弟弟和我很親近，可是也有點畏懼的神氣。我知道這是母親的關係，弟弟要是跟我拉拉扯扯，母親看到了就會責備他。好幾次他離得遠遠地，一本正經向我說：「媽講，你是大人了，二哥，我不再抱住你。」母親要我把教養弟弟的責任負起來，我有什麼話說。

有天晚上，弟弟一課書沒有寫得完全，我不知道白天裡受了什麼委曲，一肚子怨氣發到了他頭上，我居然狠狠地打了他一頓。他喊母親，母親沒理，他求我饒恕，我更是不理。直把一根有手指粗的木棍，在他屁股上打斷了才歇手。

打了他，我心裡感到很不自在；對於一個八、九歲的孩子，沒有適當的遊戲，規定了的功課又是那麼重。第二天，我回到家，滿以為他不會理我，誰曉得他倚在牆角，一雙小眼睛，正向我投出可憐的求饒光芒。我叫他，一種兄長應有的威嚴，竟掩蓋了我欲向他懺悔的音調。

「過來，下次還不好好用功嗎？」

在母親催促下，他抖抖索索走到我身邊。

「對二哥講，下次用功了！」

「二哥，我下次用功了！」

我心中歉意始終未消。

一個禮拜天上午，我難得地有了個空閒，兩位同事約我去龍華，我欣然如約。當我們的吉甫車經過家門時，弟弟正倚在門口，我們停下車子，他高興得手舞足蹈，奔向車子，高聲歡呼：

「媽！二哥帶我去玩了！」

我並不因爲他錯會了停車的意思，就改變了初衷，我進屋去，告訴媽一件事情，走回來時，弟弟已經坐在車上了。同事張說：

「小弟很可愛，既然要去，我們就帶他去吧！」

「不！難得一天清閒，別讓孩子給佔了去。」我板起面孔，對他說：「還不下去！有機會再帶你去！」

車子開了，他大聲哭了起來，跟在車後跑，以僅有的希望在喊：

「二哥，帶我去！二哥……」

一個小影子在灰塵中消失；一個永難補償的悔恨在我心中萌芽。

我要找個機會，帶他痛痛快快玩一天，可是，隨後竟一直沒機會。我要找個機會，向他坦誠表示懺悔，可是，可憐的「兄長威嚴」啊！竟阻止了我表白的勇氣。

春天到了，上海並不曾因爲人們換上春裝，而有了些微暖意。黃浦灘上的人，愈來愈湧、愈亂。開往台灣去的輪船，一次比一次擁擠。我晚上回家的次數少了，一個禮拜三次，改爲兩次，以後，只能禮拜六晚上一個多鐘頭了。

弟弟的功課無形中止。母親有時間起外面情形，我說：「沒關係，大軍全集中在上海，還怕守不住！」弟弟插嘴說：「二哥，你不要又離開我們，你要到台灣去，一定帶媽跟我一道去。」

服役單位奉命去定海，兩個禮拜就回來，我毫無猶豫回家去，告別家人。這是我在上海第一次和家人小別——誰知竟是一別至今。母親特地做了幾色小菜。席間，我告訴母親，我有了一個成熟的決定，等我出差回來，我就接她和弟弟去台灣。已經向上級報准了，母親欣然同意。

弟弟從椅子上跳下來，跑到我面前，雙手撼動我身子：「二哥，我們到台灣去，你教我書，我一定用心，我一定聽你的話。」

媽送我出門，弟弟一直隨我走到大路邊，我俯下身子，竟很溫柔對他說：「弟，快回去，有話慢慢再告訴我。」他點點頭，一步一跳，一掉頭，一個眼神地跑了回去。

一個天翻地沸的消息擊中了我，在定海幾乎癱瘓了下去。上海淪陷了！服役單位奉命去台灣。我懊喪，懷念……幾至瘋狂。

1985 年弟弟送媽媽去香港住美麗華，我由台北趕去見面

1986 年弟弟由香港轉信，說去美加演奏，我由台北趕去美西，陪他在洛城等地相聚數日，這是他去美東時我送他上機時拍攝

第五三章　感恩的信

■ 也是往事並不如煙的一個難忘的回憶，被輯入外台會策劃的《流離
記意》單行本。

那年，1949，對剛滿二十歲的我來說，竟負荷了國亡家破的雙痛，
情何以堪，言何以說。

快六十年後的今天，遙想當年，醉耶夢耶，一時好不迷糊；痛苦的
往事，如果偶有重疊，那敢情更增痛苦，感受更深。唯一讓我肯定的是
兩封信，一封是真，是姊姊寫給我的，另一封也是真，我給姊姊的回信，
但卻被調了包，彼時當然認假為真。誰曾料到，時隔三十八個年頭之後，
寫信人和收信人面對面時，才確定了其信為假。你說，如果姊姊和我倆
不見面，或見了面卻不談起這件事，那假的不就永遠成了真！

1949 年的五月十八日或十九日，我服役的軍艦奉命載運器材及部
分軍眷去定海，再回上海：我告別暫居上海龍華路的母親、姊姊和弟弟，
決定等下一航次直開左營的機會，他們將和另一批軍眷隨艦同行。不
料，人算不如天算，二十五日離開定海不久，返航途中，一個天翻地覆
的消息傳來，我親耳收接了艦隊部的電報，令我幾乎癱瘓，上海丟了！
我的家也丟了！我好恨自己的決定，懊喪，幾至瘋狂。

我是怎樣把這張電報從打字機上抽下來？又是怎樣步上艦橋，向艦
長報告了這個霹靂雷殛？

當時我一無所知，艦長也被意外驚得呆了，我二人是如何以及多少
秒鐘後才有了後續動作？至今仍難清醒。只聽得他下令：「戰鬥位置！」
立刻回航定海。

二十七日晚間，國防部發布新聞說：「上海國軍在殲敵十一萬人後，
主動撤守。」可是後來的耳聞，卻是由於上海交警的叛變，人民解放軍
乃由市郊龍華，從容進入上海，未費一兵一彈；我的天！我家就住在龍
華路。擔心、憂心，聽說了「龍華」二字，更增揪心之痛。在我離家前
夕，媽媽曾關心時局，我回答說：「大軍全集中上海，還怕守不住！一

年半載，絕對沒問題。」如此劇變突變的改朝換代，我等於騙了媽媽，把家由蕪湖搬來上海，說要去左營，如今，只是十天半月的事，我把媽媽、姊姊和弟弟全騙了，把他們丟在上海不管了！

我後悔那年的那次粗糙決定：不知是對？抑是錯？對錯之間怎能妥協，而我的決定卻是拖泥帶水。我對上海忽然丟了的事，當年年幼，無頭無緒，將近一甲子後的今天，仍難以究底。

在定海待命十多天期間，我幾乎不曾清醒，休假下地時，東蕩西闖，顛顛簸簸，有天，逛到離碼頭不遠處的舟山中學。

籃球場上正有人打球，我無意於壁上觀，但也看了聽了他們的上籃、傳球，和攻防嘶叫。人間事，真的是旦夕禍福，老天也有不測風雲，霎時間，急雨驟至，烏雲罩頂，打球人爭先恐後，奔進傳達室裡，兩坪大的空間，摩肩接踵得更顯窄小，汗襲雨濺，臭腥難忍，小小桌面也有人端上了屁股。牆角掛個布兜，插滿了各式各樣的來信，我一時好奇，隨手搆了好幾封來看，天哪！有封竟然寫了我的名字，好眼熟的筆跡，定海市郵局留交美和軍艦胡子丹收。我心怦怦，立刻大聲告白：這是我的信！這是我的信！

拆開看了，是姊姊寫的。大意是，我走後，上海沒幾天就解放了，猜我現在不在定海，一定去了左營，所以這封信同樣的寫了兩封，分寄兩地。她幫媽媽把打好包的東西又拆開，把家中所有相片有我的以及我的信件等都藏起來，媽媽說還是謹慎點好，要我在外一切小心，不要記掛家裡，不方便就不要寫信。還說他們也許會回到家鄉蕪湖去。

離家沒幾天，家書值萬金了！那天是怎麼走回軍艦的，我不知道。姊姊這封信，我讀之再三，加上傳言滿街飛，南京到上海，沿京滬線，全丟了，等於亡了國，哪天回得了家？我不知道，我不敢想。

那年的前一年也就是 1948 年，快年底，家鄉蕪湖的情形特別亂，正好，我服役的軍艦來到上海，不容考慮，一方面急著找房子，要姊姊帶媽媽和弟弟出來，一方面在軍需室登記，申請在左營的眷舍。房子在離江南造船所不遠處的龍華路找到，那時期我們海軍的軍艦來上海，大

牛都停泊在造船所的碼頭，要不就在塢裡整修，所以我回家特別方便，出了造船所，走路只要十來分鐘；不久，左營的眷舍也有了著落。

兩封同樣的信我先後收到，是姊姊的親筆信，錯不了！經過多年折騰，信早不見了；生離尤勝死別，未知不等於絕望，濃濃稠稠的內容，黏答答牢貼心中，我讀了何止千遍百遍！背了人讀，夜中驚夢了讀，每次都讀得紙濕透背，再用報紙把它襯乾沾乾。家書抵萬金，如果只許我二者取其一，相信我和絕大多數人一樣，只要家書也。記得我還是回了信，從定海寄，不是在左營，報平安，簡簡單單。

不料，我的回信被調了包，署名是我的同僚，說我某日某地在海戰中陣亡，這當然是若干年後我才知曉的，若干年後的那一年就是 1987 年，距 1949 年隔了整整三十八年。這年十二月七日傍晚，我由虹橋機場乘「打的」去浦東的姊姊家，姊姊開門見了我，驚得哭了，也喜得哭了，匆忙間一連串上海話脫口而出：「儂不是死脫了？儂朋友寫信來說，儂死脫了！」信早沒了，也記不住寫信的人姓啥名誰。這件我已死亡的事，姊姊是瞞了好幾年才告訴媽媽。

我對姊姊說，這封調包的信，我們該視之為一封感恩的信，想想，你和弟弟，尤其是媽媽，對我的生死存亡，多年來如果一直不能確定，日夜懸念，牽腸掛肚，該是多痛苦！一了百了，不也乾脆。

「而且，」姊姊的笑聲被淚水潤了，閃閃地說：「解放的頭兩年，多次公安來家，查東問西，調查我們和台灣的關係時，我都避了媽媽，把那封信，就是那封調包的信獻寶似地亮出來，竟省去了不少諸般口舌。」

1949年姊姊在上海

姊姊的大女兒王敏，和我記憶中的姊姊樣貌極為神似

第五四章　這筆送你，給我寫信

■ 1998 年某日刊台北中國時報

　　小時候，家鄉的生活很苦。我們這些窮學生們，有支自來水筆的人少之又少。大多數像我一樣沒有的人，總要想辦法弄一支別人用壞了不能用的，插在長袍衣襟上。萬一連不能用的也要不到，撿個筆套便如獲至寶，用等長的鉛筆或斷折的筷子，繞纏幾層薄紙，把它緊緊塞進筆套裡，插在衣襟上，反正露在衣襟外的只有套頭，和那亮晶晶的別針。如此一裝備，這支外觀鼓凸凸、幾可亂真的「義」筆，贏來不少羨慕眼光。自我得意，神氣活現：「我也有支自來水筆！」最好是派克或金星牌，這都是當年的名牌。不過要牢記：不是備而不用，而是絕對不用。萬一別人當場要借，你只消說忘了吸墨水，給搪塞掉。

　　抗戰勝利那年，家鄉特別亂。我們高中生男女同班，好幾位男同學愛國心切，紛紛投筆從戎，我是其中之一。

　　離家前夕，醺醺返家途中，有人從斜巷裡碎步追來，雙手塞我一小紙盒，喘氣低聲：「這筆送你，給我寫信。」我閃了神，她卻一陣風轉身走了。那聲音、背影，半世紀來，一直沉我心底。像極了某某人，在教室裡，她的座位在我的後面。

　　五十五年過去了，我不曾寫信給她，頭兩年因為不知道地址，又不好意思向別的同學打聽；到後來即使有地址也不能寄。那支派克牌自來水筆從未用過，從海峽的彼岸被帶到此岸，卻丟失了！探親開放後，我曾兩次回去蕪湖，幾番打聽，物是人非事事休，不知伊人何處？

第五五章　我去大陸探親

■本文曾在香港《新聞天地》周刊連載，自 1988 年二月十三日第 2087
期開始，至七月二十日第 2111 期止。同年發行單行本。

　　少小離家老大回！

　　去年（民國七十六年，1987 年）十二月三日至十二月十日，我去
了大陸。見到了三十八個年頭不曾見面的母親，和我的兄、弟、姊、妹
們。

　　我是 1949 年五月二十二日，在上海拜別母親，那年我二十歲。如
今和她老人家在北京重逢，我已經到了差兩個月而「耳順」。

　　二十歲左右的男孩子，1948、 1949 年來到台灣，百分之九十以上
是隨政府跟著部隊來的。說大不大，說小不小，書沒讀好，談不上專長
技術，又遠離父母、親人。這種年紀的人，是近百年來中國人當中最不
幸的人。算算看，中日戰爭的八年期間，他們多大！二次世界大戰結束
到前來台灣，他們又多大！在成長過程中，他們負荷了多少災害！承受
了多少折磨！他們從軍中下來，投入一個全然陌生的社會，他們自立更
生，成家立業，他們把渴望父母的愛加倍移植到自己子女身上，他們把
本身吃苦耐勞的習性全部貢獻給社會。他們自己得到了什麼？他們的希
望又是什麼？

　　他們只要求自己活下去，活到能和自己的父母見面，活到自己能重
新踏上故鄉的土地。

　　《我去大陸探親》，是我個人夢寐以求的幸運經歷，也是像我這般
年紀的人，一種有特殊感受的幸運經歷。

　　比我們年長的人，他們的父母早已過世，比我們年幼的人，絕大多
數當年是隨了父母來台灣。少數例外或長或幼的人，他們即使去大陸探
親，他們所見所聞的感受，又豈能有我們的深，有我們的真，有我們的
多呢？

值得一提的，探親期間，隨興而寫的短文之一「北京人，您為什麼不禮貌」一文刊出後，立刻得到中國當局的反應。1989 年二月十二日中國發行量最大的內部刊物《參考消息》予以轉載。

在台灣的中國人，回去中國大陸探親，應該不是什麼了不起的事。怪只怪探親這件事，表面上被禁止了三十八個年頭（1949~1987），骨子裡，每天每天、分分秒秒裡都有人去，這就如同十多年前政府尚未准許一般老百姓出國觀光，因而「董事長」、「經理」等人便忽然多了起來，統統以「考察」名義，統統出國觀了光一樣。在台灣，很多事便是這麼怪怪的，一定要等生米煮成了熟飯，「地下」冒出到地上。執政當局好比是蠟燭，往好處講，是燃燒自己，照亮他人；講得不好聽，的確是蠟燭一根。

1987 年十一月二日，政府明令宣佈，非軍公教人員，有三等親以內在大陸的人民，可以經由紅十字會中華民國總會申請前往大陸探親。

「探親」成了熱門，一大半是被新聞炒熱的，幾乎是各種報刊，從去年到今天，天天或期期有「探親」報導或指引的圖文刊登。《新聞天地》不例外，社長卜少夫先生的口頭交代，以及主編李杞柳兄的來函催稿，我也只得應景，把我個人在去年十二月三日至十日，一共六天半的「探親」見聞和感受，按照日期時序一一報導出來。

我的行程是這樣：

1987 年十二月二日十一點二十五分乘聯美班機，由洛杉磯飛東京轉北京。

八日乘火車去蘇州，再乘汽車去望亭。

九日由蘇州乘火車去上海。

十日下午乘國泰班機去香港，十二日再乘國泰回台北。

行程之所以如此安排，是因為我母親、弟弟、和妹妹在北京，我姊姊在上海，哥哥則在蘇州的望亭。

我一共在中國大陸停留了一百五十六個小時。

我去大陸的「旅行證」是在紐約辦的。

紐約「領事館」地址我忘了，妙的是正好在一條河的左側，而北美事務所則在同一條河的右側。「領事館」令人不解的是：辦公時間內，大門也是緊緊關閉，叩門的人必須先按門鈴。進門後黑洞洞，有二十步的距離來到辦事窗口，中年婦人短襖裝，她端坐窗口，問明我來意，檢視我護照。我環視打量了種種設置，不知道是標榜節儉，還是向世人顯示貧窮？十一月二十三日去申請，二十五日去拿，手續簡便，填一張表，繳兩三元美金（實數我忘了，反正很少），兩張二吋半身照片。

飛機票在紐約唐人街的一家旅行社買的。我本來準備把上海、蘇州間的來回火車票也買了，旅行社告訴我無此必要。這位小姐又告訴我，北京去上海，上海去香港的飛機票，到了前一站，一定要親自去航空公司「確認」，這一點和全世界的規矩很不一樣。在其他地方，只要打一個電話便行，這真是一語驚醒夢中人，不然我可能在大陸旅途中，為了飛機票會增加煩擾不少。我在準備去而還沒有踏上中國大陸之前，分分秒秒我總是飄飄紗紗，恰似在夢中。

我為什麼捨近圖遠，不經由香港或日本去大陸探親，而從美國去呢？這是因為我出國手續在去年十月裡便辦妥，應邀參加在美國喬治亞州亞特蘭大市的一個「華人華語教學研討會」，會是十一月十九日至二十二日，我們（同行計十四位）決定十一月十八日啓程。十一月二日我得知「探親」開放，我便去紅十字會登記，再以登記單的影本，寄去核准我出國的單位報備。這樣做明知過於小心，但總耽心著「出國事由不符」而可能惹出不必要麻煩。

這年頭，小心點總是好。我在大陸上的親人不見面已經三十八個年頭，雖然天天想見面，不料這一天卻真的馬上要見面。這是我個人的大事，只告訴了自己家人。我和以往出差出國時一樣，一個人靜悄悄地，十一月十八日那天上午，提了個旅行袋，推了隻皮箱，叫了部計程車，

從辦公室前去僑光堂，和同行人會合，一輛大巴士把我們送去了中正機場，離開了台北。

但是，心裡激盪著，會開完了，我將飛去另一個大陸，另幾個家人，看我的八十八歲的老母，和我的兄、弟、姊、妹，以及他們四個人的家人們！

在這篇報導裡，入境隨俗，我稱呼北平為北京。

我認為除非特別強調政治上的理由，在實體上，我們無法否定目前中共的存在，也就不必要一定硬把北京說成北平。實際上，在我國以往幾千年的朝代歷史裡，稱呼「北京」還遠比「北平」來得久長。「民」國以來，可能認定「京」字有皇帝味，有封建味，一紙命令，「京」改成「平」。不解的是，金陵城為什麼被叫做「南京」呢？南方的京和北方的京難道真有什麼封建與民主的區別嗎？我的飛機票、登機證、「旅行證」、行李票等等，上面都印了「北京」的英文字或「中國」字樣，我們何必堅持四十年前的變更稱謂，或者預期著將來的更正名號。現在就現在罷，我現在就是在前往北京途中。

1987 年十二月二日上午十一點二十五分，聯美 UA098，由洛杉磯起飛，三日下午三點二十五分到東京，轉 UA897，下午五點飛，六點半到。抵達前的十多分鐘，我一直隨著機身的下降，調整著我俯視的角度。任何一個都市，在夜晚由上空來看，總是美的，各式各樣的燈光，閃爍、游移、變幻，一片燈海，水汪汪地，草油油地，迎面撲來，近了，近了。經常旅遊的人，大概都曾領略過這一剎那的「不知身在何處」的感覺，直到「陡」的一聲，接著「陡陡陡」機輪觸地了，機翼摺疊了。用手捏住鼻子，閉緊嘴，狠命擤一口氣，這時候，才算返回了自己，恢復了聽覺，機艙裡開始熱騰起來。

我夜晚降落過不少地方，香港、紐約、倫敦、維也納等大都市的機場，一下飛機，進了機場大廈，幾乎都有眼前一亮的感覺。但到了北京

卻不一樣，北京機場的燈很突出，到處都有燈，高高懸掛頭頂，可就顯得寒傖，明亮度是發揮了，似乎在提醒旅客們說：「這兒有燈，這兒有很多盞電燈。」照明的功能，要自然的叫人不覺得有「燈」的存在才是真正的照明。像在國際機場這種公共場所，更應該是不由照明的設置立即分辨出是白天還是夜晚。

在飛行途中或降落前，我注意到一個非常可喜的現象，那就是每一次例行廣播，除了英語、日語，還有極其悅耳的京片子（和在台灣聽到的「國語」顯然有別）。我特別向一位經常前往北京，而搭乘過其他航空公司飛機的老美打聽，是不是別家飛往北京的班機也是這樣，答案是肯定的。想當然這是遵守了中國的規定，而這種規定是對的。

機場大廈裡，除了感覺到頭頂上老有燈的威脅外，到處都有三三兩兩的男女青年，穿了寬鬆鬆幾乎拽地的長大衣，戴了有耳遮的絨帽，手上拿著對講機，居然斜倚在桌旁或牆角，或左或右的一條腿不斷抖動，一方面打量著每一位旅客，一方面彼此嬉笑聊天，或偶而應答著對講機，這種怪異現象，對一個經常出入全世界各大機場的人看來，簡直不可思議。就拿最為懶散的印度人作比較，在孟買機場裡，工作人員也是來回穿梭，忙個不停，走路的速度和慢跑差不了哪裡去！

北京機場照明太簡陋，機場工作人員太隨便了。這不僅僅讓中國人臉上掛不住，叫我們同是中國人也覺得難為情。

中共在反應「探親」這一招上是極其表面化的。我一進「關」，亮出「旅行證」時，立刻有人走出來向我打招呼，表示歡迎，問我有沒有人接機？要不要派車？我謝了，我說我弟弟會來接。他體貼周到的告訴我，如果沒有來，他再派車。我暗中注意到，他自看見我到我離去，一直笑容可掬，和藹可親。

在我走向行李台的途中，上面寫著：

熱烈歡迎台胞訪問探親

我暗中提醒自己，現在開始，我是被歡迎的人物，我更提醒自己，我只是來探親的，我是來看我媽媽的。

不用說，我的一個箱子和旅行袋，都免於「檢查」了。在零下十二度的寒風裡，我聽到有人叫「二哥」。我和我弟弟、弟妹（應該說是弟弟的「愛人」）擁抱在一起。上了一部四門旅行車，往北京市區開去。

這是弟弟學校裡派的車，先經過郊外，學校在西單新文化街。我們由後門進了學校的招待所。車程半小時中，一直黑黝黝地，弟弟小我十二歲，和弟妹第一次見面，年紀比弟弟還小好幾歲。一路上因有一個陌生司機同志在，我們很少開口，我問問他孩子情形、媽媽情形，他們也問我二嫂情形、我孩子讀書情形。具體一點談話，是我問他們：

「我這兩天住哪兒？住家裡？」

「不可能，我家小年還得跟學生們住宿舍。」

小年是他們十三歲的女兒，小年還有一個讀高中二年的哥哥小軍。

「小軍和奶奶住一間，我們夫妻住一間，二哥來了，我已經和學校講好，住招待所。」

招待所離家不遠，都是在學校裡，只隔兩間樓，走路五分鐘。我們先把一個箱子放進招待所的房間裡，一位招待員導引我們，給我留下一塊肥皂和一小筒茶葉。弟弟替我謝謝她，向我解釋說，這是幹部特別交代的，對台胞的優待。招待所對我親切地關照，有什麼事要她做，隨時可以找她，她就坐在進大門邊側的櫃台內，不值班時也住在櫃台後的隔間房子裡。我們立刻便要回家去，他們看我在桌上找東西，弟妹問我找啥？我說，房間鑰匙。

「鑰匙？招待員帶走了，我們這兒是不作興交給客人的。」弟弟向我作這樣解釋，這倒是我多次旅行中的第一次經驗。

　　弟弟宿舍是一個四層樓房，每層住了十多家，完全大雜院格局，廚廁是每層樓共用。所有的燈光都是暗淡淡的，室內的電燈開關，是用一根繩子由燈泡旁邊的電線連接下來，開燈關燈都是手拉繩子，所以進出房間經過繩子時，必須低頭過去。

　　和媽媽見面，當然是淚灑滿襟。媽媽有說不完的話，問不完的事。相信這是每一個回大陸探親的人，都會有的同樣故事。弟弟是副教授，也是當今大陸上（可能也是全世界）首席管子音樂家，因為他的老師已經退休了，他是目前唯一教授管子的老師。他經常去歐美各國演奏，而外國元首級人物例如尼克森、柴契爾夫人等去北京時，都曾經欣賞過他的演奏。他「愛人」在同一學校裡當圖書館管理員，儘管夫妻兩個人都做事，弟弟又常常有出差費可以領，他們一家五口的生活，也只是溫飽而已。

　　一夜話多，可惜夜短，我不知道什麼時候回招待所的。招待員已經熟睡在櫃台後的房間裡，我敲敲櫃台，她應聲出來披了件橘黃色的軍用男大衣，提了一串重重鑰匙，瞇著眼，在僅存的一盞枱燈下認清了是我，一團熱氣和北京調同時噴出來：

　　「是您吶！」

　　「對不起，對不起，勞駕替我開開房門。」

　　走廊暖氣關了，房間裡倒有。我冷得不敢去盥洗間刷牙洗臉，快步去了趟廁所，趕緊回房睡了。我這人一向能吃能睡，在台北，晚上不到九點，我便上床了。可是今夜裡，1987 年十二月四號早上三點半左右，我硬是見不了周公。和媽媽聊天時，她幾乎一直老淚縱橫，弟弟四十多歲了。我明天還要和快五十歲的妹妹見面。

　　妹妹在北京南苑東高地第一高級中學教書。我奇怪，1949 年她和弟弟全都在上海，是我把他們接來上海，準備隨我服務的軍艦去台灣左營。五月間，上海丟得太意外，當時我船在定海，就這樣，一別至今，差兩年便是四十個年頭。那一年，弟弟九歲多，妹妹十二歲。

　　媽媽告訴我，1951 年，中央音樂學院來上海招生，弟弟從小愛唱愛吹口琴，他居然考上了，因爲由初中到大學全部公費，便讓他給學院的老師帶走了。妹妹在上海讀完高中，1957 年也在上海考取了北京師範大學物理系，便也去了北方。媽媽這時在上海隨大姊住，一直到弟弟畢業當了助教，結了婚，才把媽媽接去北京。弟弟妹妹讀書過程當然苦，不過運氣不賴，沒趕上「文化大革命」浩刧，總算在學業上有一段落。

　　我總算把電話打通了。妹妹在電話裡哭了起來，叫我一定別離開，她馬上來。這是十二月四號上午十點半鐘的事。在北京打電話，可真要忍著點，她那麼一個師生有三千多人的高中學校，電話只有唯一的一個號碼，我八點鐘便開始撥，怪不得弟妹一早就要我直接去她學校。走路硬是比電話快，一個鐘點不到，妹妹喊「小哥」的聲音，伴著哭聲，比她自己趕先奔到屋裡。我強忍著，擁抱著偎在我懷裡那快五十歲的婦人，她是我親妹妹。我心理上是早有準備，預料到她會大哭一場，媽媽也會陪著哭。弟弟和孩子們去上課了，弟妹請假在家招呼著。

　　我們足不出戶，極端極端地珍惜著分分秒秒。小妹的話似乎比媽媽的更多。她說，自從知道十一月二號台灣准許探親，她便日夜盼望著我的來臨。吃過晚飯後，她要求媽媽，要把我帶到她家住一宿，見見妹夫和兩個男孩子，一讀大二，一初二。

　　由西單到南苑，要轉兩次電車。在北京乘電車真夠受，小妹怕我丟了，一路上緊緊圈牢我臂膀。有關乘電車擠的情況，我已經寫在「北京人，您爲什麼不禮貌」裡。（見附文 P535）

妹妹胡貞媛一家：妹夫范德瑋，大兒子范波，清大土木二年級；小兒子范滔，初中二年級。

　　小妹家住的也是學校宿舍，是新建的，廚廁已經包括在內，不像中央音樂學院的那種大雜院式。妹夫是一名機械工程師，兩個人的待遇加起來三百元人民幣左右，生活過得去，他們都談不上儲蓄，也沒有儲蓄的觀念。

反正能工作就有飯吃，年老退休了也可以照樣領薪水。

這兩家人的生活情形，給了我如此想法，對大陸生活水準的研判，可以用兩種標準，一種是台灣和大陸比，一種是過去大陸和現在大陸比。這兩種比較的情況正是「窮得無奈，富得無聊」。（此文曾在《新聞天地》發表）

妹妹的話不少，他們家讀初中二年的老二的話更多，老大也問了我一些台灣校園民歌以及侯德建的事，可惜這方面的事我知道得太少。

從兩個孩子的談話中，讓我知道了大陸上學生們不僅僅喜歡聽流行歌曲、熱門音樂，他們也有自己的校園歌曲。小鄧（麗君）的歌聲，悠揚婉轉、餘音繞樑，是在 1970 年前後悄悄飄進了大陸，大陸上中國人聽了，感嘆之至，此曲豈能台灣獨有，大陸上也應幾回聞。可說是，唱時遲來時快，刹那間，形成了「小鄧熱」；雷霆萬鈞之勢的流行歌曲，可把大鄧（小平）嚇住了，可又禁不勝禁。港台歌星的其他錄音帶也前仆後繼登了陸。這幾年，演唱流行歌曲的演唱會更是不斷的舉行，歌手的年齡幾幾乎全是年輕人天下。他翻了翻他藏有的資料說，有一個統計數字，去年錄音帶的生產量，在七千多萬盒當中，流行歌曲竟佔了三分之二。當然，這其中很少例外不是盜版貨。

校園歌曲是在廣州中山大學開始，這一定是地理位置關係。去（1986）年四月間，在廣州舉辦了第一屆校園歌曲比賽，有二十八所大專院校參加，「校園歌曲熱」由南到北，瘋狂流行，至今不衰。清新悅耳，健康活潑的純音樂的心聲，在歌曲中透露。「國」營的「中國唱片公司」也錄製了卡帶發售，極受歡迎。

夜深了，也顧慮到他們明天一大早還要去學校，不然，我真渴望著享受一下耳福。

妹夫是忠實的旁聽者，專門張羅著給我的杭州龍井茶；妹妹偶而為我們談話作簡短的註釋，還為我們煮了好幾碗「元宵」。

我是在椅子上睡著的，實在是累極了。「鞋子是媽媽替你脫掉的。」

禮拜天我們逛天壇時，老二如此告訴我。

　　十二月五日，我醒來時發覺是睡在妹妹家客廳的椅子上，妹夫對我說，他們都去學校了，他自己請了半天假，聽說我要逛書店，和去中央民族學院看朋友，他特別留下來負責照顧我。

　　他首先帶我去琉璃廠的榮寶齋，這是一家專門賣中國字畫以及文房四寶的店舖，店裡有專櫃兌換外匯券，官價匯率是一元美金換三元七角外匯券。而且可以使用各式信用卡，可見是高級商店，有很多外國人在瀏覽，入寶山豈能空手而返，我買了大小楷羊毫各一支，妹夫買了二三十張中國字畫的賀年卡給我。走在街頭，在一家「湖社」書畫店門口站住了，妹夫對我說：「小哥，這家店面有兩塊招牌，一上一下，您看落款人是誰？」

這家店面兩個招牌，落款人一是張學良，一是馮玉祥。乖乖隆的多！

我抬頭一端詳，上面「湖社書畫店」是「馮玉祥」，下面「湖社」是「張學良」。乖乖隆的多，看來這家老闆來頭不小，一間小門面，居然有此二位叱咤風雲人物的揮毫。妹夫慫恿著我，趕緊拍張照，說不定若干年後成了價值連城的紀念品！

　　又去一家「中國書店」參觀，買了幾本張恨水的小說和「清代七百名人傳」，我請店員為我用牛皮紙包起來，準備帶到香港再寄到台北，她們聽說我是台北來的，特別熱呼起來，熱呼歸熱呼，用牛皮紙包書，還是另外加了一塊錢。我說這在台灣是不要錢的，看得出她們有點不好意思，我立刻補充說，在香港也是要另外加錢。（本稿在《新聞天地》發表時，編者加了個按語「編者註：從未聽說香港買書後要另外收包書紙錢的，作者可能記憶錯誤。」其實，我在香港的確有過「要加錢」的

經驗。）

　　我看時間快近中午，請妹夫把我送上去「民族學院」的電車，催他回去上班。那天週末，他下午仍要去工廠。

　　中央民族學院在白石橋路，很快就到。漢語系教授吳重陽已經在門口等我，他的一位朋友，在美國慧德大學任教的王孝敏博士，也是我的朋友。我這次在美國開完「華文華語研討會」後到北京，王知道我有意搜集點「文革」資料，便談起了吳教授，提議不妨請他幫忙找一點。不料，他說根本不可能找得到。「四人幫」後，有關「文革」期間的作品，全被毀了，老百姓也不敢留。談話中由三十年代的作品談起了一些老作家，謝冰心就在他住處不遠，何不去看看她。

　　於是，我隨吳教授去看了冰心。我把這經過寫成了「與冰心聊天」。在《新聞天地》發表。

　　吳教授也是「當代文學研究會」的副秘書長，他說，這個研究會完全民間組織，純粹學術性，希望明年我能出席他們的大會，我笑笑，未置可否。心裡想，明年的事明年再說吧。你們的

與冰心聊天

事，事事「請示上級」；我們的事，何嘗不是看「大陸政策」。

　　由中央民族學院出來，雖然被送上車，可是我貪戀由車窗中觀看街景，加上被擠得昏頭轉向，我坐過站了，一問西單在哪兒下？「過了，早過了，您得穿過大街，找車再坐回去。」我從熱烘烘的車廂裡擠出來，投身在零下十二度黑暗的大街上，這下可慘了，我迷失沒關係，自信一定可以找回去，可是，弟弟一家，還有老母親，他們不急壞了才怪，怎麼辦？第一個念頭是，打個電話回去。對，弟弟家還不錯，有學校分機，這是因爲他稍有特殊，院長在下班時刻有時也會找他，商量招待外賓演出或出國演出的事。我問路上行人，公用電話哪兒有？很遠，在鬧市裡

才有，要排隊等，打得通打不通也是個問題。我洩了氣。第二天，我真見過這公用電話的街景，一個小櫃台上放置了一台電話，裡面坐了幾個人，專門數錢計算時間，等打電話的人習慣了排長龍，十之八九都打不通，原來都佔了線。運氣好的人接通，那講電話聲音像喊街似的。有意學北京話的人，這是最好不過的老師和教材，一切免費。

這下可慘，我竟落單了。根據個人旅行經驗，在亞洲國家，我最怕在曼谷、雅加達，以及馬尼拉這三個城市裡獨自行動，一來言語不通，二來治安狀況實在令人擔心。在北京，話當然說來無阻，人的五官長相也沒什麼異樣，可是，那氣氛，以及內心裡原先存在的想法（應該是「偏見」才好），總叫我心裡毛毛的，身上冷颼颼的。

不知打哪兒湧來的勇氣，裡外是裡外，反正在自己的「國家」裡，有什麼可怕！不如趁天還沒有大黑之前，自己見識一番再說。

逛著逛著，閒步來到「北京市百貨大樓」門前，我推門進去，一頭撞到了一層又厚又重的綠色布幔，原來是兩條軍用毛毯，用來隔絕外冷裡熱，門裡門外在氣溫上被感覺到的是寒冬熱夏，截然有別。但是在闖入的一剎那，那酸、腥、臭的混合人味，可夠你受的。因為衛生設備的關係，生活在北京的人，在冬季十天半個月不洗澡，可算正常又平常，他們偏愛吃蒜頭，十之八九又狠命抽煙。在冷風裡尚可散放散放，一旦沐浴在暖氣中，你試著想想，那味兒如何？

百貨大樓的貨品，顯然比一般購物場所齊全得多，比起「友誼商店」來，品質和種類要低于稀少得多。店員們的待客之道的表情和言語，也是介於「友誼商店」和一般購物場所之間。

在轉彎朝向另一條街去，趕搭回西單的電車時，我看到好幾位載著同樣筐筐的騎自行車的人。一位行人好心告訴我，他們是北京大忙人，早晚全看得到。原來是運送煤球的。北京市的房子，百分之六十以上是沒有空調設備的平房。北京的多天，氣溫在零下十幾度是司空見慣，不燒煤球取暖，是比不吃飯挨餓後果更要嚴重。在寒冬裡，我們說餓死人，

實際上往往是凍死人。取暖如此重要，煤球比大米或麵粉當然更是被需要得厲害。因此，在每個街坊，平均一定會有一兩家「煤戶」。再窮的人家，一個冬季，燒上好幾百斤煤球是件不稀奇的事。煤球或煤炭，已經成了北京人重要而不可缺的消費負擔之一。

七點多才摸到了家，一家人都鬆了口氣。不敢說坐過了站，只說，在台北我也是這個時候到家。在北京，這算很遲了，因為，一般北京市民，是沒有夜生活的。

這晚上又是醉醺醺回到招待所。眼淚鼻涕滿臉都是，不知是被風吹的，還是被親情感動的，想來兩者都有吧！

今天（十二月六日）禮拜天，弟弟妹妹兩家人都不上班上課，大家約好了，帶我逛故宮和天壇，妹夫來陪媽媽，我們一共八人，浩浩蕩蕩出發。

我還是 1947 年夏天裡來過北京，記得那一年我們軍艦「永順」號進大沽泊天津，當時的艦長馬紀壯很會搞公共關係，把軍艦開放給天津市民參觀，大公報的副標題是「麻雀雖小五臟俱全」，永順號是掃雷艇，一千多噸位，但是雷達、聲納、深水炸彈等都有，在那個年頭，已經算是頂尖科技。整整忙了三天，我們四個平常接近領導中心（指艦長）的人物，請假去北京玩，馬紀壯批准了兩天。我們立刻成行。那時候二十歲不到，只記得在北京到處逛，可能是因為我們穿了挺神氣的海軍服，警察遇到我們便行禮。我們迷糊痛快地度了個觀光遊樂的假，回到船上，艦長問我們玩了些什麼地方？只回答說：去了故宮和天壇。

我還記得這另外幾個人的名字是王永久、曹仁榮、常劍秋，都健在，也都在台北或左營，彼此也偶有聯絡。

四十年後的今天，我再度去故宮，去天壇。心情挺複雜，誰能絕對有把握肯定明天會怎樣？儘管你會安排，你能計劃！

我們乘地下鐵。這裡的地下鐵當然趕不上香港的乾淨、明亮；比起

東京來，更擠更亂更髒，更顯不出一點生氣。弟弟領隊，妹妹管買票，小年這女娃不斷糾正我的安徽式的北京話，一路上也唯有她的聒噪，製造了不止一次的歡樂氣氛。

上了車，弟弟在搖搖擺擺的姿勢中，斷斷續續告訴我，地下鐵對這將近千萬人口的北京市來說，其重要性不亞於煤球和米麵。自從北京市的二環線路完成以來，更增加了交通的便捷。這一點，身為台北人的我，感覺非常慚愧，尤其想到，再過二十幾天（十二月三十日），乃是日本東京都地下鐵成立六十週年紀念日，更叫我感慨萬分。地下鐵，地下鐵，我們比東京落後了六十多年，比大陸又落後多少年呢？地下鐵的票價分為人民幣二角及三角（約等於新台幣一元五角及二元二角）。票價如此便宜，地下鐵本身能不能有盈餘？「不行，是虧本生意！」弟弟最近還看到一份資料，票價至少要提高到五角，才能反映出成本。可是當局不能也不敢提高票價，那會叫升斗小民無法負擔。所以政府一直在貼補。我立刻想到我們台北市的公共汽車，「分久必合，合久必分」的公營、私營，演變到目前的聯營，隔不了多久必定醞釀一次「調整票價再提高服務品質」。所謂「調整」乃是「漲價」的另一名字。從醞釀、定案，到付諸實施，其過程一定是提出、議會不通過，再提、多次提、終於通過。稍具現代知識的現代人都知道，一個政府對於絕大多數國民所必須打交道之國（公）營事業，不一定在某事業上直接收取金錢盈利，而是要收取「社會」盈利（我不知道經濟學上有無「社會盈利」這個名詞）。以稅收或其他事業的金錢盈利來挹注、支持。這也是一種間接平均財富的方法。民生主義和共產主義，在這方面各有什麼不同的措施呢？

大陸目前有地下鐵的大都市，除了北京還有天津。廣州市和上海市目前也在積極規劃中。廣州市的路網規劃已完成，總長四十三點一五公里，第一期工程為二十五點四公里，預計 1990 年開工，2000 年完成。

似乎沒多久，也沒一兩個站，我們到了。出了地面，正是天安門前，不僅比台北的總統府前廣場要大一些，比東京皇宮周圍空地也要寬敞得

多。大家說我運氣好，一是今天難得大太陽；二是天安門今年十月份才重新開放。怪不得遊客很多，其中以外國人為多，幾乎是穿了同一樣式橘綠色大衣的北京人更多。妹妹告訴我，這是軍大衣，不知怎麼會流散到市場裡，好便宜，又暖和，我們的隊伍裡，她家老大就穿了一件。

弟弟提議，大夥在天安門前拍照留念，又為我單獨拍一張，我說這張照片千萬別寄給我，因為那背景肖像以及兩側的十八個字真叫人怵目驚心，我還要在台北平平安安生活下去，別惹出麻煩。

我和小年在天安門前

政治這玩意兒，同樣對一件絕對存在的實體，因情勢有異而解釋不同，而處理不同，區區百姓，還是敬鬼神而遠之的好。

進得天安門，隨著人群，隨著標誌直往前走，先抵端門，繼至午門，想必「推出午門斬首」正是此處，怪不得午門前的空間，和端門的距離似乎遠了不少。蘇東坡喟嘆「浪淘盡千古風流人物」，那是老死病死的人生過程中自然現象。而午門前被「咔嚓」一聲砍去了首級的人物，其中多是平白冤屈的無辜，那才是「政治」陰謀的傑作。我自己1949 年追隨政府從軍來到台灣，眼見海軍裡若干同學和我一樣被捕，被「自由心證」，被囚放到火燒島，美其名為「新生」。這時候，在「午門」前驚覺到，中共在「文革」期間冤死了億萬人，國民黨比起共產黨來還是人道得多。在砍殺方面，畢竟是小巫見大巫。尤其是准許大陸探親，也算一大德政。要不然，我怎麼可以和睽別四十年之久的故宮又見了面！

弟弟看我沉思，提議往橫的方向走走，喝點熱牛奶，再去太和殿。

遠處有好幾處賣熱牛奶的攤位，妹妹和弟妹不要喝，小年這丫頭也不贊成，男孩子都同意了。小年咬我耳朵說：「沒地方小解，公廁臭死

了，也擠的要命。」

妹妹一直給我理衣領攏襟袖什麼的，我笑著抗議，妳煩不煩？她說，媽媽告訴過她，小時候挺煩我，現在就容忍她再煩我兩天吧！

等他們歸了隊，我們繼續往太和殿前進。上了太和殿，這兒維護保養得不錯，宛如我四十年前所看到的架式一樣。東看看西望望，不少外國人倒真像劉姥姥進了大觀園，驚異得不得了！

我提議找家館子吃飯去，由二哥我請客，弟妹湊近我說，所費不貲啊！孩子們聽說上大館子，他們樂了，走得比誰都快。出了天安門右拐，穿過兩條馬路，果不然，有家宮殿式的大飯館，氣派很大，門口停了不少小轎車，計程車似乎少些。

弟弟到底是「跑過碼頭」的，其他的三男三女都是畏畏縮縮緊隨著我們兄弟倆。我把這飯店的字號弄忘了，只記得叫什麼「齋」的。由石階進去，再電梯上二樓，空蕩蕩一長廊，再裡面才是座位，大小格局和台北的山西餐廳差不多，居然沒人引座，我自說自話揀了一張圓桌招呼兩家人落了坐，用手招呼一位女侍，我說點烤鴨三吃吧！弟弟說，千萬點不得，貴得嚇人，今晚可以在自己家裡吃，現在隨便點幾個菜，我們吃飯好了。主隨客意，一共叫了六菜一湯，相當於台北八十元的客飯菜，六百五十元左右，實在有點寒傖，妹妹卻不住嘀咕太貴太貴，比她半個月的薪水還多了點，她是一名資深二十五年之久的高中老師啊！

這時中午十二點五十分，應該正是飯館的黃金時間，我環顧左右，只有四、五成客人，洋人較多，他們可能不知道，一份烤鴨三吃，說不定要吃掉了一名北京工人的幾個月的工錢。

餐館裡的廁所設備，我看來平常，他們直誇特別乾淨。是報復心理還是未雨綢繆？用餐前後，他們每人都各用了一次，才向天壇出發。

由這家什麼齋的飯館去天壇，先乘地下鐵再轉一次地上電車，到了天壇門口，我兩眼一直睜不開。在台北我是有午睡習慣的，這時候，只

有不斷逗小年沒話找話說。

兩天來，我沿途看到不少看板和紅布條，我說，「小年啊！你知道什麼是『五講四美三熱愛』嗎？」妹妹搶著說，她比誰都能背得透，因為小學課本上便有。

果然不假，小年一口氣背了起來：

講衛生、講秩序、講文明、講道德、講禮貌；心靈美、語言美、環境美、行為美；熱愛人民、熱愛祖國、熱愛中國共產黨。

類似的口號標語可真多，故宮裡面的什麼門與什麼門之間的長廊上，到處都掛著的，也有貼著的。她爸爸解釋說，孩子們記性好，這些玩意兒，倒背如流不稀奇。「二哥，您不知道，『文革』十年間，十億人統統背『毛語錄』，那才可怕。」

在車上，我們當然沒空間也沒辦法談話，人擠人，貼著、推著，賣票的人高聲嚷：「誰沒買票？」快要下車的乘客也揚起嗓子問：「您是下車嗎？」原來被問的人擋住了下車人的路，必須先開道，生怕下不了車。

進了天壇，大得看不見盡頭，使我回想起有年在倫敦大霧中逛海德公園時的情景。天氣同樣冷，心情卻有了開明和緊張的截然不同感覺。大英帝國是君權帝制國家，可是人人有權利公開發表自己的言論，人人有勇氣表達自己的異見。他們的發表言論、表達異見的場所便是海德公園，只要他們準備一個肥皂箱，站在上面便可以言無忌憚、暢所欲言了，聚攏了聽眾，或「箱」前無人，對他言論自由都了無妨礙。可是在天壇裡，卻成了彼此說悄悄話和體己話的絕妙所在。

在天壇，和午餐前在故宮，我發現在如此的公共場所，倒有了一個罕有稀奇的現象：儘管在整個北京市，大街小巷都顯得髒與亂，擠與吵，而這兩個地方卻處處井然有序，乾乾淨淨的。我很自然的想起了台北市，那花季裡的陽明山，以及週末或有所集會後的青年公園和新公園……是什麼道理呢？是因為好比是新加坡的重罰嗎？可是我又到處不見「罰」的罰榜或告示。

小輩們跑在前面，小年更像脫韁的馬，奔跑著趕著三位哥哥。我弟弟開了口可就沒完沒了，他愛人警覺性高，不住提醒：

「你可是挨打沒記性！」

「挨打沒記性」是地道北京話，意思是「吃了虧記不住？又來了。」弟弟不理這一套。身邊沒外人，難不成二哥會向「領導」彙報？

「文革」十年，真不是人過的日子，連買包香煙說不定還要背『毛語錄』，連媽媽也會背。不信，二哥，今晚您問媽媽去。」

媽媽昨天告訴我，連吃飯往往被叫做「唱飯」，因為偶而也要唱「忠」字歌表示效忠。

妹妹小聲說明，例如你去小店買東西，店主隨口說出了「毛語錄」中的任何一句，你就得立刻接著說下一句，否則，小則你東西買不成，大則店主去街坊領導一彙報，你的大麻煩很快就來啦。

我立刻想到了「梁山伯祝英台」影片中的「下一句……」，我又想到教堂裡牧師領導查經「創世紀第幾章第幾節」，可就一時想不透，買東西和背「毛語錄」有什麼連帶關係！

「有關係，大有關係，共產黨要十億人的腦袋裡除了毛澤東還是毛澤東，毛澤東是形影不離，和你一體，要你時時刻刻被他控制，被他左右……」

這種事真是聞所未聞。我暗暗覺得，國民黨有些地方真是笨驢，像這種中共糗事，為什麼在台北的中國人從來不知道？以往是「反共抗俄」，目前是「以三民主義統一中國」，為什麼不把中共的真情實況多讓全世界熱愛民主自由的人知道？

為什麼不搜集一些「文革」的紀實作品，在台灣出版？一篇以共制共的文章，不是比喊一萬個「反共」口號還有效果？可是，在台灣，從新聞局的措施來看，政治解嚴了，文化戒嚴如昔，有時還勝於昔。不知道我們的新聞局局長到底準備怎麼做？

在北京天壇，我想起了台北新聞局，這心路歷程是怎麼回事？

　　孩子們掉頭跑回來，小年兩手在胸前上下舞動，妹妹說：「二哥，小年好像在跳『忠字舞』。」

　　「忠字舞」我已經聽說了，是取代「秧歌舞」的一種大眾化政治舞蹈。顧名思義，那是表示效忠「毛澤東」。在任何場合，即使是私人婚宴，如經一人帶頭跳起「忠字舞」，那麼，在場的人必須學模學樣，有舞必有歌，歌詞封建無聊已極：

東方紅，太陽昇，

中國出了個毛澤東；

他為人民謀幸福，

他是人民大救星。

　　大救星？有了他，害死了多少中國人！拆散了多少中國人的家！

　　「四人幫」垮了，毛澤東的形象幻滅了，毛澤東的「愛人」也被捕了，有多少冤獄獲平反呢？但是，天安門前的「毛澤東」肖像最近卻再度出現，這是中國人，尤其是台北人，值得深思的問題。

　　逛天壇，越走越累，天黑下來，更冷了，孩子們要回去，途中經過一家「友誼商店」，我用「外匯券」買了兩隻鴨子、兩瓶貴州茅台和一些食品，一共花了多少錢，我忘了。忘了也好，免得算美金，算新台幣。我說不貴，他們說好不便宜。價值標準是因人的經濟條件而訂的；價值給人的感受，更是因人因地，或因政治制度而異。

　　十二月六日晚上醉得厲害，女士們都是以茶代酒，孩子們在烤鴨三吃裡吃來吃去，妹夫酒量不大，只有弟弟和我，居然解決了一瓶半茅台，剩下半瓶硬是被弟妹搶了藏起來，不然，咱兄弟倆恐怕要爬著去招待所。

　　感時花濺淚，恨別鳥驚心。分別快四十年的親人、親骨肉，明天又要分離。

　　七號下午四點半飛機，上午我請弟妹陪我再逛一次書店。其他人都上班上學，老母親一人看家。弟妹是請假陪我的。

我心不甘情不願，總想找到一點有關「文革」作品的蛛絲馬跡。

黃巢時代我了解，王莽情況我明白，洪秀全、秦始皇的種種作為，我也略知一二。最近這幾年，我在主編一套「中國名人傳記」，自己也編寫了幾位傳主，不斷在海內外搜集了數百種人物資料，可就沒機會讀過毛澤東的，對「文革」種種更是莫知所以，這麼一個偉大的「負時代」，我認為是人，尤其是近代中國人，有權利有義務去研究、去了解。

這些資料台北即使有，普通百姓也是無權看得到。「知識」也要有權的人才能獲得，而有權人又不一定有時間有興趣去研究、整理。三國時代的王允之所以殺蔡邕，是鑒於司馬遷被腐刑了而未即時處死，以致有了《史記》。但是，有關中共近代史的開放，或准許搜集攜回台北，執政黨又何懼之有？實在叫人百思不解！

我們又到了「中國書店」，弟妹說在北京只有這家較大較有名。其規模比台北正中書店的一樓要深四分之一，書刊的陳列實在寒傖又貧泛，打個不太好意思的比方，就如同香港九龍的「集成書店」，在一個書架上，往往同一種書陳列了好幾本，當然，了解了這兩家書店都是黨營機構，我這個中國人也就無話可說。共產黨比較差勁的是，「中國書店」離開「大內」不遠啊！而「集成」卻是「將在外」，所謂天高皇帝遠，台北的總公司也只有睜一隻眼、閉一隻眼。

「中國書店」裡的「同志」們，敢情眼尖，看到我這個台胞又來了，忙著湊上來招待，弟妹和一位曲明小姐直接了當低聲說明了來意，曲小姐說，我留意看，有了就電話聯絡。我謝了她，又向店裡「同志」們致意再三。一直到三個月後的今天，仍然沒見消息，想來是不可能有了。途中我們經過了聞名世界的北京大學，只可惜居然過其門而未入。

弟妹一直催著我回去，在家午飯，學校裡仍然派車送我去機場，而且「統戰部」會有一位「同志」來看我，說是弟弟同事，是老師兼差「統戰」工作。我知道，三號晚上由機場接我去招待所的車子便是「統戰部」派的，待會兒一道吃飯聊天也是人之常情，我心中準備著，看看這場戰

是如何統！

回家途中，經過了好幾處賣衣服的路邊攤子，其規模和台北市萬華桂林路康定路那一帶差不多，後者以估衣爲主，而前者卻大多數是新衣服，又以大衣、夾克、牛仔褲佔了大半，我隨手揀了幾件夾克看看，不料全標著「在台灣製」的英文字。弟妹笑了，她說：「別看了，除了軍大衣，差不多統統是你們台灣貨，你們說不通商，商可通得大呢！」

一路上她告訴我，北京人崇台崇美崇得離譜，穿台灣衣，用美國肥皂，嚼美國口香糖，抽洋煙喝洋酒甭提了，甚至原子筆也愛使美國貨，還有電子錶也要台貨。她還講了些近乎損人的笑話，強調著確有其事：「有人家難得有塊美國肥皂捨不得用，把包裝紙拆了包在本地肥皂上，有意讓親友看到，以爲這樣提高了自己身分，表示在國外或在台灣的親友們來家時送的，不然，也是自己用外匯券買的。」

其實我心生慚愧，三十年前的台灣，還不一個樣！真所謂：大哥別笑二哥，彼此的麻子差不多。

到家不多久，弟弟帶了他同事也是「統戰」同志來家，他我之間，有段對話值得一記：

「二哥，聽胡老師說您回來了，這兩天沒來看您，因爲我想著，您們多年不見，尤其是老母親，一定有好多話要談，我不敢打擾。」

「真不好意思，非常謝謝，勞您駕派車接，現在又派車送，下次有機會，一定要好好聚聚，好好乾一杯！」

「二哥，就您這兩天看到的聽到的，您覺得比起台灣怎麼樣？」

「啊！這可不能比，我認爲也不應該比。我聽我弟弟說，這學校新宿舍要蓋了，北京市也到處在拓寬馬路，這些都是進步的現象。現在的北京要和過去的北京比，今天的生活要和過去的生活比。怎樣加快進步的速度很重要，速度快希望就大，速度慢便越來越落後。」

「對極了，二哥，您四點三十分飛機，待會兒，準兩點，車子在下面，我這就先告退了。胡老師，我先走。」他說著說著便走了，下樓前

又向媽媽鞠了個躬。

弟弟很意外，也很窘，沒想到，他不參加我們的午餐。他安慰自己說：「沒關係，改天我單獨請他喝兩杯。」

兩點整車子果然在樓下候著，還是原先那位司機同志。媽媽一直送我到樓梯口，我承諾著，一年以後一定再來看她。彼此不忍說什麼，弟弟、弟妹，陪我去機場。一路無語，我說他們別下車了，弟弟問我：「真的過一年再回來？」

當然，我肯定回答。在候機時刻裡，一直在想，我以爲我們用不著怕中共的統戰。統戰不是單行道，我們人到了大陸，看到了大陸的真相，讓中共也看到我們的言行舉止，這便是最好的統戰。

我以爲，我們的大陸政策，何不雙線道，也容許在大陸的親人來台灣探親，由他們自己，把在台灣目睹耳聞的感受帶回大陸，遠比我們目前如此單線道地間接傳遞，不是更周延、更生動、更能引起震撼嗎？

十二月七日下午六時左右，我到了上海虹橋機場。飛行不到二小時，這是我生平第一次搭乘「中國民航」。

要說「中國民航」有什麼異樣，我發覺空中小姐的服飾太素淨了點，晚飯簡陋得好比學童們的野餐，居然是兩包塑膠紙封的長形麵包。這可能是因爲國內班機短程的關係。乘客中以外國人爲多，這一點和中華班機是顯著不同。

姊姊家住在上海浦東，是妹妹告訴我的，聽說已退休，姊夫仍舊在工廠上班，有二女一男，男孩尚未結婚，因爲沒有房子。我不曾告訴姊姊我去看她，我想我自己可以找得到。1948 年冬和 1949 年春我曾小住上海，1947 年我也路過幾次。上海，對我來說不算陌生。

出了機場，嚇了我一跳，我不僅置身在全然陌生的環境中，身旁的人潮、車潮、喧鬧聲、吵雜聲，幾乎把我推擠壓疊在路面上，一時難以適應，我退到一個牆角，手按緊皮箱，我控制自己，提醒自己必須要鎮

靜，立刻要決定的是：自己搭電車去找？還是乘計程車去？

我們知道，台北市的電影街擠，東區百貨公司附近更加人擠人，但是，和這兒一比較，可真差一大截。這兒比「擠」更沒有空間，說成人貼人、人黏人較爲恰當。聽上海人講話，如同在調整收音機，往往出現一個頻道裡有兩種以上音波。這時候，我耳膜中所接收訊號，除了量大震耳、音雜難辨，還有在冷風洌洌裡有沸騰翻滾的感覺。忽然間，我走神中大大吃一驚，一位老太太包裹在一件寬大的棉襖裡，頭上紮了塊花色絨圍巾，戴了手套的手中拿了一面小旗子，大聲吆喝著，她居然在指揮來往的行人車輛。我的天，她巍巍顫顫地，起碼六十出頭，難道是交通義警？絕倒的是，忙碌閒歇中，她偶而會斜倚在電線桿上，也偶而坐在街心的小小木凳上，這件道具想當然是她老人家隨身攜帶來的。這一定是全世界所有大都市中罕見的街景。倫敦的電車慢得出奇，車掌也多半是中年婦人，和老大帝國的落魄氣氛正匹配。而此時此地，是有一千二百萬以上人口的國際大都市，是二十世紀、八○年代，中共「經改」的樣版大都市啊！

我呆在原地不動，被這「一千二百萬人口走不動」的景象呆住了。興起了「我一個人一兩小時走不動事小，全上海市的人越來越走不動事大」的感慨！

我被一位中年婦人碰了碰胳臂而回神人間，她大聲嚷：

「儂到啥地方？儂要車吧？」

原來是黃牛，「出租車」黃牛。這一點，海峽兩岸中國人有志一同，在台北是遊覽車跑長途，這兒卻是市區或近郊走短程，而且對象限定是僑胞、台胞，或外國人。

我已經沒有選擇餘地，連考慮也沒有，她已經提起我的箱子，在人群中蛇行竄去，我急忙追逐。不遠，衖堂裡一部車子迎面而來，跳下司機，開了後面的行李箱，把我的箱子放進去，我被推入後座，黃牛坐司機右側，回頭問：

「啥地方？」

「浦東。」

「第一次來上海？儂台胞？」

「是台胞，不是第一次。」

我當然不是第一次，但四十年來確實是第一次。我含糊回答，希望不被抓冤大頭。

「六十塊外匯券好吧？」

「好！」

路程不算太遠，經過一段黑黝黝郊外，駛進了市區時，塞車塞得太厲害，尤其過隧道，幾乎佔去了全程三分之一時間。為什麼不走外灘擺渡？

「儂哪格知道？走黃浦江擺渡，辰光花費得更是交關多。」

司機先生他眼、嘴、手、腳並用，嘴是專門用來罵街，罵前後左右的車和人，以及罵交通主管單位。黃牛成了發言人，她告訴我，以往幾年，大家抱怨的話題是居住環境太擁擠，而現在卻是埋怨交通。這位女黃牛，此時在車上的神態，尤其分析事理的口吻，和剛剛兜搶客人的肢體語言大大不同。原來她是受過高等教育，「愛人」是工人，和這位司機是鄰居。她承認當黃牛的收入要比她愛人每個月一百四十元人民幣的工資要多出五倍以上。她說，罵交通主管也沒有用，要怪得怪經濟政策，汽車數量猛增，道路越擁擠，腳踏車居然有四百五十萬輛之多，加上四面八方將近有兩百萬的外鄉人奔來上海工作，交通當然紊亂不堪。

她說我大姊住的地方浦東，是解決上海市交通最大希望的關鍵，可是在目前，住在浦東的居民，卻是交通擁擠的最大受害者。

這話怎解？她說，你明天白天看看浦東就知道了，到處在拓寬馬路，遍地在興建人民住宅，而且，主管單位還在計劃獲取外資或僑資，在浦東開闢新港、貿易中心，以及展示中心，上海的新發展在浦東，是使上海再度成為世貿和金融中心的重鎮。可是，隧道的塞車，以及黃浦

江的晨霧而延誤擺渡，使人費時心焦，而途中的搶搭渡輪，往往死傷無數。

計程車走走停停，女黃牛的快昂滬語，在黑暗中，我終於找到了大姊的家。大姊在驚慌錯愕中，迎接我這個四十年音訊毫無的「不速之客」。

姊姊的住處叫做「上鋼」幾村的，好比台灣二十多年前時興的四層樓國民住宅。村子佔地很大。出租車（計程車）直接開進了村子，挨家挨戶的找門牌。九點鐘不到，路燈少有，寒風襲人，我直打哆嗦，家家戶戶的外洩燈光，稀稀落落。姊姊在二樓陽台上伸出了頭，辨別出我的聲音，對我喊話：

「是老二？是二弟嗎？」

我大聲報上了我的乳名，說出了妹妹的名字，姊姊的地址是妹妹告訴我的。

我謝謝司機先生和在途中一直為我解說的女士，付了車資，取出箱子。我手提旅行袋，佇立路旁，讓車子緩緩倒出去。

我在汽車噴出的冉冉白煙中，看見老態龍鍾的姊姊迎我而來。

當年離別年歲小，我只二十，她二十七，此刻淚眼相擁，同是白髮人！

「儂哪哪不打個電報來？儂格老脾氣為啥勿改！」

姊姊的蕪湖鄉音未變，語彙卻揉和了交關多的上海話。

我立刻想起了 1947 年冬天，我由青島回蕪湖，也是夜半敲門，可把一家人驚醒了，立刻燈火通明，屋裡滿溢笑聲，媽媽老是摸我身前身後，「胖了瘦了？冷不冷？餓不餓？」問個不停，哥哥問我青島與南京相比如何？弟弟妹妹則玩著我送給他們的玩具，姊姊怪嗔我說：

「你怎麼不發封電報，好讓我們早些高興？」

我想到這裡，失聲而笑，姊姊想必被我笑聲推進了往事。四十年來，

風風雨雨，可真是江山易改，本性難移！

「快！快！笑啥？冷殺了！儂拿箱子，快到屋裡廂來！」

她縮緊脖子，揩了揩眼睛，一手接過我的手提袋，一手半擁著我。上了樓梯，轉向二樓，進門是長形陽台，再進門，燈早亮了，看樣子是廚房兼飯廳，後半一臥室，右側是客廳。姊姊把我引進客廳長沙發前，轉身要走，她說：

「我把煤球翻熱，下碗麵給儂吃。」

我一把拉住她，按坐我身旁，逗笑姊姊：

「不急，我不餓，讓我先看看姊姊是胖了？瘦了？是不是和以前一樣美麗動人。」

「儂呀哪哪一點點勿改！我現在老了，是老姊姊，還說啥美麗動人！」

「姊夫呢？孩子們呢？」

「儂姊夫小夜班，明天早班，再等等十點半光景回來。儂外甥最小是老三，今年也二十好幾，今朝大夜班，儂兩個外甥女都出嫁了。這兩天儂就睡外甥的床。」

進客廳時，我已注意到右邊有一張單人床。這是一房二廳，浴廁在飯廳左側，所謂廚房，一半在飯廳裡，一個煤球爐子是放在陽台的大門後面，不做菜時一把大壺放在上面，隨時都有熱水用，這時就派上了用場，姊姊要我洗臉洗腳，她把臉盆拿到客廳裡，又出去張羅熱水冷水進來。我知道她也在端詳著我，忍不住問：

「結婚了沒？四九年你去台灣，現在八七年了，我們以為你不一定在了。」

「哈！我們一家人命長，一個也不少，還多了不少。你們房子很不錯，比弟弟妹妹他們好得多。」

「這是住在浦東，過去住上海配給的房子要小得多，浦東就是交通不方便，尤其多天，一起霧，一個上午都別想出去。好在阿拉少出去，

儂姊夫和外甥的工廠也在浦東，他們都是騎自行車上下班。」

房子是工廠分配租來的，月租連水電合人民幣二十元左右，姊夫和外甥加起來的工資二百多，姊姊退休了，仍舊有錢可拿，一家三口月入三百元左右，夠用了，還存著點，準備買三大件和一點家具，給外甥娶房媳婦。姊姊說著說著，差點又掉下眼淚，她感慨萬千：

「也就這點心願未了！」

她問了些媽媽在北京和我在台北的情形。我們把各人彼此家人照片拿出來交換著看。她說明天去廠裡打電話叫她兩個女兒來浦東和我見面，我說我明天去蘇州看哥哥，後天回來便去香港再回台北，她很失望，直問爲什麼這麼快要走？什麼時候再來？

有鑰匙開門的聲音，接著有推動和停靠自行車的聲音，我知道姊夫回來了，我迎去廚房，姊姊爲我們介紹。這是彼此第一次見面。姊夫比我稍瘦稍高，比姊姊更見蒼老，快七十歲了，一套中山裝，疑似列寧裝，倒真的有點像我在反共劇情影片中看到的共產黨幹部模樣。他熱烈地握緊我的手，問我吃飯了沒？要住幾天？他準備去街坊公安機關，爲我報戶口。

「勿用啦！二弟明早去大弟那兒，回來也只待一天便回香港，我想勿用報了罷！」

姊夫向我解釋，根據中共「治安管理處罰條例」，流動戶口必須申報，否則得罰人民幣五十元，不過，只住一兩宿，又是自家姊弟，應該可以免了。

和姐姐、姐夫相見歡

姊夫也快退休了，不過目前工作很輕鬆，在工廠裡只是看看帳表這種不費腦力和體力的事。我們似有默契，純談兒女事，不觸及其他，偶有冷場，姊姊總爲我們提示般點出些微往事。我內心嘀咕著，我和姊夫

間，從一開始「陌生的隔閡」，如此對談下去，恐怕也難發展成「瞭解的陌生」。

姊夫和我主要的話題，提到他們三個孩子的教育問題，他說在他們成長期間，正趕上「文革」，所以不曾好好讀書。他感慨系之告訴我，在大陸十億人當中，幾乎有二點二億人是文盲，佔總人口百分之二十點六。這幾年，中共當局開始慌了，體會到這是推行政令、革新、進步的最大阻力，所以「國家教委會」三令五申，要各級地方政府，傾力掃除文盲，基層陽奉陰違，觀望敷衍。「國務院」不得不採取非常手段，頒佈了「掃除文盲工作條例」和「義務教育法」並駕實施。滿四十歲人口中，十五個星期內限時收取效果，規定一般農民至少識用一千五百字，事業單位職工，以及居民，提高為兩千字，以能閱讀通俗報刊和通知單等。可是根據中共各級政府的對待互動關係來看，往往在一般政令推行時，出現一種「你有政策，我有對策」的特有現象，這種掃除文盲工作，是否能落實推行，還是問題。姊夫本身看樣子在這方面很注意，他分析，因為「文革」期間的教育斷層，起碼少培養一百六十多萬大學生，所以目前師資成了個大問題。

姊姊為我們泡了壺不知名的茶，不斷為我們加開水倒茶。我除了聆聽姊夫大談教育問題，喝茶成了他和我之間的共同語言。幾天來，我一直不敢如此放肆及放心的讓自己喝茶喝水。今晚特殊，廁所在屋內，剛才我用過一次，是來到大陸難得一見的抽水馬桶！

姊姊提醒我們該睡了。姊夫明天一早要上班，外甥的被褥裡加了層電毯，姊姊看我猶豫的表情，理理我的被褥說：「勿怕啦！不會漏電。」她們回房去了以後，我把電毯拿掉了。那熱呼呼弄得我全身癢爬爬。隔天想起來，那也全非電毯的關係，我已經好幾天沒洗澡了，應該是「全身癢」的主要原因。

一覺醒來，居然八點多。姊姊聽到了我的咳嗽聲，在廚房裡嚷起來：「二弟，儂起來啦，儂哪哪電毯勿用呢？」

「啊！不冷！姊夫上班去了？」

「他早去了！老小，你快去見見你二舅！」

外甥給我的立即印象是：憨厚、老實、木訥。小學四年級時正逢文革開始，他失學了，近二十年來，多虧自修，每天讀報，也看了不少書，談話不限於身邊瑣事。談到他的婚事，他笑著說：

「媽媽就是緊張，其實沒有三大件也沒關係，房間不換也不要緊，可是媽媽就是不肯，爸爸倒是不堅持。二舅，您幫忙跟媽媽說說看。」

難得的是，他和我說話少有上海話的詞彙，雖然他是在上海出生的。想來，他一定在努力而注意，和我說國語。

我問他國泰航空公司在哪兒？我下午去蘇州，去之前，我要把上海飛香港以及香港回台北的機票「確認」好。

「沒問題，我今天上午休假，正好陪您，送到您上火車為止。」

在台北，入廁是我每天看第一份報紙的時間，在姊姊家的抽水馬桶旁，我驚喜發覺到一份晚報的副刊，想必是外甥早上帶回來的。一面是連載小說和散文，另一面盡是電影廣告。我不敢看正面，怕佔太長時間，電影版有一則廣告引起了我注意，原來是「老井」。在台北我已聞名，「老井」是第二屆東京國際電影節中「最佳影片」、「評論家特別獎」、「東京都知事獎」，以及「最佳男演員獎」。另外還有半張「人民日報」，上面有消息引起了我注意，大意謂春節將至，中共「中央總書記」趙紫陽提出了對台胞返大陸探親的「三不」方針，那是「政治上不要強加於人，經濟上不要索錢要物，接待工作不要弄虛作偽。」我想，這大概自十一月二日台灣開放探親以來，在大陸上，不論物質或精神方面，一定引起了較大衝擊與震撼罷。才一個月多幾天而已，儘管是如此單行道地兩岸人民相接觸，其結果以及其後果到底怎樣？現在似乎已見端倪了。我不敢再思考下去，專心「辦事」完畢，出了廁所跨入廚房，姊姊和外甥已經等我用早餐了。半臉盆熱水和一大杯溫水早為我準備好，我趕緊刷牙洗臉，一邊連聲「對不起」。我解釋，在廁所裡看書看報是我多年養成

的習慣，姊姊說沒關係啦！儂外甥也是差不多。

　　早餐是熱呼呼、稠稠的粥，有兩盤小菜，一醬瓜、一油菜，配上油條。油條是特別買的，平時吃飯或菜飯。姊姊一直問我這快四十年的生活是怎麼過的？什麼時候退役？做什麼生意？弟妹哪裡人？孩子多大？我一一小心回答。所謂「小心」並不是政治上有所顧忌，而是在我發現到，我家和他家在某些方面有了顯著的差異時，我盡可能避免主動談論。例如外甥是小學畢業，我絕不一口說出我孩子在讀研究所，問我上班是不是坐公車？我沒有告訴她我有汽車。談到經濟情況，我說還可以，將就夠用，出來旅行的費用是我每月儲蓄的。談到住在北京的媽媽，我告訴她，我送了弟弟五百美金，妹妹一百，孩子們紅包各一，所以在我由箱子裡拿出一塊衣料，一條美國香煙和弟弟轉送的一瓶酒，姊姊欣然接受。並同意我的做法。她對小弟的成就很欣賞，誇他實在了不起，也稱讚妹妹當老師當得不錯。姊姊要我儘可能把回程機票的日期挪後，由蘇州回來在上海多住兩天，一定和兩外甥女，以及她們的愛人、孩子們見見面。

　　出了家門，我和外甥聊開了天，我們從他自己的愛情與婚姻的問題談起，他說，眼前在大陸，女孩找對象，現實利益是最優先考慮，三大件五小件的確叫人頭疼，還有就是房子。「當然，我運氣好，我的那一位還不太堅持這一點。」可是，一般標準如此，所以他媽媽一直為這件事設法張羅中。他說，他沒讀多少書，可是一直讀報，看得懂的看，看不懂的也看，看了十多年，所以現在也差不多懂得不少。我問大陸到底有多少報？有沒有人民自己個體辦的？據他所知到目前為止，統統是黨報、政府報，或是地方報、企業報，要就是機關報，林林總總有一千六百多家。

　　我們人投緣，話也投機，雖然轉了兩次車，路途倒不覺得遠了。

　　國泰航空公司在錦江飯店二樓，顯然，外甥只聞其名，從不曾進去過，據說凡是觀光級飯店，當地市民是很難入其門。他告訴我希爾頓也

蓋好了，可能聖誕節那天開幕。他畢竟年輕，對這些新奇事特別注意。他在人群裡領著我穿梭來去，擠上一部電車又擠下一部電車。有次在路邊等車，我被地下一個方格子似的鐵欄柵弄糊塗了，是不是好比紐約市街道旁的暖氣排放孔呢？正當我看到方格旁的「痰盂」二字時，外甥解釋說，這是市政府設置的大痰盂，全上海市至少有三千個以上。我的天！真夠噁心的，昨天和今早，我已經看到滿眼「禁止隨地吐痰」的標示，可是隨地偏偏又多的是地面大痰盂，這不是提醒往來行人，請君隨地吐痰嗎？在北京我看到公共場所，好比招待所的走廊上，每隔十幾步便放一鋁質痰盂。現在在上海，又是市政府設置的地下大痰盂。毛澤東生前不是可以游泳渡江嗎？難道還要學習李鴻章時代，鼓勵人民死命吐痰，揚聲咳嗽？

外甥見怪不怪，對這種事不予置評。他邊走邊和我討論，明天由蘇州回來，後天一同去看「老井」的事，我說，飛機應該是快傍晚起飛，待會兒便肯定知道，我請他妥善安排，他請我幫他說服他媽媽。不是他媽媽不讓他看電影，而是我的時間寶貴，他媽媽可能捨不得犧牲和我相聚的時間。我說相聚日子以後有的是，看「老井」的機會恐怕再難逢。

「錦江」到了，記得像是在霞飛路上，挺體面的建築物，半圓形石階，摺扇般幅射在自動玻璃門前，好幾天沒運動了，我一時興起，跳躍似大步跑上去，外甥後面跟，卻被一名守門擋住了，我聽到他們的對話：

「你做什麼的？你不可以上去！」

「為什麼？為什麼他不可以上去？為什麼你不問他？」

「他？他是外國人，不然一定是僑胞！或者是台胞！」

聽到如此兩位中國人對話，叫我也是中國人真是感慨萬千。我立刻解圍：

「先生，我是台胞，他是我外甥，陪我一道來的！」

「您早說就好了，好，你請上去吧！」

這成什麼人間！絕不是狗眼看人低，也不是以往法租界裡法國公園

「華人與狗不准入內」的門禁。我之所以被准許進入錦江飯店，我外甥之所以被擋駕，是衣著加氣勢加走姿的總和給予守門人的印象，而這個總和一定是四十年來不同生活環境中所自然孕育滋生的不同模式。

二樓全是寫字間，航空公司辦事處也不止國泰一家，看那格局，根本比不上九龍半島酒店裡各家航空公司辦事處來得派頭，倒是暖氣溫度夠，我忙把大衣脫了，叫外甥也把長夾克卸下。我請問辦事小姐，為什麼不可以打電話「確認」機位呢？她反問我：

「打電話方便嗎？即使有電話可打，能保證打得通嗎？」她檢視我的全程機票後，微笑著解釋：

「這是上海，比不上美國，也比不上台北，上海這樣，你在大陸任何地方都是這樣。」

她在鍵盤上敲出了我的機票代號，監視器顯現出我去香港又去台北的班機飛行號碼和時間無誤後，問明我暫寓地點，我告知住在姊姊家，而姊姊家卻沒有電話。她振振有辭地說：

「這就是中國大陸的不方便，如果遇到『滯延』，你說怎樣通知你呢？」

我們相視而笑，而釋然。我肯定，這位小姐也是中國人，是香港派來的中國人，她對我說英語，和鄰座的同事說廣東話。

外甥送我上了去火車站的電車，我們敲定後天看「老井」，再送我去機場的約。他和我越來越談笑自如，不僅談不上代溝，也沒有海峽兩岸之隔閡，簡直情似多年相識的好朋友。

電車擠得一塌糊塗，車速好比蝸牛，走走停停，停停走走，是塞車，也是塞人。我看那路上行人以及車上乘客，他們的表情都是急躁躁、氣沖沖，我倒是神閒氣定，好比是坐上了「觀光列車」，兩眼瀏覽窗外。我想從亂糟糟聲嚷嚷的街景中，捕獲些不同於台北的內涵；我更想由蜿蜒曲徑到寬敞大街的車程裡，找出有異於往昔的風貌。我的身體在搖撼顛簸，我的心底是不斷沸騰激盪。

　　這將近二十天來的生活真夠受的，台北的冷，洛杉磯的熱，紐約的更冷，再洛杉磯的熱，可又變成北京的零下以及上海的仍然冷，這是生理上的難以適應。而在心理上叫我吃驚的是，四十幾歲的母親已經變成高齡八十多的老婆婆，九歲的弟弟也快到了知天命。北京依舊，上海也依舊。外白渡橋老樣，中國銀行門前的石獅子不知被下放何處？二十四層高的國際飯店依然四十年前老模樣。希爾頓酒店即將開幕，一家日資興建百層以上的觀光級飯店也要跟進。有理由肯定，在共產黨執政的社會主義都市裡，資本主義的商業色彩是越來越濃了。好逸惡勞，追求物質上的享受，是人類劣根性之一，可也是社會建設與經濟建設的原動力，更是民主政治的磐石。

　　電車在一條窄街上被塞得久了，我見車側兩旁熱鬧的攤販小店，比起北京來，顯出「人性」得多，幾乎有點媲美十多年前台北市沅陵街和武昌街之間的一條橫巷，賣菜、賣衣物、賣吃食的小店和地攤，橫七豎八充塞其間。婦女們的輕聲細語，男士們的南腔北調，還有孩子們嬉笑哭鬧。我問清楚了離北站僅有兩站遠，便索性擠下了車，溶化到人群中去。我看到豬肉攤，和四十年前在老家蕪湖以及和今日台北尚存的舊式肉攤，也差不了哪裡去，所不同的，那肉老闆的帽子有顯著的「前進」意味，以及那秤肉的秤所表現出來的古董架式，前進與古董兩相對比，矛盾得特別有趣。後來我聽說，大陸上賣豬肉，是一種既被羨慕也被恨煞的行當。這是因為餵豬飼料貴得一般農民買不起，養豬戶少了，豬肉供不應求，人民憑票購肉有時不一定如願。大陸上的肉攤分為國營與農貿兩種，國營是承包制度，每天批多少肉，賣多少錢，肉賣完了自動繳錢，如此一來，肉販不得在不在斤兩上，規格上動手腳，以圖私利。豬肉因規格有異而價錢不同，剩餘的肉概歸肉販所有。農貿是個體戶，直接從農村裡購，肉價稍貴，但是在斤兩、規格上要正派得多。

　　儘管人聲嘈雜，行人間已經是衣服緊碰衣服，彼此在前後左右互推互撞的移動。我不敢想像在汗流夾背的夏天，成了個人肉粘人肉的什麼

樣情況。百分之九十九的男士們居然還是那麼好整以暇地嘴裡叼燃一支
烟，噴出來的烟霧往往瀰漫住迎面而來的女士，飛吻般圈圈擁上了她的
臉，她似乎習慣了如此的二手烟，眉未皺，手也未揮，任憑它隨風而去。

轉角處有位老先生，躬身坐在牆角裡，埋頭在修鞋子。看那破了半
邊鞋面掀起大半截鞋幫子的黑皮鞋，我判斷一定是已被折騰多次的再修
貨，而從老先生左右開弓交替地衲、拉的認真，看那嚴肅的手法和表情
中，我深深體會到這破鞋主人的經濟情況，破鞋本身的使用價值，以及
這位老鞋匠的生活水平了。這時候，很快而自然地，一個以報紙當枕頭、
把被單綣曲倒臥在九龍街頭屋簷下的一位老人的鏡頭，立刻映入了我眼
簾，兩者一相比，無形中我對這位老鞋匠頓生若干敬意，我還來不及分
析這個道理何在？卻被另一個街景吸引住。

一位中年婦人，看樣子五十餘歲，臃臃腫腫的棉衣外面繫套了一件
白色罩袍，我說「繫」，是因為她腰間用兩根帶子把罩袍向背後繫；我
說「套」，是因為罩袍的圓形領口套在脖子上。還戴了無邊白色帽子，
好像廚房裡跑出來的西崽。她是由七八十來行的自行車車陣裡奔出來，
手上拎著一大串稀里嘩啦的小木牌，她忽地攔截住一輛正朝車陣方向搖
曳而來的自行車，一手抑握住車龍頭中間的把柄，那騎士反身下了
「馬」，原來是寄放自行車的，她太忙了，一輛接一輛的來，一輛接一
輛的走，我不敢去問「停多久或停一次多少錢」？她忙得使我驚訝，這
一定是個體戶，絕非官營，可是，她又何能何德，能如此神通廣大，獨
佔山頭呢？

一位年輕女郎來我身邊，問我何處去？硬是要用「電單車」（機車）
送我去北站，索價三元外匯券，或者一包洋烟，我拱手謝絕了。

如果不是眼見為真，我絕對不敢相信硬是有這麼一回事。有好幾個
青年男女，其中有一個便是要用電單車載我去北站的，有一個女孩子穿
了牛仔褲，他們面對面，圈成半圓形，好幾輛電單車停在旁邊，他們一
個個從上身口袋裡、胸前懷中、褲腿裡，左掏右摸，取出一包包洋烟，

交給一夥中的另外年輕人，看得出，他們是從各方面用各種方法弄來這些洋烟，現在集中賣出去。奇怪，爲什麼膽敢公然在街頭亮相呢？

這次在上海，時間太短，昨天來，今天離開；明天由蘇州回來，後天可又去香港。倒是眼前時候，反正閒著，我心裡合計，晚上到望亭也可以，當然是在哥哥家吃晚飯，乾脆趁眼前空檔，多走馬看花一番。決定了，先就近找個吃食攤位，修理「五臟廟」去。

眼前就有一個吃食店，門口有一個玻璃櫃子。去過高雄建國二路台汽站的人，一定光顧過在台汽站對面一條巷子裡的吃食店，和這兒兩相一比較，眼前的是稍稍簡陋髒亂，略略窄小擁擠。在我走進門檻剎那間，猶豫了一下，妹妹再三叮嚀我，千萬別在小店或攤子上吃東西，太不衛生了，容易傳染肝炎。她說得可嚴重，現在的現代大陸人，握手之禮已經儘可能免了，公車上的扶手也千萬別碰，因爲肝炎的感染力太強太可怕。據說三十歲以上的人百分之九十都曾經罹患過。肝炎的來源，追蹤報告說是來自不潔的海鮮，尤其是魚貝，但是最普遍的罪魁禍首，還是飲水的不乾淨。上海人似乎已經習慣容忍了肝炎的存在，並不像妹妹她們北京人談肝色變。近在 1983 年初，便有過一次大規模的肝炎潮，潮災造成上海在經濟上的損害程度，幾幾乎和台北剛剛過去不久的「大家樂」，有隔海唱和之妙。醫生當時便指出，基本上的原因，是上海人太多、太擠、衛生條件太差、醫療設備也太落伍，所以一旦有人得了肝炎，疫情一發蔓延，便不可收拾。

猶豫歸猶豫，我沒有「我不入地獄誰入地獄」的胸襟，只是想，「人生非寒松，容貌豈長在！」四十年後的重履斯土，爲什麼不能和斯土之人共嘗羹湯呢！和兄弟姊妹們同食共寢，等於是在「家」中，在豪華大飯店進餐，畢竟有些許應酬性質。我決定了：我是應該和上海一般市民們接近親近一下。我進去了，揀一個面朝街景的橫座位，放下旅行袋，不等招呼，我走向玻璃櫃子。我點了菜：一盤油菜、一盤醬肉，另外請掌廚的替我做了一碗蛋花湯。白飯要了一大碗。

煤球爐灶緊靠玻璃櫃，看樣子，掌廚的也兼理在櫃子裡揀菜。在等食時候，我打量了一下店內佈置。兩邊靠牆各有三副長方形座位，四人坐較擠，兩人對坐嫌鬆，中間有兩副小圓桌，可容納六個客人，桌子八張八個樣，橙子更是各種款式都有，看來全是雜牌的拼湊，每個桌子上放著一個插竹筷的圓木筒，這倒是一般大小，算是這家吃食店裡僅有的統一設備了。飯菜很快被端上來，蛋花湯熱氣直冒，立刻引起了我的食慾。我由旅行袋取出了自備筷子，用外嘴唇按在碗邊上，一個人用起午餐來，菜挺可口，很能下飯，我等不到湯不燙時，用吃飯的方法把它喝光。

總共一元多人民幣，我付了兩元外匯券，說不用找了，掌廚的一直謝謝我，不厭其煩地告訴我北站怎麼走。

這時候，快下午兩點，客人只有我一個，我穿街而去，在牆、柱，車縫裡，在包括「轟通轟通」火車聲在內的各種音響中，北站在望。

北站，好熟好熟的兩個字。在台北有多少次前往東站或西站時，總會想到了上海的北站。四十載瞋別，別來可無恙？

有恙！大大有恙，已經快到了「大限」之日。上海的北站，再些日子便要被拆除。新建的北站離開不遠，抬頭就看得見。剛剛吃食店裡掌廚人告訴我：明年不搬，後年一定會搬，你走近些便看到，新建的北站大廈外殼早已完工，現在正裝修內部，有原來的好幾倍大，是不是和正在計劃興建的地下鐵有所關聯呢？掌廚人說他不知道。

無巧不成書，台北市新的火車站不也正在興建？

人是越來越多，好比趕上了電影街的上下場時段，可是從衣著，表情、步伐、行為語言上看來，可就不是那麼回事，我不得不痛苦的描述，簡直有逃難跑反的味兒。我已經走到車站前不遠，十多行不規則的長龍，顯然是在排隊買票。長龍在發福，在延長，可是蠕蠕不前，幾乎寸步未移，我發現有人就地而坐、而臥，也有斜倚歪躺的，用報紙或草蓆墊著。「一票難求」，看樣子比起台北市的春節前後，有過之無不及。

　　和長龍中的等車人共苦一番？還是享受一下「台胞」的特權？時間還充裕，精神也挺好，心情游離在四十年前的歷史與眼前的現實之間，四面八方的人潮，湧出湧入於北站，千奇百怪的聲響，或單音或混合貫穿我耳際，我揀一個行列較短的續上驥尾。一方面不敢鶴立雞群地站立著冒大不韙，一方面也因為怕老毛病骨刺椎心，我蹲坐在自己的旅行袋上。沒多久，我成了龍身一份子，龍首還沒有移動一兩步，接龍的人兒都絡繹地來了，同一條龍的前後加上左右各一條龍的組成份子，紛紛向我投以異樣眼光，開口問我：「儂不是本地人？」「儂是台胞？」他們得到肯定的答案時，便堅持要我去二樓「台胞」窗口買票。一位小伙子善意地向我建議：「儂要是想看看火車上啥個情況，儂可以買張和我們一式的『硬座』，硬座票交關便宜。」

　　恭敬不如從命。我認為這建議好極了。以特權方式買一般乘客的票，既可嚐嚐「台胞」被榮寵待遇，也可體會體會大陸上乘火車硬座旅行的滋味。

　　於是，我站起身子，提起旅行袋，欠身向左右前後打個招呼，在遊龍般的人叢裡，提心吊膽自己的步伐，小心翼翼，可別踩到人手，碰到人頭，踢到人的胳臂或肩膀，真好比身陷敵人陣地，生怕誤觸地雷。

　　進了北站大廈，我直奔二樓，有一窗口，果然貼了一張白紙黑字：「台胞購票處」，我買了一張上海去蘇州的硬座票。我只是將「旅行證」亮了亮相，窗口的同志奇怪的問：「儂買硬座？」

　　我買的是硬座票，可仍然被導引走進了「貴賓」候車室，有點像台北市一般不起眼的冷飲店，真的是有冷飲賣，還有過期的報刊。雖然是一張張硬板櫈，比起剛剛身歷其境的長龍，無疑是天地之別。候車的人不多，有幾位洋人，還有幾位顯然是有洋味的東方人，各人都散坐著休息。一位穿制服的站員走到每位貴賓前檢查車票，他見我是「硬座」，笑笑說，快進站了，準備上車吧！

　　貴賓室的另一頭通往月台，一列火車「轟通轟通」進了站，緩緩前

進，剪票人叫我往前跟著火車走，原來「硬座」車廂在前面。這班車是由杭州開來，目的地南京。硬座不對號。我因為是優先上車，而在北站下車的乘客非常多，所以甬急，剩下的空位不少，我揀一個靠窗口的位子坐下。所謂「硬座」，顧名思義，是木板座，好比台灣剛光復時的茶室中的鱸背木椅，面對面中間，有一個半段茶几，如此的座位對我並不陌生，叫我吃驚的是，走道中間及座位底下的烟蒂、紙屑，甚至噁心的濃痰，一堆堆一簇簇，叫你看了心煩，無法沉著氣，根本定不下心。我忙著調整自己情緒，在內心裡自言自語，這是上海，這是普通車，別人受得了，我一定也要受得了。

一波未平，一波又起。刹那間，千軍萬馬般衝進了人潮，原來候車室的一般乘客們湧進了站，一一剪了票，奔向月台，跳進車來，有的人身體還未擠上車，便先把小件行李、手提籃子，甚至一頂帽子、一隻手套，紛紛由窗口空投了進來，是為了佔領座位，不小心打中了人，或者湊巧兩人投中了同一個目標，於是拜託聲、謾罵聲、推擠聲、興高采烈聲，聲聲震耳。所幸不到幾分鐘，車身「轟通、轟通」起步了，結束了爭先恐後的奪位戰。

我的選擇遭遇到極大挑戰，似乎有點後悔，為什麼要買硬座呢？明天由蘇州回上海時，也為了另一番見識，我決定買軟座。

也許是我衣著整齊些，天氣冷我穿大衣，大衣裡面總不能穿夾克，既穿西服，當然結領帶。可是此時此地，身在如此人仰馬翻，髒亂無比的車廂裡，我成了怪人，成了眾矢之的，在我對面坐的一位胖婦人和幾幾乎倒向我懷中的一位老人，向我首先發難，問了如下的問題：

「你是台胞？」

「你去蘇州看誰？」

「在台灣的人都有錢？」

「台灣火車好不好？」

「你在台灣做什麼？」

「聽說台灣在 1949 年開始的頭幾年，也是很亂很亂，是不是真的？」

我都一一從實招來，我說：

「是台胞。」

「去蘇州望亭看哥哥。」

「在台灣的人不是每人都有錢。都能夠衣暖飯飽是實情。」

「火車票在逢年過節的時候也不好買，不過比這兒好些，也沒有這樣不乾淨。」

「我在台灣做小生意。」

「政府剛到台灣頭幾年的確很亂，人心也不太安定。」他們七嘴八舌的問話我倒不怕，滿車廂的人至少有七八成以上的在猛抽烟，可叫我受不了，我被嗆得不斷咳嗽，也聽到其他人的咳嗽聲、吐痰聲、噴嚏聲，彼此和應著。

我向胖婦人低聲提出了兩個問題：「為什麼那麼多人抽烟？」「為什麼那麼多人隨地吐痰？」她先回答第一個問題「大概太苦悶吧！」再回答第二個問題：「政府也在糾正，不久前，舉行了『雙禁』運動，禁止隨地吐痰、禁止隨地丟倒垃圾，違者罰款一元。可是運動歸運動，沒幾天還是依然如故！」

1949 至 60 年之間，在台灣，有坐牢經驗的人曾經告訴我說，有些牢房的面積和被囚人犯的數目，簡直不成比例。睡覺要換班才能躺得下身子，翻身要動作一致才不會鼻子碰鼻子。我估計眼前的面積，乘客享有的佔有率實在偏低，走道中的人擁擠不說，就拿我這個兩椅的六人座位來看，在中間茶几前便站了四人之多。我們享有座位的人當然無法免除被侵擾，我的兩條腿久久不能動，麻痺了換個位置也煞費周章。身前左右被堆放的東西塞滿得動都不能動。

就是在這種人擠人物堆物的情況下，居然還有小販推了手車，行走於車廂之間。人未到，先吆呼著：「讓路！讓路！」乘客們紛紛左右讓開，聲息可聞，勾肩擠臂，墊腳抱拳，彎身駝背，人與人之間的尊嚴理

性也就完全瓦解。可惡的是，硬是有人充當顧客，買兩個滷蛋呀，一包香烟呀什麼的。滷蛋是放在熱鍋子裡，推車上居然還有煤球爐子。如此一來，拿錢取物延滯了人和物恢復原狀的時間，空氣被污染得更是燻、臭、重濁。

火車在崑山站停了又開，上下乘客不多。蘇州是大站，我身旁的老人是往來上海與蘇州常客，原來他和老伴住蘇州，兩個兒子在上海。我慶幸著他倚我身旁，我放下心，閤眼休息，不怕睡過了站。

不知睡了多久，我被老人推醒，叫我準備下車，我們提高了腳在人腿中拔出來再插進去，好不容易，擠捱到門邊，火車在喘息中漸慢漸喊漸停。我幾乎是被推下了車，回頭一望，老人已不知去向，黑黝黝又是另一批人，湧上車去。

我在月台上站了好久，等他們上下光了，我放下旅行袋，取出相機，請人替我拍張照片，把蘇州站的月台，和我結合在一起。

蘇州我是來過的，1948 年秋天，我服役的軍艦「興安」號停泊上海時，我請假回家鄉安徽省蕪湖縣，特別在蘇州先下車，逛了一整天，再乘夜車去南京轉蕪湖。

往事哪堪回首，這一次，四十年後的今天，我到了蘇州，卻要搭乘汽車去望亭。

「望亭」地方小，名氣卻夠大，原來，中共「四人幫」之一王洪文便是崛起於望亭。望亭發電廠，據說是上海楊樹浦電力公司的後身。1949年，我離開上海時，哥哥在楊樹浦擔任見習工程師，現在已經退休，廠方仍然僱用他，借重他的經驗，給新進人員上課。

出了蘇州站，立刻舒了口氣。這倒不是「上有天堂，下有蘇杭」這句話應了驗，說蘇州街道是如何的美，而是眼前空曠，不再那麼伸不開胳臂張不了腿，視野開闊了不少。遠離人潮，前後左右不再推碰擠撞了。面對車站是一條橫街，好幾部三輪車的車伕迎向我，兜生意，我問去望亭在哪兒搭公車？也有出租汽車直接去望亭，可是叫我一個人坐，任憑

汽車跑，我可不敢。一部車座較為清潔的三輪車，它的年輕主人替我拿定了主意。

「三塊錢外匯券，我負責送你去公車站。」

多少年沒有乘三輪車了。兩個禮拜前，我在美國喬治亞州的亞特蘭大市，乘了次馬車遊覽市區，那是美金十元兜一大圈，正好半小時，現在乘三輪車是不到十分之一的代價，要把我送去直接開往哥哥嫂嫂家的公車站。在美國是觀光，馬力；眼前是趕路，人工。兩者不能相提並論，我內心對自己作了個解釋：就算是乘三輪車觀光罷！

已經下午四點多，天氣難得沒有風，陽光或有或無地暖和著身子，我在車上蹺起了二郎腿，左顧右盼，前瞻後望。蘇州的街道和上海市相比，比窄馬路要寬些，比寬馬路要窄些。用淺顯的交通語彙來說，我現在所經過的大路小街，最寬的四線道，最窄的一線道，較多的則是兩線。我最欣賞的則是小街，路面幾乎全是碎石子，來往汽車少見，自行車最多，兩側店面並非櫛櫛比鄰，中間偶有漏出一個空位，居然有楊柳或其他不知名的矮樹參差其間，伸展出來的枝葉，往往低垂屋頂，也有探出路面來。我請踏車的朋友慢一些，這古意盎然的街景，迷住了我，這簡直是幅無邊無框的國畫，而畫中有我。

迎面遠遠有一座寶塔，不知是虎丘的，還是什麼名字，塔身逐漸高大清楚起來，我和它的距離越來越近，先是正前方，再側面，靠近的時候，三輪車一拐彎，把它快甩到身後去，我立刻請求剎車暫停，取出相機，請車伕朋友為我、為車，以寶塔為背景，拍了一張照。這年輕人很機伶，拍照姿勢及態度頗為熟練。

我在三輪車上

行行重行行，車伕朋友的雙腳不斷前踩後蹬。我的體重六十一公斤，對他來說，應該是輕負擔，約莫半小時

車程賺取三塊錢外匯券，不用說是趟好生意。看他臀部一掀一落，在極有旋律的動作中，他和三輪車幾已裝配成一體，我的身體成了道具。

五點鐘差五分，車子停在一個公車站前，車伕服務很周到，指了指很多標示牌中的一面，說：「您看，沒錯，去望亭！」我謝謝他，付了錢，我進站去窗口買票。

公車站的格調是標準型的一種，沒有台北的台汽站那麼大，和桃園、鳳山等地的小站差不多，售票窗口有六個，候車室裡五、六排長形木椅上坐滿了等車的旅客。有的窗口也排長龍，但沒有上海北站那麼長得可怕。有的窗口疏疏落落。票價一元有找，我買了票，看時間沒多久便有車，我直接站到等車的行列中去。

望亭發電廠是華東地區最大發電廠，望亭的居民中有三分之一以上是電廠的員工和他們的眷屬。我在等車行列中，左右前後傳來的軟軟吳語，煞是好聽，怪不得有句話是：「寧願和蘇州女人吵架，不喜歡聽湖北佬說話。」比喻得雖然有點誇張，如果有時間和當地人，尤其是和女孩子們聊聊天，想必另有風味一番。

等車去望亭這一行列中，有好幾位都穿了同一藍色的短襖和長褲，有人外穿大衣也是藍色，我立刻警覺到，他們是不是發電廠的員工？是不是我哥哥的同事？會不會有人認識我哥哥？

我前面站的一位三十歲不到小伙子，看樣子很活躍，他一直跟人搭訕談話，是一個笑聲不絕話聲不斷的年輕人。沒想到，我一問就成：

「請問這班車經不經過望亭發電廠？」

「經過，你去幾村？」「一村。」

「知道不知道幾幢？」「二十一幢。」

「成，你跟我一道下，我去七村，我帶你去。」

「謝謝，請問貴姓？」「姓毛，毛澤東的毛。你找誰？你是……？」

「我從台灣來，來找我哥哥，我姓胡。」

「胡耀邦的胡，對不對……？」

　　他話沒說完，車子來了，他彎身要替我提旅行袋，示意跟他一道上車。我趕緊接過旅行袋，是他先為我佔了個位置，隨後他又自己搶了一個。我們相距五排座，他左、前，我右、後，他站起身子向我點點頭，我知道是叫我放心的意思。心裡想，我運氣真好，到了蘇州，一連遇到兩個貴人。

　　車子行進郊外途中，天色漸漸黯淡下來，茅屋、小橋、流水，雞飛、狗叫，電線桿一根根向後倒去，一畝畝的稻田整塊整塊地朝遠方菱形移開。遠處燈光閃閃，近處炊烟四起。多少年了，我不曾見過如此的村莊暮景。

　　田畝屋宇和樹木，混合成一片黑，由淡而深，車廂裡更是伸手不見五指，但見時明時暗的點點星火，到處在上下移動，大陸上抽烟人口可真多。我閤起雙眼，想起了兩年前初次接到哥哥寄來的相片，已不復四十年前在蕪湖打籃球的神采，僅僅長我三歲，從相片上看，比我大十歲也不止。但願他本人和相片上不一樣，我想問問毛先生，可認識我哥哥？你看他有多大年紀？我猶豫不決，真所謂「近鄉情更怯，不敢問來人」！

　　猶豫著，正不能決定，毛先生卻來到我身邊，按按我肩膀說：「到了，就是下一站。」

　　不遠處有燈光閃爍，一個小鎮似，車速慢下來，穿越了鎮頭，在一個轉角處停下，除了我，除了毛先生，還有好幾位穿了和毛先生同式衣服的人，魚貫下車。

　　他們彼此打招呼再見，我隨了毛先生走走一條斜路，兩邊都四層樓房屋。他邊走邊介紹：

　　「這兒是一村，你看牆上的字，左邊是單幢號碼，右邊是雙幢，我住七村，離這兒不遠。我今天一早去蘇州出差，現在趕回來。」

　　「那你回家好了，我順序找二十一幢，一定找得到。」

　　「不！沒幾步路，我看你找到了才放心，你哥哥叫什麼名字？」

　　「胡駿之……」

他說他知道，好好一位老先生，腿有點不方便，是在上海因搶救鍋爐時被炸傷的，是有功人士，但還是被下放了二十多年，現在我們的顧廠長非常器重他。

他是在理性地敘述他所知道的一個人的遭遇，我卻感性地在聆聽我兄長的不幸。路燈昏暗，我心痛裂，眼睛模糊的朦朧。這時候，忽然一位老婦人聲音，在我身後喊：

「是子丹嗎？是老二嗎？」

是鄉音，我回頭一看，體型容貌變化太多，依稀相識，我摘下眼鏡，揩擦眼睛，仔細辨認，是芮姊！是我在高中讀書時高我一班的同學。

她是我嫂嫂。

「芮姊！是我，是老二。」我連忙奔身芮姊身邊，四手相握，彼此怔著，一時間，話湧不上來。

是帶路人提醒了我們的存在，是帶路人把四十年前的過去和四十年後的今天，切斷、分開。

「好了，你嫂子來了，我回家去，我去七村。」

「謝謝，謝謝你，改天叫我哥哥謝謝你。」

他回頭走了，芮姊問我：「認識他？」

「不認識，同一班車來的，他姓毛，他說他知道哥哥。」

「當然知道，當然知道。」

我了解這「當然」二字的辛酸，哥哥是個瘸子，全發電廠，全望亭鎮，能有幾個人是瘸子？

我幾乎是擁扶著芮姊走路，芮姊緊緊依著我，走近了第二十一幢，上二樓，再走向第二〇九室，芮姊一方面問我怎麼來的？一方面大聲喊哥哥的名字：

「駿之，駿之，老二來了，我們老二來了。」

我兄弟姊妹五人當中，弟弟妹妹和我年齡相差太多，姊姊又比哥哥年長好幾歲，哥哥大我三歲，小時候，尤其是跑反那兩年（1937~1939），

以及後來我們同在一個中學讀書的歡樂辰光，我記得我初三，他高三，芮姊高一。芮姊常常跑到我們家裡，彼此玩笑無間，等於是一家人。抗戰勝利那年，1945，我十五足歲，父親去世，姊姊教小學，哥哥去電信局上班，弟弟妹妹還小，我看家計困難，便和五位同一寢室的同學，我記得是朱正安、龔維理、龔維庭、楊永光、陳正仁，一道去南京挹江門，報考海軍，我們統統被錄取了，現在在台灣的只有龔氏昆仲和我。我們去江陰、去青島接受訓練。1948 年回家，哥哥隨我去上海，考取電力公司，後來芮姊也被我接出來。沒多久，母親、姊姊，把弟弟妹妹都帶來了上海。最後我離開上海時，哥哥和芮姊已經結婚，妹妹和他們一起住楊樹浦路，媽媽、姊姊、和弟弟則住在高昌廟江南造船所附近。

眼前的芮姊，豈止朱顏改！歲月滿載著苦難，苦難煎熬著歲月；有二十多年的日日夜夜，她伴著哥哥，拖兒帶女，被下放到貴州邊遠地區，共產黨的名詞叫「勞改」，在不知今夕何夕？今朝能否活到明天的光陰中苟延殘生！

不需要問「為什麼」？只需要知道被「平反」了便是最清白的答案。隨著「四人幫」的垮台，哥哥復職了，子女中除了老二和她愛人仍被羈留貴州作為人質，一家老小全都回到蘇州來。

哥哥的事情，是媽媽告訴我的，雖然語焉未詳，也可以想當然耳。弟弟再三提醒我，和哥嫂見面，休提這檔子事，於事無補，哥哥烈性脾氣，萬一牢騷，徒增傷感外，頓生危機也不無可能。

哥哥比起「倒屣相迎」，有過之無不及，因為他居然來不及披件外衣，衝進寒夜，一瘸一瘸地從屋裡奔出來，嘴裡不停大嚷：

「老二！老二來了？在哪兒？」

我一把托住了他雙脅，兩人緊緊相擁，差點仆倒地上，芮姊推扶著我們，

哥哥和我見面時的擁抱

兄弟倆手牽手進了屋內，芮姊幫我拾起了地上的旅行袋。

燈光下，我們互相仔細端詳，近看、遠瞧。我不忍也來不及開口，哥哥猛拍我肩膀，大聲說：

「好！子丹，小伙子，還是四十年以前老模樣，挺結實。」

「哥，你身體也不錯，也很有精神。」

「不要提我，哥哥雖然只大你三歲，可是我承認我已經老了。我們兄弟三人，小弟很有成就，我們以他為榮，我知道你在台灣也很有成績。怎麼樣，弟妹是本地人？孩子不在身邊，你們很寂寞吧！」

芮姊叫我們坐下來談，坐下來慢慢談。

我脫下大衣，芮姊接過去。我打量這一進門的屋子，靠邊一張小方桌，左邊一木櫥，裡面兩三層木板隔架，碗盤杯罐什麼的琳瑯滿目，廚房就在木櫥再左邊的一個像是通道的小屋裡，對著大門的相反方向裡面有兩間臥房，中間一廁浴，看來十五六坪大，倒也應有盡有。有兩個孩子在地上跑來跑去，剛進來沒注意，孩子們似乎被大人的怪異動作和表情搞糊塗了，迷惘的表情，注視著我們。芮姊為我介紹：

「這是寶寶，是老二的女兒，他爸爸媽媽還在貴州，沒給放回來。這是妹妹，是老四的孩子，嗯！老四呀！快來見見二叔。」

廚房沒開燈，現在才看到一個三十多歲左右的婦人，簡直是芮姊青年時代的翻版，笑瞇瞇走出來，給我打招呼。我一方面回禮，一方面給兩個孩子紅包，每人二十元外匯券，這是我早已準備好的，在北京，媽媽教我的。

哥嫂有子女五人，老三老五男孩，只有老四一家也在望亭發電廠做事，住在不遠的另一幢，老四早晚都來幫爸爸媽媽忙。老五結婚不久，住蘇州。老大老三在上海。寶寶和妹妹都在廠裡的幼稚園讀書，一大班一小班，老四的愛人負責接送他們去幼稚園，晚上一家三口在這兒吃完飯後，再回家。寶寶跟奶奶睡。

這兩天，妹妹的爸爸去上海參加職業大學入學考試去了。如果考取

了，可以照樣上班，晚上或假日在蘇州分校讀書。大陸上這幾年，開始了這種學制，是對「文革」期間教育斷層的一種補救。

哥哥的腿殘廢了，心理也被摧殘得厲害，芮姊不斷打岔，不要哥哥儘說些感傷的往事，我逗孩子們玩，老四進進出出忙著，我知道她在張羅飯菜，我從旅行袋裡取出一瓶準備好了的洋酒，我記起哥哥年前給我的一封信中說過：

「子丹，今世裡如果有幸相見，兄弟倆一定要不醉不休。」

我對老四說：

「飯不用再煮了，我這兒有酒，如果有花生米就可以。」

「花生米？有！媽媽這兒還有點香腸，我家裡還有臘肉，我去拿。」

「好極了，快去拿。」哥哥擰了把熱毛巾給我，轉頭向芮姊說：「我抽屜裡放有一包龍井，本來留著，打算過年時待客，現在拿出來，我們泡茶。」

哥哥不僅僅瘸了一條腿，整個臉形也變了樣，印象中的英俊和帥氣完全不見了，說話也消沉得厲害，我阻止他談他被下放貴州的事，我說，傷心事不必提了，反正過去就過去了，人在亂世，生命算不了什麼，能活著就是最大的勝利，生活上的經歷便是歷史的見證。我約略提了提自己在台北最近三十年的生活情形。最初的十年（1949 年到 1960 年）日子，我一刀把它斬斷了，隻字不提。我說我生活過得去，因為孩子少，負擔輕，不像他早婚。

孩子們跟著吃苦受累，他總覺得過意不去。

「尤其是老二夫妻倆，到現在還不能調回來，這邊廠裡我請求廠長幫忙，可是貴州那邊還沒有完全同意。」

中共有些地方是很封建的，不僅可以子襲父職，而且可以一家人同在一單位工作。哥哥一家就是這樣，他自己在發電廠工作，全家都在發電廠上班了，雖然不是同一地區，但是可以請求調動的。貴州是邊區，老二夫妻倆不准調回來，哥哥總以為是受了他的影響。說是人質嚴重

些，對他有點威脅，倒是實情。

哥哥忽然想起什麼，轉頭向芮姊說：「我去公安部彙報一下，一下就回來。」

「方便嗎？」

「方便，方便，很近，馬上回來，這是規定，而且，這是好事。」

芮姊遞上他的外衣，幫他圍圍巾，戴帽子，掀起重重門簾，他推門、關門，我的眼淚在他一瘸一瘸的背影裡又泉湧而出。

我雙手捧住自己臉，強忍著不出聲。卻聽到了芮姊的飲泣，她奔進臥室去，也聽到寶寶跟了去。妹妹爬到我面前的矮檯上來，軟軟熱熱的小手掰開了我的手，稚意地告訴我：「奶奶哭哭！」

我正決定著，讓芮姊哭一哭，為什麼不痛痛快快地大聲哭？不料，她牽著寶寶的手出來了，平靜地對我說：

「子丹，別難過了，這是命！待會駿之回來，和他談點高興的事。」

哥哥喊我的聲音比推門的聲音先發而至，他手上還拎了小包，是滷菜什麼的，老四也一道回來。

哥哥說：「我正好遇到廠長，他明天就和統戰部的幹部一道來家看你，還要請你吃飯，問要不要派車用。」

我說：「哥呀！明天我就要回上海，因為後天就要回香港，飛機票早訂好了！」

哥哥和嫂嫂沒料到我是如此匆匆。哥哥決定下得快：「沒關係，他們來了聊聊也好，中飯早點吃，隨後我們一道去蘇州逛逛，送你上火車。今晚我陪你住招待所，我請他們派部車子用。」

「行嗎？」

「行！行！我們這位顧廠長學電機的，四十來歲，算是新派人物，很是通情達理。」

我幫著芮姊把方桌移到中間，老四一盤盤菜端上來，我先給他們拍了幾張照，也請老四或哥哥為我分別和他們照。芮姊陪我們兄弟喝了半

杯酒，老四忙著給孩子們揀菜端飯，又一直站在桌邊為我們張羅，我一定要她坐下來，和我們一道吃，她敬我酒，又敬她爸媽，又命令孩子們以飯代酒敬二爺爺。一下子我升級了，為人祖父了。我注意到哥哥和芮姊，歡欣的眼睛裡滿含淚水，老四體已極了，一一給我們遞上熱毛巾，哥哥喃喃自語：

「太高興了，要早知道，我該把孩子們都叫回來，」轉頭對老四說：「也叫你愛人這一次別去考試。」

不知道什麼時候開始，孩子們大概睡了，芮姊和老四也停止了吃飯，母女倆旁邊坐著，只見我兄弟倆你一杯我一杯，又是酒，又是茶，話題跳越了快五十年以前的往事。「我家門前有小河」，正是我們居住家鄉蕪湖的情景，談起了在學校打籃球，談起了每天早晨早床後的第一件事，在石板上用毛筆蘸水寫十來個大的字，和三行小楷。這是爸爸要我們做的唯一家庭作業。我想起自己的孩子，已經在讀研究所了，中國字寫起來鬼畫符一樣，比我小學時代寫的字還要差。

酒完了，夜深了，我兄弟倆相互扶持著，搖搖擺擺走向不遠處的招待所去。

十二月八日早上一點多鐘，我們兄弟倆醉醺醺地推開望亭發電廠招待所的玻璃大門，一定是哥哥昨晚去公安部報備時訂好了房間，櫃台裡值夜的一位先生和哥哥打招呼說：

「胡老，您陪您兄弟來啦！您房間在二樓，我給您開門。」

我一面給這位先生打招呼，一面扶著哥哥尾隨他上了二樓，進了房間。

房裡兩張單人床，我幫哥哥褪去外衣，脫鞋，扶他上了床，蓋上被。芮姊告訴我，哥哥酒量不會比我差，今天情緒太激動，最初幾杯喝得太猛，還算好，我倆都沒吐，他一上床就不知人事了。我覺得頭重腳輕，顧不得洗臉刷牙，這招待所還不錯，是套房，我上了洗手間，卸下大衣脫了鞋，急急忙忙趕去會周公。

　　應該是快天亮的時候，我口渴、頭痛，不知身在何處？沒有睜眼，掀起被子，正傾身而起，忽然驚覺到身旁有一個人，原來是哥哥早起了，他看我好睡，他把床頭燈打開，仔細地看我。

　　「沒什麼變！記得嗎？我們跑反在涇縣時，在馬家村同榻而眠。那時候，妹妹剛出生，還沒有小弟……」

　　涇縣，是安徽省涇縣，抗日戰爭期間，不曾淪陷。

　　「記得，我在台北也常想起過去的生活，那些日子，全家人在一起，即使窮一點也挺快樂的。」

　　我去了洗手間，回來仍舊躺上床，哥哥也仍舊坐在床沿，加起來一百二十一歲的兩個老兄弟，似乎有意要努力捕捉那共同擁有的童年。

　　記得很清楚，那一年，我十一，他十四，我們臨時住在馬家村，爸爸去了南陵，媽媽身上不知生了一個什麼腫，要貼膏藥，要吃六神丸，馬家村買不到，必須步行十華里左右去鎮上買，姊姊主持家務，這採購任務便落到我兄弟倆身上，中途要穿越兩、三華里長的竹林，往往林中無人，那時我們已經看過《水滸傳》了，黑松林的印象常常叫我們心驚肉跳，這來回兩個鐘頭的行程裡，在往返穿越竹林的二十來分鐘的緊張沙地中，我兄弟倆往往是全力衝刺奔跑，你追我逐，一路喊叫，回聲在挺拔搖晃的竹筍間擴散，跑出了竹林，一屁股跌坐在路旁石塊上，喘息著把球鞋脫下來，連襪子也脫，把沙子拍打掉、傾倒掉。我們幾乎每隔兩三天便往返鎮上一次，總共有七、八次之多。每次在心驚肉跳之餘，奇怪討論著，為什麼不一次多買一點？一直沒敢問，後來不問也明白了。

　　哥哥倒了兩杯開水，一杯遞給我，我坐起來，斜靠在枕頭上，我們盡談著往事，對分離後的，以及明天以後的，誰也不願意領頭去講，生怕破壞了這難得共有的回憶氣氛，往事沐浴在杯中冒出的熱氣中，迷迷濛濛，恍恍惚惚地美化了。哥哥問起了我的獨生子，他說：

　　「他在國外還好吧！你要特別照顧他，他是我們下一代中最傑出的。我的幾個孩子統統沒受到好教育，不文盲已是萬幸。他們的成長過

程太不幸，太可怕。子丹，你知道嗎？我們這邊文盲多得可怕，當局現在雖然全力『掃盲』，但是在農村，居然還有家長不准自己子女去讀書。」

「爲什麼？」

「這是因爲實行了『承包制』，大人全體動員多幹活，硬把孩子們留在家裡幫忙家務。這當然是大人們短視，可也是窮了多少年窮怕了。你知道嗎？我們小時候都聽過的一句話是『兒童是未來的主人翁』，現在農村裡，卻有人說：『農村的孩子是未來的野草！』這可不能當笑話聽，應該是他們的心聲！」

「昨天在火車上聽到一件事，說大陸十億多人口中，有五分之二以上的人牙齒有毛病，主要原因是沒有刷牙或很少刷牙的關係。」

「對，有些人家幾個人合用一把牙刷，甚至於，把牙刷當作裝飾品，很少動用的也有。」

我們又聊了些姊姊、妹妹、弟弟家的事，他也好幾年沒見過媽媽，他說，上次他家老五結婚時，曾帶了他愛人專程去北京，拜見了祖母、小叔和小姨兩家。

我告訴哥哥，我由上海到蘇州是乘硬座來的，哥哥勸我回去時千萬使不得，人太擠太危險了。他說到了春天更是人多，一列車廂往往是擠滿了超額一倍以上的人，就算這樣，月台上還有被甩在那兒候著的，還有在長龍中等買票的。在硬座車廂中的旅客，有如疊羅漢，到了目的地，腿站痠了，腳站腫了，渾身痛苦不堪。

哥哥告訴我，大陸上火車，除了我知道的短程分硬座和軟座，長途的分軟臥和硬臥兩種，如果我從北京來上海是乘火車的話，最好是買軟臥。票價差額當然大，北京到上海，軟臥人民幣兩百一十元，硬臥只有六十元。如果廣州到北京，軟臥三百九十元，硬臥只要六十四元。可是一份價錢一分貨，軟臥好比觀光飯店，有專用盥洗間，有豪華餐廳，有專人侍候；而硬座呢？我已經領教過，和軟臥一比，簡直是人間地獄和天上人間。

　　四十年來，我和他們沒有見面，是政治關係。而他們分散在南北兩地彼此也很少聚首，卻是經濟上的原因，他們哪有力量買飛機票？而乘火車竟是如此恐怖，簡直拼老命！

　　弟弟每隔一兩年，倒是來上海、來蘇州一次，他是出差，爲「中央音樂學院」在南方招考學生。他到南方，順便看看姊姊和哥哥這兩個家。

　　「喔！喔！喔！」雄雞報曉了！我難得聽到如此令人昂奮的聲音。「聞雞起舞」，我提議：出去走走。

　　我們先後上了洗手間、盥洗如儀後，我們整裝出了招待所。

　　我們正好對著東方走，耀眼的太陽光從地面的空檔間隙處，如同千萬支火箭迎面直射過來，在冷空氣中更顯得火熱火熱，散發到全身，好暖和。哥哥拉住我的手，一瘸一瘸地使勁走著，他拒絕了我對他「不良於行」的扶持，他說：

　　「腿瘸了沒關係，夏天裡我還可以游泳，只是連累到下一代，我實在有點不甘心。子丹，我實在想不到，我們兩兄弟還真的見了面。這一次時間太短，我們又太激動了，你說你明年可以再回來？那時候，我們要好好談，好好談談四十年不相見的離別情況。」

　　「明年能來我一定來，我也這樣跟媽媽講過。哥，你一定要振作起來，不要內疚，總以爲二姪女一家沒回來，是因爲你的緣故，是又怎麼樣？又不是你自己招惹的！又不是你一個人被下放！」

　　小街上行人稀少，偶而「狹路相逢」，哥哥在招呼時總不忘介紹著：「這是我弟弟，我們快四十年不見面，他從台灣來。」我鞠躬，或抱拳作揖、或握手，有時回答些簡單問題。這四天多我來到中國大陸，自北方到南方，由城市到小鎮，飛機上、火車上、汽車上、以及三輪車上，去過觀光酒店、豪華飯店，以及一般人群中，我都逗留過，我特別注意到各場合中的人與我、人與他人之間在接觸時的語氣和表情。當然，親情是存在的，表相化的關切是存在的，但是，一般說來，血比水濃，小鎮比都市要人味得多，如果一定要我說出所以然來，我的感受很籠統，

只能抽象地說：今天大陸和四十年前的大陸相比，人的品質，不論是道德或修為，恐怕是低落了很多很多。

我之所以有如此之感受，並不表示約兩千萬多，在台澎金馬的中國人的品質，又會高明到哪裡去，應該是伯仲之間吧！不同的是，今日台灣，小鎮和農村幾乎失去了自己的個性，交通發達，天涯若比鄰；資訊快速，音容立即顯現；鄉村早已都市化，而都市反而在邁向「鄉村化」不斷努力。因而，不論都市或農村，人的品質因物質水準相差有限也就高低差不多，我們久處芝蘭之室或鮑魚之肆，香臭早已習焉不察，麻木不仁了。大陸則不然，一南一北的親人很難見面，打電話困難重重，而大城市和小鄉鎮，即使比鄰亦等於天涯。北京人的不禮貌，在望亭可正是「禮失求諸野」，黃埔灘上的人與人之間的冷漠自私，在蘇州可就人情溫暖。是視野空間狹窄？是人聲車聲種種文明聲的音垢？是急功近利聲色物慾的影響？想來兼而有之，多而有之的緣故，使得都市人變成過於保護自己、排斥他人，只圖眼前，不顧明天，養成了閉塞、心盲的習性，這不僅是多年貧窮落後的成績，更是在一個非開放性社會中生活的必然現象。

哥哥低聲問我，兩岸的前途如何？我說一定會統一，他同意。我們更同意絕不是三年五載的事，不過我強調，我們這一代人可以看得見。

我們使勁捏了捏手，彼此相視而笑，唯有在哥哥的笑容中，我捕捉到他在四十年前的面龐輪廓。

一村到了，遠遠看見芮姊站在二十一幢前。不約而同地，哥哥和我高高舉起了我們互牽的手，在空中搖擺，向她招呼。

芮姊笑吟吟地追上來，她說，昨晚（其實是今天凌晨）你們走了，我們好不放心，老四一直嘀咕著，要去看看你們，我說不會的，在路上萬一你們摔倒了，也會有人扶你們，不然也會來家報信的。

哥哥打趣回答，我們真的摔倒了，是摔倒在招待所的床上。

寶寶也起來了，臃腫的厚大衣外面，圍了個白兜兜，是幼稚園統一

式樣，胸襟前別了塊白手帕，手上正抓著一根油條在吃。看見了我們進屋，向奶奶撒嬌說：

「人家餓了嘛！」

「手不要在身上擦，喝了豆漿沒有？來，爺爺倒給你。」

剛才在村口不遠，我看到有豆漿油條店，芮姊說，有時也吃泡飯或煮稀飯。這方面，和過去在老家情形差不多。我們吃著聊著，老四抱了妹妹進屋來，和我們打了招呼，說是吃過了，現在要送寶寶和妹妹去幼稚園。

哥哥又問起我，弟弟妹妹和姊姊他們三個家庭的現況，還有媽媽怎麼樣？我說，前兩年自從有了聯絡，我曾每隔一兩個月請在美國的朋友寄點錢給弟弟，媽媽住在那兒，我這樣做只是求心安。我不方便問弟弟和弟妹這些他們有多大幫助。現在我由芮姊的說明我才知道，例如我寄一百元美金，弟弟除了領到按匯率所得的人民幣外，還收到一張購物證，可以買到：

七十四斤糧食；

七十四張工業券，可以買電視機等等；

五點二斤的油；

十七點五張的副食券，可以買餅乾、糖果等；

十七點五的煙酒券，可以買洋酒洋煙。

這張購物證可以剪下來一樣一樣買，當然同時還要付人民幣。購買證加人民幣等於是外匯券的功能，可以買你想買的東西。沒有購物證的人。人民幣再多，也沒法買到自己想買的東西。購買證本身可以買賣，一本購買證喊價一百七十元人民幣，有人買了，湊足點券便可以買三大、五小，以及光憑人民幣買不到自己想要的東西。

所謂三大件，使是洗衣機、彩色電視機、和收錄機。五小則是照相機、手錶、收音機、還有兩樣，我記不得了。

哥哥說他們家三大件都沒有，我在弟弟和妹妹家，也沒看到洗衣

機。芮姊說，大陸上沒有洗衣機的人多的是，因為往往沒水，而且也太費水，有時又停電，還不如乾脆用手自己洗。

我由上海來蘇州的「硬座」上，有人說，中共當局曾經訓令台胞在大陸上的親友，一定要遵行「三不問」政策。我問哥哥有無其事，哥哥笑而不答。芮姊說，我們可沒有問呀！所謂「三不問」是（一）不問黨籍；（二）不問政治；（三）不問收入。我主動說明，我沒有加入任何黨，過去在軍隊裡不曾入黨，以後一直沒有。我不懂政治，對政治也沒興趣。我拿薪水，收入的數目如果換算美金再換人民幣，當然比他們多得太多，但海峽兩岸的物價，以及生活水平，我的薪水也足夠我的支出而已，是「足夠」，不是勉強夠。

我這樣一說明，哥嫂兩人莞爾。我們接著聊了些家務事。

老四回來了，她今天請假，說二叔是台胞，剛由台灣來，要陪二叔去蘇州，這個假一請就准。她忙著掃地、收拾，芮姊也幫著整理，新泡一壺茶，把小椅小橙收到臥室中去，撿選幾張像樣的椅子放在桌前，芮姊換了件衣服，頭髮也梳理得比昨天整齊得多。窗戶打開了，風不大，讓陽光曬進屋來。

我看在眼裡，我知道這是怎麼一回事，哥哥笑著說：

「顧廠長還沒有到過任何一個員工家裡，這恐怕是第一次。」

說曹操，曹操就到。有敲門聲，芮姊去開，哥哥迎上去，我站起身子。

進來三個人，我面朝大門背向窗子，他們迎了陽光也迎向我，滿面笑容地走進來，我上前和他們一一握手，領頭進來的顧廠長為我介紹：「這位是公安部的張同志，這位是統戰部的李同志。」（「張」「李」是我隨便寫寫的，因為真正的姓我忘了。）

我們紛紛落座，芮姊和老四張羅著茶水，哥哥雙手一一遞上香煙，張同志熟練地掏出打火機，給四支煙一一點燃，哥哥微笑著解釋：「我弟弟不抽煙！」

　　昨晚到今早，我也沒見哥哥抽煙，常理推斷，昨天兄弟對飲時，怎不見哥哥抽煙？想必哥哥早已準備，剛才口袋裡一摸，一包寶路華就亮相了，而且當眾開包。

　　這只是一刹間的疑問，張同志開口了：

　　「早上一上班，廠長就告訴我們這個好消息，我們趕著來看你，聽說你今天就去上海，怎麼這麼匆忙呢？」

　　李同志也說：

　　「廠長的意思要請你吃飯，和大家見見面，你哥哥說怕時間不許可，下午我們會派部車子給你們用，你們一家可以去蘇州逛逛，嫂子很少去吧！」

　　芮姊點頭稱是。

　　我當然謝謝他們，尤其顧廠長，我說：

　　「家兄告訴我，各位對他很照顧，尤其廠長對家兄的二女兒小夫妻倆由貴州調回來的事，非常幫忙，我聽了也很感激，真不知道如何謝謝各位才好。」

　　「胡先生別客氣，我們能力上做得到的事，一定使力去做。你這次來，你看有什麼要我們做的，我們也一定做，下午到了蘇州，我會關照司機同志替你買一張軟座。」

　　這時候，哥哥順便向他們提出：

　　「我知道我二女兒和他愛人調回來的事，廠方已經辦公文了，至於貴州方面還要請三位多幫忙，打一下招呼。」

　　「沒問題，廠長已經關照過，公文上寫的也很迫切，這點你放心，現在你兄弟在這裡，我一定沒問題，只等辦手續了。」

　　廠長關照哥哥說：

　　「你得為他們準備點路費才好。」

　　他們是來和我談話的，不料話題轉到哥哥的二女兒身上去。他們口口聲聲說這一次沒來得及好好招待我，實在抱歉。我以為我們這一次見

面，如果真能促成哥哥一家老小早日團圓，那我更不虛此行了。

他們起身告辭，說廠裡還有要務等待處理。哥哥、嫂嫂、我，還有老四，一直恭送到樓梯口，彼此握手、告別。是李同志的嗓門，在樓下還大聲喊著：

「下午一點半我叫人開車來，送你們去蘇州。」

哥哥回應著，我們回到屋裡，屋裡更亮了，連廚房也投射進陽光。

哥哥很興奮，兩手互搓著跟芮姊說：「要是廠方出面，給貴州那邊多說幾句好話，爭取老二他們回來，那就沒有問題了，剛才子丹這麼一提，廠長他們的態度更見明朗，這事大有希望。子丹，你幫了我們一個大忙，你可知道？」

「我只是沒話找話，如果真能讓二姪女夫妻倆早點到你們身邊，那就太好了。」

我問哥哥抽不抽煙？他的回答是，在大陸，不抽煙的男人太少了，這是人際關係的潤滑劑，也是苦悶煩惱時的麻醉劑。我說，這次打從我們一見面到廠長出現這一段時間裡，我怎不見你抽煙？他回答得妙：我們兄弟倆還講究人際關係嗎？我們的重相逢，還有苦悶煩惱嗎？

果真不假，三人行走了以後，一直到我在蘇州上火車為止，哥哥沒有再抽一支煙。

我是望亭發電廠由台灣來探親的第一人。我在報上看到，「中國新聞社」的消息，十一月二日開始到今天一個多月，光光福建一個省，便已經接待了一萬多人次的台胞探親。春節將來臨，海峽上空成了「山陰道上」，探親人次越來越多，越來越絡繹不絕了。

芮姊和老四在廚房準備中飯，我一直嚷著儘量簡單些。老四走過我身邊，對我說：「二叔你放心，要複雜也複雜不起來。我現在接寶寶和妹妹去，待會見！」

中飯的內容三菜一湯，兩個小孩聽到說去蘇州玩，又是乘小轎車，高興得大叫。芮姊吃好了飯去了臥室老半天，我以為她去化粧，想不到

她翻箱倒櫃地找了套茶具出來，說是道地宜興出品，堅持送給我，我說，別讓我甩壞了，替我保管著，下次我和弟妹一道來時再帶走吧！

我找了個空檔走進廚房，悄悄對老四說：

「老四，妳二姊和二姊夫快回來，我這個給妳，等我走了以後妳再交給妳爸爸，說是給二姪女他們做路費的。」

我塞了張百元美鈔給她。

回到台北快三個月，接到大哥輾轉來的信，他說，百元美鈔還沒有動用，你二姪女調動的事，八字還欠一撇。這一撇是哪一撇？倒把我弄糊塗了。

一部八人座旅行車，把我們一直送去虎丘。

哥、嫂、老四、寶寶、妹妹、我，還有司機先生。司機先生四十多歲，看起來卻和我年歲不相上下，我不知道我不夠成熟？還是他長得過於老成？他談鋒健，不停和哥哥聊天，加上寶寶和妹妹說笑不止，一路上頗不寂寞。我說，八點鐘我一定得趕到姊姊家，所以必須六點到上海，四點半左右的火車才來得及。

哥哥和司機先生商量著，只逛虎丘一個地方沒問題。

虎丘在我的記憶裡已經很模糊。車子停在門前廣場上。司機先生和我們約好了見面時間，我們便走向山門了。虎丘當然是一座小山，山腳有寺廟，寺廟前的廣場，以及走了大門後的牌樓，和石子路兩旁的小店舖，像極了台北的圓通寺，只是石階少，又有點像中影的文化城。這麼一比方，在台北生活多年的人，心裡會有一個底了。芮姊說，在蘇

哥哥和我逛虎丘

州這幾年裡，這是第二次來，老四還是結婚那年來。兩個孩子最高興，到處奔跑，妹妹的媽媽忙著照顧，芮姊也是追逐孩子不停地嚷：「回來！」

「不要跑！」「小心！」

哥哥和我手牽手，邊走邊聊天。談蕉湖的赭山、陶塘，還有哥哥的同班同學。他的最好同學張宇恭我叫他張大哥，現在在台北，我和他有時見面，我告訴哥哥：

「張大哥是神父，在台北新莊輔仁大學教書。」

「張宇恭，我們交情不錯，在學校裡我們一同辦壁報，1949 年，他在上海復旦，我們見過，那一年我結婚了，在電力公司待遇也不錯，不然，我很可能和他一塊去西班牙讀書。回台北遇到他，替我問好。」

談起張神父，我問哥哥在大陸上天主教的情形怎樣？他不知道。他問我是否知道了什麼？我還是在香港的報紙上看到一些關於這方面事情：中共成立了所謂「中國天主教愛國會」，也就是「三自愛國教會」。「三自」者，自治、自養、自得。自治是斷絕國外的領導權；自養是斷絕國外的經濟援助；自得是揚棄西方神學的約束。所以大陸上的天主教的各區主教，是由中共「自選自聖」被指定的人。大陸上的天主教徒有三百多萬，「愛國教會」控制了城市中的教徒活動，而農村中的教徒大都仍舊信奉羅馬教皇。上海剛剛「解放」不久，原任主教龔品梅便被捕，一共坐了三十多年牢，直到前年（1985 年）才被釋放。

中共想以「愛國教會」控制天主教。但是很多教徒，寧可在家中舉行彌撒，而不願去教堂。看來，人的思想或信仰，光靠形式上的控制或操縱，是很難達到預期效果，有時反而適得其反。

哥哥靜靜地聽，他說他已經無視於身外之事。我說你無視於身外之事，可是身外之事有視於你，甚至影響左右了你怎麼辦？

「怎麼辦？你又能怎麼辦？」

哥哥是哀莫大於心死了，一定是「下放」太久，個人的親身經歷，加上在「下放」的時、地、人的定位裡，所見所聞的種種，把他折磨得心死了。哥哥主動把話題岔開，他問我：「你說你現在還在每天運動，是不是還在打籃球？」

「不！籃球打不動了，現在每天早上打網球。」

「啊！打網球，那花費不少吧！不是一般人都花得起！」

「不花多少錢，倒是場地不多，僧多粥少，早上去遲了便輪不上，所以天不亮就去掛牌，大家按掛牌次序輪流打。」

「我說駿之呀！你腿不方便，早點起來，活動活動雙臂和身子也是好的，老二在貴州的事，你就別煩了。只要我們盡了力，沒結果那又怎麼辦？」芮姊跟上來，她聽到哥哥滿口洩氣話，便乘機給他打氣。

「寶寶他們呢？」

「在假山那邊玩！走！我們也過去，子丹，給我拍幾張照。」

不少年輕男女在拍照，稚嫩而生澀的架式，做作又誇大的姿態，以及看得出來的刻意打扮，還有高聲談笑所使用的新鮮詞彙，在在透露出這遲來的近代物質文明的剛起步。男孩子抽煙是免不了的時髦，也許是派頭。他們的手指既要按快門，又要夾緊燃著的香煙，他們的兩腳在凸凹不平的亂石中，奔走在鏡頭目的物和適當距離之間，手忙腳亂的不規則，和顯然是裝腔作勢的老練模樣，我看得著急，為他們捏一把汗。哥哥頗獲我心，對我笑著說：他們應該比我們更有興趣於新玩藝兒，可是，他們卻不能真正懂得使用這些新玩藝兒。

老四把兩個孩子像趕鴨子似地趕了來，我先給他們三代五口在「虎丘劍池」的石碑下面拍了張照片，接著在寶塔前我給妹妹和他媽媽、哥哥和老四拍；芮姊給哥哥和我，老四和我各拍了一張。我又給兩個孩子在附近拍了一張。

我們繼續往上走，爬上了二十多個石階，在假山石洞的轉角處，我對哥哥說，我們歇會兒吧！芮姊當然同意，哥哥還逞強，稍稍抗議：「不是體諒我吧！」

「不是！不是！我可想不到這一層，這半高不高的地方，人少，景緻好，遠眺近看都適宜，讓老四照顧孩子去，我們三老坐下聊聊吧！」

「好笑，子丹，你哪裡老？我們才是老態龍鍾，你看你哥哥，當年

在蕪湖是什麼模樣！現在又是什麼模樣！」

「好漢不提當年勇！妳怎麼不說當年我在貴州又是怎麼樣！」

我的觀察是，他們二位在體態和容貌是比實際年齡要老得多。奇怪的是，我的姊姊、姊夫、妹妹、妹夫，弟弟、弟妹，以及在大陸上我所接觸到的四十歲至六十五歲之間的人，都比較老得快。我不是給自己臉上貼金，我在大陸各地旅行，我說我是五十歲上下的人，沒有人會懷疑。

為什麼四十歲至六十五歲之間的人顯得特別老？答案很快可以找到。1966 年到 1976 年的十年間，正是「文化大革命」時期，也正是四十歲到六十五歲之間的人的黃金時代，我們算算四十歲的人在 1966 年是十九歲，六十五歲的人是四十四歲。這些人的運氣真「好」，也真巧，不是失學失業，便是被下放被勞改。體力透支加上精神虐待，生活在沒有希望沒有明天的日子裡，怎麼不加速老化？前天我在火車上看到一本「小說月報」，裡面載有諶容寫的一篇『減去十年』，是一篇報導文學、思想深刻的作品，可以看出被腰斬「黃金時代」的文革期間的被犧牲人物，即使現在活著，他們是怎樣的一種心態！這類作品能從某些個體的遭遇或事件中，挖掘出目前普遍存在於現代人的一種不平衡心理狀態。這類作品的寫實和這些作家們的敏銳捕捉能力，很能發人深思。我以為這類作品，是應該被介紹到台灣，引起在台灣的中國人的共鳴。

我的這種想法，當然沒有說出來。可是我又興起了另一種想法。我問哥哥和芮姊：

「我發現大陸上老人似乎比台灣的多，而且，活到八九十歲的人也很健康，這是怎麼回事？」

「子丹，你怎麼糊塗了？這是因為生活簡單，有體力勞動的關係呀！」

「還因為知識水準不高，甚至文盲也不一定，吃飽了睡著了便滿足了，不要說國家大事想不透，連自己身邊事也想不通，所以乾脆什麼都不想，不想不忙，能吃能睡，當然長壽。」

　　孩子們跟老四一道來到我們身邊，兩個人手裡都拿著一串糖球，兩件外衣都在老四手裡，三個人都冒汗了。

　　老四提醒我們：

　　「二叔，時間差不多了吧！走下去還要半個多鐘頭呢！」

　　我們和司機先生約好的見面時間是四點半。差不多了。我們都站起身來，芮姊撣撣褲腳和上衣背後，哥哥提醒我，下次來，可以直飛蘇州或無錫，都是碩放機場降落，碩放和望亭的距離只有五公里，他可以來接我。

　　我想起了顧廠長提過火車票的事，我對哥哥說，到了火車站，你們都不要下車，直接回望亭，我自己買軟座一定沒問題。請哥哥謝謝司機先生。

　　司機先生等到了我們，一路上我和孩子逗著玩。火車站到了，我們依計而行。我一個人下了車，上了車站石階，轉身看，汽車已開走。我在「台胞窗口」買到了軟座，四點四十分的車。

　　我上了由南京開往杭州的火車。

　　軟座和硬座顯然有別，硬座的味兒我是嚐過了，現在開始領教軟座。軟座是四人對座，中間有固定的長方形桌子，很少有人站著的，椅子是名符其實的「軟」，電視放在車廂兩頭，看樣子是二十吋到二十四吋左右，白天裡沒節目的時候，偶爾播放音樂，並且有服務人員給你泡茶。

　　軟座與硬座不僅因票價高低而享受不同，在人權上也有嚴格劃分，兩頭車廂門往往上鎖，硬座乘客除非特殊事故並且經過准許，否則不可越軟座一步，而軟座乘客則可任意前往硬座，經過上鎖的車廂門時，只須向服務人員出示票根即可。

　　電視機旁邊，有懸掛觀光地區風景照，有的是響噹噹的標語，所謂響噹噹，倒不一定是官方指定的制式標語，而是各站有各站的自己的口號，我看到的兩則是：

把紫金號列車建成明星列車。

人民列車為人民創造明星列車而努力。

在北京的大街小巷，我看到的標語口號夠多，這會兒，在軟座車廂裡，欣賞到這嶄新的標語，覺得在八股中顯得出類拔萃，頗有創意。

上車坐定不久，服務人員前來登記，如果吃飯盒，待會他們送來，如果進餐車用餐，要在五點鐘以後。我為了廣增見聞，便準備去餐車。果不其然，五點一刻不到，我們去餐車的乘客便被通知出發了。我們經過了兩節軟座，又經過了一節硬座，好不容易挨到了餐車，沒想到秩序也是亂糟糟，桌椅等設備還算可以，只是太不衛生，有人不斷掃地，有人不斷丟東西。喝啤酒、喝汽水，人人嘟嘴湊瓶，口對罐地喝，不用杯子，也不用吸管，喝完了便順手叮叮噹噹一丟；煙蒂、手紙也隨地拋。妙的是，擴音器不停地呼籲，不要隨手丟棄垃圾，而人的咳嗽聲、談笑聲、吐痰聲，在煙霧繚繞中，似乎偏偏執拗地背道而馳。

我是跟我對面座位一對年輕夫婦一道進餐的，看樣子是一對新婚夫婦，由南京回上海。他們都是在中學教書，知道了我是台胞，而且在上海有親戚，無形中縮短了不少距離。他們似乎看出了我對火車上的些許驚訝，主動向我解釋：

大陸上中國人，五十歲以上的，眼見或親身經歷過「文革」期間的恐怖，現在已經麻木了，對什麼事都不在乎，也不在意。年輕的一代，大多數沒受過正常教育，甚至於是文盲，他們更無法把持自己。中共當局也承認，這一代青少年與社會發展有了各不相干的現象。你叫他不要隨手丟棄垃圾，他丟得更起勁。如果一定要找出近因，那應該是（一）沒有全「國」性青少年法規；（二）性挑逗的媒體太多，而「性」案處罰太重；（三）搶入「重點學校」（如同台灣的「明星學校」）的壓力太重；（四）缺乏引導青少年納入規範的有力機構，以及（五）培養青少年的社會投資不夠。

他們建議我，了解一件事情儘可能要深入內部。他們對我由上海去

蘇州乘坐硬座不僅贊同，而且佩服我的勇氣。他們有一位不認識的長輩，兩年前以華僑身分在上海住了一個多月，也曾在台北住了二十多年，所以他們從這位長輩口中知道了不少台灣的事。他們笑著說，在台灣住大廈越高層越舒服，頂層的賣價一定最貴；可是在大陸，五樓的房屋居然沒有電梯，十層以上的人民住宅，電梯也往往不靈光，倒不是電梯出了毛病，而是常常停電，這對老人怎麼辦？對病人或體弱的人怎麼辦？

我們同桌吃飯，四菜一湯，三人六十人民幣，我堅持付了。當我們由餐車回到座位上時，這對年輕人和我已經非常熟稔。

我們有一個共識，「教育問題」是中共目前最迫切的問題，而教育問題中最先要解決的便是師資問題。有人提議，中共當局應該挪動國家基本建設四分之一甚至三分之一，用來提高教育經費百分之十或二十。各種硬體建設是立竿見影，而軟體建設中的教育則是「百年樹人」。他們問我，聽說台灣升學競爭與考試壓力也頗為驚人，近視眼特別多，是否有所改進？我一方面回答，當然有改進；一方面想到，連國小五、六年級學生們，也在光線不足的教室裡，戴上近視眼鏡埋頭苦「填」時，我心戚然！我有什麼心理基礎，來和這兩位老師大談教育問題呢？

我們話題轉到「大家庭」「小家庭」方面，他們是住在學校宿舍裡，根據去年(1986)的調查，城市裡家庭結構變化最大，以天津、北京、南京、上海、成都這五個城市來說，小家庭已佔了百分之六十六點四，大家庭佔百分之二十四點九。在鄉下，四代或五代同堂已經很少很少，主幹家庭三代同堂的，也只是百分之四十八點六，且有下降的趨勢。

車窗的視野不錯，在經過崑山站前後，一片已被收成的空曠稻田，綠油油的水波倒影著午後的陽光，如魚鱗般閃爍，田畝之間的小丘、小屋，以及佇足仰望的小狗，增添了不少鄉野情趣。我沉思在四十年前在上海「蘭心」看曹禺「原野」舞台劇，五年前在檳城看曹禺的「原野」電影，頭腦中映現出「狗蛋」這角色在田埂上，俯身地面貼耳傾聽火車

在鐵軌上馳騁而來的神態。這眼前的景色不正是劇情中活生生的場景重現嗎！我想得太不實際，說出來也非這對年輕人所能了解。想當然，很多比我們年長的人的想法，又豈是我們所能了解的！

火車在原野中奔馳，經過了小村茅舍，橫越了小橋流水。服務員為我們的茶杯加了熱開水。他們問我，前兩天有沒有去過上海南京路，我說還沒有來及去，他們勸我明天應該去逛逛。那是全大陸最大的商業街，是零售商品的集散地，也是商訊情報台。每天每天湧入南京路的人次，已有一百五十萬人之多，路旁有三百六十多家的商店，不僅顧客盈門，連路邊人行道上也是水洩不通，「車水馬龍」已不足以形容那擠塞情況。那兒商品種類多，集全「國」大成，也集全世界大成，台灣貨更是其中受寵矚目的一大項。每天起碼有二十萬個個體戶（即批發商）前來採購，另有五萬以上外地商人來這兒揣摩商情，參觀各式各樣的商品展覽會。

他們說得我心動，我想應該前往走一趟。

天開始黑下來的時候，火車猛然吼叫起來，車廂中旅客們也從靜態中甦醒起來，有整理東西的，有站起身子舉臂伸腿的，還有前去盥洗室的，遠處燈光特別明亮而密集。不用說，北站到了。

這對年輕夫婦，和我在旅程中約兩個小時的對面而座，由陌生到侃侃而談，幾分鐘後又將在人叢中消失而分離。

我被人潮擠出了北站，投身在另一個人潮中。我掏出了昨天早晨外甥為我特別製作的臨時地圖，加上剛剛那對夫婦口授的路線走法。出了北站向左轉，我先找出方向中的大目標，免得在人潮中被沖失掉，到達大目標後，再找第二個大目標，我要求自己一定要有定力，不受黃牛搭訕，也不受任何人的干擾。外甥說，按照道理，一個半鐘頭，準能到得了浦東他們家，我心裡準備，現在六點不到，計算得寬裕點，晚上八點鏡以前總可以到吧！

四面八方都有霓虹燈在閃爍，簡體字的本身對我來說，比廣告物或

市招的內容更能吸引我的注意，我有拿出相機拍幾張的衝動，無奈身體老被撞碰著，手上拿的旅行袋根本找不到適當地方放下來，又擔心在如此的街心拍照，會不會引起麻煩。一個人旅行在如此囂張的怪異人群中，膽怯加疑慮，輕而易舉地戰勝了預料得到的來日後悔。我在穿越兩條馬路後，在一個街角附近，終於找到了我要搭乘的公車站牌。

我站立在站牌下，用兩腿夾住了旅行袋，在口袋裡掏出了準備好的好幾張一角一張的人民幣，以及零星小票。

遠遠看到了我要乘的電車，還未停妥，下車的人還在繼續下，上車的人便狠命搶上車去。我不能示弱，更不能謙讓，我藉左右傾軋以及後方推擠的力量，左手心捏緊了零票，用拳頭把旅行袋套緊胸前，右手攀到了車門框柱，雙腳一踮，身子騰空，藉他人之力，我上了車。

反正我最後一站下，篤定泰山，閉上眼睛，任憑東倒西歪，前仆後仰，天冷大家衣服厚，面皮也就厚了起來，推貼之間不可能有尷尬事發生。售票員坐在門口橫頭，居然還有一個小小櫃台，一個麥克風。我的零票是經由別人的手轉過去，換來了車票。我一天是累了，早上到現在還沒休息過。

到終點站下車，按圖索驥，我回轉走至旁邊一條街，以同樣方法上了另一輛電車，還是終點站下車。原址不動，上了過隧道的汽車。

運氣不錯，沒碰上隧道塞車。出了隧道，在第一個站下車，順方向前走不遠，外甥已經迎上來了。

外甥接過我的旅行袋，我左手搭在他的右肩，我們兩人有說有笑上樓梯，進入室內。

姊姊在飯廳裡坐著，一聽門響，又聽到我們的談笑聲，立刻迎上來，衝著我說：

「回來啦！快，洗把臉吃飯，駿之他們好吧？」

我先去洗手間，出來飯廳，脫下大衣，姊姊把熱水倒在臉盆裡，我洗臉洗手，鬆去領帶揩了揩脖子。我想我是不能說在火車上已經吃了

飯，那太掃興，再吃些，想來也吃得下。

「哥哥一家還好，寶寶，還有四姪女和他女兒也見到了。寶寶是二姪女的小孩。」

「我見過，聽說老二夫妻倆快回望亭了，是不是？」

「他們顧廠長也這麼說，說是在辦手續。」

外甥幫著拿碗筷，煤球爐上還燉著一個菜，滿屋肉香味，不用猜，我知道那是紅燒肉。

「姊夫呢？上班沒回來？」

「我爸爸小夜班，晚飯提早吃，和前晚一樣，快十一點才回來。」

姊姊現炒了一碗大白菜，一碗香腸煮老豆腐，另外一碗凍鯽魚。外甥從煤球爐上連瓦鍋都端上了桌子，又把另一個瓦鍋放上去，我連忙找了張厚紙板墊在桌子上。我用手按住瓦鍋蓋，對姊姊說：

「姊，阿拉猜，知道這裡廂是啥物子！儂勿曾忘記格？」

「儂猜猜看！」

「紅燒豬肉。」

「阿弟喜歡吃啥物子，阿姊當然知道。」

這時，外甥一手拿了一小瓶五加皮酒，一手捧了個小包包，對我說：「二舅，你知道這包紙裏是什麼？」

「油汆果肉！」（上海人把「油炸花生米」叫做「油汆果肉」，肉發音是ㄌㄩㄝˋ或 lue）

我一猜就中，而且，發音頗不賴，惹得他母子倆哈哈大笑。

桌上三副碗筷，酒杯也是三個。回憶中的姊姊是滴酒不沾的，是今晚特別高興？還是年老了，常常借酒解愁呢？

三人同時舉杯，外甥一飲而盡，亮出了杯底，我笑笑，陪他乾了，姊姊啜一小口。一方面阻止他兒子：「不作興這種喝法」，一方面給我夾起一塊紅燒肉。

「儂吃吃看，一大早就燉格，爛得勿得了，火候交關嶄。」

　　外甥不斷替我斟酒，興致勃勃問我在台灣的情形，問二舅媽好，問我兒子也就是他表弟在國外讀書的情形。

　　我們談到大陸上交通問題，我說我不曾想到，上海是如此的人多，如此的交通不方便。姊姊說，住在浦東，人倒是不擠，車子說起來也不少，可因為隧道太狹窄，如果遇到一部車拋錨那就慘了。在冬天，早上常常有霧，一有往往一上午，車子不敢開，擺渡也停擺，那可整個癱瘓。她說我明天幸虧是下午飛機，不然，今晚可不能在浦東睡。

　　我說看到北站附近，簡直是人山人海，根本邁不出步子，只好走一步捱一步。外甥說，有位日本作家來中國大陸觀光後，寫了一本書，叫做《中國貼膚紀行》，光看書名便可以意會到嚴重的人多情況。大陸上一般警察是沒什麼權威的，可是交通警察卻是司機的剋星，他們有任意開罰單要司機立刻繳款的權力，稍稍不服，還可以沒收駕照。外甥提醒我，明天我們路上或可欣賞到。

　　姊姊聽我們舅甥談起明天計劃看『老井』的事，又打算去南京路逛，她打趣說：人算不如天算，明朝大霧一來，啥計劃都泡了湯。

　　我問外甥上下班以外的時間做什麼消遣？一般工人們最普遍的遊樂是什麼？他媽媽搶先回答：

　　「現在伊和女朋友在一起，看電影呀！還有兩家輪流坐坐，商量結婚的事。過去呀，伊還不是和其他同事一樣，除了看電影，玩電動玩具，還有去酒吧！」

　　「媽，儂勿要哪哪講法，玩電動玩具是有格，去酒吧可勿曾有過。」

　　我說，台灣在以往幾年，電動玩具也極普遍，因為引發起不少青少年問題，政府便取締了。酒吧很多年以前有，那是因應美國軍人們需要，現在幾乎已絕跡。現在最流行的是卡啦 OK、和 MTV，年輕女孩喜歡逛街的風氣倒很盛行。

　　姊姊對卡啦 OK 一無所知，MTV 更是不知道，沒想到外甥常識豐富，他的說明清楚而簡單。

「卡啦 OK 是跟著音樂唱歌，MTV 是電視機上的音樂。」

我知道他是由報上得來的知識，實際上在台灣的 MTV 已經大大豐富了它本身字面上的意義。

外甥對酒吧的說明是，他雖然沒去過，他們工人中去過的卻不少。酒吧一開始是附設在飯店賓館裡，因為消費額不高，受到一般青年人所歡迎，慢慢便有了個體戶的酒吧間，一杯兩元左右，最便宜的是葡萄酒，四毛錢一杯，白蘭地是六毛錢。大陸上的酒吧和我印象中的「酒吧」最大的不同，是沒有吧孃。

我跟姊姊說，紅燒肉當然我喜歡吃，這一次在北京，最愛吃的是油菜，現在是大白菜。我問姊姊大白菜是不是就是油菜？姊姊回答說，她也不能確定，不過肯定都是冷性的蔬菜，天氣越冷，最好是下霜以後，所謂「霜後白」，這種菜最好吃，大白菜可醃製成泡菜。說到這裡，姊姊已經喝到第二杯，看我娓娓說來。

「二弟，儂記得在蕪湖，父親還沒過世的辰光，每年冬天，父親店裡頭大師傅來阿拉屋裡廂，替我們醃泡菜的情形嗎？」

「記得，記得，他把腳洗乾淨，穿上新草鞋，站在菜缸裡，踩來踩去，有時嫌重量不夠，還把我抱起，兩腿分坐在兩隻肩上，我又怕又高興，媽媽幫他灑鹽巴，大師傅說灑多少，媽媽就灑多少……」

「對格，儂記性不錯，那是阿拉屋裡廂最興旺的日子。」

外甥聽得傻了，也可能有生以來不曾看過到他老母如此「豪飲」，也不曾聽到他老母如此地提起「童年往事」！

姊姊喝的酒上臉了，災難歲月的累積皺紋，被酒精力量慫恿起的紅暈，面對多年不見的弟弟，和朝夕相處的親生兒子，她該如何措詞，怎樣啓齒，說明她這四十年來的所遭所遇？

她再三說：

「儂哪哪明朝就要回去格！」

「機票已經確定好，由香港回台北的機票也確定好，這可沒法子改

變。好在這一次是先探探路，明年我會回來，到時候，還要見見兩位外甥女和他們的家。」

姊姊去臥室裡，我跟了去，她在床頭櫃裡找出她兩個女兒以及她們孩子的照片，我在她枕頭邊看一本《孟麗君》，她遞給我照片時，對我笑著說：

「晚上睡不著，等他們父子回來，躺在床上便看小說。」

姊姊是讀過師範的，她的興趣，顯然還停留在五十年前的時光隧道裡。是她自己不求長進？還是現實生活限制了甚至阻止了她長進？我想兩者兼而有之吧！但以自己不求長進為甚。人，總是有惰性的，劣根性之一便是隨遇而安，得過且過。像姊姊這類型的家庭主婦，不串門子，不打麻將，關起門來，看看繡像小說，在小說復古中，親炙所謂的「忠孝節義」，也算是一種下意識對現實的叛逆吧！

「好漂亮的外甥女，好像姊姊儂過去的模樣。」

姊姊綻放了笑容，在我對她的讚美聲中，把我推出臥室，我們繼續喝酒。

她說她要吃飯了，叫我們舅甥一瓶喝完了就吃飯。她在煤球爐上把雞湯端上桌子，順手把放在爐旁的水壺提到煤球爐上。

是爐上的文火溫了屋子！也是酒精的力量熱呼了我們的身子，還有往事的重現使我們心底恍惚蕩漾，我和外甥都脫去了外衣。

姊姊不斷給我揀菜，眼光不斷停在我臉上。

姊夫回來了，姊姊的酒杯正等著他用。

姊夫仍然是陌生的，對我如此，對我們的談話氣氛也如此。

天下哪有不散的宴席，家宴結束。我沒醉，在微暈中鑽進了襯有電毯的被褥。

今天是十二月十日。

外甥昨晚睡在沙發上。

我醒來得遲，姊姊聽到我翻身床響的聲音，在房門外對我說：「多睡一會，霧大得很，起來也沒有用。」

「二舅，你醒了？我剛剛去樓看了看，這場霧最早也要九點鐘才散，那時候車子才開。」

外甥從沙發坐起來，一方面疊被褥，一方面和我說話。

「我們早點吃中飯，來得及去大光明看『老井』，我們把皮箱寄放在附近我一個朋友家，『老井』看完了，便直接去虹橋機場。」

「那南京路呢？我還想看看外灘。」

「看時間夠不夠，你六點十五分國泰班機，我們必須五點半以前到機場。」

他把枕頭夾在被褥裡，雙手捧著，送去他媽媽房間。姊姊進來，坐在床沿，捏捏我肩頭，又摸摸我面龐，傾身對我說：

「阿弟呀！儂今朝真的要走呀？儂明年啥辰光來？要來要早點告訴我，寫信來不及嘛，拍一通電報，好哇？」

「好，下次一定，一定先拍電報。快八點了，我也該起來。姊夫呢？」

「他剛走，待會要回來，一道吃中飯，送你上車。」

姊姊幫我整理床舖，給我兩盒人參精口服液，叮嚀我路上吃，早晚各一次，可以提神的。我盥洗完畢，三個人吃粥，稠得很，是用昨晚剩下來的雞湯燉的，兩色小菜，還有魚凍。

九點了霧還沒散，外甥說，待會兒我們可以多轉一趟車，經過外灘，你就可以看到南京路和外白渡橋了。甚至彎一彎「大世界」。

我不敢表現太急躁，我由陽台上向外看，白茫茫一片，近處尚可辨認出屋宇門窗，遠遠的高樓大廈都成了「南天門」了，端在雲層中。空中樓閣的畫面竟成了虛幻實景。如果我不是憂天，萬一到了下午霧還不散，趕不上飛機，我才不扮演這種杞人角色。

姊姊開玩笑說，這是下「霧」天留客，外甥一直安慰我，待會趕搭第一班車，頂多南京路和外灘只經過，『老井』還是來得及，一點五十

分的。

姊夫回來了，連說，單車衝著濃霧走，已經不是新鮮事。現在開始退了，我們準備吃中飯吧！

姊夫木訥，是個努力想說話而不會說話的人。我想假如姊姊和外甥不在，只有我和他面對面，那會甕死人。

姊姊一直給他愛人也給我引出話頭來說話，中飯吃得寂寞而快速，因為早飯剛吃過不到兩個鐘頭，肚子不餓。外甥拿了張上海市地圖，橫看豎比劃，打算在最經濟的時限內做項目最多的事。當然，這其中，觀賞『老井』是重頭戲。

外甥下樓又上來，已經不止一次了。這時，隔壁有位太太來串門子，姊姊忙給我介紹了，老太太對我從上到下打量，恭賀我們姊弟重逢，問了點簡單的台灣情形。她家人口和姊姊家差不多，她愛人和姊夫同事。

霧還沒有全退，車子要開了，外甥跑上來，提起皮箱就走，姊夫跟了我們，姊姊也下了樓梯，儘管外甥催我快點，姊姊緊拉我手，說：「阿弟啊！儂明年一定要回來！」

外甥拖著皮箱，姊夫雙手推。這種皮箱在平坦地面滾動很靈光，在凸凹不平的水泥地，便不太轉動自如了。我看他父子倆替我推拉奔向公車站，我和姊姊道別後，便快步追上去。

好多好多人在車站推擠，候車的最佳位置，幾乎細針也插不進去。外甥指揮若定，他說，他儘快擠上去，在窗口接拿皮箱，叫我不要管，只顧自己擠上去就成，旅行袋我自己拿著，舉起皮箱挨靠著窗口的任務，由他老爸勉為其難。

此行實在艱巨，是只許成功的任務。但聽車子發動了，車停處到起站也只幾十步光景，簇簇人群，幾乎是整體動作，隨著停車的可能位置，一擁而前，又轉身後退。外甥已經失蹤，姊夫努力兩手推著箱子，隨著人潮推前拉後，我要搶到他身邊幫忙，已是不可能辦到。我幾乎自顧不暇，後悔不曾叫部出租車，現在想到已是馬後砲，我成了過河卒子不打

緊，勞累了他父子實在愧咎又罪過，姊夫是快七十歲的老人！

車停一刹那，外甥出現了！在車尾最後一個窗口高叫阿爸，這小子神出鬼沒，我知道成功率已經百分之百，因爲車尾的外面人最少，姊夫完成任務應該沒問題，我一時勇氣大增，兩腳帶勁踮起，兩手環抱旅行袋，一鼓作氣擠上了車，這時候，外甥已經接到了皮箱，把自己的座位讓給了我，他向站在窗外的阿爸話：「阿爸，儂回去吧，阿拉送二舅去飛機場。」

我和姊夫只能揮手作別了。在這場爭先不能後的上車戰鬥裡，我和他似乎在同一目的裡有了個共同認識，親人的親人還等於親人。海峽兩岸的中國人啊！除了彼此的政治制度有異有所標榜有所爭議之外，人啊人！其他又有什麼不同的呢？

出了隧道我們不是在最後一站下車，外甥叫我坐著，按兵不要動，他要見機行事，稍有鬆動時，他會把皮箱往車門移，他叫我注意，一旦他舉起頭上的帽子，我就得擠去門口，因爲，下一站便是我們的下車地點。

我是弱者，在眼前的情況下，我是百無一用。如果沒有他，我只有花錢乘出租車，花錢可以買方便，可怎能得到如此一輩子難得遇到的寶貴經驗呢？

滿車廂的乘客都是行色匆匆，買票賣票的必須語彙裡，簡短的口令似，隱匿了殺氣騰騰，踩到了腳碰著了胳臂，甚至伸手買票把別人眼鏡弄落肩頭，把別人帽子弄壓眉頭，也會招惹起「三字經」，甚至找空隙打一拳踢一腳。我小心翼翼，注意看車廂裡的隨時引發的火種，對自己的舉止和神色，更是拘束，提心吊膽。

車子駛出隧道，外甥開始了下車行動，只要稍有鬆動，他便推移一下皮箱，他用膝蓋和胯骨抵住皮箱，控制它只前不後，我們過了隧道兩個站，他已經快到門口了。在剛剛第三個站起步時，他把帽子舉了起來，「下一站下車」我忙不迭地擠到他身邊。

下了車，走上人行道，他叫我站在原地，一定要等他回來。我看他把皮箱推進一個術堂裡去。這時候，頓有所失，明明知道他馬上會回來，我強自鎮定，仍難克制內心的不安和恐懼。我甚至後悔：我應該和他一塊去。

用車水馬龍來形容我眼前的街景，用人山人海來描述這擁擠人群，我覺得都不能恰如其份，沒辦法搔到癢處。我只能在心底吶喊：我的天！為什麼如此亂糟糟？為什麼如此毫無秩序？為什麼如此叫我心煩意亂？

我找不出方向，也不敢看路牌。肯定的是，這是一條不算小的交通要道，有電車、公車、出租車、三輪車、自行車，居然，還有手推車等等。遠處高樓多幢，眼前店面也頗有氣派，有洋人步行，也有和我一樣穿西服大衣的。我狠命盯著外甥剛剛進去的術堂。果不其然，不一會，他跑出來，奔到我身邊。

「走！看『老井』去！」

原來大光明電影院就在轉角處，這條路對我來說應該很熟，這時候卻怎麼也想不起路名了。

一點五十分的電影，我們進場時，已經二點過五分了。票是外甥買的，我們隨引座人入了座。

『老井』是典型的地方上家族間彼此不能和平相處的故事。上一代的恩怨影響到下一代愛情與婚姻，藉鑿井的過程，在艱難、掙扎、絕望，到奮鬥、堅持，而成功。這部片子的劇情簡單得近乎典型化，但是看得出來是演得真實，呈現出活潑的生命感。大陸電影已經踏上了國際舞台，『老井』的導演吳天明是首要功臣之一。據說，他目前是西安製片廠的廠長，也是基本導演之一。在介紹『老井』的小冊子上，看到他堅持的信念是：「唯有真實才能撼動人心」。他認定「虛偽」是電影的癌症。他的作品『沒有航標的河流』、『人生』、『紅高粱』等影片，都帶給他、帶給西廠，以及帶給中國電影界，莫大的榮譽。

出了大光明，了了一樁心願，一個新的煩惱卻湧上心頭。外甥告訴我，搭電車公車去虹橋，折騰太多，如果其中有一趟車等得太久，五點半絕對難到得了。他說他先把皮箱拿出來，叫我在大光明門口等他，千萬千萬別走開。

我當然聽他的，因時因地因環境的不同，我這個老的必須要聽從小的。可是，在大目標上，五點半以前到達機場，卻不容我倆更改。

我看看錶，已經快三點半，用兩個鐘頭趕到虹橋機場，如果是乘電車、轉電車，再轉公車的話，那只有假設途中不等車、不塞車。遵照時間搭乘現代化交通工具這種事，怎麼可以寄託在假設上！

外甥意料之外的慢出現，叫我心焦得火急火急。遠遠看他推了皮箱，帽子抓在手上，額頭上直冒熱氣，汗水差點滴下來，我預感到凶多吉少，果不其然，他說：

「二舅，我打電話找一位開車的朋友，就是打不通！」

「在哪乘電車？」

「乘電車乘公車都來不及，現在只有出租車。」

「出租車要多久？」

「一小時左右準到。」

「好！就決定坐出租車。」

我看他接二連三攔住了車，也接二連三地讓車走了。我看空的出租車往來不少，穿梭般，為什麼不載客呢？

「他們不是個體戶，反正每天繳固定的錢，載不載客人都無所謂，所以去機場不順路，他們才不載。」

我看這事兒和台北市的情況相似而理由不同。我忽然想起在北京用外匯券買東西大受歡迎的事。我說：「看我的！」我把旅行袋交到外甥手裡。

我當然不算是老將黃忠，但自信寶刀未老，眼前一輛空車順方向而來，我一躍而出，舉起雙手招呼他停下。司機搖下右前窗，不等他開口，

我說：

「外匯券五十元，去虹橋。」

他一言不發，舉起右手，斜側身，開了車後門，我一邊上車，一邊說，請打開行李箱，他照辦了，幫忙把皮箱放進去，外甥隨即上了車。

外甥和我相視而笑。

憑心而論，大陸上計程車他們叫做出租車的，我所遇到的幾位司機，開車技術比起台北市的來說，要穩健得多，在市區內，沒法子快，也不蛇行，不神出鬼沒地換道。在郊外路寬人稀的大路上，風馳電掣的速度也很少超過八十公里以上。

我讚揚這位司機先生技術好，而且在我們叫了好幾部車子遭到拒載以後，他居然願意，我深表謝意。

「其實，你如不給我外匯券，我也不願意去，因爲我回程怎麼辦？那兒出租車幾乎是和黃牛勾結的天下。如果我強出頭，不挨揍才怪。」他不是本地人，是鎮江、無錫一帶。我看到市區和郊外，自行車多而摩托車（他們叫電單車）少。我說這和台灣恰恰相反。

他解釋，這是交通發展的必然趨勢。大陸上摩托車最多的是廣州市，有六萬多輛。上海市只有一萬兩千多輛。買摩托車的人大多數是個體戶，用來作爲謀生工具。但是有很多年輕人往往把它視作「寵物」，向異性炫耀，成了其他沒有車子的人羨慕的對象。

大陸上，摩托車的數量會不會繼續增加？會！眼前正是方興未艾。摩托車是車禍的主要肇事原因，但是在個體戶的商業制度推行下，摩托車是走向汽車之路的必經過程。何況，摩托車的機動性大，停靠方便，以及省油便捷等，更是汽車難以望其項背。

他問台北市的計程車有無黃牛和拒載等情事。

計程車有無黃牛，我沒聽說。遊覽車倒是有黃牛。

計程車有拒載，拒載短程，在交車或回家時刻拒載反向方的客人。

他又問我台北市交通秩序如何？

我不隱瞞。我說，亂，亂極了！

台北市與上海上比較如何？我內心和自己嘀咕著。

以這兩個城市最擁擠的街道來說：剛剛大光明戲院附近和台北市東區崇光百貨公司附近相比，異中求同的是人多車多聲音嘈雜；同中求異呢？後者是人地乾淨些、色彩調和些、表情溫和些、街景新穎些。

我給自己找出了一個更為恰當的解答，這兩個抽樣地點的比較，也正如同台北市的崇光百貨公司附近和東京市新宿區伊勢丹百貨公司附近相比，其答案中的同中求異，人地、色彩、表情、街景，都是在程度上有了顯著不同，是文明程度，也是文化背景。

那麼，再拿東京市新宿區伊勢丹百貨公司附近和紐約市第五街東四十二街交叉附近相比呢？再以這兩街交叉附近和巴黎的紅磨坊條街附近相比呢？一剎間，這幾個「附近」的街景統統映現在我腦海，我閤上了眼，外甥一定以為我累了，是緊張而累，擔心而累，也是因為一旦放心了輕鬆而累。是的，我確實累了，不僅僅這幾種原因的集大成的累，也是感慨系之的累，海峽兩岸的中國人，同一血緣，同是黃帝子孫，為什麼竟然居住在兩種截然不同的生活環境裡。

我主動加上十塊錢，要求司機先生彎路去外白渡橋外灘走一遭，他樂意，外甥算算時間，也同意。我對外甥耳語，對於如此近乎浪費的豪華觀光，回家不用告訴他爸媽，這絕不是怕把我的形象搞壞了，而是很多事很難是局外人可以了解的。1949 年以前，媽媽第一次來上海，我第一次陪她出來白相的地方，便是乘十八路電車，過外白渡橋，然後，走向橋這邊，我們母字倆一同逛外灘。

聽說中國銀行門前的獅子被下放了，果不其然，偌大門庭，石階兩旁的「無」，和我成見中的「有」，不僅是實質上空蕩蕩，在我的感情領域裡，更有了失落和迷茫，還摻揉了些疑慮。

現在的外灘已經改名為「中山東路」，一排古典式建築物有如德國銀行、花旗銀行、東印度貿易公司等等，仍然完好如昔。1927 年完工

的海關大樓也健在，只是屋頂鐘樓上不再鳴放音樂了，而改以早晚準六點時刻播放「東方紅」這首「忠」字歌。過去上海香港滙豐銀行，現在改變爲上海人民市政府的辦公大樓。外灘公園還是外灘公園，過去進去玩是長驅直入，沒有任何手續，現在是「三分」錢的門票。

城隍廟來不及去了，外甥告訴我，去了也看不到，原來已改爲豫園商場。

虹橋機場到了，五點還差九分，外甥幫我把皮箱推到國泰櫃台，辦好了劃位過磅手續，我對外甥說：「我五點五十分進去，現在還有四十多分鐘，我們去餐廳聊聊。」

機場餐廳倒是國際規格，燈光明亮，厚厚地毯，桌椅和餐具，甚至連服務小姐的服飾等，也很難看出這是在中國大陸。被延請入座後，我先入廁，總算第一次用到好幾天沒用到的手紙。原來在北京的招待所、妹妹家、上海姊姊家、望亭招待所，這幾天所用的手紙，都灰黑灰黑的那一種，質硬，粗糙驚人，可又脆得奇怪，不小心，一戳就破。這種事，我怎敢聲張。早知如此，我該隨身帶一點，免得每次辦起事來，小心翼翼，不用力揩不乾淨，稍稍力道不穩，手指上便沾染不少。我的天，說起來便噁心。

等外甥也入了廁回來，我問他要吃些什麼，他說：「隨便！」接著小聲問我：「很貴吧！」

我笑笑，先來兩杯熱咖啡，價目單就壓在桌面上，上面的數字和外甥每月所得工資，實在諷刺得厲害。這個東道主當然是我，可是我卻不能使他不安，使他感覺到是不是我有炫耀的嫌疑。我說：

「我們吃兩碗麵吧！待會飛機上我還有一餐，你媽媽可能還等你吃晚飯。」

兩杯咖啡十一元，兩碗雞腿湯麵是四十元，一共五十一元，這是付外匯券，如果給人民幣則另加一成。上海的一個熟練工，一個月工資也不過是人民幣七八十元之間，一名新進女工，則只有三十元左右。

外甥一個月工資是多少呢？不會超過一百元，所以在付錢的時候，外甥驚嚇之餘，嘆了口氣：「乖乖，這麼貴呀！」

他說這家餐廳他是第一次來，以後也不敢來了，我說我也是第一次，以後恐怕少有機會。他說他媽媽有高血壓，他爸爸身體蠻不錯，我說，你結婚的日子定了，要早點讓我知道，我人不到禮一定到。

是分手的時候了，今天他夠辛苦的，這幾天我也夠累。我說我們不要失去聯絡，給我的信可以寄來香港。我一定會再來看他們。

出了餐廳門，快進關的時候，我忽然想起一件重要事，我在我上衣、褲子，以及大衣的幾個口袋，把大大小小的外匯券、人民幣，以及所有硬幣，統統掏出來，交到了外甥手裡。我說，我帶著沒用，可能犯法，給你拿去。

他呆呆地接受，沒來得及反應，我進關了。

「再見！二舅。」

「再見。」

上了飛機，離開了中國大陸。我從十二月三日下午七點零七分兩腳踏上北京機場停機坪的土地上，到十二月十日下午六時三十二分，飛機在上海騰空而去，我算算在大陸停留的時間，再減去睡覺和單獨一個人的活動（上了一次小館、入廁，以及在北京迷路和上海的逛街），整整和親人相聚的時間不到九十個小時，而他們又分散三個都市，四個地方，我們又能相處多少時間呢？

這次我去大陸探親，恐怕要算是最快速最緊湊的一種。在回程去香港的飛機上，以及由啓德機場去尖沙咀國賓酒店的計程車上，我一直認為自己在夢中。我難以確定，明天真的又將回到台北，回到自己的家，自己的工作場所嗎？

到了酒店，第一件事把所有膠卷拿出來，叫服務生拿去快速沖洗，我告訴他鄰街假日酒店的側門便有一家。進得房間，放水，脫光衣服，

我要洗澡，不料，一開始洗臉，臉俯在面盆上擤鼻子時，鼻孔流血不止。嚇壞了我，立刻用冷水敷，在冰箱拿冰塊敷。不敢泡熱水浴了，加入冷水，倒臥在溫水裡，恍恍惚惚，媽媽、姊姊、弟弟、妹妹、哥哥，還有姊夫、弟妹、老四、寶寶、顧廠長……這些人在我眼前顯現又淡出而消失。我強制自己不能在水中太久，起來揩乾身子，用手紙塞入鼻孔，掀開被單，蒙頭睡去。

不知睡了多久，電話聲嚇我一跳，原來照片洗好了，我說送到房裡來。

鼻塞難過，手紙取來，紅通通濕透了，再擤鼻子，仍然流血，只是情況好多了，再用手紙塞上。送照片的是一位小男生，我請他進來，把照片分類，加洗一張、加洗兩張，最多有加洗五張的，他按我分類的清查底片，記下數字走了，約定明天上午一定送來。我要在離開香港前分別寄去大陸。

喝了罐冰可樂，精神好多了，請接線生給我接台北、接紐澤西，我要告訴老婆、孩子，老公、老爸平安返防了。

十二月十二日我回到台北，同學、同事、同鄉，以及朋友、親戚們漸漸傳開了我去了大陸的消息。他們都希望知道點大陸上各方面的情況，可惜我知道的太少，這倒不一定是在大陸逗留日子太短，而是接觸面不廣，加上自己個性內向，以及觀察力不夠敏銳的關係。

除了以上這些日記式的零星報導，和幾篇有感而發的專題短文外，我提出幾點原則性的建議，作為本文的結束。

（一）　以平常心去大陸，不要預期有所得，也不要以為一定有所失。

（二）　不要抱太大的希望，把失望當作正常，因為找不到人，找不到原來地方，是稀鬆平常的事。

（三）　不要拿今日台灣和今日大陸比較，即使要比較，在自己心

裡比，千萬別說出口，對自己親人也不例外。

（四）　儘量想到過去我們在大陸時代的生活，或者剛到台灣時的生活，不要把在大陸生活上的不習慣，用言語或態度表達出來。

（五）　要有僥倖心，不要處處利用「特權」，不要貪小便宜。時時提醒自己，我們回大陸是純探親的。

（六）　不要接受陌生人以及不應該招待你的人的招待。

（七）　言行謹慎，衣飾（最好不要「飾」）樸實。

（八）　不要以「應該怎樣」「理當如何」去衡量所遇到的人與事，只要求自己「應該」而「理當」。

　　最後告訴讀者們一件事，我希望我自己的這種看法是錯了：大陸上的人的品質普遍低落，低落得出乎我們的想像。

　　（本文發表後，曾應邀參與中視熊旅揚在中央圖書館主持的「大陸探親座談會」，記得「八千里路雲和月」主持人凌峯也在座。）

探親期間，找到這兩張照片，都是我在 15 歲左右拍的。兩人合照的左邊那位叫柴定吾，現居昆明，任雲南財貿大學教授。已退休。

〔附文〕北京人，您爲什麼不禮貌

■ 1988 年一月三日香港刊《新聞天地》，同年二月十二日中國《參考消息》選載

　　台北人，如果是在最近四十年以來第一次去到北京，一定會爲北京人在言行上的不禮貌而感嘆驚訝；更叫台北人不解的是，北京人在標語和口號上，卻時時處處強調著：「北京人禮貌」。

　　北京市大街小巷的看板上、紅布條上、以及教科書上，多年來一直在流行「五講四美三熱愛」。每位北京人都能把內容倒背如流，那是「講衛生、講秩序、講文明、講道德、講禮貌；心靈美、語言美、行爲美、環境美；熱愛人民、熱愛祖國、熱愛中國共產黨。」可是實際情形如何？以我這次「回鄉探親」的事實所見的街頭奇景之一之二擠公車、擠地下鐵爲例，來談談。

　　在台北擠公車，或在東京的擠地下鐵，那股擠勁也夠瞧的，尤其是每當上下班、上下學的尖峰時刻，擠得更嗆，但是擠歸擠，也只是行動迅速些，距離靠近些，表情緊張些。在北京市卻非同小可，不僅僅人體接觸，而是手推腳踩，咬牙切齒，完全是戰爭或打架式，乘客之間的相罵，以至下得車來追逐互毆（車上伸不開胳臂，打不起來），已成了北京人的消遣項目之一。可笑的是，車前擋風玻璃上，明明掛了一面警示片：「順序排隊，先下後上」，和「互相理解」。十字路口又有大字紅布條「文明騎車，文明開車，文明乘車」。叫人看了啼笑皆非。

　　文明與禮貌，關係當然密切，北京人把「文明」這兩個字解釋得多元化了。有所謂「文明單位」的牌子，懸掛在某些商店門口。這表示什麼？據說是夠格的意思，可能和台北市的「正」字商標同一意義。可是由這些掛上了這塊牌子的商店的格局與內容來看，那股寒傖、貧乏，和髒亂，簡直糟蹋了文明。學校裡有「文明班」，機關、部隊、工廠裡也有「文明單位」，北京人把「文明」這兩個字濫用亂用了。已不復詞典、辭海上的原來意義。

　　北京人在衣著方面，叫人看了更是莫名其妙。即使在零下幾度的寒冬裡，男人們的外衣，不管是大衣或短襖，絕少把鈕扣扣全了的，滿不在乎懶散勁，加上十之八九嘴裡叼了支煙，外衣顏色三分之二以上是橘綠，兩手橫插在口袋裡，整個北京市，就被這種景象塗抹充塞得像一鍋煮爛了的地瓜菜，熱呼呼，鬆散散，一個個像是大煙鬼。女士們的衣著鞋襪看得出是刻意講究和追趕時髦，但是在她們迎接擠車戰鬥的那一剎那，步伐亂了，姿態不矜持了，文明與禮貌全飛了。

　　北京話和國語儘管相似相通，但是在語音、語尾、語氣以及某些辭彙方面，還是不盡相同。北京話本來優美、悅耳動聽。可是 1949 年以來的日子裡，每當你去商店購物或餐館進餐，招呼客人的北京人所說的北京話，卻變了樣，一點禮貌沒有，根本談不上文明，用詞盡量簡短，兩個字能說的肯定不說三個字，表情冷漠，對顧客竟是不屑一顧。毛病出在哪兒？毛病出在這些人做不做生意無所謂，反正領固定工資。做買賣的不禮貌，表現在計程車司機身上，更加顯著，屢試不爽。台北市的計程車是短程拒載，在東京街頭很難遇著計程車，到了北京，計程車並不少見，而且大半在空車跑，你招呼他，他不理，如果截著了，多半是搖頭。但是，如果你說給「外匯券」，他樂了，立刻喜笑顏開，以當地生活水準來說，價錢是夠唬人的，多半是照錶跑的三倍以上。例如在北京，由飛機場到西單，索價高達五十元，上海北站去浦東要六十元。當地一個熟練工，一個月工資也不過是七十至八十，而且是人民幣。持外匯券吃香已極，可在指定地點如「友誼商店」買你想買的東西，人民幣再多也甭想，只能買到你配額中有限的日用必需品。再舉個例，機場餐廳裡一碗雞腿湯麵，要二十元外匯券，如付人民幣，則另外加一成。一個新進女工每月只有三十元左右工資。這種比例懸殊，不知是麵太貴？還是人工太賤？說物價便宜，那是配額的東西，想買點喜歡或享受的物資，一般人不可能買到，他們哪來外匯券？外匯券是以外幣兌換的，再說，他們也絕難買得起。

　　北京人的標語口號，不僅掛滿大街小巷，茅廁裡也有，他們用火印

烙在門板內側，樣板句子是：「請您協助我們做到：愛護公廁一切設備，不要在坑外便溺，不要隨地吐痰，不要亂寫亂刻亂劃，便後要用水沖淨。」在北京找公廁不用眼看，百步之內，嗅覺一定會告訴你，附近有廁所，越近味越濃，沒進門，眼睛便被薰得睜不開；踮起腳尖，在滿是白色泡沫的地面上，彳亍至尿臺辦「小事」。如果出大恭，那只好用紙捂緊鼻子，快馬加鞭，草草了結，坑中的蛆，坑邊的尿、痰、煙蒂、紙屑，以及茅廁文學，真夠你兜著走啦。

北京市的政權當然標榜人人平等，因爲講禮貌的真正基礎便是要人人平等。實際上正恰恰相反，沒有外匯券或不擁有外籍身分的北京人，北京市的很多地方，他們是不被准許進其門。一些友誼商店、觀光飯店等等狀似高貴場所，當年殖民地時代是「華人與狗」，不得入內，現在成了「沒有外匯券的北京人」不得入內。

如果有北京人很有禮貌地問台北人：「別人說我們比起台北來，相差三十年，你認爲如何？」台北人最好禮貌地回答：「北京人也很了不起，你們把北京的各方面，居然維護了比四十年以前的還以前。」

我真是不禁要問：「北京人，您爲什麼不禮貌？」

第五六章　我媽媽從北京來到了台北

■1989 年五月六日刊香港《新聞天地》周刊

每一個人，如果夢得認真，有時夢也成真。我媽媽由北京來到台北，就是夢也成真的例子。

我媽媽 1901 年出生，照中國人的算法，今年應該是八十九歲。我最後一次和她分手，是 1949 年五月二十四日的事。今(1989)年三月七日，媽媽來台北定居。我們母子倆不在同一屋簷下生活，一計算，差兩個月十六天，整整四十年。

四十年前我滿二十歲，四十年後的今天，我花甲初度。在由香港我接她老人家回台北途中，難怪有位外國人，知道了我母子這過程悲哀而結局幸福的小小故事時，他連連大呼：這是奇妙的喜劇，也是奇妙的悲劇。

我媽媽由北京來到台北，當然是我個人的小事一樁。但是，在兩岸申請過程中，以及如何出發至平安抵達目的地的沿途照料、手續等等，也許對同樣有這個類似夢想而欲成真的讀者們來說，或有借鏡、參考的價值。還有，這篇文章寫成了，也免得我好比錄音帶似的，對關心我母親的親友、同學、同事、同鄉、長輩們，不止一次地播放不停。

我一共有兩次去大陸探親，第一次是 1987 年十二月三日至十三日，自洛杉磯去，由香港返台北；第二次是 1988 年十二月十八日至二十三日，台北出發經香港去來。

第一次探親見到媽媽時，發現她老人家似乎有話不敢說、不能說，而又有急切要告訴我的表情。我媽媽在北京和我弟弟一家人同住。我妹妹也在北京，當我意外驚奇地知道了，弟弟妹妹兩家人雖然同住在一個都市，卻已經有一十四年不相往來的怪事。我特別留神注意，弟弟的「愛人」和他們的一男一女兩個孩子，經過老人家面前時，都不曾喊過「奶奶」或「媽」。我感到情況不妙，但是一兩天相聚，我怎能表示什麼？

在十天的探親行程裡，我早已安排好去上海及蘇州的望亭，探望姐

姐和哥哥兩家人。

弟弟家的情況竟是如此，絕不是「錢」的問題。弟弟是中央音樂學院的副教授，「愛人」在圖書館做事，他常出國演奏，加上我已經給了他們足夠的「心意」，我一時找不出癥結所在，我私下有了個想法，是不是把媽媽接來台北和我夫妻同住。

大陸上的老人們來台灣定居，我聽說過很多不成功的個案。氣候不適合、太寂寞、看不慣台灣人的浪費、奢侈等等，吵著要回去的大有人在。我媽媽生活在北京，是不是習慣成自然？是不是「苦」之如飴？願不願意來台北和我們一起住？我第一次在北京的時間太短，一直沒機會和媽媽面對面單獨溝通。匆匆見面，又匆匆離去。

回到了台北，我假定，如果媽媽想來台北和我們住，我該如何辦手續？去入出境管理局問，說去大陸救災總會辦；打電話問救總，說在入出境管理局辦。我問得兩不對頭，只有寫信投書自立晚報。一禮拜不到，報上刊出答覆，要在香港的救總辦事處辦。我請在香港的朋友，去九龍自由道六之八號新麟閣Ｂ座二樓港九救委會索取表格。回信說，要當事人攜帶證件當場辦理手續。

反正不急，我寫信給妹妹，叫她抽空去看媽媽，暗地問老人家願不願意來台北？妹妹來信說，媽媽就是這個心願。我分函哥哥、姐姐，徵詢他們意見，他們說很好，以媽媽和我的意見為意見。

我最後要告訴的人，當然是弟弟，我說我有意接媽媽來台北住，上次南下和姐姐哥哥聊天，他們也贊成。我請他幫媽媽辦出國手續。不料，他來信說：

「媽媽的戶口在上海大姐那兒，要辦得由大姐在上海辦。戶口遷來北京是不可能的事。」

我知道，在中共統治下的大陸地區，戶口異動是不可能的任務，比登天還難。但是，遷戶口不可能，直接從上海辦出國，應該可行。

這大概是1988年十月間的事，我一方面辦自己的出國手續，一方

面爲媽媽的入境台北，在手續上問得更具體些。

　　我寫信給救總陳家瑋秘書長，自我介紹不久前曾在共同的朋友餐聚上見過面，我有意接家母來台北定居，請問手續如何辦？秘書長古道熱腸，很快回了信，並且附了封面交港九救委會張主任寒松的信，請他鼎助。在我信上還說，他會電話張主任，儘快使我母子團聚。

　　第二次探親到北京，我把媽媽接到學校招待所來一塊住，把我在台北的情形稟告她：

1989年媽媽在台北家中和我夫妻合照

一、我上下班，晚上有時應
　　酬或加班，不能常陪她。

二、妳媳婦身體不太好，下
　　午有時也要外出辦事。

三、家中只有我和媳婦，妳
　　一個孫子在國外讀書，
　　所以妳會很寂寞。

四、台北空氣污染，人車擁
　　擠。

五、鄰居們老死不相往來，
　　大門二十四小時都關著。

六、到了台北，想隨時或很快回大陸不太容易。

　　我盡揀這些可能淡化她來台北意願的情況對她講，不料，她緊握我的手，笑著說：「我只要能和你一起過些時就好！我還有幾年好活。」

　　兩人無語，兩人都別過臉去。

　　我給姐姐寫信，請她立刻辦，寄去兩張我自己的入港證的影本，截止日期都是 1989 年三月四日。我以爲這樣安排應該是萬無一失。

　　我到香港第一件事，拜訪了張主任，謝謝他答應我把所有表格都預先填妥存檔，只要媽媽一到，香港的手續就完成。他告訴我回台北安心等待，他會親自處理這件事，並且接待我在香港的朋友余紹科先生。余

先生年前曾來台北國家音樂廳演奏，他是香港國樂團團員。他答應我代我去深圳接我媽媽，並且陪「胡媽媽」去港九救委會辦手續。原來他在北京中央音樂學院讀書時常去我弟弟家，很自然地認識了我媽媽。我弟弟胡志厚在該學院畢業，一直留校教書。

　　不料，大陸方面有了意外，我姐姐的孩子王平來了電報，說需要我媽媽的台灣入境證的影本才能辦。

　　我在香港呆住了，第二天就要回台北，苦思半天，即使趕去上海，面對面交涉也非我所長，脾氣爆、性子急，反而壞事。交涉的對象，恐怕也不是地方政府的事，如果要我等，怎麼辦？夜中，我寫了兩封信，一封給王平，叫他別洩氣，證件一到手，一方面給香港余紹科先生電報，一方面去北京他姨媽（我妹妹）家，共同商量如何送我媽媽來深圳。出發前打電報或電話給余先生，如果找不到余，我又給他幾位住香港朋友的電話，他們都會和我電話連絡的。另一封信還是給王平，但是我叫他拿去承辦單位看。你（王平）一定把手續弄錯了，因為全世界沒有任何政府，要人民取得另一政府的入境文件，才發給出境文件的。如果真是這樣，我將向全世界呼籲，中共當局太缺乏常識了，這是不可能的。在信內，我要王平找一份 1988 年二月十二日的《參考消息》給他們看，上面轉載了我寫的《北京人，您為什麼不禮貌？》。

　　第二封信和附件《參考消息》，當然是唬人的。

　　我實在很希望不是這封信發生了效果，我媽媽的出國申請，終於被批准了。

　　1989 年二月二十三日，我接到香港電話，說媽媽月底（二月二十八日）前必須離開大陸。我立刻為自己的行程訂位，三月四號去，十號回台北的國泰機票。二十六號香港彭太太來電話，說媽媽和王平已經到了深圳，那天禮拜天，找不到余，我只有到處留電話，請彭和王平保持連絡，叫王平找一家酒店住下，最遲，明天會有人來接，明天才二十七號，不要急。

余去了新界，當他知道消息，立刻趕去深圳，當晚給我電話，說陪他們住深圳一宵，明天進入香港，辦好手續，送媽媽暫住彭太太家，王平由深圳回程上海。

還有，在台北趕辦媽媽的入境證，我可以三月四日帶去香港。

二十七號上午一上班，我打電話給港九救委會張先生，報告他家母待會會由余紹科陪去同辦手續。他先恭禧我，再約定公文直接郵寄台北還是面交余先生？我說交給余，由余面交卜少夫先生，請華航下午班機帶回台北。我並且說，卜先生待會會給他電話。

事有湊巧，卜「二哥」（即卜少夫，大家都這麼稱呼）二十八日來台北，約我當晚到忠孝東路秀蘭餐廳當面交給我。我順便告訴他，我四號去香港，媽媽的入境證最好我能帶去，他說，沒問題，會替老人家辦好。

感謝各方貴人的幫助，救總陳秘書長及聶組長，讓我在一個半小時內拿到了公文。入出境管理局的劉副局長，在四十四小時（三月一日下午至三日上午十時）後，把媽媽的入境證發給了我。

三月四日傍晚到九龍，在彭太太家見到媽媽，五號禮拜天，彭太太一整天陪我給老人家買一年四季的衣鞋，和在台北很難買到的老太太們常用的什物。六號買機票，和國泰航空公司說明媽媽的健康狀況，希望能提供最大方便，班機越近越好。售票小姐說，沒問題，這邊公司會派專人送上飛機，台北有專人接下飛機。我的票也改了，改和媽媽的一樣，三月七日下午三點三十五分起飛 CX420。

一切一切太順利了，更令人覺得太順利的是，國泰所謂的「送」和「接」，遠超過我所想像中的精采，我們滿意極了。

我們一行四個人，媽媽、彭氏夫婦，和我，兩點不到抵達啟德機場，在國泰櫃台前辦理手續時，輪椅已經放在那兒，特別關照我，可以推老太太在附近逛逛，兩點半鐘有人來送上飛機。

我堅請彭氏夫婦回家。余紹科先生下午要演出，一早就來向媽媽致

意。

　　兩點半鐘，身著國泰制服的
一位小姐和先生，主動向我們打
招呼，小姐接過我母子二人的旅
行文件及登機證，先生推著輪
椅，我隨著他們由機員進出門走
入二十二號登機門。出了登機
門，有一部車後附有升降梯的中
型卡車停在那兒，媽媽的輪椅由

1989 年三月七日媽媽在九龍啓德機場

升降梯推入車內，我們當然也上了車，車內有兩個放下推上的活動座
椅，那位小姐很客氣，放下一個座椅，堅持我坐下，他們二位都站著。
卡車開到 CX420 班機左側，看那卡車駕駛台頂頭，原來也有一個升降
機，媽媽的輪椅和我們三人越過卡車前頭，平穩地進入飛機艙，他們二
位把媽媽由輪椅扶到座位上，繫上安全帶，小姐把文件交給我，說，已
經通知台北方面，會有人上飛機來接，他二人向媽媽低首問好，再見，
下機而去。

　　我注意到，飛機上的客人，現在只有我們母子二人。

　　空中小姐向我母子道賀，有一位說國語的小姐，和媽媽還聊了幾
句。不久，客人登機，一切正常操作開始。

　　本文一開始說過，有位外國人，知道了我母子這過程悲哀而結局美
滿的小小故事時，他連連大呼：這是奇妙的喜劇，也是奇妙的悲劇。這
位外國人，就是同一飛機上的鄰座客人。外國人喜歡暢言而不含蓄，
wonderful 這個字經常用來表達稱讚、感傷、意外、歡愉等情緒。記得
我第一次由洛杉磯飛往北京，也有一位鄰座客人和我聊天，當他得知我
內人在台北，我兒子在普林斯頓，我媽媽在北京時，他居然戲問：誰對
我最重要？我一時情急，答非所問地告訴他：你一定知道我們現在飛往
何處去。他聳肩大笑。

　　飛行特別穩，有國語廣播，媽媽飲了兩杯溫開水，吃了一個小麵包，我和鄰座聊聊天，對媽媽說，待會兒她媳婦和我內弟會來接她。五點鐘光景，已經觸地滑行了。停穩後，前後左右客人們經過媽媽面前時，有人向她打招呼，那位講國語的空中小姐過來和我們說，等客人下完了，會拿輪椅來接。

　　約莫十多分鐘，人去機空。一位先生拿了輛外輪拆下的輪椅來接媽媽，空姐們在機門向我們說再見。

　　到了空橋，輪椅的外輪被裝上去，我們由「禮遇」門進關。媽媽的護照被入出境管理局機場服務處收取，把入境證副本交給我，說可以憑副本申辦戶口。

　　等拿好行李，那位先生堅持一定要送出機場，扶媽媽上了我內弟的車子，才向我們說再見。

　　國泰這一次服務，我非常感動。媽媽問是不是所有的航空公司都是這樣，我說不知道，但是，我肯定中華航空公司一定也是這樣。

1989年三月十二日媽媽在台北家中和美娥的三位弟弟榮林、世益（中）、建興（最高）合照

　　我媽媽由北京來到了台北，是她老人家四十年的心願得以實現。對我來說，是多少次的夢中努力，夢得認真，才使夢境成真。

　　大恩不言謝，幫助我「夢境成真」的貴人們太多了，我不一一表明。最感意外而必須提出來的人是王平。他今年三十多歲，是我的大姐唯一男孩，在我第一次探親時，和他只有半天相聚。絕不曾料到，他一手包辦了他外婆的申請手續和送行的重擔。有次我在信中，提起了申請手續肯定花錢，他來信說：「二舅不要提錢，我一定盡力辦。」這句話，由台北的青年人口中說出，我也許不稀奇，可是斯時斯地，一切向「錢」

看的青年人當中，能夠說出這種話的有幾人！

　我為大陸上還有如此這般的年輕人，感覺到中國人的希望正濃。

1989年媽媽在台北家中，卜少夫來看她

1990年媽媽在台北圓山飯店

1990年媽媽和媳婦美娥在
台北政治大學

1990年媽媽和媳婦、
孫媳婦士瑜在台北家中

1989年我夫妻在內弟世益家中，左前為小弟妹麗珍、
左後為小姨妹美華，後中為二弟妹月娥

第五七章　給兒子的兩封信

（一）我拒絕了美國移民簽證的面談

正兒：我收到了美國在台協會的通知，但是我決定不去辦移民簽證了。

你母親過世了，我一個人怎麼可以去和你們一起住？那會增加士瑜和你，甚至兩位小朋友不少麻煩，因為彼此的生活習慣不同，我一定會增加你們尤其是你個人的煩惱和痛苦。人貴自知，我生活上的毛病是很多很多的。可能是多年囚居和多年被監管的影響所致，你母親曾經說過，這世上大概只有她可以和我生活在一起，此話不假。試舉一例，我常在夜裡驚夢而起，揮拳踢腳，我會周期性的動怒發脾氣，你母親可以容忍，我豈能要你們容忍，他人又豈能容忍我？你們已經夠忙的了，我怎忍心給你們添忙添亂？近年來我常和醫院打交道，美國醫藥是那麼的貴，那麼的不方便，我不能開車，耳聾加上英語不靈光，我去了，你們成了我的腳和我的嘴，你們即使心甘情願，我卻不心甘情願。反正，我去了，對你們是大大的不方便和煩惱，甚至痛苦，對我亦然。

我的這個可能出乎你們意料之外的決定，一定會讓你們生氣，我寧可讓你們現在責怪我，我也要避免我們日後在一起生活的彼此不自在，不方便；一天復一天，而衍生痛苦。

我知道，士瑜和你不放心的是讓我孤老頭子一個人在台北，萬一有個病痛，身邊無人照料。其實我在台北，照料關心我的人，是出乎我意料的有，你母親的弟妹們對我都很好，像上次我眼睛開刀的當晚，你小阿姨和二舅媽便坐在客廳裡守候，這是我第二天上午才知道的，假日裡不是有人來看看，便是在電話裡噓寒問暖。辦公室裡的同事也對我不錯，有天我去大直參加侯牧師（我和你的主婚人）的追思禮拜，我忘了給辦公室打電話，她們便緊張兮兮到處電話找我，只因為我人在教堂關了手機，下午我現身了，她們才鬆了口氣。所以說，媽媽的人緣不錯，

真的庇福了我。

　　我當然對自己的晚年生活有了準備，原則上決不能拖累你們。我為你父，已經給了你很多先天上的弱勢，我雖盡了力，但因為力量微薄，你和你的同學們相較便吃虧很多，你在成長過程中，因為我是所謂的政治犯，你又多少受了些委曲，也被限制了些。所幸你很優秀，讀書不用我操心，從小學到研究所都能自己努力，我只高一程度，上班下班也只糊口，談不上社會關係，幫不上你的忙，僅僅在你襁褓至成年，勉勉強強把你拉拔大。你的成家就業，都是你的自力更生，謝謝士瑜和她的父母，給你幫助鼓勵不少。

　　我在台北的獨居生活，近九個月來，是在忙碌但不緊張的步調中度過，今後仍然是。現在開始，我可能會有計劃性的旅行，在 2015 年前，偏重於中國，因為那畢竟是我生長的地方，而且內陸落後，我必須在體能狀況尚能應付時，儘快去親近。八十五歲以後，則偏重於歐洲。當然，每次旅行前後都會告訴你們，如今電話便捷，旅途中萬一出了狀況，就地火化，帶回慈恩園即可。人的一生本就是一次旅行，能在旅行中的旅途中往生，該是幸福又幸運的事。台北是我的生活基地，我依然故我的一如往常，天亮前去台大，等天亮了打球，然後回家洗澡，練字，上班，午餐（在附近小館或回家），午睡，上班，下班，晚餐（回家解決或在外面吃了再回家），中餐或晚餐歡迎親友相約或應酬，來者不拒。有時在家看看 DVD，偶而出去看電影。重新閱讀以往看過的中文小說，有不同的感受，也是甜美回憶的享受。我的生活大致如此，心智還不算迷糊，只是記憶不好，再就是不能作精準的思考，說白了，自己知道自己越來越笨，不比以往青少年時，偶而也有（笨）人說我不太笨。

　　很多老人有了癡呆症，我最發愁的就是這件事，萬一我中了獎，千萬千萬，把我送去老人院就可以，找家費用高一點的，因為費用高一點，病人就不會被視作物品般丟來丟去，物品本身不知道，但是讓你們看了會難過。安樂死當然不被許可。不論我是怎樣往生，不發訃文是一定的，

也不要主動告訴人，你母親的弟妹們應是知道的。其他人提起就順便告訴他。這封信本不該說到這些的，現在一併說了，也省了以後囉唆。

這半年來，你的工作似乎不穩定，加上士瑜正在找工作中，我是非常注意這些事情的發展，必要時我會在實質上予以救急的。你常提到兩個孩子的大學教育費用，其實你是有點杞憂了，士瑜和你兩個人，難道還不足以照顧和教養兩個孩子嗎？真的有了問題，我會即時施以援手，如果我人不在了，我留下的兩間房子，也足夠應付得了。你放心，房子的繼承人只你一位，絕不會蹦出其他人等的！高雄的房子值錢不多，且和張立的房屋尚待權狀上分割，一旦解決，我可能會賣掉。

我把所有的財務資料都放在我帶你去看過的保險箱裡，刷卡和鑰匙加上一磁片，都放在辦公室書架下立櫃的中間抽屜的一個小方透明盒子裡，磁片用 spe3 軟體，用家裡的電腦開，開電腦後，你會看到 ms-dos 模式，按下即可。如不放心，可請我同事蔡淑玲小姐幫忙。磁片上寫得清清楚楚。我的密碼你是知道的，如果六位則在前面加 00 或 xx。立櫃的鑰匙，可在我辦公桌右手的插筆筒裡找得到。

當然，在台協會我會寫封信給他們，理由是配偶往生了，我無意久住美國，但是短暫探親或旅遊還是必需的，所以希望我現在持有的五年期非移民簽證仍然有效；2008 年期滿時，請求准予續簽。不要因為已被批准移民簽證 (immigrant visa) ，則撤銷已有的或拒絕申請續簽的非移民簽證（non-immigrant visa ）。

這次你們替父母辦理移民，不知是不是央請律師代辦？如是，則有必要請律師寫封信給移民局，將此案件撤銷，副本寄達美國在台協會。如是自己申請的，則由自己寫。不然，我現在持有的簽證將被作廢，以後也不得申請非移民簽證，這是我在職場多年，曾經碰到過的類似案件。

中國人說：兒孫自有兒孫福，不過不關心兒孫的父母是少之又少。西洋人認為兒女們長大了，就是 Separate Unit，可是幾乎所有父母都仍然關心著自己的孩子們。我不會例外，我現在唯一擁有的就是你們四個

人，我是血肉之身，是有豐富感情和親情之人；我之決定獨居台北，是
經過深思熟慮的，我以爲正是真正愛你們的決定。久病無孝子，近身多
是非；以今日的通信如此便捷，幾已時時可連絡，處處能視聽，何在乎
那同一屋簷下的朝朝暮暮！你們偶而回到台北的家，看看老爸我；我如
簽證有效，一定常去美國，在你們那兒小住數日，這些都是彼此的福氣，
天賜的緣分；想想看，那該是多麼和諧的畫面！好美！

　　遺憾的是，我們胡家從沒有拍過祖孫三代六位的相片，我只好用電
腦合成的方式，把小孫女湊了上去，掛在台北家中的客廳裡。

　　我不知道在台北打莫芮德的電話怎麼打。他給了我好幾次電話，都
儲存在電話錄音裡。他對我們全家人的深厚情誼，非常難得，我是牢記
心中的。在這個時代，像他這種人，幾已成爲稀有人品了。

老爸　2007 年四月九日

1998 年我夫婦和兒子一家人在
美國（當時孫女瑞琪尙未出生）

我兒子五歲(1967)時

我兒子（左，手托面頰者）讀小學時和
同學們在台北市金門街寓所所拍

（二）我生前最後一次的搬家

正兒、士瑜：

　　媽媽過世已經一年四個多月，我生活還算平靜。其中雖然開了兩次刀，眼睛老毛病沒有再犯，不久前咳嗽了三個多禮拜，現在也康復。一個將近八十歲的人，在同年齡層中，稱得上健康的。

　　為了要打發孤獨的不習慣，十幾個月裡，曾經旅行四次：北海道、昆大麗、希臘、西藏，其中以希臘最棒，沒有跑大都市，撿兩個小島，一個曾經拍過電影的，另一個是修道院，感受匪淺，可就無法表達，有意打算寫篇心得，就是勉強不來，可見我的文筆之力道不夠，感受力和心境的過於狹窄，容不下天地事物的萬紫千紅，無法轉換為文字，口說更顯笨拙。西藏第一次去，緯度高缺氧程度因人而異，在拉薩逛寺院的一整天，我等於重重病了一場。麗江和北海道都是值得一遊再遊，只是越遲去越顯得不像麗江和北海道了。印尼的巴尼島也是一樣。

　　本來這幾天是在瑞士的，因天冷出不了團，正好趁這個空檔找房子，前幾天總算塵埃落定，是已經完工的，我簽約第二天，馬英九的二妹找我，說該「御景天廈」要租三個月為競選總部，一月一日起租，我當然從眾。租約滿期，裝修要三個月，所以我要到明年七月才能搬。銀行六個月貸款利息，三個月的房租抵上了。

　　搬家的理由，我知道你們很關心的，其實媽媽在世的後兩年，早有此議，和平西路跟牯嶺街口的那座高樓，是我最相中的地方，媽媽說太高了，因而放棄。我不買預售屋，怕上當，也怕等的煩惱甚至等不及。樓上漏水，以及每被檢舉樓梯內建時的忐忑，雖然那是原先就是那樣，工務局調圖看便知，畢竟被打擾得不安定。另外是：孤獨感和淒涼滋味，常在夜半醒來時侵襲，叫我受不了；說不定某天夜裡發了病，怎麼辦？新大廈是飯店似管理，即時可以被送醫院，使心理上安定放心不少。決定了就這麼做了，舊屋換新房，祇差幾個月的周轉，因為總是先買後賣，

一個月前銀行同意配合了我的如意算盤，我便委託了仲介，這是現在的情況。我把新房的圖樣寄給你們看。地址是愛國西路十七號九樓。火車站到家的車程僅是計程車的起程價，七十元。右手邊是捷運西門站，左手是小南門站，公車站也在大廈左手邊。捷運站的圖示也附上，讓你們容易找。我用一臥室，另一也是雙人床，你們來了可住。瑞中睡沙發，瑞琪且把書房當閨房。

也許有人會問，爲什麼一個人要住四十二坪的房子，那是我心理不平衡，變態；我曾蹲站過不到半個榻榻米大的小小空間，40 幾個人擠在 20 個榻榻米不到的牢房裡，輪流躺下身子才能瞇瞇眼；我也曾在台大醫院門口的石階上睡過，北門口的小公園裡也打發過刮風下雨的黑夜。一直想，總有一天，睡得豪華點，我應該還有三年五年的時間去享受，就讓我揮霍揮霍我自己的生命罷。

有趣的揶揄事，五十八年前國民黨把我送進了綠島的黑牢，五十八年後國民黨的總統競選人居然租了我的房子，作爲競選總部。當然是巧合，把它解釋爲因果，雖然阿 Q 些，感覺高興也好。我活得長久，難道是爲了等這一天！你們是我兒女，這種自私無聊的話，也只能讓你們聽。視之爲牢騷罷！姑妄聽之。

兩位小孫子的壓歲錢附上。我在台北生活很好，真的很好。

老爸　2007 年十二月四日

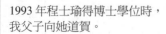
1993 年程士瑜得博士學位時，我父子向她道賀。

第五八章　幾篇元旦日記

1994 年 3 月 5 日　星期六　晴　14-21℃

（此篇非元旦，是至今未綴的日記第一篇。）

今天是陰曆正月二十四日，我滿六十五歲；在台北，是法定「老人」年齡的開始。我大概在兩三年前就決定了，把停了多年不寫的日記，打算揀一個似乎有點意義的日子，把停了快半個世紀的日記，來一個開始，所以打從去年五月起，便「老來學吹鼓手」，辛辛苦苦學倉頡式輸入法，爾今爾後，可以用電腦寫，一來保存方便，二來也可保一段時間的秘密。問題是我這個一輩子沒出息，對這麼一個「偉大」的決定，一直猶豫不決，第一怕沒多久會夭折，第二怕惹出是非；現在顧慮的倒不是類似往日的「白色恐怖」，而是生怕記得真實了，又會引起無謂麻煩。幸虧今天中午喝了點酒，壯了膽，趁酒興，趕先把頭起了，明天再來寫今天的事，好比是寫斷代史。想想好好笑，這豈不是有點像《水滸傳》裡的宋江，他在潯江樓「乘酒興、磨墨濃、蘸筆飽，去那白粉壁上便寫」的情況。不同的是，他是即興而作，我卻要持之以恆。不過，誰知道有沒有恆呢？說得正確點，所謂「停了幾乎快半個世紀的日記」，是指 1949 年以前，我就有了寫日記的習慣，是哪天開始的？已不復記憶。1949 年 12 月 3 日，我在左營桃子園被捕後，因為是所謂「洩漏軍機（？）」的「政治犯」，包括日記在內的私人財產便全被沒收，到了 1960 年 3 月 6 日從綠島出來回到左營時，什麼也沒了，日記當然是不見蹤影。

想起來真是不知死活，我在綠島那樣的環境裡，居然也寫了一段日子的日記，有次在大檢查時，被獄卒（幹事）搜去看了，當夜的個別談話，宣佈了不准繼續寫的判決。所以，今天是我六十六歲的開始，也是我生平第三次開始寫日記。希望這一次不會衍生出第四次，祝福它將會因為我人的善終而善終，是我主動的停它，而不是受外在因素被迫而停。

今天四點半鐘起床，把昨天包好的七大件「612 大限」的書，加上四包公司要的書送去辦公室，本打算下午去倉庫繼續包書，可因為中午

喝多了黃湯，飄飄然，懶得去了；留待明天罷！人生難得幾回醉！

今早球打得爽，網球打了十多年，也許每天連續時間不夠，或因年老力衰的關係，總覺得沒有年輕時打乒乓的成績好；以後多注意打位置打得準，長短左右要控制得宜。

晚餐和美娥在「添福」吃日本料理，生魚片和沙拉各兩份，兩人再一碗牛丼，吃得蠻不錯，美娥說七佰多元太貴了，我說難得，是我生日，就豪華一次罷！

記得有年和美娥在東京，晚上由旅館出來，在一家路邊攤吃飯，熱氣瀰漫，談笑熱絡，氣氛地道東洋，多少日子過去，久不能忘。

從開封街的「添福」出來，和美娥去新光四十三層頂樓看台北市夜景，可以看到辦公室位置，也可以看到家在哪兒，兩處實體卻都被高樓擋住了。

1995 年 1 月 11 日　星期三　陰　13-22℃

（一月一日到十日的日記，因為電腦開關的關係，全被關掉了。我沒有儲存，便出了這個大摟子。唉！只好想起多少，追捕（補）多少。）

崔蕙萍寄來一本 Snow House 中譯本，東華出版，兒童讀物。沒見面十多年，虧她還記起我。她是政大畢業的，幫我兩年多，瘦伶伶的，有才氣，跟我一道編《翻譯天地》，曾訪問過何凡等人，後來被她老師找去省政府兒童編撰小組。她告訴我她已經是一名國中二年級男生的媽媽了，先生趙慶河在世新教書。

高雄檢察署的張金塗檢察官，在家門口下車時被槍中五、六處之多，疑似黑道人所為；張是黃信介的女婿，黃說，此案不破，台灣這塊地方已是無天無地。我很欣賞黃的講話，真是有夠力道。

台北市議會新年第一天開議，也是阿扁第一次施政報告，被一名新黨的小女子鬧泡了湯，這名叫璩美鳳的年輕人，忙著作秀，當阿扁剛就發言台，話沒說上三兩句，她竟忙不迭地跑去獻青天白日旗，民進黨人看不慣，上而阻，小女子的新黨多人，也上而擋，於是雙方開打。

　　早上我沒打球，只去加油，去倉庫，再來辦公室。結果，天要下雨而沒下，使我沒打成球，看天色有時也看不準。

　　老康的兒子祝仲康來博愛路辦事，順便看我，他有哥哥叫少康，父子三康，有趣。仲康、少康都在台視幹導播，老康現在泰國教書。他嗓門大，有次在香港大學的余也魯和我談起他，對他的大嗓門頗爲欣賞，說老康每到港大，必驚四座，話到，笑也不絕。

　　打電話永裕買紙，印漢法字典用。北京世界書局來信，說那一千七百多人民幣是付《101》的稿費和《3212》的賠償費，沒想到，竟是如此之低。

1996 年 1 月 1 日　星期一　晴

　　1996 年的第一天，美娥和我在台灣雲林縣古坑鄉草嶺村的秀嶺大飯店五一六室。不知道胡正他們在何處？已經沒有消息一個月了。我在他的老電話上留了話。莫芮德一家人也失去連絡半年多。

　　習慣早起，我早於規定的時間起床，在房內晨操。接著美娥起來。看電視，台北總統府前升旗典禮，新黨支持者和便衣有了衝突。想來雙方都有是與非，執政黨唯恐新黨旗幟佔據了媒體的襯景，新黨支持者卻聲稱，參加升旗無罪，豈可被阻隔開。其實，如果早有規定：「凡參加升旗者，不得攜帶除國旗外之任何旗幟標識。」不就結了。散場時，「總統好」和「李登輝下台」，兩組人馬的兩種口號，此激彼盪，相互叫囂，這開國八十五年的第一天，揭開了今年一年的不安定的序幕。

　　首排者，黨政老大等，民進黨籍台北市長陳水扁也是其中之一，他不唱國歌不向國旗敬禮。李登輝離去經過退黨的陳履安時，伸手握了握；報上說此握雖不熱烈，但比不握好。

　　早飯後，八點開始步行。經過四面佛寺、峭壁雄風、清水溪、吊橋、水濂洞、青蛙石、奇妙洞，和幽情谷。峭壁雄風，其實是一個峭壁，雄風二字是加上去的形容詞而已，其壁度坡三十度，一百公尺長，比起筆架山上那個坡度好走得多，有三根軟繩任人揀攀，我是第二個下去的，

所幸坡地不滑，而且有路紋抓腳。我下來了，看到有若干人由右側的另一處由繩網爲牆、爲路的繩路下來，好久好久，不見美娥踪影。我由繩路往上迎去，擔心她手軟腳無力，可以中途助她一臂。不料在三分之一的繩途。卻聽到她的呼喚，她是由我下來的同一坡度上下來了。她的動作慢一點，勇氣可嘉。她臨時在坡前的小店裡買了手套，其實並沒有多大功用。

吊橋有二百公尺左右長，是我生平走過的吊橋中最長的一座，走得顫巍巍搖動，尤其是兩端十公尺範圍內搖動得叫人不安。青蛙石確是名副其實，人走在懸岩邊，抬頭望，一隻青蛙恰似昂首半空中。美娥和我同時想起了桂林的石林，妙物天成，多少石塊的風化成形，小有小的各式各樣，大有大的狀什酷似。可謂是美不勝收，醜也數不清。

同行中有一位七十五歲的鄧老，成都附近人氏，頗健於行，他的足跡已遍天下，連蘇俄也去過。是公務員退休，立志獨自遊四方，問到他夫人，說她不想動，而他偏是反其道。看他笑而健，我很羨慕，希望到七十五歲時，能和他的健康一樣。

行行復行行，有人中途改乘汽車了，我們約有半數人，堅持全程到達集合地彩虹大飯店時，十時二十分，比預定時間早了四十分鐘。我在我們遊覽車旁曬太陽，美娥在村子裡逛小店，買了瓶什麼茱籽油。

晚上看早報，說台中亞哥花園，斥資兩千七百萬建一公廁，其設備和清潔水準自然不在話下。有準新人一對，申請在今天上午十一時十一分十一秒在該公廁舉行文定之囍，所謂「一號婚禮」也。天下之大，無奇不有，想來此舉，肯定上得了金氏記錄。

華盛頓某報，選出千年風雲人物，首推成吉思汗（即鐵木真），這十三世紀的蒙古征服者，是一位極端的人物，集人類半文明半野蠻的二元性於一身。此言不訛，前幾天我還看了幾齣成吉思汗的電視連續劇，是大陸拍的，被台北放逐的劉永飾演成吉思汗，造型不錯。

一路塞車，快六點到台北，我二人在路邊一餃子館吃水餃，乘公車到南門市場，回家趕上電視新聞。其實我夫妻二人，這幾年是人到哪裡，

家就在那裡。

1997 年 1 月 1 日 星期三 晴 8℃左右 無錫、上海

　　這是日記的第二片磁片，第一片是從一九九四年三月五日到一九九六年十二月三十一日。開始的那天是農曆正月二十四，是我滿六十五歲的生日，今天我快六十九了。

　　在無錫市清揚路沁園新村三四三號一○二室，王辰伯宅。

　　昨晚遲睡，我和辰伯睡客廳，雖有暖氣，四時許我被凍醒，隨我而醒的是辰伯，我以爲他不會再睡，在他入廁時，我同時將兩床被褥統統收拾起，不料他還要睡回籠覺，只有任他自己拆包繼續。

　　和朱正安因爲對香港回歸後的看法有異，居然有了爭執，我強調等他的兒子他日去了別的國家後，可能會和我的觀點相同。正安和我不僅在蕪湖國中、高中同學，在江陰和青島兩個海軍訓練機構也同學，在軍艦上又曾兩度同船，我對他印象極好，加上今天的一辯，我認爲更能增加一些彼此的了解。今日處境不同的是，他是中級幹部退休，是資深共產黨黨員，我什麼黨也不是。他告訴我另有一位女同學蔣月軒，是一位高幹的愛人，如今失去了連絡。蔣月軒我是知道的，印象頗深，可能比我大一兩歲，記憶中在蕪湖時對我關心和幫助不少。

　　八點多去車站，離辰伯家在巴士站有一小插曲，辰伯堅持等巴士同去車站，巴士一輛輛來了又去，原因是人太擁擠，我們不可能擠得上去，正安當機立斷，擋一部計程，辰伯最後上，被正安擋了回去。車資當然由我付爲合理，如果辰伯出就更爲合理，可是看他堅持等巴士的情況，便叫大家爲難了，我如果擋他上車，會被誤會強出頭，正安最近和他走得頗近，所以他的此時此舉是被認爲是一次英明的決定。

　　辰伯這次約我和大家來無錫參觀他的新居，並且說要同去江陰，江陰他是沒有去。我們除了打擾他晚、早餐，和一宿睡覺，沿途他所花費的一共八元人民幣，是車上的泡茶錢，車票是毛東海付的。我的花費是往返江陰 220 元，去太湖 18 x 4，由巴士站到火車站 20 元。其他零星

則是毛、朱、和郭懷悟隨興而付，太湖的午餐是郭作東。

太湖太大，太冷，陽光沒有，風也太大，第一個景點有小雪黎的架式，一所仿雪黎歌劇院的建築，因為配景的不好，以致不能亂真，同來的遊客們多係年青男女，遊興濃過寒冷，統統上了小汽船，破浪呼嘯而去，我們四個老人，被留在木板碼頭上，聊天拍照。第二個景點是太空艙，有幾架小型飛機，舊而髒，旁有「禁止攀登」的木牌，其實，我看即使沒有這塊木牌，大人也不會讓孩子們攀登的，一來一看就到底，二來也無法攀登，即使攀登上去，又能看到什麼呢？

導遊介紹我們在一個大的廳堂裡吃飯，這介紹很實際，懷悟堅持作東，說給東海做壽，點了幾色菜，燙了一瓶黃酒，聞名世界的無錫排骨叫我失望了，一碟蔬菜也太老硬，這個景點給她自己製造的負面影響太大，不僅對我來自台北的遊客，對上海來的中國人也是大大不以為然。

導遊前來通知，本來說好了負責另外用小車送我們回火車站，我們回上海的票是下午二點二十分，現在卻要我們自己找巴士回去，我們原先少付的十元不要了。我們苦笑笑，這是可以理解的意料中事。運氣不錯，我們碰到了一輛小巴，一路開到火車站。火車途中遇到了好幾位中年男女，是同一工廠的同事，集體旅遊。看來大陸上的現在種種，是越來越像十多年前的台灣了。但願能選好棄壞，不要照單全收。

到上海四點多，我們趕去赴葉松林的餐約，是去他兒子葉凡的新居，我們連換三次車，感覺上好遠好遠，比由台北去基隆還要遠，天色越來越黑，風力越來越強，非常冷，我看是零下的氣溫，後來果然應證如此。六點半終於找到，新社區面積廣闊，一幢幢有如台北新隆國宅的架式，規模更大得多。進得屋內，葉家人以為我們爽約了，所以一家三代正在用餐。不好意思，他們立刻撤退，讓我們老一輩上桌，主人是老葉，葉凡和他妹夫作陪。繼續掌廚的是葉凡的愛人和他妹妹。菜一道一道的上，酒我們是一杯一杯的喝。完全談陳年往事。老葉的記憶失真，有些有關我的事幸虧有正安補正，因為某年某月某日，我明明和正安同在一艘軍艦上，老葉硬說我身在他處。好在閒聊往事逗樂，要是在情報

單位，那可是有口不能辯。

八點多我們離去，老葉騎單車送我們去巴士站。正安和郭一路，東海和我。到了東海住處，迎接我們的是滿屋笑聲，東海的子女除了大兒子一家三口缺席外，十多人都在等東海回家團圓，連那位毛腳（小兒子的女朋友）也來。一桌子堆滿了水果和糖果。1997 年的第一天，是在歡樂氣氛中離去。

昨天沒寫日記，今天興緻好，特別追記如下：

一大早，我告訴東海，今天兩人自由，他說在家打掃、洗衣，我說我去大世界和南京東路逛逛。約好下午四點前一定回來，一同前去浦東我姐夫家，我約好了請姐夫和他三個子女的三家人晚餐。這事去年十二月初和外甥王平在電話中已經敲定。

早餐後，東海詳細告訴我巴士轉巴士的路線，出去和回來，用紙筆寫出，我把紙條放在最方便的口袋裡。

先去大世界，二十元門票，進得門來，哈哈鏡依舊，我特地亮相變形，或瘦或胖，有時矮有時成了巨人，難怪孩子們見了笑，有的被嚇得哭。正廳有音樂傳來，是雜耍，還有走鋼索。走鋼索吸引了我，是由中廳高處（有五層樓高罷）兩個對角的洋台上套上鋼索，兩組女孩子，穿彩衣持花傘，踩輪車，真的是冉冉而去，又冉冉而來，更驚險的是一人雙手持長桿以平衡，從一端走向另一端，再又後退走回程。觀眾都起立仰首而看，忘了鼓掌，也忘了叫好，好耽心他會失足而下。當然，他的腰際繫有細索，想來就是以防萬一，不過，還是不要萬一的好，萬一萬一，也夠嚇人的，他本人不嚇昏才怪。

明明知道二樓以上的玩意兒不會精彩，我還是要不虛此行，1947年至 1948 年初，我常在二樓舞池裡跳舞，現在成了專跳 Disco，一掀布帘，一陣臭熱撲來，我應味而逃。三樓有號稱新奇玩意兒的展覽，我走了一圈，沒有感到新奇，倒是有一間演粵劇的地方，使我駐足頗久，好比文明戲，民初時代的服裝，妝特濃，動作誇張，女角的高叉祺袍，以及男角的煙斗，種種姿態都是定型了的戲劇化。這已經是我多年不曾見

到的景象，以往見之作噁，今日看到，反而新鮮。

　　從西藏路的大世界出來，肚子餓了，我往外灘方向走，路邊買了粟子，熱熱的，美娥喜歡吃，可是現在卻不在我身邊。光吃粟子不喝水，嘴太乾，遠處看到高牆上的「陸記小吃」，在一家百貨公司的三樓，上去一看，有香港茶樓的格局，小吃樣式不少，我點了餛飩、蔥油餅，加上一盤蛤蜊，合計花了我十八元人民幣，可算是豪華大餐。我揀一個靠窗半迎陽光的桌子，慢慢吃，注意到鄰座有三位中年婦女，打扮入時，全身映入我眼簾的一位，只見她翹起二郎腿，手夾一支煙，桌上一壺茶，看來是在談事情，或者已經撤去了碗筷，講的滬語特快，叫我兩三成也難領會。她們走了，我吃得太飽，睡意急速襲來，管它三七二十一，靠椅假寐，我真的睡著了。

　　沒人催我，也沒人理我，硬是自己醒，初以為在台北近郊的山中，可是桌上有粟，杯盤狼藉尚在，環視這擺有將近百餘桌的大廳，客人尚剩下兩三成。我想該是回東海家的時候了，答應過他最遲四點一定到家。

　　又走過「老半齋」，如果按照東海的圖示，等車又等車，加上轉車又轉車，此時兩點十二分，一個半鐘點絕對到不了他家，立刻決定，改乘計程。上海計程蠻規矩，完全按錶收費。果然不錯，三點半還早一些，我進了東海的家門。二十二元。

　　老葉在座，說是預送我三天後的行，帶來一包茶葉。三人談了會，因為有浦東之約，不能留老葉多坐。三人同出門，揖別分途，他是鐵馬來去，看他七十多，雄風依舊，夠本錢的。

　　時間寬裕，東海帶我全程巴士。上海畢竟空間太大，塞車厲害，尤其浦東變化快速，不是東海少來浦東的人可以應付的了，三次轉車中的第三次，東海似乎失去了方向，我們在空橋上問了行人和遲歸的學生，總算是找到了第三次車，過隧道再問人，問到「長青公園」也就問到了上鋼八村，因為八村正對面就是公園。這位被問到的一位行人，走姿威武，身著皮夾克，頭戴鴨舌帽，狀似五十許，卻是七十一歲的老大哥，比東海大一歲，比我長兩歲。東海和我都羨慕他，連連稱讚。他住九村，

所以同行，進了九村便知道了去八村的路。

　　進了姐夫家的屋，滿屋是人，兩個外甥女王敏王健和她們愛人帶兩個孩子來了，加上王平董敏和孩子，姐夫、東海，和我，一共十二人，由王平領隊，來到附近一家館子，看來早訂了房，沒想到這附近還有這樣氣派的餐廳。坐定了，我坐在姐夫和東海中間，像極了我姐姐的王敏坐我正對面，她和東海中間是王平、小孩、董敏、小孩，王敏左側是她愛人盧來根，盧的左座是小孩、王健，王健和我姐夫的中間是王健的愛人瞿曉敏。曉敏的談吐是標準生意人，果然是開工廠的，有車子代步。來根老實木訥、少言語，姐夫的話今晚還不少，蠻開心模樣。我對姐姐的二女一男，欣賞的是王平，對於他的兩位姐姐，在今天以前的印象，可說是毫無印象。我小時和姐姐相當親熱，我看姐夫也是老實人。這次執意要請他們，讓大家團圓，是想讓姐夫高興高興，我不會因為姐姐的過世，而和他們少了往來。

　　菜由他們點，喜歡吃什麼就點什麼，飲料是黃酒、可樂，用餐的氣氛很好，比起以往在有所為而為的幾次（不是純應酬便是辦喪事前後）餐聚要輕鬆、自然得多。他們三家的經濟情況大為好轉，姐夫的身體不錯，看到他們老小十人高興，東海和我也就高興。席終人將散，我交給王平一千元人民幣請他埋單，圓滿結束了這次家宴。

　　姐夫在席間談起了我媽媽在上海辦出境去台北的事，本來不准，有天公安通知已被批准，說是北京國務院的特別處理。王敏等人忙問原因，我解釋是因為我一時急智，寫信去了國務院的「在台辦」。關於這件事我有專文報導，他們找我要了看，我應允一回台北，連同那本「探親」的書一塊付郵。

　　我關照王平回到家打電話給他二舅媽，說我明天回台北。

1998年1月1日 星期四　晴　台北

　　記得去年元旦在無錫，一早為了看電視看到香港即將回歸事，和朱正安抬槓。頭天我們四人（朱、毛、郭，和我）去了江陰，當晚由南京

趕來的常中愷主廚，宿無錫王辰伯住處，第二天早餐後便回上海，趕赴葉松林的晚宴。今天一年又過去，是民國的八十七年，民國還有幾年呢！

　　寶福一早來修電視，果真電視沒壞，是有線電視兩大系統為頻道事爭執不已，而東森、和信的後台是紅頂商人王又曾、辜振甫為兩大老闆，兩人又是國民黨中常委，出面協商破裂的第二代人是王令麟和辜啓元，我看此事小李（新聞局長李大維）無法擺平，可能要看大李（登輝）的是否能「民之所欲，常在我心」了。昨晚台北市市民正在收看第四台時畫面一黑，就是頻道大亂的結果。此事反而顯出民進黨執政地區的首長們的魄力，說，如果兩大惡勢力擺不平，不惜玉碎，以公權力剪線來斷然處置，你們亂來，我們不看總可以罷！預繳費用的收視戶，可以持據向消基會登記，集中收據向兩大系統退錢。此舉果然擊中要害，要求於十四日內自行解決。我們拭目以待。

今天和美娥去參加士瑜小弟的婚禮。回家後，把剛收到的結婚照放到相片簿裡，意外竟看到十年前元旦和嚴長壽夫婦及張廣基在亞都飯店合拍的照片，記得那晚彼此談得很愉快，和嚴夫人曾共舞一曲。

1988 年元旦的舞會，和嚴長壽夫婦（右一、右二）及張廣基（左一）暢談甚歡

1999 年 1 月 1 日　星期五　上海　蘇州

　　天氣特別好，不冷，五點半趕去北站，八點二十分，王平來，因為人太多，一片黑，找我好久，他電話問東海，問我穿什麼顏色。開車前十分鐘找到，匆忙急奔月台，趕上了，好高興。記得探親第一次和他相遇，也是他陪我趕看《老井》，趕車去機場，快十年前了罷。

因為假日，天氣又好，去蘇州玩的人一批批，火車加掛三節，我二人就擠在掛三的車廂。

大前年我一人來找哥，計程車跑了半個多小時，好不容易找，今天十多分鐘就到了，三元三村五十九幢恰在眼前。大門卻下鎖，以為去晨運，或買菜，等了十多分，王平還去市場找，問鄰居，說可能去小女兒家，家不遠，過兩條路，一排四大幢，問小郁或胡駿之女婿就知。如此，想必小有名氣，王平笑著說，不過東找西找得還是曲折辛苦，此四大幢成一獨立社區，周邊尚在建設，比哥住的社區要高一級。果然不錯，進了小女婿郁敏豐的家，麻雀雖小，五臟俱全，而且非常現代化。我們入內，他正在電腦繪圖，仍在電廠上班，也兼個體戶，神情，衣著，談吐等，和第一、二，第三次相見全然不同。記得第二次美娥同行時，我對美娥說，此人非池中物，將有出息，果爾。

郁說：爸爸在二姐家。電話過去，尚未到，等電話來，哥叫我們去，我告以王平同來，似乎不太歡迎，王平來不及講話，電話斷線。我們乘計程車去，在蘇州市內，房子及內部陳設均極現代。有在上海讀大二的孩子叫鄒睿，很可愛，和我約定，等有了電郵地址，和我通信，讀動力與汽車工程系。哥嫂不太熱絡，是不是因和大姐的不和而遷怒，幸好有鄒睿在，話題集中在年輕人身上，吃飯飲酒，餐畢我和王平向他們告別。有了他們電話，逢年過節，往後我盡我做弟弟的本分，打電話請安。

我要王平給他爸爸電話，約他兩位姐姐兩家人，由我作東，一道晚餐，他說沒問題。所以我們回到上海，便直接換公車去浦東他家。今日浦東與上次以及和上上次，的確是一次一個樣，大廈林立，馬路寬闊，在他家附近也有了歌廳，玩樂店等，上次去的小館說正在改建，今天去了另一家，姐夫身體不錯，老二王健一家三口來了，老大王敏去了他處，所以一家人沒來，王平的老婆去了娘家，所以一共六人，現在他們生活都已改善太多，和台北中等人家差不多，我們談談吃吃，彼此親近熱乎，共同話題也都在孩子們身上轉。

兩點鐘離開，正安夫婦去機場附近有事，順便送行。到了機場，我

請他們二位不要等了，我自已辦好出境手續，時間尚早，閉目養神。

算算這次大約的化費是：

來回機票（連加簽）		NT$17,200.00
機場費		300.00
送禮		2,000.00
紹興、杭州 RMB1,000x3.5		3,500.00
請客 1/1	1,200x3.5	4,200.00
請客 1/2	400x3.5	1,400.00
西服	1,100x3.5	3,850.00
雜用	1,200x3.5	4,200.00
台北車資		400.00
計		NT$37,050.00

飛機經澳門轉台北，兩度起落都無差錯和誤點，到家快晚上十一點。美娥說這幾天很害怕有小偷。對不起，我心中抱歉而不安。

2000 年 1 月 1 日 星期六 晴　台北

和美娥去宋楚瑜住過的同一地方，我忘了地名，離基隆不遠，有一個廟。不久前也去過一次。台灣寺廟那麼多，很多人都戴了念珠，我不知在實質上能發揮多少心理上的安定作用。婦道人家如此，年輕壯漢也如此，受高等教育的人也有如此。是不是我有了問題，因為我總以為這些人有了問題，而且是大問題。

想起來了，這地方是林口。

下午去辦公室，遇到陳嶽，他還我錢，談些航運不好做，談起我們共同的友人，脫秉之、謝名鑑，還有張耀東，前二人也是航運公司老闆，早已收場，張耀東幹船長時遇難而亡。其實哪一行都不好幹；自己的努力，總比僥倖的好，有時候就是運氣不好，別人可以幹得好好的，自己來做便倒楣。

今天是二十世紀最後的一年的第一天，這第一天我過得不舒服，但願接下來是舒服的日子。

2001 年 1 月 1 日　星期一　晴　上海

　　我幾乎忘了昨天是二十世紀最後的一天，當天晚餐是在朱正安家享用。六七個人擠在一圓桌上，懷悟、東海、正安父子三人，其他人則無法上桌，惠芳嫂和大媳婦便無位可坐了。因為這是不要錢的房子，正安即使有能力買大一點的，也就得過且過了。

　　在台北的延鎧，算準了這個時間，來電話聊兩句，可謂有心人也。

　　記得有一年，是 1997 年罷，年頭歲尾都在無錫王辰伯家過，朱也在內，另有懷悟和東海。時間好快，今天是二十一世紀開始，一早我獨自去姐夫家，老地方，浦東，只是，今日的浦東，有異往昔，全世界人都在注視中。新啓用的機場，新穎而大。好幾座大橋，把黃浦江兩岸連接得快而平穩。

　　在人民廣場坐 574 公車，到長青路下，長青公園就在對面，由上鋼七村入，右轉到上鋼八村，一條石塊小徑，王平說是他老爸舖的，姐妹二人加上王平、姐夫都在，送姐夫五十美金，其他小孩則免了，王平邀我們在一小館午餐，歡聚笑樂，他們景況好得太多，王敏太像我姐姐也就是她媽媽，連小動作也酷似。

　　下午回招待所，稍歇、換衣，去盧家，東海已到，同去九江路 700 號，是一觀光飯店，參加東海大女兒的婚禮，送禮一百美金，被安排在女方親屬席，毛的舅舅即志秀的哥哥夫婦，毛的兩位公子夫婦，還有大孫女。抽煙人口多，場地又是封閉式，受不了，加上毛的兒子對老爸的冷漠，想必是為了房子事，我感觸頗深，好不愉快也。

　　不知道哪本舊雜誌，喬志高在悼念宋淇的一篇文章中說，宋的大半輩子是生活在「借來的土地上和借來的日子中」。原來宋淇一向住香港，自己身體多病。兩個「借來」，用得真神。會寫文章的人，用字總是神。宋淇就是林以亮，喬志高是高克毅的筆名。兩人我都熟，是主編《翻譯天地》時結識的。

　　還讀到彭孟緝死後，他兒子在謝啓的廣告，讓我知道了一件事，那就是桂永清是在 1954 年去世的，由廣告中看出，是在參謀總長任內。

斯時彭是副總長，因而代理而至真除。

2002 年 1 月 1 日　星期四　晴　15-18℃

千呼萬喚的威而鋼，在台灣已被核准，約六個星期後上市，凡有醫師處方箋的都可公開買到，一粒約四百元。昨天電視上就有七旬左右老人先去醫院請求開處方箋，說他太太僅五十餘，房事仍有需要，中國老人在電視前膽敢如此獻「醜」，證明了如今時代的性開放已至某一程度。我過年即七一，我無此需要，也無需去買。

連戰公開說，今年如修憲，公投和單一選區為其主議題，可見連戰已有轉變，開始了迎向民意的趨勢。

魏京生和施明德見面，十八年和二十五年的各自牢獄經驗，相談格外投機。魏說，今日台灣完全偏安南宋心理，「暖風薰得遊人醉，直把杭州當汴州」，不論政府或民間，對中國都是彎腰曲背，一昧怕事。

給北京書局傳真，請它寄那本我編的字典給朱安正，價購也可以。

收到省文獻會的《台灣地區戒嚴時期五十年代政治案件史料彙編》五大冊精裝本，其中第三冊摘錄我的《我在綠島 3212 天》部分，第五冊中刊有我的資料，該書編選時曾邀我錄音口述，我正好要去美國，以致少了訪問部分，但是就這樣也已足夠。第五冊中並有我和孝敏在綠島開運動會廣播時的照片，另一人為政治處派來監視的，但和我們相處甚洽，姓甚名啥已忘。

2003 年 1 月 1 日　星期三　-3 - 5℃　溪口、寧波

昨天走得累，晚餐吃得不錯，在大陸、尤其和在大陸居住的朋友一道旅行，一定要有心理準備，那就是自然地順從他們。例如昨晨投宿這家客棧，兩間房計 RMB120 元，一間兩位女士住，一間盧大哥、毛，和我三人住，兩張床，我和毛一床，零度下的天氣，居然沒熱水，不洗澡可以忍耐，冷水洗臉可就難適應。我學他們，用熱水瓶倒點水在毛巾上，便不會傷了面膚。其實六十年前在江陰半年，四十多年前在綠島約

八年，我都是用冷水的，可是近四十年來生活水平的提升，生活習慣大改變，讓我嬌滴滴起來，加上上了年歲，使適應能力差了不少。只因爲有過這種在零下好幾度而用冷水的經驗，在心理上還是處之泰然。

和旅遊社約好了今天去奉化溪口，外出吃了早點，回客棧樓下等人來帶我們上車，八時差幾分，一位男士招呼我們，說車停在不遠處的金龍飯店大門口，是一部大陸上稱之爲麵包車的小型巴士，車上除了司機，還有乘客四人，上車後得知，真正遊客只有我們五人，原來四人中的二人是司機朋友，一位是旅遊公司的職員，一位是導遊，這位導遊是22 歲的小姑娘，徐叢霞，時代女娃模樣，當地人，普通話說得流利，介紹詞和景點說明都很稱職。一路無阻，車行穩妥，路況極佳，想當然是因爲國際遊客眾多，爲的是看看這「瑞元無賴」的故居到底是怎生模樣。半小時的車程，我們到了溪口鎮。

「溪口之旅」的簡介是這樣：「溪口，位於浙江省寧波市西南 20公里，它東枕武嶺，南臨剡溪，北依雪竇山，山環水繞，景色秀麗。勝似陶淵明筆下的桃花源。近代又因蔣介石蔣經國父子的故里而引世人注目。

「溪口風景區總觀賞面積 140 平方公里，其中『蔣氏故居』係列人文景觀爲國家重點文物保護單位：千丈道、徐鳧岩和三隱潭瀑布爲浙東第一瀑布群；九曲剡溪爲晉代大書法家王羲之隱居地；雪竇寺聖禪寺爲「天下禪寺十刹」之一，因是彌勒菩薩應跡聖地，而躋身佛教五大名山之列，千百年來，香火鼎盛。榮獲國家級重點風景名勝區，首批國家AAAA 級旅遊區等桂冠。

「溪口，民風淳樸，特產豐富，芋芳頭、水蜜桃聞名遐邇，景區內的接待、娛樂、交通、通訊等基礎設施一應俱全。」

看團隊門票上計有十七處參觀處：雪山中旅社、妙高台和千丈岩、蔣母墓道、玉泰鹽舖、（蔣氏古屋）豐鎬房、文昌閣、小洋房、武嶺幽勝和城樓、博物館、徐鳧岩、三隱潭、杜鵑谷、魏杞墓、摩訶殿、蝴蝶世界及王康樂藝術館、集古居等，我們一共走馬看花地看了前七項。多

虧是跟團而來，有人解說，省時也省錢，我們五人包括午餐、車程，和門票在內，每人 RMB180，如果自己來，光是門票每處 20 至 30 不等，總計一定超過三百元不止。當時盧問我的意見，我立即付了九百元，如今想來，這次付錢付對了。

中餐館午餐時，見一聯：「大肚能容凡塵事，布袋可招八方財；袒胸露腹走天下，笑口常開樂逍遙。」

在重要景點我幾乎都拍了照，尤其在蔣母墓前也拍了，這張照片絕不能給美娥看。我問導遊有沒有人如此拍法，她說除了外國人，中國人好像還沒聽說過。我認為這只是個景點，心中想「你丈夫和兒子害了我，希望你知道這件事，我是千萬受害人中的人證而已。」

妙高台景色極美，眺望對岸一家賓館，小徐說，不久前章孝嚴來就是住這家賓館。賓館的名字看得清楚，現在要寫時卻忘了。

妙高台有一聯：

> 禍及賢慈，當日玩梗悔已晚；
>
> 愧為逆子，終身沉痛恨麻岩。

回到寧波五時許，買了幾個肉粽準備在火車上吃。六時多火車，是軟座但卻很擠，原來站票也賣，是次等的軟座，看旅客捐挑的行李，就有了是「價廉」的答案。

回上海十一點多，東海要孫妹獨自回去，他欲陪我同宿，我堅拒，認為太過份，哪有半夜要太太一人回家之理。

晚宿東海招待所，洗澡時或因不會操作，忽然熱水沒了，猛地打了兩個抖索，好冷！蓋了兩床棉被，另一床棉被被當作墊被用，三床棉被都是盧大哥在電視下的架子裡取出來，原先要我蓋三床，我覺得墊得太單薄了，寒氣從床下襲來，很難消受。

2004 年 1 月 1 日　星期四　晴　台北

休假，總統府前的升旗典禮，四個爛蘋果都到了，阿扁在任三年的三個元旦，都沒唱國歌，今天和呂秀蓮都手持國旗，唱了國歌；連宋是一連三個元旦缺席，不是出國便是另擇場地自己搞自己的，今年泛藍全到了，站在一般百姓中，雖被邀請和總統副總統並列爲鄰而站，但被拒絕了，有不屑爲之的「大勇氣」！

請李鎮富替我繳台大網球費，今年是一季一繳，以往一年預繳；原因是新生球場可能要改建地下停車場，如此一來，最快也要一年以後才能恢復原狀，這下紅土球場可要人滿爲患。

香港丁伯駃和北京吳重陽寄來賀卡。

駐美代表程建人回國，說完成大選後即辭職。他是人才，但非政客，現在落得藍綠都不喜歡他，光是阿扁欣賞有什麼用！

我看這次廢票會很多，輸贏都很難看。得票率有百分之三十就了不起。

增值稅事，因爲多年前的在新店的房子賣方的名義是美娥，現在即使是自用，稅率是百分之六（減半是百分之三），我想應該是按公告地價來計算。

把今年洗車的錢一次付清，並且多付三千元，我分享了洗車人李太太的意外高興。

2005 年 1 月 1 日　星期六　陰　08 - 12℃

淡水昨夜 5.8℃，有冷的感覺。

上午去新開的大賣場買食物，順便買了張按摩椅，六千多，等於復健，每晚半小時即可。這家大賣場在不到新店的寶橋路附近，停車場不錯，這是我願意去的最大誘因。下午睡了個好長的覺。

辜振甫過世，享壽八十九歲。

捷運在陽年除夕前幾天發生自動梯夾頭髮事，接連又發生意外二、三，有專家言，謂自動梯爲斜面轉動，其拉鍊不能承受不平衡之力量，

所以，人在上面跑來奔去就有發生故障之可能，或停或不穩定。而台北捷運自動梯，規定右側走人，左側留下讓人奔走趕時間，長久下來，終於因爲金屬疲勞而發生故障，肇事連連也就不足爲奇。捷運局長的道歉遲到了九天，現在除了賠償，還牽上了政治問題，局長極可能因此而下台。馬英九團隊的名譽也受傷害。

事有湊巧，吳夢桂在世時，時任捷運局副局長，閒聊時我曾言及自動梯左側留下專爲奔跑趕路者用，恐生意外。我只是直覺到，奔跑者常有亂推亂擠之情況，會影響右側站立之老弱婦殘。夢桂剛死半月，即已證明我之言非危言聳聽也。

2006 年 1 月 1 日　星期日　晴　16 - 20□

新年元旦，美娥和我去了貓空的樟山寺，坐了很久，也走了不少路，是我近兩年來走的最多的路。

給妹妹及懷悟照片付郵，妹妹要的書明後天也給寄出，用海運。

上午正新電話，說去年十二月二十四日，就是我去上海，他們聚餐的那一天，延鎧餐後獨自離去，被機車撞了，路人在他手機上找到他姪子電話號碼，才有親人送他去耕莘醫院，現在出了加護病房，約我下午同去看他。稍後，他又電話，說延鎧已出院，他太太聞訊由美國趕來，我們不必去醫院了。下午我去郵局，路上遇到延鎧堂弟，提及此事，說四年前曾有車禍，是被公車撞到，真的要禍事連三嗎！我也要特別小心。

胡正問到他祖父母以及外祖父母的英文譯音，及出生死亡年月日，今天全部 email 給了他。美娥還特別去了區公所。我是根據媽媽的護照和死亡證明書，我爸爸的則根據推算。

去年底的報紙說，于衡過世了，他的《烽火十五年》中的一句話，「國防部發佈新聞：上海國軍在殲敵十一萬後，主動撤守。」被我引用在我的「跨」文中。他贈送給卜少夫的這本書，也間接轉到我手中。他生前和我餐敘或見面多次，但他總以爲我在香港工作，可謂有憾於新聞記者應有的新聞感，當然，我非他所在意的人，是最大原因。

2007 年 1 月 1 日　星期一　晴　18□

新年，打球寫字等如儀。

夏龢和席淡霞來，十點五十分我去教師會館等她們，席十一時到，夏遲到約十分鐘，席說夏的遲到是正常，如準時或早到反而是反常，老朋友就是這麼好，相知相惜也相諒。

沒想到南門市場今天休假，打球回程時特別經過那兒，幸虧門口有一攤販，聽說我要火鍋菜，立刻應聲她齊全，料到一定價貴，果不其然，算是買全了，一千兩百元，她濟了我的急，我也只好認。

我們三人午餐，她們二位女士料理我打雜，邊煮邊吃邊談話，兩女一男將近 240 歲，新年的頭一天，就這樣打發過去了。

2008 年 1 月 1 日　星期二　晴　12□

昨夜 101 跨年煙火，60 萬人 high。

吳馬密約敲定，國民黨決全面拒領公投票。我不懂為何出爾反爾，雖是選舉的策略，但為何一開始，不曾思考到這一點。可見藍營少了位諸葛孔明。

七點被電話叫醒，是正兒拜年，士瑜沒聲音，她媽媽在睡午覺。我沒去打球，我今早二時才上床。

打電話請歐玉女來收錢，她先生阿條說，她正在工地幫忙，明後天再連絡。

Carol Seagal 真的病了，而且病得厲害，前兩天還住院，醫生關照少講話，但是工程沒完，她是名建築師，還不能回家，不然損失慘重。

給一人在台北的士瑜的爸爸電話，沒人應，我留話拜年。

崔蕙萍 email，賀年，祝福。

中華電信寄來寬頻號碼及密碼：71982915，wmeiitnw。電話連絡，說後天派工來我住處。

第五九章　中國書城十五年

■ 本文 1999 年三月刊《傳記文學》第 80 卷第三期

　　多年來，每回行走在台北市西門町圓環附近，不論那座跨越圓環的
陸橋未拆前或被拆後，我總會習慣性地抬頭看一看那「中國書城」四個
字的招牌。中國書城散夥了以後，那四字招牌還懸掛了好幾年。後來拆
了，但依然還掛在我心上；它究竟是在拆陸橋前還是之後被拆下的，相
信很多人和我一樣，並未留意；但可以肯定的是，如今五十歲以上的台
北人，走過西門町時多半會想起中國書城。

　　中國書城結束以後，發起人之一劉宗向（即劉紹唐）兄，不止一次
地對我說，有時間要把中國書城寫一寫，因為它是台灣圖書出版界的一
段重要歷史，短短十五年，結束至今又已經過了十五年，引領風騷的事
可不少，很值得後人追憶。當初參與其事的人，如今過世的過世、遠行
的遠行、退休的退休，耄耋而又健康欠佳的也多，仍舊廁身出版界尚未
罹患痴呆症而能執筆為文者，我是少數人之一。蜀中無大將，姑且一試。

　　中國書城是 1970 年六月二十六日開幕，1986 年全部結束的。我之
所以強調「全部」，是因為在後來的幾年當中，書城已名存實亡，由最
盛時期的二十多家出版社組成，到後來僅存七家自己不出書的零售商；
最後兩年只剩三家：台灣毛筆公司黃德輝，華興書局華立本，軍事譯粹
社文忠輝；黃、文相繼再走，結束時只剩華立本。華先生會成為書城後
期經營者之一，後來又是唯一的經營者，其實是不得已的。房東錢善根
向他調了頭寸，便以房租抵債。年復一年，到了 1986 年夏秋之際，書
城頭頂上的房客、也就是三樓「山海關歌廳」的一場無名大火，雖未讓
書城付之一炬，但汪洋大水從天而降，書城裡的每一本書都泡了湯。若
非如此，它還不知要拖到哪一年呢！

　　書城倒數第二任主委，是晨鐘出版社白先敬，1981 年間，他眼見
書城型態的書市大有可為，而中國書城的內在危機卻已潛伏多時，無藥
可救，是下大決定勇奪先機的時候了，乃糾合新亞出版社和傳記文學

社，在台北市館前路另組全台書城，由麾下大將郭震唐主其事。不久，在火車站的前站大廈的二樓，又成立了出版家書城，由夏承楹、周思分任主委和總幹事。如此一來，中國書城的成員中，有加入三個書城的，也有捨中國而就全台、出版家的，或兩者擇其一的。中國書城當時或更早前已經有了不遵守公約者，齟齬日生，糾紛滋多，因此潔身自好的出版社漸有打退堂鼓的盤算，故加入全台或出版家，甚至兩家都參加而離開中國書城，不過是未到時機或藉口而已。此時，我所主持的天人出版社也退出了中國，但沒有參加全台或出版家，而是在台灣大學附近的羅斯福路，獨自成立了門市部，後因拓寬路面而結束。

其實，早在全台和出版家書城成立前，有鑒於中國書城的成績實在亮麗，1972 年前後，便有中華書城、世界書城和黎明書城相繼開業。中華的台柱是當時正中書局的副總經理阮嘉勳，和清流出版社郭壬祥。副總自己後來又成立精準出版社；黎明是國防部政戰部執行官阮成章和黎明公司總經理田源主持，黎明書城成立之初，二位將軍還來中國書城取經，制度規章依樣葫蘆一番；而世界則是琥珀出版社羅雨田獨資經營。這三個書城的所在地都在台北市，分別設立在武昌街中華路口、衡陽街博愛路口，黎明是在信義路林森南路口的林森大樓。不知是少了些文化氣息，還是相距太近？三年不到，它們相繼結束。

「中國書城」招牌字，是書法家王壯為寫的，雄勁中帶著溫柔敦厚，不論識字或不識字者，看了就舒坦。是誰的面子大，能請到王大書法家揮毫？原來首任主委夏承楹（即何凡）和王壯為是兒女親家。為了這四個字，傳有笑話一則：字寫妥，親家公之間有了言語，提及筆潤，夏公曰：書城成員都是文化人，你為書城寫字，書城為你揚名，如有孔老二，雅事豈不成了俗事！

我手邊存有一張書城開幕酒會的請帖，印有「謹訂於中華民國五十九年六月廿六日（星期五）下午四時，舉行本書城開幕酒會，敬請光臨指教。中國書城謹訂。一、地址：台北市成都路一號亞洲大樓地下室。二、本書城於六月廿七日（星期六）上午十時半正式對外營業。」其中

「中國書城」四個字就是招牌字，看得不知有多過癮。

回憶在中國書城開幕前，已有感於需要一個大型書城，以容納出版社日益增加的書；在好幾次大型書展的銷售量中，也證明了一個事實，那就是沒有門市的出版社，真的需要一個擋風擋雨的固定場所，來販賣和展示他們的出版物。於是，書城的構想終於成熟，多位出版人終於展開具體行動，成立了中國書城。

六十年代末和七十年代初，電視節目以歌唱短劇影片為主，雜誌花樣不多，公營書店以出版教科書、字典，或所謂磚頭書言情小說為主。而純文學或新知、翻譯名著等書籍，統稱之為「雜書」。雜書的發行量，往往是一個社會文化水平的測量儀，多為民間出版社所出版。雜書尤其是愛書人所偏愛，卻偏偏缺少充分展示的空間。拿去書店寄售，常因結帳之種種陋習所苦，甚至被倒賬，民間出版社資本有限，哪能如此被折騰！一旦有自己銷售空間的書城，當然雙手贊成，欣然參加。

根據中國書城於 1970 年五月初召開的第三次籌備會議簽到簿，與會的有：清流出版社郭壬祥，進學書局江信雄，琥珀出版社羅雨田，巨人出版社黃根福、黃根連昆仲，創意社胡永清，晚蟬書店陳星吟，光復書局江德輝，好望角出版社許勝德，天人出版社（稍後改名為「國際文化事業公司」）胡子丹，環宇出版社陳達弘，國語日報社何恭上，大江

▶一九七○年，中國書城開幕酒會請柬。

光臨指教

謹訂於中華民國五十九年六月廿六日（星期五）
下午四時舉行本書城開幕酒會 敬請

一、中國書城 地址：台北市成都路一號亞洲大樓地下室。

二、本書城於六月廿七日（星期六）上午十時半正式對外營業。

中國書城 謹訂

出版社楊平純，林白出版社林佛兒，開山書店吳盛義，水牛出版社彭誠晃，大西洋圖書公司段宏俊，振文書局趙明雄，哲志出版社方宗海，普天出版社常效普，志文出版社張清吉，傳記文學社劉宗向，幼獅書店楊大受，皇冠雜誌社平鑫濤，長歌出版社王吉隆等。這次籌備會的具體內容是認領攤位，以及繳納當月的攤位費，以上與會二十四家出版社，除了水牛、傳記和皇冠三家各認領兩個攤位外，其餘二十一家都是一個。每一攤位月租是新台幣一千五百元。當時的書價以讀者文摘中文本來說，每冊是十八元。書城的特點之一是不二價，在開幕半月期間，舉行特價優待，讀者文摘賣十四元，和其他地方的十三、十二元等亂價比起來，銷售成績反而一枝獨秀。關於這點，何凡（即夏承楹）在聯合報的「玻璃墊上」，以及鳳兮（即馮放民）在新生報、誓還（即吳廷環）在中央日報、剁耳（即胡子丹）在大眾日報的方塊文章中，都有不止一次的專文論述。在此期間，書城曾發起一個全台性書刊不二價運動，可惜未獲得同業支持而夭折。

中國書城管理會是該書城的的主事單位，委員的產生，是由承租攤位各出版人相互選舉。記得第一任主任委員是夏承楹，副主委馮放民，總幹事陳達弘、幹事陳星吟，公關郭壬祥，文書劉宗向、胡子丹，總務彭誠晃、楊兆青。第二任主委是劉宗向，第三任是胡子丹，第四任又是劉宗向，倒數第二任是白先敬，最後一任是陳達弘。第四任和倒數第二任之間應該尚有若干任，已不復記憶。

書城的結束並不在最後一任主委手中，因為陳達弘主委任期一年屆滿後，居然沒人肯接或敢接，委員會因而解散，改為老闆制。由老闆向房東承租，再以攤位出租。委員會解散是哪一年，連陳達弘也記不得，唯一肯定的是，中國書城完全結束是在 1986 年的那一場大火。還有一件事可以肯定，是總幹事自第二任劉主委開始有了專職，聘用非出版人，任職最久的是一位陸軍退役上校文忠輝，他是 1970 年九月二十一日到職，1984 年離開書城。不說文忠輝是離職，乃因為書城的委員制變成老闆制以後，他是軍事譯粹雜誌社的負責人，成了老闆之一。

　　書城開始得轟轟烈烈，包括電視在內的媒體特別捧場，幾乎每天報導，副刊專欄更是撰文多多，每天在中央日報第十版，必有三段二十行的新書廣告，加上一句響亮的廣告語：「貧者因書而富，富者因書而貴。」營業額平均一日有十萬元左右，因而一攤難求。陸續加入的有美亞出版社公司李瑞麟、天同出版社華武馴、易知圖書公司、純文學出版社林海音、杏文出版社、珠江書郵社、啓明書局、晨鐘出版社白先敬、光復書局林春輝、皖江書店高煌、新亞出版社曾兆豐、國家出版社林洋慈、台灣毛筆公司、綜合圖書公司、聯合圖書公司唐賢龍、藝術圖書公司、三山出版社周思、巨流出版社熊嶺、同德書局等。其中皖江最初乃頂替清流，應是 1970 十二月十日的事。

　　中國書城最盛期間，就是自開幕的 1970 年至 1974 年的四年。1973 年四月前的書城位置，僅限於亞洲大樓地下室，稍後擴充到二樓。根據「中國書城擴大營業籌備處」1973 年四月十四日的通知：「一、根據 1973 年四月十四日全體大會議決，準備承租書城二樓擴大營業，當場簽名決定參加者計有：天人、藝術、珠江、哲志、國語日報、創意社、皖江、清流、台灣毛筆、三山、同德、林白、巨人、大地、大江、環宇、傳記、光復。並互推周思（三山）、劉宗向（傳記）、陳達弘（環宇）、高煌（皖江）、林良（國語日報）等五位爲專案小姐，主委胡子丹（天人）爲當然召集人。」

　　書城開幕不久，爲了強調它的特色，特別央請廣播名嘴白茜如小姐，在書城營業的黃金時段和打烊前十五分鐘，以國語廣播。白小姐當年免費錄音，也是因夏承楹的人情關係，當時的中廣節目部主任王大空是夏的朋友，是白的直屬上司，所以當然免了費。英文錄音是位美國先生，姓名忘了，但付了酬金的。中文稿已經找不到，手邊尚有一份英文底稿，是每晚打烊前用的：

Dear friends and readers: How do you do? Time is up us to say goodbye to all of you. The another expression of "goodbye" we commonly use is "see again". Therefore, we hope you will come again, come often. We would appreciate your recommending this Gallery. Our friends, is that right? Before you are leaving this Gallery with longing eyes, have you picked up favorable books you like best, and don't forget anything behind. Especially not to forget that we wish you happiness, we bless you, and we hope that you have a sound sleep tonight, go through with your daily works for the sake of tomorrow and future. Bye! Bye! Good friend.

　　最早退出書城者，是晚蟬書店陳星吟，因爲她去了法國讀書。後來陸續加入的多、退出的少。但是到了第五、第六年以後，因爲有本身不出版只販賣的單位加入，破壞了代理制度，違背書城公約，把原有各賣自己出版品以及代理其他沒有參加書城的出版品的純度攪亂了，不僅代理書出現重複，連書城自己的出版品也在不止一個攤位上出現，往往一本暢銷書好幾個攤位都有，售價也各自爲政，甚至爲了求現有賺就賣。如此一來，書城成員各自爲政，想不亂價、亂賣、亂批也難。

　　說起書城的代理制度，是由各單位向沒有參加書城的出版社或書店商請代理，取得代理授權書後，再向委員會申請備案，以先申請者優先。此制度立意甚佳，是由委員會正式通過後實施。不料三、四年後，成員間因分子複雜，見私利而捨公利，使代理制度無疾而終。第一次申請代理的有：大學雜誌社代理三民書局、國語日報代理純文學、晚蟬書店代理文壇社、天人出版社代理台灣英文雜誌社、大江出版社代理大陸書局、哲志出版社代理星光書報社、巨人出版社代理中央日報、光復書局代理東方出版社等。

　　我手邊存有 1970 年六月十八日中書城秘字第 0001 號通知單：「一、根據籌委會第三次會議決議，爲避免中國書城內書刊重複，發生惡性競爭，敬請各單位於本（六）月二十五日前將『中國書城獨家經銷』之證明文件送交管理委員會。該證明文件必須蓋有該出具單位之印鑑及該發行人之印鑑，書明『茲委請某某出版社（或書局）爲本出版社（或書局）在中國書城內之獨家經銷』爲有效。各單位在中國書城內出售之書刊，限本版書及授權經銷（取有獨家經銷之證明文件）之書刊，其他書刊不

得經營之。二、請各單位於本（六）月二十二日前將各單位之招牌字體及商標圖案，送交管委會，俾可統籌裝置招牌。三、以上二點，惠請送辦理。」由此可見，首屆書城委員會對代理制度之重視，其遠見是：代理制度一旦窒礙難行，中國書城則名存實亡，關門之日不遠矣。

代理經銷制度在 1973 年七月十八日全體大會討論通過的「中國書城同業公約」第六條第一、第三款中，更有嚴格規定，尤其在第三款訂有罰金之罰則：「各單位陳列販賣之書刊，如發現與書城內其他單位有重複時，當以取有代理證明書之單位為合規定，無代理證明書之單位應立即停止陳列販賣。第二次發現時，無代理證明書之單位，應以該書定價五十倍之罰款交付管理委充作公費。如同一書刊在同一單位發生第三次時，即共同制裁退出書城，其已繳之各種費用，除押金外，概不退還。」但問題是，委員們會同總幹事來處理時，當事人若死皮賴臉、耍流氓，你能奈何？甚至有欠繳攤位費的，又能奈何？

書城發起人的各出版人，以本身是作家或在職文教界佔多數，因而，書城公約以及代理經銷等，皆是書生之見，屬秀才之間的相互具文。到了第三、第四年，書城因名聲響亮營業額奇佳，申請參加者漸多且複雜，只要金子不顧面子的成員增多，委員會在勸導無效，也只有自求多福。惜羽毛者紛紛退出，逐近利者越來越多。中國書城到最後幾年，和台中市的綜合大樓裡的圖書大賣場已無兩樣，攤位多，擠、雜、亂互為因果，視野因吊掛廣告太多而窄小。空氣惡臭，愛書人望之卻步，營業額一天不如一天。加上房租要加價，到頭來火災加上洪水，怎會不鳥獸散。

儘管中國書城只有短短幾年風光，在台灣的出版界卻領先做了幾件尚無前例的事情，說是小小貢獻也不為過。我所記得的至少有以下三件：

一、代表台灣出版界參加國外國際書展；

二、為「中華民國圖書出版事業協會」成立催生；

三、首創音樂晚會與愛書人同樂。

這三件事情是發生在中國書城成立期間，不論成績或效果如何，總

算經過一番努力，有了好的開始。且容我在記憶中一一挖掘出來。

書城成立的第二年，以劉宗向爲主的幾位成員，赴香港觀摩華文書展。1972 年奉命組團，以「中華民國出版界」名義，參加了新加坡第二屆國際書展。那年頭，出國觀光未開放，出國考察不論公務或商務，都限於特定人士，出版界組團出國尚爲首例。主管出版事業的單位，那時是「出版事業管理處」，隸屬內政部，處長熊鈍生和幫辦張明堡，一向與出版界互動熱絡。記得第一次前往位於台北公館內政部後面那座危樓上開會，走在危梯上不免提心吊膽，入座後卻放下心來，原來與會者幾全是書城中人，張明堡的隨和更是安定力量。後來又在福州街的國語日報社社長室開了兩次籌備會；在中山北路南京西路口「美而廉西餐廳」開過一次會，會中推定劉宗向爲團長、夏承楹副團長、胡子丹秘書，團員有彭城晃、陳達弘、許崇恩、李振華、張清吉、何恭上、華武馴等人。書展的主辦單位，歷年來都是「新加坡圖書展覽私人公司」(Festival of Books Singapore Pte. Ltd.)，執行董事(Executive Director)是一位叫喬布拉(N.T.S. Chopra)的印度人，不會華語，英語說得腔調特殊，對來自台灣首次參加第二屆書展的我們這一團特別重視，想必看上了我們提供的華文書量多質好，租的攤位面積也是大手筆。喬布拉辦書展完全著眼生意經，我們是大主顧之一，當然要爭取爲經常主顧。他估計得不錯，台灣出版界的確是好主顧，也成了常期主顧，第二屆以後幾乎每屆必到。

第二屆書展和首屆(1971/04/02-07)一樣也是六天（1972/04/28 -05/03）。每天自展場回酒店後，待同房人入夜熟睡後，我共寫了三篇「書展通訊」寄交台北自立晚報發表。這是我個人的一個特別原因。當時仍在戒嚴時期，警備總部對由綠島畢業出來的政治犯，出境前早有命令，回台後必須詳細交代，我怕回來再寫麻煩，乾脆採通訊稿方式，人未入境稿先見報，一回台北面呈報告，附上剪報則可。如此一石二鳥，往後每次離開台北，我都如法炮製，至解嚴後才停止。

書展結束後的歸程中，我們去了印尼、馬來西亞、泰國，和當地的出版界朋友們見面。兩年後，以中國書城的「雜書」爲主，在吉隆坡、

曼谷、馬尼拉三地，由台灣出版界主辦了好幾次華文書展，不僅為同業衝鋒陷陣，開闢新市場，也算是做了點國民外交。

那次在新加坡及首次入境雅加達時，各發生趣事一件，值得一記。

何凡在他的「南行日記」中有如此記載：「我們一行十二人在雅加達國際機場下了飛機，進入大廈，發現電燈失明，頂棚有漏雨的地方。有四個人走到前面先出去，我走在第五名，一位穿制服的先生迎上來，問我是不是一個團體？我說是的。他就說，請把護照等交給他，派一位代表跟他去，其餘的人在外面等候。我們留下秘書胡子丹先生，其餘七人都去取行李。過了幾十分鐘，胡先生來了，說是先付了十六元新加坡幣，出門時又有人索去十元。這大概都是「手續費」，但是沒有收據。先走四人中的張清吉先生說，檢查他的行李的時候，有一個便衣的人走過來要去十元。這筆開銷相當於台幣五百四十元，平均每人四十五元。後來和在當地的朋友談起來，他們責備說，為什麼不先通知他們，如果有人去接，就可以簡化了。但是到了新加坡等地，就不需要這樣。據說有人在護照裡夾了五元美鈔，檢查人員把錢還給他說：「先生，請不要忘記這兒是新加坡。」可見「入境」先「問俗」是頗有必要的。

新加坡對入境者禮遇清廉，但政府卻有一個生財有道的竅門，那就是陰陽人合法化。我曾以「新加坡的陰陽道」為題為文，於 1974 年四月二十六日刊聯合報，其中有段：「白沙浦是 Bugis Street 的中譯名，離開當地新香港酒店不遠，步行只十分鐘左右，過三條馬路，再右轉便到了。白沙浦有點像台北市萬華以前的街道，沒有罰款牌子，也就乾淨不起來。店舖前面的人行道，約莫十公尺來寬，有各色各樣的攤販，水果、百貨、色情用品及書報等，不下雨滿街也是濕淋淋的。奇怪得很，為什麼如此一條普通街道，竟能蜚聲國際？妙就妙在入夜以後，就完全變了樣，店舖打烊，原來的攤立不見了，吃食攤子進了場，頓時燈光齊明，街道上全部擺設著桌椅，像是大拜拜，比白天更為熱鬧、擁擠。客人一一被延入座，但是總要等到一點半鐘左右，才能有七八成客人，男女老少都有，觀其衣著，辨其膚色，幾乎全是西方觀光客。場後沒一盞茶功

夫，嬌滴滴的俏妞兒，一位位、一批批，自街頭步入，聳乳、突臀、婀娜搖曳，完全是舞步姿態，回顧、飄眼，你如向她（？）們任何一位招一招手，擊一聲掌，或是點一點頭，她便立刻入座和你談笑。她們個個都是語言天才，馬來話和英語說得極流利，有人閩南話也不含糊。音調又嗲又甜，加上服飾大膽，媚態橫生，其中的確有可愛的美人兒。可是你絕不能看她們的喉頭和一對金蓮，一看便揭穿了謎底，原來她們一個個都是大男人。這是殖民地時代留下來的怪物。和咱們過去北方『相公』，二者完全一樣。為什麼現在新加坡還法定許可，成為三百六十行以外的一行，任其如此的招搖存在呢？李光耀總理向以鐵腕、硬漢聞名，丟一紙屑，便罰新台幣五百，要取締男妓，當不是件困難的事，想必這也是招徠觀光客一種手段，賺取外匯一條捷徑？」

中國書城期間，我個人參加了新加坡國際書展計有四次，除了第一次的第二屆、最後一次的第十一屆，中間的兩次則記不清是多少屆了，只記得第二次同行者有幼獅黃淑惠、時報周安托、金石堂周正剛、遠流王榮文、大地一位男士、廣文吳碧珠等十人左右。四次當中以這次玩得最痛快，因為黃團長有言在先，她是奉派被指定擔任團長的，只要大家協力把書展辦好，其他的事概以大夥意見為意見。我們晚上打保齡球，白天在芭達雅上天飛翔下海飆摩托，還乘靶船在海中打靶。路過檳城時，我向團長請假，一人去看了大陸改編林海音的「城南舊事」影片。另外一次人少，是在錢復任新聞局長期間，記得出發前他召集我們談了一次話，人員僅四名，除我外都是公務員，記得是出版處處長張佐為、黎明公司總經理田源和青年戰士報社長嚴重則，書展結束後他們另有公幹，我一人自由自在，經西貢和曼谷而回台北。

新加坡第十一屆國際書展於 1979 年八月三十一日至九月九日舉行。我們以「中華民國出版界參加新加坡第十一屆國際書展及東南亞訪問團」名義參加，團長黎元譽（正中）、副團長田源（黎明）、鄭鎮坤（海山）、陳康順（幼獅）、顧問左棟臣（新聞局）、總聯絡及發言人胡子丹（國際）、秘書長何政廣（藝術家）、團員余毅（中華）、劉國瑞（聯經）、

徐秀榮（九思）、王麗媛（出版家）、吳碧珠（藝術）、何勁吾（新潮）、薛芳贊（源成）、陳春梅（麗歌）、蔡燦然（麗歌）、王蕭森（國家）、楊爾臧（黎明）、何怡琴（新潮）、羅木蘭（地球）、魏柏熙（地球），記得還有畫家劉奇偉、希代書版公司朱寶龍夫婦同行，他三人大名未及印在名卡上。空前的參展人數，在二十世紀裡應該是絕後。

　　這一次號稱「一千家以上出版商，超過十二種不同語文的百萬冊書籍」的國際書展，參展單位中最爲聲勢浩大的，是美國時報出版集團(Times Publishing Bhd)，除了屬下五個出版單位當年度的新書，還包括代理的企鵝(Pengiun)和翰林(hangin)的書籍。開幕儀式是由新加坡交通兼代文化部長王鼎昌主持，台灣團員全程著禮服參加。十天的書展期間，我們接受了電視和報紙的訪問、應邀座談、參觀等。八月三十日南洋商報刊出該報助理總經理（總經理在會場）接待黎團長、陳副團長、左顧問，及胡發言人的照片；九月七日星洲日報刊出訪問，標題是：「台灣出版界胡子丹說，培養專業翻譯家，有助出版事業發展，翻譯作品對創作能起輔助作用。」

　　我們在八月二十八日抵達新加坡，在機場面對新聞界時，除了接受現場訪問，也統發新聞稿，說明參展訪問的目的是：一、謀求圖書交流及文化合作；二、介紹台灣出版品，提供健康的精神食糧，共爲世界人類智識傳播，增進教育文化效果而貢獻；三、拜訪當地出版界，增進相互間之情感與聯繫；四、依據第二屆亞太地區圖書出版會議之精神，訪問當地出版界及參觀世界各國之出版品，以資觀摩借鏡。基於上述目的，我們願與各友好國家出版界加強聯繫與合作，本平等互惠立場，促進相互間之行銷業務。

　　那次書展期間，展售業績和國民外交效果都很豐收。而讓我們意外且有極大感觸的，是踫上新加坡「全國推廣華語運動」期間，星國上下，從政府至民間，推展得如火如荼。李光

1972 年新加坡國際書展場中，我向參展者說明我國出版情形。

耀總理呼籲華族家長，要下決心用華語，不講方言。他以華語、英語、潮州話、閩南語在電視上大聲疾呼「多講華語、少說方言」，當局將採取行政措施來支持家長的決定。他明確說明初步措施包括：下令全體公務員必須用華語同華族人士交談；華族計程車司機巴士售票員小販，須華語口試及格。電視實況轉播李光耀的談話的第二天，在報紙上看到全文，五大要點中的第三點「如果華人繼續使用方言，英語勢必成為共同語言」。他分析說：「要以英語、華語和方言牢記足夠的詞彙，在必要時立刻想起來應用，這對資質中等的學生來說是非常困難的，資質比較差的學生，就根本做不到了。甚至那些接受過十二年的華文教育後再到外國大學求深造的學生，講起華語來，也不如從前那麼流利。這是因為他們在工作上用的是英語，而同家人和朋友來交談時用的是方言。由於我國人口當中有百分之二十五並非華人，我們不得不採用英語作各種族之間的共同語言。如果我們繼續使用方言，那麼英語勢必成為我們不同籍貫華人之間的共同語言。」顯而易見，李光耀身為華裔，他認為「推廣華語為華人的共通語言」的必要性和重要性。新加坡華語運動推行得非常徹底，劍及履及，相信凡是到過新加坡的華人，從飛機一著陸就如同回到自己家鄉般，華語盈耳，倍感親切、溫馨、榮耀。

　　1972 年在新加坡國際書展場，和其他國家的出版家共聚數日，出版物的彼此觀摩、版權的洽購和行銷，以及華文書刊的製作水準如何再提升，讓我們興起了一個念頭：要儘可能參加世界各地舉辦的國際書展，而且要以民間出版團體的名義去爭取參加。因而，回到了台北後，我們便以書城出版人為中心，一方面籌組「中華民國圖書出版事業協會」，一方面獲得出版事業處的授意，開始和國際上享有盛名的西德法蘭克福國際書展，以及和美國圖書館主辦的波士頓書展聯絡。1973 年四月十一至十六日的法蘭克福國際書展是第二十五屆，負責人芬克博士 (Dr. Franz-Josef Fenke) 很快給了我們回信，歡迎我們幾乎全是書城成員共八人參加，同時也收到美國波士頓書展的邀請函。七月二十九日，國語日報有則新聞：「法蘭克福國際書展，我派代表參加，並將參加美國

環球書展。八位出版家爲劉宗向、胡子丹、許崇恩、華武駟、何恭上、
李振華、張清吉、鄭李足，都各爲出版公司的負責人。另有維新書局蔣
紀周和純文學出版社林海音二人，直接由紐約向訪問團報到，同去波士
頓參加環球書展。」

　　法蘭克福國際書展幾乎每年都有，以往都是以中央圖書館名義參

1973 年在法蘭克福國際書展場大門口
胡子丹、（忘了是誰）、鄭李足、李振華、劉紹唐

加。1974 年主辦單位不同意
我們以「中華民國」名義參
加而作罷。1975 年二月二十
四日，巴黎論壇報(Int'l
Herald Tribune)及紐約時報
(New York Times)均報導中
共將參加 1975 年書展。二月
二十六日中央社波昂專電報

導：「北平已明白表示，其自 1956 年首次參加這項已舉行二十六年之久
的國際書展的條件之一是：中華民國不得以任何名義參加。台北方面尚
未接獲 1975 年邀請函。一項可能的解釋是：因爲台北去年未參加。」
我國主管出版業務的單位，原是內政部出版事業管理處，此時已劃歸新
聞局出版事業處。第一任處長張明堡病故後，第二任爲張佐爲，鑒於西
德法蘭克福書展乃一國際性重要文化活動，爲慎重計，由副局長甘毓龍
主持，邀請政府有關單位及出版界開會，共商良策。開會資料上有一段
是：「目前國內國際文化事業公司已接獲書展主辦單位邀請參展函，該
公司已將本函轉陳本局。本局在此之前曾電駐西德人員與書展主辦人員
洽談此事。據悉，若以中華民國出版事業協會名義參展，政治色彩較濃
恐不易接受。目前本局駐西德人員仍與該書展主事方面保持聯繫中。」
那次會議我是與會人之一，議事項目均經討論，但都議而未決，那一年，
台北還是沒有參加。隔了好多年，中國書城結束以後，有報導台灣又以
民間出版社名義參加了法蘭克福國際書展，這是好現象，但願年年如
此。現在台北也開始舉辦國際書展，2002 年二月十九日至二十四將是

第十屆。

1978 年參加在台北召開「亞太地區第二屆圖書出版會議」的美國代表之一俞高陵珠(Mrs. Lorraine Yu)，寄信新聞局建議以「中華民國」名義參加「1979 耶路撒冷第九屆國際書展」，副本邀我前往協助，我函請新聞局海運小型國旗、故宮字畫複製品及寶島風光明信片或圖片若干，甘毓龍副局長和張佐為處長都表示同意，可是有關單位遲遲不見行動，我則因為答應了高小姐，也就無顏前往協助了。

談到為「中華民國圖書出版事業協會」成立催生的事，首先想到的是三位重要催生人物：劉宗向、張明堡、李潔。劉為《傳記文學》編務和張羅拉稿極忙，張為主管單位的公務員，很多事不方便插手，李是正中書局總經理，是執政黨與民間出版社的橋樑，又是當時台灣教科書獨佔書商和「雜書」出版社之間的調和管道，可說是重要的關鍵人物。因為正中書局是黨營，也是教科書獨佔書商之一，協會一旦成立，正中的總經理就是當然的理事長。我個人和這三位私交一向很好，他們也要我為籌組協會之事多多出力。記得在籌備會議之先，有多次的籌組會議，可見官方對此協會成立，頗為關注，也洩漏了三年前、甚至十二年前多次籌備卻無結果的秘聞。我手邊有好幾份會議紀錄，可以看出這次籌組成功的經過。

1972 年六月二十日，在內政部簡報室舉行，研商籌組「中華民國出版事業協會」座談會，出席者有文工會周金聲、內政部張明堡、王心均、林翰來，民間出版社有藝文印書館等三十九家，主席張幫辦明堡、記錄林翰來。主席報告：「本日召開會議之原因與希望，及過去曾經籌備而未組織成功之經過，本部此次出面推動，務希大家合作支持短期內將中華民國出版事業協會組織起來，使對外可以代表本國出版界，對內可以為出版界謀福利。」到了七月三日，在內政部三〇一室，召開了第一次籌備會議，張明堡列席，有大中書局等二十四家出版社與會，主席李潔、記錄胡子丹，會中逐條討論並通過章程，推定正中（李潔）、世界（蕭忠謀）、復興（趙汝智）、天人（胡子丹）、新聲（張曉聲）等五

第五九章 中國書城十五年 585

家為工作小組，正中為召集人。

出版協會是 1973 年三月三十日成立的。同年五月八日第一次理事會中「公佈」了常務理監事、秘書長、副秘書長等名單：理事長李潔、常務理事尹雪曼（華欣）、胡子丹、陳葆祺、曾兆豐（新亞）、熊鈍生（中華）、蕭光邦、蕭宗謀（世界）、儲祥（京華）；常務監事張連生（商務）；秘書長是國大代表蔣紀周（維新書局董事長）、副秘書長胡子丹、傅樟榮、陳恩泉。

理、監事等人的產生，是協會成立四十多天以後的事，而我用「公佈」代替「選舉」，是因為這段期間，我不知參加了多少次協調會，而協調會往往是由執政黨文工會、公營書局、尤其是教科書的「聯供處」諸君子為主要人物，中國書城成員只是「應召」而已。我們在常務理事中看出，只有胡子丹和曾兆豐是代表雜書的出版社，其他包括李潔在內的七名常務理事，全是「聯供處」成員。當時他們有一錯覺，說成顧慮也恰當，以為協會一旦成立，對「聯供處」將是一大挑戰，萬一有那麼一天「聯供處」被撤銷，交由協會來處理全國教科書的編印，豈不成了他們既已獨佔利益的最大威脅？因而他們在協會理、監事名額中爭取高名額，而張明堡、李潔二人卻力主點綴性地給予中國書城一兩個名額，以示慰勞並代表公允，所以，每屆理、監事的產生表面上是選舉，實際上早經協調配票成功。但是協會成立之初，有些人全然無知於一個事實：那就是書城成員們之所以努力於成立出版協會，就是想要成立協會。那些人對教科書的特權最初完全無知，在後來被動參加協調配票多次會議後，才在特權者的意見分歧中逐漸知其梗概。

當年中小學教科書，依其編輯和發行的主體來分，可為二類：一為部編本教科書，由教育部國立編譯館編輯，交由部分民營書局及台灣書店印行，事實上參加印行的書店，絕大數沒有印製工廠，其印製工作，僅係轉包而從中取利。依其發行的方式，又可分為三種：第一種為高中與國中的國文、公民、歷史、地理四科（簡稱為標準本），限二十八家書局發行，其資格為曾經編輯過同類教科書者。有的雖沒有編輯過這類

教科書，但因為書局資格較老，亦特准參加；第二種為國民中學除國、公、史、地以外的所有其他種類教科書，內容均由教育部編妥，限九十三家書局聯營。第三種為國民小學的四種課本：公民與倫理、常識、音樂、美術，限由另外五十一家書局組織之國小四科印行處聯營。而國民小學的教科書本來是免費的。二為審定本教科書，由各書局聘請專家編輯後，經教育部國立編譯館審查通過後發行，有效期為三年，後來改為六年，期滿後再改編送審，當年高級職業學校教科書以及高中國、公、史、地四科以外的課本，都採行審定制度，審定本由出版書局自己發行。自從 1968 年起國民義務教育改制後，國中的國、公、史、地以外的所有各種教科書編輯工作，都由教育部負責，其印製及發行，竟然被九十三家聯營書局所包辦了。審定執照有效期三年，但在道高一尺魔高一丈的微妙關係與環境下，有效期間竟一延再延。

迄至圖書出版協會成立的 1973 年，台灣的出版機構經登記有案的已有一千五百餘家，有什麼道理僅讓這一百二十餘家的書店或出版社，壟斷教育部所編的教科書？每年非法所得達一億餘元，這就是特權者在無法阻撓協會成立，只好在協會理、監事名額中搶佔較多席的理由。這些人以小人之心度君子之腹，以為協會終將阻擋了他們的財路。

協會終於成立了，在多次的理、監事會議中，對教科書一事從未提起。倒是一百二十餘家特權書商，因為利益分配擺不平，在 1977 年初，特權者之一、也是協會理事之一的京華書局儲祥，交給我一份連署書央我簽名，附件是「教科書印行的特權應該從速取銷了」。台北市包括我在內簽名的出版社或書店一共有四十一家，但至今下文如何，我不知道，也從不過問。

協會有三名副秘書長，我是首席，經常是當然代理秘書長。有天李潔對於我不是國民黨黨員而表示驚訝，那是在我填寫履歷交呈文工會時被發現的。我的黨籍欄填的是「無」，他和張明堡二人願為介紹人勸我入黨，我拒絕了。事後，理事之一、也是享有教科書特權之一的廣文書局王道榮，坦白告訴我：「老弟，你即使入了黨，秘書長你也沒份，因

為你不是『聯供處』一份子。」後來聽說非國民黨黨員在秘書處任職是
不恰當的。因此，1974 年在東方飯店二樓中餐廳和李潔的一次餐敘時，
我向他口頭請辭副秘書長職，獲准了。常務理事是「選舉」產生，因而
照舊。

協會理事長至今仍是例由正中書局總經理擔任，輪次序李潔、黎元
譽、蔣廉儒、黃肇珩、武奎昱，現任是單小琳。李、黎二任理事長期間，
我一直被協調配票為常務理事，蔣、黃期間我是理事，秘書長蔣紀周逝
世後，傅樟榮繼之，第三任是正中書局經理陶珮瑚，旋由陳恩泉擔任至
今。在黃、陳執事的某一選舉前夕，我以書面報告，無意於當「選」協
會的理或監事，斯屆開始，便一直是協會的純會員。

以上僅是中國書城期間的出版協會成立的經過，協會成立伊始的前
七、八年期間，有一位唐自文先生在協會當幹事，協會種種他是點滴在
心頭，再就是現任秘書長陳恩泉，他當然對協會事知之甚稔。協會如由
他二人或其中一人來執筆是再適當不過，但有件事可以肯定的是：如不
是中國書城的成立，協會絕不會如此順利成立，即使成立，也不知要晚
多少年。

1973 年六月九日，出版界有一項創舉，說在二十世紀內的絕後也
是事實。那就是中國書城為了創立三週年紀念，舉辦了一次「讀者聯歡
音樂晚會」。根據六月四日中央日報第一版全十批的全欄廣告，晚會的
地點是台北市中山堂，依筆劃次序，共襄盛舉的計有：大中、大中國、
三山、大江、大地、中華書局、中華書城、大林、天人、天同、天恩、
文化、文源、文海、中央日報、巨流、正中、正文、正光、五洲、水牛、
西江、巨人、同德、志文、林白、杏林、宏業、東華、京華、光復、易
知、幼獅、皇冠、哲志、益世、建新、清華、復興、華欣、廣文、環球、
珠江、啟明、純文學、開山、育英、晨鐘、星光、國語日報、商務、清
流、新中、創意社、皖江、新亞、台灣、傳記、美亞、台灣毛筆、遠東、
聯合、樂人、環宇、藝術、徐氏等六十九家，其中半數以上都是中國書
城的成員。廣告特別說明「主辦單位：中國書城；節目主時人：台視青

春旋律主持人余光；國內最受歡迎的一流影、視、歌星暨最有號召力的合唱團等空前合作贊助演出；抽獎主持人張小燕、孫越；台視大樂隊演奏。」

　　那一次音樂會之所以圓滿演出，是由於事前有周密計畫。「施行辦法中有如此之記載：「目的一、慶祝創立三週年；二、擴大中國書城知名度；三、取之於讀者，用之於讀者。」工作人員分配：大會主席胡子丹（應屆主任委員）；司儀黎興民；執行秘書文忠輝（聘任總幹事）；擬選文稿胡子丹、公共關係劉宗向、曾兆豐、陳達弘、周思、彭誠晃、侯樹林、朱寶龍、黃炳賢、林佛兒；財政管理文忠輝；財務監督彭誠晃、高煌；總務周思、王乾貴；新聞發佈周思；節目主持人余光；廣告製作人周思、林良；其中未列而最為重要的，是邀請演藝人員和研擬演出節目的重責大任，乃由陳達弘負責。

　　另有兩件事順便一提，美國羅省中華會館副主席黃耀文，得知中國書城之盛況，遂於 1973 年五月間專程來到台北，決定在洛杉磯中華會館建築之底層，成立美國「中國書城」，全力推介中華民國出版之書刊讀物，除已獲得台北有關單位首肯贊助，在書面報告中特別說到：「此次專程回國，已與國內辦理書城成績卓著、文化界知名人士劉宗向先生、胡子丹先生及曾兆豐先生共同籌劃中。」黃先生確已和書城談妥細節合約書業經擬妥，只待他回去向會館董事會報告後即可於次年實施，不料後來卻因書城變質而作罷。

　　也是在 1973 年間，書城成員之一晨鐘出版社白先敬，發起舉辦「全國首屆精神生活展覽會」，書城出版物展覽乃其主要部分，另外還邀請各行各業之產品展出，展覽地點為台北市青島東路的原工業展覽會會址。有關主管官署和各商業公會均已洽妥，後來也因書城變質而作罷。

　　中國書城的成立和結束，可以看出一個道理，那就是出自志同道合的結合，必須堅持永遠志同道合，在經營過程中絕不能妥協，也不能為了擴充而接納非志同道合者加入。檢討書城的失敗原因，1973 年以後，因為書城空間倍增，在龐大費用必須支出下，極需攤位費收入的挹注，

便輕易讓本身不出版或出版極少的成員參加，新成員們為了生存卻破壞了整個書城的永續生存。書城因而變質，毀了最單純美好的經營制度，也破壞了書城的美譽，因之葬送了中國書城的命運。

　　（本文得以寫成，陳達弘兄和文忠輝兄提供資料不少，文兄並為之校正，特此誌謝。）

在東京國際書展場，我和日本學生服務員合照

書展期間，我和參與服務的韓國學生合照

何凡、胡子丹、李振華合照

在英國首相府門前衛兵、胡子丹、李清華、何恭上、張清吉

第六十章　我在國際翻譯社四十年

■本文 2005 年三月刊《傳記文學》第 88 卷第三期

　　回憶往事，光陰不一定似箭，日月也非如梭；四十年前的創業，迄至今日的守成，「白頭宮女」我，「今朝都到眼前來」。

　　提起翻譯社這一行，以往給人的印象，好比擺測字攤，不但形似，而且神似，辯駁也難。加上警備總司令部對翻譯社的特別關注，平添了幾分神秘。開始幾年，翻譯社全是寄居在別的行業裡，不是書店，就是打字行，沒有自撐門戶的。國際翻譯社的母體是天人出版社，一、兩年後，也就是 1967 年初，我去台北市長安西路建設局申請登記時，還經過了些許折騰，當時是苦惱，稍後成了趣聞，跨世紀後的今天，則是軼事了。經辦先生把國際翻譯社歸類成打字業，我堅持另起爐灶；理由是打字是技術，翻譯是學問，翻譯的完稿面貌是打字，打字終究不是翻譯。丁是丁，卯是卯，怎能亂套！這位先生很開明，要我寫紙陳情書，結果市政府從善如流，發給了營業許可證（現在是營利事業登記證）。從第三年的電話簿「代打文件」裡，開始有了「翻譯社」這一行。再後幾年，由於翻譯社申請日多，電話簿的社會服務欄，「翻譯社」已經凌駕「代打文件」之上。

　　警總為什麼對當時的翻譯社特別關注？路人皆知，但不敢說。一是最初幾家翻譯社的負責人，全是政治犯；二是他們所翻譯的文件，又幾乎全是移民資料；這可是路窄遍逢冤家，移民雖不犯法，卻犯了警總的大忌：「移民」等於「不愛國」。

　　台北市，也可說是全中華民國，1959 年，第一家掛起翻譯社招牌的，是「台灣聯合翻譯服務社」，設立在重慶南路一段台灣銀行對面的聯合書店二樓，成為該書店的附屬單位，一直不曾登記。負責人張志良是外交官出身，我和他很熟，是早我一年從綠島出來的政治犯。聯合書局的經理唐賢鳳和他原是政大同學，還有當時任職新聞局、台銀、聯合報、郵局的幾位聯合書局股東，現今都已成了知名人士，也都是前後屆

校友。彼時段的翻譯社業務並不怎麼好，但看好，確是社會上應該有的
一項服務。這幾位校友有鑒於此，張志良剛出獄，因人設事，幹起了這
件「授之以魚不如授之以漁」的無本生意。怎料廟小佛大，或許認為漁
場太小的關係，不到三年，張轉業教育界，先後幹上了明志工專和藝專
校長，最後的職務是中正紀念堂首任兩廳主任。張志良人去，聯合書局
也就「樓」空。

　　翻譯社的初期稿源，多半是移民資料，如戶籍謄本、結婚證書等等。
那年頭，「反攻大陸」響徹寶島，儘管移民道上絡繹不絕，但都悄悄辦
理，認養、應聘、留學，甚至假結婚都有；藉各種名義開溜，尤其是洸
洸乎干城之具者、社會上有頭有臉的富豪士紳者，明為家人子弟們辦，
暗為自己預留退路。記得第一位掀起雙重國籍遭到難堪的人，是中央圖
書館（即今國家圖書館）館長褚家駿，被責罵得體無完膚。其實他本人
何罪之有！有次我在褚館長花園新城的寓所作客，他無奈表示，他原具
有雙重國籍而被請回台灣出任斯職的。雙重國籍和申請移民等於孿生兄
弟，都成了過街老鼠，人人喊打，但卻個個羨慕；加深了我對某些人物
的醜感。我親手翻譯和公證過數以三位計的這些袞袞諸公的「人資料」，
卻也不斷聽到了他們「誓與台灣共存亡」的悲壯口號。政府為什麼不問：
為什麼這麼多人辦好移民、正在辦移民，以及想盡法子辦移民？

　　約在 1965 年，信陽街有家明達打字行門口，掛起了一塊不太醒目
的木牌「統一翻譯社」，開始時沒有申請登記，客人如果索取發票，便
向打字行價購，連英文打字都要額外索酬，遑論中打，可謂因陋就簡，
與測字攤何異！負責人方振淵台大出身，也是短期繫獄的政治犯。事在
人為，四十年來跌跌撞撞，方老兄長袖善舞，政商關係良好，終於把「測
字攤」做成「統一數位翻譯公司」，是把小廟做大又做靈的服務業之一，
也是成功的跨國公司之一。

　　國際翻譯社領照前已營業了一兩年，迄 2006 年初，屆滿「不惑」。
1971 年世界翻譯社成立，負責人嚴秀峰也是綠島「新生訓導處」的畢
業生，她丈夫就是前三民主義青年團台灣支團主任李友邦將軍（2005

年十月二十五日，國民黨黨主席馬英九寫「記念台灣光復一甲子」刊中國時報，對李友邦是「重溫先賢典範」），於二二八事件中參加處理委員會時遭受清算，1951 年被國民黨執政的國民政府處死。嚴退休後由其子李力群主持，為現任翻譯公會理事長（依序為胡子丹、方振淵、王朝根）。篳路藍縷時期的僅僅二、三家，是一個新興行業，三百六十五行以外的另一行。一般人認定：是一種能餬口但不能賺大錢的行業；但是，開翻譯社的人卻必須具備至少兩把刷子：中文和外文，刷子不一定精美，但一定管用。就以上述「聯合」、「統一」、「國際」和「世界」的四位主持人來說，又都是被國民黨抓去坐過牢的政治犯。他們當時搞翻譯社，乃是趕鴨子上架，絕非心甘情願；走投無路也，逼上梁山也。時隔多年，今天來談當時的翻譯社，先要反芻一下，在戒嚴期間的台灣社會裡，一名被監管的政治犯，是如何尷尬地在尋找生活的過程中掙扎。

　　一個人的創業以及奮鬥過程，通常是從二十五到三十歲之間；對我來說，是從三十一歲開始。我的前十年多光陰，是在政治犯牢籠中度過。因而，在社會上的起步，看來比別人遲了五、六年，實際上，二十年也不止。局外人很難想像，因為在出獄後到解嚴前的一段時期，被監管的政治犯，他們的麻煩多，限制也多。找工作比登天還難，身分證一亮相：「東島（〇〇）口字第〇〇〇〇號」，僱主嚇一跳，東島何處？綠島也，你「本籍」不是台東，當然是政治犯。政治犯比起麻瘋甚至 SARS 病患還嚇人，誰敢用！即使僱主沒來及看身分證，管區警察也來職場盤東問西，僱主明白了底細，嚇破了膽，給你工錢，請你走路！

　　1960 年春天我來到了台北，身懷新台幣十五元，一套外衣是難友李聿恆（稍後出獄，被派情報局服務期間自殺）借的，舉目無親，往日同僚不敢聯絡，食宿無門，那年我剛滿三十一歲，刺激、挑戰、充滿懸疑而恐怖的生活，於焉開始。踏三輪、擺地攤、家教、送蒸餾水、補習班教書、書店店員、客串過廣播劇的播出、南陽街充任臨時演員，也在真光堂傳佈福音；不斷譯稿以不同筆名向報刊投寄，形形色色，等等等等。到了 1963 年我以新台幣二千元成立了「天人出版社」，出版了兩本

書，其中一本《如何在四十歲以前成功》，銷路不惡，二十世紀末已是第四十二版。當我繼續另一本「約會的藝術」時，警總來電話叫我去，問我為什麼出這種挑撥軍民感情的書？原來書中有一小節「和軍中男孩談戀愛」(To be friend with boys in uniform)，我說這是英文中譯，非譯者自撰，舉原版書為證，那位長官（張姓或章或詹？沒給我名片）似關心卻威脅地有了意見，說我是被監管的人，以後出書最好先拿給他看，這次放我一馬，函請市府新聞處處理。新聞處第一科很詫異，關照我把這一版收回，新版時將這一節刪掉，這件事是有驚無險過了關。每本書先送「私人」審查，當然不對勁，我請這位長官給我公文，他說他說了算，聽不聽請便。那時我的資訊和交遊有限，資金更是談不上，出版新書實在力有未逮。思之再三，請示可否出版些在台灣放映過的外國電影小說？「可」。於是我一連趕譯趕印，出版了《教父》、《畢業生》、《午夜牛郎》，等，不料，一連遭到殺手，警總這次不客氣，傳喚斥責，下令立刻停止發售，限期收回已經發出去的書，理由堂皇：暴力、亂倫，又淫穢，和國情不合，違反出版法。奇怪的是，同樣的書，同時由「林白出版社」也是中譯出版，甚至另有出版社一字不差的盜印版，卻是暢銷無阻。我據實向這位長官提示，得到的回答叫我哭笑不得：他們是他們，你是你，你是被監管的人。這時，我更加警覺到，我是被貼有標籤的人，搞出版，怕是窒礙難行，於是，幾經掙扎，另組國際文化公司，申請了「國際翻譯社」，這是 1967 年的事。從此，我的工作：翻譯為主，寫作次之，出版再次之。

　　翻譯社的收入難以維生，出版業務也困難重重。天無絕人之路，此話有時也靈，我因投稿認識了「大眾日報」副刊編輯繆天華，他邀我和金暝若三人負責一週五天的「方塊」；香港《新聞天地》和《旅行雜誌》聘我為台灣特派員，負責不具名寫「每周評論」，加上具名的「今日台北」專欄，以及零星文稿，前後有十五年之久；給《旅行雜誌》稿，翻譯多於創作，譯文原稿由主編供應。創作則多為採訪或遊記，記得其中頗有興味的，如東京迪士尼開幕，我是來自華文地區的獨家採訪；香港

一家天主教開設的酒店夜中遭刼，我正好投宿該店，名作家林海音和她的女公子也在彼店下榻，我爲文報導目睹經過，有助破案及求償；中國「絲路之旅」及阿姆斯特丹的「沒有不種花的自由」等；陳達弘主編「大學雜誌」期間，曾邀我寫「想到就寫」專欄。我對翻譯與創作，視之魚與熊掌，兩者得兼；我以爲翻譯是攝影，創作是繪畫，都是藝術，翻譯的表達能力當然源自創作；所不同的是，創作的素材來自自己，而翻譯的素材來自他人。

初期的翻譯社，社會大眾對之相當陌生，有一錯覺，以爲不辦移民的人，和翻譯社老死不相往來。我爲了打開知名度，開始在中央日報每週兩次刊登小廣告，喊出一句口號「國際翻譯社是您的全能秘書」，強調業務項目是「翻譯、公證、申請、諮詢」。不料因此惹了禍，又是警總同一長官，要我解釋「全能秘書」、「申請」、「諮詢」等意義何在？我說「全能秘書」是噱頭，「申請」者申請留學，「諮詢」是談談報價和如何找尋買方的貿易耳！我強調絕不幫人辦移民，更聲明我自己也絕不。這句話極可能一語成讖，我至今七十有六，尚未興起移民念頭。

尚在戒嚴期間，有天不知何方神聖（現在推測可能是「梅氏翻譯社」），居然公開首辦「移民講座」，地點在希爾頓飯店。那天早上我一打開報紙，好大的手筆，一則橫十批的全欄廣告，我猶疑著要不要去聽聽這位美國移民律師的講解，讓我在工作上可以現買現賣。電話響了，警總打來的，問希爾頓的講座和我有無關聯？「沒有！」警總的法力真是無邊，那天講座硬是無疾而終。神聖對警總沒輒，損失慘重，金錢加商譽。

我因爲有寫貿易信的經驗，便注意到和中小企業打交道，例如經銷明星花露水的關係企業文康貿易行，自製自銷的羅邦藥水，以及好幾家影片代理商等，不到一年，都成了我們固定客戶。意外的客戶來自中山北路的所有吧台小姐們，她們的英語都說得通，就是不會寫，有了第一人來，一傳十、十傳百的效應，幾乎所有吧姐至少也請我寫過一兩封信。她們要我中午時間，挨家挨戶，去她們的吧台寫。寫這種信不費腦筋，

她們說一段，我摘要用手提打字機打出來就可以了，不講究文法，拼錯了也沒關係。十八元一封（這個價錢是個玩笑，第一位告訴我她二十歲，我應聲開價二十，她堅持九折），多時二十多封，少則五、六封，花費兩小時左右。國際翻譯社的收入增加，信的效果也不錯，十之八九發信人都有了少則十美金等於新台幣四百元出頭的美援。這是四十年來從事翻譯工作的花絮之一。有天我把這個花絮告訴了人權鬥士艾琳達(Linda Gail Arrigo)，她咯咯笑曰：「賺取外匯又一章！」那時候四百元不可小覷，讓我舉例說明，志成補習班後面的上海路（現改為由中正紀念堂通往羅斯福路一段的地下道），有家寒流來時香肉饞人的飯館，客飯三元半，我和時在聯合報幹編譯、稍後在世新教書的謝世楷，還有在志成教書、後來任教建國中學和兼課東吳的林宣生，午餐邂逅時，每人另出一元，加一碟蝦仁炒蛋；話舊綠島，也談眼前台北。再舉一例，當年常見徵婚廣告：「高職，月入千元，徵淑女為伴，先友後婚。」可見「四百元」不是小數目。

　　翻譯移民文件的附加效益是代客公證，這筆附加效益幾是每家翻譯社的主要收入之一。公證單位有：各領事館、內政部、法院等，以美國領事館為最多件。美領館最初設在中正路即今忠孝西路的北門口，依序遷徙的新址是信義路一段、南京東路二段，以及信義路三段的現址。到了 1973 年初，美領館決定自三月一日起停辦翻譯社代客公證業務。這對所有翻譯社來說，是驚人信訊，更是沉重打擊。

　　我個人因為具有出版人身分，那幾年在出版協會還有常務理事和副秘書長頭銜，和新亞出版社曾兆豐常見面，有次酒後聊天，我向他發了牢騷，說美國人真不夠意思，即使明天和中華民國斷交，今天應該做的事情還是要做，領事組主要業務就是公證和簽證，說三月一日起停辦公證就真的停了。我之所以揀曾兆豐成為發牢騷對象是有充分理由，那幾年他正代理美新處發行的「今日世界」，潛意識裡我在諷刺他見利忘義，不該續為美國人總經銷宣傳品。這牢騷發錯了，也發對了。我錯怪好人，隔天向他道歉。再隔天，他約我在武昌街明星咖啡見面，說還有位洋人，

是時任美新處處長派他來的，這位洋人的名子忘了，記憶深刻的，久聞處長華語了得，他太太是華人。要我把「停辦公證」事說清楚。幾天後，曾兆豐轉來處長的意思，要我直接寫信給美國國務院主管產權、財產，及合法文件部門(The Division of Property Claims, Estates, and Legal Documents, Department of State)，副本給美領館和美新處。美領館回信最快，停辦公證是因為「人力不足」(Shortage of Manpower)，不幾天，也收到國務院回信，正式邀我前往，當面談談這件事。去？不去？正在舉棋不定時，機會來了，這年十月和十一月，西德法蘭克福和美國波士頓分別舉辦國際書展，當時隸屬內政部的出版事業管理處處長張明堡囑我寫信聯絡，由出版人之一劉紹唐負責組團，以「中華民國歐美出版事業考察團」名義參加。記得訪問團的名單依序是：劉紹唐、張明堡、胡子丹、蔣紀周、鄭李足、何恭上、張清吉、華武駬、許崇恩、李振華等十餘位。我決定十一月中旬去國務院，函邀曾在台北和我一度同事、當時在離華府不遠的巴鐵摩爾(Baltimore)讀研究所的陳政治，以秘書名義陪我同往。我將他的資料一併寄去國務院，一待波士頓書展結束，立刻告知國務院應邀約談的確定日期和時間。

　　1973年十一月十四日，我和陳政治按照約定時間，來到了國務院，例行手續是在早經準備好的表格上簽字，領了位置標示卡，按圖索驥找到了某樓某室，一位女士已經在門口候駕了。這張標示卡，以及和我們談話的兩位先生的名片（記得其中一位是Thomas Gustafson），在我辦公室三次搬家，加上兩次遭小偷亂翻亂整後遍尋不獲，不然，該算是我個人歷史文件。他們首先問

1973年11月14日我應邀訪問美國國務院，在院內旗陣旁攝影

我，是代表台北的所有翻譯社還是僅僅國際翻譯社？我說僅僅國際翻譯

社；又問一旦恢復公證，是所有翻譯社皆可前往美領館公證，還是國際翻譯社一家？回答當然是所有翻譯社。談話氣氛很和諧，那位女士正在問我二人 coffee or tea 時，蓋斯塔森捧出了一夾文件，一一指出其中用黃或綠色勾劃出來的一行行。原來那是來自台北好幾家翻譯社的譯件影本，看那一行行，經對照後都是錯譯、漏譯，甚至亂譯的資料，並且舉出過去一年內類此「不符原件記載」英譯本的數字。我真尷尬，真「有地洞要鑽下去」的衝動。陳政治瞠目視我，我只好喝咖啡以遮窘態。天哪！幸虧尚未發現有國際翻譯社的。終於有了結果，在台北的美領館的公證業務可以回歸常態，細節以及恢復日期，待我回到台北，和領事組見面後再決定。當我在十二月十一日去了美領館，和巴費爾(John D. Barfied)、安德生(Florence C. Anderson)二位領事見面洽談後，公證立刻開始辦理，恢復了三月一日以前的正常狀態。不過和以往不同的是，在公證書上加了這樣的英文說明 "For the contents of this annexed document(s), I assume no responsibility"（本人對此公證文件內容不負任何責任），原因何在？我們心知肚明，當然和國務院存檔的「不符原件記載」有關。到了 1979 年，此項公證業務，也沒有受到美國大使館改為美國在台協會的影響而停辦。一直持續到 1989 年初，將此業務改由台北翻譯公會辦理為止。

　　戒嚴期間，在台灣的一般老百姓要出國，是件驚天動地的大事，如果是名政治犯，更是難上加難。據說綠島難友中先我出國的只有四位：舞蹈家蔡瑞月、亞洲影業公司董事長丁伯駪、交通銀行總經理潘誌申、和明志工專教務長張志良。我的第一次出國，是出版界第一次組團參加「新加坡國際書展」，那年 1972，團長劉紹唐、副團長夏承楹。出國前開了若干次會，每次開會，我都心驚肉跳，擔心警總不放行，害怕任何人知道我的身分。名單經行政院核定，交由錫安旅行社送文出境管理處。約莫十多天，錫安告訴我，整團都有了出境證，只欠我這位「秘書長」的還在「會辦」中，會辦單位正是警總。我直接去找「傅道石」（「輔導室」諧音，是警總監管政治犯的專責單位），接見我的是吳際雲中校，

實話實說，我是第一次出境，沒人反對可也沒人率先同意，所以「會辦」公文，一直躺在承辦參謀桌上，哪天被簽辦「姑予照准」，或「礙難同意」，誰也說不準。兩人都沉默以對，在警總會客室裡，我如坐針氈，他話鋒一轉，忽地問我：「文奇你認不認得？」文章的文？奇怪的奇？「文奇中校，他剛由綠島調回來當參謀。」當然認得。當下電話找他，「文參謀公出。」

在綠島後幾年，我是第三中隊的新生（即囚犯），文奇是第四中隊少校隊長，是後來調來的官長之一，水準較高，不是認定新生都是萬惡不赦的「共匪」。我認識文太太比認識他早，而且極談得來。綠島的話劇風氣很盛，台灣早期的舞台劇就有好幾位是新生同志，例如蔡瑞月、金超白、丁伯駪、張少東、王雄仁、陳天、李梅等人。文太太愛演話劇，多次參加了我們的排練和演出。最初我們開玩笑說她是來臥底的，日子久了，朝夕相處，一點也不像，因此和文奇也慢慢熟起來。除了公事，除了服裝不同，他蓄髮我們光頭，彼此成了好朋友。我先文氏伉儷來到台北，一直沒有聯絡。沒想到，聽來全不費工夫。忽然間，我腦中頓成空白，絕望中的希望竟是以一陣錯亂的感覺來體現的。

當晚，打電話給已退休的「新生訓導處」處長（即監獄長）唐湯銘，問到了文奇家中的電話。電話通了，是文太太接的，一陣埋怨和玩笑後，我要她老公救我一命。她問什麼事，這麼嚴重？我說了，她立刻應允：「文奇回來，我告訴他，如果他有權處理，如果吳中校的話是真，他會幫你的。」

那天是星期五，四天後到了星期二早上，錫安來電話，說我們的出境證全下來了，今天送外交部辦護照，順利的話，下星期一、二可以開始辦簽證了。天曉得，我的出境證是建築在巧妙的人際關係上！警備總部的人對我來說，敗也蕭何！成也蕭何！

和警總打交道，有件事不得不記。吳際雲中校是保安處的，保安處處長（忘了姓名，稍後聽說調去憲兵司令部當參謀長）有次在我出國前找我談話，重要內容有「你們好幾位出來後，對社會頗有貢獻，我曾建

議把你們從監管名單中剔除，可惜未被採納。」那時他住景美，吳住新店現今捷運站的那條市場的街上，我都去拜訪過。讓我印象深刻的，有次出國回來，去拜訪已調離警總的那位保安處處長，「伴手」是條洋煙，被拒收了。理由是：君子之交！

　　第二次出國也是參加書展，而且順道應邀訪問國務院，交涉有關代辦公證的事。我根本沒有考慮到這件事的可大可小、可輕可重，幸虧結局圓滿，不然我可能吃不了兜著走，這是事後警總告訴我的。原來報紙有了不止一次的報導。不久我自己也寫了兩篇專題文章：「公證與簽證」，1974 年一月二十六日刊「聯合報」，「從美國移民談起」，1974 年八月二日刊「中國時報」。國際翻譯社因而聲名鵲起，業務開始看好，除了在南京東路和高雄市設立了分公司，在紐約的唐人街和香港干諾道中也有了聯絡處。記得那幾年，同仁們聚餐時都是席開五桌以上，人才可謂濟濟。印象深刻的有：由夏大回國被警總禁止出國的陳玉璽、在師大讀研究所後來娶了政大學生為妻的 Georffrey L. Aronson、目前仍在華盛頓特區當律師的桂蘭君、在休士頓當律師的平小文，以高級女鞋首創出口佳績的孫妙蘭、回東京教書的田鳩美和子、佐藤圓枝，以及任職兒童教育編撰的崔薏萍、克萊斯勒汽車市場企劃潘慧敏等；陸續出國深造的有吳若璋、陳君弘、楊志堯、姜怡光、林希平、李海蓓等人，彼此一直保持聯繫。另立門戶的有：胡道金的現代翻譯社、楊駱卿的中聯翻譯社、陳明誠的大眾翻譯社、李永久的華國翻譯社、陳玉梅的統領翻譯社，以及劉幸美稍早的遠東翻譯社和吳曼麗的一家翻譯社等。我常鼓勵年輕同仁們，翻譯工作是磨練、學習的一個門檻，頂多三、五年，為進一步發展和人生規劃作準備；年長而又對翻譯有興趣的同仁，不妨自立門戶。果如此說，四十年來皆大歡喜。

　　我對所有的同仁們，不論離職或在職中，致上無限的敬意和歉意：多年來辛苦了！目前在職的同仁比起以往減少了四分之三，但是在網路上的團隊卻增至百名以上，分散世界各地。客戶也是來自全球的每一角落。

　　遠在台北翻譯公會 1989 年一月二十九日成立之前，醞釀成立翻譯協會早有了呼聲，而是由一位韓國學人喊出來的。1980 年十二月五日，我接到新聞局出版處處長唐啓明的信：「頃獲韓國翻譯學會方坤博士來函，促請我國早日創設翻譯協會，並加入國際翻譯聯盟。素仰台端熱心譯述，馳名國際，雖然此事非本局主管業務，仍將來函影送，尚祈鼎力糾合國內有志譯者同道相機促成，進而積極參與國際活動，則不勝感荷。」原來方博士給了時任新聞局局長宋楚瑜一封信，情深意切，建議台灣從速成立翻譯家協會，進而參加世界翻譯聯盟(Federation Internationle Des Traducteus)。稍後，中副刊出名譯人林富松的「成立翻譯協會刻不容緩」，張振玉、周增祥等譯界前輩給我電話，鼓勵趁熱奔走，說我有籌劃成立出版協會的經驗，成立翻譯協會，何難之有！其實是大大不同。出版協會我是五位發起人之一（另李潔、蕭忠謀、趙汝智、張曉聲），也是主要辦事人，可是我不具名不出面，有出版處處長張明塗、文工會龔聲濤、正中書局李潔、國大代表蔣紀周，和傳記文學劉紹唐等人支持，所謂在朝在野都有人打點，警總蒙在鼓裡，奈我何也？翻譯協會卻不同，只有平行枝葉的熱心，少了高幹深根的庇護，一切聯絡和一切具文，籌備期間，我可要拋頭露面，警總不查東問西，緊迫盯人才怪，我何苦蹚這渾水。往事令我膽怯，瞻後叫我猶豫，我希望有人領銜具名，我只伏案作業，偏偏人人謙讓，不肯出面，秀才真的難以成事。年復一年，到了 1994 年七月間，在「外文中譯國際研討會」上，遇到譯著等身的黃文範，休會中，「翻譯協會」事再議，誰出面誰奔走辦事？既然沒人挺身或默許，以後恐怕少有人提。

　　翻譯協會至今未能成立，翻譯公會反而領先備案，全名是「台北市翻譯商

1989 年 1 月 29 日台北市翻譯商業同業公會成立，我爲首任（1989~1992）及第七屆(2007~2010)理事長

業同業公會」，顧名思義，是某種行業到了一定數目時，就必須成立一種同業組織，作爲主管官署和該行業間的一座橋樑。翻譯公會成立的遠因，是同業間價錢太亂；近因是美國在台協會旅行服務組又有停止翻譯社代客公證之議。如果翻譯社有一個組織，就可以以公會名義來規劃價格，以及代客公證。籌備期間，最熱心辦事的是兩位女士，環球翻譯社的田世平和名譯家胡品清的妹妹胡晶玲。我之所以被推爲首屆理事長，是因爲我在年長中年輕些，而在年輕人中又年長些。我慚愧自己的學力能力有限，所以在任滿以及每屆改選時，都書面報備不參選。這和我在出版協會時一樣，在數屆連任常務理事及理事後，我具文請求不要列入規劃協調的名單中。這些頭銜如果有甜頭，我嚐了也該讓別人嚐；如果其味不佳，我何必那麼聖賢。

　　在翻譯社翻譯，不論文件或文稿，都不公佈於社會大眾，不署名於文末，警總對我也就抓不到辮子。漫長的戒嚴期間，我除了每隔十天半月的，自動去管區報到，給「傅道石」填表寫報告，管區更是殷勤地來舍下訪問（美其名是「查戶口」）。儘管我的刻板生活給自己定了位，不是在辦公室就在家，不然便在兩者之間的公車裡，再不然，同事也會告知我的行蹤。情治單位對我從未歇手，而且連累我的妻和我的子。李裁法失蹤了，刑警大隊立刻找到了我家，把我帶去問話。謝東閔在省主席任內被郵包炸了手，管區警員找我內人索取了我的筆跡，也來我辦公室要去了每一台打字機的字樣；這件事直到有天（1992 年三月十九日）我和卜少夫、何景賢同去至善路謝府作客時，一方面談話，一方面在想：你們四位（另有朱高正在坐）只看「求公」的手傷，哪省得我在手傷時的心傷！耿耿於懷的窩囊事，莫過於在施明德逃亡期間，好幾名便衣由管區警員陪同，半夜來我家「查戶口」，使家人忐忑好幾天。這些辦案人員好糊塗，叫你好氣又好笑。我兒子讀仁愛國中時，有天學校教官給我電話，說兒子被遴選去國外參加童子軍露營，徵求家長同意，當然同意；沒幾天，又來電話，說改派別人了。我問爲什麼？電話那端說：「胡先生，你自己應該知道。」我理會得「罪及妻孥」了。這件事，一直到

了 1991 年，兒子在普林斯頓讀研究所，父子倆在校園散步時，他特別
提出來問個究竟。在他拿到學位後，我寫了篇「我對兒子的一個秘密」
（見 1994 年五月七日「自立晚報」）。就因為我是政治犯，兒子受累了，
我內人受的驚嚇更是多！

　　在國際翻譯社的四十年間，有幾件事頗有意義，一是編譯了「國際
翻譯手冊」，等於把多年來各種文字的譯稿，抽樣代表性的整理出版，
至今已經第九版售完，不打算新版。在初版的序文中我說：「我們不敢
說書中的譯文完全正確無訛，但是站在本身是翻譯社的立場，這份不自
私的心意，總該算得上是純服務的貢獻。」手冊在初版再版過程中，有
兩位美國朋友，我必須一提，一位是 Dr. Patrick B. Abernathy，當時在
師大讀華文，為手冊全部校改，另一位是那幾年在師大和輔大校園裡常
見到患有小兒麻痺的哈佛學者 Dr. John M. Maccellan，手冊中好多篇文
稿都經過他過目潤飾。那時我住金門街，他住金門街口的晉江街，我二
人常在兩街之間碰頭，就在巷弄攤上，滷菜加紹興酒，昏暗的路燈下，
一篇篇譯稿斧正殺青，亦師亦友，宛如眼前。

　　《國際翻譯手冊》有了一個意料之外的功能，那就是稍後在我申請
「翻譯天地」時。這本手冊代替了學歷證明。我所有證件在被捕後全部
失蹤，我曾上書海軍總部，說明原委，請予補發在海軍學歷證明，海總
人事署很有趣，來文（七九坪資０四二八九號）說：「確無台端資料。」
想當年抓我送我感訓的是海總，現在竟然翻臉不認帳。天問奈何！沒想
到，專門著作也可視作申請相關專業性刊物的學歷之用。如此近乎彌補
性功能，我把它視作上天的禮物！

　　我們全體同仁，還合作編譯出版了有關貿易、機械、地名、漢法、
漢德、醫藥、萬用、範疇圖解、正用法等十多種專業辭典。幾乎有十多
年的日子，在辦公室的特製框框木架裡，排滿了數十萬張的小卡片，都
是這些冷門工具書的基因資料。多年來銷路尚可，多至第九版，滯銷的
如《世界地名辭典》，初版五百本，現在也一本不剩。編譯時期尚無電
腦可用，所花的時間、精力等，雖然和銷售量不成比例，成就感卻是夠

我們享受的。

　　一待翻譯社的業務穩定，我們創辦了《翻譯天地》月刊(Renditions Monthly)，是一種以翻譯爲專題的刊物，當時空前，至今仍然絕後。喬志高說：「我第一次看到這本雜誌，是香港大學的翻譯中心轉寄美國給我的，最近卜少夫先生又給我一本六月號。這是份很專業的雜誌，國內有人辦，是我始料不及的事。」他對用 Renditions Monthly 做英文名字，「實在是最妙的翻譯了。」這位原名高克毅的譯界前輩，1978 年六月

國際翻譯社定期舉行「翻譯人茶會」
圖中人自左而右爲：張振玉、胡品淸、彭歌、殷張蘭熙、王藍、劉慕沙、胡子丹

圖中人：侯健、林文月、黃得時、劉紹唐等

十二日由香港回美國，專程停留台北圓山飯店，約我和日譯名家朱佩蘭見面。那次他獨白了一百多分鐘，我二人獲益甚多，談話內容我以「翻譯因緣」公開發表。後來他爲《翻譯天地》開闢「美語拾零」與「譯餘贅語」兩個專欄。我爲了打開翻譯社的知名度，每月舉行座談會及名家訪問，應邀主持的有殷張蘭熙、林文月、余光中、胡品淸、杉浦洋一、林太乙、李達三(John I. Deeney)、余丹、余也魯、陳蒼多、何凡、黃文範、周增祥、張澍、倪達勤(Eugene Albert Nida)、老康、屈承熹、宣誠、張同、鄒嘉彥、鍾玲等。原名蔡濯堂的思果介紹我參加了香港翻譯人協會爲通訊會員。我們邀請了不少名家如田原、尹雪曼、簡淸國、朱佩蘭、林良、唐潤鈿、陳寧寧等人爲《翻譯天地》撰稿。《翻譯天地》自 1978 年創刊至翌年六月第十八期止，叫好不叫座。訂

戶累至二千一百四十二，半數來自海外。不能支持下去的原因，一是不堪虧損，二是自第十三期開始，函請國內各級圖書館訂閱（以往十二期爲贈送），置諸不理不意外，來函要我們停止寄贈，大大影響了同仁們士氣。訂費每年二百元，樂觀的期待訂戶滿三千，每期印五千，每期墊款不超過兩萬，移作翻譯社的廣告費支出，就可以闖下去。不料就在第十八期，因爲校稿大意，把來自香港的原稿，「此種形情一直到解放了爲止。」居然沒有把「解放」二字改爲「民國三十八年」。我是在部分已經郵寄了的第二天才看到，頓如電殛。那是 1979 年耶！有一期，內文出現了「《》」的符號，警總已經口頭警告，說這是「共匪」專用，並且告誡多次，要我收斂一點。我說爲了邀稿、辦座談、訪問，難免到處跑，多接觸人。我心有警惕，自我約束。那幾年，偶而應邀演講，記得去過龜山警官學校、女青年會，以及金華街一家教會翻譯團體（該次尚有陳蒼多教授）等，以後我一概婉拒了。

戒嚴期間，刊物上有「解放」二字，那還了得。立刻有電話的打電話，沒電話的發限時信，請讀者們幫忙，把那要命的「解放」二字塗掉；沒有郵寄的，自己塗，辦公室關起門來總動員，一天一夜，精疲力竭。事情沒完沒了，萬一有漏網之魚，游到了警總，不是「二進宮」也要脫層皮。繫獄多年的我，疑繩爲蛇已成惡習之一，多年來我常夢中跳起，舞拳踢腳成了家常便飯，內人爲此受累吃驚。夢魘多年不醒，何苦爲《翻譯天地》而翻了自己。我痛下決心，不搞了。

因爲搞出版又搞翻譯，我對那時段台灣的戶籍謄本，每每視而好笑，那完全沿襲日本時代的式樣而來。著作權隸屬內政部，而戶籍謄本便是違反著作權的物證，其格式不是我們自己創作。幸虧現在有了新的面貌。我曾對其中「本籍」欄提出疑問：何謂本籍？是自己的出生地？老爸或老媽出生地？還是祖父母甚至更上輩的？我寫「林洋港無力廢本籍」（林時任內政部長），投送幾家報刊統被拒刊，《新聞天地》一七八九期刊出。我說「幾乎在全世界各有關『人資料』的表格裡，都有『出生地』，有的還有『父親出生地』和『母親出生地』，唯獨我們的沒有。

我們最具權威的戶籍謄本和身分證上，只有『本籍』找不到『出生地』。」
我主張：「上策，不要有『本籍』；中策，改為『出生地』；下策，『本籍』
和『出生地』並列」。而且建議：「我們一生號碼太多，應該在出生證明
書上的號碼，便是同一人的身分證、駕照、學生證、健保卡、護照等，
直至死亡證明書，都是同一號碼。當然，各發證單位為了各有其理由的
方便，可以另編序號，原則上，每人終其一生，只有一個同一號碼。」
遺憾的是，迄至林洋港在即將接任司法院長的前夕，我陪卜少夫去拜訪
他時，他對我這篇文章是「毫無印象」。可喜的是，新發的身分證、駕
照、健保卡，以及殘障手冊等都是同一號碼了。關於「本籍」，已經捨
「下」而「上」，新增「出生地」，而本籍為空白，備而不用；為何不把
「本籍」乾脆廢了呢？即使是政治上的考量，也是利多弊少！

　　全世界華人的姓名英譯，可謂千奇百怪，北調南腔。這是因為先天
性的諸子百家，有廣東音、北京音、福建音、上海音等等，尤其在台灣
的我們，採用的各種拼音太過自由民主，各自為政，固步自封，抗拒和
世界接軌。儘管「漢語拼音」1958 年通過，修正多次後，獲得國際標
準組織(ISO)之認證，全世界學習華文華語者都在使用。但在台灣地區，
最初舉棋不定，任憑百花齊放。1999 年七月七日行政院基於國際化因
素，決定採取漢語拼音，但在第二年，綠色執政後，政府首長們因為換
了人也就換了腦袋，立刻改弦更張，採用剛剛出生的「通用拼音」，講
不出口的理由是和中國大陸十三億人口採用的有所區別，硬拗的理由是
通用拼音可以通用於學習母語（閩南語和客家語等）之用。其實，通用
拼音和漢語拼音相異者少，但是為了方便在台灣的外國人，以及方便在
世界任何地方由台灣出去的中（華民）國人，不論在圖書館或從電腦上
找資料，中文搜尋都是使用漢語拼音[①]。我們不妨上網 Google 或 yahoo
一下，搜尋「水滸傳」、「三國志」、「西遊記」時，則必須輸入 shuihuzhuan,
sanguozhi, xiyouji，才可以找得到，用其他拼音，則不可得；但因為「通

[①] 2008 年九月十六日行政院宣佈：即日起改採漢語拼音。

用」和「漢語」大半完全相同的關係，所以在搜尋「紅樓夢」和「金瓶梅」時，用漢語或通用 hongloumeng, jinpingmei 都行。總之，絕不可堅持「獨」用「通用」，結局便是有的通有的不通，不僅給自己過不去，給旅行台灣的外國人徒增麻煩而已。關於這個拼音問題，台灣現在成了一個兩制，那就是只有台北市擇善固執，堅持採用漢語拼音。我本人曾寫兩稿贊同：「英譯路名宜統一，更需國際化！」及「拼音統一，別限於台澎金馬」，分刊「中國時報」(1998/4/27)及「聯合報」(1999/1/28)，人微言輕，盡我多年在翻譯社職場上工作的專業認知，不得不說耳！為了社會需要，適時編輯出版《國字彙編》，將漢語拼音、注音符號及其他拼音等對照並列，這本薄薄的小冊子，頓成需要者的及時雨，現已絕版。我將等待 2008 年後修訂再版。

人生百相，往往有其詭譎陰巇的一面，就以這個拼音一事來說，在台灣，馬英九主張用漢語拼音，陳水扁是通用拼音，偏偏他二人在自己的名字的英譯上有了風光旖旎的景點。馬英九 Ma Ying-jeou 的 jeou 不知是哪種拼音，通用是 jiou，羅馬拼音是 chiu，但絕非漢語 jiu；而陳水扁 Chen, Shui-bian 的 Shui 是漢語，非通用 Shuei。當然，在電腦上，兩種拼音都可以搜尋到；這是因為他二人名氣夠大，登錄者不得不將就行事。如同桃園中正機場是 CKS Airport，「中正」二字不見了。CKS=Chiang Kai-shek，蔣介石也。

姓名英譯另一問題，莫過於姓和名的排列次序。姓前？名前？因在職場多年，過目的姓名英漢對照，尤勝過江之鯽，單看英譯，你會撲朔迷離，頭大心煩。例如 Ma Fan，你說姓馬？還是姓范？我寫了篇「談中文姓名的英譯」，1991 年十月十七日刊「中華日報」。分析中文姓名的字數常見有七種：姓一名一，如王復；姓一名二，如王志華；姓二名一，如司徒華、王胡美；姓二名二，如司徒國華、張王美雲；姓三名一或二，如司徒王美、王司徒美；姓四名一或二，如司徒歐陽雲、歐陽司徒美雲；姓氏無名，往昔女士，出嫁後在文件上有的冠夫姓有不冠夫姓，概不留名，如王氏、劉王氏等。當然，中華民族中有的族群的姓名，多

有不限上述七種的。姓前或名前的英譯，關係重大，易滋誤會，像上述 Ma Fan 例子，可就麻煩之至。我在職場多年，如客人不堅持己見或已有英譯但非正式文件如護照，我和同事們均以漢語拼音代譯，一律姓前名後。這篇文章見報不久，有次去警察局外事科辦事，竟被當面讚許。稍後，國人護照裡的英譯，也都一律姓前名後，和我們作法不謀而合。當然，你取了外國名字，那是又當別論。

警局讚許我的「姓前名後」的英譯，但是警局在戶籍謄本上的英譯本上蓋印，我卻不能苟同。這當然是在解嚴後，尤其是在實施長達二十三年(1992 年六月三十日止)的戶警合一制度畫上休止符以後的事。時任內政部部長吳伯雄沾沾自喜：「這是戶政回歸常態化的具體作法，更有助我國民主化形象的提升。」他居然毫無所悉，早在 1978 年十二月六日，行政院發文司法行政部，台六七字一〇九四六號函：「戶籍謄本英文譯本之認證，請警察機關外事單位先行初核，並在譯本上加蓋戳記後，交由當事人持往地方法院公證處處理。」既然戶警分立，為何戶籍謄本的英譯本，仍然因襲惡例，由警察機關先行審核蓋印？戶籍謄本是最基本的「人資料」，長達半世紀之久，台灣居民在戶警合一的非常態管制中，早已麻痺於「警察國家」中生活的無可奈何；到了政府宣佈戶警分立，「人資料」的英譯本還有什麼理由仍然控制在警察機關中？我曾為文「戶警既已分立，人資料的英譯本為何仍須警察審核？」1992 年七月二十九日刊「中國時報」。在首任翻譯公會理事長期間，曾請立委王令麟呼籲，也曾行文司法院解釋。因為這是於法無據。欠缺法源的行政措施，警局是奉命行事，無可奈何。而司法院由秘書長王甲乙具名回文的理由是：「揆諸首開規定，尚無不合。」殊不知，不合多矣！對「國家形象的斲喪，更是大而遠！」到了二十世紀末，這件警局在「人資料」英譯本上蓋印的事，終於停止。

在職場四十年間，前五年我是坐在第一線面對客戶，後來我開始退居後座，幾乎約有三十多年，我是獨自在小室中工作，從每月業績表上分析客戶的來源，眼見台灣社會的各行各業都在轉型中。翻譯社不僅成

爲中小企業的最愛，逐漸受到學界的青睞，入學推薦信、自傳，甚至文稿整理、外譯校正等，也請我們給予一臂之力，電視台由最初的「本事」英譯，又有了英文字幕，記得我們曾翻譯過「包青天」，說是拿到海外放映；甚至政府機關也成了我們的經常性客戶，翻譯的範圍也越來越廣，加上我們的母語中文，不僅在外形上有了繁簡之分，如你經常閱讀台灣、香港、中國、新加坡四地的中文報刊，定會發現有些詞彙已經各自主張，致使翻譯社的上班譯員越顯得力有未逮，因而產生了兼職或稱爲特約譯員，我們在各行各業中去找，有教授、專家、政府機關裡也有，人不分紅黃藍白黑，地不拘東西南北中，但以有電話，進而有傳真，後來則以能用電腦者爲優先。時至今日，稍具規模的翻譯社，可能現場譯員不多，客戶也少，但是其客戶和譯員卻是世界性的，翻譯社幾乎成了文字代理商。所以近二十年來，我恢復了我以寫作爲主的興趣工作，除了主編了十多種工具書，我用筆名「霍必烈」寫了二十多種中國名人傳記，死嘴活話，借古諷今，舒暢發洩，痛快淋漓。湊興時也參加了報紙的徵文，其中「翹辮子的外灘」、「跨世紀的糾葛」、「奶奶辦移民」等篇，還倖得獎許。我調整了工作搭配：閱讀、寫作，翻譯，其樂融融。

約在二十年前，翻譯工作有了一次大的忽然轉型，那就是由電動打字機，改用電腦。早在 1983 年初，我警覺到電腦時代的即將來臨，而且必將替代中英文打字機。首先我利用下班時間去惡補，兩個月速成，再改由同事們分批去學習。那時桌上電腦問世不久，辦公室先後購置了三部，也買了印表機，印出來的字體又小又醜，聲音吱吱不止，加上故障率頻繁，不得已只有在打中文時偶一使用，英打仍然用電動打字機。約莫半年光景，早期電腦彆扭鬧得太兇，只好把它們全都冷藏到倉庫裡去。五年後，到了 1988 年，電腦有了新機種，中文輸入方面，除了注音符號，朱邦復的倉頡輸入法的軟體問世；再者，二戰期間，美軍使用電子郵件也開放民間使用。我明白，從事文字工作者的大革命時代已經來到。當下決定再購置電腦和印表機，同仁們和我一方面使用注音符號打中文，一方面勤學倉頡。那年我是花甲初度，硬記活吞必須戰勝減退

的記憶力。使用倉頡的人知道，少數字的採碼，實在是無道理可言；練習期間，不論看招牌、讀報刊，只要眼睛接觸到的中國字，在心底便喊出它的代碼，手指也跟著舞動。記得那年暑假，兒子約我去美國度假，我每天必讀華文報紙時，也是手動口吟，我說這是笨人笨方法，他認為是聰明人的絕招。就從那年開始，我的日記改用電腦寫，而且堅持用 spe3，不用 word，因為前者容量大，快十八年來，3.5 的磁片只用了三片，如果用 word 寫，沒有二十片，是載不動這約有六千五百多天的悲歡歲月。當然，寫稿、寫書、譯稿、寫信等，是先用 spe3 寫了再轉 word 排版後列印。如果投稿或收信人也用電腦，便以附加檔案，直接 email 過去。所以，十多年來，在台北市的各翻譯社，由於電腦給予的方便，在職譯員可能比以往少，客人親臨也是門可羅雀，但在網路上的特約譯員，以及客戶們，確是無遠弗屆，越來越多、越盛。

　　2003 年開始，政府各級機關為了不再「自尋煩惱」，各自為政地個別請託翻譯社，為他們在必要的外文上代勞效力，先以「建置內外部雙語環境設施翻譯（中譯英）服務」名義，委請中央信託局辦理集中採購方式，每年一次，2006 年將有第四次公開招標，其內容有：衛牌、簡介、網站、交通運輸、公共設施、商店招牌、產品標示、觀光遊憩、教育文化、醫療保健、社會福利、出入境管理等公共服務、法規契約、表單等；這些項目已經是包羅萬象，實際上有些單位連涉外公文往返上也是翻譯社捉刀。如此一來，從以往的個別委託，到此集中採購方式的買賣，文字工作一旦成了商品化，「淪入」標購地步，其價格也就驚人的低廉，譯員成了外勞，價廉矣！但物不盡美。2005 年是第三次採購，仍以中譯英為主，得標價是一個字新台幣 1.25 元到 1.8 元，而 1.8 元乃是國人英譯後必經懂得中文的外籍人士予以潤飾後的價格。真的是斯文掃地！不過，這種標購的事，也怪不得主辦單位，乃是各翻譯社瘋狂競標，自相殘殺的結果；另一原因，乃有非營業組織或個人，例某些院校的外文教授們，也來參與投標，他們沒有營業費用的支出，一旦得標，交由研究生去做，自己校核而已，因為如此，所以價廉。不過不經一事

不長一智，去年標價已比以往的高，我們深信，今年的一定會比去年的要合理。如要馬兒跑得好，當然也得餵牠飽。

根據台北市翻譯公會 2005 年度大會手冊所載，會員連贊助會員在內計四十七家，比起 1989 年創會時為少。其實，在台北市的翻譯社至少有一百二十家之多。為什麼竟有超過半數以上的翻譯社，應參加但沒有參加公會的原因何在？他們在問：入會有什麼好處？公會能為會員們做些什麼？這是值得我們資深會員們深思的。

我在國際翻譯社服務，四十年來塵與土，風風雨雨雲和月，晴朗溫馨的日子多，晦暗霉頭的代誌也不少。想當年，山窮水盡時創業，一路走來，柳暗花明的守成倍感不易。如今，個人的「人生開始」又八年，繼續走？暫停？還是休止符？如果人生意義就是工作，我將勇敢，且戰且走！

國際翻譯社創立初期，胡子丹曾訪問若干翻譯界名人請益：

余光中

倪達勤
Dr. Eugene Albert Nida

林太乙

喬志高

李達三
John I. Deeney

思果

胡品清•彭歌•殷張蘭熙•王藍

老康

林文月

第六一章　奶奶辦移民

■ 1995 年二月某日台北聯合報，1996 年被台北聯經出版公司編入《極
短篇》第一輯。

　　近半年來，我注意到一位八十多歲老太太常來辦公室，和主辦文件
翻譯的同事交談，老太太操上海國語，有時我得居間口譯；原來她有獨
孫在美國，要給她和她老伴辦移民。1949 年她獨子在部隊，要父母和
懷有身孕的妻子先來台灣，不久傳來陣亡消息，孕婦也難產而死。看她
戶籍謄本，老伴高齡九一，獨孫二十年前留學美國，早已入籍娶妻生子
就業。我問：「儂哪哪不早天去美國？」「阿拉老夫妻在台灣過得滿好格，
伊年輕人在美國忙殺哉！阿拉何必去拖累伊。」她笑加一句：「阿拉一
直用自家的銅鈿！」

　　前兩天，她拿了封英文信來，直接要我看，她卻自顧說個不停：「阿
拉曉得格，一定是要阿拉簽證，勿過，阿拉勿要去美國！」「哪哪？」
「阿拉老伴死脫也，阿拉一個人勿要去！」她要告訴孫子，他爺爺和她
不想去美國了。我無言以對，眼見她信也沒取回，顫巍巍逕自離去。信
是美國當地警察局寄來的，說她孫子一家人，月前發生車禍，無一倖免。

第六二章 癌症病房

我妻楊美娥女士往生已逾兩載，每一念及，心痛神傷；悼念朋友的文章我曾寫過，寫美娥卻往往字不成句，文不成章；試以最後 170 天(2006/02/20-08/09) 伴她的病房紀事，為念為悼。

二〇〇六年二月二十日
美娥感冒嚴重，掛號台大醫院，內診四，一號；醫師囑送急診部，留診M048 床位。掛點滴、吸氧氣、X 光攝影、PA View Standing。狀甚痛苦。電話告知她小妹美華，我陪宿。

二月二十一日
肺部抽水兩瓶，計 1000cc，深紅色。抽血、PA View Standing.
她幼弟建興夫婦、二弟世益、公司同事淑玲夫婦探視。
美華陪宿。我回家。

二月二十二日
送台大醫院公館院區，住 3K207 房。

二月二十四日
由背右側插管至肺部，再抽水 500cc，

二月二十五日
去總院電腦掃瞄。
建興陪宿。她大弟榮林來院探視。

二月二十六日
再抽 320cc，黃醫師告知為肺腺癌。電話正兒，他西德返美途中，媳士

瑜接電話，我失控也失態，哭泣告知媽媽病況。

美華長子阿宏陪宿。要我回家休息。

二月二十七日

晚十一時許，正兒在美西家中直接和黃醫師電話長談。

二月二十八日

再去總院檢查。

建興陪宿。榮林來院探視。

三月一日

黃醫師告訴我，下周可確定醫療方向。

三月二日

黃醫師詢及我家成員等狀況，要我堅強，尤其我是心臟病患者，心中必須有應變準備。

中時八版，謂 2003 年問世的治癌新藥 Iressa，東方人尤有效，為治癌第三線用藥。中午和士瑜電話，她已知 Iressa，因她在加州醫院舊金山分院作博士後研究，正研究開發癌症用藥。她說有同學蔡小姐其人在台大醫院工作，她會和蔡電話聯繫。

三月三日

上午去總院作電腦放射，先注射少許看反應，可。

世益夫婦來，但我們去了總院，未遇。

正兒電話，說士瑜同學葉春揚在馬偕工作，蔡小姐自己不巧剛動過手術，回家休養中。

翁佩巡醫師給藥：Mucosolvan 30mg （化痰）

三月四日

趁美華來，我回家取物，再趕回公館院區。我要盡量多時間在美娥身邊，不談病情，談談往事中有趣而歡樂的。但我嘴拙，往往口不應心。

榮林來探視。同事美玲來探視。

黃醫師陪林育麟醫師來病床旁，介紹林是腫瘤專家，下周四開始，是美娥的主治醫師。

三月六日

美娥出院，回家。

三月九日　星期四

去總院舊大樓西五棟腫瘤部門診，林育麟醫師，決定用 Iressa （艾瑞沙），正兒和我曾討論過，士瑜也知。

三月十日

晚去辦公室，將同意用藥艾瑞沙（Iressa）同意書，傳真給正兒。

士瑜電話，謂正兒在西德，明日返美。

三月十一日

中午正兒電話，謂已返美。月底來台北，士瑜和孩子們春假回來。

下午美娥大妹的女兒小秋來，她當護士長多年，現又執教護理，囑她向美娥說說養病事。

有人介紹安培營養液，決定買。還有考慮請看護事，和彭婉如基金會連絡。

榮林電話問好，美娥回家後，榮林幾乎每日一電，都在晚餐時間。

三月十三日　星期一

林育麟醫師給藥 Gefitinib 即 Iressa （艾瑞沙）今天開始服用，一天一

顆。

士瑜同學吳忠勳先生來，向林醫師探詢病情頗久。吳爲人親切仔細，對美娥有安定作用。

下午外傭仲介來，謂我們不合資格請外傭，但如使假作僞則行，我不贊同。

三月十四日

整天上午在台大新大樓，檢查肺部。美娥說胸部攝影，加壓時有點痛。

球友林老師電話，請我轉告美娥，要自力圖強，醫生只能用藥，重要的是自己。她是過來人，她抗癌已五年，應該算是成功。

三月十七日

美娥體重 47kg，病前 50kg。

上午陪美娥去大安公園小坐。

世益來家。

三月十九日

正兒電話，說台北時間二十八日晚來台北。

美娥喉痛、咳嗽，電詢特護許容慈，她說體溫如超過 38℃，即送急診處。現在情形，可往附近醫院或診所醫治即可。

三月二十日

去遠東醫院看耳鼻喉科，開藥：Tinten 500mg/tab 　（解熱鎮痛）

　　　　　　　　　　　　Compound Glycyrrhiza

　　　　　　　　　　　　Mixture 200ml/bot（止咳祛痰）

　　　　　　　　　　　　Zyrtec 10mg/tab 　（抗過敏）

我順便看眼科。

三月二十一日　星期二

和彭婉如基金會連絡，謂經辦人下周一才回國。

世益陪一位范小姐來，介紹些營養食品，如蘋果馬鈴薯等。

榮林保持一日一電話，祝福他大姐早日康復。

三月二十二日

正兒電話。

三月二十五日

驗血、尿。咳嗽很兇，和美娥聊天，想分散她的思慮。

我對 Iressa 效果存疑，下次門診要問林醫師。

三月二十七日　星期一

靜脈點滴注射，PA View Standing。

下午門診六診 17，林育麟醫師。最大問題是美娥不想吃。林說，再繼續 Iressa 幾天看看。

取藥 Farlutal 等兩種，另一忘了。

三月二十八日

正兒晚十一時到家，帶回 Naturin（自然飲）一箱，但不知美娥喜歡不喜歡用。

三月二十九日

一早，趁母子都在睡夢中，我去打了三十多分鐘的網球，心神不定。回程帶回早點。

三月三十日

中午去修助聽器，可就沒修好。很討厭，半聾不聾的人最惹人嫌，也招

人厭，自己更煩。

買了新的測溫計，耳測，比醫院用的較小，可愛的外型；不能不佩服日本人的用心。

四月一日

正兒及所有探病人等，都勸美娥要多吃，多動，不要老把自己當病人。

正兒打掃清潔，牆牆壁壁，客廳房間。

世益帶一位曾小姐來晚餐，說要介紹一位看護來。

陳尚平陪他媽媽來，陳太太也是癌症患者，已半年多；樂觀、堅強，能吃能睡能聊天，是活見證的活例子。對美娥的正面影響應該很大。

四月二日

和正兒去泰一電氣，買小型吸塵器和清潔器各一。

世益電話，說曾小姐願來家幫忙，月薪三萬，每周五天，每天五小時；她本是護士，美娥同意，我請她下次帶身分證來。

四月三日 星期一 28℃

正兒中午去印度，周五回來，約妥士瑜父母等至少計八人，周五晚在鼎富樓餐敘。

小吸塵器啓用。樓上不用的什物讓拾荒者取去。

再買一手機，讓正兒回台北時用，平時美娥用，爲了必要時互相找人用。

世益電話，說曾小姐四月十七號正式開始。我再次請她帶身分證來。

四月四日 星期二

好熱，至少三十度。

美娥咳嗽厲害，舉步困難，我四時許去台大排隊掛號，十八診一號，回家美娥更不適，覺得不對勁，和特護許小姐連絡，決定捨門診看急診；照片子、抽血，M42床 。這是美娥第二次住院。第一次是 2/20-3/6，

兩天在急診處，其餘在公館院區。

士瑜同學、在台大作研究的蔡季芷小姐來病床探視。

四月五日

美娥咳嗽咳得驚天動地，我心痛又不安。護士囑我不要緊張。

四月六日

急診郭炳宏醫師給藥：磷酸可待因（Codeine 30 mg/tab）

　　　　　　　　　　　　Serenal 10mg/cap　（舒緩焦慮）

　　　　　　　　　　　　Magnesium Oxide 250mg/tab　（軟便劑）

四月七日

咳嗽稍好。可待因這藥我有印象，多年前我久咳時曾服此藥。

回家洗澡時，聽士瑜電話留言，她已到台北，孩子們也同來。又聽得正
兒電話，說也到台北，告以媽媽病床號碼，他說直接去醫院。

晚十一時我們陪美娥回家，回家前作了超音波胸腔檢查。

急診許哲偉醫師給藥：磷酸可待因（鎮痛鎮咳）、普除痛錠（解熱止痛）

　　　　　　　　　　　　安滅菌膜衣錠一公克（ig/tab Augmentin）

　　　　　　　　　　　　Chest Echo-超音波（胸腔）檢查

四月八日

驗血、尿，PA View Standing。

四月九日

明天開始停止服用 Iressa。自 3/13 日至今天，一共服用了二十八顆。

四月十日

門診，正兒士瑜陪媽媽同去，和林醫生請教討論頗久。Iressa 自 3/13 - 4/9
每日一顆，效果甚微，胸部反而多出小點，改用注射 Gemcitabine（Gemzar
健擇），今天就開始注射。另佐以 Rinderon （Betamethasone Sodiunm

Phosphate）。

世益介紹做看護的曾小姐，我考慮結果，總覺不妥，原是世益的朋友，忽然變成了僱傭關係，好生尷尬。

四月十一日

下午美娥精神特好，和孫女拋物為戲。孫子和正兒在客廳下五子連。

四月十二日

四時左右，美娥 39.3℃，叫醒正兒，並電美華半小時後去急診處。急診處楊醫師打針後退燒。換 A08 床觀察。阿宏送來行軍床給我睡。

正兒明天回美國，今天上午和他同事車德明去新竹科學園區，傍晚來病房。他待美娥和我躺下後離開；我在布幔下看他腳步緩緩移去。

四月十三日

夜二時左右，美娥咳嗽不止，找護士來，服藥後稍好。

美娥第一次化療，注射 Gemzar (Gemcitabine)，及 Rinderon。以後每次化療都是注射這兩種藥。

士瑜在護理站洽得陪護員邱鳳妹來，五十許，舉止頗專業，晚八到早八，日薪 1200，如此一來，我稍得休息。

四月十四日

遷去 W5223 房，算是特二等病房，整「西五」三層，全是腫瘤患者。「東五」是診斷室。

士瑜一早來，照護美娥，下午七時許離去。邱晚八時來，九時許我回家。晚上回家途中，去遠東買美娥的睡衣，沒買成，因為袖口的內袖太緊，穿脫不方便，結果在衡陽路大陸書店旁買到。歸途中在京華樓對面一家理髮店把頭髮理了；走過多次，從沒有發現這兒有家理髮店。我想前幾天正兒可能也是在這兒理的。

四月十五日

中午陪美娥去新廈作乳房超音波檢查。世益找來，對未能僱用曾小姐事我很抱歉。晚八時許在病房注射 Clexane 6000anti-Xa IU/0.6ml，今天一次，明天開始每天兩次。

下午陪美娥在走廊散步。

士瑜晨八時許來，謂今天帶孩子們去 101 逛逛，下午七時來電話，告已回家。

四月十六日　星期一

美娥早上體溫 36.7℃，邱說昨夜 38.9℃，經注射及用冰枕後始降。

醫院菜太淡，我去樓下買醬瓜罐頭，其實不淡，是美娥味覺有了問題。

上午十時許，士瑜攜孩子們陪親家母來探視美娥，親家母攜孩子先行離去，士瑜午後方走，她非常細心，問了美華電話，護理站電話也抄下。

美娥如果熱度不退，加上臂背都痛，腫也不消，能不能繼續化療就成問題。這是場艱巨而痛苦的作戰，美娥的毅力能否應付，我得為她多多打氣。

我腰最近顯然不正常，可能是久久沒動有關係。我要繼續打球，如不行，得抽空看醫生。

美娥病床期間，我沒有害病的權利。

付邱 4800，和她約定，每周一給她酬金。

四月十七日　星期二

去病房前先打球，但是打不起勁，只是盡可能出一身汗。

美娥昨夜 38℃，至中午仍然 38.2℃，不是感染，而是肺部問題。

上午去照片子，林醫師來，沒說什麼。

下午五時左右，美娥右臂腫痛，右背也不適，晚間更劇，舉止動則得咎。找林醫師來，給藥丸，無效，再給舌下片。我不放心，怕夜裡有變化，留宿美娥床邊。

四月十八日　星期三
晨四時許，手測美娥額頭，熱度減退，我回家洗澡、換衣，洗衣，帶衣物等返回病房，美娥恢復正常。
我腰痛稍好。

四月十九日　星期四
沒去打球，七點半到病房。
美娥臂和背痛得厲害，現在是不動也痛，腫是消了點。醫師說，一定要等不太痛了，才再開始化療。
買一本 SB1 複方的書，報導好幾名腫瘤患者的見證，說服了 SB1 是如何如何的好，附以數據為證。當然我只是看看而已，這類營養食品太多，總不能照單全收。
報載陳定南也患此症，也住台大。

四月二十日　星期五
還是沒去打球，心老是定不下來。
一早把氧氣退了，半月前和正兒在新大樓的杏一藥房租的，放在家裡，美娥只用了兩天，我想，如果有需要，再來租好了。
中午美娥去照片子，專照右臂。
正兒電話問病情。

四月二十一日
美娥第二次化療，注射 Gemzar，希望有效。

四月二十四日
醫師關照明天出院。美娥認為臂痛依舊，回家頗為不妥；可是醫師也有道理，臂痛住院也是痛，回家服藥一樣可癒，等病床的急診患者大有人在。

四月二十五日

幸虧美華及時來，幫忙出院，美華負責輪椅推她大姐，其它事由我來。
護士施佩伸照料美娥很是感人，送我們離開 5223，給美娥一個大大久
久的擁抱。教我如何用藥，詳詳細細的。領藥：

Orfarin, Votan, Xanax, Tofranil, Tramal Retard, Imovanc, Neurontin,
Solaxin, 另有注射劑 Clexane 等。

雨中風中回到了家，安頓好了，我去教師會館對面買稀飯和麵。
邱不願到家中護理，只有另外再行洽請護理的人。
晚給美娥揩澡，美華來做晚餐。士瑜電話。
榮林保持每日一次電話。

四月二十六日

大雨，美娥右腳又腫，右臂也是，體溫正常，36.4℃。
晚上決定南秀娥來家看護美娥，台東人，住中山北路。五十許。

四月二十七日

抽血。
聯合報今天有篇報導，說台灣每七分鐘就有一位癌症患者，好可怕。前
法務部長陳定南也是肺腺癌，現仍住院台大，多年前盧修一也是。我的
朋友中王孝敏、戴振翮、傅賴會等也是。

四月二十八日

一早去化療，注射 Gemzar 等兩種藥，注意到作化療的患者竟是意外的
多，年輕人也有兩成以上。十一時結束，我們三人去新廈地下室午餐，
因為下午要在新廈作神經超音波。三時許回家。
晚飯時世益來，加入吃飯。
世益走美華來，她剛參加翻譯公會聚餐，告訴我大家問我好。

四月二十九日

早上去醫院抽血，和 4/27 日抽的不一樣，是 CBC，我還是不懂。好笨！

四月三十日

天晴，我想去打球，但是顧慮到美娥，獨處會有恐懼感，她入廁時也要我隨侍在旁。不然兩人都不放心。這可能是她臂背兩處都痛的關係。

上午我去南門市場買菜，一位賣豬肉的婦人，我看她對一位和她幾乎同齡的買主，是那樣的不厭其煩地聽從選肉切肉，連包綁也唯命是從，我真是服了。待買主走了，我也同樣買了一份，請教她是不是對待每位客人都一樣，答案是肯定的。她說她已經幹這行幹了二十多年，未嫁學父，嫁了學夫；身旁站了兒子，她笑說，兒子大概不會幹這行了。我聽了感動，也頗有心得．

五月一日　星期一

下午回診，美娥以「急」字被送往抽血、心電圖、照片子，因為腿腫，加上肺部又積水，體重 56.4kg。肺部抽水 620cc，這是第四次抽水。護士說這是營養不夠，蛋白質太少，醫師認為要住院，可是一時間沒床位，說回家等電話。但有但書：如果腿稍消腫，可以繼續在家休養。

領了皮下注射的 Clexane，正好阿南曾是護士，會注射。

正兒在西德來電話問病情，周三回美國。

領藥和 4/27 日同，只是少了 Orfarin，多了 Fartual（黃體素）,Lasix, Dexamethasone。

五月二日

夜中一陣大雨，今早也是，我出去買豆漿，天大晴，回來遇雨，大又猛。短短幾分鐘，完全不同調。

送來亞培兩箱，我沒計算，一天三次，一箱 24 罐，三月裡就開始了罷。先是零買，55 至 60 元一罐不等，在醫院買千元二十罐，現在兩箱 2400

元。另一種是 6400。

五月三日

下午去辦公室前，彎了彎台大醫院，想在門廳內的電腦上預約門診，螢幕上寫：「林育麟醫師不接受預約。」那我只有明早來排隊。

五月四日

天不亮去排隊，五點四十分左右，有人告訴我，下午看病要八點半窗口開始，我進去問警衛，果然是。只好開車回家，八時半再趕到，窗口說林醫師請假，詳情可問 21 號窗口，回答是不清楚，但具體的是，腫瘤門診是不接受窗口掛號的。

一個早上跑三次台大醫院，居然沒結果，歸途中，心中盤算：打電話，如果不能解決，下午自己去，林醫師如不在，那當然無法可想。電話中一位張小姐接的，告以經過情形，她說，林確是請假，她替我掛下周四門診，因為 Gemzar 是打三次，休息一次，所以不礙事。

電話請美娥自己聽，讓她放心。

五月五日

天熱，美娥好一點。希望她能和陳尚平的母親、春華、林老師一樣，平安度過辛苦的開始幾個月，慢慢能過正常人的生活。至於壽命多長，人人平等個個一樣，都在走向人生的盡頭。

五月六日　星期六

天熱，美娥溫度 36.4℃，一切正常如平常人，只是沒精神。自己知道自己有病。

五月七日　星期日

美娥就是沒食慾，我說沒辦法，為了抗癌，只有多吃，即便不好吃不想

吃，硬是要多吃。

午餐後正兒電話，說昨由西德回美西，剛睡掉時差，念著媽媽，我告以病情，這兩天較好點，運氣好的是，找到了一個好的看護，會做菜打針，而且也可以隨去病房照顧。在家是日班，住院則晚班，都是八到八。

下午本打算去辦公室做點事，美娥連連要我休息，不忍拂她好意，在正兒床上躺了半個多小時。

北京貞媛妹來電話，告以美娥病況，她關心二嫂，也給我打氣。

醫院來電話要美娥去住院，這當然是陰錯陽差的關係，我們說明天去看診，張小姐已代掛號。

晚建興、美華前後來，送豆腐，買菜送來。

美娥今天精神不錯，看明天回診如何。

五月八日　星期一

下午去台大醫院，美娥門診，緊急時要跑步，閒時卻猛等，加上張小姐代班的賴小姐最後關照錯了：再抽血，可是被登記處拒絕，說單子上的兩次都不是這一天，結果便誤了化療 Gemzar 的時間，改為明天上午。

林醫師關照，下一次化療是十五號，十五號前後要抽兩次血，下次門診是五月二十二日下午。

美娥回家後很累，但願今晚至二十二日期間，一切正常，那就是化療期間應該有的最困難期間過去了。這幾乎所有癌症患者都是必經過程。

五月九日　星期二　晴

上午三人（美娥、阿南，和我）去醫院，整整兩個小時注射化療。遇到我朋友高明柏，他居然是七年歷史的直腸癌患者，為了做台大常客，特地在中山北路二段買了間套房，老夫妻以往是三天兩天的跑，現在是一兩個月一次。特地介紹給美娥，讓她相信居然有此資深患者，卻一點也不像，談吐舉止沒有一點像。

中午正兒電話，他和媽媽談了約十多分鐘。

五月十日　星期三　晴　- 32℃

昨夜夢中跌下床來，美娥大驚，我後腦有點痛，不至於是腦震盪。無抗拒的摔跤有時反而毫髮無損。報紙上曾有報導，無知小兒由高處摔下，居然仍在呼呼大睡。

美娥化療 Gemzar，最大的副作用是疲倦，渾身無力，加上臂背皆痛，仍然病懨懨。照顧得心痛。為何是她不是我，我是天生耐苦忍痛的人。上午寫字後在客廳小睡，一方面陪美娥，再者把午睡上午睡掉，下午則可免了這個節目。

五月十一日　星期四　晴　29℃

說有颱風來，今年第一個。

美娥上午體溫 37.3℃，非常疲倦，應該是化療的副作用罷！我讀了資料確是這樣。

我同學韓星海約我去聽一位醫生對有關癌症的演講，明天下午，如果臨時沒有其它什麼事情，我會去。星海夫人春華嫂也是癌症患者。

五月十二日　星期五晴　32℃

下午去敦南民東交界的建南銀行十二樓，一位民安診所葉守宗醫師主持的小型說明會，聽眾除了星海和我，尚有一對楊姓夫婦，說明人體八大系統如消化系統、生殖系統、循環系統等，尚有免疫系統，因而有了所謂免疫傳輸因子（Transfer Factor），葉醫師要介紹的就是一種叫做 4 life Transfer Factor，有顆粒二種、液體一種，是由 44 種按基酸所組成細小免疫分子，和一般抗體不一樣的是，它可以通過物種間的障礙，傳遞免疫系統所需要的重要訊息，而且沒有過敏的問題。

我表示，讓我得到更進一步的資訊後再作決定。我意思是告訴正兒和士瑜，有網址，讓他們先搞清楚。

五月十三日　星期六　陰　22℃

早上去打球，沒打終場，我先回家，美娥一人在家，我不放心。

有所謂珍珠颱風要來。

上午陪美娥去醫院抽血。

下午去辦公室，把 4-life 事 email 正兒。

五月十四日　星期日　陰

一早，我去郵政醫院驗自己的血，是張醫師要的，為了追縱我的心臟病。今天是母親節，建興和美華下午都來，和美娥談笑兩個多小時，我卻午睡了，起來已經四點多，是近三個月來的難有的一次，以往的周六我是常常有。所以在家午睡，除非美娥要我上床睡，我是堅持在椅子上倒一倒即可。

正兒和士瑜傍晚電話，說寄來母親卡，我下樓信箱取，好美的一張，四人簽名，拿給美娥看，她仍然繼續電話中。關於 4-life，說是營養食品多種的一種，他和士瑜要上電腦弄個清楚，再告訴我。

最近我的情緒不穩定，要特別注意。

五月十五日　星期一　晴

颱風走了。去拉球。如果不打 game，拉球半小時就夠。

下午三人行去醫院，美娥第五次化療，注意到兩種藥的全名：

Rinderon Inj 4 mg/l ml./amp（Betamethasone Sodium Phosphate）IV l amp QD l amp Gemzar 200 mg/vial　（Gemcitabine HCI）　IV 7 vial QD 7 vial 1400MG CA

下午一點半去，四點半到家，整整三個小時。

晚世益來晚餐，陪兩位朋友來，推銷一種營養食品。

美娥精神好一點。

五月十六日　星期二　雨　21 - 27℃

昨夜我夢中打人，殃及美娥，她被驚醒，真的抱歉。這是「往日遭遇」

的後遺症。過一陣子便有一次，不是跳起來，便是打人，要麼一腳踹個空，跌落在地。

早晨去台大散步，如果把球場的水掃掉，可以打球，怕時間太久，美娥一人在家我不放心，趕緊回家，六點不到。

美娥這兩天好得多，化療的副作用是貪睡、疲倦，虛腫部位復原很多。

五月十七日　星期三　陰　22 - 26℃
去球場跑步，沒打球，早去早回。

向亞培營養師請教，以往喝的是一般體弱有病吃的，美娥現在化療中，應該服用另外一種叫做倍力健，美娥不太願意，我看還得勉強她，病人有時是由不得自己的。

晚上豪雨，上樓看，沒漏。

五月十八日　星期四
亞培送來兩箱，是另外一種專門給化療患者用的，價錢多了三倍，美娥說是不好吃，硬是拒絕，沒辦法，只好叫他們明天再送以往的那一種。過幾天再勸勸。

五月十九日　星期五
陪美娥去驗血，坐輪椅者優先，往返不到一小時。

五月二十日　星期六
美娥情況正常。

五月二十一日　星期日
阿南請假，說昨夜沒睡好，因為打電話給去上海的先生，談得太久的關係，今天她要去新北投泡溫泉。早上來替美娥打完針就走；晚上八點趕了來，打針。

我下午去買菜，美華晚上也買了不少，難得同桌晚餐。

世益最近少來，榮林電話也少了些。麗珍極其關心，不時來和美娥聊天，不然也是建興來，他夫婦和美華實質上幫了我們很大的忙，我感激。

五月二十二日　星期一

下午回診，化療，這是第二輪第三次，應該有效，因為看美娥的生活是比以往振作些。美娥的療程是這樣：

3/13 - 4/9 服用 Gefitirib (Iressa) 每日一顆。效果不彰，改注射 Gemzar (Gemcitabine)加 Rinderon (Betametjaspme Sodium Phosphate) 4/13, 4/21, 4/28, 休息一周，5/9, 5/15, 5/22, 休息一周。

五月二十三日　星期二

美娥虛弱，躺的時間多，這是化療副作用，必須忍耐，千萬要熬過去。勸她服用亞培的產品另一種叫做「倍力健」的，說好說歹，明天開始上午服一罐，下午和晚間服原來的一種。

五月二十四日　星期三

沒去打球，一是小雨，二是美娥因虛弱而情緒欠佳，我要多忍耐，更要多順從些。

五月二十五日　星期四　晴　23 - 30℃

開始天晴，又開始熱，美娥太容易出汗，這是新的狀況，下次門診時，記住問醫師。

美娥 36.4℃，有點咳，我建議服咳嗽藥可待因，上幾次醫師開的，沒服完，她不願意，如咳嗽今明變兇了，相信會服用的。

六月一日　星期四　晴　23 - 28℃

取美娥和我的身分證相片。相片是出院回家的那天，我把車子開到照相

館門口，由阿南扶著進去拍的。

六月二日　星期五　陰
美娥先要驗血，可是這位護士注射技術差，找血管插針失敗，虧得一位男士來才搞定。
這次肺部照相，先要加層護膜，防止嘔吐。前兩次也一樣，自費 1500。我們十一點才回到家裡。

六月四日　星期日
雨，我去買菜，晚上美華也買來。

六月五日　星期一　晴
做人工血管，Port-A Chatheter
下午化療。
美娥對用藥的過份小心，已經到了不信任任何人的程度，我在她做人工血管時，以及作化療時，兩度請教護士，上次回診給藥，和如今動手術給藥，能否同時服用，兩處護士特別小心比對後，說其中各有一藥都是止血用，但前次的成份較高，所以後者可以不用服。我一回家就對美娥詳加解說，不料到了用藥時，她卻和阿南又在大加討論，我笑著勸她，不要太煩神了，我們會特別小心的。她笑著說，她忘了這已經講過了。

六月六日
下午去辦公室，阿南電話，謂美娥身體不適，我立刻和客人告罪抱歉，下樓上了計程車，車上打電話給阿南，叫她扶美娥下樓來等我車，車到，她二人上，我下，上十二樓，門鎖好再下樓上車，急去台大急診處。幾番折騰，好在熟門熟路，我辦手續，阿南隨志工護士們，推床至重大病患間，心電圖、抽血、透視，注射等等，美娥喘氣稍慢，呼吸不再吼嘶風箱般，自己肯定痛苦，讓別人緊張。醫師說，待看片子和檢驗結果

出來了再議，主治醫師林育麟出國了，十號始歸。

當晚暫住 M32 號病床。我和阿南留伴。

美華、建興二人趕來探視。

六月七日

美娥昏沉，只叫熱，滿身汗，問醫師，只說白血球過少，免疫力太差，暫且判斷，可能現在注射藥物化療無效，此言無異霹靂，我暫保留，等林醫師回來再說。

今天只是注射抗生素，和服用抗生素，其它用藥，以及要否繼續原有的藥物化療，等林育麟回來再說。

我和阿南均留宿美娥床邊。

六月八日　雨

晨四時離開醫院，門口無車，雨中撐傘，步行快到南門市場始遇一計程車，我上了車，不是回家，而去辦公室，因為高雄房客事，不容稍緩，我得寫信，存證。以免後患。

八時前再返醫院美娥床旁，叫醒阿南，要她早點回去休息，晚上再來。

美娥不見好轉，但也沒有惡化；護士問我要什麼病房，回以「特至三等」均可，但最好不去公館分部，在新或舊大樓都行。

麗珍來。稍釋我的無助感。

下午三時許搬至舊樓 W5327 室，是上次住的三樓。

下午七時許，阿南來電話，要美娥聽，但美娥戴了大型氧氣筒，不方便接聽電話，她卻掛斷了。我要有心理準備，準備阿南隨時不做。

六月九日　星期四

林育麟醫師回來，下午來美娥病房告以好消息，謂最新片子顯示，癌點縮小，可見化療有效；先前的疑慮是誤判。

榮林來，美娥正熟睡，沒讓他把她叫醒。

阿南晚了近半小時來,我沒糾正她;美娥說阿南太貪睡,這是大問題,找機會得提醒她。

六月十日　星期六
士瑜電話,我告以最新病況。

六月十二日　星期一
住院醫師張玉穎開單子,要美娥去照片子和抽血,抽血未成,因爲難找到血管,稍後林醫師來,說免了。
下午許容慈護士來探視。

六月十三日　星期二　雨
美娥臂又痛,右腳又腫,又開始皮下注射上次在家由阿南注射的那種針。有種小紅丸和另種白色藥,都是止痛的,美娥好幾天來都拒吃那種白色的,今天張醫師說還要繼續吃,因爲各有功效。
下午我外出時,美娥化療,說時間僅半小時,下次看到藥單,當可知道何藥何量。
榮林來,送一盒餅乾。其實他可以不要送東西,和他姐姐說幾句貼心的話多好。

六月十四日　星期三　雨
建興電話要我去醫院門口,候他車來取菜。真是麻煩了他。
正兒電話,談談美娥病情。

六月十五日　星期四　晴
林育麟醫師來,說過兩天可能要換另一種抗癌藥,這和他上次說的份量要加重一點可能有關;相信他是好意,患了這種病,當然成了醫師的白老鼠,除了碰機運,奈何!

美娥右臂痛和氣喘仍舊，稍好即可出院。鄰床婦人七十五歲，仍童音，初聞其聲，以為孩童，結果聊天得知有四女一子，常來探視中年男子，乃其二女婿。

六月十六日　星期五
美娥不能著力，便溺都在床上，稍稍飲食便汗流如注，如此情況，回家更加不方便，囑她當面告訴林醫師，未改善前最好暫不回家。
榮林來。
晚去郵政醫院看我的心臟病。

六月十七日
麗珍晚上電話，探詢美娥病況。

六月十八日
美娥有位朋友李太太者，一周打來五次電話，要來看她，美娥依然不肯，今天我把電話讓美娥自己聽，雙方仍各自堅持。
榮林來。

六月十九日
美娥痛稍好，氣喘不能下床很傷腦筋，林醫師來，說要加重藥量，說氣喘會慢慢好起來。明天要化療，這是第九次。

六月二十日　星期二　晴　35.5℃
美娥化療第九次，即第三個療程完畢，但是她的氣喘仍未好，林醫師要做動脈抽血化驗，美娥不肯，因為太痛。
榮林電話探病。

六月二十一日　星期三　晴

天熱，美娥氣喘和臀痛仍然，林醫師這兩天沒有提到出院的事。
晚離開醫院時，直接去南門市場，準備買雞腿，但已關門了。

六月二十二日　星期四　陰
下午推美娥去新廈作心臟超音波，這是林醫師對美娥氣喘的疑慮，如果
心臟有問題，甚至是癌細胞跑了進去，那可就糟了，千萬不要如此。
晚美華送菜來，三人在病房共享晚餐。最近麗珍或建興，和美華似乎有
默契或彼此有連絡，總是有人送飯菜來，我心存感激，不知該如何表達
內心的謝意。

六月二十三日　星期五
美娥仍不能站立，因為臀痛而牽動全身。

六月二十四日　星期六
我早上七時四十五分進病房，美娥昨晚三十八度，阿南的推測是尿道發
炎，是據美娥小便的次數多而量少，護士給予冰枕，下午降至三十七度
三。四次住院以這次最為嚴重，前三次都可以自己去洗手間，最糟情況
是用床邊的便器。林醫師說下星期可以回家，我存疑。
我眼睛又開始乾澀而痛，要持續點藥，用時我忘了或是嫌麻煩，也沒有
控制五分鐘的間隔點兩種藥水。
今天周末，病房只有我夫妻二人，我不敢離開太久，晚餐正不知如何料
理時，建興送來了，成了及時雨。
晚去武昌街排骨大王買兩碗雞湯，回家用以煮飯，另買一菜。順便在明
星買了個小蛋糕，一百元，是我平生第一次買的最小最貴的蛋糕。
離開病房時，美娥三十七度五。

六月二十五日　星期日　晴　35℃
美娥體溫回到三十六度五，因服藥而多眠，我要勸她開始復健，不然回

家了怎辦。正兒電話，怪我聽到電話留話爲何不回話，是我疏忽了，我說沒什重要事就沒打，這是多年彼此間的共識習慣，他說這是什麼邏輯，好罷，以後我就多打點電話給他。

六月二十六日　星期一
上午有三位醫師來看美娥，說沒多大問題，鼓勵她要開始走路，等自己能上洗手間，就可以回家了。關於化療，下周繼續。美娥聽了高興，開始了六月六號以來第一次走向洗手間。

六月二十七日　星期二
士瑜下午電話，我告以本周可望出院回家。

六月二十八日　星期三
買了橡皮坐墊，美娥已經在床上躺了二十多天，幾乎站立都困難，屁股都脫皮了，讓坐墊墊了坐或躺，避免摩擦。
十一時許送美娥去復健，只是踩腳踏車似踩了十多分鐘，看得出美娥已經盡力了，痛苦以赴，我何忍多勸多做一點。

六月二十九日　星期四　35℃
林醫師要我們出院，口氣堅決，謂美娥喘氣和臂痛，不是短期間可以痊癒，健保也不能長期住院，加上急診處等候住院的人多。其實要我們回去就是，話用不著說得如此生硬，如此欠了厚道。
阿南的先生今天看急診，我心裡必須有準備，她可能隨時不做。我洽妥氧氣，明天做完復健就回家。
晚上我回家時先帶走部分什物。

六月三十日
出院，出得很辛苦，幸虧美華來，美娥連坐輪椅都困難，還是被迫出院，

好無奈。

六月裡將近有二十多天，除了晚上我偶而回家睡覺，二十多天家中沒人料理，髒亂驚人，今天阿南來了，幫忙清掃，總算面目恢復了若干程度。美娥在不能走路的情況下回家，讓我心情更壞，但是，我必得堅強，還有，萬一這兩天，阿南如果因她丈夫的不適而辭我們離去，怎麼辦？

七月一日

極可能美娥服多了一顆安眠藥，一直睡到下午四時許才醒。早晨六時許，在床上小便後，欲下床，在站立時，堅持她扶我而不要我扶她，一個使不上勁，沿床邊朝衣櫥倒下，幸虧我扶得快，伸臂托她兩人皆倒，而我先她觸地，萬幸有驚無險，兩人無傷。

給正兒電話，告以昨天出院回家。

此次乃第五次（包括直接由急診處回家）由醫院住院回家，是情況最不好的一次，診斷書上寫：一、肺癌；二、肺栓塞。多了「肺栓塞」三個字，人更為虛弱無力，幾不能站。尿盆已買，可能要買輪椅了。

建興送魚湯來。

阿南的老公住加護病房，是心臟再加栓。

七月二日

下午去買輪椅，本來還要再買一個尿盆，因為上次買的盆底太厚，用時過於吃力。薄一點的在儀器店沒找到。

心中很亂，一直努力要自己定下來，可就力不從心。

七月三日　星期一

美娥不能坐起，即使坐起，不到一分鐘又趟下；尿的次數多但量少，有時根本沒有，想必尿道發炎。她怕熱，冷氣開至最冷，仍喊熱。又沒食慾。我心中特別亂。下午我對美華講，是否可以夜中來陪她，可以睡胡正的床，可是她有事，只好關照建興，夜中如有情況，我會電話叫他，

請開車來在樓下等，我扶美娥下來，同去急診。

下午去門診，我問林醫師情況，說不樂觀，上次在片子上看到的新的黑點，壓住了血管，所以氣喘，現在的 Gimzar 不見效，今天試試另種叫做 Saline（Taxotere），不過沒把握。

美娥化療後回家。

看美娥如此，我心痛不已，四十多年相聚，難道眼睜睜看她一天天離我而去。我跪求老天，讓美娥渡過這次難關，我願讓我的五年生命換取她的五年。

七月四日　星期二

昨夜美娥情況在預料之中，不能坐，睡眠不正常，呼吸急迫，迷糊中不知呢喃什麼，偶而會大聲高喊。

餵藥或給水美娥喝，她極辛苦，手抖不已，仍堅持用手自己拿，往往吸管對不準口，看了心痛，我急轉頭掉淚。

七月五日　星期三

一夜擔心美娥，台大護士來電話，說有情況，立刻去急診處。

給正兒電話，告以美娥病況，士瑜說已訂機票中。

榮林電話，已經好久沒聽到他聲音，他在電話中問：「在家裡？」「好不好？」

七月六日

昨夜十時許，美娥情況不妙，囈語太多，棄枕頭斜躺床上，氣喘聲和氧氣機聲兩相和吼，目睹耳聞，心痛心急，除了老天，我無助無語，我跪在門口，面對天空，叩求老天，用我的五年生命換取美娥的五年生命。今晚我怕美娥病情會有惡化，自己先著裝整齊，陪睡她身邊，真的昨夜情況又現，呼吸越來越急迫，我立刻一方面打 119，一方面湊耳告訴美娥，我們要去急診處，不要緊張，119 有氧氣有擔架，一方面檢視家

中水電開關等,把大門打開,119 很棒,十分鐘左右,兩壯漢入,推入亦床亦椅的擔架,及氧氣等,被引至臥室,兩位熟練動作,以蓋被充作包袋,將美娥移至擔架,推進電梯,出梯後,椅放平爲床,我隨而上車,路途在鳴聲中不到七分鐘,即到台大急診處,有人有床在門口等候,有志工囑我去辦手續,辦妥後被告知美娥已在 C06 室急救中,是尿道感染發炎,注射抗生素,說要住院觀察,主治大夫連 x 菁說,我可能要簽具「放棄急救同意書」,我電話胡正,決定物理性急救不必,藥物急救至最後關頭。

待病床轉至 A05 ,美娥穩定後,電話通知美華、建興等。

美娥晚高溫三十八度,醫師開藥 Paramol 500mg/tab。

七月七日

一夜和阿南在病床旁陪伴美娥,一夜緊張,兩眼注視儀表板,數字和圖線的升降或暗顯,扣我心弦,老天,終於平安。

我看病歷上寫著 Dyspnea for two days。

世益夫婦來。榮林先電話後人來。

正兒電話,長榮班機,星期天夜到台北。此時回來,正好給美娥打氣。晚八至十時,我回家取物、洗澡,回到病床時,美華已回家,我和阿南守在床邊。

七月八日　天熱　38℃

人的生命是如此神奇,如此複雜,更是如此脆弱!現在我正在面臨一個即將消失的生命,這一個生命是我的妻,和我相伴相隨近半個世紀的妻。我心如裂!叫我如何啓齒和她談到她名下存款的事,－－麗珍已多次和我提到這件事。

這幾天特熱,宜蘭今天 38.8℃,說是歷史新高。我好像感冒了,因爲醫院冷氣太冷,和外面溫度相差太多,我猛喝水,千萬千萬這時候不能感冒。此時我沒有權利生病。

榮林十點十分來，送奶粉來，美娥剛睡，他要叫醒她，被我阻止，他的意思，似乎有了來的記錄，遠比關心她的程度來得重要。他每次都對我說，一定要讓她吃飽，要醫治她好，他當然好意，使我不知如何應對。

中午一時區公所送來美娥的身分證。

下午美娥由急診 A05 遷至 W5107-2，該西五棟我們已住過二樓三樓，這一次住一樓，第二次是六月八至三十日。

晚九時回家睡覺。

七月九日

早上七時去醫院，大雨驟至。美娥穩定。

士瑜十一時電話，說胡正已上飛機。

中飯是建興送來，他要餵美娥，可是她熟睡了，昨晚是麗珍餵的，他夫妻對美娥大姐的關心，親情感人。我除了感謝還是感謝。

榮林來，美娥在睡中。這兩天美娥嗜睡，是藥效或副作用，喘在熟睡中看來稍緩。老天啊，請你保佑她，我會做見證，賜她五年壽命，用我的五年給她。讓她在抗癌過程中，與癌共生。

晚十一時許，正兒到家，我在等著。兩人相對痛苦更增，我告以他母親的病情。

七月十日

一早我父子同去病房，都強忍眼淚。

正兒一天在病房陪他母親。

令人焦慮、痛苦。對麗珍提及美娥存款事，我無法啟齒，我想一切依法辦理，頂多小有損失。

七月十一日

當我父子面，林和鄭兩位醫師說明美娥病情，等感染稍好，打一種極具殺傷力的 Avastin 針劑，所謂殺傷力，細胞不拘好壞，都在殺傷範圍之

內，自費每劑萬八，我父子當然同意。林又說，可能要替美娥準備安寧病房，顧名思義，我父子黯然。

正兒的亦師亦友 Rasheed 要調尼泊爾，已在打包中，說要來台北看美娥，在洽訂機票。

七月十二日

美娥輸血，擔心有百分之一機率的反應，那就是出血，甚至喀血，老天保佑，美娥沒有。

永馨上午電話，下午來看美娥。想必是 Rasheed 要她來的。永馨是 Rasheed 的前妻。

七月十三日

南宋朱敦儒有《西江月》：

日日深杯酒滿，朝朝小圃花開，自歌自舞自開懷，且喜無拘無礙，青史幾番春夢，紅樓多少奇才，不需計較更安排，領取而今現在。

好美好開拓的心境！此時此情，我做不到。

建興夫婦要我注意美娥的存摺和定存，因為萬一有了事故，所有存款即使取得，也是損失太大，而且手續麻煩。麗珍送來扣繳憑單，有的我知道，有的我毫無所悉。我儘量找資料，一切交由老天安排，是我的跑不掉，不是我的不強求。

正兒昨夜回來。

正兒陪美娥，開始再僱陳少雲做晚班的護理，但是今天第一天，加上美娥第二種 Saline 第二次的化療，另加 Avastin，我不放心，在病房走廊上躺在輪椅上。清晨三時許我去辦公室，六時回家，六時半叫醒正兒，七時同去病房。

七月十四日

晨五點去辦公室。

七時半回病房，美娥虛弱，抗生素停止，下午抽水 120cc ，連帶抽血五百 cc，因而作第二次輸血。

榮林和太太月華來，月華是第一次來。

正兒早上在家打掃，美娥今天又抽水 140cc 付陳少雲 1200+250（車馬費），她是每天付錢，我不介意，在感覺上好像太生意了。

永馨下午來，說 Rasheed 晚上到台北，到家十點多，彼時我們正好在家。我是七點多去郵政醫院看我的心臟病。

我睡我臥室，正兒把床讓給 Rasheed ，自己睡沙發。

七月十五日

五點半起床，準備三人早點，我先去病房。他二人約十點也去。

陳少雲五十許，力氣不足以扶起美娥的大腿和腰部，讓她便溺，美娥兩股要吃苦了。我告訴她要用巧力。

又抽水 120cc，美娥直喊吃不消，人太虛弱，全身不對勁，可又說不上哪兒不舒服，我給她做兩腿踹自行車的動作，讓她有運動，她勉強在做，兩腿瘦得好可憐，觸覺在我手，痛在我心。

午餐我和正兒、Rasheed 同去極品軒解決，這是我半年來第一次上館子。正兒六時許去機場，九點多的長榮回舊金山。我和永馨、Rasheed 一道回家，Rasheed 再送永馨走。

七月十六日

晨六時半開車送 Rasheed 去巴士車站，看他推箱子進車站，人生真的是分離和再見的重複又重複而已。

美娥肺部又一次抽水，那種早晚必打的針暫停。

正兒中午電話，已到舊金山。

七月十七日

美娥今天被扶了坐起來，這是好現象，是她自己要求的，雖僅幾分鐘，

給我鼓勵不小，希望每天進步一點，這個月內能坐上輪椅，在走廊上推著也不錯。

永馨電話，說忙，不能來醫院。

正兒電話，我正走在衡陽路和重慶南路的交叉口，他講的要注意事項，我和看護們都在做。他也是著急萬狀。

七月十八日　　星期二

美娥今天又抽水，100cc。水抽得越來越少，正常現象，林醫師說，明後天要給美娥做一個栓子，讓水不再輕易進入肺部。

晚上去了辦公室再回家。

七月十九日　　星期三　　晴　　36℃

美娥又抽水，80cc，明天要化療。祈求上帝，這次讓美娥過關，慢慢好轉好起來。

發覺一個好地方可以買到菜飯，就是三民書店的對面巷子裡，那兒有一家現做的路邊館子。明天可以再去。

正兒電話，探詢病情。

七月二十日　　星期四　　晴　　36℃

林育麟醫師老調：恢復正常，要美娥周末出院，為何不等真正正常了，再出院？

小秋晚上來探病。

美娥情形好轉，明天 Taxotere 化療繼續，加 Avastin ，但願反應不要那麼兇。

七月二十一日

美娥上午化療，是這個月的第三次，也是第三種的用藥，都是另加一種叫做 Avastin，自費 18000 一次。上一次 Gemzar 以及首次的口服 Iressa

都是藥廠免費提供，病患都成了白老鼠，對美娥卻無效，延誤時間，奈何！

美娥又被肺部抽水 80cc，抽水閥拔掉了，鄭醫師說短時間內不會再抽，拔掉了人應該舒服點。

晚上在美娥衣櫃中尋單據，無所獲。

七月二十二日　星期六

美娥早餐時情形特別好，吃得多，而且自動。可是晚餐卻不好，少又不想吃。直說胸口難過，新醫師量了心電圖，正常，給她服了舌壓片，稍為好一些。下午美娥對我說，晚上我不在她身邊，她好寂寞，勸她不要多想，夜裡如果太想我，就關照陳少雲把我叫來好了。我說我會把電話放在枕頭旁邊。

下午去沅陵街買了三套美娥的睡衣，自己的也買了一套。

七月二十三日　星期日　25℃

今天美娥終於坐到輪椅上，在走廊上被推著兩個來回，而且還坐在馬桶上小便。這是自六月初以來的第一次，希望明後天更有進步。

媛妹電話，昨天她打到家裡留話，她問有無人去北京，她有東西要捎給二嫂美娥。

晚上美華七點多一點來醫院，要我早點回家，我則來到辦公室做了點事。

七月二十四日　星期一

林醫師說美娥的病不樂觀，答應我們暫時仍舊住院。阿南聽說有種新藥或有希望，每針七萬元，我說沒關係，七十萬也要試試，叫她跟鄭醫師講講看。

七月二十五日　星期二

美娥今天情況很不好，喘得厲害，林醫師舊話重提，要我在意願書上簽

字，以備在惡劣情況下據以使用。麗珍也來，竟提到要美華替大姐準備最後著裝的衣服，還有問我如何準備，我說由她和建興代為洽辦好了。原則上不對外告知，僅以家人等知道即可。至於放置何處，我意放在家中即可，她們認為還以選擇妥善地方為妥，我問正兒，他意以母親的娘家人意見為意見。

我今天哭得太多，竟當著麗珍面，因為她提到美娥的後事等，我實在無法控制。

七月二十六日　星期三

我決定另外用醫師建議但不認為有效的口服藥，一天服一粒，三千元一粒，我以為只要有萬分之一的可能有效，即使醫師認為是浪費，我堅持用，明天開始。

今天美娥稍為好轉。

七月二十七日　星期四

美娥口服了昨天決定的用藥，藥名是 Tarceva 150（學名 Erlotinib），也許是反應關係，美娥下午又是喘，鄭醫師立刻處理了，稍好。

正兒在德國，電話告以情況。

星海來看美娥，這是朋友未經同意硬闖來看的第一人，伴手是一箱倍力健，太重了。

榮林來，正碰上鄭醫師在看病，匆忙忙他又走了。

七月二十八日　星期五

報載大陸有抗癌新藥，名叫「恩度」，臨床方面，中國醫學科學院腫瘤醫院聯合全大陸二十五家臨床醫院，進行五百例大規模臨床實驗，結果療效確切，無耐藥性、副作用很小，能延長患者的生存時間。我告訴了林醫師，他笑笑，沒表示意見。

今天美娥病情穩定，但不知能穩定幾時。

七月二十九日　星期六
中晚兩餐都是建興夫婦送來病房。
一連兩晚去辦公室，獨坐靜思。

七月三十日　星期日
昨晚遲睡，今晨沒去打球，練了毛筆字。
化療醫藥費，肺癌最貴，平均每年門診化療費每患者是九萬一千多元，如果用了健保不給付，則另外計算。而癌症已連續 23 年高居國人十大死因首位；世界主要國家的癌症死亡率逐年下降，唯獨台灣自 1990 年起，逐年卻在攀升，目前平均每十四分又七秒，就有一位患者產生。花費最少的是肝癌。
美娥今天又不太好，應是 Tarceva 的反應罷。
晚麗珍電話，問是否用藥太強，她中午來時看美娥情況不太好，我明天問醫師看看。

七月三十一日　星期一　　　　　35℃
美娥情況比昨天好，問林、鄭兩位醫師，回答美娥的情況是正常情況。我在網上看 Tarceva，沒什麼特殊，是治癌用藥，口服。正兒來電話，士瑜聽說我說這個藥，也說她知道，沒錯。正兒說昨天打我電話，一直打不通，最近我老是糊糊塗塗的，大概隨手關了機。他們下月七號晚回台北，等到開學，孩子們便沒時間來看奶奶了。兒子媳婦孫子孫女一道來，讓美娥高興高興也好。
永馨來看美娥。榮林來。

八月一日　星期二　晴
榮林來。永馨來。正兒電話，七號全家四口回來，待十天，說要和建興夫妻談談。在他眼中，我已老了，老得不能辦任何事了，是體貼！也是一種愛心表現罷！

住院醫師鄭傑隆他調，換來醫師梁勝鎧。

八月二日　星期三

意外！阿南的先生又被送急診處，因而她整天沒來。我累壞了，希望明天她會來。

林醫師又提出院事，同時要為美娥申請外勞。

八月三日　星期四

美娥今天注射 Rinderon（類固醇），再打 Tavastin x 2，說每兩周打一次，停打 Taxoere，口服 Tarceva 繼續。七月以來的化療的次序是：

　　　Taxotere + Avastin 7/3, 7/13, 7/21, 7/27

　　　Rinderon + Avastin x 2　8/3

　　　口服 Tarceva 7/27 - 8/3 每日一顆

林醫師說，美娥體弱會持續下去，除非奇蹟，很難撐下去。我堅持，只要不太痛苦，能維生一天就維生一天，不計金錢支出。還有出院問題，如因健保使院方為難，我建議全部自費也可以。他說他知道我們的實際困難，既然我出此言，他會考慮。他和我這次對話，美華在旁聽到。

八月四日　星期五

美娥好一點，可以說話了，神智也清醒些。

和美華、建興夫婦同去中山北路懷慈老人養護所，是林醫師介紹的，公寓房子，四樓，一看就不可能，因為沒有電梯，用一個像雙輪鐵坐的車子當人車用，美娥即使好好的，一個人也不敢坐，我們禮貌性坐一坐，告辭了。再去萬華醫院，倒是不錯的所在，

二人一間，格式和台大的差不多，但是病房沒空。我考慮再三，不能忽然把美娥放在一個陌生的環境裡，我決定要回家就回家好了。多準備一些應該有的東西：像醫院用的病床、氣墊、輪椅、氧氣等，最重要的是回診用的交通工具。

美娥已經知道非回家不可，忙問誰陪她回家，我說當然是我，還有伺候她的阿南。我強調，我一定一直陪她，永遠陪她。

八月五日　星期六

今天一天解決了回家要用東西的問題，輪椅是有了的，氣墊今天下午開始用，床及氧氣在回家的頭一天送到家，交通工具也經電話接洽好。告訴美娥，要她安心養病，不要再為我們設想。

八月六日　星期日

麗珍建議送某醫師紅包，六千元，我意要送就送五萬，這是險招，但值得一送，另外寫了封短信，請他不要催美娥回家，繼續住院。

整理「用藥記錄」，兒、媳回來了，給他們參考。

看到美娥在煎熬，我也在煎熬；日子過得分分秒秒，難過。

信的內容如下：

某醫師：

　　我請求您答應讓我內人胡楊美娥（病歷 0505907）繼續在病房醫治，因為她好比一灘和了水的麵粉，無法坐起，無法直挺。回到家裡，除了她只有我這麼一個老人，即使請了位女士幫忙，也是無濟於事。

　　您已再三告訴我們，內人只是時間問題，藥物只能延長時日，可是一想到在延長時日的過程中，如因人為的照顧不周，必成為摧毀生命的劊子手。那將是何等殘忍何等不安的事！近半年來，在您領導下的醫護團隊，內人受益不少，我以家屬的身分，得以日夜觀察、體驗，感佩至深，來日適時自當翔實報導，讓社會大眾對台大之所以是台大有更進一步認識。

　　某醫師，我卑微地以一個無助老人的身分請求您，讓我內人繼續留在病房醫治，求求您！求求您！

　　敬祝　快樂！

　　老人　胡子丹　敬啟 2006/08/07

八月七日　星期一

美娥今天又喘。我一早到醫院，向鄰室那位也是病患住院連續三個月的先生，問他能否送紅包，他說千萬不可也行不通，何況台大此時正是緊張時刻。我立刻把五萬元從信封裡抽出來，某醫師離開我們病房時，我急忙跟了出去，送他一本雜誌，把昨天寫好的信夾在裡面，強調不能讓尚不能坐起來的病患出院。

某醫師去而復返，笑著對我說，出院事暫時不必了，等幾天再說。

今天要給美娥插鼻胃管，以便餵食，因為她已一連兩天不能飲食，嘴鼻外部因為服用 Tarceva，全破皮受傷，美娥不肯而作罷。看她掙扎求生的痛苦努力，我心痛，揪心之痛，為何不能替她？老天！

吳忠勳夫婦來看美娥。

正兒晚九時許電話，說已到中正機場，十一時許四人全到病床前，孫子孫女喊奶奶，美娥的鼻嘴被呼吸器擋住了，只以遲滯的眼神回應，未能出聲。正兒等先回家，稍後再來陪伴。美華也走，阿南今天請假，說是拜拜去。留下請來護理陳少雲和正兒留宿

醫院。士瑜和瑞中瑞琪去娘家睡。

我離醫院來辦公室靜思，補寫日記。

八月八日　星期二

爸爸節，是正兒提醒了我，中午，我二人兩個父親在新樓地下室用餐，他埋單。

美娥整天只能應聲不能說話，經過醫師、護士，和我們的勸說，為了要活命，必須飲食，為了能飲能食，則必須插管，她同意了。痛苦而不能掙扎，掙扎也無法抗拒，好殘忍的勸說，我是她最親愛的人，成了最野蠻的插管幫手，是我緊扣她的雙手，是我下的最大最後的決定。人間殘忍莫過於此！好恨自己！

插好管，也只是餵了一罐倍力健，陳和我各餵一半，上午八時和十一時半。到了中午時分，梁林二醫師告訴我，大約尚有三到五小時的生命跡

象。我已同意不作任何物理性的急救，儘量讓美娥平安地走，昏沉沉，迷糊糊地，慢慢漸漸離開人間，進入另一世界。早晨，聽她斷續和我講：早點叫她，要在 morning call 前叫她。這是我們旅遊時，每晚常對我關照的話，太好了，她以爲我們在旅遊，我忙答應，好，我會早半小時叫妳。其實這也真是旅遊，是人生的終站，另一人生的開始。我對她耳語：「下一站妳先去，把東西收拾好，我不久就來，好比上次妳在東京時，我趕來和妳會合，和妳同房的那位太太對我說，妳太太老是念著你，怕你找不到，自言自語說，找不到怎麼辦？我說，不會啦，一定找得到。那年頭尚無手機可用，好不方便。我又對她耳語，到了另一站，想我時，就 call 我，我也會 call 妳。她不再出聲了，似乎放下心來，也許真以爲我們是在旅程中，其實，我們不是真的在旅程中？

下午二時許，插管拔掉，我要求醫師讓美娥走得平和，讓她暈暈沉沉，醫師建議注射少許嗎啡，留下百分百的氧氣管，讓氧氣注入力量，牽動美娥的面龐的悸動，以及嘴唇的張合。我湊近她耳邊呼喚，漸漸少了反應，我不敢片刻離開。九時許，囑美華、建興、阿南等回家休息，我和正兒留下，我陪妻，他陪媽媽，士瑜及瑞中瑞琪留在程家。陳少雲應來而沒來。

八月九日　星期三

昨晚十點多開始，我和美娥的手，都是右手，互執互貼，我頭依在她床欄上，時時注視她，也看讀儀表板的數字，血壓漸低，心跳頻率也開始滯緩，我頭起頭落，美娥的嘴唇微張微合，神情毫無痛苦狀，我知道這是嗎啡作用。在一次我頭落下時，忽地感覺到她的手鬆了下來，急忙抬頭看她，安詳熟睡，再看儀表，數字全無，伸手探她鼻唇間，了無氣息，看時間是零點十分，我推動正兒的身子，邊說，媽媽走了，邊跑去護理站，兩名護士和值班醫生，跟我來到美娥身邊，觸摸鼻息，電棒亮射雙眼，取下儀表上的紙條，宣佈說，八月九日零點八分已往生。此時正兒已和建興、美華連絡，也告知士瑜；我隨即和阿南連絡，因爲她是美娥

最後兩個月最為貼身的人，換衣擦身等最是最佳的搭配。兩位護士以熟練動作，為美娥做了最完善的最後一次周身清理，十餘分鐘後，被通知的人全到，開始為美娥換衣淨身等。此時，太平間的人也來，由我、正兒，和美華伴送美娥去太平間。我難以克制，高一腳低一腳，一程又一程，隨著美娥的床走，由舊棟去新棟，平時美娥也被床架走過這路，不過每次都是睜開眼被推著走，有時還是坐輪椅，這次不僅閉眼，而且被布幔蓋了全身，也不會關照說慢一點慢一點。一路上我也迷糊，醉酒般、灑淚，跟跟蹌蹌，跟往太平間。

沒幾分鐘，葬儀公司高朝文先生來，發現美娥的嘴微張，認為不妥，囑我予以扶正；阿南來，用輪椅推了病房中的我們東西，說先放在建興的車子上。美娥和我、正兒，加上高先生，由另一人開車，前往辛亥路的第二殯儀館，推入凍房，暫厝 460 號，俟我們拜別後，我們跟著高先生去設置牌位，已經寫好了牌位是：

　　顯妣閨名美娥胡媽媽楊氏靈帛

靈堂處已有數百牌位，香煙繚繞，佛經盈耳，不悲也悲，不哭也哭，我強自忍耐，終於難支，差點昏倒，胸口陣痛，我立刻暗暗取出「耐絞寧」，放入舌下，稍停幾分鐘，萬幸撐住了，硬是撐到四點多，回家立刻倒下床休息。

約八時許，再去看骨灰罈，由美華選色決定，大理石的 25,000，罈上除了鐫刻相片外，還刻有如下字樣：

　　中：顯妣胡母美娥楊夫人之靈骨
　　左：生於民國二十五年正月初四日吉時，歿於民國九五年七月十六
　　　　日子時
　　右：子孫永遠奉祀
　　上：安徽蕪湖

再去兩處靈骨塔，由正兒決定了慈恩堂生命紀念館的兩個單位（夫妻檔），夫左妻右。

　　售價 350,000 元，產權二十年屬於正兒，如果沒什麼變動，我大去

後的骨灰，是確定放在這兒了。如此快的決定，如此快的安排，也好。
天長地久都陪著美娥罷，不僅白首偕老，而且骨灰相伴。

這也是我對美娥不捨的決定罷！

我和美娥初識時的合照
1961 年在台北市新公園

我和美娥的最後一張合照
2005 年 8 月 8 日在洛杉磯

我和美娥於 1962 年 9 月 16 日
在台北市結婚

我妻美娥的最後遺容

第六三章　世間無完人
—悼念劉紹唐先生逝世四周年

■本文刊《傳記文學》第 84 卷第 2 期

　　如果世界上只有三個人：卜少夫和劉紹唐，加上一個我，而我被限制著只能交一個朋友的話，我交卜二哥（卜排行二，「卜二哥」等於是他的諢名之一）。如果在相識千百人中，只容我選擇兩個人作朋友，那卜、劉都是我的上上之選。理由無他：和卜在一起，沒大沒小，自由自在，可以孔夫子，也可以孔乙己；他把《新聞天地》暫擱九霄雲外。劉雖半斤八兩，但往往心有旁騖，即使觥籌交錯，或酣暢咖啡座間，《傳記文學》仍繫心頭。兩位都是性情中人，更是膽識過人；在虛假的人世間，開鑿了兩條真實的路：「傳記」讓死者現形，「新天」給活人攬鏡。

　　認識劉老比認識卜二哥早半年，但是耳聞《新聞天地》和卜少夫其名卻比劉老先，識荊都是三十多年前的事。2000 年的第二個月和倒數第二個月，劉老和卜二哥相繼走人。尤其是卜，自拔氧氣管，揮手而去。「二公希代寶，棄世一何早」，不論識者或不識者，唱歎不已！卜二哥生前輯有《卜少夫這個人》計五集，第一集中我就寫了他一篇，大去後，我在「中國時報」（2000/11/16）再寫一篇。可是我沒有寫過一篇悼念劉老的文章，最大的原因是他選稿太嚴，擔心寫不好會對不起他。還有我看了好多篇悼念他的文章，幾乎都已經把他寫成「完人」。這對劉老以及《傳記文學》奉為圭臬的「世間無完人」正好大相逕庭，也稀釋了斯人斯物的原汁原味；褒乎？貶乎？讚美成了諷刺。我為劉老和「傳記」抱屈，正因為此，決心要寫這篇蕪文。

　　1970 年的五月初，在中國書城第三次籌備會上，我才把《紅色中國的叛徒》的作者真面目，和劉紹唐本尊重疊在一起，早年我曾讀過「紅」書，也一連看過幾期《傳記文學》，因而在開會時除了聆聽主席何凡（即夏承楹）的談話，特別注意到彼時還沒有被尊為「劉老」的劉先生。

最初印象是：一、北方話，沒有北京話的膩，也不似天津嘴那麼油，可謂悅耳動聽；二、小平頭，爲與會人中所僅有；三、兩眼在瘦頰中炯炯有神；四、上衣口袋裡插了兩支筆，跟著身軀晃動而晃動，有隨時捨他而去的衝動。那次會議主要是認購攤位和管理委員會的成立，推選結果：主委何凡、副主委鳳兮（即馮放民），總幹事陳達弘，總務彭誠晃、楊兆青，文書劉宗同（即劉紹唐）；他一聽自己被唱名爲文書，警覺地按一下袋中的筆，認真說：「別看我這兩支筆，就要我幹文書。」話音尚懸空中，在座人早已經鼓噪嘻嘻，他眼見大勢底定，不知爲啥，指定我說，那請胡老弟共同擔任。事後問出原委：「我看你一直盯著我這兩支筆看。」這大概就是我和劉老訂交的開始。其實文書一事，他做得多，我只是把每次的會議記錄整理好，或把別人擬妥的行文、新聞稿等稍加整理後交給他而已。他審稿決稿速度極快，不論在書城哪個旮旯兒，一接到手，兩支筆交叉點劃，腮幫子直嘀咕，紅刪藍加，倚馬可待，毫不含糊，簽上「紹唐」，加註月日，便交總幹事付印發文。主委對他是絕對授權，副主委很少來書城。我現在想起一件事，他並不是如同後來他自己強調，以及好幾篇悼文中提到的，他寫信作文必定年月日全部加註。他可能是登高一呼「寫信必寫年月日」的第一人，但《傳記文學》一開始絕非就是如此。

可以肯定的是，就因爲他在萬千資料中看不到「年月日」齊全，而使他在考據過程中吃足苦頭和徒增若干煩惱，才驚覺「年月日」的重要性；可算後知後覺，並且是「好東西大家分享」的人。我手邊存有一本他親筆簽送我的《紅色中國的叛徒》，扉頁上寫：「一本舊書贈子丹兄存念」，落款是「紹唐敬贈六十七年九月」，沒有寫日。寫年月少了「日」，問題不太，頂多相差三十天；少了月問題比較大，相差的日期是在三百六十四天和二十九天之間的任何不定數（月以三十天計算，年以三百六十五天計算），如果不寫年，那代誌可大條，你必須依據歷史演進事蹟和干支或帝王年號來查證核對才能確定。劉老不是在寫作上一開始就注意到「年月日」，這點非我妄自斷定，因爲我在「紅」書中，除了胡適

博士所寫的「序文」裡，有一處完整的「年月日」，以及美新處對自由
世界讀者之推薦函，外文翻譯本封面說明有註明「年月日」，還有就是
版權頁上的「年月日」外，全書約二十萬字，幾乎極少看到有「年月日」
的；只有在該書第十七頁，我看到有「另一個是 1947 年北大畢業後」
這麼一句，有年，無月日，這是記錄他的一位「同志」的事。

　　劉老自己說過「世間無完人」。如果硬要說是完人，那卜二嫂徐天
白女士生前的名言之一：「你們都是一代完人，紹唐的《傳記文學》，少
夫的《新聞天地》，都是及身而止，不會傳代，沒有第二代。」話說得
悲壯也寫實。這裡的「完人」和我們所認知的「完人」，其意義當然不
同。可是，在悼文中有人硬要把《傳記文學》不兜攬廣告，也作為劉老
之所以被譽為「完人」的美德之一。讚美不實和阿諛相差幾希！《傳記
文學》少有廣告，千真萬確，但絕非沒有廣告。廣告也是經營之一道，
只要有道亦有道即可。劉老自己說過：「絕不利用刊物、利用人情到處
去兜攬廣告；我們只刊一種廣告，就是新書廣告，這等於是免費的，等
於義務刊登。」朋友們因為受了封建的「完人」影響，都擴大此說，斬
釘截鐵：「不招攬廣告」；「摒棄了利用刊物拉交情、攬廣告」。其實非也！
我們就以《傳記文學》創刊號來說，封面內頁全是全版的新力冷氣機械
公司的廣告，封底半頁是招商局廣告，第十五頁下半頁是台灣水泥有限
公司的廣告。第二十四頁四分之一是義勝木材行的廣告，另第三十七頁
和封底內的各占五分之一面積的時代旅運社和奚復一國醫師的廣告。占
封底內半頁的廣告是唯一的書刊廣告，是「文星雜誌」第五十六期的要
目。他的大徒弟吳夢桂從捷運副局長任內榮退後，被師父禮聘主持業
務，說白了極可能也要管管廣告。我提出這兩件事（另一件是「年月
日」），就是提醒我們敬重愛護劉老的朋友們，以後不要再強調這兩件
事。凡事權宜為何不可？辦雜誌不易，尤其是創刊伊始以及初期階段。
劉老以四十年的生命，盡瘁於《傳記文學》，「一人敵一國」的「野史館
館長」，是我們偉大的朋友之一。世間無完人，我們何苦要藉死「完人」
為我們活「自己」臉上貼金。

　　《傳記文學》有「三不」的例規，其中之一是「不刊登筆名、化名文章」，郭冠英兄在「史失求諸野」中洩了底，說劉老刊過他以筆名「高茂辰」寫的文章，得意稱之爲「一文破三不」，其實未必。「三不」是劉老自己訂的，也是他自己破的。據我所知，他自己以筆名「吳中知」在《傳記文學》上至少就刊登過一篇文章，那是第六十五卷第三期「盲人瞎馬聯合國之路」；另以「本社」或「編者」名義，刊載「不容青史盡成灰」及「金錢外交與金錢歷史」（見第六十四卷第二期和第五十九卷第三期），也是劉老自己執筆。

　　在中國書城的前四年，是劉老和我的初期交往。我二人（他是第二，第四屆主任委員，我是第三屆）除了開會時一定見面，每個營業天的晚上，我們也在書城見面。他「傳記」，我「天人」，攤位鄰近，每晚必到的任務是保管當天的收入，和查點必須補全的書。彼時民營出版社不多，書類少，但銷路不惡，書城中的成員，除了公家書店及皇冠外，只有「傳記」有部速霸陸，劉老自己任司機，有時我們在他處有書展時，劉老也樂意讓我們搭他的便車。那年頭是「克難時期」，消夜和餐宴的機率甚少，但是劉老在書城中優游走動，談天說地，或公或私，攤位上小姐們年輕，喊他「主委」太官式，叫「劉先生」顯生疏，「劉老」便恰到好處，老少咸宜；偶爾也聽到大聲喊「老劉」的，但此老劉乃另有其人。我開始隨眾喊他「劉老」，記得有次劉大嫂提出抗議，「你小不了劉先生幾歲，怎麼也喊劉老？」劉老人緣之好，之受人尊敬程度，這在書城那樣「同行冤家」和「唯利是圖」的複雜環境裡，是非常不容易的，劉老曾是兩任主委，也是每一屆的委員之一，在執行書城規章秩序的過程中，白臉黑臉都扮，說理不成，有時也得撂下話來，難免有損於某攤位或某人的利益，此其時，劉老的「縱橫捭闔，折衝樽俎」，牛刀小試，十之八九擺平了委員會認定很難擺平的事。自然而然，他在出版界的人脈關係和聲望，開始了水到渠成，無形中成了「雜書」界的龍頭。很多事和公家書店，甚至和主管官署打交道，也是「閒話一句」。

　　我極爲欣賞劉老的「柔軟」外交：咪咪的笑和猜拳式比劃，他的人

脈關係，如果以年齡來區分話，可分上、中、下三方面，我忝爲他的大老弟（非「大徒弟」）之一，當屬於中。他開始讓我有機會和他常相左右了一段時期，應該是 1972 年開始，中國書城有意向國外發展，最具體最簡便的方式，是參加國際書展，彼時出版事業隸屬於內政部出版事業管理處，處長熊純生、幫辦張明堡和書城裡成員如何凡、鳳兮、林海音、平鑫濤、楊大受、劉紹唐等人都極爲熟稔，執政黨文工會（主任邱創煥）、新聞局（局長丁懋時，副座甘毓龍，出版處首任處長張明堡，繼任張佐爲）等黨政單位，不僅同意，而是推動，要我們自己組團，以民間名義向國際書展申請，政府負擔所有參展的圖書運費，其他完全自理。那年頭，出國難難於上青天。我們欣欣然開會又開會，一開始我們接觸了三個國際書展：新加坡、美國波士頓、西德法蘭克福。有興趣參展的幾乎全是中國書城的成員，這是因爲公家書店一定以教科書爲主，教科書怎麼可能擺到國外去參展，而書城中的出版單位大多是出版所謂「雜書」，正是表現了我「中華民國出版事業」的蓬勃發展。在籌劃期間，劉老、何凡、李潔（正中書局總經理）、張明堡幾位先生傾力支持，以劉老和何凡爲團長、副團長的「中華民國圖書出版界考察團」終於組成，舉凡涉外書信文件，團長和副團長都責成我來處理。萬幸不辱使命，三個國際書展都寄來正式邀請函，歡迎中華民國參加。每次信件往來、交涉，及有關事情的酌斟，劉老和我之間被今人稱之爲「工作飯」的，於焉開始。

　　我因爲「畢業」於綠島的關係，搞出版常會惹上麻煩，1967 年我又成立了國際翻譯社，辦公室在博愛路，劉老時常「路過」，總在接近午餐時分，他知道我多年的午餐一向在附近就地解決，他來了有時說幾句話（不像是「交代」口吻）就走，說另有應酬，有時邀我去中山堂對面一家地下室的城中西餐廳，我心知肚明，一定有事要交代，談的幾乎全是書城、書展，以及準備成立「中華民國圖書出版事業協會」的事。每次分手時總不忘說，這事你辛苦點，你不具名，不礙事，我讓張明堡、李潔出面來爭取。他知道警總找我麻煩，彼時他在國民黨黨部雖然還掛

了個名，終究是名「反共義士」，再說，他的雜誌也夠他忙的，不懂忙
業務，最重要的是忙稿源，稿子要有分量，執筆人當然以享有知名度者
爲佳。《傳記文學》自總號 001 至 307 號，除去「特輯」、「紀念專號」
或「周年」等少數幾期，作者的大名都是刊在封面上的，以廣招徠，例
如創刊號的名單：毛子水，沈剛伯、吳湘湘、吳延環、李樸生、浦薛鳳、
秦德純、張秀亞、陶希聖、梁寒操、鄒文海、蔣復璁、劉崇鋐、戴君仁、
蘇雪林等，無一不是響噹噹人物。我因爲看了「稿約」中有「歡迎任何
讀者賜寄大作」，而且在十多期的作品中，尙不見一篇記載有關海軍的
稿，所以在尙未結識劉老之前，也曾向《傳記文學》投了一篇「我在海
軍中的一段日子」，不被採用是意料中事，因爲所描述的只是個人受訓
的瑣碎。記不得是某年某月哪一天，反正是在投稿後的好幾年，劉老主
動和我談起稿源的困難，來稿不一定適用，約來的稿有時也不理想，最
最困擾的是「大人物」交託的稿，登與不登都有預知的麻煩；涉左牽右，
左右爲難；說東道西，不成東西。尤其是在戒嚴時期，他的人脈雖廣，
活動力強，爲了找資料查證據實，他常跑香港，大批搜購有關書刊，央
請立委張翰書和也是立委的卜二哥等人帶回台北，考訂確鑿，引入文章
後，言人人殊，因而惹來麻煩不少，受了多次折磨、質疑，撮鹽入火，
處處掣肘，竹無心豈料節外生枝，藕有孔居然穴內尋泥。使他時有軟弱、
躑躅，但心療復健極快，多次自嘲：「你要求全，就一定要受些委曲。」
有些人仍然習慣於讓少數當權者的歷史糾葛，來抹殺客觀存在的既有事
實。社會大眾以及萬千讀者，經常看到劉老和「傳記」風光熱鬧的一面，
哪知他內心滴血，也時有「波濤洶湧」的難自在。有天他提到一位寫了
篇去英國學雷達的文章，作者叫梅汝琅，問我認識不認識？我說梅乃空
軍前輩，僅聞其名，因爲劉老知道我在海軍是學通訊，雷達和聲納是必
修學科，故有此一問。要我也寫一篇在軍中的文章，我具實以答，曾有
一稿，投而未中，他要我重新寫過。不久，在第二十八卷第五期中，這
兩篇文章都被刊登出來，可算是《傳記文學》刊載有關我國空軍和海軍
事蹟的濫觴。稍後有篇趙璵寫的有關海軍文章，我記不清，是「傳記」

轉載自紐約張澤生兄主編的「海俊通訊」，還是「海俊」轉載自「傳記」；劉老拿給我看，文筆上乘，內容翔實。同時得知，張、趙二人原是海軍官校三十九年班同學，澤生兄和我則曾先後服役於同一艘「永昌」號軍艦。而趙璵的文章，後來便常在「傳記」上看到了。

我投稿「傳記文學」都是郵寄編輯部，而且好幾篇都是劉老關照我寫的，印象深刻的有「甘於寂寞的陳之邁先生」、「老店新開更上層樓」、「苦學有成余阿勳」、「楊逵綠島十二年」等，寫陳之邁是因為我們同時在羅馬會見陳大使的，報導「老店」是為「傳記」喬遷新廈而作；有趣的是，斯時我和文中的沈雲龍教授不熟，其中描述沈教授那段文字：

> 滿頭銀髮但具有新式髮型的史學家、《傳記文學》編輯顧問沈雲龍教授最早到會，一直神采奕奕地幫著主人招呼各方好友，十八年來他一直為《傳記文學》撰稿，前幾年的「人物專題座談會」，可以說是無會不與，而近年來的「民國史實與人物專欄」更是「獨挑大樑」，沈老眼見《傳記文學》的發展與成就，今天又眼見喬遷到這美崙美煥的辦公大廈，《傳記文學》確給他莫大的欣慰，也分享了今天的歡樂，難怪他連聲說：「『傳記文學』了不起！紹唐兄更是了一起！」

是劉老自己捉刀要我加進去的，特別叮嚀：「至死不能洩密」，現在兩老都已作古，我亦老，但尚未「至死」，為文不能掠美，現在說出來無妨。余阿勳兄和文壇先進楊逵先生於 1983、1985 年相繼去世後，我在「中國時報」寫「阿勳再見」(1983/12/12)，以及在「自立晚報」寫「楊逵的長跑精神」（1985/11/7），劉老見報後，兩次都問，為什麼不給「傳記」，「我怕你不用」，我老實說了，他瞇瞇眼，要我再寫一篇，兩篇都用了。有篇稿子我自投羅網：「我在國際翻譯社三十年」，這是因為我看到何景賢兄寫了篇關於他主持的「台北語文學院」（後改名為「中華語文學院」）文章，曾在「傳記」發表。兩稿性質類似，一段創業和守成的紀錄，也是台灣文化現象中的兩個景點，我的被退稿了，來了他親筆短箋：「文太長，給『新天』罷！」纏腳布五千多字，《新聞天地》第二三九九期一次刊完。這件事我終究歉意良深，因為那時段，我尚是

《新聞天地》台北特派員，雖無寫稿不得外投約束，但是，拿「傳記」的退稿給「新天」用，心裡總是疙瘩。

提起和劉老的寫稿關係，稿不多，妙事倒有一椿。我在「新天」寫過一陣子「每周評論」、「我去大陸探親」、「今日台北」等專欄，1989年二月的最後一個深夜，和卜二哥在第二攤酒後，他要我以筆名寫「綠島」，約定四月份開始連載，每週一篇，三十六期刊完，篇名「我在綠島三二一二天」。1990年出版了單行本，約二十萬字，銷路不惡，三年後坊間已經很難找到。有次劉老主動談到此書，我說不打算再版，但有意縮成一短篇，解嚴已久，時空不同，「世上如儂有幾人？萬頃波中得自由」。我要把書中人物換成真姓實名，作者的名字就叫胡子丹。劉老顯然高智商，聽我說話至此，舉杯而曰：「畢竟還是一碗冷飯」，打斷了我要寄去「傳記」的想法。這篇文章因而暫時擱淺腦海，潮起潮落，醞釀發酵，終於心動手癢，初稿竟有一萬五千多字，先後投寄兩家日報和晚報，均蒙「來稿過長未能刊用為歉」退回。雖動了一下《中外雜誌》的念頭，遲疑未寄。直到2000年劉老過世後，我參加了在亞都飯店由卜二哥主持的治喪籌備會，群賢畢至，大雅當前，劉老生前是最愛熱鬧、最會製造高潮、最有人緣的人，徒弟們都是當今社會上最有活力的菁英，其殯儀風光旖旎，當非常人所及。果不其然，二月中旬左右的各大報刊和雜誌，無不以悼念劉老和回顧《傳記文學》種種為主要報導，其他媒體亦然。我欲趁勢插腳，一怕擠不進去，二想我能說些什麼呢！已被所有文章的總和編織成「完人」的劉老，我還能寫什麼「完人」事蹟呢！除了去劉府靈堂對劉老遺容鞠躬行禮，向劉大嫂說聲「節哀」外，我啥事沒做。隔了好幾個月，「中國時報」舉辦「第一屆劉紹唐傳記文學獎」，讓我想起了被我冰藏已久的那篇文章，不妨拿出來重寫一試，參加劉老名諱的傳記徵文，就是最好方式的紀念劉老；浮雲別後，獨自登樓，能不能發表是另一回事，盡心抒情而已。規定六千字，削足適履，落帆過橋，有的整段不用，專挑贅字廢詞開刀。紅藍筆時代早已沒落，幸虧使用電腦，計算字數極易，只須滑鼠、按鍵就行。於是，改了又改，

算了再算，連題目「跨世紀的糾葛」和標點符號在內，總共五千九百九十七個字。限時掛號寄出。2000 年九月二十九日發佈評選結果，「跨」文居然入選，而且首名。頒獎台上，當我由劉大嫂手中接過獎牌時，劉大嫂致辭說：「如果紹唐在世，見你得獎，不知道有多高興。」淚眼相對，我無語爲應。上天真會作弄人：劉老健在，怎可能由「中國時報」來辦這次徵文；他自己一定以《傳記文學》名義來辦；果如此，我豈敢縱容自己冒昧，莽撞參與此役，「畢竟還是一碗冷飯」啊！該文十二月一、二兩天刊「中國時報」，紐約「海俊」次月轉載。

1973年10月8日劉紹唐和我在雅典

　　和劉老過從甚密的機緣，莫過於出國「參展與考察」，只要有劉老參加，團長非他莫屬，歐美亞三洲去了不少國家，香港當然是必經之地，除了開會、參展的種種雜務，和駐地的有關單位、出版業、僑界接觸外，劉老的「約稿拜會」每次必有，這是在出國前早經計劃安排的，晚間一得空，電話聯絡妥當，便一人土遁而去。往往有話在先：「我幹的是白天團長，晚上如果沒有應酬，我要單獨行動，晚上的團長我讓胡子丹幹。」大家心照不宣，劉老去拜會約稿，開拓社務，我們一大票人跟著多累贅，他不方便，我們也彆扭。

　　每次參展考察回來台北後，劉老仍然召集團員，宴請有關單位的首長們及公營書店的老闆，席開三桌，他除了逐一把客人和主人們彼此介紹外，事無鉅細，說明該次書展及考察心得，並且也讓主客兩方面知名度較著的人物即席致詞，每次類似餐宴，劉老處理得極爲周延，不斷製造高潮和歡樂，不會冷

書展回國宴客，劉紹唐起立說話，何凡在夾菜，右爲周道濟，左爲胡子丹。

落任何一位主或客，劉老能飲善道，而且適時說出每一位主人或客人的特長與興趣，這就是劉老之所以被稱之為「劉傳記」的原因所在。劉傳記之前及同一時期迄至現在，在台灣有一家享名頗久的「劉仲記」西點麵包店（初以糯米鍋粑著名），雖然此劉為口糧，彼劉為心糧，一字之差，有別顯然，但都極為重要，此時心糧之名已勝過口糧了。後來因為黃郛夫人稱劉老為「野史館館長」，加上唐德剛鄉兄譽劉老是「一人敵一國」，「劉傳記」諢名，因而式微。

劉老很能識人，多年前私下聊天時提過，欣賞三位年輕朋友：李敖、蘇墱基和成文出版社的黃成助。理由是，三人各有所長，是別人學不來的。如今墱基兄已逝，我胡某作證，劉老對你的欣賞是真！雖然你倆師徒間，生前有了小誤會而矜持生疏，至死不曾繼續往來。劉老過世後，墱基兄伉儷曾到劉老靈前，上香致敬。

紀念劉老，當然要提提他的徒弟們，最初為四人：吳夢桂、蘇墱基、江斌玉，和羅國瑛，四位我都熟稔，拜師大典是在 1984 年一月十九日，地點是台北市敦化北路安樂園。劉老自己解釋在台北喊師父，好比在大陸喊「師傅」差不多，見面打招呼而已，比「喂」或「Hi」更套熱呼；代表對劉老的一份尊敬，應該是可以理解的。後來陸續參加的，就非正規軍，成為一種時尚了。一位在香港的中文老師，為「傳記」寫了多篇「民國人物小傳」，對劉老始終以長輩禮之，劉老每次去香港，他都是竟日陪伴，但始終沒有參與徒弟行列中。

劉老有則百說不厭、見人必講的廣告文案：「有位太太每次遇到我就問，你的那個東西怎麼還不出來？害我晚上睡不好，我每天晚上睡前都要看呀！」卜二哥把這則廣告寫在他的文章裡，琢磨修飾得比較文雅。我要請教聽過劉老親口說過這則廣告的萬千朋友，是我錄得真？還是卜二哥寫得真？

劉老這則幽默逗趣的「睡不好」；他在應酬場合「你飲哇哉，我飲哇哉」的口頭禪；以及他有句名言：「一位從事被社會所肯定的同一工作，堅持數十年至死，雖然世無完人，但可算得上是位成功者，也不失

爲是好人。」語重心長，身體力行。劉老，何不輕鬆點，開來一杯，愁來一杯，你執著得太久！太深了！天要下雨，下又如何？不下又如何？

劉紹唐（左）、鄭李足（右二）和胡子丹（右）訪歐期間拜訪陳之邁大使（中）

亞太出版會議時，劉紹唐（左三）、胡子丹（右一）陪外賓參觀中船公司

劉紹唐（右）、張清吉（左）、李振華（左二）和胡子丹（右二）在英國首相官邸門前（習稱唐寧街十號）

第六四章 「卜少夫這個人」
── 敬悼卜少夫先生逝世四周年

■ 本文刊《傳記文學》第 85 卷第 5 期

卜少夫（1909~2000）這個人，是二十世紀中的一位奇人，前無古人。後有來者的可能性，微乎其微。僅舉《卜少夫這個人》一書為證，是可以問鼎金氏紀錄的。

記不清是何年何月，在卜少夫的香港寓所

卜少夫這個人，除了晚節不保，黃袍加身，兼差幹了兩任國民黨時代的立法委員（1981~1987），終其一生是名新聞記者。他的著作當然等身，可是與眾不同的是，其中有一部書凡五冊，生前出版四冊，死後再有一冊，書名統統是《卜少夫這個人》，除了在第五冊中因附有悼文，作者不乏有重複者外，精確統計，執筆人應有四百四十五位。比起曹雪芹筆下《紅樓夢》裡的人物男女計四百六十六人，僅遜二十一名。寫文章的人都知道，一人寫小說中人物易，可虛擬、可杜撰，亦可影射；而眾人寫一人則難，寫一活生生的人尤難。《紅》書是故事，全是假託的，書裡的人物、情節是不可盡信為真的。而「這個人」就在眼前，活蹦鮮跳的，寫法各逞妙筆有異，素材和對象卻「卜」一人是尊。假不得，連想當然耳都不可以。有趣的是，《卜少夫這個人》中，以「卜少夫這個人」為題的，竟多達三十一篇。細看作者群的組合，更是包羅萬象，公卿將相、販夫走卒、牛鬼蛇神，各行各業、男女老幼，應有盡有。千奇百怪中最奇怪的是，有位作者是素不想識的八十一歲的「不名老人」。他說「我不認識卜少夫這個人，但曉得卜少夫這個人」，「他是神，神之又神之神，亦即莊老夫子所說的『神之又神而能精焉』的那種神。」

《卜少夫這個人》，除了第五冊中有十七篇文稿為悼念文字，是在

卜少夫過世後爲十七位親友所寫，其餘在一至五冊中的約有四百多篇文章，皆爲卜少夫生前親函邀稿而成。第一次函約是在 1978 年九月一日，有如此的挑逗潑辣：「請你寫篇『關於卜少夫』，真率地、無顧忌地、無保留地、沒有半點虛僞客套地，痛痛快快地寫出你的印象來。」「通常朋友中如有一方死亡，另一方會寫文悼念、追思，這樣做，對生者好像有了交代，但對死者幾乎等於毫無意義，因爲死者不能再讀這些文章，也無從領情；所以我要求朋友們與其等我死後來寫，不如在我生前來寫，不論是罵我或捧我，好讓我在以後歲月中，多一點『自知之明』」。這封信付郵後，有了動靜，但不如預期熱烈，他明裡忍了，未動聲色，暗地有了埋怨。有次他和我同階站尿，抖擻抖擻，怪不順暢，不知怎地，提到了這檔子事，他三字經出了口，嘀咕起來：「他媽的，還差不少篇，請人寫文章，比湊飯局還難。」「當然不順暢，你已是七旬老人，捧你肉麻，損你何必，很難爲人的！」他瞪我一眼，沒言語。隔一天的五月二十九日，他發出通牒，除了輸情送義，更有承諾。「凡塵中打滾，終難超脫的。」「我決定做兩件事：一、在港台兩地舉辦一次『卜少夫生涯展覽』；二、出版兩本書，一本請我的朋友們寫，書名暫定《卜少夫這個人》，一本由我自己寫，寫我的一生，《如此這般一生》。前一本預計九月前一定可以出版。」這封信沒有明白催稿，實際上是在等稿。再一年，那是 1980 年的六月，由出版界小巨人沈登恩主持的遠景出版社出版的。去頭「此書之由來」（卜少夫撰）、掐尾「『不誤正業』的卜二哥」（劉紹唐撰），計一百零六篇，其中詩詞十五篇，作者也一百零六位。全書洋洋灑灑三十二萬七千四百二十三字。乖乖隆地咚！加上第二至第五冊計八百八十二頁，每頁九百字，總字數竟有一百一十萬字以上，比起司馬遷的《史記》，約有一倍之多。而《卜少夫這個人》乃是羅漢寫觀音，眾志成城，多氣呵成。古今中外，除了特殊政治人物，恐怕鮮少人有卜少夫其人的魔力之大。舉一小例在下我來說，逐囚綠島被認作政治犯期間，就不知奉命寫「蔣公」，寫了多少篇，歌而頌之，畏而敬之，東抄西抄，豐功偉績的犖犖大者，當然被灌輸得倒背如流：東征北伐剿

匪抗戰、毋忘在莒反共抗俄等等。聆其名諱必立正，書寫要空格，說句
大不敬的話，貌恭而不心服，身受其害實在是痛心疾首。「蔣公」不是
人是神，卜少夫是人不是神。《卜少夫這個人》全是人講人話，是非曲
直，飲食男女，喜怒哀樂，好惡惆悵，七情六慾，可謂今文觀止。彼神
與彼人之間，亦有奇事一樁。說來雖近巧合，細玩頗有趣味，值得一提。
1975 年二月間，彼神福至心靈，頒發了最後一紙榮譽狀給彼人，文曰：
「卜少夫同志主辦新聞天地週刊，作民眾之主導，為社會之喉舌，堅守
崗位歷三十年，影響頗為深遠，特頒榮譽狀，以示嘉許。」詎料，不及
兩月，彼神離開塵世，隔二十五年後，也走了彼人。彼人比彼神
（1883~1975）在陽間的壽命足足多了三年。

　　比起《史記》還有不同的是：司馬遷寫的全是蓋了棺的死人，而「這
個人」的作者群，除了第五冊中的十七篇悼念文章是活人寫死人，其他
的全是活人寫活人。悅耳的言語不少，逆耳的文字卻是更多。記得在第
一冊出版不久，卜少夫有次嘆曰：「悟以往之不諫，不知未來可追不可
追？」那是有天夜半的第二攤酒後，在九龍喜來登咖啡間說的，在座連
我共四人，其他二人已不復記憶。談起了三蘇寫的「當街小便與風流」，
卜的風流，盡人皆知，自己從不遮閃。「當」文說得周全：「卜老志在醇
酒美人，浪漫一番，騁懷一番；卜老有脾氣，頗為獨特，對歡場兒女，
往往表現得一派痴情，而且擺出一副認真神態，沒有古人『讓美』的慷
慨風度。卜老對人對事都投入。記得那時段，卜老有位台北情人，花名
海燕，卜老和我同機回香港時，我曾寫副對聯贈送：『海枯石爛從來少，
燕吒鶯啼盡可夫。』把海燕、少夫嵌了進去。卜老沒有勃然變色，證明
他是文人，以文論交，不拘小節。」這件事的記述，我是深信不疑，因
為我喊「二嫂」的卜夫人有了極大反應與措施，令人有「丈夫丈夫，一
丈之內始為丈夫」的另類解讀，「一丈之外者，也得有分寸也」。文中描
述當街小便一事：「有一年，卜老和我們幾個朋友在香港吃完消夜出來，
給秋涼的夜風一吹，精神一爽，正在路上找的士，卜老一聲且慢，匆匆
跑到路邊，拉開褲子，大聲叫道：我要先撒尿。」我是少信多疑，等看

了文末的「謹註」：「荒唐世界，荒唐人生，如此這般，而已而已。」開始半信半疑。但是多年後，我卻親眼看到此幕之重演，而且是在大白天的台北市。記得是 1992 年間，他興起訪問二十世紀人，當然他認為對中國有影響力的中國人，邀我做他的助手。有次由他兒子卜凡駕車，順路接我，同去重慶南路二段，就是現在阿扁總統住的對面一條巷子裡，是孫運璿公館，訪問完畢，來到門外，正要準備上車時，卜二哥說：「等等，我要撒尿。」真的面牆辦事了。我好擔心有行人撞見多尷尬，卜凡大概見怪不怪，沒有緊張狀。幸虧這條巷子官邸多，少有人車。上車後我問二哥，為何不在孫公館借廁所方便？他笑答：「這不是也方便。」

《二十世紀人》1994 年出版，但是有幾位被訪問到的二十世紀人卻沒有輯入，孫運璿是其中之一，我想，總不至於是因為在他戶外撒尿的關係罷！「卜」書之構想、催稿，至出版，奇是最大特色，還有兩大特色：一、他自己說過的兩點：「一、決不刪改增加一字；二、決不在本書出版前發表其中任何一篇。」但是，關於第二點，卻有了他自己承認的意外，有四篇文章事前見諸報刊了，一篇被作者自己收錄在自己的單行本，一篇被發表在「新聞天地」，另二分別刊載「中央日報」和「台灣日報」。二、每篇稿末如有空白，他會「少夫謹註」一番，這個「謹註」夠他發揮的，盡情任性，解嘲脫困，褒貶自如。這本書有了引蛇出洞的百花齊放效果，把卜少夫的優點或缺點展示無遺，被稱為酒鬼、色鬼、魔鬼，揮霍與吝嗇齊飛，家花共野草一色。他卑視當朝公卿，但又和他們相處得不錯。說得具體點，毛病有洋場海派、揮金如土、酗酒風流、玩世不恭；長處是好客愛友、一諾千金、慷慨重義、胸境開朗。執筆人都成了手術台旁的專科醫生，把他當作橫陳解剖台上的病人，化驗結果是：三分才氣、三分俠氣、三分流氣，剩下一分是綜合性的江湖氣。在這五冊書中，可以找到豐富的答案與例證。

《卜少夫這個人》出版了，本無意搞「續集」，可因為在分贈諸親好友和眾家弟兄的同時，據編者劉傳記說，陸續又收到三十幾篇顯然是遲到的稿子，如何料理？卜少夫在徵詢各方意見後，在不辜負盛情和遵

重盛情的強烈感受下，痛下決定，再次發文邀稿。「我願在此作一聲明，至此為止，不再有二續、三續、四續了。」說來又奇，這次約稿的反應遠比第一次的快速，效果奇佳。因為不論讀過或未讀過「這個人」的，凡是知曉有這本書的人，公認是奇書，比起兩點三點全露的寫真集，或自我膨風的政治人物的自傳，格外引起了騷動。「我的朋友胡適之」不過口頭講講，「我的朋友卜少夫」硬是白紙黑字，全世界中文圖書館都要珍藏的。「續集」在矚目等待中，1982 年十二月問世。作者群的知名度，似乎更旺些。主角的女主人徐天白女士也被趕鴨子上架，寫了篇「我愛少夫」，她稱少夫為浪子，文曰：「不嫁浪子，不知浪子之可愛，既嫁浪子，乃知浪子之堪誇。」婚後，有約法三章：「一、不得再與任何人戀愛；二、不得與正式有夫之婦尤其是黃花大閨女發生曖昧關係；三、不得帶花柳病入家門。」另有他四弟乃夫、六弟幼夫的文章（卜式昆仲長三五夭折，二四六斯時健在）。除了卜二哥自己寫的「續集之前」，連同「編輯後記」整一百篇，作者也是一百人。還是遠景出版。

編者劉紹唐在續集的「編輯後記」中說，有位大官悄悄對他說：「你編的這本書，我從頭到尾都看了，但對卜少夫並沒有什麼好處，毀譽參半。」卜少夫本來就是毀譽參半的人。」人生在世，本來有毀就有譽，有譽就有毀，劉傳記的應對棒極了。續集和正集之間時距兩年半，卜少夫最明顯的兩大改變：一是鬼迷心竅幹上了立法委員，二是抽了半世紀的駱駝菸，一念之間戒掉了。在續集的百篇文章中有褒有貶，褒多於貶。張慕飛在文章中點出了卜的剛正不阿：「『拜託，拜託嘛！少老！』大使又高高的拱了次手，『卜少夫什麼都行，什麼都可以通融，但談到國家利益，我卜少夫是六親不認的！』喏！卜少夫這個人，就是這麼了不起。」這段文字我是深信其真，因為我聽來熟稔之至，讓我想起 197 幾年發生的一件事。「亞太地區出版人會議」在台北舉行，某天中午，有位書店老闆堅持要請卜老午餐，躬逢其盛的人包括我在內，都應邀作陪。這位老闆不斷敬酒佈菜奉茶，卜忽地正色向他說：「你請我吃飯我吃了，你敬我酒我喝了，可千萬別要我作什麼事，我不會因為吃了人的飯，喝了

人的酒，就被牽了鼻子走！」試想想，一位耄耋老人，在正式社交場合，公開說出了這樣的話，是天真？還是世故？

《這個人》有續集了，雖然嚴正聲明：「不再有二續、三續、四續了。」但是，別忘了，卜少夫這個人，說話也會賴皮的。「續集」過了七年半，他沒有出二續，但是有了第三冊，1988 年六月「新聞天地社」出版。他有天理：「女媧煉石補天，天一樣有殘缺的，需要修補。」也有人情：「初集、續集的作者之外，遺賢甚多，不能祗到續集而已。」第三集計一百零三篇。這書中有張照片引人注目，說明是：「恭祝少夫重返自由身」，因為他幹了兩任六年的立法委員。在台灣，政治人物的上上下下，甚至坐牢與出獄，往往狀似競選，簇擁如蟻，辦桌宴客，媒體追逐如鶩，拍照片為證，天經地義。

卜委員在立法院行走期間，即便是「假作真時真亦假，無為有處有還無」，有件事他是免俗又不從俗，不可小覷。那就是他的經濟情況沒有顯著好轉。別看他大餐館、大飯店、大 Pub、大卡拉 OK 的跑，衣著光鮮，賓士代步，昂首挺胸又闊步，神采飛揚；阮囊羞澀的尷尬還是有。他當立委前，先住第一飯店，續住亞都，當上立委後，再住酒店不像話，因為來台北頻率多至一月兩三次。他有意搞一個固定住處。遠流出版社王榮文在敦化南路有間房子要賣給他，銀行可辦抵押貸款，要兩名保人，他相上了我是其中之一。有天王榮文來我辦公室，填表蓋印，因為他也是其中之一，原來所有權狀上是他妹妹的名字。稍後不到一年，卜在復興北路申購了兩個單位的國民住宅，分期付款，我是駕輕就熟，擔保不算，為他跑銀行辦手續，另一位保人好像是李道法。兩處購屋的事，卜凡最清楚。由此可見，他幹了兩任立法委員，雖然掉進了大醬缸，即使有限度的清廉，也是難得清廉了。在楊允達文章裡，有段無意中聽到的話：「卜說：那是哪裡的話，我卜某雖然窮，這筆路費還是有的。謝謝你們局長的好意，我絕對不能拜領，請你帶回去。」

卜二哥（我是一開始就是如此稱呼他）確是大節不虧的人，1976年，香港左派掀起五月暴動，是震驚全球的大事，街頭巷尾爆發炸彈，

赤燄瀰漫太平山，蔣幫分子受到嚴重警告，「新聞天地」接連收到恐嚇信。卜在文章中說：「我反共，我要打倒毛澤東，我要打倒共產黨，現在門窗大開，不設防的等待你們，誰敢站出來，請！」黃鐘大呂，振聾發瞶。他表示隔街就是海，頂多跳海就是。可算是「疾風知勁草，板蕩識忠臣」。他是老國民黨黨員，對國民黨也是恨鐵不成鋼，《新聞天地》的文章，反國民黨、揭國民黨瘡疤的幾乎每期必有。可是在他大去的前幾年，他的論調開始軟化又裝了彈簧；「今日的共產黨已不是過去的共產黨，今日的國民黨也不是過去的國民黨。」是不是奠下了他要去大陸有所「使命」一番的基磐？卜老仗筆江湖，縱筆國事；閒雲潭影日悠悠，物換星移幾度秋。周榆瑞有詞讚曰：「怎時得大略雄才，還我漢疆唐土。」以致他五赴北京，曾和也是揚州人的江澤民會晤交談，留下了所謂「長流計劃」之謎。在訪問「二十世紀人」過程中，他曾透露，這二十世人的人選，對岸也有人在名單之中，問我能否同往，我沒肯定，回以「到時再說」。他之所以邀我參與訪問工作，之所以聘我為兩刊（《新聞天地》和「旅行雜誌」）特派員，我知道就是因為我能守口如瓶、不受薪和寫稿免酬（最初一年，每篇評論千元台幣，後來我自動請免）。而且，每當兌兌諸公餐敘中，我忝為末座時，我往往是極少發言的傾聽人。有次，台視副總李蔚榮憋不住問我：「子丹兄，你怎麼這麼少話？」卜代答：「我最欣賞的就是這點。」所謂「欣賞」，放心而已。我自1972年以來，替《新聞天地》寫專欄、每周評論，和零星或突發事件，以及旅行雜誌譯稿，密度高時多達一期三篇，間用筆名，十多年後逐漸稀疏。從沒有動用兩刊名義做我個人任何私事，好多次別人誤以為我是香港《新聞天地》的員工，是卜的隨員，例如于衡和錢復曾問過我，《新聞天地》在香港的情況是怎麼樣？陪卜辦事或訪問，我是沒有「個人」存在的。這最適合我的脾性，也對了卜的胃口。

　　《新聞天地》的全盛時代，特別是1947和1948這兩年，創辦人之一陸鏗說：「當時南京、上海的政壇競逐者，很多人是從《新聞天地》上來找政治行情。」1949年到1954年，陸鏗在坐共產黨的政治牢，他

說：「囚友們知道我是新聞記者，紛紛向我表示好感，自稱都是新天的忠實讀者，說得出新天發起人名字，尤其是卜少夫。」可是，1978 年他到達九龍，很難找到了一本《新聞天地》，「可以不誇張地說，很少有像樣的文章，天哪！何至於如此？」卜少夫不是沒有自知之明，就在這期間，他拜託立法院的胡濤和我兩人，起草公司章程，有意重整旗鼓，無奈，眾家弟兄和聲者眾，答應入股拿出銀子來的人是少之又少！於是，他要我幫著他幹。我一無能力，二無膽識，三有內疚（新天可能就是被我寫垮的）。再說，我自己賴以為生的工作必須維持，我拒絕了他（他是很難拒絕的人）。關於這一點，當時兼任新天辦事處主任歐陽醇，在他的《台灣媒體變遷見證》（下）裡，有簡略說明：「他說新天的經銷明年起將交胡子丹辦。所以和少老的業務關係，至今年底可告一段落。」（頁 801）「他進入國會後，雜誌內容都要變質，更要走下坡了。」（頁861）「卜先生現在不僅要朋友們義務寫稿，還要朋友們花錢訂閱。」（頁1125）其實，愛玩鳥的人，再化錢手上總要有個鳥兒才行。辦刊物的人亦復如此。卜少夫和《新聞天地》是二而一、一而二的孿生體，卜二嫂一語中的的說：「少夫如是一代完人，那是指《新聞天地》而言，他完了，雜誌也完了。」

說卜少夫是很難拒絕的人，舉一個他我之間的小小例子：某天清晨二時許，他在台北復興北路寓所來電：「子丹，我想找你聊聊。」「我已經上床了，明天可好？」「不好！我不讓你吃虧，半小時後我們在等距離的富都飯店見面。」我由南海路乘計程車前往，富都的邊門開著，他先我而到，兩碟冷盤、兩碗雞麵、兩份箸杯，和他自帶的一瓶威士忌在桌，富都老闆徐亨是他老友我知道，連值班侍者他也熟，關照他自去歇了，偌大的自助餐廳只有他和我，可是他半句正經事沒提，哼哼哈哈盡閒聊，眉揚色舞，逸興遄飛，不知東方既白。

卜二哥是文人，尤其是揚州的文人，更尤其是他曾負笈東瀛，鄭板橋的怪字以及日本的片假名，對他的字體可能大有影響。「那自成一體的卜字」（見李田林文），「他所寫的卜體字，分崩離析，東倒西歪，七

零八散，搖搖欲墜，很難辨識，實在不敢恭維。」（張天心文）「說他這個卜字，寫來好比一位身段姣好修長的女孩，揹著書包，在等公車。」（江德成文）「他的字妙就妙在上下結構十分技巧，類似這個『妙』字，你必須先看到左邊的『女』字，你要向右邊遠遠去找那『少』字，這才發覺少女之妙。」（傅允英文）「他的字是一筆一筆完整的寫出，絕不含糊不清，句子也完整。」（朱蘭成文）他對自己書法頗為得意，很多人向他索字，我沒有。有次他正在揮毫，忽地抬頭看我：「子丹，你怎麼從來不向我索字？」「我怕你不肯。」他用筆桿向我指了又點，說，還剩一張紙，送你一條幅。果真寫了：「曾經酒醉鞭名馬，祇怕情多累美人。子丹兄索字，以郁達夫赤壁詩應之。卜少夫歲在戊寅，時年九十。」等墨瀋乾了，我「謝謝」收了，裱好了如今仍掛在家中。我特別意會其中的「索」字，是禮儀的狡黠，還是狡黠的禮儀！老式的中國讀書人，幾乎都懂得；很多事，為了虛渺的「自尊」，總是循章法依慣例，故犯明知。如果將其中第三第四句，改寫「寫郁達夫赤壁詩贈送子丹為紀念」，不是更存其真！

《卜少夫這個人》在數百篇文章中，都肯定他是生龍活虎的陽間人，有篇「卜少夫之死」，硬把他派為陰曹地府的鬼。文曰：「他躺在壽材內，好像睡著了一樣，只是多了一個電話，我問殯儀館老板，怎麼有一個電話？老板告訴我，這是閻羅王的額外鬼情，卜少夫不可一日無電話，死了是一樣，所以有這恩典。」作者居浩然詛咒他死了。「這起因全在《卜少夫這個人》的徵稿以至出版，我從頭就不贊成。把卜少夫說成聖人，有什麼意思？」但是，說壽材裡有一個電話，無異是知曉卜少夫是活著的。神來之筆，可謂奇文中之奇文！「偏偏他沒有死，只有等著吧！」

寫卜少夫，多人多寫他酒色「才」氣，白天忙，入夜後更忙，少有人提起他早上生活。其實，二哥也有晨課。在香港的方能訓說，有天「在晨光中一個人迎面走來，原來是少老。我說『少老，你也剛盡興歸來，走路回家？』我猜錯了，少老剛從家裡出來，在公園早操。」在台北，

我是人證之一。從他住第一飯店的後期開始，約我天一亮開車在門口碰面，我們慢跑過圓山、國父紀念館、台灣大學、新公園等地方，劉傳記和卜凡也湊過熱鬧。轉住亞都後延續了一陣子，往後不是因為他畢竟老了，而是他往往一兩點才上床，四、五點被我電話叫醒，未免殘忍些。我提議「免了罷！」他開始做他不知哪兒學來的怪體操，自吹自擂可延年益壽、抗病消毒，還胡扯，說也壯陽！

　　既然有了第三冊，順理成章便有了第四冊（1996 年六月），去世以後還出版了第五冊（2000 年十二月），這兩冊都由隨他壽終正寢而停刊的《新聞天地》出版。他四弟乃夫在第五冊的悼文中，另舉出其他有關卜二哥的「奇」：一、創造了中國雜誌銷售量最高、壽命最長的紀錄；二、台灣的大酒仙之一；三、自 89 至 91 歲時，將近三年，天天寫專欄，無日間斷；四、大去前將雜誌結束，以自己臥病在床高舉雙手的照片：「我自橫刀向天笑」，作為最後一期的封面，強烈震撼讀者：人和《新聞天地》偕亡，情何以堪！五、自拔氧氣管，瀟灑而去。

1989 年五月初四
卜少夫 80 歲與夫人徐天白女士

1999 年五月初四
卜少夫 90 歲

第六五章　難忘「戈壁遊俠」歌聲
－悼念歐陽醇先生逝世十周年

■ 本文刊《天感》單行本。呼風鳥工作室出版。

與歐陽夫婦合照

我結識歐陽先生逾三十年，每次思念到他，除了那敦厚誠懇的方面大耳外，伴之而來的便是那「戈壁遊俠」的雄壯歌聲，不僅是默默然音容宛在，而是栩栩然音容立現；讓你目睹耳聞。

1973 年，我隨何凡、劉紹唐等諸位先生們，前去新加坡參加第二屆國際書展，途經香港時，卜二哥（「卜二哥」等於是卜少夫先生的諢名之一）邀我寫書展的報導給《新聞天地》，交代我：寫好了就近交給在台北的歐陽先生。

那是一個秋末的下午，我從我的位於博愛路的辦公室，步行至開封街的「新聞天地社」，咫尺距離，轉一個彎拐一個角而已，可是那三樓的樓梯卻不好爬，直統統地，我立即想，這雜誌和書，搬上搬下多累人！我應聲推門而入，哇塞！遍地堆滿了、也散落了書和雜誌，一位六旬左右的平頭壯碩漢子，從兩副座位中間站起身子：「胡子丹先生嗎？」我瞅瞅地下可行之路，連跨兩步，我交稿，他接稿；他補充說，辦公室這兩天要搬，還是開封街，是二樓。我和歐陽先生，第一次的面對面，不到兩分鐘，我對他的印象：動止中節，拘謹卻自然。

第二天，歐陽來了電話，說稿子已帶去香港了，再下個星期可以刊出。囑咐我繼續寫稿，關於出版界、文化用紙方面，以及興之所至的有關方面，都可以寫。如果需要什麼資料，他可以代為設法找到。這當然也一是種邀稿方式，但和卜二哥或劉紹唐的有所不同，少一分壓力，多一分鼓勵。

約莫十幾篇稿子被刊出以後，歐陽告訴我，以後我的稿子可以直接寄去香港了。幾乎在同一時段開始，卜二哥每次來台北，都曾邀我餐敘。多年來在超過百次以上的吃喝玩樂場合，歐陽多半也在場，每當酒酣耳熱，席間有了餘興節目開始時，輪到了歐陽，他會毫無預警地，絕不推三阻四地，陡地一聲吼，唱起了這首「戈壁遊俠」民歌，他嗓音嘹亮，好比用全生命在唱，幾囀幾折，高昂處如入天際，滿座目瞪口呆，低落時聲息可聞，人人屏氣凝神。有幾次我和歐陽同桌對面而坐，我看他吼

歐陽唱「戈壁遊俠」時的神情

唱時專注認真，雙目緊閉，兩手交叉胸前，熱情、奔放，雄壯氣勢中也滲有幾許悲戚。歌詞極快難以聽明白，直至我讀了歐陽寫的「戈壁遊俠」後，才知道這首民歌的詞句，以及歐陽每次唱它時之所以猶如唱聖詩般的虔誠莊嚴。原來那是他從事記者生涯中最難忘卻的一幕，已成了他的生命一部分。他自己說：「『戈壁遊俠』是篇真實的報導，在我一生從事新聞工作生活中，留下了強烈的印象，迄今不忘，記憶猶新。每當我感情激動，昂首高唱那首不知名的戈壁遊俠歌曲，那個豪邁、滿臉鬍髭、聲音深沉的哈薩克壯漢，便會顯現在腦海，鮮明的就像在我的眼前一樣。」歌詞的最後兩句是：沒有受過痛苦的人，不知道痛苦的滋味。

歐陽先生生前和我同桌或共聚一廳飲宴次數頗多，單獨只他和我二人對酌，卻僅僅一次。那是在蔣彥士任教長的時段，歐陽約在金山南路一家二樓的中餐館，他開門見山對我說，你必須容忍，不能氣餒，所指何事？當然他知我知。原來前兩天卜二哥給我信，附了蔣部長給他的信，說上期的「每周評論」，所指全非事實，請該文執筆人有所解釋及更正。早期的評論是不刊執筆人姓名的，自這篇文章後，《新天》被要

求明刊作者真實姓名，而我不想自找麻煩，遂改寫「今日台北」專欄。歐陽要我容忍是有道理的，那時我在《新天》的「我在綠島3212天」的連載尚未開始，但是我相信他是知道的，在五十年代，我和他夫人一樣，曾經有過「大肚能容容天下難容之事」（哈哈！我們都成了彌陀佛了！）這件寫文章遭到部長大人關切的事，應是小小代誌。那天我們談得不少，酒也飲得頗多，只是他沒唱歌，兩人看來外表平靜，內心卻如江濤。

　　自那次交心深談以後，不久他約我和內人，再次赴他的餐敘，在他常去的中山北路農安街對面一家西餐店，說是給我夫婦去歐洲旅行的餞行。歐陽也許給很多親友們餞行過，但是我有生以來，從沒做過生日，也從沒有被人餞行過，這是空前第一次，感觸至深且巨。人與人之間，嫌棄的是心，關懷的也是心。

　　在歷史人物中，我最敬佩和感動的人，是玄奘和司馬遷，他二人為了達成目標，雖千辛萬苦，也百折不回。我的朋友中，最使我敬佩和感動的人是卜少夫、劉紹唐和歐陽醇，尤其是歐陽，一輩子只從事一件工作：除了新聞還是新聞；而且對一首歌竟能執著一輩子，戀戀難忘，深情、多情，你如知曉了「戈壁遊俠」的經過，你會隨著歌聲魂悸魄動。

第六六章　萬里路與萬卷書

■ 1980 年十一月一日刊香港《新聞天地》周刊。1981 年十月《旅行雜誌》選載。

有句古話說：「讀萬卷書，行萬里路。」又有人說：「秀才不出門，能知天下事。」可是，放眼今日台北，很多很多市民們，萬卷書可以撇開不讀，萬里路卻一定要放步前行。

本圖採用旅行雜誌選載本文時的插畫

台北市的各式各樣書展，愈來愈多，不幸的是，銷售量是每況愈下。十年前，每本售價十元左右的書，在書展場，一個攤位可以日入萬元上下。現在的書價至少上漲了五倍，可是在書展場，每天只能賣到二千元光景。這種書量銷售量，證明了一個事實，愛書人，愛讀書的人是愈來愈少。原因無它，乃被電視、電影、各種舞台表演等占據了。人也越來越忙，不想再用腦筋看書，只要刺激、輕鬆，和被動。還有一個最重要原因，自從觀光旅行開放以來，行萬里路的機會多了。所以，「行萬里路，讀萬卷書」，是今日台北市民們的生活寫照。

「人生難得秋前雨」，入秋以來，欣賞雨景的機會較多，颱風也可能隨時肆虐。各家旅行社反而更加忙碌起來，報刊上的旅遊廣告也特別多，香港三日遊、東北亞、東亞、歐洲、美洲、中東……等等不一而足。「國民外交」這堂皇美麗的詞兒，讓更多的民間團體組成了隊伍出國旅行。本來嘛，讀萬卷書是間接了解人生，行萬里路才是直接了解人生。

了解人生，必由了解自然開始。我們的祖先們，是最講究「行萬里路」的，所謂「樂山、樂水」，就是因為我們親近了山、親近了水，在心境上才有「樂」的感受。陸放翁說得好：「何處樓台無月明」。我們在萬里路途中，必須先培養起一個開放易感的心境，才能接近自然，被自

然接納，而了解自然，享受自然，也逐漸了悟人生。行萬里路不僅能使我們了解自然、了解人生，又因它本身先有了詩情畫意、浪漫幽雅，頗能引發起很多奇情逸事。

我國古代文學作品，以「行萬里路」作爲主要内容的占了若干大的份量，例如《西遊記》、《鏡花緣》、《老殘遊記》等等。在西洋人的作品裡，也有《吉訶德先生》、《海外軒渠錄》、《天路歷程》、《癡漢騎歌》等等，這些都是以「萬里路」爲骨子裡的。孔夫子如果不曾周遊列國，其在文學上、道德上，是否會有如此極大的成就，歷久彌新，讓後人崇仰不已，說句大不敬的話，可能會打一點折扣也不是不可能。

談到人生種種，自有一番大道理，實際上，簡而言之，從哇哇墜地到進入墳墓，也只不過是一條說短即短、說長也長的路。任何人在大去之前，一直都在途中，途中有苦有樂，有甜有酸，端在各人自己追求和品嚐。主張靈魂不滅的人，認定來日方長，前途遙遠，萬里、萬萬里，多少個下輩子都走不完。佛門子弟們到了耄耋之年，唸經吃素得份外起勁，生怕正寢後被打下十八層地獄，千萬年不得超生。基督徒的人生觀是永不終止，他們相信，即使被主寵召，也是快快樂樂活在另一個天地間，「天國近了！」是往生的聲音，其實是無奈的心情。我們人，不管是以什麼心情活在什麼樣的環境裡，實際上，都在「萬里路」中。我們要走得實在，走得認真，不要閉眼走，矇矇矓矓，走得迷糊一片。

今日台北的市民們，有機會出國觀光是好事。值得注意也必須警覺的是：要真觀光，不是出去「採購」的。過去我們歡迎日本觀光客到台北來，因爲他們有錢也肯花錢。現在適得其反，「十年河東，十年河西」，日本人對來自台灣的觀光客更加歡迎。在世界各大都市裡，來自台灣的觀光客，十之八九，都喜歡湧至百貨公司，大包小包，傾囊採購。尤其在香港，觀光旅行剛剛開放那一陣子，香港各店舖，幾乎要被買空了。來自別的國家的觀光客，當然也有採購的，但是採購物和我們的卻截然不同。我們在機場内的行李轉帶台上可以明顯看出，別人買的是高級運動器材，例如高爾夫球棍什麼的，而我們買的都是大衣、風衣等。由這

例舉的採購物的類別不一樣，我們當然想像得到，我們大多數的國人，他們出國觀光的內容是多麼貧乏，多麼寒傖，也多麼犧牲了「行萬里路」的應有收穫！和應有享受！

西洋人重視「行萬里路」，可由他們半輩子或一輩子儲蓄，以準備旅行費用的「大」事上看出來。像這種預謀性的計畫旅行，在旅行的費用上可能不夠豪華，可是在旅行實質上卻是夠豪華的。他們對於「萬里路」上的站與站的安排，點與點的停留，對空間是緊湊啣接，對時間是密切配當。他們「行」在地理上，也「行」在歷史中。出發前不僅研究了各地方的路線站程，各地方人情、風俗、習慣、語言，和歷史，也在研究的範圍之內。今日台北的我們自己呢！我們在出國觀光之前，有了些什麼準備呢？做了些什麼功課呢？大概只想到，這一次出國可真要買點「外國」貨，回來穿穿戴戴，裝裝門面，炫耀一番，風光一時吧！

蘇格蘭小說家斯帝文生，在他的《流浪者之歌》裡，借書中人物的嘴巴說：「我不要財富；也不要希望、愛情，和知己朋友。我只要行萬里路。」因為他認定，一切都可能有假，都可能不久常。唯有「行」在萬里路上，所見、所聞、所觸皆真，都可以認定久常久常。

「讀萬卷書，行萬里路」，是承受別人的知識，是自我感受與自我充實的基礎。「行萬里路，讀萬卷書」，是發洩自我和提示自我的享受。今日台北的我們，一定要珍惜有「行萬里路」的本錢與機會，絕不可以身懷巨款，跋涉萬里去「採購」，甚至去跑單幫了。

第六七章　古絲路之旅
─從烏魯木齊到西安

■ 本文 1999 年一月發表於香港《新聞天地》周刊第 2421 期

新天卜社長來信，謂：「絲路之旅，見聞必多，新天希望你寫一點。」
我不及另寫，就以歸來後追記的這幾天日記，拿掉不相干的私人事，整
理寄奉。

1998 年 9 月 13 日 廣州到烏魯木齊

我們這一行人，包括旅行社領隊的何家琪小姐，計十八位，是昨天
從台北飛香港，再飛廣州的，今天即將首途新疆的烏魯木齊。

中國南方航空公司 CZ3911 飛烏魯木齊(Urumuqi)，八點四十分起
飛，下午一點五十分著地。在地圖上一看，乖乖隆地冬，從東南斜上到
西北，長長一條線，其中由西安到敦煌所謂的河西走廊，就是一千多公
里，而這應該是全程的三分之一的路程而已。

下了飛機，一位劉新峯青年人接機，是全陪，看名片，是中旅的國
際部經理，一口北京話，車程中滔滔不絕。

我們這一次現代人走古絲綢之路的旅程是反其道而行，是先飛烏魯
木齊，再往回走，走到絲綢之路的起點西安。

此地的官方時間等於北京時間，也等於台北時間，但自然時間也就
是當地人的作息時間，是比北京時間晚兩小時。所以天亮較遲，天黑更
遲。

在紅樓閣午餐後，去逛博物館，讓我們對這次絲路之旅的沿途站驛
有一個粗略印象，大約路線是烏魯木齊、吐魯番、哈密、敦煌、嘉峪關、
武威、柳園、蘭州、西寧，而西安。其中吐魯番是絲路中重要據點，古
代有太多的商業以吐魯番為歇腳的地方，但也有人從甘肅出發後，還沒
來到吐魯番，就在半途被沙風暴雨捲走，或中暑而亡。而代步的絲綢之
路的交通工具，以我們這十七人團（不包括領隊、全陪、地陪、景點陪

在內）來說，由烏魯木齊到西安，除了吐魯番到柳園、西寧到西安的兩次火車，餘皆巴士，沿途景觀雖異，相同的是除了塵土還是塵土。

烏魯木齊是新疆維吾爾區的行政區的三個直轄市之一，另二爲克拉依市和石河子市。是以維吾爾族爲主體十三個多民族地區。維吾爾族是用阿拉伯字母的拼音文字，計三十六個字母，從右向左書寫。看來和蒙古文差不多。

博物館部分陳列室關閉，我們只好先去紅山公園，再逛自由市場，兩條窄窄的的夾道而有的各式蓬棚的攤位，以皮件和食品爲主。走在市場和街道中，有置身異國的感覺，維吾爾族與回族人民，看來面孔像極外國人，說的卻是我們可以聽得懂的中國話，腔調雖怪，漂亮面孔便縮短了彼此距離。尤其是菱形如橄欖球的哈密瓜真是可口。有人提醒我們，千萬別貪吃，萬一貪吃多了，一時裡千萬別喝水，否則拉肚子是百次百靈。我們就站在水果攤邊吃了不少，實在禁不起誘惑啊！

晚住新疆海德酒店（Xinjiang Hoi Tak）

9月14日 烏魯木齊阜康

九點四十五分出發。在上個月二十號才開始通車的公路上行駛。

十點多到阜康，在瑤池飯店打尖，打尖的現代意思是讓大家「方便」。瑤池即天池，瑤則瑤母娘娘。此處和烏魯木齊、吐魯番成三角形，在烏魯木齊的右側，兩千多米高，著名的有三個池，我們在最大的池中泛舟，三面環山，一爲平原。在能容納五十餘人的馬達舟中，想起前年在美西大浩(Tahoi)湖的度假。此湖和大浩湖不同，山裡無任何建築，沒有現代感。大浩湖的水如溢出，整個舊金山便淪陷深水中。此湖面積較小，據說又有瑤母娘娘護佑，湖畔人家百事順遂。捨舟登陸，地陪金小姐指向湖邊的唯一的一樹，曰：「此樹數千年，因爲上天有次瑤母大會，忘了邀請此湖湖姑，湖姑盛怒，湖水沸騰欲溢，瑤母接得報告，隨手在髮髻上拔一枚髮簪，扔下此湖湖側，湖水立刻平靜，此樹即此簪也。」凡景點莫不有神話，中外皆然！景點益著，神話越神。

9月15日　烏魯木齊到吐魯番

冷，有件事忘記了，一到烏魯木齊，好比到異國，這是就視聽而言，在溫度上，和台北的天氣，至少相差十五至十度。今天特別冷，全陪劉先生說烏魯木齊昨天下雪了。

今天開始了長途跋涉，車子奔馳在原野上，前途不是茫茫，而是沒有止境，筆直得叫人乏味，看來絲路之旅似乎是被追捕似的在趕路。同行的十七位正好是老中青三代人，最長的七二，七一居次，七十歲的二人我較長，六九三位，六五的一對，五十的兩對，四十多的一對，另有一對三十多歲的拒絕結婚但同居的男女。兩對黃姓夫婦，丈夫都會蓋仙，老黃說小黃賣膏藥，其實這是負面的比方，老黃六十九，讀過日本書，是小包工程的工頭，提起曾隨榮工處去越南包工事，頗為自得。小黃愛現，台語國言夾英文單字。標準自得其樂的生意人。我極為欣賞兩位六九歲的李先生，一為和我一樣皆阿兵哥，一為做工的本省人，這位本省人每天都爬陽明山，有子女五人，這次出遊，除老小外，其餘四人每人孝敬他一萬元，不足之數由他自理，他說得頗為高興，我也替他高興。他不識字，嗜好是爬山、抽煙、旅遊。他邀我和我妻子美娥回台北時和他一起爬山，我夫妻欣然同意。

跋涉中的最逗趣的事，莫不以荒郊野外下車尿尿為勝，女士車右，男人車左，男人得格外小心了，後面的來車，看似點、點，眨眼飛來身邊，能不慎乎！一定得肯定一點影子都看不見，方可快步跑去野地，越一坡再一坡，風太大，也太冷，要站得比別人遠些，而且不可甘拜下風，不然會被尿滴襲擊，尿臭難聞，其力道也夠抗拒的。

十點多到一荒涼小村叫甘溝村的，路段在修，「噲」的一聲，司機（大陸通稱師傅）停車，前座的所有人幾乎全下車看，準備推車，我和美娥每次上車都禮貌地坐在被剩下的後座，我發覺到那位每次都在前座的年輕黃先生，穩如泰山般沒有下車，根據他喜歡賣膏藥的性格，是應該第一位下車才是，看出了此黃的真實一面。下車的人很快上來，說車子沒事，僅僅後檔稍稍撞凹而已。車繼續開行，繞道回頭，遠遠看到一

人向我們招手，原來是被我們戲稱「老大」的未及上車，他老兄是在專注小解時被放鴿子的。車內哄堂大笑，平添熱鬧。

老大姓廖，空軍上校退役，太太在新店開托兒所，和老鄉李結伴行，到西安後要離團去長沙老家。一路上他筆記不停，塡詞作詩，看來是一位儒將了。此行另一位軍人，是七一歲的團長陸上校，太太比他小了二十多歲。八二三時，他正在金門，官拜中校營長。

車子一直在跑，像是沒有目的地的跑，我向車前看，看不見的前程不等於沒有前程，開車師傅的眼中，當然有他的目的地。

下午六點半多一些，這兒記的都是北京（也是台北）時間，天尙亮著，我們到了吐魯番(Turpan)的南方牧場，吐魯番另外的主要景點有火焰山、艾丁湖、坎兒井、葡萄溝、交河古城等。我們在南方牧場的一處中心點停住了，有好幾個蒙古包專供參觀，外觀和電影或電視中看的都一樣，因爲是專供，所以內部陳設，已經完全現代化。

在蒙古包裡，大家席地排排坐，主人雙手獻上奶茶，有各色小盤點心，直說謝謝了，很少人有勇氣真吃真喝的。當然「乾不乾淨」的標準是客觀的因地因人而異，習不習慣則是由各人的主觀定了。免不了的，是大家照了相，和景，也和主人。

牧場的位置在天池下方，艾丁湖的上方，全陪劉先生說，艾丁湖低於地面一百五十尺左右，而低於地面三百尺的爲黑海，是舉世第一，如此說來，艾丁湖便是屈居殿軍了。

這牧場有馬騎，天氣實在太冷，不會超過十度，因爲手指僵硬，鼻涕泉湧，馬多，少人騎，我團中只有兩三位勇敢，領隊何家琪這女孩也去騎。她太孩子氣了，忘了自己的責任。多數人散開了，她不照顧，居然也馳騁而去。這地方，兩邊都是寸毛不留的高山，出路是望不可及的遙遠，在兵法上應該屬於「險地」，也是「凶地」，居民都是貌異強悍的

不可知的少數民族。果然出了事，集合時間早過了，大家逾時上車後開行，發覺到那兩位最年輕的同居男女沒上車。

大家為兩位年輕人擔心死了，小何急得要哭，兩位黃都齊聲責罵，小何說是向她打了招呼的，說自己步行前面走，可是車行十數分鐘，開出了閘門，路上渺無一人，兩側不敢看，真怕看到了趴在地上的人，七嘴八舌中往回開，再折轉開原來的路，出口只一條，真擔心，要不要報警，應該說公安才對，難道又要勞動台北的海基會，再大陸的海協會，那一定是肯定找不到他們，或者聽說被人劫了，甚至發現了二人的背包、雜物，遺體，這句話當時沒人說出口，悶在心裡想也夠急人的，車子第二度經過閘門時，迎面來了部也是台胞遊覽的車，錯車時他們開窗招手，說前面有我們的人，立刻歡聲雷動，車行兩三分鐘，果然看他二人手牽手踽踽而行；老黃說，我們車子開過去，不要理睬，給他們一點教訓。還是停車了，全車人靜默中迎接他們，剛剛罵得最起勁，坐在前座的小黃，起身迎迓，遲到人當然滿面慚色走回座位上去。這時我欣賞到全陪劉，對這件事的處理夠明智夠高明的，他若無其事般，拿起麥克風，自自然然地講起了窗外風光，說明我們即將前往的去處。這年輕人，大概是有過類似的經驗罷，我看出了他的機警和急智。

我們前往蘇公塔，所謂蘇公，當然不是蘇東坡，原是諧音漢化了的，原音是 Suncima，是一回教始祖甚麼的。一塔、一墓，沒文字記載。

晚上看了場歌舞表演，實在不太精彩，舞台是在雨中的葡萄架下，表演人和觀眾都興不起勁，幸虧節目不多（也許臨時抽去了些），匆忙忙草草結束。我擔心我們有人會感冒。

宿綠州飯店(Oasis Hotel)

9月16日　吐魯番到柳園

一早去坎兒井(Karez)，這地方位於吐魯番的盆地之上，總長度有一萬多公里，超過了大運河。在車子上便能見識到它的蜿蜒的神龍雄姿。地道有九十八公里長，計有一千五百口井，被認為是中國三大建築之一：

長城、運河、坎兒井。因爲多井，被認爲是新疆人民創造的酷旱地區的生命之泉。

我們在一個被開放了可以參觀的井底看了許久，當然，連我這個曾在代客打井按裝深水抽水機的公司服務過的人，都看不出名堂，相信大家也只是看熱鬧，真的是走馬看花了。在井基的第一層，我看到兩個小男孩躺在地上嬉戲，姿態和表情，把我迷住了，我搶著給他們照相，希望留一個美的回憶，塞了張五元人民幣給那較大的孩子。

接著去了火焰山。

在西遊記第六十二回裡，有孫悟空向牛魔王的老婆羅刹女三借芭蕉扇的故事，當孫悟空最後扇子到手，向火焰山搧第一扇，那火焰平息，寂寂除光；又搧一扇，只聞得窸窸窣窣，清風微動；搧第三扇，滿天雲漠漠，細雨落霏霏。有詩爲證：

火焰山遙八百程，火光大地有聲名，火煎五漏丹難熟，火燎三關道不清。時借芭蕉施雨露，幸蒙天將助神功，牽牛歸佛休顛劣，水火相聯性自平。

詩中所說的八百程，確和全陪劉介紹的八百里相符。看去寸草不生，等到攀登其上時，好比白色的煤碴一堆堆，崎嶇凸凹，無啥看頭，山腰小屋數間，陳列若干文物，燈不明，光不進，我們進了即出。平地裡有位姑娘在練舞，旁有擊鼓爲拍，我等一行免費欣賞了幾分鐘。

火焰山是橫斷面的山谷。谷谷皆盛產葡萄，我們在其中一谷葡萄溝中享受了一餐葡萄，行走在葡萄架下，免費食用，實小、甜，耽心洗得不夠乾淨，想吃而不敢多吃，真是又愛又怕。有陳列館，詳述種種。有六百多品種，以無核白色者爲主，一種名爲馬奶子者，最是迎合人的口味。走道間，有各種品種販賣。既食其免費，不能不掏腰包買少許，每

人都買了兩包葡萄乾。

離開火焰山，我們注意到，在吐魯番這一帶，放眼看去，多了不少幢有二層樓高的菱方形的房子，四邊牆上全是方形小孔，我們猜了很久，猜不透是人住還是作其它用途。全陪說是用來涼葡萄。此地雨少，爲何不放在露天曬？因爲葡萄不禁曬，一曬會黑，黑了變味，也不美。看來，此地居民的居所要比葡萄住的房子差得太多了。

中午回綠州飯店吃飯。

三點多鐘離去市區十三公里的交河故城，這是目前世界上保存最好的一座古城遺址，始建於公元前二世紀。據記載，交河城車是師前部主庭所在地，東漢定遠侯班超及其子班勇曾在這裡作過戰。唐三藏前往印度取經也路過此地。一眼望去，雖僅一千六百乘三百米，卻叫我縱橫遐思，神馳萬里，不僅超越時間，也跨過了空間，我想到有年也曾在龐貝城(Pompeii)，滿目瓦片斷垣，和交河一比，這兒全是土垛矮牆，還有半座城門樓牆，牆側有深洞幾處，是水井？是倉庫？疑不可解。根據留下來的詩句：「交河美酒金叵羅」，可能是釀酒作坊？不遠的矮牆上另有詩句：「黃昏飲馬傍交河」、「氛氳半掩交河戍」、「交河城邊飛鳥絕」、「紫駝夜渡交河月」等等，我們可以感受到，交河的蕭穆、神奇、幽美。

下午六點半到吐魯番，她是新疆開闢最早的一個旅遊區，正好夾在天山山脈和昆侖山脈之間。行車中只見一片戈壁，四周沙漠，一無盡頭，一無所有。妙的是，只有那一根根電線桿拔蔥似的向後倒去。這就是車中觀賞的絲路，從遠處想，感受中體會到當年的環境和商賈的辛勞。往近處想，這麼多應該以億計的電線桿。是如何地被埋置在這連鳥兒也不見的荒涼之中。我們的車就這樣無止息地一直奔馳，四周的原野像在追逐我們，捲天席地而來；我們倒好像在逃避原野，捨命奔向盡頭。車中的二十一人，有的早已睡著，有的驚詫未定，有的指指點點，也有人低聲交談。我一直在想，這不好比是人生；人生就是如此，追喲！追喲！追的是一片空白，沒盡頭，沒止境。

吐魯番被稱爲葡萄城。我們下車後，果然處處葡萄，其它水果也多，

蕃石榴、 子等都是甜得叫人吃了還想吃。因爲是盆地，氣溫顯著比前兩天熱，可能有二十度左右。

我注意到，吐魯番的英文是 Trupan，和地圖上寫的完全不同，地圖上是 Turfan，這 Turpan 定是根據了原來當地居民的發音。

夜搭火車去柳園，我夫婦和陳姓夫婦同房，陳先生台電退休，陳太太乃萬華國中老師退休。和陳談起了曾在台電服務過的張以淮（筆名張時），我和他有「同學」之誼，在籃球場上攻防過若干場。來台北後，我做出版，曾助我《愛因斯坦傳》等譯稿。

9 月 17 日 柳園到敦煌

昨天應邀，在陸先生房中和老大廖，老黃先生等人鬧酒，之所以說鬧，因爲他們皆不善飲，嚷嚷而已。買的是當地白酒，不過實在不好喝，我喝了小型玻璃杯半杯，他們是見難而退，我也就謝別回房。

在轟隆聲中入睡，也在轟隆聲中醒來。我和陳先生各一上舖，兩位女士也是下舖各一，滿眼皆黑，我按了按腕錶的亮光鈕，四點多一點，但是驚覺到每節車上的人多廁所少，而我的入廁時間一向較長，躡手躡腳下了床，拿到了放在美娥床下的盥洗袋，扭開了門把，再關上門，走向廁所去。走廊上的燈是亮著，廁所果然沒人，我竊喜運氣好，滿心平安，滿身舒暢，方便了，盥洗了，再次靜悄悄回到黑漆漆軟臥裡，物歸其位，我人也歸了床，矇頭、閉目、養神。

未久，燈火通明，這時才知道，軟臥中的燈是統一管理的，這樣也有道理，我沒有繼續想，四人都起了床，聽得到全車的旅客都熱呼起來了。全陪劉先生前來叫門，說半小時後便到了，柳園是敦煌的門戶。

從火車向窗外看，什麼也看不見。稍啓窗縫，想換換空氣，冷風進

來，不是普通的冷，立刻關起來。

　　兩位太太回來，陳先生也回來，聊天不到幾句，門外喧嘩，當然是到站了的訊息。四人急急著外衣、揹背包，手也提著，開門出來，插在走廊中的長龍裡，待車停定，依序而下。

　　冷風撲面而來，有白霧由口中噴出，迎我們的地陪李小姐說，今天的天氣是最近幾天較暖和的了。她從劉先生手中接過「康寧」（旅行社）二字的三角旗，導引我們走出車站、上車、下車，來到一家飯店，先用早餐再說。

　　前一任地陪是二十八歲的金小姐，說是劉的學妹，大學時的同系同學，聲音啞啞。這一任地陪李小姐的聲音清脆，講解得更為清晰。車子也換了一部較大的遊覽車，半數人可以一人兩座位，所以火車托運的行李統統由車子的後門搬進來，堆滿了兩排座位。柳園的溫差太大，可以有零下一、二度到零上二十度之間的差別。而今天，陽光下有二十二度左右，蔭影處卻是零下。

　　我們是去敦煌的，可是敦煌沒有車站，便經由柳園了，柳園因而繁榮起來。李說，柳園之所以稱「柳」，因古時多柳，左公棠駐驛此地時，主張多種柳，蓋風沙太大，柳易種。盡管如此，此地以及沿途所種的柳，樹桿多向左偏。我聽了暗笑，1949 年前，國民黨特務，居然容忍了柳的「左」傾，絕對不是思之未及，而是天高皇帝遠。柳左果然是真，車行不遠而停，公路兩旁的柳，真的一律向左偏，左偏角度也同，我們都拍照為證。有趣！

　　進入了沙漠地帶，車直行，筆直筆直，看無盡頭。兩側除了戈壁，便是沙漠，戈壁多小石，沙漠盡是沙，這地區乾旱、少雪，也少雨，最高雨量為七十毫米而已。地質屬於鹽井地，難耕種，居民中的三小民族，有自己語言但無文字，是哪三小民族？李也許說了，我沒聽清楚。她提醒我們看那遠處的烽火台，處處簇簇的，是漢武帝時代，為了防堵匈奴入侵而設置的。不過在我的歷史知識裡，好像還要更早一些，不然，何以有「褒姒笑烽火」的典故？褒姒乃周幽王的寵妃，不愛笑，幽王百計

悅之，仍不笑，乃舉烽火以徵諸侯，諸侯至而寇不至，襃姒乃大笑。後西夷太戎入寇，王舉火徵兵，諸侯不至，太戎遂弑王於驪山之下，並殺伯服執襃姒而去。不管怎麼說，這條路乃是在盛唐時期，絲綢輸出，以及由歐洲各地引進諸多以「胡」命名的各種農產品種籽的必經之路。今天所稱胡麻、胡蘿蔔、胡椒等，仍然冠以「胡」字，便是一證。我這個「胡」姓，想必不是舶來品，我和胡適之是同一祠堂，如有「胡」來之嫌，他老人家豈有不考據之理？

　　李見我們聽得認真，接下來更加滔滔不絕。他說笑：不到西北不知道中國之大；不到北京不知道自己的官小；不到深圳不知道自己的錢少。我們看看窗外，她說的話，至少第一句是正確無訛。

　　今天的重頭戲，是去了鳴沙山、月牙泉，和民俗博物館。博物館又髒又暗，沒能給我留下什麼印象。

　　在門票上，鳴沙山月牙泉印有說明：「位於敦煌城南五公里，沙、泉共處，妙造天成，古往今來以『沙漠奇觀』著稱於世。鳴沙山以沙響而得名。東漢稱沙角山，俗名神沙山，晉代始稱鳴沙山，其山東西長四十餘公里，南北寬約二十公里，主峰海拔一千七百一十五米。人乘沙流，有鼓角之聲，輕如絲竹，重若雷鳴，此即『沙嶺晴鳴』。」而「月牙泉位於群山環抱之中，其形酷似一彎新月而得名。古稱沙井，又名藥泉，一度訛傳濯洼地，清代始稱月牙泉。面積十三點五畝，水清如鏡，綿歷古今，沙不進泉，水不濁涸。鐵魚鼓浪。星草含芒，水靜印月，薈萃一方，故稱『月泉曉澈』，為敦煌八景之一。」

　　鳴沙山給我第一個感覺是，這地方正是拍電影或電視的好所在。說什麼山巒層疊，是通常用的辭彙，在這兒完全不恰當，只見灰色的山，有稜有角，幾乎全是稜線，在大戈壁，大沙漠裡，有時在石頭縫裡，硬是能

蹦出來短短的幾撮小草，可是在鳴沙山，卻是全無，像鋼刀剃了的頭，塗了層灰灰的底色，風揚，底色變塵土，也揚，極濃極濃，濃的程度已經是千堆雪般而來，對面看不見。鳴沙山中的最美、最感動人、最上鏡頭的動物，就是駱駝，今天我和美娥更是有了第一次的騎駱駝的經驗。我以為，駱駝只有也只配在鳴沙山騎，夠味、夠美、夠逼真的。

我們一到鳴沙山，下車後，立刻被當地的牽駱駝的男男女女擁簇包圍起來，老大廖一馬當先，我在後面聽他和他們的交涉，說每人都可以免費騎一趟駱駝去月牙泉，如果騎去鳴沙山，則要多付三十元，我一聽心便動，眼前的鳴沙山是那樣的誘人，駱駝是如此的溫馴，我立刻同意，老大更是先我而付款，我回頭對美娥說，絕無危險，於是三人三匹駱駝，由牽駱駝的人牽了老大的座騎的韁繩，我的和美娥的則一匹一匹連接向前進。好美的行列，慢慢走出了人群，上了鳴沙山的山路，真的是一步一腳印，牠和馬步伐當然一樣，馬快不易辨，駱駝穩健而前進，我看出了它是左前、右後，再右前，而再左後，如此周而復始，快也這樣，慢更是如此。可恨的是，偏偏此時我的相機裡的底片到了三十一，新的沒帶，就是帶了，在駱駝背上也沒法換，先請牽者為我們拍一張，然後再在駱駝背上為美娥拍了好幾張。不知怎麼搞的，老大的被牽到後面去，美娥的和我的變成第一第二，我們三騎一隊，極目遠處，在高處、在低處，有十幾騎一行列，也有五、六騎一行列的，後面也有，沒有落單，兩匹的也沒有。我以為同團的人不是超前了，便是殿後，我們坐在駱駝背上爬山，人的腰身隨著駱駝兩峰有了節奏性上下彎曲；左右搖擺的幅度極小，危險度所以小。叫我震撼的是，眼前好開闊，視野沒阻攔。如果問，騎駱駝危不危險，也只有在牠起立和跪下時，讓騎在駝峰間的人有點忽仰忽俯的突然，在行進時要比馬匹安全得多。

駝韁在手，四圍皆山，天藍地灰，所謂地灰，其實就是石灰，如果美娥不在眼前，前後的駝隊閃入了視野的死角裡，我便獨自一人和天和地混為一體了。這兒的氣溫適中，風吹不冷，欲雨但雨未至，這時的感覺真的是沒有感覺。講不出來，相信也很難用文字描述。俗氣點說，就

此一趟此時此地騎駱駝，來回的旅費就值得的了。騎駱駝在我和美娥都是第一次，但不稀奇，稀奇的，也是最恰當的，是在正是騎駱駝的環境裡騎。只能說，當時的感覺，太好了。

眼前尚有一座高山，老大說不去了，我顧忌到美娥的害怕，也連說不去了。我們轉向月牙泉去。月牙泉是在山腰的平地裡，駝程中看到了同團的人，原來他們沒有自費上山，只是從山下騎了駱駝到月牙泉，此刻正往回程。老大此時不知何處去，美娥和我急著要小解，下了座騎時，美娥騎的駱駝不知何處去，只好兩人共一騎，回到了集合處。

9月18日 敦煌到嘉峪關

九時許進入安西縣，又名沙州，途中見棉花車綿延不絕，騾子拉車，車連車幾有半里長，壯觀浩蕩。我們先去敦煌的莫高窟，又名千佛洞，是舉世聞名最多的、最有價值的壁畫的地方。

門票上的簡介是這樣寫：「位於甘肅省河西走廊西端，敦煌城東南二十五公里，鳴沙山東麓，宕泉河西岸，創建於秦建元二（366）年，迄今保存北涼、北魏、西魏、北周、隋、唐、五代、宋、西夏、元代的多種類型洞窟七百多個（其中藝術洞窟四百九十二個），壁畫四萬五千多平方公米，彩塑二千四百餘身，唐宋木構窟檐五座，並於 1900 年，從藏經洞（今編號第十七窟）發現西晉至宋代經、史、集各類文書和繪畫作品等四萬餘件。莫高窟是集建築、彩塑、壁畫為一體的文化藝術寶庫。其內容涉及古代社會藝術、歷史、科學價值，是中華民族的歷史瑰寶，人類優秀的文化遺產。1961 年被國務院列第一批全國重點文物保護單位，1987 年被聯合國教科文組織列入『世界文化遺產』名錄。」

莫高窟的每個洞窟外原來都有互通的棧道，但年久失修，多已破壞了，現在的外觀是六十年代加固後的風貌。

洞窟原有七百多，現被保存可以開放的有四百九十二個。我們隨解說員觀看的第一洞窟是十六至十七洞，此洞原隱密，明朝時有一道士在洞外打掃時，無意間發現了此洞，遂即或盜或賣大量流失，尤其被外國

人收購不少。

接著參觀了十一至十二至十三（南朝生活情形），四百二十八（三太子餵虎故事），四百二十七（哈哈將），二百四十九（閃電風神），三百八十六至五百四十三（鹿王本生故事，沙彌守戒自殺），二百五十九（印度神造型），四十六（此窟宋上鎖，大佛像三十六米高，頭出洞，為窟中第二大佛），一百四十八（臥佛，臥即涅盤，亦為圓寂，此佛為一主持，活了五十歲）。

看得大家都累了，解說員說得也辛苦，她說，有人天天來，一天只要求看一兩個洞窟。這些人大多數是外國人，不住酒店，商量著在附近的民宅裡借住。

離開洞窟，車子上了國道往嘉峪關跑，據說這條國道為上海直通伊寧，長約五千公里，另外還有一條是北京至拉薩間，四千多公里，大陸的建設這幾年夠驚人，人工便宜，又極好招募，機具可能差一些，人定勝天這句話，只有在待開發至正開發地區管用。台灣在近十多年來，天定勝人，而且日益加劇，因為濫墾濫建，天怒，人遭殃。

中午在玉門賓館吃飯，快兩點了，途中曾去街上小店中買刮鬍刀，僅一小孩看店，他誠實得可愛，刀沒買成，因為小孩自己試了不能用，如果是大人，加上我匆忙，肯定買成。

沿途荒涼，往往一兩小時不見人影，彷彿進入了古絲路？只有平坦筆直的公路和前仆後繼的電線桿，時刻提醒了我們，真的是活在現代的旅行中。今天車行約五百公里，車子好似脫韁馬，可永遠跑不脫包圍了我們的天山山脈，不由想到一千三百年前的唐三藏。晝伏夜行，西方取經，夠辛苦，夠有毅力的。難怪梁啟超說過：「玄奘法師，為中國佛教界第一人。」

今天的最後景點是在一處地下畫廊停車，「地下畫廊」是我命名的，應該是一地下墳墓才是，或被稱之為「夢城」，我們分批入洞參觀，進洞後彎腰蹶屁股斜深而入，一層比一層窄矮，最後根本進不了，想必就是埋死人的地方，光線暗，加上解說員表情嚴肅，背書般特快，更興不

起我的精神。

在一商場買到了刮鬍刀，買一瓶孔府宴酒請大家喝。另買一皮帶。

晚宿甘肅省嘉峪關嘉峪關賓館。

9月19日 嘉峪關到武陵

六時五分起床，整理零星記事。七點五十五分在晨曦中出發。

一早就去參觀夜光杯工廠，原先的印象，夜光杯是透明的才是，不料卻是黑不溜丟，早知如此，我就不進去看了。前兩天的「葡萄」美酒，今天的夜光杯，是多美的搭配，現成的詩句，斗大的草楷字掛在工廠的大門口：

葡萄美酒夜光杯，欲飲琵琶馬上催，

醉臥沙場君莫笑，古來征戰幾人回！

可是，為什麼夜光杯是烏黑烏黑的呢？

午餐在張掖賓館旁的一個軍人餐廳解決。

張掖，市區不小，頗為熱鬧，位於河西走廊中部，為古絲路之要衝。我們去參觀市內的大佛寺，門口一聯有趣：

睡佛長睡睡千年長睡不醒，問者永問問百世永難問明。

人世間多有永不可知的事，不可問，不必問。

去嘉峪關，門票上有如此記載：「嘉峪關是明代萬里長城西端的重關，位於甘肅省河西走廊的中部。建於明代洪武五年（1372）。由外城、內城、甕城組成。內城周長六百四十米，高約十一米。建築雄偉，自古有『天下雄關』之稱。」

下午四時十分，在金張掖曠野處小歇，說成路邊也成，有小孩捧西瓜兜賣，一元一個，我真想買，可惜沒有零錢，買西瓜半真，因為怎能吃完？喜歡這小孩是全真，可是白給他錢，或是不要他找錢，是侮辱了他。看他們一個個被風吹裂了的紅面孔，天真地聲聲兜叫著，可愛也可憐。他們當然無知，可是有知的是我們！

今天特冷，五度左右。我的鼻和嘴都有開裂的感覺，有感冒的可能，

應該戴口罩才是。車繼續開，過境山丹縣時，野地裡有積雪，昨天一定下雪了。

晚宿甘肅省武威市的天馬賓館。何家琪問要不要逛夜市，我們謝了，我感冒了。拼命喝水。

9月20　武威到蘭州

以為八點三十分，但也可能八點集合，到了八點時不見大家把行李放置房外，便肯定還有半小時，不料今天因為中午要回賓館，行李便不必拿出來，美娥和我趕到餐廳，別人早已開動了，好在自助餐，不然多不好意思。

小黃的太太病了，昨晚去看了醫生，今天上午的行程，他夫妻不參加，有人笑曰：少了個賣膏藥的。

八點四十五分出發，陽光不小，氣溫仍低。

去文廟，好多好多石碑，尤以西夏碑多，西夏文字，狀似漢字，但一字不識。一高大石碑乃林則徐親筆，昔時官大字好，確有道理，今日卻未必，但今日的官尤好為人署名寫字，其字多請人代寫，犯了作偽又好名的罪。

地陪說，以往不敢和台灣客人多說話，總以為台灣來的人多為特務，後來因為接觸多了，發覺不是那麼一回事。我說，妳們旅行社都是國營，工作同志們人人伶牙利齒，我才認為妳們都是特務。聞者都笑。

去雷台漢墓，也稱靈鈞台，其上為一道觀，說是 1969 年，始發現此地下的雷台漢墓，為東漢末年所建，大型磚室，分前、後、中三室，前室附左、右耳室，內部也有小型兵馬俑。

晚宿金城賓館。經過市場時參觀了蘭州拉麵，甩麵的表演和刀削麵差不多。

蘭州是一個大城市，在台灣的各電視氣象的報告，蘭州是固定被報告出來的。

9月21日 蘭州到西陵

每次遇到低溫而乾燥氣候，我鼻孔內滿積血塊，嘴唇乾裂，去北京時這樣，去上海也是這樣，去瀋陽是在盛夏，不然也一定這樣，這幾天又是這樣，看樣子我想在大陸頤養天年是不可能的了。

這次絲路之旅，我們是走在地理書上的地名裡，我心裡想到的卻是一些歷史人物。車程中往往滿目荒涼，以往是在電影或電視中看到的，現在卻一一在眼前映現了。昨天看古墓時，突有一想，古人真蠢，把自己深埋了，還用兵馬俑（不應該以秦始皇為始作俑者）保護，就能永遠不朽嗎？死了，就死了，還要搞這些作什麼！

今天八點五十五分出發，大件行李由專車先送去火車站，下午將乘火車去西寧。

上午曾去一百貨公司，美娥要買件羊毛衣，但他們不收信用卡，美匯比起酒店還低，沒買。

下午兩點半到火車站，三點十六分開，是所謂的軟座，美娥和我，加上那未婚同居的年輕人（男三十八，女三十一，是團中最年輕的兩人）同一廂座，兩人不合群，發現那女笑時極美，眼角瞅人時更美，那男子一莊稼漢，沿途中兩人常常牽手自顧自，好比自助旅行。現在面對面坐，美娥和他們聊天，女孩自開畫室教學生，曾在巴黎習畫，男孩在畫室中幫忙。在苗栗頭份，兩人未婚同居，沒有結婚打算。全團人似乎皆不以為然。我是無所謂然不然。完全個人事，與爾等何干！

斜對面坐有一對男女，女士至少六旬以上，服飾樸實，神態高雅，儀表莊重，男士五十左右，體健、拘謹，對女士有保護、照顧之舉止。我對美娥低語，此女士可能高幹妻或本身即高幹，男士乃保鑣也。美娥說怎可能，高幹怎會坐火車？說的也有道理。

火車上撿一報屁股，有「說曹操曹操就到」一文：「馬超為馬騰報仇，殺出西涼，在潼關與曹操交戰，曹敗而逃，馬超則乘勝追擊。追尋間，恰巧遇到曹操策馬迎面臨近，但因烽煙彌漫，一片迷矇，馬超沒有認出曹操，反而向曹問，曹操何在？結果被曹操哄騙而過。」此乃「說

曹操曹操就到」的出處。

上廁所回來，同團中的王太太佔了我的座位，四人在砍大山，我當然坐上她的位子，參加了老、小黃，以及全陪劉的膏藥群，何家琪趴在桌上睡覺。其實他們賣了些什麼，我是一聽半不聞，我耳聾，也是不太留意聽。後來美娥說，那兩位同居的年輕人有自閉症，我以為我也差不多，只是程度上沒有他二位那麼嚴重而已。何後來醒了，老黃勸她早點結婚，不然很可能連蟑螂也生不出來，我們大笑。

火車旅程兩個多小時，聊聊笑笑很快打發掉。下火車上汽車。很快進了西寧市區（好大的市區），第一站是登上白塔山一遊，在山上可以看黃河滾滾，黃河的水真黃，往年常聞黃河決口事，可又有黃河是黃帝子孫的母親一說。不遠處正是黃河第一橋，今日一見果是雄姿非凡。暮色中，我們住進了青海飯店。

9月22日 西寧到青海湖

八點三十分自助餐，九點十五分出發，沿騜驪河畔，地陪李滔滔不絕，她指了窗外一處公園說，這公園的一大塊地，原為馬步芳的公館。她談到現在一般大學畢業生，剛入社會的月薪，約莫七、八百左右，一千至二千元間便是高薪。我們去青海湖有一百五十里，途中經過日月山，那文成公主（原名李雪雁）和親時（公元 641 年）經過的地方，我知道那也是她改變心意的地方，決定了完成和番的任務。

談起古代和番的事，我便有反感，這些無能的帝王們（強勢者如漢武帝都如此）真是可恥，自己視女性為玩物，居然把女性也視為政治運用的籌碼，多次把自己的女兒出嫁到數千里之外被視為一切落後的番邦。李強調，文成公主到了日月山，受到了神靈的感動和啟示，本來一路上哭哭啼啼、傷心欲絕的她，一夜間打定了主意，擦乾眼淚，到了番邦一心一意要有一番作為。

其實，如果說是神靈感動了她，不如說是愛情改變了她，因為護送她的是一位新科狀元（一時想不起姓名），沿途（應該是由長安出發，

涉河湟，經鄯州即今樂都，過鄯城即今西寧，才到了赤嶺，也就是現在的日月山）多少個日日夜夜的照料、呵護，怎不令二人陷入情網，受了狀元的真情鼓勵和忠孝之說教，小女子不得不耳。想到這裡，不能不又佩服這位皇帝，真有他一套，爲什麼選了這位風度翩翩的未婚狀元？他既非太監，又非孔武有力的保鑣。我們稍加思想，應該有了答案。

日月山是一個荒地，一座不像廟宇的小廟，供奉著文成公主，我沒和她拍照，倒是和一條牛拍了照。因爲我想到六十年前我跑反到安徽一個鄉下，小朋友教我騎牛，如何「嗯」地一聲，牛會自動垂低頭來，任發令者跨牛角而騎到牛背上去，自那時以後，便再沒有騎過牛。當然這次不是由牛角而騎，是牛主人扶我直接由牛腹部而上。騎牛這件事，美娥認爲毫無意義，她哪知對我來說，是一段騎牛的歷史回憶呢！

車行到了青海湖畔，地陪李又提到文成，說她說過：「一江春水向東流，唯有此水朝西行。」這一定是因爲地勢關係。文成果如此說，此女感觸確深，也有才氣。青海湖面積有四千五百平方公里，平靜浩瀚，水波不興，全團人包括美娥在內，前往湖邊，我，還有老黃太太，沒有去。我獨坐在離開湖畔五十米處的一個牌樓的石階上遠眺，看那煙波浩渺，與四周綠茵茵的草原和連綿山巒，相互輝映，真的美如畫。老黃太太在不遠處的草原上兜轉，好像尋覓異花奇草似。約半小時後，他們乘了車子來，我二人前後上車，我笑曰：我二人不是在一起。引起哄車大笑。

車停在一個有幾個蒙古包的湖濱，參觀了一個蒙古包，小黃和他太太先後騎馬。因爲是被牽著騎，我缺興趣，美娥不敢。在行程節目表上，這是「藏族民訪」，看來我們比大官們看到的還要樣板些。

晚餐時，小黃盡講他的騎馬，好似在傳授馬術。他又自稱是他生平第二次，真不夠謙虛的，賣膏藥也賣走了樣，他忘了同桌的陸上校曾自我介紹，他是學騎兵的。真是孔夫子前跩文了。

仍住青海飯店。

9月23日　西寧到西安

下午要乘飛機去西安，全團的行李被網在飯店門口時，也看到另一台灣團的行李，每一個箱子都繫一窄帶，上面印好了「鳳凰旅遊」四字，紅底白字，醒目易辨。這個腦筋動得好，窄帶花費極小，極可能羊毛出在羊身上，功效卻極大，不僅容易辨識，更是發揮了廣告作用。我對何家琪說，妳回去開會時，可以把這件事提出來。鳳凰旅行社之所以發展迅速，不能不佩服這個企業，對這個小地方的注意和努力。我心中頓生警惕。

八點四十分到北山，爬北禪寺，陡直的石階，起碼有三百餘級，比我小一歲的李老一馬當先，我尾隨其後，美娥也緊追不捨，和木柵政大的好漢坡顯然有不同之處，後者中間有好幾個轉折石階，更少了些險要，爬這三百多級石階，一口氣你非上不可，中途如要站立，瞻前顧後，頓生恐懼惶惶之心。李老早上去了，我慢步等美娥，讓她看見心安，算是第二人爬上頂層。一女學生坐地讀英文，見我們上來了，忙問何處來此，我告以台灣，她頗為神往。稍息後再環山行，見一棧道，但禁行。

北禪寺為佛教，說有上乘、下乘之分，下乘已一千三百年之久，另分喇嘛、支派、流派，又有明馬派即所謂黑、白、紅派之分等等，最後形成了黃派。我的天，幾乎所有的宗教都有枝叉。尤其是喇嘛教，並且是男女雙修。講究無為的宗教尚且如此，人間焉能平靜！天下又怎太平！

下山再去祈壽寺，建於1717年。院中一石名為護法磐石，傳說是格魯派創始人宗喀巴的母親揹水時靠著休息的地方。磐石上貼滿一張張大小不同的人民幣，當然是遊客的傑作，算是捐獻而且有誘人解囊的作用。

記不清是先去東關清真大寺，還是喇嘛廟的塔爾寺，反正去飛機場之前還去了一家名為青海第二地毯工廠。先說地毯工廠罷，這地方的參觀可把我們的地陪李小姐氣慘了，說是她把我們整慘了也可以。因為我們夠累了，我們一到工廠，第一件事是上洗手間，接下來除了年輕的女

士們走動參觀，像我一屁股坐下來動也不動的大有人在，沒有人買東西，她沒有面子，也少了裡子，所以氣嘟嘟把我們趕回飯店，用午餐，午餐完畢，我記下的時間是一點三十分。

東關清真大寺是西北著名的四大清真寺之一，也是青海省最大的伊斯蘭教的寺院，距今有六百多年歷史。大寺主要建築佔地約兩萬餘平方米，是西寧市穆斯蘭教群眾進行宗教活動的主要場地，可同時容納一萬餘人做禮拜。我們在大寺裡整整逛遊了四十分鐘。我記得一件有趣的事，以往都是在電視上看到的鏡頭，那就是我們用手去轉動那轉動的鐘，一排一排鐘，我們都以正方向觸摸著，邊走邊轉動，轉得高興，轉得過癮。以往用眼看，現在都到身邊來，自己親手觸摸。

去塔爾寺，門票上有簡介：「塔爾寺藏語稱『貢本賢巴林』，意為十萬尊獅子吼佛像的彌勒寺。座落青海省湟中縣魯沙爾鎮之南隅蓮花山中，係藏傳佛教格魯派六大叢林之一，是格魯派創始人宗喀巴大師的誕生地。早在 1379 年（明洪武十二年），宗喀巴大師的母親香薩隔曲，根據大師來信說的意願，在大師誕生處修了一座蓮聚寶塔（現在的宗喀巴大師紀念塔）。從此，信教的群眾就在這裡『煨桑，禮佛』。1560 年（明嘉慶三十九年），靜修僧仁慶尊哲在塔的附近修建了一座小寺，因寺與塔相連，故人們將其連稱為『塔爾寺』。經歷代高僧大德修葺擴建，寺院形成了由眾多殿宇、經堂、佛塔、僧舍等組成的融合藏漢藝術風格的建築群。總佔地面積為四十萬平方米，建築面積逾十萬平方米。歷史上鼎盛時期住寺僧達五千餘人。寺院設顯宗、密宗、醫學、時輪等四大札倉（學院）。入寺僧侶先習顯教，後修密法；講聞經律論三藏教典，修持戒定慧二無漏學。歷代以來高僧大德層出不窮。寺藏文物更是琳琅滿目，典籍浩如煙海。壁畫、堆繡、酥油花堪稱塔爾寺藝術三絕。其瑰麗壯觀的建築藝術名聞遐邇，是民族文化藝術寶庫中的奇葩。古往今來，塔爾寺以其獨特魅力，不斷吸引著海內外廣大朝聖者和旅遊觀光者前來朝拜、遊覽。」

寺前有一高塔，指標是「善逝八塔」，平面圖是「如來八塔」，在入

口處經過「過門塔」時，迎面便是，其實我們遠在百公尺外就看到了，成了塔爾寺的路標。此塔禁登，也就是說可望不可即，我可望不出名堂。

　　新建的西寧機場去年六月一日開始啓用，是中國八大著名機場之一。地陪爲我們辦好了登機手續，向我們告別。這時候是下午四點三十二分。候機室裡有書攤，我買了一本陳希同犯案的記事，薄薄八十多頁八開本，看完了也是廣播進行登機的時候，我把書正要放進背包時，賣書的小姐竟把書款十元人民幣退還給我，驚問其故，她說她是社會系大四學生，正以耳聞目睹台胞種種爲論文，她來打工十多天，尚未發現伸手即選此書並且問價付款的台胞，同時注意我一口氣讀完的專注。感受也接受了她的誠意，告訴她，在台北我已經看過了《天怒》，所以對這位前北京市市長的事有所粗略了解。登機的行列在動，我謝謝她，告訴她，我會記住她這位以觀察台胞爲畢業論文的美麗的女學士。心中喊：台胞呀！呆胞呀！我們在中國的言行，能不慎乎！

　　將近兩小時後到了西安，地陪楊小姐接機，出了機場，便覺得熱，不是像來時台北的熱，可是和反方向絲路之旅一路走來的冷，比較起來便是顯著的熱了。西安爲什麼叫西安呢？不是又叫長安的嗎？在旋轉台前等行李時，我在考我自己的歷史，我記得寫《朱元璋傳》時查到過的資料，朱元璋出身卑微，當過乞丐和尚，身經百戰，出生入死，好不容易當上了皇帝，患得患失，就怕失去了江山，對於以往一千多年曾有十三個朝代在西安建都的「長」安城，深深惶恐而擔心，就怕先朝遺民會捲土重來。他便乾脆遷都金陵（今南京），1369 年下旨把長安改西安，一廂情願的想法，自此以後，西安西安，西方便安了。

　　楊小姐能言善道，機場在郊外，上車不久，她先介紹了「涇渭分明」的所在。涇水源甘肅，南北二流於涇川縣會合後流至陝西，而渭水也源自陝西西安，也就在我們的車前方不遠處會合了，可惜的是，我們只有車過渭河大橋的份，沒有下車看的福。楊說，兩水分開看，涇不特別清，渭也不甚濁，可是會合在一起，相連一條線，清濁立顯，涇渭分明。必須一提的是，姜太公的願者上鉤，渭水正是他釣魚所在。

　　過渭水大橋，一片草灘，那是阿房宮的所在地，如今草灘空曠，周圍有一百五十公里，阿房宮又名阿城，秦惠王初造未成，始皇廣其宮，規劃三百餘里。為何叫阿房宮？有說言其宮四旁廣，以形名宮；但楊小姐卻說乃秦語「那邊兒的宮殿」的諧音。她立刻用秦腔說給我們聽，聽來果然不錯。

　　由草灘談到農田，由農田談到了陝西的農產物，以玉米、小麥、棉花為主，光是小麥就有二十多品種。

　　車子進入了一座巍峨大城門，給我們也有涇渭分明的感覺，眼前耀眼光亮，車人多了起來，耳朵收聽到多種頻道。大城門是南門，車子在南大街緩慢駛行。西安的街道易辨，分東、南、西、北四大街，盡頭都有城門門樓，城門外有環城一路，二、三路正在開闢中。四座門樓以圍牆銜接、呼應，街與街間，方向感極強。此時雖是早過了下班時間，車水馬龍，行人不絕，叫我吃驚的是，進城後不聞機汽車喇叭聲，在台北也不會有車無聲，在大陸各地怎麼可能？我問楊，她驕傲地說，因為規定如此，罰重車不鳴。她說我們運氣真好，西安為大陸有名四大火鍋之一：西安、武漢、長沙、南京，熱時超過攝氏四十度，冬天的冷也夠嗆，零下十五度左右為平常，好在四季分明，秋天比夏天更叫人喜歡，為什麼？好吃水果都上市，我們現在來的正是時候，「金色的秋天也」！石榴、　子、蘋果，和梨子，　子以火金種最可口，不僅你們台胞認為便宜，當地人也深以為然。

　　我看時間是下午七時四十五分，南大街上塞車塞得厲害。楊的專業不錯，口才便捷，談到了秦腔她帶勁。西安隸陝西，陝西簡稱秦，她說唱秦腔有三大要件：身體要粗壯，舞台要牢實，觀眾膽要大。因為秦腔不是唱，而是吼，其聲掀屋，動作驚人，身體不粗壯吼不了，沒有心理準備的觀眾會被嚇破了膽。她又介紹，西安是世界級四大千年古都之一，中國八大都市之一，中國六大古都之一；有句話說得恰當：幾十年看南京，幾百年看北京，幾千年看西安。西安的古，西安之所以代表中國，不久前美國總統柯林頓首次來中國，第一站便是西安，就是明證。

在東大街神州明珠酒店用完晚餐，已是九點零五分。晚住建國飯店。

出酒店左轉，說有著名的紅燈區。但非我們意會之紅燈區，乃類似新加坡的大排檔也，蓋每一攤位皆掛一紅燈籠。今天實在太累，想到明天的「兵馬俑」等重頭戲，美娥和我沒出去，養精蓄銳也。

晚上何家琪來房收取小費，二人計新台幣五千六百元。此乃台北的所有旅行社的陋規之一，開車到商店或工廠，把購物當作景點，俾可以取回扣，說明書上並沒有明載；再一便是小費收得欠文明，說明書上明明寫的是「隨意」。

9月24日　西安兵馬俑、華清池

八點三十分上車，上午的景點是大慈恩寺和大雁塔，再去兵馬俑製作工廠，是所謂的東向旅遊。出城經過南門廣場，柯林頓不久前來西安，以唐禮迎賓處正是我們現在車行的所在。柯林頓最近因為緋聞案，日子比我們難過得多，我們這幾天只是累了點而已。

大慈恩寺是唐高宗李治為了感念他母親長孫皇后，於貞觀二年（648）下旨建造，這當然是表面堂皇理由。慈恩寺原名沒有「大」，是因為皇家另有大乘教寺，便也順勢給慈恩寺加一「大」字。而大雁塔則是在大慈恩寺建成後，為了讓玄奘藏經有一妥善處，乃另行建造的。塔高六十四點五米，共七層，方椎形，古樸莊重，氣勢雄偉。大雁塔禁止閒雜人進入，我們當然屬於閒雜，只好在外面仰而觀之，對玄奘取經、譯經執著，深為敬佩。

大慈恩寺位在大雁塔前面，我太累沒有進去。一人在寺前蔭涼處石凳上歇著，想起了李治和武則天的一段風流史，李治在太子時便和時為他老爸太宗的武才人有染，等到這對男女成王、成后時便以感念母恩而大弘佛法，廣興佛事，熟知武則天的穢史的人當然知道，一定是和武則天自己曾在感業寺為尼，以及她的面首之一在白馬寺當和尚的馮小寶有關係，愛屋及烏也好，念在叨舊也好，武則天說了，李治焉有不從之理。大慈恩寺凡十餘院，有一千六百九十七間房間。其中譯經院最是堂皇，

玄奘奉旨駐院譯經授徒，成爲譯經院的院長了。

跟著地陪，我們前去上酥油花院。上酥油是這兒的特產之一，說是有膠水或漿糊作用，上午在祈福寺的護法磐石上，看到的各種面值不同的張張人民幣，就是用上酥油貼的，說是可以久黏不掉，是不是神靈作用，沒有人敢否定。

上午我們還參觀了距西市三十公里，位於臨潼區驪山的華清宮。驪山，自古以來，是歷代帝王的避暑勝地。華清宮以溫泉宮又名離宮，就是後來被改名爲華清池而著名。

華清宮是圍繞著山麓溫泉噴出口建築成，在天寶六年（747），被改名爲華清池。今日看來，當非往昔「春寒賜浴華清池」風貌。只是一個約莫半個網球場大的石塊砌成的凹池，乾涸得更是難看。實在不容易興起一幅想像的動畫：

溫泉水滑洗凝脂，侍兒扶起嬌無力。

楊玉環（貴妃）是怎樣地任憑侍兒們由春凳上扶起，披上浴巾，把全裸的身子深深掩埋在厚氈椅中。現在，有座兩人高的貴妃全身白色塑像，矗立池畔。

驪山既有溫泉，除了華清池爲御用，溫泉池也另有多處，各有名稱。如今在池上池邊建有頂、牆，而且設置圍欄，幾乎都比華清池大，是供給皇室大臣們享受的。我們隨著地陪。走出走進，一個又一個。

我們當然參觀了蔣中正在華清池住過的臥房（1936 年十二月四至十一日）。也看到一亭原名「捉蔣亭」稍後易名「兵諫亭」。此亭乃是蔣中正在十二月十二日清晨聞變逃「獄」，翻越室外圍牆，驚走驪山，在山腰被捕的地方。事後特建此亭，以誌其事耳。他十二日即改住西安新城大樓綏靖公署。在參觀這兩處時，我注意到地陪小姐在解說的用語，夠謹慎的，一直是蔣先生長、蔣先生短，偶而還冒出了「你們老蔣總統」。我以爲也太政治了點。

接著去兵馬俑唐二彩製作工廠，從胚形、銜胚、修胚、上色，直至放進窯坑，及至出坑、包裝等作業過程，幾乎全是人工，解說員邊說邊

走，我們是且行且看。最後到了成品部，有高及人身的，據說和兵馬俑同等尺寸，尤其是一組御駕車馬，和兵馬俑裡的一組幾已亂真，有人買了組最小的。

　　下午去看兵馬俑。兵馬俑博物館外的廣場很大，有各式攤位，以食、紀念品爲多，紀念品又以小型兵馬俑爲主，還有兵馬俑圖案的Ｔ恤和運動帽，底色都是黑黑，居然還有表演甩麵的。廣場大半個面積是停車位，大巴士、遊覽巴士、麵包車、私家小車，自行車和機車黑壓壓一片片，上上下下，來來去去，各色人等，男女老幼，語言各異，多少人跟隨著一面面小旗子匆匆而行。在這兒，有全世界的現代人，爭先恐後來看兩千多年前的兵馬俑。

　　一號坑有二十個室內籃球場大，沒看台，大家圍住欄桿，順時鐘方向，邊走邊盯著向坑裡看，坑裡直徑有背脊若干條，高度總是超過了兵俑的頭部，背脊上明顯有被壓撐的條條痕路，背脊的寬度在視覺上應有三匹馬的長度，背脊的一面有沒有埋藏什麼，至今是謎。坑中一行行一列列都是兵馬俑，解說員指出了各號坑特點：一、數量最多，經發現有二千多具，考據應爲八千多；二、大小爲真人比例；三、外觀都不同，表情各異，手勢、髮髻也不一樣。我們注意到，手中執有的武器都沒有了，原來被集中保管在兵器博物館中。第一坑是在 1974 年發現的，妙的是第一位發現的老人，現在正坐在入口處，接受每位入內參觀者的打招呼。看樣子，政府並沒有給予特別的照顧，一套好比中山裝，一頂鴨舌帽，都是黑色的，七十左右，有撮山羊鬍子，我真想和他聊幾句，甚至拍張照，可是一批批人湧進，一批批人走出，哪能給我機會。

　　二號坑是 1976 年發現的，兵兵馬馬，橫七豎八，有待挖掘，有待整理。坑形方正，有一個棒球場那麼大，後半段正好有人在敲敲打打，說他們都是考古的師生。坑中的電燈是拉線臨時搭架，看來是便於移動照明。

　　三號坑較小，已經挖掘完成，兵馬俑也少，說是離開始皇墓最近，好比是參謀本部，由頭盔上看出了文官多於武將。

所有的俑，不論馬或兵，全身都是空的，腳部卻是實而重，為什麼？為了易立不會倒。還有一個現象，那就是頭部都是插上去的，可以轉動自如。當然，我們不止一次看到了那真的一組御駕車馬。車頂圓形，頂代表天，而那時候的人民，相信天圓地方。

我們大概是下午兩點不到進入一號坑，走馬看花出三號時，已經四點多。這時候我才感覺到我的腰痛極了。我迫不及待地上車休息了。一個英文路標引起了我的注意：Qin Terra Cotta，秦兵馬俑也。

晚餐是所謂的餃子宴，餃子的做法是號稱二百餘種，我們嚐了的約有四十多種。每籠正好四種各四個，四人一桌各取每一種，一連上了十或十一、二次。形狀圓方菱長不一，咬破到口，味道幾是一樣，都是素素的。老實說，不會比台北的任何一家素食館的餃子好吃。不過，我們聞其名而來，餃子宴是誘因之一，更能叫座的，該是欣賞歌、舞、和國樂演奏。到過任何大型夜總會的人，都可以想像到，這家餃子館的內部陳設，宛如一般大型夜總會，雖然沒有巴黎紅磨坊那麼豪華，其空間中的擺設卻沒有擁塞的壓迫感。舞台高大而深遠，我們進場時，客人已有五、六成，幕幔前只有一位著唐裝的女子在彈古箏，燈光投射了她，也打亮了雙手和箏弦；轉軸撥弦，輕攏慢抹，嘈嘈急雨，切切私語。在演奏者的臉部表情上，看不出喜怒哀樂。中國人是不露聲色，講究泰然自若；可是在弦音裡，也感染不到些許共鳴，我肯定我是音盲了。

節目要比吐魯番免費的那一次表演好，可惜少了該有的唐朝風味；豪華當然趕不上紅磨坊的聲色，其實是可以另一番聲色的，霓裳羽衣舞本來就是聲色，花冠不整，風吹仙袂，想想看是怎樣一番景象。舞者不夠飄逸，沒有歡暢，想來這是編舞的低能。音樂熱鬧有餘，主題未能突出。反正在整個表演過程中的我，居然有了後悔，早點回飯店休息多好。

我總以為，任何表演或戲劇，在過程中讓觀眾忘了自我的存在的，便是好的表演或戲劇。最近在中國的旅行經驗裡，以在九寨溝的那一次免費看表演中，整整兩個小時，我全部忘我。結束後的十多分鐘裡，我還沉醉在他（她）們的載歌載舞中。

9 月 25 日　西安的古城牆

西安乃是古絲路的起點，今天卻成了我們的絲路之旅的終點站。我們即將飛香港再飛台北。一大早我們去了節目單上寫的「長安古城牆」。

長安古城牆，保管得可說是異常乾淨，除了有幾件現代人的衣褲晾曬在城門旮旯裡，環視四周上下，全是古意，上有城樓，我們拾級而上，逛了半小時之久，在暖和的陽光裡，順方向邊走邊照了幾張相，從一角拍另一角，取有兵馬俑侍立的實景，我們是今天來參觀的第一批人，在偌大的城樓樓上，更顯得空曠，城門的厚度，至少有十米，看到我們唯一的巴士停在城牆內的廣場上，又小又孤單，廣場有六個籃球場大，碎石子地，說是被維護得最完整。這兒如果有人被趕進來，內外城門一關，看他連人帶馬能逃到哪兒去？當然成了「甕中捉鱉」。地陪沒有說，也沒有問，我想這城樓可能就是「玄武門之變」的所在。那是公元 626 年六月裡的事，李世民假傳唐高祖之命，要太子建成和齊王元吉面聖，二人來到玄武門不遠處，發覺有異，惟恐「甕中捉鱉」，掉頭便跑，不料，仍被亂箭射死。李世民便成了唐太宗。歷史上的「貞觀之治」便是褒揚李世民的治績，可是我們如果以人倫的角度來看，他殺兄弒弟，逼父讓位，又該怎樣評論他呢？

來不及多想，接二連三地有巴士進來，各式人種都來到了玄武門，地上乾乾淨淨，我真想告訴地陪，請他提醒這兒的管理人員，把晾曬的衣服收起來罷，以免老外誤會了，以為那也是唐裝呢！

去飛機場，現在是國內和國際雖然分開進閘，但在同一地方。地陪說，我們也看得見，不遠處正在灰塵飛揚，大興土木，嶄新的國際機場，兩年後可以落成啟用。

我們飛香港後再轉機飛台北，到家趕上了九點的全民開講。如果是直航，在家裡吃晚飯是沒有問題的。

第六八章　莫斯科與聖彼得堡之旅

　　半世紀前（1949-1960），我曾被強制研讀《蘇俄侵華史》和《共匪暴行》，其強制性的程度，比起研讀《三民主義》、《領袖言行》等，有過之無不及。《共匪暴行》中有所謂「洗腦」，我們（所謂「我們」計有一千餘人）咸以為，強制性的被灌輸，應該就是「洗腦」！我國春秋戰國時代，有蘇秦、張儀二人，同拜鬼谷子為師，連橫、合縱，各有其理。國民黨和共產黨的頭頭們，也都師承了史太林那一套，學會了對政治犯的「洗腦」。但是，我們自被捕到接受感訓過程中所親身或耳聞的種種「非人」遭遇，和侵華也好，暴行也好，有些舉措幾乎完全相似。我們發出奇想，有朝一日，要去「匪區」和蘇俄一行，看看彼地等，究竟何等模樣！

　　1949 年我隨國民黨政府被「匪」趕來台灣，1987 年至今，我已去過「匪區」至少二十次以上。一心嚮往的，何時能去昔稱蘇俄今名俄羅斯一探，以償夙願。

　　促使我夫婦此次前往莫斯科和聖彼得堡旅行的另一原因，我們的兒子在美國做事，近半年來常常出差去離莫斯科不遠的明斯克（Minsk）的分公司，因而我們和他約定，希望和他能在異國相見。

　　以下是我們去俄羅斯的前後九天的日記。

2003 年 9 月 5 日　星期五　晴　28 - 34℃　胡志明市（河內）

　　三點多起床，內人美娥已經在準備了，打電話給前幾天已經約好了的司機鄭良福先生，確定四點四十分在教師會館等我們。

　　四點半出門，我找到鄭先生，載我們去機場，五點半到機場舊場，領隊詹瑞芳已經到了，在櫃台辦手續。越南航空 VN P25，十二點十五分降胡志明市（現稱河內），候機大廳是方形二層，跟韓國差不多，韓國是長方形，較大。我們這團二十九人（包括在莫斯科參加由倫敦來的母女二人及領隊在內），一直到九天的最後一天（今天至九月十三號的

日記是九月十四號開始補記），根據資料以及隨筆劄記，所能搞清楚的是：

黃老、邱老、黃老媳婦、黃老外甥女計四人；

姐妹二人；

賴家四人；

洪氏夫婦；

球友李景隆太太及其妹妹吳小姐和朋友等計四人；

劉毅夫婦及其女（母女由倫敦飛來又離去）計三人；

美娥和我二人。

其餘七人記不清了。

在河內機場的二樓餐廳吃一簡餐，飯或泡麵任選。由餐廳的陳設、侍應生的服裝、儀態等，極簡單的英語也不通，看出越南的貧窮。這方面使我不解，約二十年前我去西貢、大叻旅遊時，所見英法語流利的年輕女郎，祺袍叉高幾平胸部，一人一坐騎49cc機車，袍揚臀現，滿街「招搖」的盛況，怎麼完全消失！那次，我曾興起揀便宜念頭，和聯合報駐當地記者劉宗周商量，是否可代僱兩名小姐來台北幫我，在翻譯社上班，據說，聘期只能半年，手續繁雜，因而作罷。

兩點（台北三點）多才起飛。VN 521，夜宿機上。我的位子在中排中間，座燈壞了，無法看書，只好聽音樂，亂想一通。哈哈，我終於在前往莫斯科的飛程中。

9月6日　星期六　晴 5 - 15℃　莫斯科

感覺很冷，看大廈外的溫度計，是 12 度。

五日晚上九點（台北六日早晨一點）多到莫斯科機場，入關檢驗很慢，僅一班班機，三百多名旅客，居然搞了一個多小時，由於領隊詹瑞芳早已說明了狀況，我們有了心理準備，反正是把這些情形歸因於落後地區，就不會產生不耐煩的心理了。入關取了行李，一位會說國語的俄羅斯導遊婦人，名叫 Nina，來接我們，一部觀光巴士，載到烏克蘭酒店

（Ukraina Hotel），行李送到房間逾時一小時多，可見俄羅斯人懶洋洋。

　　七時半（台北十一點半）起床，我七時已起，等美娥以及入廁時間，我讀《四季隨筆》。這本書我曾不止一次閱讀過的，因爲多年前我也出版過。最近讀林柏燕兄送我的一本他自己寫的文學評論，特別提到四季隨筆，興起我再讀的念頭。這書原名是《亨利萊克福私人筆記（The Private　Papers　of　Henry　Ryecroft）》作者亨利・吉辛（George Gissing,1857-1903），等於是本自傳，只因爲寫得零碎，又是以春夏秋冬爲序目，因而以四季爲名了。這位老兄文才與哲理幾已成當代頂尖人物，只因愛情與婚姻不遂，三次婚姻，一世受害，他終生四十六載，寫了二十三本書，所以他說：「筆桿對他是老伴侶，也是老仇人。」我特地帶了這書伴我旅行，引以爲戒，俄羅斯與我，往日因被誤導成仇，今日或因親履斯地而友。

　　早餐在酒店用，上午去札格爾斯克（Zagorsk），車子沿著亞羅斯拉夫爾（Yaroslavly）公路，北行約七十公里，走了不到兩個小時，公路呈鋸齒狀，鄉村野地，景觀確是不同，悠閒風貌與鬧市中的奔走疾駛，迴然有別，導遊說再一兩個月進入冬季，白雪舖路，當又另一景象。札格爾斯克原是以莫斯科共黨委員會書記長的名字爲名，在俄文中有「山那一邊的意思」，聽來蠻羅曼蒂克。1991 年蘇聯解放後，很多曾被改過的地名都恢復舊名，但是札格爾斯克卻例外，投票結果，仍以舊名爲名。我們下了車，在中古宗教氣氛仍然濃冽的光澤中，除了搶先解決排泄問題，我們束裝歛容，去朝拜東正教的聖地「聖三位一體修道院」和「聖歇爾大教堂」；朝拜聖地得先購門票，這是現代管理褻瀆了神明的不得已舉措，但是強制徵繳自備相機的攝影費，每位二十盧布（幾乎和新台幣等值），我以爲這是對神明的大不敬，太銅臭氣。如能註明「室內嚴禁攝錄、喧嘩」等，豈不令人肅然。

　　以東正教爲國教的俄羅斯，絕大多數人口都是虔誠的東正教教徒，今天恰逢周末，參觀的人比往常日子就格外的多。據告：此修道院建於十四世紀，初期爲一間，後因信徒奉獻，十九世紀開始陸續增建，漸成

眼前規模，金色洋蔥頂，潔白莊嚴牆，即使園子裡，竄入天際的樹木，也都悄然具備了與世無爭的感染力，你能想什麼？打牌不能輸？網球一定贏？選舉一定要罵垮對方？吵嘴非得占上風？付款找零一定要數之又數?非也！非也！東正教教徒和天主教教徒相同的是，都在胸前劃十字。不同的是，我在門口倚牆冷眼所得：進門之先，一定先行站定身軀，用右手在胸前劃一十字，依序上、下；後由右往左。天主教教徒則是上下相同，接下來卻是由左往右。我不信任何教，也不反對任何教，但是我不解：同一宗教爲何要分派別，這是人世間不能和平相處的最大原因，神明爲何不能免俗？我是隨眾進進出出，遇有坐位則坐下，盡可能養精蓄銳，今天剛開始，繼續有好幾天的勞累，我怕腰痛，也怕萬一心臟出毛病。我看年歲最長者如黃君七十八歲，走姿穩實，不急不徐，好厲害！

教徒們另一虔誠表現，讓我感動，在院內或教堂內，凡有立身或坐姿神像者，有教徒親吻其手、足、胸，或膝等各處肢體；如同西藏同胞中的信徒，對他們服膺的宗教，全程俯跪叩首又叩首；不由得讓我想起台北的圓通寺，我也見過有信徒們一步一叩首，由山腳全程至山上殿堂中，兩膝血肉模糊。宗教力量大焉哉！明年的台灣大選，已知的兩組爛蘋果中，如菩薩真的憐憫我等蒼生，宗教領袖們不妨也來淌一淌混水，證嚴法師，爲什麼不做一件功德，當選了，擇人任事即可！

修道院的左側是「聖歇爾大教堂」，高聳的圓拱頂居然沒有一根柱子支撐，是俄羅斯建築造詣的極致。導遊說，曾遭戰火破壞，現在面目是在二次大戰後所修整。修道院盡頭有一石頭教堂，看不起眼，進入的規矩卻大，教徒必須遵守，例如脫帽、穿裙等，還要自發性吟唱聖詩。園內中庭有一鐘塔，爲十八世紀凱薩琳大帝時所建，高八十九公尺，比起克里姆林宮的鐘樓爲高，爲了此事，女王甚爲不悅。女人的醋勁不僅爲了女人而發，對其它事物，有時也莫來由的亦然！

在門口和二老（陳、黃）合拍一照，事後頗爲後悔，他二位似有不豫之色，嫌我高攀了，或我是阿山。在我，僅禮貌也。回去，盡快寄出，

連底片在內。

在一家俄式餐廳午餐，一點也不俄式，簡單的西式套餐而已。餐後，迫不及待上車，俗稱「趕鴨子」的確神似，Nina 說，我們將去蘇茲達里。

蘇茲達里（Suzdal）可視之爲宗教山城，濃得化不開的是她的傳統色彩，自然景致最是獨到，誘人之處甚多。最值得一看的是當地的木造建築博物館，1968 年所建，由於俄羅斯北方森林多，木材當然多，所有房屋都是獨幢，木匠技術高超，整棟房屋常常找不到一根釘子，木頭的色澤予人一種古老的感覺，我們都一一登堂入室，Nina 說得認真而含蓄，例如說到，夜晚的家居生活，主臥室被牆外不停的風車聲騷擾時，往往也有其特異功效：「讓父母親的床上遊戲能同步在鈴聲中進行。」絕妙好辭！說的人和聽的人，相偕會心大笑。我們又參觀了多天和夏天的教堂，內部裝置一致，通風和照明自有其特殊的道理，Nina 說是說了，我沒聽懂，想其他人也未必知曉；孔子說「知之爲知之，不知爲不知，是知也！」那我們則是真的「不知爲不知」了。山野小徑中的傳統水井、水車，以及磨麵粉用的風車等，看得興起，未能免俗，拍照留念；到此一遊！

在蘇茲達里，最能看出了古俄羅斯的城堡風格，偶而從遊覽車的窗子往天空看，盡是些此起彼落的圓頂建築和鐘樓，順眼平行線看去，四周縈繞的平房，幾乎全被畦畦農田環繞著，即使現在秋末冬初，壘壘瓜果和葉葉蔬菜，平添了大地生機。有人呼叫解決「問題」，大家下得車來，魚貫進出「一號」，解決了問題，心情也就輕鬆，一幅生動有趣的畫面矗在眼前，有位僧侶披袍戴帽，坐在田梗旁的石塊上，背迎陽光，閱讀經書，大有關老爺夜讀春秋的架式，他那與世無爭，把自己融和在天地間，構成了這幅自畫像，四周的田野、屋舍、小橋、河川，都成了默默無語的襯景。有位女士剛從「一號」奔來，手未淨，衣未整，未徵同意，竟倚他背後，請人「卡嚓」，攝她伴他入影；我不知是她褻瀆了他，還是貶損了她自己？持平地說，總是欠禮貌的。通俗而嚴重點，說成性騷擾，也可成立。但看這位模特兒，似未覺察這件突發事兒，思考

路線依然通往天庭。

　　晚宿雄鷹（Cokol Hotel）。進得屋裡，室內設備實在欠佳，我打電話兩次要櫃台派人前來修理電視電源。等待中我一直思想著眼前的俄羅斯，昨今兩天，我已經代表性的看了一城市一郊外，在莫斯科，滿眼宮殿城堡，可說是用建築寫出了歷史，在蘇茲達里，乃以自然景觀取勝。1991 年八月，蘇聯發生了上世紀可媲美於 1949 年的中國大陸變色的「八月政變」，不同的是，中國大陸是共產黨步上國際政治舞台，而「八月政變」卻是蘇聯共產黨走入歷史。蘇聯正式改國號為「獨立國協」，對美蘇強權主導世界的局勢，起了決定性影響，民主化的運動帶來了意想不到的衝擊。經濟風暴驟至，一夕之間，盧布居然貶值四萬倍。人們窮困程度，你若留意，街頭巷尾點點滴滴都足以證明，即使時裝髦的帥男俊女，神色舉止間不經意時也會顯洩囊相羞澀。盧布的急貶，讓我想起了 1948 至 1949 年間的金圓券，更讓我杞憂到眼前的新台幣，會不會在二十一世紀將會有驚人之舉！歷史重演可怕！驚覺歷史即將重演更可怕！

　　電視修好，我已失去欣賞節目的興趣。在抽屜裡見有各種文字資料，我揀了幾張英文的，帶回去或可作憶念參考。

9 月 7 日　星期日　晴

　　早餐西式自助，去得遲一些，人太擠，你來我往，各找自己喜愛食物，我想吃的火腿沒吃到，明天要早點才好。餐後仍在蘇茲達里市區觀光。下午去弗拉基米爾市（Valdimir）觀光，這城市看來小巧，在俄羅斯的建國史上卻有其舉足輕重的份量，十二世紀初，此城以建城有功英雄之名而名其名。成為蘇茲達里大公國的首都。十二至十三世紀間，所有沙皇都在此地加晃。怪異的是，此地所有教堂都以黑色為主色，緣因十三世紀時，教堂因韃靼人入侵而遭受嚴重破壞，一千多名避難村民被屠殺或被燒死；教堂自昔至今其色為黑，對歷史負責，為後人殷鑑。仇恨可以寬恕，但絕不能忘記。國民黨連戰曾經講了句渾球的話，他說，

以往的事忘記算了！他為什麼忘不了連震東是他的父親！

返回莫斯科，看馬戲團表演，精采是精采，但不如想像的精采。其中以一項高空絹舞引我注目，是以往未曾看過的節目；兩條白色長絹由空中垂下，表演者以兩手兩腳攀上，忽上忽下，一會兒左，一會兒右，陡地拔蔥而上，忽而閃電滑至離地吋許而止，觀眾被嚇了噤聲，我真擔心我心臟病的負荷量。

下午逛克林姆林宮的外圍紅場（Red Square），半截城牆全是朱紅色，和克林姆林宮的東牆毗鄰，一片緩和向北方低斜磚拼廣場，在聖巴教堂的前方，有一個圓形的羅波諾耶梅斯托平台，是當年向群眾說教與宣讀沙皇法令之處，也是執行恐怖極刑的刑台。紅場的俄語 Kranaya 原意是「紅色」（Krasny）外，也有「美麗」的意思，因此紅場的盛名與廣場上的斑斑血跡無關，純因美麗而有了此名。每年十一月的閱兵，便是在紅場舉行。

晚餐在青葉餐廳，據說原是台灣人開的，現在已讓給本地人開了，仍然有華人小姐，但不會講國語，菜也當然不地道。等於吃和菜，八菜一湯，一碟水果。以台幣估計，不會超過兩千元，都是客飯菜。

晚上搭火車去聖彼得堡，距莫斯科六百六十公里，行駛八小時。我們是臥舖，四人一室，我夫婦和洪姓夫婦一室。五十許的洪太太原是中學教員，後開補習班，兩人又開禮品店，因為太太心臟開過刀，小我十歲的洪先生就決心退休了，專門到處旅遊。

我對李太太的妹妹很欣賞，話不多，但中肯，不賣弄，很中聽，是位很有內涵的女性。另外一對姐妹，有氣質，禮貌得自然。我也喜歡讀東吳三年級的王小妹妹。

比起中國大陸（十多年前）的火車，乾淨些但床舖窄小些，轟轟隆隆聲中我仍然睡得甜。上下的腳梯讓我腳底痛，這是我的毛病之一，尤其在被窄器墊抵我的腳底板時，痛，有時會抽筋。
冷，可以忍耐。

9月8日　星期一　晴

　　七點多醒來，上廁所是件苦事，第一是人多要排隊，二是男女不分，三是進去了又有被催的壓力。還有襯座是鐵板，冷又髒。加上我在大便時一向有壞習慣，多年來都是邊看書邊大便，可我又不願改。「大便時看書，一輩子可以多讀百本以上的書。」這話不知是誰說的，我服膺如真理。但是，在落後地區旅行可就嘗足了苦頭；現在，我拼命憋氣使勁，加上來自門外被催的壓力，叫我尷尬萬分，結果居然便秘。便秘在旅行中，是件不足爲人道的災難。

　　昨晚臨睡前在火車上入廁，有件事可窺探人性，不得不記：在等待行列中我好不容易排到第一名，由於廁所內的人辦事太久，排在我後面的人要我催一催，我不忍，也認爲敲門催不禮貌，不料這位性急的太太居然越俎代庖，搶上一步而連敲兩聲，裡面的人正好已經告一段落，應聲而出，卻是洪太太，對我怒目而視，想當然她以爲是我敲的門，我很窘，卻無法啓齒說「不是我敲的門」，而敲門的這位太太，卻少了坦認的勇氣。這件事如何解釋善後？只能說是我的不幸，洪太太對我不滿是理所當然，而肇事的女士會不會有點內疚，我在她眼光中看到的，表情可不是內疚，如不是幸災樂禍，已經是阿彌陀佛！

　　九時許到聖彼得堡（St. Petersburg），剛下車，有位自稱「帥哥」的俄羅斯中年人前來接待，他說他的中國姓是吳，「聖彼得堡肯定比莫斯科要好上一百倍」，自說也自唱「我心愛的人....」的華語歌，說在北京待過一年，所以台灣歌只會一兩首而已。還說聖彼得堡的人不喜歡莫斯科的人，莫斯科的人也不喜歡聖彼得堡的人。他說的可多，不停地講，還好沒有超越「令人討厭」的極限。他是莫斯科大學東方語言系畢業的，高高個兒。他舉手引著我們走，先去早餐，上午看彼得堡羅要塞、血腥教堂，以及聖彼得堡墓基所在及末代沙皇尼古拉二世全家陵寢。都是走馬看花，實際上連花容和花香都未能入目入鼻。

　　彼得堡羅要塞（Peter & Paul Fortress）位於聶瓦河和克羅渥河（Kron-werk）之間，兩河互成平行線。1703 年打下地基，建築木造教

堂；1712年又造聖彼得堡羅教堂（SS Peter & Paul Cathedral）。三十年後，一座一百二十二點五公尺高的鐘塔拔地而起，以金色塔頂的十字架和天使來護佑這座城市，料不到的是，後來卻成了羈囚政治犯的監獄。從彼得大帝以降的十三任沙皇與家人的三十二口棺木全在其中。帥哥說，彼等屍體皆在棺木的地下，實際上眼前棺木，內容空空。到了二十世紀初，被暗殺的末代沙皇尼古拉斯二世與家人、侍從等人的遺骸，也被移來安置。因爲色彩花俏，又被告知棺中無物，同團的小姐太太們也就花容不失色，只見倦容而已。

想來血腥教堂，聖彼得堡墓基等，和彼得堡羅要塞是在同一地方，我累了，沒弄清楚，資料上也語焉未詳。

聖彼得堡曾被叫做列寧格勒（Leningrad），是爲了紀念1924年過世的列寧而易名。1712年把首都由莫斯科遷來此地，到了1913年再遷回莫斯科，同時也改回了原來的名字叫聖彼得堡。詩人普希金形容聖彼得堡是「一扇開向歐洲的窗戶」，但因爲地理位置較偏，繼任者無不以往北方及西方開拓，無形中成了侵略成性的國家，我國首當其衝。遠的不說，自十九世紀開始，在台灣剛剛放映過的電視劇，原名《走向共和》，就有敘述1896年的「中俄密約」，李鴻章允俄用中國港口、開中長鐵路，聯俄制日；1901年俄國獲取滿州、蒙古、中亞鐵路權；到1903年俄軍強佔奉天省；1918年俄國乘亂佔據新疆，至1927年南京政府不得不宣佈和蘇聯斷交等等情節。聖彼得堡人引以自豪的是濃厚文化氣息，所以導遊先生的一露面，雖然表現得頗爲誇大，說他囂張也不爲過，但是，他自有其成長背景因素，有其耳濡目染的後天的環境影響。我心裡這麼一分析，對眼前的導遊無形中有了加分作用。

下午重點是參觀現在俗稱爲沙皇村的普希金鎭，這是自1918年起開始受到皇家家族成員的喜愛，皇室一年中有大半時間都住在這兒，帥哥特別要我們欣賞那化了二十四年，用了六噸琥珀修復完成有世界第八景美譽的琥珀廳，及其宮廷收藏。還有在廣大園庭中間的一座著名洛克式建築被稱之爲凱薩琳宮。當我們來到沙皇村前，可真開了眼界，大門

前是一廣場，好幾行人龍，各色人種，散落四周等待排隊的人群更是多了數倍之多。導遊說的逗趣：「上次四十五國元首來參觀，由布希領隊，他們可照樣認真排隊。」當然是笑話，但證明人人瘋狂千里而來，其目的只為了一看而已。我們這一團參觀的次序是 35 號，我看為時尚早，便找一處坐下，遙望移動遲緩的行列。等待的滋味，此時此地並不太難受，因為眼前皆陌生，更顯得奇異，可驚可愛，俄羅斯人為何多胖子，無論男女，挺腹挺胸蹶屁股，走路如鴨子，划來划去，當然不是百分百，少數的帥哥美女，皮膚白淨，個兒高佻，天冷的衣著仍然透著性感。年輕人步伐極快，一定是上班族，攤販們捧著出售物叫價美金或盧布，總是捧著計算機指出數目字。

　　說是今天運氣好，也等了約莫一小時許，進了大門，裡面仍然是一個露天廣場，又要排隊等待。天哪！我腰好痛，沒法子，坐在進口的石階中的一層，以看到我們那位帥哥的頭為原則。因為靠近入口，聽得出各種語言，除了英語、日語，和中國話，其它的我都聽不出是哪國語言。我不敢想像進了宮後的景像如何，肯定是見面不如聞名，起碼對我是如此，我非史學家、也非考古學家，或鑑賞家，更不是珍藏家，看熱鬧而已。其實我是不該拼命充「面子」的，或者說是虛偽了自己。我乾脆坐在外面的石椅上，曬太陽看美女多好！可是，這會兒，鴨子已經上了架，也只好自甘受苦。我們總算進了宮，眼睛為之一亮，金壁輝煌，在走廊型的屋子裡隨著行列移動，一宮又一宮，導遊領頭卻是倒退走，和我們面對面，一方面講解，一方面常常扭轉脖子看前面一團是否離去，以決定講解一段落中的告一段落。這一點可就看出帥哥的程度和口才，我注意而欣賞他的功力和應變。迎面而來的玻璃有的居然超過了兩人高的正方，我懷疑在好幾百年前就能鎔冶出這麼大的尺寸嗎？每間宮室的最大特色是畫像多，導遊講的口液飛揚，入我耳的都是多少年多少年、某帝某后某公主的名號而已。我真想提醒他，何不擇其一二，說點小而逗趣真實故事，稍加油醋也無妨。記得 1995 年七月十八至二十日，我應邀參加瀋陽遼寧大學主辦的歷史學會，會後在另一處放映 1990 年六月一

日在台北圓山飯店十二樓崑崙廳，為少帥做九十大壽的現場錄影，蔣宋美齡也贈送花籃祝賀。會中，主講人口誤，說蔣宋美齡現居英國，少帥仍然囚居北投，而身旁那位女士為護士。放映畢，顧副校長要我就少帥過生日說點看法，我力辭未成，只得語出驚人：「歷史的謬誤比起謬誤的歷史更可怕，我自台北來，剛才放映的影片中的人物，我可以辨識出大部分，相識的也有五、六成，其中說明最大口誤的是，蔣宋美齡現居美國長島；少帥現在也在美國夏威夷，在影片中經常走動的那位小姐，是華視記者陳月卿，絕不是護士。」那位主講先生問我可有什麼證據，我笑笑說：「我說的影片中這幾位都還健在，今後來這兒觀賞這部片子的人，只要他是來自台灣的，你一問便有了相同的答案。」顧副校長立刻解圍，話左右而言他。過去沒有幾年的眼前事實，居然混沌如此，十年百年千年以上的歷史呢！

　　所以說，導遊的話可作參考、助興，即使正史、傳說，也要經過歷史學者的考據、訂正，加上自己的以多種多樣資料史冊比對才是。

　　終於到了六噸琥珀裝飾而成的琥珀廳，說是世界八大奇景之一，是設在凱薩琳宮裡，如不特別挑明了說，我真看不出有何美妙之處。還有一間陳列了一百三十多幅名畫的名畫間，充分流露出俄皇的奢華風格，一說宮中另有豐富的收藏，在德軍佔領期間已被蒐刮不少。這等於是我國滿清末年時（1900 年），頤和園被八國聯軍擄去不少珍藏的不光采史實一樣。這裡特別一提的是，中國有不少花瓶等古董被陳列在沙皇村裡，會不會是直接搶來的，抑是收購的贓物？存疑！

　　我腰痛進村腰痛出村，看來看去，用句讚美詞，那全是人工巨擘，金堆玉砌，怎比得上自然景觀，如九寨溝、如三峽、如太魯閣等處。

　　來到波羅的海酒店（Pribaltiskaya Hotal），房號 12056。外觀比圓山飯店還美又壯觀，室內設備普普通通，連咖啡壺也免了。

　　是入寢時候了，推窗遠眺，天空卻明亮得叫我迷糊！是上午？或晚上？我看腕錶，明明是台北午夜十二點當地下午八點。原來聖彼得堡地處北緯六十度的關係，平均早上三點多天就亮，下午十一點才大黑，尤

其是六至七月是著名的白晝期。太陽永不西沉。我想，如此天氣，如在台北多好，我的網球一定更有進步！我可以多讀多少書！閉目養神，回味整個白晝，車行市區中，博物館、歌劇院，真的是名副其實的宮殿城市。難怪我們的台中市長胡志強，要搞一個什麼怪名字的什麼館，他想的對極了，從政的人，在任時總要做件事情留待卸任後被人想念，例如高玉樹的仁愛路椰林大道，陳水扁的區公所的行政革新，黃大洲的大安公園，蘇貞昌的漁人碼頭、游院長的宜蘭多山河等等。當我白天在遊覽車上，看到條條河流和橋樑在眼底下穿過，曲致玲瓏，好優美的水都地形，難怪贏得了「北方威尼斯」的雅號。

9月9日　星期二　晴　聖彼得堡

七點多（十一點多）起床，在酒店早餐，遇有雄獅旅行社的一團，鄰座聊天，真的是他鄉遇同鄉了。說有颱風，但無影響，這一團是昨天由台北到，明天去莫斯科。和我們這一團是反其道而行。

遊覽車載著我們跑，到了景點讓我們下車，再跟從帥哥走。上午的景點是聶夫斯基大道、喀山教堂、青銅士紀念碑、聖巴索大教堂、阿芙羅拉巡洋艦等。

在一港口前，左右各有矗立五丈多高鑲有錨鍊的巨柱，我極欣賞，和美娥漫步其中，使我想起半世紀前，我在青島受訓時情景。海風！海鷗！海浪！我不得不神往，往事多多，不想也罷！

聖巴索大教堂值得一記，位於紅場西南，整座建築是由九座禮拜堂組合而成，每座禮拜堂上方都建有造型各異的蔥形圓頂，色彩繽紛豔麗，是俄羅斯最具代表性的經典建築；另外關於這座懾人心魄的教堂建築，尚有一個「恐怖伊凡的傳說」，據說當初由巴爾馬‧波茲尼克依令設計建造教堂，完成華麗炫目的聖巴索教堂後，簡直令沙皇伊凡為之神魂顛倒，但為防止他們在別處再造出如此美麗的建築物來，伊凡竟下令將建築石匠、工匠們的眼睛弄瞎，由此可見聖巴索教堂的魅力無窮；也可證明這些統治者的心狠手辣，狹窄卑劣。

聖彼得堡的市中心，有一座中央廣場，當地人稱之爲王宮廣場，著名的俄皇官邸冬宮便在這裡。冬宮也叫做隱士盧博物館。是世界三大博物館之一，是我們下午去參觀的第一站。館內藏有三百萬件的珍貴收藏及畫作，有義大利文藝復興時期的作品，也有幻象派的大師名作，莫內、狄更斯、畢卡索真跡等，可惜我對之一竅不通。其中部分作品，近年來在台北也展示過。

在阿里郎中餐店晚餐後回酒店睡覺。腰痛、累極。

9 月 10 日　星期三　晴

早餐後去彼得夏宮，這被美稱之爲俄羅斯凡爾賽宮，和冬宮一樣，位於聶瓦河畔，兩宮之間僅隔幾條街。夏宮是彼得大帝的第一座王宮，建於 1710 至 1714 年間，是多明尼哥・崔濟尼的傑作之一。在瀑布圍繞的夏宮中，遍地是菩提樹，據說有約三千棵之多。美娥陪我坐在一蔭涼處休息眺望，少說也有百米之遙的短距散步。化一塊錢美金和著古裝佩劍之俄羅斯男女拍照留念，可惜這卷底片不知何故，沒被洗出來。

下午乘船遊聶瓦河四十五分鐘，岸上景觀在移動中又是一番模樣。引我注意的是看到遠處有一艘巡洋艦，說明書上記載：「這艘名爲奧羅拉號巡洋艦，於 1904 年配給俄羅斯海軍的舊波羅的海艦隊，曾經加入日俄戰爭開打的行列，也曾在 1917 年列寧武裝政變計劃下，將艦上大炮對準冬宮並發射出歷史性的第一砲，觸發了冬宮內激烈的內戰；第二次大戰時，奧羅拉號被調爲陸地作戰使用，戰後功成身退，並在 1948 年成爲海軍中央博物館的分館。如今，處於寧靜之中的奧羅拉號巡洋艦，正以其所背負過的歷史任務，向人們訴說著俄羅斯的現代史。」

在尼古拉宮殿中晚餐，甜酒 Cobemchoe Waunahckoe，醇香可口，宮粧侍女在側，桌椅壁飾等陳設，有點中古時代的歐州風味，往日在電影中常見，讓我們領會到俄羅斯正式場合中的仕女們的飲食文化。只是現在的我們，衣著太不正式，配襯在如此時光燧道中的實景，太欠調和，有失襯比之道。這應該怪咎於我們的領隊，和當地的導遊，爲何不預先

告知。我飲酒兩杯，耽心是否對心臟不適。

晚餐後就在宮殿後中側觀賞民俗舞蹈，沒有預期的精彩。一位昨天來自洛山磯的美國太太和我鄰座，閒談幾句，我告知我兒媳一家，住在她知曉的 Foster City，因而倍感親切；幸虧她坐我右側，談的都是門面話，不然，連中國話聽來都困難的我，何況彼此用的是英語。事後美娥對我說：「不容易，我就坐在你們後座，聽你居然和那位太太談得頭頭是道。」

搭火車回莫斯科，同室的洪太太感冒咳嗽，我夫婦只好忍耐。

9月11日　星期四　晴　中秋節

七點多（十一點多）在轟隆轟隆聲中醒來，燈光半暗半明中，小心從上舖下來，逕去洗手間，主要是大解，可能心理因素，糞便在肛門內懸而不墜，久久不聽指揮。只好先以礦泉水刷牙，牙膏在美娥那兒，如果回去拿就全室驚動，算了！別看這乃小事，如果昨晚計及至此，當時改放我處，便不會有此缺憾。坐在車道上，費了大力氣，把窗子拉下，陣陣冷風，不是冷極，而是涼颼，伸手窗外，有了寒冬感覺；一片黑！眼前是遮天蓋地的棵棵大樹，瘋狂往後倒，倒得極有規律而迅速。忽然間，一輪滿月在樹叢中穿透過來，潔白透亮，好比舞台佈景，似假？當真！正面對我，平行直視，好一月色奇景！真的！她正面看我，我也正面看她，那麼滿滿地、痴心傻意，居然跟著火車跑，緊緊盯著我跑，兩不厭倦。所有臥舖門都關著，走道上只我一人，好享受，我獨自享受。不一會，月亮退出樹叢，過一會，她又露面，自我陶醉地想，是為了我在等待？還是不忍心讓我看不到她?不由得想起多年前我在海上，月落月出總在水面，而這次卻在陸地，可謂有緣千百年，有情有意，即使石破水竭，此情此景也不會變！

不知多久，車燈大亮，是快到站的訊號。各房都有了聲響，有人陸續走出房來，走道窄小，不容我繼續坐下去，窗子推上，把風兒擋了，也把月亮擋了，若有所失，仍有所思。回到房裡，美娥和洪氏夫婦在整

理行囊，我再爬上上舖，收拾一切什物，也收拾心中掛念。剛才和月亮百看不厭，每次多則十來秒，短則瞬間，感觸至巨至深；這恐怕將是有生以來最不能忘的一景了。好耽心，也極憂心，記錄下來的文字，和感受上的原味，會錯失十萬八千里。

回到莫斯科，那位女導遊叫 Nina 的迎接我們。她那斷續而又非口語的華語，我因耳聾很難通曉其意，但從她的職業性的笑容和表情上，我可以捕捉到她那適時適地的應有表達，至於數字和確切的交代，則由美娥重述。人老了，人從哪裡老？在我則是：人從聽力老。

首次在莫斯科市內搭地下鐵，開了眼界，幾乎是不到十五度傾斜約有一百五十公尺深的自動梯，上下各一在捲動，壯觀！而下層仍有下層，我們搭乘了不止一站的一站，是嚐嚐鮮而已。缺點是轟隆轟隆聲音太響，我是聾子也很難消受，可當地人說，習慣了就好。

讀資料，莫斯科的地下鐵，全長二百五十公里，1935 年開始起造以來，已經有了一百九十多個車站，計十一條絡線，是莫斯科最便捷的大眾運輸工具，每天載運量有九百萬人次之多。最深的車站在地下四百公尺，一般也有二十公尺深。其與台北市最大不同處，車站內的造型各有千秋，五顏六色的大理石，壁畫、花崗石、陶瓷和馬賽克壁畫等，都成了作為裝飾素材，有幾處還有華麗的水晶吊燈，天花板上拼有八色馬賽克畫，介紹俄國的解放故事與鬥爭。我問門票多少，四盧布一張，一日票十二盧布，五張聯票是十五元，比起台北市要便宜多。盧布和新台幣幾乎等值。

出地下鐵，給胡正打他歐州用的手機號碼，關機；改打美國家中，士瑜接的，後胡正接，大概我聽錯了，他是十三號才去 Minsk ，從地圖上看，和莫斯科很近。反正中秋節通上了話倍增親切，每逢佳節倍思親！怪不得昨夜的月亮那麼圓！那麼有情有意！現在想起昨夜，竟有失戀感覺！太荒謬了罷！

同行的李太太說，我的球友廖先生和廖太太最近沒來打球，是因為在美國坐移民監。三十五年多來，我經手辦了逾以千計人次的移民，可

是我自己，對之興趣索然，我不能回答自己，會不會住到美國或中國去，聽其自然罷！也許，決定定居的事兒趕不上前往大去的班機！

遊莫斯科大學校園時，邂逅一位物理系教授，Dr. Vladimir I. Panov, Head of Quantum Electronics Division 他駐足和我稍談，知我們來自台灣，頗爲訝異。埋首搞科學的學者，除了自己所學的專精，在常識上多半是白癡！在人情世故上，也往往顯出怪異！我兒和我媳應是顯著例子。中秋佳節老爸老媽在國外和他們通電話，他們的語氣仍然和平時一模一樣！

9月12日　星期五　晴

幾天來，今天最熱，中午時分，有攝氏二十一度左右。

上午步行，說幾個景點就在酒店附近，走走也好，不能因我個人的不能適應，對此有所異見。看了太空紀念碑，國民經濟展覽館等。提不起我的興趣，我一直忍耐腰痛，忍耐仍然藏不住痛苦表情，喊我爺爺的那位讀東吳三年級的王怡文小妹妹，以爲我是「腳痛」，我告以是「腰痛」，骨刺關係，「呀！我爺爺也有這個毛病！」

給自己買T恤，前幾天也買了五件連套的五個娃娃，帶回去送辦公室同事。

在俄羅斯各地旅行，不論在商店或地攤上，俄羅斯娃娃幾乎觸目皆是，一個娃娃套一個娃娃，最多可連套十個之多。據說打開娃娃後，心中可以默唸一個願望，再一一閤起，直到願望實現後，再一一打開。裡面娃娃爲了能夠早一天出來嬉戲，便多方努力默默幫你實現願望。這個傳說美是美，但不人道也不厚道。我認爲應該創造另一個傳說來替代才好。

中午在華人開的和平飯店午餐，幾天來的中式荣飯，幾乎同一食譜，八荣一湯一水果，八荣就是最廉價的客飯荣，不過應該算是乾淨，因爲迄至今天尚無人拉肚子。

餐後去國營百貨公司，三層樓高的石造建築外貌，十九世紀就有，

其中有一天橋和天井相接，我在入口處買一大盒冰淇淋，捧出來在門口石凳上用盒蓋舀著吃，美娥出來見了，問為何不要湯匙，我說不願看那位小姐的臭臉，她自顧在抹口紅，根本不理睬我這來自東方的老頭子，何苦惹她厭。美娥笑笑，說我也是臭脾氣，她也學我用盒蓋舀了一口吃，直說好吃！好吃！其他人陸續出來，大包小包，其中以巧克力為多，這都是 Nina 介紹有功，其實回到台北一吃，一點也不好吃；羞於送人。

　　下午重頭戲，參觀克里姆林宮，她位居莫斯科市中心，是莫斯科古城的精華，享有世界第八奇景之美譽。是由皇宮及教堂兩組古老的建築群組合而成。一道十四世紀建造的古老紅磚圍牆，團團固守著歷史的變，這座呈三角形的圍長達 2239 公尺，有四座城門和十九個尖聳的樓塔，在昔日輝煌的歲月中，被認為是一座固若金湯、無懈可擊城堡。我在數以千百計人群中倘佯徘徊於克里姆林宮中時，想到半世紀前在綠島被感訓的情景，斯時經常讀到克里姆林宮呀克里姆林宮什麼的，哪想到今天我居然人在此地此宮，時事多變！人更多變！而且，我妻也在此，我兒更將不止一次來此！

　　逛累了，腰痛時，我坐在入口處階石上，克里姆林宮的太陽和綠島的，一樣溫暖一樣耀眼，我陷身回憶中欣賞眼前的一切，兩景相錯，兩地重疊，時空迥異，未變的是我這個人！

　　在唐人大酒店晚餐，是大陸華人開設。去機場途中，劉毅隨 Nina 去超市購物，上車後我向她買了瓶伏特加，生平第一次，不一定要喝，看看無妨。

　　劉毅其人，不得不記，他即是目前台灣最熱門「一口氣英語」的老闆。他的運動帽上繡有 talk English，時常一人獨處，口中唸唸有詞，某次巧和我ㄔㄟ一起，我問起 one breath English 是怎麼回事？確是劉毅，但關照 between you and me。對我恭維幾句，說知曉多年。他女兒辣妹模樣，初中畢業即送至英國讀書，老媽伴讀。此次同遊，看出了他的無奈。

　　到機場，登機前，發現我的登機卡不見了，找了半天，幸虧那姐妹

檔的其中一人，在我插手口袋中看到，一把抽了出來。真要謝謝她。多年前，我曾經在歐洲旅行時丟了護照，真的是丟了，第二天警察打電話說有人撿拾送去的。旅行在外，我要格外小心了。

　　飛河內的班機慢了半小時，起飛時十一點多，在台北已是第二天凌晨三點多了。

9月13日　星期六　河內（胡志明市）

　　中午十一點半（台北快一點）到河內，在機坪露天裡，以及上了接駁車時，感覺好熱好熱，進了機場就不熱了。全世界的機場溫度，幾乎無例外的統統一個樣。科學可以發明改善人們生活的周邊種種設備，可就無法調整我們內心的是非道德標準趨於一致。美容減肥等時髦人工手術，我們可視之為硬體整修，道德修為等等可譬喻為軟體建設。不問社會生活也好，還是個人內心涵養也好，軟體終究比硬體重要。為什麼？但求心安啊！自尋安慰啊！奇怪！我為何有此謬論？

　　又是在機場二樓簡餐、休息，不讓我們離開出境大廳逛逛也好，這兒也是非典感染區，我看同團的人，歸心已似箭，加上疲倦難忍，走動少了，談話已不健，購買慾淡了，連年幼的小妹妹王怡文也說累極了。

　　等機約兩小時多，航程有三小時許，我正好把《四季隨筆》又讀了一次。台北時間近九點，降落桃園機場，回到家十點多。又一次平安回來，太好！

計算一下這次的旅費：

團費	（NT$54,000 x 2 =）	108,000
小費	（US$90 x 2 x 34 =）	6,120
換盧比	（US$120　　x 34 =）	4,080
購物	（US$100　　x 34 =）	4,080
零星		7,750
	約　NT$130,000.	

第六九章　我搭乘青藏火車來到了世界屋脊

　　我酷愛旅遊，當我知道我這輩子前往月球無望時，我乃求其次安慰自己，去一趟世界屋脊也好。2005 年，海峽兩岸的國慶不久，爆出了一個天大好消息，青藏鐵路完成全線鋪通任務，並且宣佈：2006 年七月一日起，青藏鐵路正式通車營運！我一定要抓住這個機會，一定要去世界屋脊，我將美夢成真。

　　我開始了準備工作，儘可能地搜集有關青藏鐵路的資料。

　　1979 年九月，青藏鐵路第一期工程 814 公里，由西寧到格爾木段貫通，1984 年通車。2005 年十月十二日，第二期工程 1142 公里，由格爾木至拉薩段，全線鋪通。十月十五日，青藏鐵路全線鋪通，慶祝大會在拉薩隆重舉行，這全長 1956 公里的青藏鐵路，歷經了半個世紀，火車通向高出雲層的世界屋脊，有史以來，內地的物質第一次通過鐵路運上了世界屋脊，攀登了地球上海拔 5072 米的唐古喇山；穿越了連續多年 550 多公里的凍土區；建造了世界最長的昆崙山隧道 1686 米，世界上最長的高原凍土隧道風火山隧道 4905 米，清水河特大橋全長 11.4 公里；在海拔 4700 米的安多鋪架了世界上最高的鋪架基地。這條將近 2000 公里長的高原鐵路的區域裡，是通往西藏的古道，在 2005 年以前，當高山將這片土地與內陸隔絕，便始終困頓在歷史的風雪線上；日月山、香日德巴塘、德欽等地名，銘刻著時光深處的「唐蕃古道」和「茶馬古道」；穿越唐古喇山，和橫斷山脈的馬幫與駝隊，始終頑強地溝通著高原與內地的聯繫。但翻越蒼茫雪地，進出西藏的道路，畢竟是一條無比艱險的天路。使人興嘆起「關山難越，誰悲失路之人，萍水相逢，盡是他鄉之客」。直到兩年前的青藏鐵路通車以前，那依然是刻滿死亡記錄的道路，它的路標居然是荒野中連綿延伸的白骨。青藏鐵路所經地區，幾乎都在海拔 3000 米以上，其中海拔超過 5000 米的路線長達 960 公

里，超過海拔 5000 米的有 50 多公里，還有一段 131 公里的無人區，真

正是到了「千山鳥飛絕，萬徑
人踪滅」境地。沿線嚴重缺
氧，空氣中含氧量只相當於海
平面的 60%，那裡年平均氣溫
在攝氏零下 5 度左右，極端最
低溫攝氏零下 45 度，晝夜溫
差最大可達攝氏 30 度。不少
路段既缺乏可飲用水，又處於
鼠疫源地。面對如此惡劣而殘

2007 年五月八日我來到號稱世界第二高原車站
－西寧車站

酷的自然環境，生命保障成了工程施工的首要問題。嚴重缺氧和高原反
應，可能會導致肺水腫或腦水腫直至死亡。這種高原病是高海拔地區對
生命的最大殺手，青藏鐵路第二期工程一開始，便極度關切到這個人命
關天的問題，2001 年四月十六日，很多預防醫學、高原醫學、勞動衛
生職業病等領域的專家們，召開了一場評審、鑑定會，通過了現場醫療
保健方案，把施工人員的傷亡降到最低程度，實現高原病「零死亡」。
他們發現輕微症的急性高原病，開始時頭痛、頭暈、心慌、氣短、吃不
下東西、睡不好覺，但是等過了七至十天，病狀隨著適應，也就消失。
但是有兩種類型是非常嚴重而可以致命的，那就是肺水腫和腦水腫。

　　我是一名七十有九、患有冠狀動脈缺氧心臟病的人，但也是一名有
三十多年年資每天打網球的人，我特別諮詢我的主治醫生張原祥，他說
「你的意志力加上有足夠氧氣，你就可以去。」當然，一到成都，我就
開始服用當地到處有售的「紅景天」，早晚各一瓶。有沒有效我不知道，
但是不服絕對沒有效，許多年輕人也在服用。年輕人中患有高原病的人
有的比我厲害，一名八十四歲的老兄，比我卻清醒得多。可見，高原病
對於年長年少，身體強壯與否，當然有關係，但是沒有絕對關係。

　　2007 年五月八日的傍晚，我和我的好友盧君，隨我們這一 20 人團
的旅行團，來到號稱世界第二高原車站的西寧車站，準備搭乘青藏鐵路

的青藏火車 N917 次車，票價人民幣八百一十元，被稱爲新空調軟座快速臥舖，八點四十分開車，列車的設計時速爲 160 公里，不久前的試俥，車速已達 120 公里，即使在翻越「世界屋脊的屋脊」唐古喇出口時，也達到了 80 公里。我們將要前往號稱世界第一高原車站的拉薩。我們的導遊唐瑋民說，來自台灣的團體旅客，她去年帶過兩個團計 40 名，今年只我們這一團 20 名。因此，我可算是第四十一名或第五十九名中的任何一名；自助旅行前來搭乘青藏火車的應是零，因爲車票全給旅行社包了。瑋民強調，去年她所屬的旅行社是獨家經營這條旅遊線的。

到了車站前，外型古典的建築物矗立眼前，灰灰濛濛，壓迫得叫人透不過氣來，人山人海，摩肩接踵，流星般竄來竄去，和我想像中的先入印象落差太大，尤其是我上月初在左營親身經歷了的高鐵車站；我的天！這哪兒是世界上海拔最高青藏鐵路的起點站的火車站，不像嘛！我好像被推進時光隧道中，來到了五十年前的上海北站！人捎行李，提木箱，拎花布包包，奔跑叫囂，尋找自己的車次和座位去。列車也不見新，更不見任何新穎設備，連車型也是土土的，一點現代感也沒有。京滬線上的旅遊車也比眼前的略勝一籌。跟我十多年前由北京乘往九龍的火車差不多的爛。這是青藏鐵路耶！是全世界第一高原鐵路耶！名實不符，真叫人氣結。

我和盧君的座次是第十一車四號房，我下他上，剛剛累得出汗，車上不能洗澡，而且，導遊告訴我們，這兩天千萬不要操勞，連揩身都不要，免得耗損了元氣。我想言過其實了罷！哪有那麼緊張，說得真是誇張，難道真如青海的三怪中之一怪：「青海的姑娘不洗澡」。想想反正一宵的事，看看電視聊聊天，窗外是一片黑，偶而的一瞥燈光，也顯不出什麼景色，沒景色也是一種景色。同室的一對中年夫妻，在几上放了幾支插花，還有殘杯的酒，使我不自覺地背吟兩句詩：「情多最恨花無語，愁破方知酒有情」。近三年來，我因心臟病而少飲酒，酒飲八分真神仙，花本無情情自生，這時如能少酌微醺，應是無上享受。車中歲月容易打發，我在吼吼聲中熟睡，讓身子被帶往世界的屋脊上去；我們的火車正

向拉薩奔去！

　　我在黑暗中醒來，清晨四點四十五分，應該是 2007 年的五月九日，悄悄爬下床，輕輕拉開門、關門，去前車的廁所，真的不乾淨，這是觀光列車，在預設心理的推論中，讓我吃驚，這算是哪款建設？軟體抑是硬體？我再仔細看了看、扭了扭其它幾扇門的把手，幾乎很少可以使用的，成了聾子的耳朵，我心理很不平衡，是貪官的驗收出了問題？我不想再想下去。我讀資料中所載，列車上有兩套供氧系統，一套通過空調系統中的空氣供氧，讓每節列車含氧量均達到 83％ ，另外一套集中供氧系統，可以讓乘客通過獨立的介面直接吸氧，進而有效降低高原反應。我不知道我的高原反應加劇了還是解除了，如沒有異常感覺，那一定是拜空調系統之所賜；下了火車以後會怎樣呢？我想到這問題，僅止於自己在心裡面想，沒說出口。怕嚇壞了我的旅伴。

　　天色開始麻麻亮，在臥室的外側走廊上，我倚窗斜坐，旅客們有了動靜，每扇門拉扯聲不停，盥洗間和衛生間的門前，有了長龍，我慶幸自己的先見之明，此時樂得觀看景色。景色隨著天色的亮度微亮漸亮而大亮全亮起來，盧君和同團的其他人也都起床了，也在等待行列中，民主就是數人頭，也是排隊。你要多一些時間睡懶覺，現在就得多一些時間來等待。青藏鐵路享有「天路」之名，工程難度是空前。看那每節車的門楣上的電動標示，由西寧至拉薩，停站的有：西寧－德嶺哈－格爾木－沱

在臥室的外側走廊上，我倚窗斜坐。

沱河－安多－那曲－當雄－拉薩，車速稍慢而不停的站有：青海湖、日月山、昆崙山、可可西里、唐古喇山、五道梁、納赤台、羊八井等。我從二號車的列車長那兒取來的資料得知，由格爾木至拉薩段，有穿越溼

地、凍土區、高原冰川等嚴酷的地形，真所謂是「平沙無垠，敻不見人；河水縈帶，群山糾紛」，是中國最受全球矚目的世紀工程。沿途的主要景觀有昆崙山融雪沖積形成的綠洲；全球最長的高原凍土隧道，那就是全長 1686 米的昆崙山隧道；在可可西里的全球最長的鐵路橋，乃是全長 11.7 公里的清水河特大橋；羚羊保護區；長江發源地沱沱河；風火山隧道是全球海拔最高的隧道；唐古喇山口那被稱為西遊記中的通天河；全球最高海拔 5072 米的唐古喇車站；高原明珠錯那湖與西藏野驢保護區；怒江上游的黑河、羌塘草原；當雄附近的唐古喇山脈，以及在它兩側路基邊坡上移植來的，共有 50 萬平方米的草皮，已與原始草地連成一片，遠遠望去，火車經過的鐵路橋就像是從草地裡長出來的一樣；藏北藏南的分水嶺；以及羊八井地熱溫泉區等。我們人在火車上，在奔跑的車廂裡，只能分神去想去揣摸。窗外景色太動感，變幻莫測，這一會是白雪欸欸，那一剎卻見工人們 T 恤短褲；有臨時砌建的方方工寮，也有草草落成的蒙古包；牛羊成群散落在滿山遍野，真的是「風吹草低見牛羊」。搜尋不見的是雞飛狗叫；少樹少花沒有炊煙四起的江南景色；山層雲層霧層陽光陰沉沉不見燦爛畫面。厚重石橋加上低窪的晶晶湖面，獨立孤伶小屋在曠野裡更顯倔強；唯一不變的是始終和車身保持平行的一人高的根根護欄。千影萬形的山山水水，好比被魔術師的魔杖點化的成品；數不勝數的電線桿等距離的向車後快速倒去，和那互為襯景的山巒距形方塊形，同方向移位，好動感、好怪異的景景色色，提供了一幅幅數位相機的可能佳構。我的左右不知何時都已倚窗而立了不少人，大家都在窗前等待火車頭再一次成內彎形出現，好拍一次它的奔跑雄姿。等待往往不再，而就在大家手軟心懈時，它卻再一次猛地出現在我們眼前；可惜，大家還來不及取出相機，它又扶正而去，人人措手不及，統統拍不成。

　　中國內陸的火車我坐過很多次，文字上的口號特別多，由開國之初的所謂「五講四美三熱愛」，到「文明單位文明商店」等等，文明二字被應用之廣應用之爛，讓你文明得受不了。諸如此類的樣板文字，這次

在火車上就是偏找不遇。車在長江發源地的沱沱河站小停片刻，斗大的標語字讓我看了為之心動，如同新詩般分行寫：

　　家住長江尾，來到長江源，

　　保護長江水，就是保護家鄉水。

多美的環保警語，溫溫柔柔、牽腸掛肚地，打動了旅人的心！

　　盧君陪我在車上到處逛，計有十四節列車，第十三節為餐車，座位是全部乘客的二十八分之一，也就是說每次在用餐時段，算它有三番輪次，也只是 28 乘以三的機率而已。我二人就登記了三次而不可得，只好從叫喊的推車裡買了便當來裹腹；錢是導遊發的，羊毛出在羊身上，不是多或少的問題，而是沒機會在餐車進餐，失去了初嘗滋味和生活上的多一層體驗。還有，我以為車上的盥洗設備太少，而且太簡陋了點；如果臥舖的尺寸，能比照莫斯科往返約翰尼斯堡間的臥舖，那會更有前瞻性；全世界的人種都渴望成為青藏火車的乘客啊！

　　我們在第四列車的硬座裡，請教一位家住唐古拉山附近的一位壯漢，在高原上工作的情況通常會怎樣？他說，在高原工作，往往一到下午，便狂風大作，飛沙走石，人都站不穩，突如其來的下冰雹，還有暴雨，一天的工作，往往被破壞得淨光。後來經過史前考古學家的實地勘察，他們找到了布曲河河谷的轉折地帶，便於取水，又能避風。如此一來，天氣一變化，他們立刻進入轉折地帶，等天氣變回來，他們再開始工作。他們不能征服老天，卻成功地駕御了老天。

　　火車呼嘯著慢慢駛進了世界第一高原車站的拉薩車站，轟轟烈烈，亂七八糟，不辨何聲是何聲，所有的人和行李等，統統擠到臥舖外的走廊上來，我倒有點杞憂起來，生怕火車失去重心，好比船艙裝貨沒能平衡重量，被風浪一折騰，大海裡翻船，有時也成了新聞。我想得好不實際，失聲而笑了，笑聲被攪在其它聲響中，別人毫不察覺，給自己卻更添了笑意。火車停定了，是下午九點五十分，在車上整整待了 26 小時。我們的災難眼前剛開始。難民般地，旅客們頓成遊兵散勇。燈光不夠亮，更顯得萬頭鑽動，叫囂推擠，方向莫辨，眼前亂糟糟。更嚴重的

事，下得車來，我肯定自己是實實在在地感覺到，頭暈、四肢無力，當然是有了高原病的警訊，此時怎能講，兵荒馬亂地，要儘快出站奔向遊覽車去。人群中最多的，看來是星夜趕回家門的藏胞們，只有他們談笑自如，健步但不能如飛，歸心難以似箭；走不動也，寸步難移也。

我被攙扶著彳亍而行，兩條腿不聽命於我，身子老有下墜的趨勢，胸口有點燒灼感覺。盧君機警，察覺到我的異樣，在我鑰匙包裡掏出了俗稱「保命丹」的耐絞寧，取一粒塞進我舌下；我有點慌，但嚴肅地警告自己絕不能慌；我必須以理智和意志力，來力撐和闖過這一關。說時遲那時快，有位年輕漢子搶奪了我們一支箱子，拼命往遊覽車的方向跑，我們目光緊盯其後，明明知道這是地陪的待客之道，我們仍然以小人之心度君子之腹，不免暗中連聲慚愧。上了遊覽車，忙不迭地取出氧氣筒，猛地先吸上幾口。自我安慰，到了酒店就好！我一直堅持要在拉薩車站前拍一張照，但是就是不可能，你沒有時間停留，你根本沒有立足之地，同團的人都一樣，都跟著導遊跑，她在高聲喊叫，我們是雙眼看牢，雙腿勤跑；我掙扎得苦，看別人也是夠嗆。

酒店是當地最好的一家，叫做雅魯藏布大酒店，被安排了明天參觀布達拉宮。我一夜迷糊，不知身在何處?小睡小醒，這是多年不曾有過的病。氧氣筒被我用完了好幾筒，夜中買不到，盧君從同團中人化緣化來好幾筒。這氧氣筒外觀美則美矣，只是不好使用，最大缺點是沒有標明可使用多少分鐘，有的五、六分鐘就吸沒了，有的十數分鐘；而且吸管不好插，一旦使用人病入膏肓，更是把持不住吸管，別人當然幫忙，可是有否吸到，還是全靠使用人的感覺啊！時不我與啊！

拉薩附近的寺廟特多，以布達拉宮爲最有代表性，它坐落在拉薩市區西北的瑪布日山上，如果從西南望拉薩，則成了拉薩的最著名最神聖的標誌。根據資料記載，布達拉宮始建於七世紀，是藏王松贊干布爲遠赴西藏的唐朝文成公主而建。在拉薩海拔 3700 多米的紅山上，建造了999 間房屋和宮宇，主樓十三層，115 米，全部爲石木結構，五座宮頂蓋鎏金銅瓦，金光燦爛，氣勢雄偉，是藏族古建築藝術的精華，被譽爲

高原聖殿。看來壯觀，是一座規模宏大的宮堡式建築群。布達拉宮是歷世達賴喇的多宮，也是過去西藏地方統治者政教合一的統治中心。它分為紅宮和白宮兩部分，紅宮主體建築是靈塔殿各類佛堂，大都數佛事活動也在此舉行；白宮是歷代達賴喇嘛起居及處理行政事務的場所。

　　布達拉宮果真是座名符其實的宮殿群的一種廟宇建築，一殿套一殿，錯落有緻，一宮襯一宮，相映成輝；我因為四肢乏力很難尾隨眾人，傾聽地陪講解，只好先行告退，不論石階或土墩，我遇到了，有時盧君眼尖看到，都會讓我坐下；我在布達拉宮全程參觀是如此，下午參觀哲蚌宮也是如此。我好比行尸走肉，處處晃蕩轉悠而已，連照片一張也沒拍；禁止是原因之一，再就是少了興緻和精神。

　　從下了火車到酒店開始，我的高原病是我最大的隱患，最嚴重是在海拔四千米以上的酒店夜中，開始了胡言亂語，白天裡在宮殿中，兩腿兩腳似被捆綁，上身一直往下沉，頭也昏昏，眼睛睜不開。如此病況，三天兩夜後，等到去了拉薩貢嘎機場的飛機上，才算還過魂來。到了重慶便好了一大半，再飛回桃園機場，下地著陸，才真的是十分痊癒了。

　　我自己問自己，如有機會，要不要再去一次？我肯定回答，我將再去！我要自備氧氣筒，帶了錄音錄影器材，準備在拉薩的各宮殿中，以及和當地居民的交談裡，好好做一番功課。

布達拉宮的外觀，錯落有緻，一宮襯一宮，相映成趣。

第七十章　蕪湖的老虎灶

■ 1998 年三月二十四日刊台北中國時報「浮世繪」版「大陸萬花筒」
專欄。1998 年九月，中國蕪湖市《蕪湖風情》轉載。

　　在台灣，參加過大專聯考的人，一定記住了蕪湖是中國四大米市之
一，除此之外，對蕪湖恐難再有其它印象。

　　開放探親以來，在所有旅遊大陸的路線上，即使有南京、九華山、
黃山等地和蕪湖是相鄰咫尺之景點，也從不見把蕪湖列入其中。我實在
不禁為蕪湖叫起屈來。

　　且不說慈禧太后的老爸曾在蕪湖幹過海關道，周瑜的衣冠塚在蕪
湖，歷史悠久有小小九華之稱的廣濟寺也是在蕪湖，等等名勝古蹟。我要
向列位隆重介紹，而列位必得一看的，那就是全世界沒有一個地方有，
而只有蕪湖有的老虎灶。

　　蕪湖的老虎灶，在五十年前，就已經到了無所不在的程度，比起今
日台北的便利商店如 7-eleven 等，有過之無不及。街頭巷尾的顯眼位
置。幾乎都有老虎灶的存在。早早晚晚，灶庭若市。和 7-eleven 最大不
同處，客人總是圍繞在老虎灶前，一批來一批去，流動量快；進入店中
的人，少之又少。

　　老虎灶的功能，是供應附近居民們陽光、空氣、水的三大資源之一
的水。冷水、熱水、沸水，以及寒冬時令的冰水。每天一大早開始，千
家萬戶的第一件事，就是拎水壺、水瓶、提水桶，抬水箱等等，大大小
小，形形式式，前往鄰近的老虎灶買水。有人乾脆一手端了放好毛巾的
臉盆，買溫水洗臉，一手還在左右不停地刷牙。有人兩手扶盛有茶葉的
茶壺，要目睹那滾沸滾沸的開水沖泡。男女老幼，匆匆忙忙來，慢條斯
理去，有志一同，煞是壯觀。

　　下午四或五點開始，景觀另有一番，有壯漢一人提兩個桶的，有婦
幼兩人合抬一個的，絡繹不絕，熱沸不拘，這一定是買水洗澡。晚飯後
或黃昏時分，半大不小的孩子們出現在老虎灶前的不少，他們多半雙手

抱了熱水瓶來，一定是給爺爺老爸們泡茶加開水，享受那燈下聊天之樂。

　　買水當然要錢，而且有價。遠的不說，從 1875 年清光緒年間開始，近一百二十年來，幣制不知改了多少次，打民國算起，老法幣、新法幣、儲備券、金圓券、迄至今日的人民幣，少說也已經更換了十來種之多。可是，在老虎灶前所使用的錢，永遠是一種竹籤。竹籤上烙有店號的火印，分長、中長、稍短三種。三種長度代表了三種價，每支竹籤等於是多少錢。什麼長度可以買多少什麼樣的水，是因時、因物價指數有異而時時變更，更是買賣雙方彼此同意的君子約定。

　　根本不曾見過，買水的人當場付了真正的錢；也極少看到，當場有人，拿了真正的錢來兌換竹籤的。那是因為，老虎灶上一片汪洋，前後左右濕漉漉，竹籤和賣水的雙手，往往也滴滴是水。買水的人，把容器放妥，摘下蓋子，通常是把竹籤一揚一扔就成。一揚是讓賣方看清楚竹籤的短或長，一扔是扔到一個固定位置的筐筐裡。賣水人舉起了杓子，應買水人之需，在或沸或開、或溫或冷的不同水鍋中，舀起水來，高高舉起，對準了容器倒。因杓子和容器之間的距離、角度不同，那水柱便形成了四十五度、三十度，甚或九十度不到的亮晶晶、熱騰騰的小型瀑布，如果是小小茶壺，瀑布剎時乾涸，碰到大水桶，則持續一兩分鐘或更久；動作之穩定、俐落，判斷之正確、無誤，叫你百看不厭，嘆為觀止。

　　老虎灶其實就是水爐店，之所以被稱為老虎灶，是因為形而名之。這種砌建在店門口的水爐，頭尾四部位，組合起來，狀似老虎。一是灶頭，爐前有一石板，俗稱水櫃台，讓買水人自放容器，石板下是通風和排灰出口，如同張開的口。二是灶頸，形頭虎頭；頭上有一個一米對方的爐台面，四角安置四個生鐵鑄的吊鍋，稱之

台北中國時報刊登本文時，由那培玄繪圖，本書借用之。

為開水鍋；中間有一直徑約十二公分的圓洞，通向爐膛，是投料燃火的

地方。三是爐肚，虎視眈眈，是一個圓桶形的熱水燜子，二十四小時蓄滿熱水。最後虎尾形的大煙囪，直沖屋頂。

在蕪湖的家家戶戶，除了洗衣、洗被等大量用水，是汲井水或去河邊的跳板上，自行解決外，幾乎所有水的問題，都得和老虎灶打交道。你可以帶了容器去買水，還可以向老虎灶叫水。你叫了水，老虎灶便派人去河邊挑水送到你家裡來。每戶人家都備有大大的水缸，挑水人把兩桶水負責倒入水缸。家庭主婦還是給他適價的竹籤。水缸旁的牆壁上都掛有半人高的竹筒。下端有點點小孔，裡面裝有明礬。河水倒入水缸後，孩子們都搶著取下竹筒，雙手握緊，在水缸裡攪和；兩眼盯牢缸中水；轉動越快，漩渦越多越深，錐形動感，樂趣無窮。總要經過三五分鐘的樣子，在大人們連喊「好了！好了！」下才歇手。這時候的水流，轉動漸慢，漩渦漸失，水中雜物因而沉澱。再次叫水前，得把沉澱物舀出，把缸裡面洗擦乾淨。

買水人去老虎灶叫水時，才穿越老虎灶身旁，走進了店內，總是順便買竹籤，一手奉上鈔票，捧回長短不一的滿懷竹籤。

兩三年前，我專程去了兩趟蕪湖，闊別半世紀，別來哪能無恙！除了陶塘疏浚成鏡湖，後家巷擴建為大馬路外，便是原有的一百三十多家老虎灶，合併為十五、六家，一律改由政府經營，從業人員統統拿固定工資，吃大鍋飯。「早上門遲開，晚上關門早！」往日風光已不再，傳統門面稍猶存。我奉勸尚未去過蕪湖的「呆胞」，不妨在前往黃山或南京時，趕緊順便拐一個彎，去一趟蕪湖，就是為了看一看這碩果尚存的老虎灶，也值得你的來回票。

第七一章　痛苦的忍讓

■ 1974 年八月十二日刊台北中央日報。同年十月台北天人出版社編入
　　《我思我見》單行本。

珍珠港裡的阿里桑那號紀念館，是利用二次世界大戰日軍偷
襲珍珠港時，被炸沉的阿里桑那號戰艦來修建的。遊客可登
上紀念館，觀看二次世界大戰時的史蹟，並拍照留念。

在我多次的國外旅行中，我常以被誤會爲日本人、新加坡中國人、
香港中國人……而感到難堪。尤其是多次的被誤會爲日本人的時候，更
是感到幾分憤怒。

當然，每次每次，我都儘可能解釋，儘可能向對方說清楚。

今天，1971 年七月的某一天，在漁人碼頭，我搭乘「冒險五號」
遊艇，拜訪了珍珠港。三個半小時的航程中，我被安排在底層艙靠走道
的一個座位上，窗口的鄰居，是位老太太，滿臉皺紋，銀白色頭髮，更
顯出精神奕奕。她自我介紹，她是紐約人，卻沒有問起我從哪兒來？

麥克風一直在「某某艦被擊毀在左前方，某某艦被炸沉在右後方，
日本人，日本人」的大聲講解不停。將近五百多位遊客，人人都是一方
面傾聽著，一方面用照相機，或是八米釐，紛紛對準了自己窗口的目的
物，拍攝每一個被說明了的歷史陳跡。

老太太和我當然不例外。我每次舉起相機時，她都禮讓，並且堅持，
要我先拍。在整個航程中都是這樣。我好生過意不去。可是，我是中國
人，中國人不是有句話：「恭敬不如從命」嗎？

全程完了，我們回到漁人碼頭，相互告別時，我謝謝她，並且問她：

「爲什麼每次都讓我先拍？」

「因爲你是日本人！我要讓你日本人，把這些日本人製造出來的鏡頭，好好拍個夠，帶回去給其他的日本人多看看！」

「可是，可是我不是日本人。我是由台灣出來旅行的中國人。」

「呀！對不起！對不起」她顯然不知所措。她仔細把我端詳了好一會，繼續向我道歉。然後，喃喃自語：

「1941 年，我丈夫便是在珍珠港，被日本炸死了的！」

我後悔極了！爲什麼要問出原因來呢！

1971 年七月某一天，我在漁人碼頭登舟時攝

附記一　我生命中的貴人們

　　我一輩子幸運，因爲在每逢災難或困難時，都有人拉我一把，讓我
得以消災或脫困。我自二十歲至今八十歲的六十年間，往事歷歷，我喜
樂，我感恩；大恩不言謝，這些貴人們，我將終身不忘，刻骨銘心；除
了在本書中已有記載外，特別再一次將貴人們列出，接受我的衷心感謝。

吳素華女士　蕪湖中學的同學，在綠島主動和我相認，幫助我，接濟我。
　　　　　　（見 P103,104,108）

文　奇夫人　在綠島排戲時，她聊天時的幾句話；以及 1972 年我第一
　　　　　　次申請出國，她影響了她先生，讓我順利出國。
　　　　　　（P125,579,580）

唐　鴻先生　在綠島他是名所謂反共義士，負責教育組的助教室，在新
　　　　　　生（即囚犯）中遴選助教，我之被他看中，完全意外，卻
　　　　　　給了我可以讀書和教書的機會，更注定了我出獄後的工作
　　　　　　方向和生活方式。（P132）

王辰伯先生　在綠島我坐牢坐過了頭，因爲沒有保人，1960 年春，居
　　　　　　然有艘永字號軍艦在燈塔附近擱淺，該艦艦務官乃我昔日
　　　　　　同僚，來浴堂洗澡，和我相遇，託他把保單帶給同案王永
　　　　　　久，王是同案不能保，海軍同學中只有王辰伯敢做保人；
　　　　　　另一名保人林金帶先生，是王永久找的朋友。（P284）

林金帶先生　是我出獄時兩名保人之一，是王永久的朋友，我在他家睡
　　　　　　了兩個晚上，是我出獄後，第一個落腳投靠的人。（P284）

曹仁榮先生　出獄後，經高雄來到台北時，最初露宿街頭，等找到臨時
　　　　　　工作，有了歇腳地方，也常被情治人員及管區警察前來訪
　　　　　　談而煩惱；仁榮(P370)乃我昔日同僚，時任海軍電台通訊
　　　　　　官，把我戶籍遷入該電台，使我輕鬆不少。（此事本書未
　　　　　　能記載，一因爲時甚短，二因可能會帶給仁榮不便。）

郭行儀先生　中華民國 39（1950）年十一月二十五日，海軍總司令部判決，39 翌晏字 02177 號，判我有期徒刑十年。1990 年，我向海軍總部申請被捕（1949/12/03）前的學經歷證明，海總來文（04289）：「查無台端任何資料」，1997 年向國防部申請非常審判，回函（033）說：「檔案資料均遭焚燬，無從調閱查考。」但時任海總人事署參謀郭行儀先生，和我素不相識，有天晚上打電話到我家中，他說問了好多年紀較長的同事，以及當年受難人，均知道或聽說海軍中確曾有胡子丹其人；他要我把從軍經過口述詳細。沒隔幾天，他居然找到了一份有關我的資料。因而我才能把被割棄掉的十年又拼湊了回來。五年後始知，郭先生竟因此事被降了一級。我和他僅有一次見面是在 2002 年的七月四日，他出國接艦前夕，來我辦公室說是辭行，我除了謝謝，無話也無法可以表達情意。如此品德，是異數，是稀有動物。我曾告訴海軍中將曾耀華，他說遇有機會他要重用此人；對徐學海中將我也提到郭君其人其事，他建議應該專文介紹如此的好人好事，海軍因他而榮耀。（P413）

2002 年七月四日出國接艦前夕，郭行儀中校來向我辭行

附記二　我的書目（寫、編、譯）

（*筆名霍必烈；其餘皆本名胡子丹）

（**中華日報社出版，其餘皆國際翻譯社出版）

寫作書目

跨世紀的糾葛	580
翹辮子的外灘	200
今日台北	120
我去大陸探親	120
武則天傳*	120
楊貴妃傳*	120
岳　飛傳*	120
文天祥傳*	120
李蓮英傳*	120
賽金花傳*	120
李師師傳*	120
孔　子傳*	120
雍正帝傳*	120
宋　江傳*	120
安德海傳*	120
司馬遷傳*	120
朱元璋傳*	120
袁世凱傳*	120
李鴻章傳*	120
張　飛傳*	120
吳三桂傳*	120
關雲長傳*	120
性與人生*	100
怎樣克服人性弱點	120
面相人生*	100
冷眼人生*	100

翻譯書目

幸福生活的信念	100
語言心理戰	120
如何創造自己	100
約會的藝術	120
拿破崙傳	100
華盛頓傳**	120
羅斯福傳**	120
牛頓傳**	120
英文句型 ABC	120
英語一日一言	120
千萬人英語語型	120
我怎樣出生的	200

編譯書目

國際翻譯手冊	800
國際成語辭典	300
圖解範疇辭典	120
國際萬用手冊	400
英文正用法辭典	160
國字彙編	200
翻譯因緣	200
翻譯藝術	200
翻譯天地月刊	
(1978/01~1979/12)	

2009 年二月 18 日（農曆正月 24 日）本書作者 80 歲生日宴時，
和兒子胡正在現場拍攝。